家长必修课

# 把话说到孩子心里去

启 文 编著

中国出版集团
中 译 出 版 社

图书在版编目（CIP）数据

家长必修课．把话说到孩子心里去 / 启文编著．--
北京：中译出版社，2019.12（2022.5 重印）
ISBN 978-7-5001-6140-0

Ⅰ．①家… Ⅱ．①启… Ⅲ．①家庭教育—教育心理学
Ⅳ．① G78

中国版本图书馆 CIP 数据核字 (2019) 第 282231 号

家长必修课
# 把话说到孩子心里去

出版发行：中译出版社
地　　址：北京市西城区新街口外大街 28 号普天德胜大厦主楼 4 层
邮　　编：100088
电　　话：（010）68359827，68359303（发行部）；（010）68002876（编辑部）
电子邮箱：book@ctph.com.cn
网　　址：http://www.ctph.com.cn
总 策 划：张高里
责任编辑：李　颖
封面设计：青蓝工作室
印　　刷：金世嘉元（唐山）印务有限公司
经　　销：新华书店
规　　格：880 毫米 ×1230 毫米　1/32
印　　张：30
字　　数：550 千字
版　　次：2019 年 12 月第 1 版
印　　次：2022 年 5 月第 3 次

ISBN 978-7-5001-6140-0　　　定价：149.00 元（全 5 册）

# 前　言

在生活中，很多父母常常觉得自己的孩子“不听话”“难沟通”，不是跟自己顶嘴，就是故意调皮捣蛋。的确，孩子天性顽皮爱玩，但是父母们有没有想过，自己有没有跟孩子好好说话？有没有真正去了解孩子的内心感受？

遗憾的是，很多父母不懂得如何跟孩子沟通，也不知道如何与孩子相处。在他们的口中，孩子仿佛一头“小野兽”——不听话又野蛮，处处与家长对着干。还有的家长认为孩子什么也不懂，于是他们按照自己的意愿规划孩子的人生，为孩子做所有的选择，完全不顾孩子的感受，导致许多孩子对父母心存不满，更加不愿意听父母说的话。

反思一下，如果父母连孩子的需求都不知道，又怎么能去帮助孩子、教育孩子呢？所以，亲子沟通是很重要的，是最基本也是最关键的教育环节，也是每位家长都应该掌握的一门艺术。善于和孩子沟通，就能使孩子健康快乐地成长，让孩子与父母的关系更加亲近。反之则会严重影响孩子的成长，也会导致亲子关系出现危机。

很多家长与孩子的沟通之所以失败，就是因为他们运用的方式是不对的。很多家长喜欢对孩子使用命令、指责、教训甚至是讥笑和辱骂的方式沟通，试想一下，成年人都无法忍受别人这样对待自己，何况是一个心智尚未发育成熟的孩子呢？孩子长期生活在这样的环境下，就会对父母产生敌视的心理。

世界上没有教不好的孩子，只有不会教的父母。只要采取合适的沟通方法，站在孩子的角度思考问题，真正去了解孩子，就可以通过沟通的方式教育好孩子，真正把话说到孩子心里去。所以，家长一定要把与孩子沟通放在第一位。

作为父母，一定要采用正确的、温和的沟通方式与孩子交流，充分考虑孩子的感受，并且跟上时代脚步，去摸索这个时代的孩子的性格特征、喜好，等等。与此同时，不要忘记多对孩子说一些鼓励的话，或者用心地表扬孩子，表达你对他的欣赏和喜爱。有时候一句温暖人心的鼓励，一句真诚的赞美，就能改变一个孩子的命运。所以，我们要说该说的话，说孩子喜欢听的话。

《把话说到孩子心里去》一书提到了多种行之有效的亲子沟通方式，足以让父母掌握与孩子沟通的技巧，并且立足于国内家庭的实际情况，提供了大量真实案例（需要注意，案例中人物名字均为化名），并对案例进行了详细、系统的点评，给父母提供真正实用的亲子沟通技巧，语言简洁，通俗易懂，力求让每一位读者都能从中得到启发，学会与孩子沟通。

# 目录

# 第一章
# 消除亲子沟通障碍，让孩子愿意听你说

## 如何找出亲子沟通障碍

为人父母者，要想真正了解孩子，就需要跟他好好沟通。没有良好的沟通，就不会有良好的亲子关系，也不会教育出优秀的孩子。如果与孩子的沟通不顺畅、有障碍，那父母就要寻找问题产生的原因，进而努力去解决这个问题。

其实，每个孩子都希望跟父母好好沟通，只有当他感到父母不能理解自己时，才会选择向其他人倾诉心声。日本教育家井深大曾指出，孩子渴望与父母交流，但是如果父母没有反应，孩子就会放弃自己所做的努力。

很多父母可能不会理解，自己对孩子那么好，孩子怎么会不愿意与我们沟通呢？其实，正因为有些父母没有真正理解孩子的需求，才会产生这样的问题。比如，有很多父母以“为你好”自居，按照自己的意愿，把孩子所有的事情都包办了，只希望他能专心读书。可是就算这样，孩子仍然叛逆、任性、不听话，这令家长们十分困惑。这是为什么呢？因为这些家长虽然为孩子付出很多，却不理解孩子真正想要的是什么。如果总以“我是为你好”的想法来控制孩子，孩子就会对父母产生抵触心理，认为父母所做的一切都是在束缚他。这样，孩子就会以冷漠、无视、叛逆等方式来“保护”自己，与父母的沟通也会随之停止。

另外一个很重要的原因是亲子间缺乏共同话题。在这个信息爆炸的时代，新名词、网络用语、趣味段子等层出不穷，而小孩子接受新事物的能力极强，这些元素父母很少接触，却很可能成为孩子们中间流行的话题。所以，在某种程度上说，孩子在成长，而父母却落后了。孩子感兴趣的事物父母却不知道，父母谈论的东西孩子不感兴趣，这必然导致父母与孩子之间无话可谈，所谓的“代沟”由此而来。在孩子的眼里，这样的父母就好像“老古董”，与父母沟通的过程无趣而乏味，他们自然更不愿意与父母畅快谈心。

找到亲子沟通障碍产生的原因之后，父母就应该改变自己与孩子沟通的方式，比如多问孩子的想法，多了解孩子喜欢的事物，而不要一味地要求孩子变得听话、顺从。作为父母，要想办法把话说到孩子的心里去，让孩子愿意听你说话，如此沟通才会更有效。

## 顺畅沟通，环境氛围很重要

亲子沟通的环境同样重要。与孩子沟通时，父母还应该尽可能地选择一个宽松的环境，这样才更有利于与孩子之间的沟通。

对此，一位家长曾这样说："把握和孩子谈话的时机，创造良好的沟通环境。与孩子谈话并非随时随地都可以进行，在孩子专心致志于学习或娱乐的时候，内心是不需要受干扰的。比如在比较空闲的时候，吃饭的时候，散步的时候，或是取得某种成功、遇到问题麻烦、心情恶劣或情绪亢奋、快乐时，这时及时与孩子交谈，往往孩子愿意和父母沟通，也容易接受父母的暗示。"

适合的环境在哪里呢？其实，父母只要善于观察，就会发现生活中有很多时刻都是非常适宜进行亲子沟通的，比如一家人一起到郊外散步，或者一起出门去海边、大山中旅行等。在美丽的大自然中，孩子总会找到无穷无尽的新鲜事物，他会很自然地向父母提出各种有意思的、古怪的问题，这就给父母与孩子的沟通提供了绝佳的机会。同样，美丽的景色也能引发孩子对人生、对自身处境的思考，父母可以借此机会向孩子阐述人生道理，在愉悦的氛围中解除孩子的困惑。此时双方心情都十分愉悦，所以，亲子沟通就会很顺畅，亲子情感就会更加和谐亲密。

在家庭中，同样也能营造轻松的沟通氛围。如今的生活节奏日益加快，很多父母白天上班，孩子上学，只有在晚上，全家人才能聚在一起吃饭。所以，晚餐时间就成为与孩子沟通的"黄金时间"。但是要注意的是，利用晚餐进行的亲子沟通不应以责骂、训斥为主，因为大部分孩子都反感父母在晚餐期间训斥他们。而且这种教育方式是错误的，不管孩子犯了什么错，父母都不应该在吃饭时批评孩子。这时批评孩子，往往会让孩子产生沮丧心理，影响吃饭的心情，甚至会导致孩子产生神经性厌食，影响孩子的身体健康。

在晚餐时，父母应该多讲讲孩子的优点，多鼓励孩子，多聊孩子感兴趣的话题，营造一个轻松愉悦的氛围，让孩子快乐地进餐。时间长了，父母就能走进孩子的内心世界，孩子也乐于敞开心扉对父母倾诉。在餐桌上，全家人可以倾听孩子讲述学校里发生的事，也可以一起讨论某件时事，允许孩子自由地表达自己的想法。当然，父母也可以聊一些自己工作中发生的趣事，上班途中的所见所闻及自己的感想等。

出游、吃饭本是令人开心的活动，如果在这个过程中能与家人其乐融融地交流，更是一件令人倍感温馨愉悦的事情。当孩子长大成人后，这会成为他最美好的童年回忆。

## 改一改语气，沟通更顺利

在与孩子沟通的过程中，父母应该用温和的语气去要求或是引导，不能一味使用命令的语气或者不耐烦的语气。

当孩子向你展示他的手工作品或者他画的画时，你应该认真欣赏并且给予真诚的赞美；当孩子想要为你唱一首歌，或者跳一支舞时，如果你刚好有时间，应该耐心看并且给予鼓励，即使没时间，也应该尽量用温和的语气对孩子说："爸爸 / 妈妈现在有重要的事情要做，等我忙完了，宝宝一定要好好表演哦！"孩子都希望得到来自成年人的认可与赞赏，他希望引起父母的注意，更希望自己能为父母带去快乐，如果孩子知道自己被认可，他的自信心就会大大增强，也就会有更大的兴趣和动力去做事。如果敷衍地与孩子沟通，孩子就会感到自己受到了否定，也就不会有动力和信心继续做下去，从而导致消极情绪的产生，甚至由此产生与父母之间的隔阂。

研究表明，成功的家庭教育与父母的语言表达有密切的关系，尤其是父母与孩子说话的语气，将会深刻影响孩子的情商、智商、气质与修养。父母应该仔细揣摩孩子需要父母以怎样的语气对他说话，这样才能把话说到孩子的心里。

比如，孩子希望得到父母的信任时，父母应该用肯定的语气与孩子沟通。如孩子想学骑自行车，父母应该用充满信心的语气说："我相信只要你努力学，就一定能学会。"如果父母这样说："你能学会吗？还是不要学了！"就会打击孩子的自信心。

再如，当孩子做错事时，不要一味批评他，而应该帮他总结经验教训，鼓励他下次获得成功。如孩子第一次帮妈妈扫地时，不小心把水桶碰倒了，妈妈责备孩子太笨，只会添乱等，这样就会打击孩子尝试做事的勇气。这时候，妈妈应该用温和的语气告诉孩子应该怎么做，这样，既能教给孩子做事的方法，又增加了孩子的信心。

实际上，在与孩子沟通时，父母说话的语气是非常重要的。同样的话，以不同的语气表达出来，就会收到不一样的效果。命令、责备与敷衍的语气只会让孩子更加反感而不愿意接受，从而滋长了他的逆反心理，久而久之会让他与父母的距离越来越远。而在沟通过程中多用亲切温和的语气，给予孩子更多的肯定，则会让孩子愉快接受父母的建议，更愿意与父母沟通。

所以，面对犯错误或遇到困难的孩子，父母不妨坐在孩子身边，用和蔼的语气耐心劝说孩子，孩子的心理就会得到极大的安慰，紧张的神经也会松弛下来，从而能够稳定自己的情绪，明白自己接下来要怎么做。这样的方式就像说悄悄话一样，在这个过程中，孩子会感到父母对他的尊重，也更容易激发他与父母沟通的兴趣，他也就更愿意接受父母的教导。

# 做一个有趣的家长

传统观点认为，教育应以严肃的说教为主，但过于严肃的教育方式也许并不合适。对孩子过于严厉，会让孩子在心里对父母产生畏惧感，变得不敢对父母说心里话，亲子关系也因此疏远了。而做个有趣的家长，不仅能给孩子带来乐趣，还能让孩子在笑声中深刻体会到教育的意义。许多父母担心，幽默风趣的教育方式会不会让孩子变得“无法无天”，其实这种担心是多余的。父母在和孩子沟通的过程中适当开一些玩笑，运用一点幽默的手法，孩子会更加愿意接受父母的看法，亲子沟通也变得更加容易了。

生活中不难发现，很多父母越是对孩子严厉，孩子就越喜欢反抗父母。当父母不知该怎么办时，不如换种方式，采取幽默风趣的沟通方式与孩子交流。把严厉的说教换成富有幽默感的玩笑，委婉地批评孩子，指出孩子的不足，这样能让孩子在欢笑中认识到自己的错误，更愿意接受批评并且改正，而且对改善亲子关系也有不错的效果。

喜欢有趣的东西，是孩子的天性。有时候，孩子也会跟父母开一些可爱的小玩笑，这个时候父母最好认真对待，千万不可以对孩子说“别闹了，一边儿玩去”这类的话，这样会扼杀孩子的幽默感，让孩子更加不敢接近父母，自然也不会对父母敞开心扉了。最好的方式是配合孩子的小玩笑，让孩子感受到父母和蔼可亲、充满童趣的一面，这对培养良好的亲子关系是非常有利的。

在和孩子相处中，像朋友一样跟孩子开玩笑，幽默风趣地聊天、玩游戏等，会让孩子有种受尊重的感觉，且这种时候孩子的心情也比较轻松，和父母交流起来，不会有怕受批评而不敢说的紧张感。可见，幽默是一种能促进亲子感情的交流方式。

父母也可以给孩子讲一些幽默的故事，可以是一些名人轶事，也可以是父母自己小时候的趣事。这些故事可以拉近父母与孩子的距离，让父母在和孩子沟通时，多一些共同语言，一边说笑，一边就把想说的话说出来了。幽默的话语，可以打动孩子的心，让孩子愿意和父母交心。

## 和孩子成为朋友

平等亲子关系的建立是十分重要的，但高高在上、居高临下的传统教子观念严重破坏了一些父母与孩子之间的平等关系，这也正是孩子叛逆的源头。父母只有把孩子当朋友，真正平等地对待孩子，才能帮助孩子学会爱和尊重他人，建立良好的人际关系，取得进步。

“爸爸，我想学街舞。”在选择兴趣班时，立明对爸爸说出了自己的想法。

“为什么要学街舞？”爸爸疑惑地问道。

“我……”

“我什么我？一个男孩子学什么乱七八糟的舞，学足球不好吗？”还没等立明说完，爸爸就强硬地打断了他。

“可是我喜欢街舞，不喜欢足球。”立明怯生生地说。

“街舞有什么好的！男孩子就应该学足球，这才像个男孩子！”爸爸说。

“可是街舞一样也能强身健体呀！”立明不死心，继续辩驳。

“你别给我丢人，让你学足球你就学足球！”爸爸生气地命令。

立明委屈极了，他非常讨厌爸爸的做法，觉得爸爸简直不可理喻。

上文例子中的立明爸爸就是一位典型的“独裁者”型爸爸，他的做法是不可取的，这样做只会让孩子越来越讨厌父母。凡是孩子想做的事，只要对他自己是有益的，父母就应该支持孩子，并且给予孩子一定的建议。在这个过程中，如果孩子遇到了挫折和困难，父母应当多安慰和鼓励孩子，帮他们找出问题，分析问题，并帮助孩子解决问题，多和孩子沟通、交流，这样，孩子的健全人格才能得以培养，也会更加信任父母，愿意与父母沟通。

当父母和孩子在某件事情上发生争执时，父母总是希望孩子可以听自己的话，甚至会用威胁的手段来压制孩子，让孩子改变主意。“我都是为了你好”“你是我生的，必须听我的”这些看似很有道理的话语，常常被父母用来当作挡箭牌，好让孩子听自己的话。殊不知，孩子也有自己的看法，也有自己的个性，他们不喜欢被过度约束，也需要选择自己喜欢的生活方式。

随着时代的发展，“00后”成为新生一代的主力军，他们叛逆、早熟，但对事物也有自己独到的见解，更渴望被平等对待。如果孩子把父母看作高高在上的独裁者，父母把孩子当作乳臭未干的婴儿，他们之间就无法形成有效的沟通，这种教育方法教出的孩子，会越来越不听父母的话。从小成长于缺乏平等观念家庭中的孩子，会形成叛逆、自卑、自私、怯弱、缺少主见等性格缺陷，更有甚者会出现极端逆反的行为，甚至走向犯罪；而平等型家庭养育出的孩子，就会表现出自立、上进、乐于与他人分享等良好品行，具备自立和自理的能力，拥有较为成熟的心志。

孩子尚未长大成人，在处理问题时肯定欠缺经验，不够成熟。当他们遇到问题时，父母可以帮助孩子分析问题，教会他们如何妥当地处理，怎样做出正确的决定。但这种帮助并不代表父母要为孩子一手包办，更不是独裁专制。正确的做法应当是把孩子置于和自己平等的地位，像对待朋友一样对待孩子，去关注孩子的内心世界，了解孩子的喜好和兴趣，倾听孩子的真实想法，在尊重孩子选择的前提下，及时给予孩子适当的指导。

真正平等地对待孩子，父母要学会倾听，走进孩子的内心世界，成为孩子最亲密的朋友；还要引导和提醒孩子朝着正确的方向前进，并且帮助孩子发现并解决问题，让孩子健康快乐地成长。

## 不在早晨训斥孩子

很多爸爸妈妈已经意识到，早晨叫醒孩子的时候一定要讲究方式方法，不能简单粗暴。因此，聪明的爸爸妈妈想出了很多好办法，例如，播放孩子喜欢的儿歌或者音乐，让孩子在音乐声中起床；再如，轻柔地与孩子做个互动游戏。的确，让孩子心情愉悦起床的方式有很多，然而，如果选择在早晨训斥孩子，将会让孩子沮丧一整天。

不要小看早晨训斥孩子的害处，这会让孩子一整天都处于低落的情绪状态中，长此以往，可能会让孩子产生心理问题，甚至患上抑郁症。晨起不训子，这应该是每一个爸爸妈妈都严格遵守的。在没有犯严重错误的情况下，爸爸妈妈应该注意避免对孩子发火，让孩子带着笑容吃早餐，高高兴兴地去学校。

豆豆是一个即将升入小学的慢性子宝宝，每天早晨起床都会磨蹭很久。为此，豆豆妈妈每天早晨都会不停地训斥他、催促他。可是越是这样，豆豆就越是不想起床洗漱，连去学校之后都是闷闷不乐的。

细心的老师也发现了这个问题，她看到豆豆经常苦着脸来到幼儿园，遇到老师同学也只是无精打采地打个招呼。上课时豆豆也明显打不起精神，在课间活动期间，豆豆总是一个人坐在一旁，不愿意跟大家玩。

老师把情况反映给豆豆妈妈，并且询问她，是否在早晨训斥过孩子。豆豆妈妈承认了自己经常在早晨训斥豆豆，因为他做事拖拉，还总是不愿意起床。本来豆豆妈妈并没有觉得自己的行为给孩子造成了多大伤害，但听了老师反映的情况，她才意识到，在早晨过于严厉地训斥孩子，会影响孩子一整天的状态。

认识到错误的豆豆妈妈决定换一种方式与豆豆沟通。第二天，她不再着急催促洗漱磨磨蹭蹭的豆豆，而是轻声细语地喊豆豆起床，耐着性子帮助他穿衣洗漱，并温和地告诉他要怎样做才更好。果然，豆豆早晨出门时脸上挂着开心的笑容，在幼儿园里的状态也比之前改善了很多。

大多数孩子都喜欢在早晨磨磨蹭蹭、拖拖拉拉。可是，早晨的时间是短暂的，大部分上班族父母需要赶时间，孩子需要去上学，因此没有时间留给孩子磨蹭。这时候，很多父母往往会忍不住大声呵责孩子、催促孩子，从而使孩子心情低落甚至大哭。但是请各位爸爸妈妈想一下，如果你早晨就挨了一顿训，一整天的心情还会好吗？要解决孩子拖拉这个问题，不妨早起几分钟，并且尽量用温和的方式引导孩子做完自己的事，长期坚持下去，孩子自然会养成好习惯。

爸爸妈妈们，在紧张而又忙碌的早晨，你们是否也会因为各种各样的原因训斥孩子呢？看到豆豆的经历后，你们可要及时反省，不要在早晨训斥孩子了！很多事情都可以换个方式解决，多给孩子一点耐心，孩子才会快乐成长。

## 讲故事比说教更有效

每当孩子犯了错误，很多爸爸妈妈都会直接指出孩子的错误，甚至给予孩子严厉批评。这么做虽然可以直截了当，但是有可能损伤孩子的自尊心，让孩子与父母之间产生隔阂，造成亲子沟通的障碍。

其实，孩子没有我们想的那么笨，他们是可以意识到自己的错误的。而且，孩子自省的可贵之处就在于，当他们清楚地认识到自己的错误，就会产生愧疚心理，从而发自内心地想要改正错误，完善自己。例如，当孩子犯错，爸爸妈妈可以举与错误相关的例子给孩子听，让孩子举一反三；再如，孩子犯错之后，爸爸妈妈也可以佯装不知情，然后有意识地给孩子讲与他情况相近的故事，用故事中的道理点拨孩子。等到孩子意识到自己的错误，并且主动承认错误时，爸爸妈妈再适当地给予肯定，强化道理。这么做，孩子会更加心悦诚服。

其实，大多数孩子都喜欢听故事。从孩子两岁左右，许多爸妈就开始为孩子讲各种各样的儿童故事。这无疑是亲子的黄金时光，还有许多明智的父母会用讲故事的方式教育孩子，给孩子讲一些美德故事、名人故事等，这样的方法是非常好的，因为听完故事的孩子会主动思考故事中的道理，这比父母直接说教更容易让孩子接受。

有一次，妈妈带列宁去姑妈家做客。妈妈和姑妈一起在厨房做饭，列宁和姐姐在客厅玩得很高兴。突然，他一不小心把花瓶打碎了。

看到破碎的花瓶，姑妈问：“孩子们，是谁把花瓶打碎了？”哥哥摇摇头，姐姐也摇摇头，列宁很想承认，但是又担心受到责备，因此像哥哥姐姐一样也摇了摇头。但是，站在一旁的妈妈看到列宁满脸通红，又想到列宁在家里就经常因为贪玩打碎东西，就猜到花瓶是列宁打碎的。不过，当着姑妈和哥哥姐姐的面，妈妈没有拆穿列宁的谎言。她很担心：列宁从来不撒谎，这次是怎么了？

回家之后，妈妈也没有批评列宁，更没有提起姑妈家破碎的花瓶。她像往常一样疼爱列宁，因为妈妈相信，列宁一定会主动承认错误的。不过，从回家之后，妈妈就经常给列宁讲故事。故事都是关于诚实的，列宁听了心里很难受。终于有一天，在妈妈又开始讲故事时，列宁突然大哭起来。他对妈妈说：“妈妈，对不起，我欺骗了姑妈，也欺骗了您。花瓶是我打碎的，但是我撒谎了。”看到列宁痛苦的样子，妈妈欣慰地说：“好孩子，虽然你打碎了花瓶，但是只要你写信向姑妈承认错误，我想姑妈不会怪你的。”就这样，列宁当即起床，坐到书桌旁，开始给姑妈写信。在信里，他不但承认了错误，还再三向姑妈道歉，请求姑妈的原谅。姑妈很快就回信，赞赏列宁的诚实。从此以后，列宁再也没有撒过谎。

以上这则故事想必每个人都不陌生，列宁因为害怕，没有当着姑妈的面承认错误。而妈妈为了保全列宁的自尊，并没有当场揭穿列宁，而是在回家之后煞费苦心地给列宁讲故事。妈妈的心思没有白费，列宁在故事的启发下，终于认识到自己的错误，并且写信求得姑妈的原谅。这就证实了一点：故事确实比直接说教更容易让孩子接受。

在养育孩子的过程中，如果发现孩子犯了错误，与其严厉而又生硬地训斥孩子一顿，还不如给孩子讲个故事，并且引导孩子思考故事中的道理。这样的方法虽然不如直接训斥来得方便快速，但效果极佳，既能让孩子认识到自己的错误，又能拉近亲子间的距离，在孩子心中树立起良好的形象，更有利于破除亲子沟通障碍。

## 孩子也想了解你

很多父母觉得孩子不会理解自己的想法和做法，也没有必要知道家里的情况，因此很少与孩子谈起这些话题，也很少让孩子参与到这些事情当中。比如，许多父母不会把工作中的事物和同事间的纠纷说给孩子听，也不会向孩子公开家里的财政收支。他们的出发点是好的，无非是想让孩子快乐成长，不要有心理负担。其实，这种不对等的了解是不利于亲子沟通的，有些时候，孩子其实也很想了解这些情况。

父母要想与孩子建立健康的交流方式，就要把孩子当成家里的一分子，当作“小小顶梁柱”，而不只是单纯地把他看作一个不谙世事的孩子。只有双方相互了解，孩子才能更爱听你说的话。

小美家开了家书店，小美每天做完作业，都在店里帮妈妈整理图书、打扫卫生，爸爸妈妈也会告诉小美书店的经营状况，以及店里最近发生的事情。在寒暑假的时候，爸爸会带小美去参加各类书会，在进货的过程中会听取小美的意见，问她同龄人都喜欢看什么书等。在这样的环境里，小美成长为一个有主见、有担当的孩子，而且对家里的经济状况有一定的了解，从来不会乱花钱。

只有让孩子亲身体会工作的辛苦，才能让孩子明白父母的期望。让孩子了解父母的事情，可以让孩子掌握交流中的主动权，让孩子主动地亲近父母，跟父母交流，替父母分忧解难。所以，父母平时有多累有多苦，都可以适当告诉孩子，让孩子了解自己，才能更好地和孩子交流。

其次，父母应让孩子学着做家务。一些家务活，比如洗衣服、扫地等。这是一个很好的让孩子了解父母、体验生活的机会，在劳动中，孩子会明白父母做家务有多么艰辛和劳累，从而更加珍惜父母的劳动成果。如果父母跟孩子一起做家务，进行“大扫除”，也是不错的亲子活动，除了能够锻炼孩子的生活能力，还可以让亲子关系更加融洽，拉近父母与孩子之间的距离。

父母还可以多和孩子聊聊各自的爱好，在了解孩子爱好的同时，也把自己的爱好告诉孩子。在聊天的过程中，父母能够无意中了解到孩子这个年龄段的人喜爱的东西，以及流行的词汇等，不知不觉就和孩子产生共同语言，消除了代沟。因此，父母和孩子只有在互相了解后，才能进行有效的沟通。所以，让孩子了解父母是很有必要的，这样做不仅会让孩子了解到父母养家不易，也会让孩子懂得关心父母。

## 不在孩子面前说别人的“坏话”

父母在孩子面前，要格外注意自己的言行，提及孩子认识的人的时候，不能说他的缺点或令人不满意的地方，要说他好的一面。

田田今年4岁，她有一个还在读高中的舅舅。舅舅非常疼爱田田，每次来田田家，都会给她带点零食，有时还会带田田出去玩，田田也很喜欢舅舅。

有一个周末，妈妈从田田姥姥那里得知，田田舅舅又逃了自习课，去网吧了。于是她非常生气，忍不住在电话里跟田田姥姥抱怨了几句：“这孩子真是的，怎么不学好呢。”

一旁的田田刚好听见了，等妈妈挂了电话，她就问妈妈：“妈妈，是谁不学好呀？”

妈妈还在生气，就对田田说：“还有谁？就是你那个不靠谱的舅舅呗！”

田田听了这话，有点不高兴：“我舅舅可好了！不许你说他！”

妈妈一听，更来气了：“好什么好？你舅舅又逃学去打游戏了，这不是不学好是什么！你可不许跟他学啊！”

“哦。”田田似懂非懂地应了一声。

一周后，舅舅来田田家吃饭，发现田田没有像往常一样开心地欢迎他，感觉有点奇怪，就去问田田：“田田啊，舅舅来了你不开心吗？”

“妈妈说你不学好。”田田说。

舅舅听了这话，感到很吃惊。一旁的妈妈听见了，也感到非常尴尬。

类似以上案例的故事，是非常常见的。父母在说起某人的“坏话”时，常常不知道避开孩子。如果孩子年纪还小，他就不能明白这些话是不可以说给当事人听的。正所谓“童言无忌”，在下次见到父母口中“不好的人”的时候，他很可能把父母背地里说过的话告诉那人，使父母陷入尴尬的境地，还可能影响父母的人际关系，就像案例中的田田一样。

有些父母认为，孩子还小，即使说了某人的坏话，他也听不懂的。其实，即使孩子不能完全理解父母所说的意思，也能通过父母的表情、动作、语气得知父母在说一个“坏人”。如果父母经常在孩子面前说别人的“坏话”，孩子也会深受父母影响，在与别人交往时只看别人的缺点，不懂欣赏他人。

那么，要如何避免这类情况的发生呢？首先要注意的就是，父母应该以身作则，尽量不要在孩子面前说别人的坏话，而应该多多提及某个人的优点和长处。这样，孩子才能受到父母的积极影响，成长为一个心胸豁达、友好热情、懂得欣赏他人的人。

有些时候只是以身作则是不够的，孩子的是非观尚未完全成型，很容易受到除父母以外其他人的影响。所以，父母要时刻教育孩子，不可以背地里说别人的坏话，要多多发现别人身上的优点。如果孩子听到了一些是非传闻，父母要告诉孩子，每个人看问题的角度是不一样的，对一个人的了解程度也是不同的，所以不能轻易就说一个人不好。

还应该注意的是，父母不应在孩子面前指责孩子的老师。如果父母在孩子面前随意指责他的老师，说老师某一方面很差劲，老师在孩子心目中的形象就会越来越差，甚至会让孩子产生逆反情绪和厌学情绪，这样对孩子是非常不好的。

总之，父母在日常交流中，尽量不要用一些带有偏见色彩的语言，以免对孩子产生不利的影响。

# 第二章
# 读懂孩子的内心世界，真正了解孩子

## 走进孩子的内心世界，其实很简单

孩子的世界是纯洁无瑕的，同样也是丰富多彩的。作为父母，应该守护孩子那些天真可爱、充满童趣的小小梦想，走进孩子的内心世界去感知孩子的真实想法，并且尽量去满足孩子的需求，引导孩子享受童年的快乐。只要真正了解孩子的心理特点，关注孩子的内心世界，并以此心境为出发点去接触、理解孩子，就会读懂孩子的内心。

让我们来看这样一个小故事：

一场大雪后，孩子想带着水彩笔出去，做一个五颜六色的小雪人。可是妈妈觉得孩子的想法过于荒诞，而且纯粹是瞎折腾，就不让他出去，把他关在屋子里。任凭孩子苦苦哀求："妈妈，你就让我玩一会儿吧，我真的很想做个彩色的雪人！"可是妈妈却说："根本做不成的，而且雪会化掉！"孩子委屈地哭了，他想：为什么妈妈就不能让我出去试一试呢？

还有一个小男孩，他也想做一个五颜六色的雪人，于是他把这个想法告诉了妈妈，不同的是，男孩的妈妈立刻带着孩子到雪地里，拿出孩子的水彩笔，和孩子一起做了一个小小的彩色雪人。虽然这个小雪人因为颜料的加入，很快就化掉了，但是男孩依然很开心。

孩子的心灵就好像一本书，父母需要用心才能读懂。很多父母看起来似乎最了解孩子，其实他们可能并不知道孩子想要什么，只是一味地把成人的想法强加在孩子身上。

如今许多孩子出生于城市，独生子女不在少数。而由于父母工作繁忙，很少陪伴孩子，导致孩子的一些心理需求得不到满足。而且很多父母并不了解自己的孩子，他们或许忙于工作，无暇顾及孩子的感受，或许对孩子的心理特点认识不足，认为孩子与成人的想法并无太大区别，不需要花时间了解孩子，走进孩子的内心。这就造成了父母和孩子之间的隔阂，久而久之就出现了一种“怪象”：孩子说的话，父母不以为然；父母说的话，孩子当耳旁风。

父母不了解孩子表现在很多方面，比如，父母不了解孩子的兴趣爱好、行为习惯、年龄特征，从而不理解孩子的一些稀奇古怪的想法。另外一点是，孩子的做事方法往往带有本时代的特色，且孩子周围的同龄人都具有这样的特征。而父母的做事方法却带有过去时代的痕迹，因为两代人的经历不同。这就造成了双方的沟通障碍。所以，如果父母不真正走进孩子的内心世界，就不会了解孩子的内心，也没有办法取得有效的亲子沟通途径。

所以，父母除了给孩子各方面的关心与照顾和必要的物质条件外，还要注意，从一些细节上发现孩子的需求，多问问孩子想做什么，不打击孩子的奇思妙想，甚至可以陪孩子一起完成他的小梦想、小发明。这样，在了解孩子的同时，还能促进亲子关系，让孩子更愿意和你在一起。

与其用成年人的想法填满孩子的内心世界，不如去了解孩子内心原本的样子，然后适当满足孩子的内心需求，帮助他更加健康地成长。

## “假如我是你”——换位思考

孩子都爱爸爸妈妈，爸爸妈妈也最爱孩子。这点毋庸置疑。然而，在亲子生活中，爸爸妈妈和孩子又常常因为各种各样的事情处于对立面。这一切，都是因为彼此不理解和不宽容导致的。即便不停地沟通，很多时候，爸爸妈妈依然无法理解孩子的做法，孩子也不能体谅爸爸妈妈的苦心。其实，当语言不能达到预期效果时，不如尝试着换一种方法。

我们常常说，应该设身处地地为他人着想。然而，孩子的心智还没有发育成熟，他们还不能很好地做到设身处地。既然如此，为什么我们不去带领孩子来一场“角色互换”游戏呢？角色互换的操作还是很简单的，既不需要额外的道具，也不需要特意准备，只要把游戏规则告诉孩子即可。

角色互换的目的就是为了更好地换位思考。当然，孩子需要理解爸爸妈妈的用心良苦，爸爸妈妈也应该学会换位思考，真正理解孩子的所思所想。大多数情况下，人们已经习惯了从自己的角度出发思考问题，每个人都不例外。那么，如何才能知道孩子心中怎么想呢？

对于成人来说，即使不采取角色互换的方法，也可以换位思考。因为成人的生活经验更加丰富，经历也更复杂，体验过各种各样的情感。只要愿意，爸爸妈妈还是可以站在孩子的角度思考问题的。当然，为了使换位思考的效果更好，爸爸妈妈还应该多多学习，了解孩子在每个年龄段的身体成长和心理发育的特点，这样才能更好地走进孩子的内心。

一个周末，小雨想跟好朋友一起出去逛街，可是当她满心欢喜地去征求妈妈的同意时，被妈妈拒绝了："不行！现在快考试了，你应该在家好好学习！"

"可是琪琪、小兰她们都要去，我们三个很久没有在一起好好玩了。"小雨委屈极了。

"玩什么玩，你现在的任务就是好好学习！"妈妈听了这话，更生气了，强硬地拒绝了小雨。

小雨又生气又难过，泪珠在眼眶里打转。最终，她回到自己的房间，"砰"地关上了门。

小雨妈妈也意识到自己的做法有些不妥，于是她静下心来，认真思考自己应该如何与小雨沟通。在思考的过程中，小雨妈妈忽然想起来，自己在小雨这个年龄的时候，也非常喜欢跟小伙伴相约出去玩。

"如果我是小雨，想出去玩却被妈妈拒绝了，那一定很难过吧？平时学习也够紧张了，换作我们大人，都需要放松一下，何况她一个十多岁的孩子呢！"小雨妈妈这样想着，开始心疼女儿了。

小雨妈妈推开了小雨的房门，发现小雨正趴在床上哭。

"刚才是妈妈不好，不应该对你生气的。"小雨妈妈轻轻抚摸着女儿的后背，"如果想出去玩，那就去吧，只是别忘了，回来之后还要预习周一的功课。"

小雨听了这话，顿时破涕为笑，从床上爬起来对妈妈说："好的，我回来一定做到。妈妈你真好！"

在这个事例中，小雨妈妈之所以生气，是因为妈妈的精神太紧张了，过于担心孩子的学习成绩。这并非是一件坏事，但表达方式不可过激。她没有考虑到孩子的需求，没有充分理解孩子对跟朋友出去玩这件事的向往心情，第一反应是拒绝孩子，就造成了孩子的不良情绪，也使孩子对学习产生了抵触心理。但是如果妈妈站在孩子的角度想一想，理解孩子的需求和背后的原因，适当满足孩子，让孩子保持愉悦的心情，他们就会与父母更亲近，也更加愿意完成自己应该做的事。

在现实生活中，爸爸妈妈不能换位思考导致误解孩子的现象十分常见。其实，爸爸妈妈先入为主地判断孩子的主要原因，就是不能尊重孩子，不了解孩子的真正想法。爸爸妈妈只有摆脱高高在上的心理，把孩子当平等的个体，才能更好地处理亲子之间的关系，让亲子关系变得更加和谐融洽。

## 如何了解孩子的真实想法

当孩子进入青春期，不少父母觉得孩子变得不听话了。他们为了了解孩子，甚至在孩子不在的时候偷看孩子的日记，以为这样能够了解孩子的想法。

与其“偷袭”，不如与孩子沟通，真正地去了解孩子。因为“偷袭”的方式一旦被孩子发现，会让孩子失去对父母的信任，从而更加不愿意与父母沟通。

小军上六年级了，是一个听话的孩子，但最近他开始调皮捣蛋，四处搞破坏，甚至学会了在上课的时候跟老师抬杠。班主任把情况反映给了小军的妈妈。

妈妈也觉得小军这样很反常，怀疑他已经进入了“逆反期”，觉得应该和他好好谈一谈。回家后，妈妈问小军为什么调皮捣蛋，小军不屑地说：“反正你也不管我，问这干什么？”

“妈妈怎么会不管你呢？”妈妈听了小军的话，惊讶得半天说不出话来。

“现在我们班好多同学的妈妈都给他们报了补习班，放学的时候开车来接他们回家。我们家也有汽车，为什么你不来接我？”小军有点生气地说。

“你的成绩一直不错，妈妈相信你毕业的时候会考出满意的成绩，所以没有给你报补习班呀。”妈妈叹了口气，“不接你放学是因为，妈妈觉得你是个男子汉，应该锻炼一下自己的意志，不能太娇气。”

“原来是这样，我知道了。其实我故意调皮捣蛋，也是想看看你们是不是真的不管我了。”小军惭愧地说。

小军渴望被妈妈关注，所以一改“乖孩子”的形象，故意调皮捣蛋。妈妈认为小军很懂事，不需要过多地关注他，非常信任他，所以没有把过多的心思放在小军身上。可是妈妈不了解孩子内心的真实想法，同时也让孩子产生了误会，认为妈妈不管自己了，这就造成了亲子关系的恶化。

父母教育孩子时要明白，教育孩子应站在孩子的角度考虑问题，以孩子的想法为主，随时跟孩子沟通，就能大大减少父母与孩子之间的误会，更好地用合适的方法教育孩子。

除此之外，父母可以和孩子培养共同的爱好。与孩子有了共同的爱好，沟通起来就有更多的话题，这可以说是一个了解孩子的好途径。

莹莹是一个上初一的学生，最近她突然爱上了看动漫，并且有事没事就喜欢临摹动漫人物，甚至一放学就跑进自己的房间里，要么打开电脑看动漫，要么在自己的图画本上不停地画。妈妈喊她吃饭的时候，她也磨蹭好久才出来。

莹莹妈妈担心她因为沉迷动漫影响学习，决定找她谈一谈。

“莹莹，妈妈见你每天一放学就躲进房间，吃饭都不积极了，是在写作业吗？”妈妈问。

“对呀，写完作业之后还会看动漫。”莹莹回答。

“动漫有那么好看吗？”妈妈问。

“可好看啦，”说到这里，莹莹的眼睛亮了起来，“在看动漫的过程中，我受到了很大的鼓舞，明白了很多道理，而且许多动漫人物的造型非常美！妈妈要不要一起看？”

莹莹妈妈觉得这是个了解女儿的好时机，于是答应，有时间的时候跟女儿一起看她最近在看的动漫。但她也要求莹莹，不能因为动漫影响学习。渐渐地，莹莹妈妈也爱上了一些剧情精彩、具有积极向上的教育意义的动漫，没事的时候还经常和女儿一起讨论动漫人物，点评女儿的画作，母女之间的距离更近了。

从故事中我们可以看出，共同的爱好不仅让妈妈更加了解莹莹，还和莹莹建立了不错的友谊。跟孩子有相同的爱好，特别是喜欢最近在孩子们中流行的东西，会让孩子感到父母也很时尚，也有孩子气的一面。这样，他们跟父母交流起来也不会觉得那么无趣，就会像跟朋友交流时一样轻松愉悦，也更愿意把心里的想法告诉父母，同时也更加愿意接受父母的建议。

如果父母由于种种原因无法跟孩子培养共同的兴趣，也可以花心思去了解孩子的学校生活。学龄儿童一天里的大多数时间都是在学校度过，不可否认，校园环境对孩子的影响是很大的。父母可以鼓励孩子经常带同学到家中来玩，然后加入孩子们的闲聊，通过与他们聊天，往往可以有很多收获。除此之外，父母还可以经常和孩子的任课老师多交流，以更好地了解孩子的学习情况。

## 陪伴是最好的礼物

满足孩子的情感需要，有利于孩子良好性格的养成。如果父母仅忙于工作而无心陪伴孩子，孩子就会感到孤独和低落，这种情绪非常不利于孩子的成长，也不利于亲子关系的发展。所以，让自己做明智的父母吧，尤其是父亲，更应该多抽出点时间陪陪孩子。

一位父亲下班回到家很晚了，他很累，还有点烦。这时，他发现5岁的儿子正靠在门旁等他。他的眉头一下子皱了起来。

“爸爸，我可以问您一个问题吗？”儿子怯生生地问。

“什么问题？”父亲的眉头皱得更紧了。

“爸爸，您一小时可以赚多少钱？”儿子轻声问道。

“这与你无关，你为什么问这个问题？”父亲生气地说。

“我只是想知道，您一小时赚多少钱。”儿子哀求道。

“假如你一定要知道，就告诉你，我一小时赚20美元。”父亲不耐烦地吼道。

“哦，”儿子低下了头，接着又说，“爸爸，你可以借我10美元吗？”

父亲发怒了：“如果你借钱只是要去买毫无意义的玩具的话，给我回到你的房间去。好好想想为什么你会那么自私。我每天长时间辛苦工作，没时间和你玩小孩子的游戏。”

看到父亲这么生气，儿子只好安静地回到自己的房间并关上了门。父亲坐下来还在生气。后来，他平静下来，开始想他可能对孩子太凶了，或许孩子真的很想买什么东西，再说他平时很少要过钱。

父亲走进儿子的房间：“你睡了吗，孩子？”“爸爸，我还醒着。”儿子回答。

“我刚刚可能对你太凶了，”父亲说，“我今天因为工作的原因情绪不太好，但孩子，我很抱歉把怒火对你爆发出来。作为补偿，这是你要的10美元。”

“爸爸，谢谢您。”儿子欢叫着从枕头下拿出一些被弄皱的钞票，“爸爸，我现在有20美元了，之前不够，但现在够了。我想买您一小时的时间，明天请您早一点回家，我想和您一起吃晚餐。”

读到这个故事，你的心里可能会感到一丝心酸，但这就是大部分亲子相处模式的真实写照。随着社会的发展，物价上涨，生活节奏逐渐加快，人们肩上的压力也增加了。很多父母为了给孩子创造更好的物质条件，忙于工作，无暇顾及家庭，自然也不会留给孩子太多时间。这样就造成了亲子关系的冷淡甚至缺失，孩子甚至因为得不到足够的陪伴，产生种种心理问题，在长大后不愿与父母亲近。

父母无论从事什么工作，无论多忙，都应该花时间陪陪孩子。否则，就不能算称职的父母。哪怕每天只抽出十分钟的时间，为孩子读一本绘本，陪孩子做一个小游戏，等到孩子再大一点的时候，则可以利用这段时间陪孩子聊天。虽然时间不长，但这段时间完全属于你和孩子，可以称得上是真正的高质量陪伴。

陪伴其实很简单，比如，在准备晚饭的时候，可以让孩子陪你一起，适当地帮你打打下手，顺便跟你聊聊今天发生的事情。周末可以进行一次野餐活动，全家人一起到周边的公园或者就近的景点，在大自然中享受其乐融融的亲子时光。

还有一点特别重要，父母要明白。陪伴孩子并不是监督，来自父母的陪伴会让孩子感到轻松和快乐，但监督孩子，很可能会让他承受巨大的心理压力，甚至影响他的学习效率。明智的父母在陪伴孩子时，同时也会注意让孩子尽情放松，不要产生焦虑感。这样，与孩子的相处才会比较融洽。

## 爱 TA，就陪 TA 做游戏

爱玩是孩子们的天性，也是儿童特有的学习行为。在游戏中，能够培养孩子的规则意识，提高孩子的社交能力、反应能力等，很多户外游戏还能锻炼儿童的肢体灵活性，增进食欲，对儿童的身体健康十分有益。因此，游戏在儿童的成长过程中是非常重要的。

在与孩子一起游戏的过程中，父母收起了严肃的面孔，孩子不再感到父母威严不可抗拒，并且感觉父母很亲切。在这样欢乐的游戏氛围中，父母和孩子的关系必然也非常亲密与和谐。在游戏中，如果发现孩子的言行举止有问题，父母可以借用游戏中的角色来教育孩子。比如，孩子在玩游戏时使劲摔打玩具，父母就可以假装玩具，轻轻地说："我好疼呀，小主人太不爱惜我了！"孩子就会意识到自己的错误，学会爱惜自己的物品。因此，游戏也是一种很好的亲子沟通途径。

如果有条件，父母可以专门腾出一个房间或一个区域给孩子作为游戏场所，也可以为孩子提供些游戏道具，让孩子感受到父母富有童心的一面。游戏道具可以用一些废旧物品改造，不一定都需要购买。其实，亲手为孩子制作的玩具或游戏道具，孩子会更加喜欢。在制作道具的过程中可以邀请孩子一起帮忙，对孩子来说这本身就是一个很好的游戏，在锻炼孩子的动手能力的同时，还能够增进亲子感情。

以下是一些不错的亲子游戏：

1. 二人三足

玩法：把绳绑在妈妈和宝宝的脚上，一起向预定的终点进发。走的时候可以叫 1、2、1、2 的口号，促进两个人行动一致。

小贴士：在客厅进行，尽量搬开杂物，以免在游戏进行时不慎撞伤。

2. 木头人

玩法：请宝宝做不同的动作，如假装抹窗，或者请他绕圈走动，不过当你一声令下，就要立刻停止不动，维持刚做着的姿势。家长可以拍手或用其他方式喊停。

小贴士：游戏人数越多越好，增加趣味性。

3. 凌空飞人

玩法：爸爸和宝宝面对面站着，接着抓起他的双手，顺时针或逆时针方向各绕转一圈。当宝宝适应后，可转到两圈、三圈，循序渐进，慢慢增加圈数。

小贴士：抓住宝宝手脚的动作不要太粗鲁，以免宝宝的关节受伤。需要注意宝宝的反应，若宝宝哭或十分恐慌，应暂时停止，同时了解原因。

4. 客人来了

用具：玩具茶具（过家家游戏中的餐具）

玩法：妈妈扮演客人的角色，来宝宝家串门，让宝宝开门，然后给客人倒杯茶，鼓励宝宝跟客人谈话。

小贴士：妈妈可以多做几次示范和提示，让宝宝知道如何有礼貌地接待客人。

5. 好玩传声筒

用具：2 个纸杯、1 根线

玩法：在 2 个纸杯的底部，各用针线穿一个小孔，用一条长约 60 厘米的线串起来；妈妈和宝宝各拿一个杯子，用互通电话的方式传递各种声音。

小贴士：在玩的时候可以背对背，增加传声的神秘感。

6. 猜一猜

玩法：爸爸或妈妈在被窝里发出不同动物的叫声，比如狼叫声、狗叫声、狮子的叫声等，让宝宝猜猜藏在被窝里的是什么动物。

小贴士：这个游戏适合 2 岁以上的宝宝玩。

其实，只要父母和孩子一起玩游戏，就可以让孩子沉浸在游戏之中，尽情地玩耍。毋庸置疑，与孩子一起游戏会增进亲子间的关系。孩子如果违反了游戏规则，父母一定要提醒他，但千万不要过度惩罚，否则会让孩子产生抵触心理，不愿意与父母一起游戏。

亲子游戏切忌半途而废，因为这会极大地打击孩子对游戏的兴趣与积极性。在孩子玩兴正浓的时候，父母突然因为这样那样的原因不得不退出游戏，迫使游戏中止，会让孩子感到失望，甚至对父母产生讨厌的情绪。因此，父母应尽量选择闲暇时间与孩子进行游戏，或者专门抽出一点时间与孩子做游戏，这段时间内专心陪伴孩子，不要玩手机或者去做家务、处理工作等。父母耐心地陪孩子做游戏，孩子就会感受到父母的关爱，从而更加愿意与父母沟通。

如果父母能够经常跟孩子一起做游戏，不但有利于孩子的全面发展，更能维持良好的亲子关系，让孩子更愿意接近父母。

## 放下家长的架子

有些家长在面对孩子的时候，总是摆出一副严肃的面孔。其实，这种做法是非常没必要的，非但不会让孩子更加听话，反而会让孩子畏惧父母，不愿意与父母沟通。

琳琳的妈妈是一位中学老师，而且是一位以严肃著称的老师。她不仅在课堂上表现得非常严肃，面对琳琳也总是板着一张脸，自打琳琳记事起，就没看见过妈妈的笑容。

琳琳妈妈不仅严肃，对琳琳的要求也十分严格。琳琳一旦做了什么让妈妈不满意的事情，她就会阴沉着脸，严厉地教育琳琳。每次琳琳取得了什么好成绩，妈妈得知后也不会露出笑脸，而是教育琳琳不能骄傲。面对这样的妈妈，琳琳自然什么也不敢对她说。就连学校里发生的有趣的事，妈妈听了也不会笑。琳琳可羡慕班里那些能跟妈妈有说有笑的同学了。时间久了，琳琳也越来越不想跟妈妈聊天了。

其实，琳琳妈妈本身并不是这样的性格，她只是觉得，以这样的姿态面对自己的学生和女儿，他们会更加听话，不会对自己没大没小的。如果整天嘻嘻哈哈地跟孩子们打成一片，那像什么样子！

琳琳的妈妈为了让孩子更加听话，整天端着架子，不苟言笑。她的出发点是好的，只是她方法错了。这样做的后果就是，孩子会越来越害怕与父母沟通，即使在学校被欺负了，或者遇到了令他感到委屈的事情，也不敢对父母倾诉。长此以往，孩子跟父母的距离就会越来越疏远。

王明今年15岁，正值青春叛逆期。与别的同龄男孩子不同的是，王明跟爸爸的关系非常好，就像哥们一样。

"哟，老王在干吗呢？"

"喝酒呢，你小子作业写完没？"

"刚写完，还热乎呢，您过目！"

"行嘞，自己去冰箱拿你的果汁来，咱爷俩整两盅！"

只看文字，绝对想象不到这竟然是一对父子的日常对话。王明和爸爸的日常交流就是这样的，他的爸爸生性爱玩，待人随和，面对自己的儿子也是一副大大咧咧的样子。王明非常喜欢这样的爸爸，他愿意跟爸爸一起玩，也愿意跟他分享自己的心事。爸爸对王明的教育也没落下，王明学习很自觉，成绩名列前茅，而且性格也非常热情开朗，老师和同学们都很喜欢他。

以上案例中的王明爸爸，就是典型的没有架子的爸爸。在和孩子的相处过程中，他完全把自己当成孩子的朋友，这样就让孩子产生了一种亲近感，孩子会觉得跟这样的父母在一起特别轻松、舒适，自然也会愿意与父母愉快沟通，认真听取父母的教导和建议。

要想与孩子顺利沟通，父母就要把架子放下来，不能想当然地思考问题，更不能认为自己有绝对的权威。试想，假如你是孩子，当你遇到困难时，你会更愿意听好朋友的建议，还是愿意向一个不苟言笑、高高在上的人求助呢?

所以，父母如果想与孩子顺利沟通，就必须放下架子，做孩子的好朋友。

## 正确看待孩子的朋友

如今大多数家庭都只有一个孩子，父母自然会把关注点都放在唯一的孩子身上，除了关注孩子的学习、生活，还会关注孩子的交际圈子，生怕孩子跟“坏孩子”“怪孩子”做朋友，一不小心被带坏了。

子阳的妈妈开了一家美发店，每到周末，妈妈担心他独自在家不安全，也没人给他做饭，就会把子阳带到店里来。子阳很听话，写完作业后就到附近的公园里玩一小时左右，总能在吃饭前按时回来。

这个周六，子阳写完了作业，照例去附近的公园玩，可是过了很久才回来，妈妈都着急了。

“怎么这么晚才回来？”妈妈问。

“妈妈，我今天认识了一个新朋友，因为跟他在一起玩得太开心了，就忘记了时间，下次不会了！”子阳非常愧疚地说。

“啊，认识新朋友是好事呀，是什么样的朋友呢？明天带到店里来让妈妈看看好吗？”

“当然可以啦，我们约好了明天还一起玩！”子阳听了妈妈的话，开心极了。

第二天，子阳真的带回来一个和他年纪相仿的小男孩。

“小朋友你好，你叫什么名字？听说你跟我家子阳玩得很好呀？”妈妈问。

“阿姨好，我叫川川，我很喜欢跟子阳玩。”小男孩有点羞涩地回答。

“你的学习成绩怎么样呀？”妈妈问。

子阳抢着回答：“他的成绩不太好，但是他会做很多好玩的玩具！”

妈妈一听，有点不高兴了。等川川走后，她命令子阳：“以后你不准跟川川玩！”

“为什么呀？”子阳不解。

“他学习成绩又不好，你跟他在一起，能学到啥好事？”

“妈妈，你不能这么说！他虽然成绩不好，但是非常善良，也很热情。我们约好了，下周他教我做木头小飞机，我教他学英语呢！”子阳急了。

“就会做个没用的破玩具而已，还要你教他英语？我说不行就不行！”妈妈还是不同意。

子阳感到非常委屈，他想不明白，难道就只能跟成绩好的孩子做朋友吗？

案例中子阳的妈妈只看重孩子朋友的成绩，以成绩取“友”，这是非常不对的。学生成绩不能说明一切，更不能跟一个人的人品直接挂钩。父母如果这样引导孩子，会让孩子对差生产生严重的偏见，当自己成绩不如他人时，孩子也会非常担心自己被人瞧不起，从而陷入自卑和绝望中无法自拔。

蔚蔚读五年级了，她所在的城市新开了一家非常大的游乐场，看起来非常好玩。于是，蔚蔚跟班里的几个同学约好，周末一起去那里玩。

“妈妈，这周六我想跟同学们去新开的游乐场玩，您可以给我一些钱吗？”放学回家后，蔚蔚问妈妈。

“一共几个人去呀？是男生还是女生？”妈妈问。

“哦，我们五个人去，一共三个女生，两个男生。”蔚蔚回答。

谁知，妈妈突然变了脸色，严厉地说：“那怎么行？一群女孩子跟男生出去玩，像什么话？你们都已经是大孩子啦，要保持距离！不用我再说一遍早恋的危害了吧？”

“哎呀，妈妈你想什么呢！我们只是去玩，而且又不是我单独跟男生出去，真的没什么的！”蔚蔚一听，赶紧向妈妈解释。

“我说不行就是不行！跟女孩子一起玩不好吗？为什么非要叫男孩一起？你们都是十多岁的孩子啦，万一早恋了怎么办？”妈妈再次斩钉截铁地拒绝了蔚蔚。

早恋，是大多数家长谈之色变的话题。有许多家长，特别是女孩的家长，为了防止女儿早恋，可谓绞尽脑汁。这些家长的出发点是好的，但家长们要明白的是，孩子有异性朋友其实并不可怕，有时候也是一件好事。家长只需正确引导，注意提醒孩子与异性朋友保持合适的距离，随时和孩子沟通即可。

放学了，西西跟妈妈手拉手，一起走在回家的路上。

“妈妈，周末我过生日的时候，想请同学来参加我的生日聚会，可以吗？”西西有点支支吾吾地说。

“可以呀，妈妈还正想问你，要请哪些同学来呢！”妈妈爽快地回答。之后她低头看了西西一眼，发现他有些不对劲，似乎有事情瞒着她。

“西西，你还有什么话想说吗？告诉妈妈吧！”妈妈说。

“妈妈，我可以请傻孩子，啊不，有点怪的孩子来吗？”西西小心翼翼地问。

“是什么样的孩子呢？”

“是我们班的小小，老师说他有点智力问题，让大家多多帮助他。可是因为他呆呆的，背课文也慢，班里好多同学都喜欢欺负他。可是小小其实很能干，也很乐于助人，我跟我的两个好哥们都愿意跟他玩。”西西仰头看着妈妈，“周末我可以把他们都请来吗？”

“当然可以，你们都是善良的好孩子，妈妈不是常对你说吗？交朋友要看人品，不管他学习成绩如何，只要他诚实善良、讲义气，就是值得交往的好朋友。”

“太好了！”西西高兴得欢呼起来。

在这案例中，西西妈妈的做法就非常值得学习。对待孩子交友这件事，父母一定要引导孩子，多结交人品好的朋友，不要在意朋友的成绩。在引导孩子的同时，父母还可以教给孩子一些交友小技巧，帮助孩子和朋友维持良好的关系。

在孩子交朋友这件事上，父母要充分尊重孩子的选择，并且尊重孩子的朋友。这样，孩子才会跟父母更加亲近。

## 和孩子一起解决问题

在孩子日常生活中，总会遇到一些大大小小的问题和困扰。这些问题对成年人来说也许只是小事一桩，但是在孩子眼里，它可能是非常棘手的。在这种时候，父母千万不要嘲讽、轻视孩子，应该跟孩子一起解决问题。

小石头的妈妈给小石头买了一套拼插积木，他非常喜欢玩。一天，他突发奇想，要用这套积木拼装一辆漂亮的小汽车，于是，他马上动起手来。

可是，小石头不知道怎么拼出小汽车的车体形状，他只会拼长方体和立方体。起初，他先拼出一个长方体，再拼出一个正方体，再把它们放在一起，可是怎么也不像小汽车的车身。小石头这可犯了难，气得把积木一扔，哇哇大叫起来。

正在看书的爸爸从书房里出来，问小石头："你怎么啦？"

"我想拼个小汽车，可是怎么也拼不好！"小石头气鼓鼓地说。

"噢，原来是这样啊，爸爸跟你一起拼好吗？"

"好！"小石头不生气了，笑眯眯地答应了爸爸。

于是，爸爸跟小石头一起，耐心地研究起小汽车的拼法来。有了爸爸的帮助，没一会儿，一辆漂亮的小汽车就拼好了，小石头还学会了好多种新拼法。

案例中小石头的爸爸就非常有耐心，面对孩子遇到的小难题，即使是积木插不好这样的小事，他也愿意耐心陪孩子解决，这样的做法非常好。

孩子的世界很简单，有时候孩子犯难，仅仅是因为拼不好积木，或者遇到了一道非常难做的数学题。这些在成年人看来，真的不算什么。但是很多父母面对孩子的困惑，不但不会帮他解决，还会说出“这么简单的事情都不会做，笨死了”“不就是一道题吗，有什么难的”之类的话。这样会让孩子的心情更加低落，还会影响亲子关系，使孩子更加不愿意跟父母沟通。

其实，陪孩子一起解决问题，不仅是一个增进亲子感情的好时机，还可以帮助孩子学到更多的东西。在解决孩子的问题的过程中，父母可以给孩子提供很多种实用的好方法，以及类似问题的处理办法，让孩子在下次遇到类似情况时，也能独立处理好。除此之外，还可以跟孩子一起讨论，除了这些方法，还有什么新的方法可以用？这样做可以很好地锻炼孩子的思考能力和创造力，对提升孩子的语言表达能力也有一定的作用。

在与孩子讨论问题、解决问题的时候，如果孩子有了非常好的解决方法，父母应该给予表扬和肯定，这样就能激发孩子的独立思考积极性。平时父母也应该多与孩子讨论，甚至当自己遇到难题的时候，也可以向孩子求助，让孩子为自己“出谋划策”，这样会使他有一种成就感和归属感。长此以往，父母就会与孩子“越说越投机”，把话说到孩子心里去，也就不是什么难事了。

# 第三章

# 做个善于倾听的好爸爸 or 好妈妈

## 倾听，让你跟孩子更亲近

随着孩子逐渐长大，很多父母都越来越不了解孩子了。孩子不再是那个嗷嗷待哺的小婴儿，逐渐有了自己的内心世界和自己对外界事物的看法，还有一些不为人知的“小秘密”。在父母感叹孩子长大了的同时，有没有考虑过，如何才能走进孩子的世界，了解孩子的真实想法呢？最好的方法就是倾听。

“妈妈，今天我们学校举行了趣味运动会，”文文一进门就兴高采烈地跟妈妈说话，“你想知道有多好玩吗？”

“不就是运动会嘛，有什么好兴奋的，有这废话的时间你还是赶紧去写作业吧！”妈妈头也不抬地说。

“哦。”文文失望地去写作业了。

第二天晚饭的时候，文文兴致勃勃地说起她的新朋友小丽：“我今天认识了一个新朋友，她跳舞可好看了！”

“跳舞好看有什么用，你们应该一起学习。”妈妈给文文夹了一筷子菜，“赶紧吃完饭去预习功课吧，别浪费时间了。”

文文心里非常不舒服，匆匆吃过饭就回自己房间了。从此以后，她像是变了个人，什么也不愿意对妈妈说了。

文文妈妈十分关心自己孩子的学习，这是正常的，毕竟每个父母都希望孩子取得傲人的学习成绩。但是她没有认真倾听文文的话，这让文文感到非常失望，久而久之，文文就会越来越不愿意与妈妈沟通。而文文的例子并不少见。

父母尽可能地满足孩子物质方面的需要，却忽视了孩子精神和情感上的需求。的确，处于青春期的孩子有叛逆性，不愿再像小时候一样向父母诉说自己内心的想法。但更多的时候，他们还是有向父母诉说的欲望的，那是什么让孩子不愿再开口说心里话呢？父母或许应该在自己身上找找原因。

许多孩子抱怨，他们的父母不了解他们，在意的只有学习成绩。的确，孩子从父母那里得到的不是长篇大论的教导就是否定，而不是支持和鼓励。如果孩子稍有辩驳，换来的说不定还有粗暴的责骂、严厉的惩罚。正是父母这样的“冷态度”，让他们不敢再说，不愿再说了。久而久之，孩子就会觉得自己的想法不被重视和理解，父母与孩子之间的误解就会越来越多，不利于家庭教育的展开和亲情的融洽。自然，孩子也就不愿意好好听父母说话。

其实，父母想要和孩子展开良好互动，让孩子敞开心扉，只要我们用心倾听就能实现。由于一些复杂的心理和环境原因，可能孩子不习惯直接将自己的心里话说出来，这就需要父母以耐心和平等的心态对待孩子。在孩子讲话时，父母应该认真听孩子把话说完，不打断孩子的话，孩子想说什么，就让他说什么。在倾听的过程中，父母也要善于观察孩子的情绪，并适时给予回应。比如，孩子因为做错事而不敢开口的时候，父母就应该对孩子说“不要着急”等：在孩子说得很高兴的时候，鼓励他说下去，并且给予一定的赞扬和肯定，比如“这么棒！”“真好啊”，在倾听的过程中，父母也要时不时地微笑、点头，让孩子知道，父母是真的在用心倾听。

日本知名作家黑柳彻子在她的成名作《窗边的小豆豆》中写了这样一个故事：小豆豆第一次跟妈妈去巴学园的那天，校长小林先生跟小豆豆的妈妈谈过话之后，又把小豆豆叫进了自己的办公室，让她把想说的话都说给他听。小豆豆开心极了，从爸爸妈妈说到自己家养的狗，又说来的路上遇到的趣事，足足说了好几个小时。而小林先生全程都在微笑着倾听，这让幼小的小豆豆感受到了一种前所未有的被尊重的感觉。

一双善于倾听的耳朵，胜过十张能说会道的嘴巴，这就是倾听的妙处。比如案例中的文文妈妈，在听孩子诉说时，如果能多些耐心，认真地听完文文想说的话，并且鼓励她多说，而不是以“没用”“与学习无关”为由打断孩子，就会让孩子感觉到来自妈妈的尊重，从而更愿意与妈妈沟通。我们应该学习黑柳彻子笔下的小林先生，耐心倾听孩子的每一句话，只有这样，孩子才能对我们敞开心扉，我们才能与孩子无话不谈。

## 倾听过程中要保持平和的心态

如果在任何生活细节上，父母都把自己的意志强加给孩子，不能心平气和地倾听孩子说话，那么，孩子就会越来越不愿意跟父母说话。从表面上看，孩子沉默了，好像更加听话了，事实却并非如此。要想避免这种情况的发生，现在就开始真正静心地倾听孩子的看法吧！

小哲是一个13岁的男生，一天，他被学校里的一个初三大同学“打劫”零花钱，他又怕又气，情急之下竟揍了对方一拳，就在他打人的时候，刚好校长路过，把他带到了办公室，并通知他的爸爸把他带回家。

回家后，小哲爸爸严厉地训斥他：“怎么回事？你竟然学会打人了！”

“事情不是这样的！”小哲辩解道。

“打都打了，还不承认？”爸爸粗暴地打断了小哲，“你真是越来越不让人省心了！”

小哲气得直喘粗气，沉默了几秒后，他恨恨地转过身，快步回到自己的房间里，“砰”地关上了门，小哲爸爸气得几乎想要砸门，父子两个就这样不欢而散。

等到小哲爸爸冷静下来，他才意识到，小哲平时虽然调皮了点，却非常热情友好，从来不欺负同学，也不会打人。可是他却不知如何再向小哲开口询问这件事，不由得为自己的冲动暗暗后悔。过了很久，他终于鼓起勇气，硬着头皮敲开了小哲的房门。这一次他心平气和地和小哲沟通，这才问清了事情的来龙去脉。

案例中的小哲爸爸一开始没有心平气和地倾听孩子的话，并且听了校长的一面之词，先入为主地觉得是小哲不对，在与孩子沟通的过程中过于情绪化，于是产生了误会。幸运的是这位爸爸还算理智，事后意识到自己做法不妥，主动去跟孩子进行第二次沟通，才得知了事情的真相。但很多爸爸妈妈遇到类似的情况时，往往控制不住自己的情绪，凭自己的判断去下定论，这样就没办法与孩子进行有效的沟通，从而产生误会。孩子也会因为父母误会自己，不相信自己，而产生逆反心理，变得不信任父母。这对亲子关系的健康发展是非常不利的。

很多父母不重视孩子的话，认为孩子的话都是童言稚语，没什么参考价值，也没有相信的必要。这样的想法是错误的，在日常生活中，一定要养成耐心倾听孩子的习惯，避免一些不必要的误会发生。孩子毕竟是孩子，其经验知识的积累远不如父母，但父母也不能因此就坚持己见，独断专行，不认真对待孩子的看法。真正有智慧的父母一定会与孩子心平气和地探讨问题，听他讲清楚自己的意见与看法，而不是随着自己的性子随便打发孩子。

要想把话说到孩子心里去，就应该先认真听他说话，尊重他并且相信他，让他觉得父母是站在他这一边的，父母会保护他，支持他。这样，孩子才愿意信任父母，并且愿意听取父母的意见和建议。

## 让孩子愿意对你倾诉委屈

父母除了满足孩子的基本物质需求，还应该满足孩子的心理需求。孩子也会产生一些委屈的情绪，如果父母不能很好地了解孩子心中的委屈，孩子就会感觉父母离他很远。所以父母应该学会听听孩子的委屈。

美国著名教育家斯托夫人的女儿维尼夫雷特4岁时，有一段时间非常顽皮。似乎每天她都故意把房间里的东西丢落到地上，而且动不动就发脾气。

有一天，斯托夫人问她："你为什么总是把房间弄得这么乱呢？"

维尼夫雷特听了妈妈的话，并没有马上停下来，反而当着妈妈的面把桌上的一本书扫到了地上。"你怎么了？快点拾起来。"斯托夫人指着地上的书对女儿说。女儿努嘴说："我偏不捡。"斯托夫人也有点生气了："你怎么这么不听话！"女儿仍旧反驳："我就是不听话！"

听女儿这么说，斯托夫人当时没有再说什么，扭头就走了。她走后，女儿维尼夫雷特更加肆无忌惮，一会儿在房间里尖叫，一会儿又乱扔东西。斯托夫人极力控制自己的愤怒情绪，告诉自己不要发火。过了一会儿，女儿的吵闹声停下来了，随之而来的就是伤心的哭泣。

这时，斯托夫人走进女儿的房间，温柔地对女儿说：

"怎么啦，维尼夫雷特，有什么不高兴的事吗？"女儿没有回答，只是伤心地哭着。看到她那伤心的样子，斯托夫人忍不住心生怜爱，把她从地上抱了起来。

"妈妈一直认为你是个乖孩子，所以你乱扔东西时我没有骂你，我想你一定是遇到了什么不顺心的事，告诉妈妈好吗？也许我还能帮你呢！"斯托夫人说了这些话，维尼夫雷特的心情似乎好了不少，但仍然在哭泣。"好了，别哭了，有什么事情不能解决呢？你一直是个聪明的孩子，再加上妈妈帮你，我想什么问题都能解决。"

女儿突然扑到妈妈的怀里，放声大哭起来，一边哭一边说："妈妈，我觉得自己好孤独啊！"斯托夫人很纳闷："怎么会呢？妈妈不是天天和你在一起吗？"女儿委屈地说："可是，你总是不搭理我，整天就知道在书房里写字，你一点都不在乎我！"

斯托夫人明白了，原来是这样，由于那段时间工作比较忙，有很多稿子要写，所以就没有像平时那样陪她。于是斯托夫人带着歉意说："维尼夫雷特，千万不要那么想。妈妈最在乎、最爱的就是你。等我忙完这一段，一定会好好陪你玩，不过，你也要理解妈妈呀！我相信你是一个懂事的孩子，妈妈必须工作，你一定会理解妈妈的。对吗？"

自从斯托夫人让女儿知道自己仍然爱她后，维尼夫雷特就再也没有故意捣乱过。有时候，斯托夫人在工作间隙去她的房间看一看。她会说："妈妈，你去忙你的吧。没关系，我自己知道怎么玩。"

斯托夫人面对孩子的异常行为，没有一味责骂，也没有完全纵容，而是耐心询问孩子的真实想法，这种做法非常值得广大父母学习。对孩子来说，每天会发生很多事情，他需要与父母分享。无论是大人还是孩子，总会遇到一些令自己委屈的事情，当孩子遇到委屈的事时，他也希望父母能够听他诉说，与他一起分担，并且安慰他，消除他心中的这种委屈的感觉 。而父母能做的就是耐心倾听，引导孩子多说，这样，孩子才会愿意对父母诉说自己的委屈。

孩子的人生经历非常少，一件很小的好事能让孩子感到十分快乐，同理，一件很小的坏事可能就会让孩子感到非常委屈，虽然这样的委屈在大人眼里是微不足道的。可是孩子的自我调节能力有限，往往会沉浸在这种委屈中无法自拔，所以就更加需要向父母倾诉，希望能够得到父母的指导。

## 不打断，不催促，耐心听完孩子的话

在倾听孩子说话时，父母的表情和体态也非常重要。一项非常有趣的研究结果显示，一个人在表达内心的心意时，所用措辞不管多好听，最多也只能传达 7% 的心意，表达时的韵调能传达 38% 的心意，而当时的表情和姿态却能够传达 55% 的心意。可见，一个人专注的倾听表情和姿态在传达心意过程中有重要的作用。

所以，当孩子主动向父母倾诉时，父母应该做出认真倾听的表情和姿态。这样，孩子就会因为父母专注的表情和姿态而大受鼓励，也就更愿意对父母倾诉了。长此以往，还会培养孩子自信、大方、开朗等良好的性格特质，让孩子在与别人的交流过程中也能顺利、愉快。

小涵今年 14 岁了，正值青春期。可是与大多数同龄人不同的是，她跟妈妈却依然无话不谈，小涵周末休息的时候，也愿意跟妈妈一起有说有笑地做家务、逛街，就像一对好姐妹。这让那些家有“叛逆少女”的妈妈们都羡慕不已。

为什么小涵和妈妈的关系这么融洽呢？原来，从小涵上幼儿园开始，妈妈每天都会耐心倾听她的话。尽管小涵那时候还小，说话语速慢，不流利，妈妈也没有表现出不耐烦的样子，而是一脸期待地鼓励她说下去。如果在小涵倾诉的时候，妈妈正在忙一些家务事，也会让小涵帮帮忙，做些力所能及的事情，母女俩一边干活一边聊。对于小涵描述的学校里发生的事，妈妈会饶有兴趣地倾听，并发表自己的见解，对于小涵提出的一些疑问，妈妈也会耐心为她解答。

不可否认，这位母亲的做法是正确的，她能够真正用心倾听孩子的话，没有因为孩子的滔滔不绝而厌烦，一直十分有耐心地倾听并且做出积极回应。正因为这样，她的孩子才愿意向她敞开心扉，母女关系因此变得非常融洽。

父母需要学会倾听孩子的话。只有这样，孩子才能畅所欲言，父母也会及时了解孩子的心理，并适时、适宜地给予孩子必要的引导。这样，一方面能使孩子在心理上获得一种信任与尊重感，另一方面也能让孩子从小练就较好的口头表达能力及思维能力。

所以，父母也要注意保持自己的耐力，要耐心地听孩子把话讲完。特别是孩子在发表自己的见解，或非常生气的时候，更需要耐心倾听，要给孩子提供表达情感的机会，这样才有助于问题的解决。

不要说小孩子，就连成年人都喜欢与“倾听型”的人做朋友，耐心并且专注地倾听对方的话，会拉近两个人之间的距离，而善于倾听的人也会给人一种亲切感。他们在倾听的过程中能够表现出对对方的重视，而对方也会感受到这份重视与尊重。

父母可以回想一下，当孩子主动向你诉说时，你是否静下心来，让孩子畅所欲言，宣泄心中的郁闷呢？实际上，孩子在向父母吐露心声时，是希望得到父母的支持和鼓励。这是亲子沟通的好机会，父母应该好好利用这样的机会耐心地倾听孩子，与孩子恳谈，这样，孩子才会更愿意听取父母的建议，父母说的话才能被孩子听进心里去。

比如，可以在每晚的晚饭时间召开一个小小“座谈会”，让孩子对今天发生的事发表自己的看法与感想。当孩子把心中的情绪宣泄出来，他的心理负担就会减轻很多，出现心理问题的概率也就大大减少。父母经常耐心倾听孩子，以后孩子再遇到困难时，就会主动与父母沟通。对孩子来说，这样也会避免很多不必要的麻烦发生。

所以，当孩子想跟父母说点事的时候，作为父母一定要耐心地倾听，不要与孩子争论，更不要主观评价孩子的谈话。否则，孩子会感觉父母不够重视他，他的心也会离父母越来越远。

## 孩子，你大胆说

表达是一切人才所不可缺少的能力，与人交往离不开自我表达。可是很多孩子不知道为什么，非常不擅长表达自己的看法，哪怕面对父母，也总是支支吾吾。这个时候父母就应该反思自己：是不是平时对孩子过于严厉、武断？是不是自己平时跟孩子沟通过少？是不是孩子的性格过于内向？

如果是前两种原因，父母要尽快改变自己，在面对孩子的时候换一种更温和、更容易被孩子接受的沟通方式，在与孩子沟通的时候做到足够有耐心，并且长期坚持下去。如果孩子性格比较内向，就应该适当地引导孩子去改变。

教孩子自由地表达自己的思想，父母要注意以下几点：

第一，让孩子明白为什么要大胆说。

你需要告诉孩子，那些有成就的人往往都非常善于表达自己的想法，口才非常好。他们能够把自己的想法条理清晰地说出来，甚至还能用精彩的言辞感染周围的听众，让大家都支持他，信任他。同时也要告诉孩子，自我表达不是一味地自吹自擂，在向大家表达自己看法的同时，要注意实事求是，不可夸大事实。

第二，引导孩子大胆说出身边的事。

父母需要告诉孩子，表达不是无意义的瞎说，需要一定的内涵。可以引导孩子说说发生在自己身上的事、周围刚刚发生的事等，并且询问他对这件事的看法如何。面对大一些的孩子，还可以与他讨论时事新闻等。如果孩子喜欢阅读，父母还可以与孩子讨论书中的某个人物，鼓励孩子发表自己的见解，这对提高孩子的分析理解能力也有一定的帮助。可以讨论的事情非常多，只要我们用心，就可以发现这些可贵的素材。

第三，给孩子大胆说话的机会。

父母要有意识地培养孩子的表达能力，尽量给孩子创造表达自我的机会，让他尽情表达自己的思想。而父母能做的最重要的就是耐心倾听，让孩子知道父母在倾听他的想法，会让他觉得备受尊重，自然也就更愿意大胆说话。

第四，教孩子一些表达技巧。

如果孩子不太擅长表达自己的思想，父母不妨教孩子学一些表达技巧：表达时应注意场合，对与自己年龄、身份不同的人说话的语气、措辞不能完全相同。例如，可以和自己关系亲密的朋友开玩笑，对长辈就不能；要让孩子学会根据对方的性格、心理、身份及当时的氛围等条件，考虑表达的时机；要表达清楚自己的意思，避免造成误解；表达思想时要自然，不矫揉造作，否则，只会让人生厌。

## 最有魔力的三个字——“然后呢？”

我们都知道，倾听孩子的心声，是非常重要的。但是有些时候，因为我们倾听时的态度不够诚恳，或者因为孩子不想说，倾听的过程并不是那么顺利。那么，要如何引导孩子说？如何与孩子距离更近？

炜炜在幼儿园里学到了一个新故事，晚饭后，他兴高采烈地讲给妈妈听。

“妈妈，我给你讲个小红帽的故事吧！”

“嗯。”妈妈一边洗碗，一边点了点头。

“从前，有一个叫小红帽的小女孩……”

“嗯。”妈妈点了点头。

“她要到树林里去……”

“嗯。”妈妈又点了点头，期待着后面的故事。

“真讨厌，妈妈根本就没听我讲故事！”炜炜突然生气了，“我找姥姥去！”

“哎你这孩子，妈妈一直听着呢，怎么不讲了？真是不知道你在想什么！”妈妈有点儿莫名其妙。

炜炜跑到姥姥身边，对姥姥说：“姥姥，我可以给您讲个故事吗？”

“好啊，你讲吧！”姥姥一边打毛衣，一边对炜炜笑了笑。

“从前，有一个叫小红帽的小女孩……”炜炜认真地讲起来。

“哦？然后呢？”姥姥问。

“她要到树林里去……”

“然后呢？”姥姥笑着问。

“她啊，要去给奶奶送蛋糕……”炜炜兴奋起来，眉飞色舞地把故事讲了下去。每当他停顿一下，姥姥就问一句“然后呢？”炜炜就赶紧好好地想一想故事内容，再接着给姥姥讲。

故事讲完以后，炜炜开心地对姥姥说：“姥姥，等我下次学到一个新故事，我还讲给您听！”

从案例中我们可以看出，炜炜的妈妈和姥姥都愿意听炜炜讲故事，两个人也都在忙别的事，没办法专心倾听。可是为什么面对姥姥，炜炜就能很有兴趣地把故事讲完呢？炜炜之所以愿意跟姥姥讲，并不是因为别的，而是因为姥姥巧妙地用了三个字——“然后呢？”这比单纯的“嗯”“哦”“知道了”更能打动孩子。当孩子听到大人问自己这三个字，他会获得这样一个信号：这个人非常想知道我要说什么。因此，他也会积极地表达自己想说的内容，并且产生“真好啊，有人愿意听我说话了”的愉悦感觉。

因此，父母在倾听孩子的时候，不妨在孩子停顿思考时问一句“然后呢？”，这样就会调动他的表达积极性，让他更愿意把内心所想表达出来。不管孩子是想要给父母讲述一个故事，还是讲一讲今天发生的有趣的事，当他听到这句“然后呢？”，都会感到非常高兴，更有诉说的动力。

当孩子遇到了烦心事，我们在倾听孩子的时候，不妨也用这三个字来鼓励孩子说下去。比如孩子在学校受了欺负，我们在他说话的时候不时地问一句“然后呢”，会让他感到父母是非常关注这件事的，这样他就会更安心，在表达这件事的时候情绪能更加平稳，语言更加条理清楚。

现在，就让我们行动起来，把这神奇的三个字当作钥匙，打开你和孩子之间的那道沟通之门吧！

## 学会相信孩子的话

有很多家长，特别是家有“调皮蛋”型孩子的家长，在看到孩子闯了祸，或者被人欺负之后，第一反应就是“一定是孩子太调皮，先得罪了别人”。即使孩子为自己辩解，父母也不肯相信，甚至还会教育孩子一顿，其实，这种做法是不对的。

小凯今年 10 岁，是班里出了名的“捣蛋大王”。

一天，小凯妈妈接到小凯的班主任打来的电话，说小凯在学校里殴打高年级同学，要求小凯妈妈一定要好好教育一下小凯。妈妈听了非常生气，她知道小凯生气的时候确实非常喜欢打人。但她还是决定冷静下来，听听小凯怎么说。

没过多久，小凯灰头土脸地进了家门，脸上还有一块青痕。

“小凯，你怎么了？”妈妈一点也没有表现出生气的样子，关心地问。

“没什么……”小凯害怕地看了妈妈一眼，“老师告诉您了吗？”

“哦，老师把事情告诉我了，但我觉得还是应该问你一下。”妈妈说着蹲下身子，“告诉妈妈，你为什么要打那个高年级的同学？”

“是他先打我的，您看，我脸上的这块青，就是他给我打的！”小凯指了指脸上的伤。

“那他为什么要打你？”妈妈又问。

经过小凯的叙述，妈妈明白了，原来是在课间的时候，小凯在去操场的途中撞见这位高年级同学欺负一位一年级的小弟弟，他非常生气，冲上去就要打这位高年级同学，没想到被高年级同学狠狠揍了一拳。当他还手的时候，刚好班主任路过，看到了这一幕，以为是小凯先动手的，就把小凯带到了办公室。

“我想告诉老师，是他先打人的，可是老师不听我说完。”说完事情的经过，小凯委屈地嘟囔。

“好了，妈妈知道了。小凯很有正义感，这一点值得表扬。可是，你要改一改遇事冲动爱打人的毛病呀！下次再遇到这种事情的时候，我们可以赶快去告诉老师，请老师来处理，可千万不能自己动手，万一被打伤了就不好了。你等着，我现在就去告诉老师事情的真相。”妈妈说完，就去拿手机了。

“好，妈妈真好！”小凯听了妈妈的话，不再垂头丧气了。

案例中的小凯妈妈是一位非常明智的妈妈，当老师向她告状的时候，她没有一味地责备孩子，而是选择相信自己的孩子，并且耐心地听孩子描述事情的经过。这样做并不是在溺爱孩子，而是对孩子的一种保护。在这个过程中，孩子也能感受到，父母是站在自己这一边的，是相信自己的。

很多家长认为，小孩子的话不可信，所以当孩子的老师或者其他长辈来控诉孩子的种种“罪状”时，家长很容易就相信了。殊不知，这位老师或者长辈可能并没有目睹全过程，或者并没有问清楚孩子为什么这样做。所以，在我们遇到这类情况时，千万不能不分青红皂白地训斥孩子，而应该从孩子的口中了解事情的经过，再根据孩子平时的性格特点和行为习惯进行判断，最后再决定该不该惩罚孩子，以及如何惩罚孩子。

## 如何教孩子保持书桌整洁

现在的很多孩子经常把书桌弄得一团乱，书本和文具摆得到处都是，看起来非常不整洁，要用的时候也非常不方便。

点点今年上三年级了，她非常聪明，学习成绩一直名列前茅。平时点点也非常听爸爸妈妈的话，是个乖巧懂事的孩子。

可是，点点就一点不好——总是把书桌弄得一团乱。她的书桌简直像个“杂货铺”，不仅有课本、漫画书、本子、笔，还有毽子、彩色皮筋和几块水果糖。

一天，点点在写作业的时候，遇到一道画图题，于是她开始找自己的水彩笔，可是到处都找不到。她花了好大的力气，把书桌翻了个遍，总算找到了自己想要的水彩笔，完成这道题。下一道题需要用到铅笔，可是她的铅笔在翻找水彩笔的过程中，不知道掉到了哪里，于是她又翻了一遍书桌，终于把铅笔找出来了。可是，找东西花了她大半个小时的时间，等她写完作业，妈妈已经来催促她洗漱睡觉了。

案例中点点的毛病可以说是现在孩子们的通病，点点因为书桌不整洁，给自己带来了极大的不便，导致她浪费了很多时间来找东西。这个过程会影响孩子的学习，分散孩子的注意力，可见，乱放物品的坏习惯会对孩子的学习造成一定的影响，这种坏习惯应该改正。我们可以通过立规矩的方式，来帮助孩子改正这一陋习，当他养成了好习惯，学习态度也会变得更端正。

首先，我们要告诉孩子书桌上只能放学习用品和书，其他的东西都不可以放在上面。同时，我们还可以给孩子准备一些实用的收纳用品，比如笔筒、文件袋、小盒子等，让孩子把容易丢的笔、橡皮等小物件以及比较零散的试卷、笔记收纳好。当然，如果条件允许，可以跟孩子一起手工制作笔筒、文具袋，自己制作的物品会让孩子更加珍惜，也会提高他的使用积极性。

其次，父母不能代替孩子整理书桌。许多父母看到孩子的书桌乱七八糟，总是忍不住帮孩子收拾。这样是不对的，长此以往，孩子就会养成依赖父母的恶习，更加不愿意收拾书桌。我们只有锻炼他自己收拾书桌，他才能学会自己整理，培养好习惯。最开始，我们可以先演示一遍，告诉孩子各种物品的正确摆放方式，然后让他自己操作一遍。这样重复几次，他也就知道该如何整理书桌了。

最后，在孩子主动把书桌整理干净的时候，父母应该及时表扬孩子，让他有一种成就感。这样，他才能更快养成好习惯。因此，当看到孩子的书桌很整洁时，我们可以夸他“保持得真好，继续努力”“收拾得很干净，你真能干！”等。

# 第四章

# 好孩子是这样夸出来的

## 肯定孩子的每个小小进步

当孩子取得小小的进步，希望得到父母的夸奖时，父母一定要及时赞扬鼓励孩子，千万不要忽视。如果父母总是忽视孩子的小小进步，一方面会打击孩子的上进心，让他失去学习的动力；另一方面会让孩子失去对父母的信任，越来越不愿意与父母分享自己的小成就，甚至不愿意与父母沟通。

每周一次的英语随堂测试结束了。上周的测试洋洋只得了65分，他郁闷的同时开始更加努力地学习英语，就连课间休息的时候都在背单词、读课文。功夫不负有心人，这次测试他终于考到了80分。

“妈妈，妈妈，我要告诉您一个好消息！”洋洋连蹦带跳地冲进家门，“我英语成绩进步啦！”

“哦？这次考了多少分？”妈妈走出厨房，饶有兴趣地问洋洋。

“80分，比上次考得好吧？”洋洋十分开心地回答。

没想到，妈妈的脸瞬间沉了下来，训斥他道：“为什么没有考满分？只是一个简单的随堂测验，居然才考80分，你也好意思说？”

“可是我真的努力了！”洋洋没想到妈妈会是这种反应，只好这样辩解。

“你还敢跟我顶嘴？赶紧学习去！下次不考一百分就

别告诉我！”妈妈生气地说完，就回厨房做饭了。

洋洋又委屈，又生气，哭着跑回房间去了。

类似的事情很多家庭都会发生，很多父母总是忽略孩子的小小进步，认为这是孩子应该做到的，甚至认为孩子应该取得更大的进步，就像例子中的洋洋妈妈一样。但这些父母没有意识到的是，孩子也有自尊心，当他们知道自己考试成绩不理想的时候，内心已经非常重视并且产生一定的心理压力了，因此才会付出努力。而学习是一个循序渐进的过程，没有人能一下子就考到不错的成绩。

所以，当孩子取得一些小小进步，比如学习成绩有所提升，比如改掉了一个小小的坏习惯，比如帮大人做了一件力所能及的事，父母都应当给予适当的表扬和鼓励，如对孩子说“瞧，只要努力一下就能做到吧？我相信你会做得更好！”“你真是我的好帮手！”等，这样，孩子才会更有努力的动力，从而变得越来越优秀。来自父母的这种激励和赞扬的话语也会使孩子更加喜爱、信任父母，并且愿意与父母分享自己的每一次进步，对于父母给出的建议也就更愿意接受。

平时，父母也应刻意给孩子制造一些小麻烦，鼓励孩子去解决。

小霞是一名三年级的小学生，她的父母开了一家小卖部，平时生意很不错。

有一天，小霞放学回到店里，正好看到爸爸在整理新进的货物。爸爸一件一件地把东西摆上货架，妈妈在一边的桌子上，拿着账本算账。

“妈妈，让我来帮您算账吧！”小霞放下书包，跑到妈妈身边。

“哟，我们小霞真懂事，不过计算器被爸爸拿去点货用了，所以你需要自己来笔算，可以吗？”妈妈笑着问。

“当然啦！”小霞胸有成竹地说。

于是，妈妈就放心地让小霞来算账，自己去准备晚饭了。小霞拿起账本和草稿纸，认真地算了起来。

“算好啦！”过了一会儿，小霞就把今天一天的账目算好了。爸爸拿过账本，用计算器认真地核算了一下，发现小霞算得全部正确。

“嗬，我女儿真厉害！”爸爸摸摸小霞的头，由衷地称赞道。

在日常生活中，并不是总有机会让孩子大展身手。因此，父母可以适当地创造一些机会让孩子锻炼一下。尤其是当孩子做到了父母做不到的事情后，父母及时地表扬孩子，孩子心中的成就感就会油然而生，从而增强自己的信心，有更多的勇气去接受新的挑战。

当然，父母应该让孩子做力所能及的事，不要让孩子尝试与他的年龄不符的高难度任务，也不要给孩子制定过高的目标，以免孩子因为无法达到目标，自信心受挫，失去进步的动力。

## 夸奖孩子是一种智慧

想让孩子变得优秀，首先就要学会夸奖孩子。其实夸奖孩子也是一种智慧，夸奖运用得当，孩子就会更听话。

磊磊今年十岁了，他非常不喜欢做家务，甚至连自己的房间都不愿意打扫，因此，他的房间里总是乱七八糟的，爸爸戏称他的房间为“狗窝”。

磊磊的爸爸妈妈其实很苦恼，他们试着跟磊磊沟通过，给他讲过许多大道理，手把手示范过如何收拾房间，甚至呵斥和打骂过磊磊，可他就是不愿意收拾房间，每次都是妈妈实在看不下去了，才帮他收拾干净。

有一天，磊磊要做手工课老师布置的作业——制作航模，可是他的书桌被各种书、作业本、小玩具和零食占满了，连一块空余的地方都没有。他现在又非常想制作航模，爸爸妈妈还都不在家。他只好自己动手，打算收拾出一块干净的“操作区”。

这时妈妈下班回来了，她来到磊磊房间，刚好看到了这一幕，就灵机一动，开始夸奖磊磊：“呀，我们磊磊也挺能干的嘛！在这么干净整洁的桌子上做事，无论做什么都会做好的！”磊磊听了这话，不好意思地笑起来。

从那以后，磊磊像变了个人一样，开始主动收拾自己的房间了，有时候还会主动帮妈妈做些力所能及的家务活，帮爸爸整理书房等。现在，他的房间变得非常整洁，不再是“狗窝”了。

每个孩子都喜欢听到夸奖。但是，父母在夸奖孩子的时候，也要注意把握时机，在恰当的时机给予孩子一定的夸奖，会比平时更加有效。比如例子中的磊磊妈妈，在看到磊磊主动收拾房间的时候，用恰当的语句适时表扬他，这就让磊磊更有收拾房间、保持好习惯的动力。

在表扬孩子的时候也要注意，表扬的话语和表扬的时机是不是符合孩子的年龄和身心发展特征。如果以上案例中的妈妈是看到磊磊在刷牙，对他说“宝宝真乖呀，知道主动刷牙了”这种话，就会让磊磊觉得自己受到了侮辱，轻则认为父母是在开玩笑而一笑了之，重则可能认为父母在讽刺他，从而伤害他的自尊心。

宁宁最近刚开始学钢琴，每个周末去上钢琴课的时候，她的钢琴老师都会布置一首新曲子，规定她用一周的时间练好。因此，宁宁每晚写完作业后，都在爸爸妈妈的监督下开始练琴。

经过一周的努力，宁宁终于能完整地把这周布置的练习曲弹下来了。

“哟，终于不是磕磕绊绊的啦，哈哈哈真棒！”一旁的爸爸哈哈笑着夸奖宁宁。

谁知宁宁一下子不开心了，噘着嘴半天不说话。

“宁宁弹得真好，刚才的曲子听起来很优美！你瞧，只要你努力，就一定能弹出好听的曲子，对不对？”妈妈轻轻拍着宁宁的肩膀，柔声地夸奖她。

听了妈妈的夸奖，宁宁的心情好了很多。

夸奖孩子的时候要避开孩子的缺点，不能说“你终于画出像样的画啦”这类的话。比如在以上案例中，宁宁听了爸爸的夸奖，并没有开心起来，反而有情绪了。这就是因为宁宁爸爸在夸奖孩子的时候措辞不当，直接提到了孩子曾经存在的不足，这会让孩子十分反感。而宁宁妈妈的夸奖方式就非常值得借鉴，她的侧重点在孩子的优点上，并且非常真诚地肯定了孩子的努力，这样的夸奖方式会让孩子更乐于接受。

还要注意的是，孩子对夸奖的渴望程度远远超过成年人，当你因为某一件事夸奖孩子后，他非常有可能重复地做这件事来获得夸奖。所以，在夸奖孩子的时候需要谨慎，分清楚什么该夸，什么不该夸。当发现孩子有调皮捣蛋、可能妨碍他人的行为时，绝对不能对孩子说“你真聪明！”“干得真棒！”之类的话语，以免孩子重复此类活动。

可见，夸奖孩子也需要智慧。所以，父母一定要把握好夸奖孩子的方法，做到理智夸奖，这样才会“夸”出好孩子。

## 真诚的表扬胜过任何奖励

有很多父母都有这样一个苦恼：为什么我明明夸奖孩子了，孩子却不开心呢？

正常情况下，孩子是非常渴望听到父母的表扬的，但有的时候面对父母的表扬，孩子为什么会不开心呢？这一定是因为父母表扬孩子的态度出现了问题，在表扬的时候过于敷衍，让孩子感到父母的表扬并不真诚。

“妈妈快看，我拿奖啦！”娇娇放学了，她拿着一张金灿灿的大证书，连蹦带跳地冲进了家门。

“什么奖呀？”妈妈正在厨房切菜，头也不抬地问。

“是学校画画比赛的证书，我拿了一等奖呢！”娇娇把证书捧到妈妈跟前，“妈妈快看！”

“哦，知道了，女儿真棒。”妈妈依然在忙着切菜，也没顾上看一眼娇娇手里的证书。

娇娇只好失落地回到了自己的房间。

吃饭的时候，娇娇看起来无精打采的，哭丧着一张小脸，低头慢慢扒拉着自己碗里的饭粒。

“娇娇怎么啦？不舒服吗？”妈妈问。

“在学校里遇到不开心的事情了吗？”爸爸也关心地问了一句。

“没有，今天我得奖了。”娇娇小声嘟囔着。

“哎呀，那是好事啊！你回来的时候不是跟妈妈说过了吗？”妈妈更奇怪了。

“你都没有看看我的证书呢。”娇娇说着说着，竟然委屈起来。

“噢，是妈妈不好，现在可以把证书重新给妈妈看一看吗？”

“哎呀，爸爸还不知道这件事呢，原来我们娇娇这么厉害呀，快把证书拿出来让我们看看！”爸爸也来了兴致，非常高兴地说。

娇娇赶紧跑去自己房间，把证书拿给爸爸妈妈看。爸爸妈妈认真地看完证书，又好好地夸奖了娇娇，娇娇这才高兴起来。

其实，孩子们的要求一点也不高，他们只是想要听到真诚的表扬而已。就像案例中的娇娇，因为妈妈没有看自己的证书，她就觉得妈妈的表扬不够真诚，是在敷衍自己，因此生气。而当爸爸妈妈重新认真看了证书并且表扬她的时候，她又重新开心起来了，可见孩子的内心世界非常单纯。当孩子向父母“报喜”的时候，父母不要急着说“你真棒”“真厉害”，而是应该认真地欣赏孩子的作品，或者认真听完孩子的汇报，再根据孩子取得的成绩来表扬，比如真诚地对他说“我看到了，你画的画确实很美”“能考到这么好的成绩真不错，要继续保持啊”，等等。其实与孩子沟通的过程就像与朋友相处，每个人都不喜欢自己被朋友敷衍，孩子也一样。

另外，表扬孩子时还要注意充满热情，特别是面对年龄较小的孩子的时候，父母热情的夸赞会让他们觉得“我得到了父母的认可，我真棒”，从而使他们积极性大增，学习也更加努力。除了给他们一些口头表扬外，父母还可以使用一些肢体语言，比如对孩子竖起大拇指、拥抱一下孩子、亲亲孩子额头、拍拍肩膀等，这样更能体现父母的真诚和热情。

对于大一些的孩子，特别是正处于青春期 10~16 岁的孩子，父母的表扬就要更加发自肺腑了，因为这个阶段的孩子思想逐渐成熟且独立，产生了叛逆心理，不再为得到父母的表扬而感到十分振奋，也能更清楚地分辨父母的表扬是否发自内心。因此，父母在表扬大孩子的时候，要提升自己的“演技”，注重态度和措辞，既不能过于敷衍，也不能过度热情，最好在表扬的时候列举出具体的表扬原因，这样才能让孩子更好地接受。

面对孩子，千万不要吝惜你的真诚表扬，对孩子来说，这比任何奖励都有用。

# 擦亮眼睛，发现孩子的闪光点

很多父母特别善于发现孩子身上的缺点，对孩子要求很高，这说明他们是非常关注孩子的。但是，在发现并纠正孩子缺点的同时，不要忘记发现孩子身上那些值得表扬的闪光点，并且鼓励孩子继续保持，也是非常重要的。善于发现孩子身上的闪光点，孩子就会更加自信，并对自己有一个更加清晰明确的自我认知，这有助于他成长为一个身心健康、拥有独立人格的人。另一方面，家长对孩子的欣赏和肯定，也会促进亲子关系的和谐发展。

“知心姐姐”卢勤曾说：“能发现千里马的人是伯乐，能发现孩子长处的父母是称职的父母。我们要善于发现孩子的优点和长处。有许多父母，总觉得别人的孩子是天才，自己的孩子像个蠢材；别人的孩子是金子，自己的孩子是沙子。有这样的心理，他们永远不会主动发现孩子身上闪光的地方。”

小玉今年上四年级了，是一个乖巧的小姑娘。可是，在别人眼里，她是个不折不扣的“怪孩子”。因为看似文静又爱干净的小玉有一个奇特的爱好——喜欢虫子。每到放学，她总是喜欢带上空瓶子，到小区的花园里抓蚂蚱、抓蟋蟀，要不就是观察蚂蚁、蜘蛛，一看就能看上大半天。

尽管周围的人都认为小玉很“怪”，不像个小女孩，小玉妈妈却并不阻止，妈妈认为她有研究昆虫的天赋，应该支持她。小玉把抓来的蚂蚱、蟋蟀都养了起来，小玉妈妈也不反对，反而鼓励女儿阅读昆虫相关的书籍，有空的时候还会帮小玉打扫虫子们的“家”。现在的小玉已经读完了好多部有关昆虫的书籍，每次在外面遇到虫子，小玉基本都能说出它的名称、特点和生活习性，俨然一个“昆虫小百科”。

小玉还有一个小妹妹叫苗苗，才八个月大。苗苗喜欢敲击各种各样的东西，还喜欢听音乐。妈妈认为苗苗有音乐天赋，就在苗苗的婴儿车上挂了一个玩具小鼓，苗苗随时可以敲着玩。

案例中的小玉妈妈就是一个非常善于发现孩子闪光点的妈妈。一般父母看到自己的孩子抓虫子玩，特别是女孩子的父母，一定早就阻止了。可是小玉妈妈却能从中看出孩子的特殊天赋，并且支持孩子，这是非常难得的。

那么，父母怎样才能发现孩子的优点呢？

1. 发现孩子的“特殊能力”

有的孩子学习成绩不是非常好，却在其他方面表现得非常有天赋。比如画得一手好画，写得一手好作文，打球非常厉害，或拥有一双巧手，或非常能言善辩……面对孩子的这些闪光点，家长不应该一味忽视和抹杀，而应该积极发掘并有意识地把它培养成孩子的特长，让孩子朝着他喜欢的道路发展。即使孩子以后可能不会在这些领域有所作为，这些特长和爱好也会成为陪伴他一生的非物质宝藏。

2. 发现孩子的性格优势

每个孩子的性格特征也是不一样的。通过仔细观察，你会发现，有的孩子具有“领导天赋”，这样的孩子讲义气，鬼主意多，责任心强，在一群孩子里总能成为“孩子王”；有的孩子非常有亲和力，他们在集体中并不是最引人注目的那一个，但是很多孩子都愿意对他倾诉心事，他也非常愿意帮助其他孩子；有的孩子看似孤僻内向，实际上却非常善于思考，并且具有很强的专注力……这些性格方面的特征也是孩子独有的闪光点，家长们应该善于发掘这些宝贵的特质，根据孩子的性格，引导并培养孩子。

3. 解读孩子的“怪异行为”

有时候孩子会做出令父母难以理解的“怪异行为”，如案例中的女孩小玉喜爱捉虫子，苗苗喜欢敲击物品，还有一些孩子喜欢拆玩具，甚至拆家电等。这些令父母头痛的“怪异行为”背后，隐藏的或许正是孩子与生俱来的天赋。当父母发现孩子有此类行为，不要急着斥责孩子，要注意观察，换一种积极的态度去面对，并且给予孩子必要的引导。

每一个孩子都是独一无二的，积极寻找他身上的闪光点，你就会有意想不到的收获。

## 当众表扬，让孩子更加自信

怎么表扬孩子效果才更好呢？除了要注意表扬的力度、方式、态度等之外，还要注意表扬的场合。其实，在别人面前表扬自己的孩子，孩子会更加开心。

今天是周末，可是一大早，小伟就被妈妈从被窝里喊了起来："小伟，家里没有米和油了，你跟妈妈出去买一点吧！"

"我爸呢？"小伟不情不愿地赖在床上。

"你爸今天加班去了，我一个人搬不动太多东西。乖儿子，你就陪妈妈去吧！"妈妈催促道。

听了这话，小伟只好无精打采地爬起来，又心不在焉地吃了早点，然后跟妈妈一起去了超市。

买完东西回来的路上，妈妈遇到了她的同事张阿姨。

"哟，你家小伟真能干，还知道帮妈妈提东西！"张阿姨看到小伟提着一大桶油，不由得称赞道。

"是啊，我这宝贝儿子可能干了，也不睡懒觉，一大早就陪我出来逛，有他在我可轻松多啦！"妈妈也笑着夸奖小伟。

本来满肚子牢骚的小伟听了妈妈的夸奖，心情也一下子好起来了。到家后，小伟又主动帮妈妈择菜、淘米，母子两人其乐融融地一起准备午饭。

从案例中我们可以看出，一开始小伟是非常不愿意陪妈妈去买东西的，但是在听了妈妈在张阿姨面前对他的夸奖之后，小伟的不满情绪全部消失了，回家后还主动帮妈妈做饭，可见在别人面前夸奖孩子，给孩子的鼓励是非常大的，这样比在家夸奖孩子的效果还要好得多。

表扬孩子是为了激励孩子进步，当你在别人面前赞扬你的孩子时，孩子会认为，你很认可他，然后对你产生感激和尊敬之情，对增进亲子关系很有帮助。你的表扬还会让对方认识到，你的孩子是很优秀的，他们不但会羡慕你，也会跟着你一起夸赞孩子。此时，孩子就会自信心大增，荣誉感、成就感也随之增强，从而变得更加积极。

可是有些父母认为，过多地表扬孩子，或者在人前表扬孩子，会让孩子变得骄傲自大。因此，这些谦虚的父母从不在别人面前夸赞自己的孩子，甚至在别人夸赞自己孩子的时候，他们还会说一些孩子的“坏话”，或者直接批评孩子。

莉莉妈妈去参加同学聚会，带上了自己8岁的女儿莉莉。而妈妈有个同学，她的孩子周扬和莉莉同岁，还是莉莉的同班同学。

聚餐的时候，莉莉安安静静地吃自己面前的东西，不吵不闹，大人交谈的时候她也不插嘴。周扬则大吵大闹，出尽洋相。周扬妈妈看到这个情景，立刻夸奖莉莉：“莉莉真乖，小女孩就是文静乖巧，不像我们家周扬，就知道捣蛋！”

“哪里，她也就是在你们面前这样，在家可是个十足的‘疯丫头’，吃饭都叽叽喳喳说个没完！”莉莉妈妈说，“还是你们家周扬好，学习成绩那么棒，不像莉莉，写作业都费劲！”

周扬一听这话，立马对着莉莉做了个鬼脸：“疯丫头，哈哈你是个疯丫头！”

刚才还安安静静的莉莉突然把筷子一扔，站起身来夺门而出。

“哎呀，这孩子突然发的什么疯？”莉莉妈妈又气又尴尬，却怎么也不明白莉莉为什么这样。

在以上案例中，莉莉妈妈显然没有顾及到孩子的自尊心，甚至当着孩子同班同学的面“拆台”，这样就会让孩子对父母产生厌恶情绪，并且更加不愿意与父母一起参加社交活动。要知道，孩子也有自尊心，父母不应该在别人面前贬低、讽刺孩子。

就算孩子不在场，也不应该对别人说孩子的“坏话”。如果这些话不慎被孩子听到，会让孩子更加厌恶与父母沟通，从而听不进父母说的话。反之，如果孩子从别人的口中听到了你的夸奖，他就会开心地接受，并且争取取得更大的进步，这样比听你当面夸奖更有教育意义。

## 慎用物质奖励

当孩子做出令父母开心的事，比如取得好成绩、帮父母做了家务、给父母捶背洗脚等，很多父母就想要奖励一下孩子。甚至在孩子做出这些事情之前，父母就以物质奖励为“报酬”，鼓励孩子去做。比如有的家长会说“如果你这次能考个一百分，妈妈就给你买芭比娃娃”“帮妈妈刷碗就奖励你零花钱”等。物质奖励可以让孩子做事更有动力，充分调动他的积极性，但是过多、过于频繁的物质奖励，可能会带来不好的影响。

今天一放学，童童就乖乖地收拾好自己的桌子，开始写作业。妈妈看见了，感到非常欣慰。

“妈妈，今天你要奖励我！”童童写完作业，跑出来问妈妈要奖励了。

“什么奖励？”妈妈一头雾水。

“你看我今天放学都没有跟同学去玩，一回家就收拾桌子写作业，所以妈妈应该奖励我！”童童得意地望着妈妈说。

“有道理，那今晚给你做好吃的！”妈妈想了想，觉得童童说得没错，就答应了。

第二天是周五，童童一放学就兴高采烈地跑回家，对妈妈说：“妈妈，今天你还要奖励我！”

“又怎么啦？”妈妈对童童的这种行为有点恼火，但还是问了她。

“今天的数学测验，我得了满分！”童童拿出一张卷子给妈妈看，“妈妈明天带我去游乐场吧！”

“这……”妈妈犹豫了一下。

“不好吗？妈妈以前不是说过，只要我表现好了，就奖励我吗？”童童抬头望着妈妈，大眼睛里写满了疑惑。

“好，好，明天我们就去。”妈妈只好答应下来。

第二天，妈妈带着童童来到游乐场，在游乐场里，童童也总是问妈妈要奖励，要求妈妈给她买这买那。可是童童要求“奖励”的理由都是一些很小的事，比如主动把垃圾扔进垃圾桶，还有帮妈妈提包五分钟之类的，妈妈真的不知道该怎么办了。

案例中的妈妈经常因为童童的一点小进步就奖励她，于是童童养成了事事要奖励的毛病。物质奖励对孩子来说是非常有诱惑力的，因此很多父母会用它来鼓励孩子。可是过多使用物质奖励，会让孩子迷失方向，单纯只为了奖励而努力，看不到事物的本质，从而体会不到做这件事时的乐趣。

如果让孩子养成了事事要奖励的习惯，就连一些小进步也要奖励一下，孩子就会产生“我想要的东西都可以轻松得到”的意识，可是社会是残酷的，从长远来看，这样的孩子走向社会后更容易因为工作、生活中的挫折而产生消极情绪，并且失去奋斗的动力。因此，在物质奖励这件事上，家长应该遵循适量原则，只有当孩子通过自己的努力，完成某件有一定难度的事情时，再给予他一些物质奖励。

物质奖励最好以惊喜的形式送给孩子，不要提前许诺。父母平时可以多观察孩子，多与孩子沟通，了解孩子最想要的东西都有什么，最近最想去哪里玩，等等。当孩子完成自己的目标，或者做成了一件对他来说相对困难的事，就可以把孩子梦寐以求的东西作为奖励送给他。这样，孩子就会更加积极，努力做好每一件事，同时又不会对物质奖励过于期待。

其实，精神上的“奖励”比物质奖励更有用。在孩子进步的时候，我们不妨给他一个大大的拥抱，或者几句赞美的话。当孩子取得好成绩的时候，家长还可以对孩子说“你考了这么好的成绩，是通过自己的努力换来的，努力的过程很辛苦，但你也获得了很多知识，最后还取得了好成绩，相信你一定会保持下去的。”这样，就可以引导孩子发掘学习本身的乐趣，让他真正爱上学习的过程，对物质奖励的渴望也就不会过于强烈了。

## 让孩子自我反省

孩子犯了错，光批评是不够的，父母还应让孩子学会自省，让他主动认识到自己的错误，反思自己的不当行为。

佳伟一直想要养宠物，他最喜欢毛茸茸的小动物了。最近佳伟的学习成绩有了明显的提高，所以爸爸就送佳伟一只可爱的仓鼠作为奖励。

当养宠物的好奇劲儿过去之后，佳伟就开始嫌麻烦了。每天他都要帮仓鼠准备食物和水，还要记得喂零食和陪它玩儿，隔三岔五还要打扫仓鼠笼子。佳伟觉得好麻烦，但是现在如果放弃仓鼠，爸爸妈妈一定会训斥他。因此，佳伟开始疏远仓鼠，并把积攒的怒火发泄在仓鼠身上。

这一天，当妈妈去给佳伟送水果的时候，发现佳伟把仓鼠的一只后爪揪出笼子，仓鼠疼得吱吱惨叫。

妈妈赶忙制止了佳伟："你不是答应爸爸妈妈，好好照顾你的小伙伴吗？你这样做，它会受伤的！"

佳伟没说话。

妈妈继续说："如果我紧紧地揪住你的脚，把你弄疼了，还不让你走路，你会有什么感觉？"

佳伟这才低下头，若有所思地说："我会非常害怕，非常讨厌妈妈！"

“对呀，你这样对待仓鼠，仓鼠也会感到害怕的！”妈妈继续说。

突然，佳伟像是顿悟了什么，对妈妈说：“妈妈，我明白了。我这样做是不对的，以后我一定会好好照顾仓鼠，再也不欺负它了。”

妈妈听了这话，欣慰地揉了揉他的头。

上面这个故事中，面对佳伟的错误，妈妈没有一味斥责，而是用循循善诱的方法让佳伟认识到自己的错误，这比直接批评取得的效果要好得多。

自我反省是人们不断进步的前提条件，夏朝时候，一个背叛的诸侯有扈氏率兵入侵，夏禹派他的儿子伯启抵抗，结果伯启打败了。他的部下很不服气，要求继续进攻，但是伯启说：“不必了，我的兵比他多，地也比他大，却被他打败了，这一定是我的德行不如他，带兵方法不如他的缘故。从今天起，我一定要努力改正过来才是。”从此以后，伯启每天很早便起床工作，粗茶淡饭，照顾百姓，任用有才干的人，尊敬有品德的人。过了一年，有扈氏知道了，不但不敢再来侵犯，反而自动投降了。

对于成年人来说，具备良好的自我反省能力，主要体现在能及时发现自己的错误并改正过来。可是孩子还不具备很好的自我认知能力，自我反省能力还不够好。因此，父母要引导孩子学会自我反省。父母要善于引导孩子自省，不仅顾及孩子的自尊，还能拉近亲子间的距离。还有一点很重要，当孩子做错事的时候，不要急于说教责备，可以让他“自食恶果”，这样，他下次就不会犯同样的错误了。

周末的时候，邻居家的阿姨带小玲去公园玩，回来的时候还带回了两条红色的小金鱼，小玲十分喜欢。

可是没两天，当邻居再来小玲家做客的时候，却发现鱼缸里的小金鱼已经不是原来那两条了，这是怎么回事呢？

小玲妈听到邻居的问话后，叹着气说："哎，小玲喜欢玩鱼，把鱼从鱼缸里捞出来，看着它们在桌子上跳，觉得十分有趣。结果全死了。没办法，我又给她买了几条，让她玩。"

"啊！你们怎么不训训她？这样不对。"邻居很惊讶。

"小孩子爱玩而已，没必要训，以后我看着点儿，不让她再把鱼捞出来玩就是了。"小玲妈却不以为然地回答道。

孩子做错了事，有些父母因为过于溺爱孩子，不仅不指出孩子的错误，还主动替孩子去承担犯错的后果，这会让孩子觉得就算是做错了也没关系，渐渐地，孩子就会缺乏责任心和自我反省意识。所以，父母要让孩子自己承担犯错的后果，让他们学会自我反省，不再犯类似的错误。例如上述故事中，小玲妈妈应该制止孩子的行为，下次如果小玲还是把小鱼弄死了，就不再给她买，同时把空鱼缸还摆在那里，让小玲知道，弄死小鱼之后就不会有新的小鱼可以看了。

当孩子犯了错的时候，父母不要立刻指责，可以尝试让孩子自我反省并承认错误。孩子对事情的对错还没有很好的认知，作为父母，在孩子犯错的时候引导孩子对自己的错误感到内疚和羞愧，或是委婉地为孩子指出错误，都是培养孩子自我反省能力的好方法。

## 孩子不接受批评怎么办

在孩子的成长过程中，难免会出现这样或那样的错误。这种时候，父母往往会批评孩子。可是，有的孩子并不愿意接受批评，反而越批评越厉害。这是为什么呢？可能与父母的批评方式有关。所以，父母要想办法让孩子乐于接受批评。

美国心理医学博士马文·西尔沃曼提醒父母，在这五种情况下不应该批评孩子：当孩子同你讨论某种个人问题时；当孩子看上去非常激动而又没有说到底是怎么回事时；当孩子为某件事而兴高采烈时；当孩子需要人帮他做出决定时；当父母想让孩子解释或同自己讨论某件事时。可见，父母应该在恰当的时候批评孩子，这样孩子才会接受父母的批评。

那么，具体来说，怎样才能让孩子乐于接受批评呢？

1. 批评孩子态度要和善

现在的孩子经常犯一个毛病——服软不服硬。因此，父母在批评孩子的时候，要注意自己的态度，不能对孩子大吼大叫。如果常常对孩子进行严厉的批评，孩子就会产生逆反心理。因此，在批评孩子的时候，我们的态度可以温和一些，只需指出孩子的错误，告诉他该怎样做即可。

2. 批评孩子最好避开他人

孩子也是有自尊心的，我们在批评孩子的时候，最忌讳有他人在场。不管这个“他人”是谁，只要是除了父母以外的人，都会让孩子感到别扭。因此，在孩子犯错时，我们应该把孩子带到一个只有父母和他的密闭空间进行批评教育，如果暂时做不到，可以等在场的其他人离开后，再对孩子进行批评教育。特别是当父母的亲戚、同事，或者孩子的好朋友、兄弟姐妹在场的时候，更不要批评孩子。

3. 批评孩子对事不对人

在批评孩子时，一定要“对事不对人”。只需对孩子讲清他这次的错误错在哪儿，造成了怎样的后果，以及如何改正就好。千万不能在批评的时候翻旧账，历数孩子之前犯过的错误，更不能在批评的时候说出带有否定性甚至是侮辱性的语言，比如“你真没用！”“你是头猪吗？”这样只会让孩子越来越讨厌与父母沟通，对父母产生抵触心理。

4. 批评要及时

发现孩子犯错误时，如果需要批评他，父母就应该及时批评，最好不超过当天。即使当天没有合适的时机批评他，也要告诉孩子“你这件事很不对，明天我再批评你”，最好明确批评的时间，不要说“改天再批评你”之类的话。如果等事情过去一定时间后批评孩子，孩子很可能已经忘记了自己的所作所为，并且会认为这次批评是“飞来横祸”，从而更加讨厌被父母批评。

5. 批评应点到为止

父母要注意，批评孩子应简明扼要，要批到点子上，只要孩子领会了批评的意思，就应该适时而止，千万不能喋喋不休，穷追猛打，否则，孩子就会反感。试想，谁会喜欢一个喋喋不休数落自己的人呢？

总之，只有客观地批评孩子，不要故意处罚孩子，让孩子体会到父母的诚恳、关爱与尊重，这样，孩子才会乐于接受父母的批评。

## 孩子爱哭怎么办

通过观察我们会发现，有些孩子非常爱哭，经常因为一些小事大哭大闹，让父母非常头疼。面对爱哭的孩子，家长往往喜欢训斥或者采取武力手段解决。其实，这样做是不对的。

超群今年上三年级，是个非常要强的孩子。这天，班里竞选班委，他一心想当班长，最后却落选了。在放学回家的路上，他越想越伤心，最后竟然呜呜呜地哭起来。

到家后，妈妈看他一脸泪痕，问道："你怎么了？"

"呜呜呜，我……"超群泣不成声。

妈妈眉头一皱，板着脸说道："一个男孩子，哭鼻子怎么行？不准哭，再哭妈妈打你屁股了！

超群见妈妈不仅不安慰自己，还要打自己屁股，心里更委屈了，嘴一咧，哭得更凶了。

妈妈见状，走过去就朝他的屁股拍了一下。超群哭着跑了自己的房间，不管妈妈在门外怎么敲、喊，他都装作听不见，蒙着被子呜呜地哭着，直到哭累了，抽泣着进入了梦乡。

妈妈在外面又急又气又后悔，恨自己没先问清楚儿子到底发生了什么事情，真是越想越郁闷。当儿子睡着后，她用钥匙轻手轻脚打开了儿子的房门，看着儿子哭肿的眼睛，轻声地叹了口气。

从这天开始，妈妈发现儿子变得不太爱和自己说话了，自己喊他的时候，他也经常躲着或者一直低着头说话，曾经活泼开朗的孩子，变得十分的内向，郁郁寡欢。

很多父母在遇到孩子哭泣时，都会像超群妈妈那样教育孩子，而不是倾听孩子的委屈，给他们多一些安慰和理解。他们认为，孩子都这么大了还老爱哭鼻子，长大后走向社会了，面对种种挫折，该怎么办呢？的确，父母的担忧不无道理，他们的想法是好的，但是，他们却忘记了一件事：对孩子进行情感教育时，要考虑他的年龄，也要区分具体情况。

那么，父母面对啼哭不止的孩子，到底应该怎么做呢？父母不要强制要求孩子“不许哭”。当孩子在遇到挫折而哭泣时，父母不应一味地责备，不让他哭，反而应该鼓励他哭出来。哭是一种很好的减压方式，可以帮助孩子宣泄心中的不良情绪，哭过之后，孩子的心情就会有所好转。我们大人有时也是这样，当遭遇失恋、失业、丧失亲人等令人难过的事件时，哭出来会更好一些。所以，父母应该适当允许孩子哭。

在孩子哭泣的时候，要问清事情的原委，并且安慰孩子。如果孩子是因为考试成绩不够好，或者在竞选中落选了，我们可以鼓励他下次继续努力，并且陪他一起找出失败的原因。如果孩子是被同学欺负了，我们在安慰孩子的同时，也应该找老师了解情况，如果情况严重，父母有必要出面保护孩子。这样，孩子的内心就会更有安全感，相信父母是站在他这一边，而且会保护他。内心充满安全感的孩子，会更加勇敢、自信，也就不会总哭鼻子了。

# 第五章
# 巧用批评，孩子越来越优秀

## 批评孩子也有技巧

每个孩子都会犯错误，因为他们的自制力和辨别是非的能力不足，不能与成人相比。当孩子犯错误的时候，我们应该采取批评教育，但是批评也要掌握一定的技巧，不能过于严厉，也不能过于温和。只有恰当的批评才能让孩子意识到自己的错误，从而改正错误并取得进步。

有一则关于著名的教育家陶行知的故事：

有一次，陶行知看到一个男孩用泥块打同学，当场就制止了他，并让他放学后到校长室。

放学之后，陶行知从外面办事回来，看到那个男孩已经在门口等他了。于是，他把男孩叫进了办公室，并从口袋里掏出一块糖，对他说："这是奖励你的，因为你很守时。"男孩惊疑地瞪大了眼睛，随后接过糖。这时，陶行知微笑地看了看男孩，又掏出第二块糖，对他说："这也是奖励给你的，因为我制止你打人，你就立即停手了，这说明你很听话，很尊重我。"接过糖后，男孩越发感到不安。

接着，陶行知又掏出第三块糖，对男孩说："我调查过了，你用泥块砸同学，是因为他欺负女同学，这说明你有正义感，值得奖励。"

陶行知话音刚落，男孩再也控制不住自己的情绪了，泪水夺眶而出，激动而愧疚地说："陶校长，我错了，同学再不对，我也不应该采用这种方式来解决。"

陶行知满意地笑了，又掏出一块糖："因为你认识到了自己的错误，我要再奖励你一块糖。好了，我们之间的谈话结束了。"

这则家喻户晓的故事想必大家都不陌生，在故事中，陶行知面对打人的学生，不但没有狠狠批评，反而奖励他四块糖，这种批评方式出人意料，但也有不可思议的好效果。因为这种方式能让孩子更好地反省自己的错误，而又不伤害孩子的自尊心，不会激发他的逆反心理。其实，批评孩子有很多种技巧和要点，只要父母掌握这些技巧要点，就能学会合理地批评孩子。

在批评孩子的时候，要注意"对事不对人"。要批评孩子错误的本身，而不能对孩子说出会伤害他自尊心的话，比如"笨得像猪一样，这么点东西都能丢！""你除了吃和玩还会干啥！"等。孩子虽然会犯错误，但也有羞耻心，在他意识到自己做错事的时候，他就已经开始后悔和自我检讨了，这时候父母如果对孩子说一些冷言冷语，反而会让孩子产生反抗情绪，这样的批评是不对的。

我们应该如何进行批评教育呢？比如，当孩子考试成绩欠佳的时候，我们刻意跟孩子一起找出原因，指出他在学习上存在的不足，并且提出改进建议。再比如，很多孩子比较淘气，经常四处捣蛋。当孩子因为调皮捣蛋闯了祸，家长也不要急着发火，而应该问清楚这件事的缘由，再告诉孩子他的行为造成了什么样的后果，让他意识到事情的严重性。

除了注意批评方式，家长还要注意批评的场合和时间。一般情况下，我们不提倡在公共场合或者客人的面前批评孩子，这样会大大伤害孩子的自尊心，自然也不会取得理想的效果。最好在和孩子独处的时候，对孩子进行批评教育，这也是一个很好的亲子沟通机会。批评孩子的时间也要合理，尽量不要在三餐、晨起后、睡觉前批评。在吃饭时批评孩子，会影响孩子的食欲，从而间接影响孩子的身体健康。在清晨批评孩子，孩子一整天都不会有好心情。在睡前批评孩子，则有可能让孩子失眠、做噩梦，影响孩子的睡眠质量。我们成年人尚且需要在这些时段保持好心情，孩子也是一样的。

在批评孩子过后，可以给予孩子适当的安慰，比如拥抱他、鼓励他，让他明白，你虽然批评他了，但还是非常爱他的。

## “亲有过，谏使更”——允许孩子给自己挑错

父母在发现孩子犯错误的时候，往往都会批评孩子，孩子也会听从父母的批评。可是，当父母在孩子面前犯了错误，被孩子指出来的时候，有些父母就不是那么“听话”了，他们会认为孩子在挑战自己的权威，这是不对的。

有一天吃晚饭的时候，小健的妈妈做了一道火腿炒苦瓜，可是小健不爱吃苦瓜，就对妈妈抱怨道：“妈妈，下次我们不做苦瓜好吗？我不喜欢吃苦瓜，我想吃鸡腿。”

小健话音未落，妈妈就板起脸来，严肃地批评他：“小健，挑食是不对的，有些食物虽然很难吃，但都有丰富的营养，每种食物都要吃才行啊！”

“好。”小健虽然不高兴，但还是乖乖地吃了一些苦瓜。

第二天中午是爸爸做饭，爸爸做了一道清蒸鱼。小健的妈妈不爱吃清蒸鱼，就皱了皱眉头，说：“这鱼太腥了，我不爱吃。”

小健听了妈妈的话，立刻说：“妈妈，你上次不是说过，不可以挑食吗？这样是不对的！”

谁知妈妈听了小健的话，竟然生气了：“你竟然批评起我来了？真是没大没小！小孩子少管大人的闲事！”

孩子犯错误的时候，家长应该指出并批评。同理，人非圣贤，孰能无过，家长也有犯错误的时候。在家长犯错误的时候，也应该虚心接受孩子的批评，不能“双标”。

以上案例中的小健妈妈就是典型的“权威型”妈妈，这类家长喜欢以长辈自居，压制孩子，孩子犯错误的时候她会严厉批评，但在自己犯错误的时候却不允许孩子提出来，以此维护自己的“权威”。其实，这样的亲子关系是非常不健康的。这种做法只会让孩子认为父母不讲理，在父母批评自己的时候，孩子也不会接受。

而且，父母的性格如果过于强势，处处要求孩子服从自己，孩子就有可能形成懦弱、胆小的性格，孩子总有脱离父母保护的一天，当这样的孩子遭遇不公平对待或被人欺负时，往往不敢还击，没法保护自己。所以，父母在面对孩子时，一定要用平等的心态与孩子沟通，这样可以帮助孩子树立良好的人生观和价值观。

当孩子向父母提出批评的时候，父母应该虚心接受批评，感谢孩子指出自己的错误，并且尽力改正。这样就能给孩子树立一个好榜样，当孩子犯错误的时候，也会乐于接受父母的批评。另一方面，孩子指出父母的错误，说明他认真观察了父母的行为，并且已经有了一定的是非观，这是孩子进步的表现，同时也说明了父母和孩子之间的关系是比较平等的，所以孩子才敢指出父母的错误。父母在虚心接受孩子批评的同时，也应该感到欣喜。

## 给孩子写“批评信”

很多孩子到了青春期之后变得非常叛逆，自尊心极强，即使自己做错了，也不愿意听取父母的批评和指导，对于这个时期的孩子，父母要换一种批评方式。

有的时候，文字的力量比语言更大。我们不妨用写信的方式批评孩子。通过写信的方式，父母既可以表达自己对孩子的爱，指出孩子的不足并提出建议，还可以对孩子写下自己的心声。这种方式比面对面交流更好，父母可以把面对孩子时不好意思说出的话用文字的方式记录下来，孩子在阅读的过程中也能静下心来思考，因此，这种方式是非常可取的。

凡凡上初二了，受青春期和班里一些同学的影响，原本乖巧的她最近开始“学坏”了：学会了化妆，偷偷用妈妈的卷发棒做头发，总是沉迷手机游戏和上网，动不动就要求妈妈带她去文身，学习成绩也比以前下降了许多。

爸爸妈妈非常头痛，他们问凡凡：“你为什么要这样做呀？”

“你们太老土了吧，这都不懂，这叫‘社会’，我们班好多同学都这样！”凡凡得意地摆弄着自己刚烫的头发，说。

爸爸一听火冒三丈：“你才多大，就整天社会社会的！看你现在的样子，还像个学生吗？”

凡凡也生气了，冲着爸爸大喊：“就说了你不懂！我同学都喜欢这样，怎么就不像学生了？”

妈妈忙说：“爸爸妈妈只是希望你好好学习，不要把心思放在这些没用的事情上！”

“跟你们说什么都没用！”凡凡说完，就扭头跑进自己的房间，狠狠地摔了门。到了吃晚饭的时候，妈妈去叫凡凡吃饭，可是凡凡把门反锁着，就是不出来。

“唉，这孩子怎么什么话都听不进去呢？”妈妈回到房间，叹了口气。

“那也不能眼睁睁地看着她学坏呀！怎么办才好呢？”爸爸也愁坏了。

“有了，我们给她写封信吧！”妈妈突然想出了一个点子。

“算了吧，说她都听不进去，信她会看吗？”爸爸有些怀疑。

“试一试嘛，”妈妈说着就来到书桌前，“也许有用。”

于是，凡凡的爸爸妈妈就你一言我一语地商量起信的内容来。他们一直写到半夜，在这封信中，他们不但指出了凡凡的错误，明确告诉她哪些该做，哪些不该做，还把她从小到大的点点滴滴，以及父母对她的期望和爱，全都写了进去，足足写了三页信纸。写好这封信后，妈妈翻出一个牛皮纸信封，小心地把信装好，写上“凡凡收”，然后将它悄悄塞进了女儿的门缝里。

清晨，凡凡一起床就看到了这封信。

“他们又在耍什么花样！”凡凡自言自语着，好奇地打开信读了起来。读完这封信，凡凡在床边坐了好一会儿，若有所思。

从那以后，凡凡就像变了个人，重新变成了一个成绩优异、懂事乖巧的孩子。

上述案例中的凡凡就是一个叛逆的孩子，她听不进父母的话，但是当阅读“批评信”之后，她认真反思了自己的行为，可见文字的力量是强大的。在不方便口头批评孩子的时候，或者口头批评不见效的时候，可以采用这个方法。

## 批评孩子不是否定孩子

每个人都不希望被否定和贬低，孩子也是一样。可是，很多父母在批评孩子的时候，不知不觉就会说出一些带有否定意义的话来，从而在无意中伤害孩子的自尊心。比如“你什么都干不好”“你就会给我添乱”“你还会干些啥”等等。

有的家长认为，孩子还小，根本不会在意父母说过的这些话，一会儿就忘了。还有的家长是因为控制不住自己的情绪，在孩子犯错的时候由于非常生气，常常不经意间说出一些贬低和否定的话。不管是哪一种，都是不可取的，因为否定性的话语常常带有鄙夷的意味，会让孩子感到低落、自卑、难过，产生“反正我就是很没用”的想法，从而更加不愿意改正错误。

乐乐今年 7 岁，是一个活泼可爱的男孩子。

一个周末，家里要来很多客人，乐乐妈妈一大早就开始忙这忙那的，乐乐见了，问妈妈：“妈妈，我能帮您做点什么吗？”

妈妈说：“乐乐去帮我把花浇一下吧，今天太忙，早晨忘记浇花了。”

于是，乐乐一蹦一跳地来到阳台，但他发现喷壶里的水只剩半壶了，于是又抱着喷壶去洗手池灌水。可是当他路过客厅的时候，不小心滑了一跤，喷壶里的水“哗啦”洒了一地。

妈妈闻声从厨房里出来，见自己刚拖好的地面被乐乐搞得一塌糊涂，顿时火冒三丈："你看看你！连这点小事都做不好吗？让你帮我浇浇花，你也能搞成这样子，真是只会给我添乱！"

乐乐摔了一身水，又疼又害怕，听了妈妈的话，他更加委屈了。

妈妈做饭的时候，突然发现酱油不够用了，就对乐乐说；"乐乐，去帮我买一瓶酱油吧。"

"反正我只会给你添乱，您还是自己去吧。"乐乐嘟着嘴，一脸不乐意地坐在沙发上。

"你这孩子还会顶嘴了？！"妈妈非常生气，不明白乐乐为什么这样不懂事。

例子中的乐乐妈妈在批评乐乐的时候，就对乐乐说了许多否定的话语，导致他失去信心，再也不想帮妈妈做事。遇到类似情况的时候，家长应该怎么做呢？首先，家长应该安抚孩子，因为孩子在犯错的时候已经感到害怕与内疚了。然后，在安抚孩子的情绪之后，可以告诉他，他为什么会犯错，以后要怎样改正，等等，最后再让他收拾好自己弄乱的场地或者物品。这样，孩子就能很好地认识错误，改正错误，并且不会产生消极的情绪。

孩子的自信心和勇气来自于父母的肯定，这种自信心甚至能够伴随他一生。反之，如果一个孩子从小就生活在父母否定的声音里，那他极有可能变得自卑、怯弱、内向，从而影响他各方面的发展。遗憾的是，不少父母在批评孩子的时候经常说出带有贬低色彩的话语，事后自己可能并不记得，却给孩子造成了难以磨灭的影响。因此，存在这类问题的父母要及时反思，及时改正。

## 用幽默的方式批评孩子

每当孩子犯错的时候，父母往往大发雷霆，并且试图用严厉的批评方式，认为这样能让孩子认识到自己的错误。其实，批评的方法有很多，只要用对了方法，即使柔声细语地批评孩子，也能收到良好的效果；而如果方法不恰当，就算对孩子暴跳如雷，也不见成效。如果父母能用幽默的方式批评孩子，效果也许会更好。

在生活中，幽默的人往往非常受欢迎，而孩子天性爱玩爱闹，更是喜欢一切能令他们发笑的人和事。用幽默的方式批评孩子，能够让孩子在欢笑中反省自己的错误，看到爸爸妈妈有趣诙谐的一面，拉近亲子之间的距离。

小兵很喜欢玩电脑游戏，总是趁大人不注意偷偷玩。

这天，妈妈做完晚餐，就走向书房，想看看小兵的作业完成得怎么样了。书房里的小兵听到妈妈的脚步声，连忙从电脑桌的板凳上一跃而起，跳到了书桌旁边，若无其事地假装写作业。

妈妈看到这一幕，简直气坏了，她很想上去质问小兵：为什么这样做？然而，她不想让小兵哭哭啼啼地写作业，也不想影响他吃饭的心情。她灵机一动，对小兵说：“哟，我们小兵挺厉害啊，不用助跑就能跳过那么高的桌子，身手真是敏捷啊。跳过去之后还能把写作业这项活动表演得如此逼真，我看应该给你颁发一个‘奥斯卡奖’了。”

听了妈妈的话，小兵不好意思地笑了笑，说：“妈妈，我知道错了，以后我再也不偷玩电脑了。”妈妈说：“没事，只是要注意安全，如果摔倒了就不好了。”从那以后，小兵果然没有偷偷玩过电脑，总是在写完作业、预习完功课之后，才去打开电脑玩游戏。

以上案例中的妈妈非常机智，她在看到孩子玩游戏的时候虽然很生气，但是及时控制住了自己的情绪，转而用一种幽默调侃的方式批评孩子，这样既能让孩子认识到自己的错误，又不至于给孩子带来消极情绪。

对于已经具备一定思考能力的大孩子来说，过于严厉的批评反而不会起到很好的作用。因为他们已经知道哪些事该做，哪些事不该做，否则小兵就不会在妈妈走近的时候表现得那么慌张。当父母面对孩子的这种情况，用幽默的方式点拨孩子，要比严厉的批评效果好得多。

## “人前教子”不可取

很多父母认为，“人前教子”能让孩子更深刻地意识到自己的错误，但他们忽略了一点——孩子也是有自尊心的。无论孩子有没有意识到自己的错误，当众批评孩子都是不可取的，这样只会让孩子更加不愿意接受批评。

小石头今年八岁了，是个虎头虎脑的小男孩。有一次，爸爸妈妈带着他回到了乡下姥姥家。

大家一起吃饭的时候，小石头在饭桌上大笑大闹，不小心把面前的碗打翻在地上，摔碎了。妈妈见了，气得火冒三丈：“让你不老实！你看看你，把碗摔了吧？”爸爸也说：“就是，吃饭的时候也瞎闹，一点也不听话！”

姥姥见状，赶紧收拾了小石头打碎的碗，并且说：“快别训他啦，他才多大，小孩子调皮捣蛋不是很正常嘛！快点吃饭吧！”一旁的舅舅也说：“就是啊，他表哥这么大的时候，还不如咱们小石头乖呢，快别说了！”

可是，小石头的爸爸妈妈就是不听，他们认为人前教子是很有必要的，必须好好抓住这个机会。于是，他们不顾姥姥和舅舅的劝阻，没完没了地细数小石头犯过的错误，还给小石头讲了好多大道理，终于，小石头再也忍不住了，脸涨得通红，哇哇大哭起来。这一顿饭，大家都没有吃好。

在这个案例中，小石头的爸妈就是典型的“人前教子”型父母。其实，当孩子当众犯了错误，父母感到有些“丢人”是正常的，因此难免想要训斥孩子。可是，父母有没有考虑过孩子此刻的感受？也许孩子是无意间在众人面前犯了错，自己心里已经感到后悔和惭愧了，此时又要遭受父母的严厉训斥，孩子肯定会非常难过。

对于小石头犯的错误，爸爸妈妈完全可以帮他收拾好残局，等到大家都开开心心地吃过饭之后，再把小石头单独叫到一边进行教育。也可以当场用温和的语气告诉孩子，怎样做才能避免这样的事情发生。

孩子犯错时，父母要尽量避免在人前批评孩子。因为当众批评孩子，会严重伤害孩子的自尊心和自信心。发现孩子犯错的时候，父母应该冷静下来，站在孩子的角度思考问题，想一想如果你是孩子，你会希望父母怎么做？

一位著名的教育学家说过：“对儿童进行批评时，要在私下里进行；对儿童的表扬，则应该当众进行。儿童被表扬后，经过大家的一番传播，会有很大的意义，他会引以为傲，并在以后的岁月里更加努力，而当众批评他的过失，会让他无地自容且失望。”

孩子因为年龄特点，经常犯下这样那样的错误。父母如果只知道当众批评孩子，非但不能帮助孩子改正错误，反而会使孩子产生抵触情绪，很难听进父母的话，产生沟通障碍。

# 第六章
# 立规矩有妙招

## 好父母懂得对孩子说“不”

众所周知，溺爱孩子、对孩子百依百顺的行为是非常不可取的，那些被娇生惯养长大的孩子，往往难以面对生活中的挫折，并且在工作和人际交往中表现出以自我为中心的特点，严重影响了正常的生活，他们对世界的认识也是扭曲的。

在火车上，一个男孩大喊大叫，在座位上又跳又闹，严重影响了周围乘客的休息。有人抱怨了几句，可男孩的妈妈却不制止他，还振振有词地对抱怨的乘客说：“孩子嘛，就是没有安静下来的时候，没办法啊！”

过了一会儿，这个男孩子在过道里跑来跑去，差点撞倒一位端着热水杯的老爷爷。老爷爷生气地喊：“谁家孩子啊？也不管管！”男孩妈妈听了，依然没有训斥男孩，反而对老爷爷说：“小孩子就是比较好动，您这么大年纪了难道连这个道理也不懂吗？”

最后，小男孩因为故意掀翻了一位乘客的泡面，被怒不可遏的乘客抓住揍了一顿。

大多数父母都非常宠爱孩子，其实是可以理解的，但宠爱过头就变成了溺爱。案例中妈妈一味包庇自己的孩子，不懂得制止孩子的不良行为，这样的行为只会让孩子越来越调皮，越来越肆无忌惮，最终成长为一个自私、任性、野蛮、刻薄的人。面对孩子的各种需求，家长不应一味满足，而应该懂得分辨，坚决拒绝无理要求和不恰当的行为。

拒绝孩子的不良行为，越早越好，最好在10岁以前。因为10岁以前的孩子思想意识不够成熟，就算被拒绝时很难过，也还是会乖乖改正。但如果在孩子大些的时候才懂得拒绝他的不合理行为，孩子就会产生很大的逆反心理，轻则叛逆，重则离家出走、报复甚至自杀，等等。因此，要早点让孩子知道哪些事情不能做。

不要因为孩子哭闹而心软。哭闹是孩子的“武器”之一，当他的需求没有被满足时，就会大哭大闹。这个时候，很多父母会因为孩子的哭声而心软无奈，不得不满足孩子的要求。久而久之，孩子就会知道，只要自己一哭，就能得到想要的东西。所以，父母在孩子哭闹的时候要坚定立场，不能因为心软而满足孩子的无理需求。如果孩子哭闹不止，父母可以采用转移注意力的方式，让他不在执着于这件事。当孩子意识到哭闹无效的时候，也就不会再这样了。

说“不”时要说明原因。当孩子询问父母拒绝的原因时，父母不应该说“我说不行就不行！”，而应该耐心地告诉孩子为什么不能这样做，让孩子明白你是在为他好。比如孩子想多吃一些糖，父母在拒绝的时候就可以告诉孩子，吃太多糖会牙疼，会让人发胖，等等。如果孩子依然不肯，可以与他沟通，听听他的想法，并且和他一起想一个两全其美的办法。

对有益孩子发展的行为，父母不要说“不”，否则会影响孩子的健康成长。比如当孩子对某件事物产生了好奇心，想要去探索、研究时，父母应该指导并鼓励他积极探索，从而培养孩子的创造力。如果孩子产生了想要去帮助他人或者救助小动物的想法，父母也应该尽力支持，以此培养孩子的同理心。对不好的行为，我们必须说“不”，但是好的行为可以允许孩子去尝试，父母应该学会辨别。

## 这样做，孩子轻松告别“手机瘾”

随着社会发展，智能手机、平板电脑等电子产品已经走进千家万户。这些电子产品功能强大，用途广泛，极大地方便了我们的生活。但是，由于这些电子产品往往具有非常多的娱乐功能，其中的游戏、影视剧、动漫、音乐等对孩子非常有吸引力，一些孩子就沉迷其中，成了小小“低头族”。

14 岁的男孩清清最近得到了一部新手机，是姑姑送他的生日礼物。清清答应爸爸妈妈，平时只用它查资料、看网上的课程等。可是，没过多久，清清的同学推荐给清清一款好玩的游戏，清清玩过之后就着了迷，每天写完作业都要打开游戏玩一玩。起初爸爸妈妈觉得，清清是在写完作业之后才去玩游戏的，所以没有在意。可是后来清清越来越不像话，常常玩到半夜都不睡。妈妈因此没收了他的手机，以为这样就万事大吉了。可是没过多久，妈妈接到了清清班主任打来的电话，说他上课时经常偷偷玩同学的手机，如果被没收了，他就再向另一位同学借，已经有很多位任课老师反映过这件事了。

孩子沉迷手机，是很多父母都头疼的事。孩子长时间沉湎于手机中丰富多彩的虚拟世界，对手机产生了强烈的依赖，很难从中脱身。就连成人也经常陷入其中无法自拔，孩子的自制力远远不如成人，一旦染上手机瘾，自然更是难以戒除。为了防止孩子染上手机瘾，父母应该给孩子立一些规矩。在立规矩的同时，父母也要以身作则，给孩子树立一个好榜样。

有些父母为了防止孩子变成“低头族”，就干脆禁止孩子碰自己的手机。可是，孩子天性好奇心重，越是不让他碰的东西，他越是好奇。即使父母不允许孩子碰手机，孩子也有可能在同学家玩到手机，甚至去借用爷爷奶奶等长辈的手机，老一辈人比较宠溺孩子，再加上对手机认识不够充分，自然会交给孩子玩。这样的结果就是，父母不知道孩子在这种时候用手机做了什么，从而更起不到监督的作用。所以父母不应该全面禁止孩子碰手机，而应该适当允许孩子玩自己的手机，但是在孩子玩手机的时候，父母应该全程监督，并引导孩子观看一些健康向上的优秀动画、影视作品，或者玩一些不易成瘾的益智游戏，不要让孩子自行浏览。

为了让孩子更有节制，父母应该规定孩子的玩手机时间。需要注意的是，父母应该跟孩子商量，玩多久比较合理，在哪个时段玩比较好，等等。还可以让孩子写一份“承诺书”，写明违反约定时间的后果。

孩子沉迷手机，与自制力差有关，但还有另一个原因，就是没有得到足够的爱和陪伴。我们可以多陪孩子做游戏，带孩子参加户外活动，或者跟孩子聊天等，以此分散他的注意力，让他充分感受生活的美好，手机对他的吸引力自然也就不那么大了。

## 让孩子明白规矩≠束缚

在给孩子制定规矩时，很多家长都面临这样一些问题：对孩子狠不下心，无法严格执行规矩；孩子认为规矩不合理，拒绝遵守；规矩过于模糊，没有明确的界限……这些问题造成了规矩的难以实施，以及孩子对规矩的种种误解。

要想让规矩具有威慑力，父母必须要“狠下心”。订立规矩时要有一定的处罚措施，当孩子没有遵守规矩时，父母应该按照规矩给孩子一定的惩罚，不要因为孩子的哭闹、哀求就心软。如果父母每次都因为心软而放过孩子，孩子就会无视规矩。也许有些妈妈会说，给孩子立规矩太难了，不忍心看到孩子伤心大哭的样子，就忍不住原谅他了。可是，从长远来看，这样的做法并不可取。给孩子立规矩，是为了让他更好地成长，对孩子的一生都会产生积极的影响。

小新5岁了，是一个非常可爱的小男孩，全家人都非常宠爱他。可是小新有一个坏毛病，就是不爱惜食物。他吃饭时总是把饭粒弄得到处都是，遇到不喜欢的食物，经常是咬一口就扔掉。妈妈跟他讲过道理，爸爸甚至打过他，可是小新还是我行我素，甚至偷偷把不爱吃的食物都扔进垃圾桶或者马桶里。

爸爸妈妈没有办法，给他立了一些规矩：吃饭时如果再浪费饭粒，就到乡下帮爷爷种一天地；如果偷偷扔掉食物，就帮全家人做一次饭。小新满口答应。

可是第二天中午，小新就把这件事抛诸脑后，吃饭时剩下很多饭粒，还把咬过一口的肉饼整个扔进了垃圾桶。妈妈发现之后，第二天真的带他来到了爷爷家。

在爷爷家，妈妈让小新跟着爷爷到地里去干活。爷爷心疼小新，舍不得让他干活，可是妈妈不肯，执意让小新跑前跑后地帮爷爷播种浇水，帮奶奶喂猪喂鸡。还没到一天，小新就累得哇哇大哭，说什么也不干了。

“现在知道种出吃的东西有多累了吧？”妈妈问。

小新擦擦眼泪，点了点头。

“不光要种米、种蔬菜，养鸡，我们还要辛辛苦苦地把这些东西做成可口的饭菜和零食，所以浪费食物是不对的，按照规矩，今晚小新给大家做饭吧。”妈妈看着小新疲惫的样子，虽然很心疼，但还是狠下心来，按照规矩惩罚他。

在妈妈的帮助下，小新好不容易才做好了饭。他明白了每种食物都是来之不易的，从那以后，他再也没有浪费过粮食。

仅仅因为一个坏习惯，就让这么小的孩子去劳动，案例中的爸爸妈妈无疑非常狠心。可是，只有狠下心来，才能让孩子养成好习惯，避免在未来遇到更大的问题。只有让孩子了解规矩的含义，才能让他更好地遵守。

还有些孩子认为父母立下的一些规矩非常不可理喻，或者过于严格，认为这是在束缚他们。这个时候父母就应该与孩子沟通一下，告诉孩子立规矩的理由，让孩子理解规矩的制定是为了保护自己健康成长，不是为了束缚。必要的时候也要听取孩子的建议，适当调整规矩和惩罚内容，让孩子更容易接受。

常言道，“没有规矩，不成方圆”。只有明白规矩存在的意义，对规矩有正确的认知，知道规矩不等于束缚，才能更好地订立规矩和遵守规矩。

## 什么样的规矩最实用

在订立规矩的时候，很多家长往往会产生这样一些疑问：该怎么立规矩呢？什么样的规矩适合孩子？订立规矩有哪些需要注意的地方？以下就是在订立规矩的时候需要注意的一些事项。

1. 给孩子的规矩要明确具体

孩子因为年龄较小，对语言的理解能力还不是很好，所以父母在立规矩的时候，要使用明确具体的语言。比如，在要求孩子整理自己的房间时，如果对他说“你要保持自己房间的干净整洁”，他可能不理解“干净整洁”的含义，就不清楚自己具体需要做些什么；如果你说的是“你要把自己的被子叠好，要把自己的玩具放在箱子里，把书放在桌子上”，孩子就听懂了。

鑫鑫今年四岁，他有点儿不讲卫生。因为他喜欢玩泥巴和沙子，而且玩完后总是不记得洗手。遇到喜欢吃的东西，也总是不洗手就拿起来吃。妈妈为了改掉鑫鑫的坏毛病，给他立下了规矩：以后要注意讲卫生，如果不讲卫生，就罚他不许看动画片。

可是，这个方法也不奏效，鑫鑫还是我行我素。有一次被罚之后，鑫鑫非常委屈，大哭大闹。妈妈很生气，问他：“为什么哭？是你自己答应的，不讲卫生就不可以看动画片。”鑫鑫问妈妈：“什么是不讲卫生呀？”鑫鑫一问，妈妈才一下子醒悟过来，鑫鑫可能是不理解什么叫讲卫生。于是，她修改了一下规矩，规定鑫鑫必须在玩泥巴之后认真洗手，吃东西之前也要洗手，每天早晚刷牙，等等。这下，鑫鑫明白妈妈的意思了，就乖乖照做了。

以上案例中鑫鑫的妈妈就犯了一个错误——立规矩时语言不够具体，导致孩子不明白规矩的内容。父母在立规矩的时候，一定要照顾到孩子的理解能力，尽可能用最清晰明确的语言为孩子立规矩，避免孩子因为无法理解而不能好好遵守。

2. 规矩要符合孩子的年龄特征

每个年龄段的孩子都有其特定的年龄特点，这是每个父母都知道的。父母在给孩子立规矩，规范孩子的行为习惯的时候，要注意孩子的年龄，不要给孩子立一些与他的年龄不符的规矩。比如，孩子十岁了，父母要求他每晚必须刷牙，这条规矩对于孩子来说就非常简单了。再比如面对一个三岁的孩子，父母却要求他每天必须把自己的衣服洗干净，这就是非常不实际的。所以，在立规矩的时候，要考虑到孩子的年龄，既不能太简单，也不能太苛刻。

3. 父母不要轻易改变规矩

在立下一个新规矩之后，父母不要轻易改变它。有的父母在发现孩子的不良行为后，一时心血来潮，就给孩子立一个规矩。可是在孩子违反规矩的时候，父母突然心软了，不忍心惩罚孩子，于是取消了这个规矩或者修改了惩罚规则。这种行为是不对的，这样父母即使给孩子立了规矩，孩子也会软磨硬泡求父母修改，或者拒绝按照规矩做事。长此以往，孩子就会不再重视规矩，父母在孩子心中的威信也会大打折扣。所以，规矩不可以轻易改变，即使要改变，也要跟孩子认真沟通。

4. 告诉孩子立规矩的原因

父母给孩子立规矩，多半是为了让孩子改掉各种不良习惯，更好地成长。可是，有的时候孩子可能不会理解，父母为什么这么“霸道”，不让自己干自己喜欢的事？所以，在立规矩的时候，父母有必要向孩子说明这么做的原因。

三岁的乐乐特别喜欢吃糖，爷爷奶奶知道他爱吃糖，每次来都会给他买上一大包各种各样的糖。乐乐妈妈就给乐乐立了这么几条规矩：1. 每天早晚要认真刷牙；2. 一天只能吃三块糖；3. 晚饭后不准吃糖。

可是让妈妈头疼的是，乐乐并不愿意遵守这些规矩，特别是第二条规矩。他总是想尽办法，去偷那些被妈妈锁起来的糖。有一次妈妈发现了，非常生气：“乐乐！不是告诉你不许吃太多糖吗？”

“糖那么好吃，为什么不能多吃呀？妈妈坏！”乐乐委屈地朝着妈妈大喊。

妈妈这才明白，乐乐可能还不清楚过量吃糖的危害，所以才不愿意遵守规矩。于是，她消了气，温和地对乐乐说：“糖是很好吃的东西，爸爸妈妈也爱吃。可是吃太多的糖容易变成小胖子，还会牙疼呢。所以妈妈才让你一天只吃三块，还要认真刷牙才行。”

乐乐听了不再委屈，也听话地点点头。从那以后，乐乐果然乖乖地遵守规矩了。

案例中的乐乐就是因为不明白立规矩的原因，才不愿意遵守。当妈妈给他讲清立规矩的原因之后，他明白了这样是为他好，自然就愿意接受。父母在给孩子立规矩的时候，要注意跟孩子沟通，不但要明确规矩的内容，还要告诉孩子原因。

## 孩子不守规矩怎么办

在生活中，很多父母都会遇到一个难题：我们给孩子立了规矩，孩子也明白规矩的内容，可他就是不遵守。这种时候，父母应该怎么办呢?

圆圆的妈妈规定圆圆每天必须睡午觉，可是无论妈妈采取什么样的惩罚措施，圆圆就是不肯遵守这条规矩，非要看动画片，或者听音乐，直到妈妈吼她，她才不情不愿地躺在床上。

这天中午，圆圆的房间里一反常态地很安静，妈妈心想：这孩子终于午睡了吗？可她悄悄打开房门一看，发现圆圆并没有午睡，而是在玩串珠子玩具。妈妈非常生气，狠狠地训斥了圆圆一顿。事后，妈妈也非常苦恼。可是圆圆中午就是不睡，妈妈也没有什么好办法了。

像案例中圆圆这样的孩子并不少见，那么，孩子为什么就是不守规矩呢？其中一个很重要的原因就是，孩子天性贪玩且容易被诱惑，而一些规矩在一定程度上限制了孩子爱玩的天性，面对“该做的事”和“喜欢做的事”，孩子自然会选择后者。即使孩子知道，违反规矩可能会承担一定的后果，可还是很难控制好自己。

这种时候，父母往往也会难以克制自己的情绪，对孩子大发雷霆，甚至说出“你怎么这么不听话”“真给我丢脸”“一点用都没有”的话，有的父母甚至会对孩子“拳脚相加”。可是，这种做法是不妥的，会伤害孩子的自尊心，对维护亲子关系也极为不利。

面对不听话的孩子，父母会生气是正常的，这说明我们关心孩子。可是，过激的行为会让孩子产生叛逆心理，认为规矩是用来压制他的，而不是对他有益的。这样一来，孩子就更加不愿意遵守规矩了。

其实孩子不守规矩并不代表他是个“坏孩子”，这是很正常的现象。比如，他只是过于沉迷玩耍的快乐，就忘记了规矩的存在，或者真的非常想去做某一件事。父母应该关注孩子不守规矩的原因，不能一味地用粗暴的方式阻止孩子。

所以，当看到孩子不守规矩时，父母首先要做的是平复自己的情绪，努力冷静下来。如果孩子的行为真的非常过分，父母可以尝试转移注意力，不再关注孩子的一举一动，等到怒火平息下来，再去认真理清思路，思考解决问题的方法。

孩子不守规矩，是因为规矩的约束性太强，而没有规矩的生活着实让他感到精神愉悦。但是，规矩的制定是为了孩子更好地成长，我们可以向孩子说明不守规矩的坏处，以及会对他造成的具体影响。不要着急训斥孩子，可以让他自己去体验不守规矩的“恶果”，体验几次后，孩子就能明白父母立规矩的良苦用心了，自然也会慢慢习惯。

因为孩子违反规矩对孩子发火后，要及时道歉。道歉时态度诚恳，不需要找什么借口，只需说一句“刚才是爸爸 / 妈妈不对，不应该对你发脾气，很抱歉。”就好。这样，会让孩子感受到父母对他的态度是平等的，感受到父母的态度非常真诚，也就更加愿意听父母的话，遵守规矩。

# 第七章

# 善用鼓励和安慰，让孩子感知你的爱

# 和孩子一起战胜挫折

孩子在成长过程中，总会遇到大大小小的挫折。也许有的挫折在大人看来微不足道，但是在孩子眼里却是天大的难题。在孩子面对挫折的时候，父母的做法很重要。

6 岁的冬冬今年上一年级了，学校离家不算远，步行需要 20 分钟，骑电动车 10 分钟就到了。妈妈为了锻炼冬冬，决定让他每天独自步行上学放学。

可是冬冬的爷爷奶奶不同意，因为冬冬是独生子，是爷爷奶奶带大的，他们对冬冬宠爱得不得了，生怕他受一点委屈。在冬冬爸妈的劝说下，爷爷奶奶好不容易才答应，让冬冬自己上学放学。

刚开始，冬冬还挺兴奋，觉得每天在路上跟小伙伴一起有说有笑地走着，比坐爷爷的三轮车有趣多了。可是有一天，在冬冬放学的时候突然下起了雨，虽然他带了雨伞，但是鞋子全湿了，好不容易才走到家，还得了严重的感冒。

妈妈认为这件事根本不算什么，可是冬冬的爷爷奶奶非常生气，说什么也不让冬冬一个人上下学了，爷爷坚持每天用电动三轮车接送冬冬，遇到天气不好的时候，还会带上雨伞、厚外套、大围巾，生怕冬冬冻着。这样一来，冬冬每天上学放学都舒舒服服的，再也不用挨冻了。

人生不可能是一帆风顺的，无论在哪个年龄段，都有可能遭遇各种各样的挫折。所以，父母有必要培养孩子的抗挫折能力，有意识地锻炼孩子，丰富孩子的人生经验。就像案例中的冬冬，本来他完全可以自己走路上下学，从而锻炼自己的独立能力，可是因为爷爷奶奶的过度保护，他失去了这样一个学习机会。其实，父母完全可以让孩子独立完成一些事，即使在这个过程中遭遇挫折，父母也不能因此让孩子半途而废。

那么，在孩子遭遇挫折的时候，父母应该怎么做呢?

1. 倾听孩子，和他一起想办法

当孩子遭遇挫折时，父母要及时倾听孩子的诉说，并且积极地与孩子一起讨论解决问题的方法。在沟通的过程中，父母可以指出孩子目前存在的问题，但是千万不能否定孩子，抱怨孩子做错了，因为这样会大大打击孩子的自信心和勇气，很容易让他变得懦弱胆小，一点打击也承受不了。在孩子每一次遇到挫折之后，父母应该耐心地与他沟通，并且和他一起想办法解决问题，这样，孩子就更愿意与父母沟通并且听取父母的意见和建议，长大后也会成为一个自信、勇敢、快乐的人。

2. 适当安慰孩子

孩子在遭遇挫折和打击的时候，心情往往会非常低落。这个时候，他们就需要来自父母的安慰和鼓励。父母可以温柔地拍拍孩子的肩膀，对孩子说“你已经做得很好了，努力就好”“在爸爸妈妈眼里你永远是最棒的”。如果孩子情绪还是非常低落，说明这件事对孩子的打击比较大，此时父母可以带孩子出去玩耍，或者带他吃一顿美食，借此分散孩子的注意力并且安抚孩子的情绪。如果孩子依然闷闷不乐，父母可以带孩子去寻求心理医生的帮助。

3. 给孩子讲故事

无论是在中国历史还是外国历史上，名人战胜逆境取得成功的故事比比皆是。当孩子遭受挫折的打击一蹶不振时，父母可以给孩子讲一些名人故事，让孩子从名人的事迹中重新获得勇气。多数孩子都喜欢听故事，在听故事的过程中，孩子的注意力被转移，不再沉浸在自己的负面情绪中，这是非常有效的沟通方法。

每一个孩子在遭遇挫折后，都能重新振作起来。只是父母有时候对孩子太不放心，认为孩子非常弱小。其实，只要正确引导，及时沟通，鼓励他们勇敢面对困难，孩子就能茁壮成长。

## 鼓励孩子很容易

在我们遇到困难的时候，如果能得到来自家人、朋友甚至路人的鼓励，都会让我们觉得充满干劲，信心倍增，所以，不要小看鼓励的作用。

暑假里，小雅跟爸爸妈妈去某景点爬山，这座山上有一条著名的玻璃栈道，修在悬崖峭壁上，非常惊险。

小雅本来是满心期待的，可是当他们到达玻璃栈道时，小雅发现这条玻璃栈道实在是太高了，透过脚下的玻璃往下看，下面的人都变成小蚂蚁。小雅害怕了，说什么也不敢走上去。可是如果不从这里走过去，就要从另一条很长的山路绕到下一个景点。

此时，小雅爸爸已经迫不及待地走上了玻璃栈道，妈妈也已经穿好了鞋套，要过来拉小雅的手。小雅快哭了:“爸爸妈妈，我害怕!”

“别怕，玻璃很结实的!”小雅爸爸回头对小雅说。

“可是下面那么高，看起来好可怕呀!”小雅还是不敢踏上玻璃栈道。

这时，爸爸又走了回来，拉起小雅的手:“不要害怕，我们小雅平时不是最勇敢的小姑娘吗?连打雷都不怕，还敢帮妈妈踩死蟑螂，过玻璃栈道你肯定也没问题的!”

小雅这才拉住爸爸的手，小心翼翼地踏上了栈道。在前进的过程中，爸爸时不时鼓励小雅，称赞小雅的勇气，在走到一半的时候，小雅终于不害怕了，还勇敢地走在了爸爸的前面。

以上案例中的小雅爸爸就是一位非常善于鼓励孩子的爸爸，值得我们学习。在孩子面对困难畏缩不前的时候，或者遭受打击一蹶不振的时候，父母应该适时鼓励孩子，这样会让孩子重新振作起来，敢于面对挑战。

在鼓励孩子的时候要注意，不要鼓励孩子去做超出他能力范围的事情，或者对他来说有危险的事情。如蹦极、跳伞等一些不适合儿童的极限运动，不应鼓励孩子尝试。有的孩子比较爱动，经常进行爬墙、爬树等一系列危险活动，虽然这说明孩子的身体协调性好，但这样的活动也是不值得被鼓励的。

鼓励孩子的语言也应该诚恳、丰富。特别是面对6~12岁的少年儿童时，如果父母只会说“你一定行”“你最棒”之类的话语，可能会让孩子感到父母在敷衍自己，从而起不到鼓励的作用。父母应该根据情境，用不同的语言来鼓励孩子。比如，在孩子考试前，可以对孩子说“你最近每天都在认真复习，我相信你这次一定可以考出不错的成绩”；在孩子面对新事物不敢尝试的时候，父母可以说“不要害怕，我们就尝试一下，也许没有你想的那么可怕呢”；等等。

在鼓励孩子的时候，除了运用语言，还可以伴随肢体动作和眼神。比如拥抱孩子，摸摸孩子的头，或者给孩子比一个手势，配合真挚诚恳的眼神，这都是不错的鼓励方式，比单纯的语言鼓励效果更好。

父母是最爱孩子的人，同样也是孩子最爱的人。在孩子有需要的时候，父母如果及时地鼓励孩子，会给孩子带来莫大的勇气。如果父母经常用心鼓励孩子，孩子也会更加信任父母，这样对亲子关系的健康发展有非常积极的作用。

## “你是最特别的”——鼓励孩子做自己

在这个世界上，没有哪两个人是完全相同的，每个人都有自己的特点。可是，有的时候我们会发现，自己与身边的人差别非常大，甚至显得格格不入，这种时候我们难免会产生自我怀疑的心理。其实，孩子也会遇到这样的情况。

康康是一个活泼可爱的小男孩，今年刚上二年级。大多数男孩子都喜欢蓝色、灰色、银色等一些酷酷的颜色，买衣服和文具时也会挑选冷色系的。可是康康就不一样了，他最喜欢的颜色是大红色。因此，康康的很多衣服和文具都是大红色的。

可是有一天，妈妈去接康康放学的时候，发现他变了个人似的，不再蹦蹦跳跳，走路慢悠悠的，一副闷闷不乐的样子。

“怎么了？”妈妈问。

“妈妈，红色很难看吗？”康康抬头问妈妈。

“不难看啊，你不是最喜欢红色吗？”妈妈很疑惑。

经过妈妈的询问，康康终于说出了今天发生的事：原来是班里的一群男孩子发现康康的校服里穿着大红色的毛衣，就开始嘲笑他“像个女孩”，这让康康感到非常不舒服。同时，他也有些迷惑：男孩子就应该喜欢酷酷的颜色吗？

妈妈听了康康的倾诉，笑着说："没什么，喜欢红色不是很好吗？每个人喜欢的东西都是不一样的，红色很好看，蓝色和银色也很好看，无论哪种颜色，都是很重要的。"

康康听了妈妈的话，低着头想了一会儿，又恢复了往日的活泼劲儿，开始蹦蹦跳跳了。

在学校里，孩子的一些与众不同的行为和特质往往会引来同龄人的嘲笑，这虽然是儿童之间常见的事，但是可能会让孩子迷茫、困惑甚至自卑。这个时候，就需要家长及时地进行引导。如果孩子的行为是违反校规的，或者是非常不符合他的年龄的不良行为，家长应该制止并且告诉孩子正确的做法，但如果孩子只是兴趣或者喜好与大部分孩子不同，家长应该支持并理解。案例中康康妈妈的做法就值得学习，她没有因为孩子喜欢的颜色不同而劝说孩子跟风，而是教育孩子"每种颜色都很好"，这就能够消除孩子的自我怀疑心理，也让他变得宽容且富有同理心，同时也能够理解身边其他与众不同的小伙伴。

但是有的家长认为孩子是自己辛辛苦苦养育的，就应该事事都听自己的安排，必须要像大多数孩子一样按部就班、循规蹈矩，不能有一点"奇怪"的想法。在他们的眼里，孩子是自己的专属物品，他们事事都想替孩子包办。这样做的后果就是，孩子长大后做事没有主见，不明确自己的人生目标。如果孩子性格比较倔强，会十分反感父母的这种做法，产生强烈的逆反心理。

所以，作为父母我们要明白，孩子是一个独立的人，有自己的性格特点、兴趣和人生道路。我们应该支持和鼓励孩子做自己，不能因为孩子没有变成我们想要的样子，或者孩子与大部分同龄人不同，就要求孩子改变。做一个懂得支持孩子的好家长，才会让孩子更愿意与我们沟通。

## 拥抱孩子，让 TA 感受你的爱

对孩子来说，拥抱是一种非常有效的安抚手段。父母拥抱孩子的时候，孩子会感到非常安心、温暖。因为拥抱这个肢体动作会给孩子传达一个信息：我们是爱你的，不要担心。所以，父母应该适时地拥抱孩子，这样就会让孩子更进一步感受到父母对他的爱，会让孩子充满勇气和信心。

期末考试过后，班主任给班里的每个学生都发了奖状。文文得到了一张“学习进步奖”，这是用来奖励学习成绩不是非常好，进步却很大的学生的。文文有些闷闷不乐，因为她想要的是“三好学生”奖。

爸爸得知文文只得了“学习进步奖”之后，严厉地质问她：“为什么没有拿到‘三好学生’？班里有那么多同学都拿到了‘三好学生’，你怎么不行呢？”

文文本来就有些失落，被爸爸这么一说，她更是又难过，又生气，索性跑到房间里关上门，大哭起来。

没过多久，妈妈回来了，当她听了爸爸的“控诉”后，径直走进文文的房间，发现文文躺在床上，还在小声地抽泣。文文看见妈妈进来，以为妈妈是来责备她的，于是背过身去继续哭。

可是妈妈没有发火，而是坐在床边俯下身，给了文文一个大大的拥抱：“妈妈知道你今天得了‘学习进步奖’，这说明你的学习成绩有进步，已经很棒了。”

文文这才转过身，搂住妈妈的脖子，说：“我也很想拿‘三好学生’奖，下次我一定会努力的。妈妈以后可不可以多抱抱我呀，您一抱我，我就觉得心情好多了。”

在日常生活中，许多父母与孩子的交流方式还是以训斥甚至责骂为主，很少用温和的方式直接表达自己的爱，其实这样做是不利于孩子健康成长的。

父母的拥抱可以安抚孩子的不良情绪，治愈孩子的心灵创伤，增加孩子的安全感和勇气，让他感到自己是被父母爱着的。所以，父母应该适当地多拥抱孩子，以便增进亲子间的感情。有研究表明，从小经常被父母亲吻、拥抱的孩子，长大后更容易形成开朗、勇敢的性格，也不会缺乏安全感。

但是，随着孩子的年龄逐渐增大，父母对孩子的肢体接触逐渐减少。特别是孩子进入青春期以后，很多家长就不再常常拥抱孩子了。其实这个年龄段的孩子也非常需要父母的拥抱，因为他们心思敏感，情绪起伏较大，在生气或者难过的时候，往往听不进父母的说教，面对青春期的孩子，父母也不应该吝惜自己的拥抱，因为拥抱比训斥更有效。

拥抱是一件平常的事，但是有的父母却不太习惯拥抱孩子，觉得有些“肉麻”。其实，这样的想法是不对的，拥抱孩子是一种良好的亲子沟通方式，可以让孩子感到满足、安心、温暖。经常拥抱孩子，孩子也会更愿意听父母的话，与父母更亲近。

## 和孩子手牵手，一起成长

当父母牵起孩子的手的时候，传递给孩子的是希望、鼓励和温暖。而孩子也因为感受到了来自父母掌心的爱，从而更有安全感。因此，父母平时要多跟孩子手牵手，为孩子增添一份美好而温暖的童年回忆。

手是非常重要的器官，很多时候我们都是靠用手触摸来感知周围的一切事物。其实，像是情绪、心情这样抽象的东西，也是可以用手感知到的。当你因为孩子闯了祸，紧紧抓住他的小手把他带回家的时候，孩子能够通过手感觉到你的愤怒；当你悠闲地牵着孩子的手逛街，孩子也能感受到你的轻松和愉快。当父母利用这一特点跟孩子进行沟通的时候，孩子也会感受到来自父母的爱。

父母的大手，有时候可以传递给孩子一份力量，像拐杖一样，支撑孩子前行。当孩子遇到困难的时候，父母可以牵起孩子的手，跟他一起克服困难，快乐成长。

宁宁住的小区最近在安装管道，地上挖出了一道道深沟，工人叔叔们在上面架起了木板做的桥，方便大家行走。这些桥成了男孩子的最爱，可是胆小的宁宁始终不敢独自过桥。

这天，宁宁放学后和妈妈一起回家，在准备过一座木板桥的时候，宁宁突然停住脚步，说什么也不肯走了。

“宁宁，你怎么了？”妈妈问。

“我不敢走这样的桥。”宁宁回答。

“可是宁宁是七岁的大姑娘了，妈妈抱不动你。这座桥一点也不可怕的，勇敢一点，走过去好吗？”妈妈说。

“我不敢……”宁宁低下了头。

“现在小区里到处都是这样的桥，我们绕路走也未必能找到合适的路，这样吧，妈妈拉着你的手，我们一起过去，好吗？”妈妈蹲下来，握住了宁宁的小手。

“好！”宁宁乖乖地点了点头。

就这样，妈妈拉着宁宁的手，一起过了桥。在妈妈的带领下，宁宁一点也不害怕了。

案例中的宁宁起初不敢过桥，但是在妈妈的带领下，她成功地走了过去。由此可见，当父母牵起孩子的手时，传递给孩子的那份勇气是非常惊人的。因为孩子非常信任父母，相信父母能够帮助自己克服一切困难，所以孩子在牵着父母的手的时候，是非常安心的。

牵手除了能给孩子传递勇气和安全感，还能让孩子感受到你对他的爱。每个孩子都渴望父母和老师会牵着自己的手，因为在他们眼里，这是自己被宠爱的标志。

果果今年四岁了，在读幼儿园中班。今天，果果的妈妈因为加班，没有及时地去接果果，只好联系了幼儿园的老师，让她们陪果果玩一会儿。

在去幼儿园的路上，妈妈担心极了，因为果果从来没有在幼儿园“留守”过，不知道她会不会哭？是不是非常生气？

可是妈妈一进幼儿园，就看到果果兴高采烈地扑了过来，一点也没有不开心的迹象。

“对不起啊！妈妈来晚了，还以为果果会哭呢。可是果果为什么这么开心呀？”妈妈问。

“刚才李老师牵着我的手做游戏了！”果果开心地回答，小脸上满是得意的神情。

牵手这件事，在成人看来是一件非常自然的小事，但是在孩子心里却显得非常珍贵。所以，我们一定要多牵牵孩子的手，用行动表达自己对孩子的宠爱。

## 眼神交流很重要

眼神可以让父母与孩子进行心灵对话，父母在给孩子传递眼神时，也一定要善于发现孩子眼神中所表达出来的信息，及时给孩子相应的眼神做回报，这样，才能实现真正的心灵沟通。可见，眼神能够缩短与孩子间的距离，促进亲子间的关系，父母一定要善于利用。

有位同学写过一篇题为《妈妈的眼神》的作文，在文中他深情地写道：

> 我爱妈妈那双美丽的大眼睛，熟悉妈妈的每一个眼神。妈妈的眼睛对我来说就是大海，就是天空，能让我尽情地体验美和享受爱。人们都说眼睛是心灵之窗，我就是从妈妈的眼睛里读懂了妈妈对我的无限关爱。
>
> 记得上小学时，我就发觉，妈妈在我写作业的时候总爱注视我，更确切地说，当时的感觉是在监视我。难道她对我不放心，怕我搞小动作？我很反感，便回过头来冲她喊道：看什么看。这时妈妈就有些不好意思地轻轻关上门走了。我暗下决心好好学习，证明给妈妈看，我有自立的能力，不需要她监督。到上初中后，妈妈还没有改掉她原来的毛病，仍是在我专注学习的时候偷偷地注视我。那一天，我实在忍不住地问道：你看我干什么，难道还对我不放心？妈妈终于说出了真相。忙碌了

一天的妈妈就喜欢看我专注学习的样子。注视我是她的一种享受，看着我，她所有的疲劳和烦恼都烟消云散了。

有一次，我的数学考试才考了60多分，我不知道如何向妈妈交代，只能心虚地告诉她成绩还没出来。早已知道成绩的妈妈表情突然严肃了起来，直勾勾地看着我。我心里好难受，羞愧地低下了头，但我仍能感受到妈妈注视我的目光。我猛地抬起了头，眼泪流了下来。“妈妈，我错了，我不该欺骗您，我考得不好，我就是这水平。”我呜呜地说出来憋在心里的话。妈妈等我平静下来，开始帮我分析失败的原因。望着妈妈坚定而信任的目光，我又重新找回了自信。

在妈妈慈爱的目光中，我一天天成长。总有一天我会展翅高飞的，妈妈，请您不要为我担心，无论飞到哪里，我都会感受到您那充满关爱的眼神；无论遇到多大的困难，我都不会屈服，因为有您那慈爱的目光。

著名作家周国平在《父母们的眼神》中也写过这样一段话：

父母的眼神对于孩子的成长有着不可低估的影响。打个不太确切的比方，即使是小动物，生长在昏暗的灯光下抑或在明朗的阳光下，也会造就成截然不同的品性。对于孩子来说，父母的眼神正是最经常笼罩他们的一种光线，他们往往是借之感受世界的明暗和自己生命的强弱的。

眼神交流往往不需要借助语言和文字进行，威力却比语言要大得多。因此，父母在教育孩子的过程中，要善于保持恳切、和蔼、信任和期待的眼神，引导孩子往优秀的方面发展。如果父母与孩子的关系并不太融洽，运用鼓励的眼神要比直接使用语言鼓励孩子的效果要好得多。

# 第八章
# 父母必知的亲子交流误区

## 亲子关系的无形杀手——语言暴力

语言暴力，就是使用带有侮辱歧视性的语言，致使他人的精神上和心理上遭到侵犯和损害，属精神伤害的范畴。

在生活中，语言暴力其实并不少见。很多家长在跟孩子沟通的时候，会因为无法控制自己的情绪，而对孩子使用语言暴力，比如对孩子说“你真没用”“你笨得像猪”“真是个闯祸精”等，甚至还有脏话、粗话，这些语言对孩子的伤害是很大的。

从表面上看，语言暴力比体罚显得温和，而且可能在不经意间产生，但它带给孩子的伤害绝不会比体罚小。体罚更多伤害的是孩子的身体，其痛苦可能是短暂的，但语言暴力的伤害却是长久的，不仅侮辱了孩子的人格，损伤孩子的自尊和自信，摧残孩子心理健康，严重的还会导致孩子心智失常，丧失生活勇气，引发厌学、逃学、违法犯罪、自杀等严重恶果。

也许上面的一段话看起来像是夸大事实，我们的孩子怎么可能因为这样的事就去犯罪呢？但是当你看完以下几个案例，也许就不会觉得语言暴力是一件微不足道的小事了。

小俊（化名）因做事“笨手笨脚”，从小被父亲骂“猪脑子”。长大后，他因为赌钱欠下巨款，当他还债时，被债主骂“猪脑子”，勾起小时候被骂的痛苦回忆，自尊心受到极大侮辱，最后用手枪将对方杀害。

曹夕（化名）小时候，父母离异，母亲经常将怨气撒在他身上，骂他“怎么不去死”。后来，他在发廊给人洗头，将顾客烫伤，被理发店店主骂“怎么不去死”，点燃了他埋藏心底的恨意，最后他用匕首将店主杀害。

小凯（化名）小时候，母亲身患重病，欠下许多债务。父母因为酗酒，时常骂他“废物”。之后，他外出打工，因为一次失误，被车间主任骂“废物”，让他回想起父亲的无端责骂，他怒火中烧，用弩射伤对方，致其瘫痪。

浩浩（化名）小时候因学习成绩不好，常被父亲骂“是人都比你强”。长大后，他迷上网络游戏，在一次游戏中因技术不佳，与朋友发生争执，被朋友辱骂“是人都比你强”，这句话揭开了他儿时的伤疤，最后愤怒的浩浩用板砖将朋友拍死。

这些案例中的罪犯有一个共同点：童年都曾遭受父亲或母亲的语言暴力，而正是这些具有侮辱性的语言，成为孩子日后犯罪行为的导火索。这些孩子的父母或许永远都想不到，若干年前，自己一句看似无心、再正常不过的骂孩子的口头禅，会在很久以后，将孩子送上一条不归路，也给其他人、其他家庭带来不可逆转的伤害。有一个鲜为人知的研究表明，在中国，青少年犯罪与童年时期遭受语言暴力之间有强烈的联系，语言暴力不会在人身上留下伤痕，却会在心理投下永不磨灭的阴影。

北京师范大学心理学教授邹泓说：“语言伤害还会给孩子的心理上投下一种阴影，致使他们不再相信外部世界，觉得这个社会是冷漠的、恶毒的，对社会产生一种强烈的排斥感。”这不是危言耸听，美国布尔什海大学的研究员史特劳斯和帕斯查尔共同主持的一项研究指出：从小经常挨骂的小孩在智商测验中平均得分为98分，不经常挨骂的小孩平均得分为102分。可见，家长态度上的温和可亲、语言上的循循善诱有助于提高儿童的认知能力和思维发展；而态度冷酷专横、言语粗暴恶俗会阻碍儿童的智力发育。“笨蛋”之类的谩骂，无异于用“软刀子”把儿童“削”成真正的笨蛋。

所谓“爱之深、恨之切”。生活中，大人们以为骂孩子是为了他们好，是对他们负责的表现。他们以为孩子还小，挨了骂之后不会记在心上。殊不知，这样做往往事与愿违。因为，孩子天性纯真善良，他们幼小的心灵最容易受到伤害。这些极端的话语会重重刺伤孩子稚嫩的心灵，伤害了孩子的人格、尊严和自信心，甚至给孩子一生留下不可磨灭的阴影，有些孩子甚至因此结束自己年幼的生命。所以，家长在与孩子沟通的时候，一定要注意自己的言辞，管理好自己的情绪，用温和的态度与孩子沟通，不要因为一时冲动，对孩子使用语言暴力，否则可能会造成严重的后果。

家是一个充满爱的地方，而父母是孩子的守护者和第一任老师，所以，在我们与孩子沟通的时候，一定要充满爱心和耐心，这样才能把话说到孩子心里去，成为一个合格的好家长。

## “别人家的孩子”要不得

很多父母在得知亲朋好友家的孩子比较优秀时，总会不由自主地想拿自己的孩子做比较，特别是对方的孩子跟自己的孩子年龄相仿的时候，这种想法就更加常见了。有的时候即使身边没有这样的孩子，父母为了激励孩子，也会虚构一个“谁谁家的孩子”的事迹讲给孩子听，以为这样做能激发孩子的上进心。其实，这种做法是不对的。

倩倩今年9岁，她有一个小表姐名叫小敏，是舅舅家的孩子。这两个孩子同年出生，小敏只比倩倩大了几个月，因此小姐俩平时非常要好。

倩倩和小敏在同一个舞蹈班学跳舞，可是小敏总是能够得到老师的夸奖，还经常被选去参加比赛，而且小敏的身材也比倩倩修长一些。在学习上，小敏的成绩也比倩倩好很多。可是，倩倩写得一手漂亮的字，无论是毛笔书法还是硬笔书法，她都写得很不错，还在市里拿过奖，这一点是小敏比不了的。

时间长了，倩倩的爸爸妈妈不由自主地开始对倩倩说：“你看看人家小敏，只比你大几个月，跳舞也好，学习成绩也不错，你什么时候能像她一样啊！”看见倩倩手里拿着棒棒糖，他们也会说：“倩倩呀，少吃一点零食吧！你看看人家小敏那么瘦，所以跳舞才好看啊，哪像你！”这些话让倩倩心里怪不舒服的，明明自己写字比小敏好看呀。但是她也承认，小敏在跳舞和学习成绩上确实比自己优秀多了。

倩倩姥姥过寿的时候，倩倩一家和小敏一家都来到了酒店里，其乐融融地为倩倩姥姥庆贺寿辰。席间，小敏妈妈提议让两个孩子为大家跳舞助助兴，大家也都纷纷拍手叫好。于是倩倩跟小敏手拉手走下座位，准备给大家跳一段刚学的“孔雀舞”。

在她们跳舞的时候，倩倩妈妈不断地说;“你看这两个孩子一起跳，差距就出来了，我们家倩倩跳舞确实不如你们家小敏，学习成绩也不是很好，什么时候她能有小敏的一半好就好了！”倩倩舅妈赶紧说:“可别这么说，你家倩倩书法写得多好呀！”

正在跳舞的倩倩听了妈妈的话，瞬间没了跳舞的兴趣，她甚至开始讨厌起身边的表姐来。于是，她停止了动作，气冲冲地跑出了包间。

每个孩子都有自己的优点和缺点，不同的孩子之间根本没有可比性。可是，有些家长却不明白这一点，他们只看到了别人家孩子身上那些强于自己家孩子的优点，却忽视了自己家孩子的过人之处。而且，父母在进行比较的时候，往往是用自己家孩子的缺点去跟别人家孩子的优点相比，认为这样做能够激励孩子改正缺点，做得更好。可是这样的做法非常不妥，如果这位“别人家孩子”是孩子的好朋友或者亲戚家兄弟姐妹，孩子会因此疏远这位优秀的孩子。就像案例中的倩倩，本来跟表姐关系不错，就因为自己妈妈总是拿表姐来跟自己比，导致她开始讨厌自己的表姐了。

拿自己的孩子与别人家的孩子做比较，其实是一种变相否定孩子的行为。父母不应该只看孩子的缺点，只看到别人家孩子的闪光点，而应该用心观察自己的孩子，发现自己孩子身上的那些优点，找出他与众不同的地方。作为父母，要相信自己的孩子是独一无二的，并且有属于自己的天赋，同时也要给予孩子一些赞美，让孩子在父母的肯定和鼓励中进步，逐渐成长为自己想要成为的样子。

而且，即使是年龄相仿的孩子，其心智发展的快慢、心理素质、爱好特长也是不同的。所以，盲目地比较孩子谁更优秀，也是非常不科学的。我们都不希望自己的孩子是别人的复制品，都盼着孩子成为独特又优秀的那一个，因此这样的比较也是毫无意义的。相反，在孩子因为某一方面不如他人而感到自卑的时候，父母应该及时鼓励孩子，引导孩子看到自己的优点，让孩子重拾自信，快乐成长。

## 孩子面前不吵架

夫妻吵架是非常正常的事情，几乎没有哪对夫妻是从来没吵过架的。两个不同的人生活在一起，难免会产生各种小摩擦和小矛盾，这都是正常的。但是，在涉世未深的孩子眼里，父母吵架却是非常可怕的。当他们目睹平日慈爱可亲的父母暴跳如雷、恶语相向的样子，会感到非常恐惧，产生“爸爸妈妈是不是要分开了，是不是不要我了”“爸爸妈妈的样子好可怕呀”的想法，很多年幼的孩子会因此吓得大哭。所以，为了孩子的健康成长，父母产生意见分歧或者矛盾时，应该避免在孩子面前吵架。

“妈妈，今晚我们别去公园散步了，我想去儿童乐园玩玩。”晚饭后，小花挽着妈妈的胳膊，对妈妈撒娇。

“公园里也有健身器材，儿童乐园不也就这几样，还要花十元门票！妈妈不是教育过你，不可以乱花钱吗？”妈妈没好气地批评小花。

小花见妈妈不同意，垂头丧气地坐在了一边。

“那就去嘛，反正去一次也没多少钱，孩子开心最重要啦！”爸爸从厨房出来，拍拍小花的脑袋。

“爸爸真好！”小花一下子高兴起来，乐得又跳又笑。

“你想干吗？不过日子了啊？”妈妈顿时火了，“我都说了不去，你这是什么意思？”

“你至于这么生气吗？不就是带孩子去一次儿童乐园嘛！”爸爸有点摸不着头脑。

“行，以后孩子的事我不管了！”妈妈气得把手里的杯子重重放在餐桌上，发出很响的声音。

“多大点事啊，你发什么疯？小花赶紧穿衣服，想玩什么爸爸带你去！”爸爸也生气了。

“你就会充好人！平时孩子的饭是谁做的？谁带她买衣服买文具？你平时根本不关心她！”妈妈声嘶力竭地大吼着。

“我什么都不关心行了吧？我每天起早贪黑出去是为了玩吗？”爸爸也非常生气，跟妈妈大吵起来。

一旁的小花吓哭了，她现在哪儿也不想去了，只想让爸爸妈妈别吵了，可是他们谁也不听小花的哭喊，反而越吵越凶。

小花妈妈因为跟小花爸爸观点不同，她感觉自己在孩子面前失去了威严，于是她非常生气，与小花爸爸大吵起来，本来应该非常愉悦的饭后出行活动也泡汤了，小花也被吓得不轻。由此可见，父母一定要控制好自己的情绪，即使有意见不统一的情况，也应该心平气和地商量，等到达成共识后再跟孩子沟通。比如当爸爸想给孩子买某样东西，而妈妈不同意时，双方就应该先商量，再告诉孩子可不可以买。

父母吵架给孩子带来的影响是很大的，孩子目睹父母吵架时，不光心理上会产生恐惧、焦虑、绝望的情绪，生理上也会出现呼吸急促、心跳加快、出冷汗等一系列不良反应。长此以往，对孩子的身体发育也有一定的影响。经常目睹父母吵架的孩子，可能会形成胆小怕事、怯弱、没有主见的性格，这样的孩子也可能变得暴躁易怒，误认为吵架、打架是正确的解决问题方式，从而学会对别人使用暴力。

那么，要怎么避免这类事件的发生呢？当夫妻双方意见不合时，难免会控制不住自己的情绪，如果实在想要用吵架的方式解决问题，可以先避开孩子。比如趁孩子睡着时在其他房间里吵架，表达不满的同时还不会吓到孩子。争吵过后，父母还应该冷静一段时间，不要直接接触孩子，以免把不良情绪发泄到孩子身上。

如果父母吵架时刚好被孩子撞见，该怎么办呢？这种时候千万不要害怕和尴尬，要冷静下来，告诉孩子你们争吵的原因，并且用温和的态度安慰孩子，对孩子说“爸爸妈妈只是声音大了些，我们谈谈就好了，没事的”这样就能让孩子安心。

夫妻之间的吵架不可避免，但只要采取正确的方式处理，尽量不在孩子面前争吵，就可以避免对孩子造成不良影响。但是为了家庭的和睦，夫妻双方还是尽量不要争吵，多一些理解，这样才有助于增进感情。

## 说话算数，孩子才能更听话

在日常生活中，有的家长对孩子常常“食言”，比如答应孩子买某样东西，最后却没买；许诺要带孩子去某地玩，结果也没有去。有些家长是真的忘记了自己的承诺，但也有一些家长是故意为之，只是为了鼓励孩子达到某种目标。

医院里，妈妈带着5岁的可可在排队等待打退烧针。“妈妈，打完针带我去吃冰淇淋好吗？我现在好热呀！”可可问妈妈。

“好好好，只要你打针的时候乖乖的，不准哭也不准闹，妈妈就带你去。”妈妈满口答应。

“那吃完了冰淇淋，妈妈可不可以带我去坐一次商场门口的旋转木马？”可可继续问。

“可以啊！”妈妈为了让可可能乖乖打针，依然满口答应。

轮到可可打针的时候，可可果然很乖，任由护士阿姨给他扎针，咬着小嘴唇一声也没有哭，连护士阿姨都夸他好勇敢，是个小小男子汉。

打完针出来，可可高兴地问妈妈：“妈妈，现在我们可以去吃冰淇淋了吗？”

谁知，妈妈却沉下脸来：“不行，你现在感冒还没好呢，怎么能吃那种东西！”

“可是妈妈，你答应我了呀！”可可满腹委屈，“那妈妈带我去坐旋转木马好吗？”

“坐什么旋转木马，赶紧回家，我还要快点做饭呢！”妈妈不耐烦地说。

可可听了这话，哇的一声哭了出来。任凭妈妈怎么哄，可可也不听，妈妈又气又急，心想自己的孩子怎么这么不省心。

可可的妈妈答应可可，只要他乖乖打针就可以吃冰淇淋、坐旋转木马，可是后来妈妈却出尔反尔，没有遵守承诺。在可可妈妈的身上，我们可以看到很多家长的影子：他们认为小孩子“好骗”，答应孩子的事他多半不会记得，所以经常随意地答应孩子的要求，事后却不满足。其实，这是不对的。

换位思考一下，假如你向某人提出某个很重要的要求，这人答应了你，却没有做到，这个时候，你一定会感到愤怒、伤心或者失望，并且不再信任对方。不要觉得孩子还小就可以随意欺骗他们，他们也是有思想、有感情的。父母屡次欺骗孩子，孩子就会失去对父母的信任，父母说的话对他来说也变得无足轻重了。

父母是孩子的第一任老师，也是孩子的榜样。如果父母长期对孩子言而无信，孩子也会有样学样，在与小伙伴的交往过程中，经常许下“空头支票”而不兑现，久而久之会影响他的人际关系，还可能使他面临被孤立的危险。

在孩子提要求的时候，如果父母觉得这个要求不合理，可以直接拒绝，千万不能对孩子用“缓兵之计”。当然，父母在主动许诺给孩子某种东西或者带孩子出去玩的时候，也要先想一想，这件事自己能否做得到。一旦答应了孩子，就要遵守自己的诺言，不能欺骗孩子。

江雷今年10岁，是个不折不扣的小天文迷，平时最喜欢研究天文知识。一次，他在一本少儿科普杂志上发现了一条广告，广告中推荐了几款儿童专用的科学实验仪器，其中就有一款是天文望远镜。他真是太想要这款望远镜了，于是兴冲冲地拿起杂志，跑去问爸爸妈妈："爸爸妈妈，你们可以给我买一台这样的天文望远镜吗？"

爸爸接过杂志，看了一眼，若有所思地对江雷说："这个望远镜的价格也不是很贵，而且是你非常想要的。但是你要答应我们，好好学英语。如果期末考试成绩比上次进步20分，我们就买给你。"

"好！"江雷答应了，从那以后每天都认真学英语，期末考试的时候，他果然有了很大的进步，平时只能考70分左右的他，这次竟然考了95分。

爸爸妈妈也遵守承诺，找到杂志上的那条广告，真的给他买回了一台豪华的天文望远镜。受爸爸妈妈的影响，江雷在与同学的交往中也非常守信用，从同学那里借的书籍和文具，他从来都是小心爱护，按时归还。

案例中江雷的父母就非常明智，他们在答应江雷的要求后，说到做到。因此江雷感到非常开心，如果再有下次，江雷也会十分愿意按照爸爸妈妈的要求去做。而且江雷在与别人的相处过程中，也会延续父母守信的好品格。

守信是非常重要的品质，所以，父母应该以身作则，从自身做起，这样才能把孩子培养成一个讲信用的人。

## 孩子不是“出气筒”

每个人都有自己的情绪，特别是在劳累、压力大、受到不公正待遇的时候，人们就会产生一些负面情绪。很多父母在外面受了委屈，或者被人惹怒，就会把不良的情绪带到家里，甚至发泄到孩子身上。

小葵的妈妈是一位销售经理，平时工作非常忙，也经常遇到一些不顺心的事。这天，她在下班时接到了客户打来的投诉电话，因此心情非常郁闷。

当她回到家时，看到小葵在写作业，心里突然升起一股无名火，随即大声训斥小葵：“你是书呆子吗？就知道学习，也不记得烧壶热水，没看见我回来了吗？”

小葵转过身，战战兢兢地问妈妈：“您不是说过，不让我碰电热水壶吗？”

妈妈一时语塞，想起自己确实这么嘱咐过小葵。可是她现在非常生气，于是对小葵嚷道：“你这是在跟我抬杠吗？长本事了啊，自己懒还不承认，整天见你学习，也没见你考得多好，装什么呀！”

习惯被当成“出气筒”的小葵听了妈妈的话，顿时明白了几分：“妈妈，您是遇到什么不开心的事了吗？我现在去给您烧水吧。”

“要你管我！现在才知道去？我怎么生了你这样不懂

事的孩子！”妈妈还是很生气，抬手就要去打小葵。

案例中小葵的妈妈就是把孩子当成了“出气筒”。现实生活中像小葵妈妈这样极端的父母可能并不多见，但是把孩子当“出气筒”这种现象还是存在的。父母觉得孩子还小，不懂事，而且是自己亲生的，所以觉得拿孩子来出气没什么。因此，当他们在外面与别人发生争执、被人欺负、自己心情不好时，经常迁怒于孩子，把不良情绪发泄在孩子身上。可是他们忽略了一点，孩子也是有自己的情绪的，经常对孩子发泄不满，孩子也会积累非常多的不良情绪，变得叛逆，不爱听父母的话。

其实，很多父母心里也明白，孩子是无辜的，可是当自己被负面情绪包围的时候，就控制不住自己的言行了，非要发泄出来才会觉得舒服。但是，孩子处于生长发育的阶段，心理生理尚不成熟，如果父母经常拿孩子当“出气筒”，久而久之，会对孩子的心灵造成严重的创伤，甚至影响孩子的性格。孩子可能会变得懦弱胆小，没有主见，也可能会变得偏激、极端、残忍、暴怒，这对孩子的成长是非常不利的，甚至还会影响他成年后的社交、工作等。

所以，作为父母，应该正确处理自己的情绪，寻找温和且有效的发泄方法，而不是把不良情绪发泄到孩子身上。当产生不良情绪时，父母可以适当进行一些体育锻炼，或者约上好友小酌一杯，还可以阅读一本自己喜欢的书。在这些活动中，我们的注意力被转移，心情逐渐变得轻松愉悦，负面情绪也就烟消云散了。

如果一不小心对孩子发泄了自己的怒火，应该及时诚恳地给孩子道歉，并且说明自己发怒的原因。这样，孩子就会明白父母的苦衷，从而消除恐惧和委屈的心理，真诚地原谅父母，并且给父母送上安慰，这样一来，父母心中的负面情绪也能减少许多。

# “大灰狼”不是万能的

很多父母喜欢吓唬孩子，企图通过这种方式使孩子乖乖听话，特别是在孩子还比较小的时候。回忆一下，谁小时候没有被父母口中的“再不听话让大灰狼吃了你”“再不睡觉就把你喂大马猴”“老妖婆就喜欢你这样不听话的孩子”吓到过呢？但是，从教育学的角度来讲，这样是不对的。

小米今年5岁，正是爱玩爱闹的年纪。最近幼儿园放了暑假，妈妈就把他送到了乡下奶奶家。

奶奶家没有电脑，也没有智能手机，每天夜幕降临的时候，小米能做的就是陪着奶奶去村口纳凉，回来后乖乖睡觉。可是平时在家习惯了睡前看动画的小米怎么能忍受这样的生活？这不，来这里的第一天晚上，小米无论如何都不肯睡觉，非要看动画片。

奶奶哄了他半天，也没有效果，可是让小米这么闹下去也不是办法，奶奶上哪里去找电脑和手机来呢？于是，奶奶就对他说：“小米呀，你赶紧睡吧，要是再不睡，山上的大灰狼就要下来抓你喽！”

“大灰狼在哪呢？它要是敢来，我就用我的激光枪打死它！”小米不但不害怕，还挺感兴趣。

“大灰狼长得比咱家那头老黄牛还高，牙齿比刀子还尖，专门在晚上出来，吃不听话的小孩儿。你就是用十把激光枪，也打不死他的！”奶奶为了让小米听话，绘声绘色地描述起大灰狼的样子来。

听到这里，小米吓得直打哆嗦，再也不敢闹了，乖乖地躺在了床上。奶奶很满意，觉得自己这招还挺灵。

可是，等奶奶关上了灯，小米却怎么也睡不着，满脑子都是可怕的大灰狼。四周黑漆漆的，小米真担心大灰狼会从什么地方一下子钻出来，把他叼到山里去。他越是想拼命睡着，就越害怕，翻来覆去了一晚上。

从那以后，小米变得非常怕黑，哪怕回到自己家之后也是这样，夜里睡觉要开着台灯，这让妈妈非常不解。

从上面的案例可以看出，这些吓人的话看似管用，实际上会对孩子造成非常不好的影响。小孩子对世界的认知不足，非常容易相信成年人的话，因此“让大灰狼来抓你”这种看似荒谬的恐吓，很容易让孩子信以为真，使孩子陷入极度恐惧之中。这种教育方式，极易让孩子形成怯懦、胆小的性格，而且孩子长期处于恐惧和紧张的情绪中，对他的智力发展和身体健康也有一定的影响。《黄帝内经》云“恐伤肾”，不是没有道理的。

那么，当孩子不听话的时候，父母应该怎么管教呢？其实方法有很多，完全没有必要采取恐吓的方式。比如，当孩子不想睡觉，我们可以给他讲一些睡前故事，或者跟他一起躺在床上读一本绘本，这样他躁动的心就可以平静下来，很快进入梦乡。当面对不好好吃饭的孩子时，我们只要把他的食物拿走，并且坚持到下一顿饭时再让他吃东西，他就会明白按时吃饭的重要性。如果孩子不懂遵守交通规则，随意横穿马路，父母可以用家里的玩具小汽车、玩具小人等道具，为孩子演示不遵守交通规则的后果。这些管教方式，既不会给孩子留下心理阴影，又完全可以让孩子乖乖听话。

# 不做爱唠叨的父母

父母是非常爱孩子的，这点很正常。可是有的父母过于关注孩子，总是担心孩子犯错误或者出现什么闪失，因此总是不厌其烦地对孩子指手画脚，事事都要提醒。但是，很多孩子都在抱怨，父母的唠叨实在是太讨厌了。可见，这种关心方式非常不讨孩子的喜欢。有很多学生甚至在作文里写到了妈妈的唠叨，比如以下这位同学的习作：

早上，我还在梦乡里做着美梦，妈妈的“唠叨”就开始工作了：“起来了起来了！”她边唠叨边用手拍着我的屁股。我惊慌地醒了过来，“干什么？这么大声！人家还要睡觉呢！”“睡什么睡！都快迟到了！”在我洗脸刷牙的时候，妈妈的唠叨又在耳边响起了：“这些事必须在五分钟内完成！”唉！

当我打开家门的时候，妈妈又在门口唠叨开了：“红领巾、校徽带了没有？”“哎呀，瞧你的衣领，也不翻翻好！”“吃饭要快一点，路上要小心点……”妈妈站在门口一直唠叨着，直到我的脚步声消失。

中午放学回家，妈妈一看见我就又开始唠叨了：“早上在学校学了什么本领回来啊？”“给老师表扬过吗？”“没有？那么……给老师批评过了？”“举手发言了吗？”中午回来照例要弹钢琴，要是我还在休息，妈妈的唠叨就又响起了："怎么还不弹钢琴啊？待会就吃饭了！现在不弹还有什么时间弹啊？"唉！好唠叨的妈妈啊！

突然，餐厅里传来一声大叫："吃饭——"是妈妈把饭菜做好了传令我们吃饭呢！我"嗷——"的一声就像饿狼一样朝餐厅扑去，正要拣起桌上的菜就往嘴里塞，妈妈一指头敲在我的手背上："哎呀！瞧你的手，好脏！还不快去洗掉！"我一看自己的手，真的很脏，不好意思地去了洗手间。我饭吃得慢，妈妈的唠叨准会适时出现："快吃，饭菜都凉了，那样吃了肚子会痛。""谁吃最慢谁收拾桌子洗碗。"……老天爷呀！我的命真是好苦啊！

晚上放学回家，我知道不快点写作业，妈妈又得唠叨起来，未等她开口，我就乖乖地做起了作业，想不到她还是有下嘴的机会！"身体坐端正，脚不要动来动去！写字要工整，不要写错字！""哎呀，知道了！别烦了！"我终于抗议了，妈妈噤了一下声，可是，过不了一会儿，她的唠叨又来了……

可怜天下父母心，以上作文中的妈妈出于关心孩子，总是不停地唠叨着。可是孩子却感到非常苦恼。其实，人长期听重复的话，就会觉得非常烦躁，慢慢地就会不去在意，甚至麻木了。大人都是如此，何况小孩子呢！所以，当孩子开始排斥父母的唠叨，父母也要好好反思一下自己，是不是说得太多了。

另外，因为孩子的成长有一定的规律，而且每个孩子的成长节奏是不同的，一些错误和不足的地方很难一次性改正，需要一定的时间。所以父母也要耐心等待孩子，给他一些时间，不要一发现孩子的问题就开始唠叨。如果实在是看不下去，可以把唠叨变为鼓励，这样孩子就会更加积极，主动行动起来，而且还会对父母更有好感。

# 好父母从不说的100句话

1. 你可真没用！
2. 我说不行，就是不行！
3. 你真没出息，什么事也干不好！
4. 你怎么就不如人家 ×× 呢！
5. 我真后悔生出你这样的孩子！
6. 算了吧，你根本就不是干那行的料！
7. 你跟你爸简直一个德行！
8. 看不到我忙着呢？别烦我！
9. 你再犯一次，我就不要你了！
10. 整天就知道干些没用的，快学习去！
11. 别听你爸爸 / 妈妈的！
12. 翅膀硬了？你还跟我狡辩？
13. 别干了，你根本不会干活，别给我添乱！
14. 你敢这样的话，看我不打断你的狗腿！
15. 你的任务就是给我学习！
16. 还吃！整天跟猪一样，就知道吃！
17. 你真是成事不足败事有余！
18. 你还敢说我不对？
19. 我现在变成这样都是因为你！
20. 哭什么哭，真不害臊！
21. 我的脸都被你丢尽了！

22. 你真是个忘恩负义的东西！
23. 别人不会无缘无故欺负你，肯定是你的错！
24. 再不睡觉就把你扔出去喂狼！
25. 整天就知道问为什么，你烦不烦？
26. 真稀奇，你还会干活了？
27. 你个小孩子懂什么！
28. 你怎么笨得像头驴一样啊！
29. 你真是个胆小鬼！
30. 要不是为了你，我和你爸爸 / 妈妈早离婚了！
31. 是爸爸好，还是妈妈好？
32. 我要揍死你！
33. 不准用左手！
34. 不许跟男孩子一起玩！
35. 那是个残疾孩子，别跟他玩！
36. 我花了多少钱供你上学，你知道吗？
37. 你是个坏孩子！
38. 你看看你，老毛病又犯了！
39. 某某真不是个东西！
40. 要是没有你该多好！
41. 都怪这桌子，打你！打你！
42. 你怎么喜欢这么难看的东西？
43. 谁稀罕你挣的那几个钱！
44. 凭你那破锣嗓子还想当歌星？
45. 你画的画太乱了，不好看！
46. 想要什么只管说，我给你买！

47. 小孩子养什么狗啊，快给我扔了！
48. 不要让同学来家里玩！
49. 如果你考不了前十名，你这辈子就完了！
50. 你们老师水平太差了！
51. 要不是你错了，老师为什么只责备你？
52. 为什么别人行，你却不行？
53. 我没有你这样的孩子！
54. 不要当班干部，会影响学习！
55. 你要是把这股劲头用在学习上，早考第一了！
56. 你很聪明，就是不爱学！
57. 光一门课学得好有什么用？
58. 看看别的同学，你不害臊吗？
59. 你这不争气的东西！
60. 只要你考得好，要什么给什么！
61. 考这么差，罚你一个月不许玩！
62. 小祖宗，我求你了！
63. 我们是不行了，就看你的了！
64. 你怎么就不动一点脑筋！
65. 你竟敢用这种态度跟我讲话！
66. 你是聋子吗？我说多少遍了？
67. 你以为你是什么？
68. 你一个女孩子，读那么多书有什么用！
69. 你真是越来越不听话了！
70. 像你这个样子，长大怎么会有出息？
71. 等你爸爸回来，看他怎么收拾你！

72. 你真是伤透了我的心！
73. 这么简单的题都不会，你还会点啥？
74. 为了爸爸妈妈，你一定要考好！
75. 必须按我说的做！
76. 一个女孩子，不能玩男孩子玩的东西！
77. 你问我，我问谁？
78. 你是我从垃圾箱里捡来的！
79. 小心，摔下来我可不管！
80. 等我们生了弟弟 / 妹妹，就不要你了！
81. 爸爸 / 妈妈的病就是让你给气的！
82. 上学不好好表现，老师就不喜欢你了！
83. 你天生不是学习的料！
84. 我对你反正不抱任何希望。
85. 我们生弟弟妹妹是为了给你做伴的！
86. 你连人家的一半都比不上！
87. 你不像我的孩子！
88. 出去就永远别回来！
89. 你本来就应该这么做！
90. 你一定不能像我这样！
91. 小孩子臭什么美！
92. 小孩子哪有什么隐私！
93. 没时间管你，我要挣钱！
94. 一个男孩子，哭什么哭！
95. 学习是很痛苦的。
96. 小孩子懂什么！

97. 我打你是为了你好！

98. 不准拖拖拉拉！

99. 先别吃饭，认错了再吃！

100. 这是我最后一次警告你！

## 好父母常说的100句话

1. 爸爸妈妈都很爱你！
2. 自己的事要自己做！
3. 我支持你的选择！
4. 你是怎么认为的？跟我们说说吧！
5. 爸爸妈妈带你出去玩吧！
6. 爸爸妈妈错怪你了，对不起！
7. 我真为你感到骄傲！
8. 这个问题我也不知道答案，等我查一查再告诉你好吗？
9. 答应你的事，我一定会做到的！
10. 我们不能轻易放弃呀！
11. 你不试试，怎么知道自己不行呢？
12. 相信你一定会想出好办法！
13. 只要你努力了就好！
14. 快去跟大家一起玩吧！
15. 做事要考虑别人的感受呀！
16. 每个人身上都有值得你学习的地方！
17. 要懂得与人分享！
18. 你的进步很大，我真高兴！
19. 男生能做的事情，女生也可以做好！
20. 父母对你们的爱都是一样的！
21. 想哭就哭吧！

22. 遇到不懂的问题，一定要问爸爸妈妈呀！
23. 跌倒了要自己爬起来！
24. 你帮妈妈完成了这件事，真是个能干的孩子！
25. 你真是一个好孩子！
26. 别害怕，爸爸 / 妈妈陪你一起！
27. 每个人都是不一样的！
28. 让我们一起打招呼吧！
29. 你要学会保护自己。
30. 诚实比分数更重要。
31. 说话时要等别人先把话说完！
32. 孩子别怕，勇敢一点！
33. 你一点也不笨！
34. 凡事都要有一个计划！
35. 我们一起来讨论这个问题怎么解决吧！
36. 我们来聊聊天好吗？
37. 不能总是依赖爸爸妈妈呀！
38. ×× 同学身体有残疾，你要多帮助他。
39. 别灰心，爸爸小时候还不如你呢！
40. 当了班干部，要多多帮助同学们呀！
41. 发生了什么？跟妈妈说说吧，妈妈相信你！
42. 妈妈能有你这样的孩子真是太幸福了！
43. 要把最好吃的东西留给爷爷奶奶和姥姥姥爷啊！
44. 只要你长大后能做个健康快乐的人就好！
45. 我们去给有需要的人捐款吧！
46. 学习是一件令人快乐的事。

47. 爸爸工作很辛苦的，我们要理解他哦！

48. 妈妈很胆小，我们要保护她呀！

49. 这只小猫很可怜，但是家里没办法养，我们一起帮它找个新家吧！

50. 在公共场所不能大声说话，会影响别人的。

51. 有人帮助我们，我们应该说“谢谢”！

52. 不可以可乱碰别人的东西！

53. 你也有自己的小秘密，爸爸妈妈保证不偷看！

54. 如果被别人欺负了，一定要告诉爸爸妈妈！

55. 快来帮爸爸妈妈做家务吧，我们相信你是个很好的帮手！

56. 原来是老师错怪你了，我去跟老师解释一下！

57. 学校里发生了什么新鲜事？说给我们听听吧！

58. 如果你受伤了，爸爸妈妈会很心疼的，所以一定要爱惜自己的身体呀！

59. 为什么尿床了？别害怕，我们去看看医生吧！

60. 一次考不好没关系，我们找出原因，继续努力就好！

61. 出去玩要记得按时回家呀！

62. ×× 家的孩子很棒，但是你也不比他差，你们各有所长。

63. 爸爸很爱妈妈，妈妈也很爱爸爸！

64. 收到你送的礼物，我真欣慰！

65. 要是喜欢这件事，就去做吧！

66. 你是一个善良又懂事的孩子。

67. 虽然爸爸 / 妈妈很严厉，但他 / 她说的话很有道理啊！

68. 有你在，爸爸妈妈感到真开心！

69. 让爸爸妈妈陪你玩一玩吧！

70. 我们来一起研究研究这件东西吧！
71. 爸爸妈妈会一直站在你这一边的！
72. 爸爸妈妈也会犯错，希望你帮我们指出来。
73. 我喜欢你笑的样子哦！
74. 你真勇敢，什么蔬菜都吃！
75. 爸爸妈妈很喜欢听你讲故事！
76. 你很有天赋！
77. 你对我们来说很重要！
78. 我要向你学习怎么玩电脑！
79. 你真的学到了不少东西呢！
80. 你一定会成为你想成为的人！
81. 你先好好思考一下，不要着急回答我的问题。
82. 想想今天最让你高兴的事是什么？
83. 爸爸妈妈没想到的你想到了，你真棒！
84. 身体哪里不舒服？
85. 我很感动！
86. 你想吃什么？我们一起做好吗？
87. 这道题不会没关系，可以请教其他人呀！
88. 办法总是比困难多。
89. 对自己要有信心呀！
90. 有你的提醒，爸爸妈妈就不会忘记带钥匙了。
91. 今天你摔倒了没哭，好样的！
92. 爸爸妈妈需要你的照顾。
93. 看看我们谁先跑到家！
94. 再做一次，看看结果有什么不一样？

95. 不能随地乱扔垃圾。
96. 你长大了，该学会自己面对困难。
97. 不可以找借口。
98. 答应别人的事情，就不可以反悔。
99. 我们要不要换一种方式解决问题？
100. 然后呢？后来发生了什么？

家长必修课

# 读懂孩子的心

启 文　编著

中国出版集团
中 译 出 版 社

图书在版编目（CIP）数据

家长必修课 . 读懂孩子的心 / 启文编著 . -- 北京：
中译出版社，2019.12（2022.5 重印）
ISBN 978-7-5001-6140-0

Ⅰ . ①家… Ⅱ . ①启… Ⅲ . ①家庭教育—教育心理学
Ⅳ . ① G78

中国版本图书馆 CIP 数据核字 (2019) 第 282046 号

家长必修课

# 读懂孩子的心

出版发行：中译出版社
地　　址：北京市西城区新街口外大街 28 号普天德胜大厦主楼 4 层
邮　　编：100088
电　　话：（010）68359827，68359303（发行部）；（010）68002876（编辑部）
电子邮箱：book@ctph.com.cn
网　　址：http://www.ctph.com.cn
总 策 划：张高里
责任编辑：李　颖
封面设计：青蓝工作室
印　　刷：金世嘉元（唐山）印务有限公司
经　　销：新华书店
规　　格：880 毫米 ×1230 毫米　1/32
印　　张：30
字　　数：550 千字
版　　次：2019 年 12 月第 1 版
印　　次：2022 年 5 月第 3 次

ISBN 978-7-5001-6140-0　　定价：149.00 元（全 5 册）

# 前 言

孩童时期是孩子人格、品质、行为方式形成的关键时期。这一时期，孩子可塑性非常强，如果给他的大脑中输入乐观、勇敢、有礼貌、知识无价、人生美好等关键词，那么这些优良的品质与思想，就将伴随孩子的一生，令其受益终生；而如果此时将狭隘、自私、懒惰、学习很苦、社会黑暗等关键词输入孩子的大脑中，那么这些不良的品质与思想以后就很难改变，也必将伴随孩子的一生。

国外某教育机构经过研究发现：小孩子90%以上的素质，是由家长决定的！换句话说，家长的素养如何、教育方式如何，将直接决定孩子的未来，乃至一生！孩子是敏锐的，他们擅长捕捉家长的喜好，然后不动声色地学习、模仿、调整自我。家长错误的教育方式，往往会使孩子误入歧途；而家长正确的言传身教，也可以让孩子功成名就。家长要有爱和洞察力，还要透彻认识自己，完善自己的育儿知识和教养方式，为孩子提供一个适宜的成长环境。只有这样，家长们才能够把自己的孩子教育好，使孩子健康幸福地成长，并在人生道路上取得成功。

随着社会竞争的日趋激烈，家长们都希望能够教育出最优秀的孩子。遗憾的是，不少父母对如何教育孩子感到力不从心。他们想当然地按照自己的想法“教育”孩子，可最后发现孩子越来越难教，越来越不“听话”，于是，他们的“教育”方法就“升级”了—— 呵斥孩子，甚至是打骂孩子，结果可想而知。为什么家长们用心良苦、付出颇多，教育的结果却与初衷背道而驰呢?究其原因，就在于家长们没有真正走进孩子的内心。孩子是一本无字的书，家长们在解读孩子的成长问题时，应该从“心灵”入手，而非单纯地从“行为”入手。教育实际上就是一门“动心”艺术，孩子的内心世界，与成年人是大不相同的。鲁迅先生就曾说过:“孩子的世界，与成人的世界截然不同，倘不先行理解，一味蛮做，便大碍于孩子的发达。”教育孩子，很关键的一点就是要走进孩子的心里，了解他的心理，知道他在想什么，“对症下药”，对孩子 施以正确的、有效的教育，这样才能培养出卓越不凡的孩子。

本书旨在帮助家长了解最基本的教育学、心理学知识，掌握科学的教育方法、技巧，用心理学的规律去调适孩子的内心，培养出真正优秀的孩子。书中收录的一些实例极具参考价值，是家长了解孩子心理、塑造最棒孩子的不可多得的好帮手。每个孩子都是宝贵的，每个孩子都可能成为天才，而每位家长，都可能是培养孩子的教育家。我们不能仅仅关注孩子智力的开发和身体的成长，更应该关注孩子心理上的微妙变化，更应该知道家长在家庭教育中应该懂得的心理学，知道如何在生活中运用它们。最后，衷心祝愿每一个孩子都能受到最好的教育，都能健康、快乐地成长。

# 目 录

# 第一章　儿童基础心理学

## 孩子心理发展的起跑线

### 生命开始之时，心理发展之初

一天，妈妈带着两岁多的璐璐出去散步，璐璐看到一个大腹便便的阿姨，就奇怪地问道："妈妈，这个阿姨怎么这么胖呀？"

妈妈告诉她："这是因为这个阿姨的肚子里有个小宝宝啊。"

璐璐又接着问："妈妈，我小时候也住在肚子里吗？"

妈妈笑着回答说："是啊，小璐璐也是从妈妈的肚子里出来的。"

璐璐又好奇地问："妈妈，我在你肚子里的时候也会吃饭睡觉吗？"

妈妈摸了摸她的头说："当然，不过跟现在的吃饭睡觉不一样。璐璐知道吗？在你还很小很小的时候，就已经开始理解妈妈的心思了。妈妈开心不开心，你都知道呢！"

璐璐听完，拍着手说：“哇，璐璐好聪明啊！”

在大人眼里，出生是孩子人生的开始，但对孩子来说，他的人生在出生之前就已经开始了。孩子心理发展的起点不是他降生的时刻，早在受孕的时候，孩子就已经被赋予了很多对他今后的发展具有重大影响力的特质。在孩子的一生中，环境和基因这两种因素对孩子的心理发展起着重要作用。其中，基因是在受孕的时候就开始起作用的因素，这也被称为“基因禀赋”；同时，很多可能影响他未来的心理发展的事情在孩子还生活在妈妈的子宫里的时候也会发生。

一个人的生命是从受精卵开始的。精子和卵子的结合标志着一个新的、独一无二的个体的到来。同时，也是父母将特定的基因传递给这个新生命的过程。父母的基因组合将伴随这个新个体一生，它也为这个孩子的人格和心理发展奠定基础。

那么基因有什么样的性质，为什么它能够影响孩子的性格发展呢？

基因首先为孩子的健康成长奠定物质基础，正常的基因可以保证孩子发育成一个身体健康的人。

基因存在于细胞核内，是染色体上一个个具有遗传功能的片段，就像项链上的珍珠一样串联在染色体上。这些基因中蕴藏着每个人的身体密码。每个基因都对应着身体上的某个特征或者身体发育的特定方面。身高、体重、智力、眼睛的颜色等都与基因有着密切的关系。就眼睛的颜色来说，这个生理特征是有一个单独的基因控制的，它决定了这个孩子究竟是拥有蓝眼睛还是黑眼睛；人体基因有时候采取“单打独斗”的方式控制人体特征，就像上边提到的控制眼睛颜色的基因，但是更多的情况下，它们是采取“合作”的方式来控制人体特征的。有研究表明，一个人的智力水平至少受到150个基因的影响。

为什么所有的人都有两只手两只脚，为什么人类的耳朵没有像小猫一样顶在头上，为什么我们身后没有长长的大尾巴？其实，这一切的答案都是基因。其实如果从基因的角度来看的话，所有的人都是“亲戚”，因为我们拥有一部分相同的基因，这些基因保证了我们作为人类所具有的共同特征，是他们保证每个人发育出双手双腿，都具有相同的神经系统，并且在一定的年限中完成性发育来保证人类的繁衍生息。

从上面的例子我们可以看出，基因不仅决定了静态的外貌，它还与发展变化密切相关。基因保证了人类的生长发育按照一定的时间顺序进行，婴儿的运动能力就是按照一定的顺序出现的，首先是头部控制、坐起，然后才是爬行、站立、行走等能力的出现。比如孩子站起来了，这之后我们可以轻松地预测孩子就要开始走路了。其实这个序列的可预测性都是由正常发育的人类个体所具有的基因控制的。

但是，就像世界上没有完全相同的两片树叶一样，世界上也没有完全相同的两个人。即使是双胞胎，不管他们的外貌多么相似，他们之间总会有一些细微的差别，也许一个孩子性格外向，一个孩子性格内向，这些差别同样来自基因。正是人体的另外一部分基因将我们区分成为独一无二的个体，让我们的生理外观和心理特性，以及个体能力具有极大的差异性。比如虽然说每个正常发育的婴儿都应该能够学会走路，但是他们达到这个阶段所需要的时间是不同的，这就是基因带来的差别。那么同是人类的基因，为什么会产生如此大的差别呢？其实差别是父亲的23条染色体和母亲的23条染色体上所携带的基因的自由组合的产物。父母之间染色体的随机组合会产生极富差异性的特征，而这些基因之间如何组合纯属偶然，就像买彩票一样不可预测，这就是所谓的“基因彩票”。而我们都是它的产物。

总之，在精子和卵子结合的瞬间，孩子未来的样貌和潜在的心理特征就已经被设定了，心理特征在那时就已经有了发展走向，那是孩子出生后心理发展的基础。

### 基因不是万能的——环境对胎儿的影响

基因不是万能的，为了给孩子的心理发展打下一个良好的基础，父母千万不能忽略环境的影响。大脑发育最迅速的阶段是在胚胎早期，同时这个时期也是胎儿最容易受到妈妈传递的环境影响的时候。遗憾的是，人们意识到环境对胎儿的影响是付出了沉痛代价的。

孕妇在怀孕期间，往往会出现妊娠反应，表现为恶心、呕吐、厌食等。为了停止这种折腾人的“妊娠反应”，20世纪60年代的时候，德国一家医药公司推出了一种具有很好镇静作用的药，它能够停止妊娠反应，因此人们把它称为“反应停”。

因为这种药的效果很好，许多孕妇都愿意服用，所以这个药一时间畅销海内外。但是在随后的时间里，这些国家忽然间诞生了很多没有胳膊没有腿的畸形胎儿，人称“海豹症”。得了“海豹症”的孩子除了四肢残缺外，还有骨骼发育不全、缺耳、无眼等多种畸形表现。

开始人们并不知道罪魁祸首就是这种深受欢迎的“反应停”，直到两三年后，经过流行病学调查和动物实验才确证，“海豹症”畸形儿是“反应停”强大致畸作用的结果。

人类以惨重的代价认识到了“反应停”的严重危害，使更多的孕妇和胎儿摆脱了它的威胁，并且由此引起了各国科学家对环境致畸作用的重视。

科学家发现，药物可以通过母体血流经胎盘进入胎儿体内，对胎儿产生不良影响；有些药物则可能直接导致胎盘功能降低，影响胎儿的正常发育。药物致畸的另一种方式是引起孕妇生理状况的改变，从而也改变了子宫内的环境。所以，怀孕或可能已怀孕的妇女应避免使用任何药物，如果确有服药的必要，应该在医生的指导下进行。

另外，如果孕妇在孕期大量饮酒，酒精可以通过胎盘对成长中的胚胎产生显著的危害和永久性的影响。即使是少量饮酒，也有可能会给孩子正常的适应性功能带来风险。大量吸烟的妈妈所生的婴儿则体格明显小于其他婴儿，这是因为烟中所含的尼古丁限制了流向胎盘的血液流量。

除此之外，孕妇还要注意环境中的一些有毒物质可能对胎儿产生的影响。有研究表明，环境中的有害物质和污染物都会对胎儿的生长发育产生影响，比如铅、汞等。铅的来源很广，水管、蓄电池、一些建筑材料以及油漆、染料和防腐剂等都存在不同含量的铅。铅摄入量过多可能会引起流产，在孕早期的时候也能够对胎儿产生毒性作用。环境中的汞污染大多来自被污染的鱼类。如果食用了被汞污染的水产品，就可能会造成汞中毒。汞中毒可能会引起孩子脊髓麻痹和小头畸形。我们日常生活中经常会用到的杀虫剂也会对胎儿造成不良的影响，不仅会增加流产率，也会使胎儿发育迟缓。杀虫剂种类很多，怀孕后应该禁止在家庭或工作区使用这些杀虫剂。如果孕妇无法做到完全与环境中的毒素隔离，那么就要做到尽量避免接触这些物质。在吃瓜果蔬菜前要彻底清洗，如果实在无法避免接触农药，一定要在接触后彻底洗手。

除了这些有毒的化学物质，我们还不能忽视的致畸因素就是辐射。目前科学家确定的是X射线一定会对胎儿产生影响。熽射线不但会使胎儿流产、畸形、死胎，还可能会增加孩子长大后血癌的发生率。即使是在怀孕前半年接受了X光照射，也可能会对胎儿产生影响。因此准备怀孕的时候，一定要注意在怀孕前一年到半年都要避免X光照射。

X光照射在我们的生活中毕竟不常见，我们生活中接触最多的辐射是家用电器发出的辐射。家用电器尤其是电脑的辐射对人体究竟会不会产生影响以及会产生怎样的影响目前在科学界还没有统一的答案。但是有些研究表明这些辐射会对胎儿的生长产生不利的影响。中国聋儿康复研究中心通过对北京28,709个0 ~ 6岁儿童听力状况的调查，得出结论：孕妇在怀孕期间过度使用电脑，下一代发生听力障碍的危险会增加84倍。因此专家提醒，孕妇应该避免连续4个小时以上长时间地操作电脑，并且要尽量远离微波炉、电视等电器，处于孕早期的孕妇更要注意，不要电脑及家用电器集中在孕妇经常活动的室内；电脑使用者与显示器的距离要不低于70厘米。同时，由于辐射的剂量是叠加的，所以减少上机时间是必要的。与电脑两侧和后部保持的距离不少于120厘米。此外，减少与电脑等接触的时间，也是重要的。因为接受辐射的积累剂量是同辐射强度与辐照时间的乘积成正比。因此减少使用电脑和家用电器的时间是必要的，孕妇使用电脑的时间每天最好在2 ~ 4小时之内。

## 探索美丽新世界：婴幼儿生理机能发展

### 本能反应——生存的基础

小米满月之后，原本有些消瘦的脸庞变得白白嫩嫩的。每当她醒着的时候，爸爸都要跟小米玩儿上一阵。“小米，爸爸在这儿呢！”小米的爸爸手里拿着小手电筒在她身边晃来晃去。这时候本来正在专心吃奶的小米就转过头来开始寻找光柱，等发现了光柱，小米又转过脸去继续她的“工作”了。

小米的爸爸还惊奇地发现了一些有趣的现象。有一次他在挠小米的小脚丫的时候，小米不但没笑，而且还把大拇指跷起，其余的几个小脚趾张开成扇形，就像一张小小的芭蕉扇。如果托住小米的两腋，让她脚底碰到地面，她还会做出迈步的动作，就像大人走路的时候一样；如果把她横着托起来，小米的四肢还会像在游泳一样做出划水的动作呢！

另外爸爸发现虽然小米个头不大，但是手可有力了。如果你把笔放在她的手心，她会紧紧地握住，要想把笔从她手里拿出来还得费一定的力气才行。

小米还是一个特别贪吃的宝宝，有时候妈妈用手指在她的小脸颊上轻轻一碰，小米便会扭过头来吸吮妈妈的手指头，而且吸吮越来越有力、越来越有节奏。

其实小米的这些动作都属于无条件反射。所谓“无条件反射”，也就是人类生存的本能反应，人类的这些活动方式是与生俱来的，婴幼儿不用任何学习，只要刺激条件一成立，他们就会做出这些动作来应对出现的刺激。这些反射是神经系统固有的遗传反射，是人类进化过程中遗留下来的。心理学家经过对婴幼儿上述动作的长期研究发现，这些动作几乎每个婴幼儿都存在，而且出现和消失的时间几乎是一致的。

婴幼儿的这些反射活动具有明显的生物学意义。婴儿经常会把眼睛转向光源，这种反射是人类保护自己的基础，也是生存和发展的基础。而吮吸反射则让孩子一出生就会自己吮吸乳汁，保证了自己能够生存下来。说到底这些反射都是人类能够在这个世界上存活的基本保障。

婴幼儿的本能反应，还有一些反射没有实际的生物学意义，出现一段时间后就会消失得无影无踪。如果在今后的生活中需要这种技能，人们需要重新学习才能再次掌握。

根据生理和心理学家的统计，这些无条件反射至少有 27 种，包括觅食反射、抓握反射（又称达尔文反射）、围抱反射（又称莫罗氏反射）、游泳反射、正支持反射（包括行走反射、爬行反射）等。这些反射既满足了儿童早期生存的需要，也是神经正常发展的基本标志。许多证据显示，如果这些反射中的某些反射没有出现，或者出现了却没有在一定的时间内消失，这些都可能表明儿童患有某种病症。更严重的是，这些病症大多是由于儿童大脑受到损伤而导致的。因此，这些反射活动不仅是孩子的生存基础，而且在临床上有很重要的诊断价值，可用来进行小儿智能发育检查。目前在一些国家，有不少人利用婴幼儿先天的游泳反射和行走反射来训练婴幼儿游泳和提早行走，并且取得了一定成效。

下面是一些新生儿的常见反射运动，爸爸妈妈可以对比着了解自己的孩子是否发育正常。

眨眼反射：轻轻触摸婴幼儿的眼睫毛或者对着孩子的眼睛轻轻吹一口气，婴幼儿就会表现出眨眼的行为。

觅食反射：用手指或乳头轻轻地触碰孩子嘴角附近的面颊，孩子就会转头张嘴，并做出吮吸动作。酣睡中的婴幼儿一般没有觅食反射。

吮吸反射：用手指或其他物体轻轻触碰新生儿的嘴唇，或者把其他什么东西塞进孩子的嘴里时，婴幼儿就会做出吮吸动作。吮吸反射会延续到若干年以后。有观察者指出，熟睡中的孩子甚至成人身上也还能发现这种具有原始生存意义的吮吸反射。

强直性颈部反射：当婴幼儿仰躺在床上时，他的脸部会转向一侧，摆出击剑似的姿势，伸直一侧的手臂和腿，弯曲另一侧的手臂和腿。有研究者称婴幼儿经常喜欢伸出的那一只手可能就是他的优势手，这种反射在出生 3 个月后就会消失。

抓握反射：当用手指或小木棒去触碰婴幼儿的手掌时，他会握起拳头或使劲抓住手指或木棒不放。其抓力足以把孩子的身体悬挂起来。这种反射在出生后 2 ~ 3 个月消失。

游泳反射：把一个不满 6 个月大的婴幼儿俯卧着放进水里，他就会表现出看上去很协调的游泳动作。游泳反射大约在 6 个月大时消失。

巴宾斯基反射：用手触摸婴幼儿的脚底，他的脚趾会张开成扇形，而且腿也会朝里弯曲。该反射在 6 个月大时左右消失。

拥抱反射：用手托住婴幼儿，脸朝上，然后迅速地下降，婴幼儿会伸直双臂，然后缩回紧贴胸前，握紧拳头。出生一个月内这种反射表现最明显，大约在 5 个月大时就会消失。

行走反射：刚出生的婴幼儿被人托住腋下，让他光脚站在桌子上或者床上，孩子就会做出看上去很像走路的动作。该反射会在两个月大时左右消失。

## 动作发展——渴望独立的信号

小洁已经有10个月大了，这些日子她总是喜欢扶着东西站立。如果爸爸妈妈想帮助她，她还会扳开他们的手，一定要自己扶着东西站，然后会睁大圆溜溜的大眼睛看着自己的爸爸妈妈，那神情就好像在说："爸爸妈妈，你们看我，很厉害吧，我都能自己站了。"她一定是觉得这样很好玩儿，总是反反复复地做这个动作。站累的时候，小洁才会坐下自己玩儿玩具。

慢慢地，她能够站立一段时间，而且还站得很稳。有时候她还尝试先跪着，然后再站起来；偶尔自己站起来，勇敢地向前挪动两步后，会略显紧张地看着爸爸妈妈。爸爸妈妈这时候就会给她鼓鼓掌，小洁这时候就好像得到巨大的支持，自己也拍着手乐滋滋地扑到爸爸妈妈怀里。

人类的动作事实上在胎儿时期已经开始，大约从怀孕第4个月开始，胎儿的活动就已经可以被他的妈妈所感知，这个时期的胎儿就已经开始了吸吮手指、打嗝等活动。胎儿5个月大的时候会出现踢蹬动作，母体外部感觉十分明显。经过大约260多天的成长，一个全新的生命诞生了，在众人的关怀和照顾下，婴儿真正作为一个独特的个体拉开了自己人生舞台的序幕。动作的发展就是这个时期儿童发展的主旋律。

动作在婴儿心理发展中的作用一直是心理学研究中的一个重要问题。多年来，心理学家们从不同的角度探讨了这一问题，并提出了各自不同的理论和假说。

根据相关的研究结果，我们认为，从心理的起源与发展来看，动作发展对于个体早期的心理发展有着广泛而深刻的影响。首先，有句话叫作“实践出真知”，每个人心理的起源都与动作密不可分。认识并不是人与生俱来的简单感知觉，而感知的源泉和思维发展的基础有赖于动作的发展。

一个人想要认识世界并且对外界产生感知就必须通过对它施加动作才能实现，只有这样，人与外界才能相互作用，相互改变。通过对外界施加动作，人可以获得对事物的直观认识，同时可以获取社会经验，产生自己的想法，完成自己主观世界的构建。

从个体心理的发展历程来看，每个人的心理发展都是逐步内化的，而动作在心理的内化过程中则起着关键性的作用。心理发展初期，动作是婴儿认识活动的主要工具，向外界施加动作，并根据动作的结果进一步调整动作方式是婴儿认识世界的基本方式。随着婴儿与外界进行交往的动作不断丰富，一岁半到两岁之间的孩子就开始了心理的内化过程。

动作除了是心理发展的基础，它还能够使个体更加积极地参与心理发展。首先动作对于大脑的发育具有促进作用。动作可以完善大脑结构，为个体心理的发展奠定良好的基础；动作可以使个体对外界的刺激更加警觉，还能使感知觉更加精确；动作既可以促使个体认知结构的不断优化，还可以通过提供新经验引起个体原有认知结构与新环境刺激间的冲突和不协调。

动作的发展在婴幼儿时期主要是指运动的发展，包括婴幼儿对自己身体运动的控制和对外界事物的控制两个方面。这些控制的发展过程都是从不灵活到灵活、不稳定到稳定。

刚出生的孩子颈部肌肉还不能够支撑头部的重量，所以抱新生儿时，一定要连头一起抱着，否则你就会发现小孩的脑袋东倒西歪，整个人没精打采的。孩子出生 4 周左右就能抬起下巴；两个月之后才可以微微抬头，到第 12 周时，婴儿可以使自己的头和肩部离开地面并且支持住。6 个月之后，他可以抬起腹部以上的身体，并且能以俯卧的姿势翻身。7 个月大时，他又能以仰卧姿势翻身。9 个月大时，孩子基本上可以学会坐，而且可以支持 10 分钟左右。

一般而言，儿童动作的发展顺序是：

（1）从整体到局部。以婴儿抓握东西为例，首先是试图整只手去抓，接着出现拇指的分化，然后才出现其他另外四指的分化。

（2）从分化到整合。当上述局部动作发展到一定程度之后，小的动作单元又会重新组合成大的协调的动作系列，形成新的动作。

（3）头尾及近远序列。婴幼儿最初的动作出现在头部，而后才向脚趾的方向发展，遵循头尾序列原则。另外，身体的发展首先是从身体中心逐渐向四肢扩展，也就是说婴儿活动主要集中在身体的中心部分——躯干。随后才会向手臂、手、手指以及腿、脚方向发展。

### 提前训练对孩子是好还是坏

涛涛学走路似乎比别的孩子稍晚一些，同龄的孩子都已经走得稳稳当当了，涛涛才刚刚开始学步。因为涛涛身体平衡能力发展慢一些，妈妈怕他摔倒，总是有意减少他学步的时间，认为孩子走路是“船到桥头自然直”，反正人长大早晚都会走路的，多练少练没什么关系，到了年龄自然会，练不练本身意义不大。而涛涛爸爸持有不同的观点，他认为应该抓紧时间让涛涛学习走路，否则就会落后于其他孩子。为了这个问题夫妻俩经常发生冲突。

那么，涛涛到底要不要练习走路呢?

其实，从能力发展的过程来看，不必让孩子提前“预习”什么，顺其自然是最好的法则之一。人类有许多与生俱来的能力，一个人成长到特定的年龄阶段自然就会掌握那个技能，走路也是一样的。

但是，哈佛大学学前教育研究项目主任伯顿·怀特曾经指出：如果到婴儿两岁时父母亲才注意到婴儿的教育，那就太晚了。因为研究表明，1 岁半左右的婴儿就已经开始显示出他今后的发展方向。这个时期的一些动作操作成绩，将会逐渐代表婴儿以后包括学业在内的各种成绩可能达到的水平。尤其如果在最初的 6 个月里，婴儿的动作训练没有得到足够的关注，那么对今后婴儿对学习的兴趣、对新鲜事物的好奇心以至于信任感都会受到影响。

心理学家吉布森也提出过这样的观点，渐进的训练对未来的学习体验具有积极的效果，我们不可能让婴儿学习他无法体验的东西，却可以渐进地训练和积累，培养他学会怎样去学习。

但是不可忽视的是，动作训练不仅依赖于后天的学习，也依赖于先天条件的成熟。如果忽视了先天条件的成熟而强行进行动作训练，也许会给孩子带来不可挽回的负面影响。

美国著名儿童心理学家格塞尔认为，支配儿童心理发展的因素有两个：一个是成熟，另一个是学习。在两者之中，他觉得成熟更为重要。格塞尔认为：不成熟就无法产生学习，学习只是对成熟起到一种促进作用。

格塞尔为了证明自己的观点曾经做了一个很著名的实验——双胞胎爬梯。在这个实验中，格赛尔选择了双胞胎中的一个从48周起就开始每天进行10分钟的爬梯训练，连续训练6周。到第52周时，他才能熟练地爬上5级楼梯。在此期间，另一个孩子不进行任何爬梯训练，而是从53周才开始进行爬梯训练。结果发现两周以后，第二个孩子不用成人帮助就可以顺利地爬到楼梯顶端。

格塞尔的这个实验表明，儿童的心理主要是一个自然成熟的过程，孩子的成长是受到生理和心理成熟机制制约的，教育并不能改变心理发展的主要时间进程。只有当儿童的心理成熟到一定程度的时候，教育才能使儿童的发展加快。任意地对孩子的动作采取提前训练的方法，可能会在短时间内占有一定的优势，但这种优势并不是自然形成，它改变了孩子应有的成长顺序，因此这种优势不一定能长时期地保持下去，并且还可能破坏儿童对学习的兴趣。所以，对儿童来说，一切学习都要建立在生理成熟的基础上，否则只能适得其反。

其实类似双胞胎爬楼梯实验的例子在生活中也比比皆是。比如说排便训练，在我们中国似乎特别重视早期的排便训练，而在西方国家，多数父母都是在孩子1岁之后才开始训练孩子独自排便，有的甚至会在两岁之后才开始。心理学家研究表明，过早训练排便不仅没有收到更好的训练效果，而且还可能会造成更多的排便心理障碍，为许多心理疾病埋下祸根。所以建议家长们不要对1岁前的小孩进行排便训练，有条件使用纸尿布的，最好不要过多地强调这项训练。

# 第二章　儿童认知心理学

## 感知觉：认知能力的最初发展

### 五官动起来——感受摇篮里的小世界

辉辉的小床上方挂着一串风铃。每当辉辉醒着的时候，妈妈就摇晃摇晃风铃，听到风铃叮叮当当的声音，随即奏出甜美的音乐。每当此时，辉辉都会高兴得手舞足蹈。听完音乐，妈妈还要让辉辉看看彩色的气球和颜色鲜艳的小玩具，并用温柔的声音告诉辉辉气球的颜色、小玩具的名称等。奶奶经常说辉辉妈妈是瞎操心，刚出生的孩子什么都不懂。但是妈妈看到辉辉高兴的样子，坚信这样做对宝宝是有益的。

宁宁刚刚出生两个月。这天，姨妈带着5岁的小表哥皓皓来看望宁宁，皓皓看着宁宁粉嘟嘟的小脸很喜欢，于是就把在街上买的臭豆腐串放到了宁宁嘴边，没想到宁宁把小脸偏到了一边，小嘴撇了撇，似乎要哭。见小表弟要哭了，皓皓掰了一小块蛋糕放到宁宁的嘴边，这次，宁宁没哭，小嘴还动了动。宁宁的妈妈把这一切都看在了眼里，她很纳闷，难道两个月大的孩子就已经能分辨气味了？

那么，新生儿到底能否感知这个世界呢？他们眼里的世界究竟是什么样子的呢？

在大多数人的印象中，刚出生的婴儿似乎就是吃饱了睡，睡醒了吃，是一个不断长胖长大的过程。甚至在20世纪初，医生们还普遍认为刚生下来的孩子又盲又聋，他们要过很长时间后才能注视物体。

可是在实际生活中，每当成人用带声响或颜色鲜艳的玩具去逗引他们时，他们的视线总是注视并跟随着玩具。现在的研究已经证明，新生儿出生后便能立即察觉眼前的亮光，还能区分不同明度的光，只是敏感性远低于成人。此外，新生儿还能察觉移动的灯光。而后，婴儿的视觉会得到迅速的发展，6个月至1岁左右大的婴儿视力已达到成人正常水平。

刚出生的婴儿是分辨不出色彩的，他们的世界是黑、白、灰的世界。从三四个月开始，婴儿就能分辨彩色与非彩色。红颜色特别能引起儿童的兴奋。4～8个月大的婴儿最喜欢波长较长的温暖色，如红、橙、黄色，不喜欢波长较短的冷色，如蓝、紫色，喜欢明亮的颜色，不喜欢暗淡的颜色。

那么，婴儿能感受周围的声音吗？一百多年前，曾经有一位儿童心理学家断言"一切幼儿刚刚生下时都耳聋"，但是随后的研究推翻了这一说法，研究证明出生第一天的新生儿已有听觉反应。

新生儿不仅能听到声音，还能区分音高、音响和声音的持续时间。连续不断的声音对婴儿能起到抚慰或镇静的作用。此外，新生儿对人的说话声音反应敏感。有研究者发现新生儿对一个妇女的说话声做出的反应要比对铃声的反应更多、更有力。儿童的听力在十二三岁以前一直在增长，成年后逐渐降低，主要是高频部分听力丧失。

此外，刚出生不久的孩子已经能够感受周围的气味。人的嗅觉感受器位于鼻腔顶端一个很小的部位。有很多实验已经证明，新生儿能够区分好几种气味，而且对气味的空间定位也很敏感，常常会回避令人不快的气味。

科学家还曾经做过这样一个实验：

把一小块纱布垫子放进婴儿母亲的胸罩里，然后把这块带有母亲乳汁气味的垫子放在孩子头的一侧，靠着他的脸颊，同时把另外一块干净的垫子放在另一侧脸颊边，然后进行录像；接着再把这两块垫子交换一下位置，继续录像。结果显示，那些 5 天大的孩子更多地转向带有母亲乳汁气味的垫子，而不是干净的垫子。实验继续进行，发现两天大的孩子对这二者没有区分能力，6 天大的孩子就已经会更多地朝向母亲的而不是另一个妇女的乳垫。换句话说，就是 6 天大的婴儿已经能够区分母亲和其他妇女的乳汁气味了，这一现象对 10 天大的孩子来说更是明显。

这就是说，在出生后短短的几天内，婴儿已会认识自己母亲的气味。灵敏的嗅觉对婴儿有着重要的意义，它可以保护婴儿免受有害物质的伤害，发达的嗅觉还可以指导婴幼儿了解周围的人和东西。婴幼儿嗅觉的发展很稳定。研究认为一个人从 6 岁到 94 岁之间嗅觉保持了相当高的一致性。

因此，刚出生的孩子也有自己的世界，他们会动用自己的五官来感受和熟悉周围的环境，为产生初步的归属感和安全感打下基础。

## 婴儿也有思维吗?

1960年的春天，心理学家埃莉诺·吉布森带着未满周岁的孩子来到科罗拉多大峡谷，放松繁忙工作带来的紧张心情。在欣赏了峡谷那奇妙无比、变幻莫测的景色后坐下来野餐时，吉布森无意间回头眺望，身后是犹如刀削的陡峭山崖和深不可测的峡谷，她心跳猛然加快，浑身的血液似乎凝住了。走到安全地带后，她低下头看了一眼怀里沉睡的孩子，突然想到一个奇怪的问题：婴儿是否也会有这样的深度和高度知觉，并对此有所反应呢？她决定进行研究，找出答案。

后来她和沃克设计了“视觉悬崖”实验，他们首先人为设置了一个“悬崖”，而后在这个“悬崖”上边铺上了一层透明玻璃，也就是说孩子其实可以通过这层玻璃安全地通过“悬崖”，但是如果婴儿有更高级的知觉，他会不敢通过这个“悬崖”。吉布森和沃克选择了几十个从6个半月到14个月大的婴儿进行实验，实验的结果表明，当婴儿刚会爬行时，就表现出对视崖边界的认识，说明此时的婴儿已经具有一定的深度知觉。

几十年前，大多数的哲学家、心理学家和精神病学家还认为婴幼儿没有思维，只关注事物的具体形态，而不可能理解它的前因后果，由于思维能力的欠缺，大部分人婴儿和儿童称为“有缺陷的成年人”。

但是在过去的30年中，科学家们逐渐发现，即使是最小的儿童，他们的思考能力也远远在我们原来所认为的水平之上。

1999年，在一本名为《摇篮里的科学家》的图书中，作者对婴儿的思考能力做了系统的解读。作者在书中说：“大部分人所看到的婴儿只是一张白纸，但是我们所看到的婴儿床，是世界上最有效的学习机器，在这里躺着伟大的头脑。”

婴儿最早学习的知识就是对人的认知。新生儿倾向于首先识别人脸而不是其他事物，他们会模仿张嘴、伸舌头等基本的面部动作。一年之后，婴儿就开始知道用物体来引起别人的注意，也会对别人指向的物体产生反应，实际上这个过程已经涉及注意力和对交流的思考。

婴儿同时也开始意识到某些情绪所产生的影响。如果一件事情可能引起母亲的不悦，他可能会避免做这件事。18个月大时，他们就可以意识到自己的行为可能与别人的愿望发生冲突。

婴儿对事物也有一定的认知能力。前边所提到的视觉、听觉和嗅觉不仅是婴儿认识世界的基础，也是婴儿感觉活动的开始。但是他们的思维模式和成人是不一样的，如果一个物体被另一个物体遮挡，他们可能认为被遮挡的物体消失了。

儿童的思维能力不仅是大脑机能的发育，它还与大脑内部的神经网络连接关系的转变有密切的关系。虽然新生儿的大脑中拥有和成人一样多的神经细胞，但是这些神经细胞之间的联系并不紧密。通过一定时间的学习和实践，神经细胞之间的联系会逐渐变得复杂。儿童在3岁的时候，大脑中所拥有的神经细胞联系可以达到成年人的两倍，这种水平一直维持到9到10岁，之后人体会对它们进行一次“修剪”。

虽然这次“修剪”对我们智力的发展至关重要，这次“修剪”是为了孩子培养某种特长做准备。这次“修剪”同样让我们失去了一些东西。这些丢失的东西，可能是人类在童年时期拥有千奇百怪的浪漫幻想。如果我们现在拥有两倍的脑神经细胞连接，我们的感知将会变得十分敏感，也许我们真的会发现沙子中的一个世界，或者是花中的一个天堂。但是也正是这次“修剪”让孩子学会适应社会的生存技能并且具备思考能力和可塑性，从而更好地适应环境，在这个社会中顺利地生存下去。

### 条件反射——婴儿的特殊记忆

小凡刚出生没有多久，她的妈妈经常是先给她换尿布然后再喂奶。刚开始的时候，小凡在换尿布的时候还会哭闹。但是现在只要妈妈把她的双脚一提，她就会安静下来，用圆溜溜的眼睛盯着妈妈，好像已经知道换完尿布就有奶喝一样。

难道这么小的孩子已经有了记忆吗？她已经开始记得换完尿布就可以吃奶了？其实这是一种条件反射，它是婴儿记忆开始的标志。

那么什么是条件反射呢？条件反射是人出生以后在生活过程中逐渐形成的后天性反射，与前面所提到的“非条件反射”是一个相对的概念。条件反射就是一种高级的神经活动，原本不能引起某一反应的刺激，经过一段时间的学习之后，把这个刺激与另一个能引起反应的刺激同时给予，最终使这两个刺激之间彼此建立起联系。这种情况在生活中很常见。比如说当我们在超市里边看到山楂的时候，我们的嘴里会分泌唾液。这是因为我们以前多次吃过山楂，在山楂这个外界刺激和分泌唾液的生理反应之间建立了联系，这就是一种条件反射。

新生儿出生不久就出现了对刺激物的习惯化，这就是原始的记忆素材，也就是说，新生儿已经有了记忆，只不过他们的记忆表现方式比较特殊，容易让人忽略。新生儿和幼小婴儿的习惯化，是宝宝最初的记忆；随后出现条件反射，就是对条件刺激物做出条件性反应。随着宝宝的成长，他们记忆的内容也会慢慢地复杂起来。

婴儿的记忆有几种模式，最先出现的是运动性记忆出现最早，在出生后两周左右就会出现这种记忆，它是指宝宝能够记住自己的运动或动作。例如我们依靠最基本的运动技能来翻身、使用勺子等，又比如当宝宝偶然把瓶子扔进浴盆，瓶子落入水的时候发出的溅泼声让宝宝觉得很有趣，于是记住了这件事情，同样的场景出现时，他就会重复这个动作。

然后在孩子半岁左右的时候，情绪记忆就会出现。所谓情绪记忆是指对于体验过的情绪或者情感的回忆。然后是形象记忆（6 ~ 12 个月）。其实宝宝两个月大的时候就已经能够认识奶瓶了，每当妈妈把奶瓶放在他的嘴边，他就会笑着张开嘴巴，有时候还轻轻地吮吸着。这就是婴儿的形象记忆，是指根据具体形象来记住各种材料。当宝宝半岁以后，他就认识妈妈，知道谁是自己熟悉的人，谁是陌生人，认生的现象也是在这时候出现的。

最后出现的是词的逻辑性记忆，这种记忆是以语言材料作为记忆的内容，这种记忆会在宝宝掌握语言的过程中逐渐发展起来。因为语言比较抽象，所以宝宝的词语记忆发展也最晚，并且要求宝宝的语言能力发展到一定阶段才能够出现词语记忆。

儿童记忆发生后，便随着生理和心理等其他方面的发展，在量和质上不断发展着。

记忆能力和人的其他能力一样，同样可以经过后天的训练而加强，所以爸爸妈妈可以采取一些措施来提高宝宝的记忆能力。

1. 提供形象具体的记忆对象

充分利用生动具体的形象来吸引宝宝的注意力，并且在日常生活中，给宝宝提出明确的记忆要求，促使宝宝从无意记忆过渡到有意记忆。

2. 帮助宝宝理解

3 岁以前的宝宝，记忆以机械记忆为主，因为他的理解能力不够，所以家长在给宝宝讲故事的时候，应该多给宝宝讲解详细内容，帮助宝宝理解其中的含义，在理解的基础上进行记忆。

3. 多和宝宝一起回忆

也许宝宝并没有记住以前发生的事情，但是父母如果多和宝宝一起谈论以前的事情，一起念以前学过的儿歌，还是能够帮助宝宝回忆，巩固他的记忆的。而且，和宝宝一起谈论以前的事情，分享他的生活，还能够帮助他更深地了解自己。

4. 循序渐进

宝宝记忆过程不是一蹴而就的，需要从简单到复杂，从少数到多数。以讲故事为例，可以让宝宝先记住题目，然后记住故事的人物，再让他记住其中一个一个的小内容，等到这些内容都记住了以后，再让他把整个故事连贯起来记住。

## 孩子 3 岁前的记忆去哪里了

小宝的爸爸最近非常生气，为什么呢？因为小宝最近经常说“胡话”。前两天，在小区里面散步的时候，小宝遇见了一只小花猫，他高兴地告诉爸爸：“爸爸爸爸，我们昨天见到的小猫！”爸爸有些疑惑地说：“我们不是上星期看见的这只小猫吗？”更可气的是今天发生的事情。去年小宝的爷爷奶奶为了照顾小宝，在这里住了一年才回老家去。今天来看自己的孙子，小宝竟然一个劲儿地往爸爸身后躲，不认识爷爷奶奶了。爷爷奶奶伤心地说：“唉，这大孙子白疼了！”

为什么小宝会忘记什么时候见到的小猫呢？为什么小宝记不起原本见过的爷爷奶奶呢？其实这些都是3岁前的孩子的正常反应。这个时期的孩子，记忆为什么会有这么多的偏差呢？

首先，婴儿期宝宝的记忆在头脑中保留时间比较短，年龄越大的宝宝记住东西的时间越长。

3个月大的宝宝可以记住前一天第一次看到的东西；5个月大的宝宝可以记住两周前第一次看到的东西；9个月大的宝宝活动记忆能力开始发育。此时，他的大脑已经能够准确地捕捉到发生在他面前的事情。等到孩子到了1岁，他的记忆力就开始迅速增强了，开始能够长久地记忆他经历过的一些事情，但是记忆的保持时间仍然不能与成人相比。3岁的孩子只能回忆起几个星期以前的事情，所以故事中的小宝才会不认识爷爷奶奶了。

3岁前孩子记忆的另一个特点是精确性差，容易遗忘。3岁前宝宝的记忆是片段式的，不完整的，所以常常会出现丢失细节、顺序颠倒或者将人物和时空随意组合等情况。

许多父母可能会因为宝宝3岁前的记忆无论如何会出现空白，所以忽视了宝宝3岁前的记忆训练。其实这是错误的。因为宝宝在这个时期，记忆发展十分迅速。如果能很好地培养他的记忆力，对孩子的智力发展可以起到相当大的作用。其中，两岁是一个非常关键的时期，如果爸爸妈妈能够在这个时期给予宝宝良好的训练，那么孩子会终身拥有杰出的记忆水平。

那么，要怎么训练宝宝的记忆力呢？0 ~ 3 岁的宝宝喜欢鲜明生动的事物，所以要选择一些具体的事物，比如“汽车”“飞机”等，只要爸爸妈妈多次重复，宝宝就会记住。不过，宝宝往往不能将这些东西和具体的事物联系起来，所以爸爸妈妈要多多重复加强宝宝的记忆。

此时宝宝的记忆还是以机械记忆为主，所以爸爸妈妈可以采取机械记忆的方法，简单多次地重复宝宝感兴趣的事物。这时候宝宝的大脑就像一架照相机，虽然他不能理解自己认识的事物，但是会留下印象。此时，爸爸妈妈也可以利用宝宝的机械记忆让他背诵一些简单的单词、儿歌等，在宝宝背诵之后，适当讲解。当宝宝长大之后，他就能很快适应理解记忆。

下面这些游戏都可以有效提高孩子的记忆力，爸爸妈妈可以经常跟孩子一起做这些游戏。

1. 交朋友

爸爸妈妈可以带着孩子到外面和小朋友一起玩儿。宝宝和其他小朋友认识之后，就可以问他一些简单的问题：这个小朋友叫什么名字啊？和他都做了什么游戏？这样不仅可以训练宝宝的记忆力，还可以提高宝宝的交际能力。

2. 拿东西

在桌子上放置几样东西，让宝宝看一分钟，然后把其中一样东西藏起来，让他说说少了哪一样。但是需要注意的是，这个游戏一定要循序渐进，东西不要一下子摆放过多。

3. 逛街

你带宝宝上街，走过一个商店之后问孩子：“刚才那个商店门口放的是什么呀？”你还可以与宝宝比赛，看谁记得准，记得多。

4. 背诵儿歌

这也是一个很好的提高记忆力地方法，但是不要强迫孩子背诵自己不喜欢的东西，也不要过多地苛求孩子，让他承受过多的压力。

## 语言：表达心理感受的直接武器

### “咿咿呀呀”——掌握语言的准备工作

自从牛牛出生，妈妈每天都跟他有说不完的话，说话时也总是用充满母爱的目光注视着他的眼睛。无论做什么事情，妈妈都要用语言告诉牛牛，比如“牛牛，饿了吧，来，妈妈抱你吃奶”“牛牛尿湿了，没关系的，换块尿布，就舒服了”……牛牛现在已经7个月了，有一天，牛牛吃完奶，冲着妈妈“哼”了一声，妈妈学着他也“哼”了一声，他很高兴地又发出一声“哎——”，妈妈又模仿他，紧接着他又变化了音调发出“啊——”，妈妈也愉快地继续学牛牛说话。牛牛看妈妈学他，更加高兴，于是就一会儿大声，一会儿轻声，一会儿短音，一会儿长音地说个不停。

自从婴幼儿满月之后，他们就开始越来越多地发出不同的单音节。百天后，他们就开始能够像唱歌似的发出一些连续的单音节，并出现了简单辅音。婴幼儿在第一和第二个月的时候就会用独特的喊叫声来表达他的喜悦之情，慢慢地他会越来越多地用兴奋的发音来替代喊叫。这一时期的婴幼儿不仅喜欢与别人“聊天”，而且还经常自言自语。例如，清晨醒来时，喝完奶后，他都会躺在小床上，一边玩耍，一边咿咿呀呀地说个不停，自得其乐。

大约5个月左右的时候，儿童就进入了牙牙学语的阶段。所谓“牙牙语”就是类似于成人语言中所使用的那些音节的重复。婴幼儿的言语能力都是从模仿成人的声音开始发展的。这个时期的儿童会发出和语音极为相似的声音，并能将辅音和元音结合到一起连续发出，例如把辅音b、m和元音a结合起来连续发出，形成ba—ba—ba，ma—ma—ma等这些类似于“爸”“妈”的单音节语音。其实这些音节对婴儿并没有实际意义，此时婴儿能发出的音节很多，而且不限于母语的声音，此时不同种族和生长在不同社会文化环境中的所有婴儿发出的音节都很相似。聋儿在此期间也会像正常婴儿一样发出牙牙语，只是因为他们缺乏听觉反馈，所以他们的“牙牙语”停止得比正常儿童早。

大约从第9个月开始，婴儿的牙牙语的出现率达到高峰，此时他们不但能重复不同音节的发音，还能发出同一音节的不同音调。这时的婴儿还能调节自己的发音以适合于当时的情景。当婴儿在小床内看一个运动着的物体和坐在妈妈膝上看这个物体时，牙牙语的发音是不同的；坐在妈妈膝上比坐在爸爸膝上的发音又要高些。虽然婴儿的牙牙语听起来像语音，并常常具有升降调，但它们仍然是毫无意义的，是不能被成人理解的。

牙牙语的作用很多，除了让儿童通过牙牙语掌握特殊的感觉运动技能，也让儿童了解某个具体的音调应该怎样发出，以便以后使用，同时儿童还能通过牙牙语，学会调节和控制发音器官的活动。这是以后真正的语言产生和发展所必需的。

了解宝宝的牙牙学语过程对父母很有帮助，它能让父母知道宝宝在干什么，他想干什么，从而做出正确的应答。

1. 新生儿

新生儿对语言的反应比其他声响更为敏感。当一个月大的婴儿听到一种陌生声音时，特别是陌生人的说话声时，吮吸奶瓶的速度会加快。

2. 两个月大的婴儿

他们大多已经能够发出响亮的“啊啊”声了，尽管他们还不能用语言跟你交谈，但会努力尝试着和你交流，或用声音对你的微笑和话语做出反应，他们会试图以成人的方式和你沟通交流。比如，当听到你的说话声时，孩子就会发出咿咿呀呀的声音，似乎是想和你说些什么，并期待着你的回答，然后他再做出反应。

3. 3个月大的婴儿

此时他们开始能分辨出不同人的说话声，这正是学习语言过程中的一个最为基础的环节。

4. 6个月大的孩子

他将继续他的牙牙学语，而且会时不时地故意以喊叫的方式来引起你的注意。此阶段孩子的牙牙学语已变得非常动听，当你为他哼唱一曲童谣时，他会试图模仿你的歌声。当你和别人说话时，如果他也在一旁，即使他并不一定能听明白你们在说些什么，他也仍然会仔细倾听，同时还会观察你们各自的反应。

5. 1周岁的孩子

此时，他的牙牙学语明显变得更加频繁、复杂，他的话语之中开始加入了他所知道的音节，并用类似句子的短语把它们拼读出来——你应该知道他就要说话了。在不久的某一天，孩子也许会说出第一句真正的话。在这句话中，他所选择的那几个词语必定是对他十分重要又十分熟悉的人物或东西的名称，可能是妈妈、爸爸，也可能是奶瓶或布娃娃。

### 孩子说出的第一个有意义的单词

毛毛刚刚满1周岁，近来嘴里总是发出“ba—ba”的声音，这可把毛毛爸爸乐坏了，一回家就让毛毛叫他“爸爸”，也不管毛毛正在玩儿还是已经困了。有时毛毛看着他，迟迟不肯张口，爸爸就没完没了地招呼毛毛叫“爸爸”。妈妈觉得毛毛只是发出类似“爸爸”的声音，不是因为认出爸爸才叫的。

从生理发展的角度看，儿童最初开口发音不是有目标、有指向地称呼别人，而是无意识地发出一些简单的音节，常常是容易上口的“ba—ba”“ma—ma”“yi—yi”“ya—ya”，这些“前奏曲”还不能算是真正意义上的语言。

有人说自己的孩子在9个月之前就能理解成人的某个词语，但一些科学家的研究否定了这一种说法。实验者问一个6个月大的婴儿“灯在哪儿”时，婴儿能抬头看着天花板来作答，他们还发现，即使天花板上并没有灯管，婴儿也会抬头去注视，当发现上面没有灯时，也不会表现出困惑的表情。这个实验充分地证明了：婴儿并没有真正理解成人的言语，这只是对成人特定言语活动的一种特定的反应，也就是条件反射作用的结果。

许多研究表明，婴儿从第9个月开始就能真正地理解成人的言语，并且按照成人的吩咐去做出相应的事情和相应的动作。如跟婴儿说“和阿姨再见”，他就会摆摆手，但这都是在成人不断重复的吩咐和带领下才会做出的动作；等到婴儿 11 个月大的时候，婴儿就能对成人的吩咐马上做出反应，当听到妈妈说“跟爷爷奶奶说再见吧”的时候，婴儿会马上伸出小手做出“再见”的动作。到了 12 个月左右，婴儿对词语的理解和表达能力逐步发展，促进了言语的产生。

心理学界一般都以第一批词的产生作为婴儿言语发生的标志。什么是“第一批词”呢？欧美的心理学家认为婴儿说出的第一个与某一事物有特定指代关系的母语中的词就标志着言语的发生，而我国心理学家则“第一批词”定义为把婴儿最早说出的第一个有概括性意义的词，所以我国通常认为婴儿言语发生的时间基本在 10 ~ 14 个月之间。

儿童在 1 岁到 1 岁半左右开始说出有意义的单词，看到父母时能分别叫出“爸爸”和“妈妈”。这个时期的儿童会用一个单词来表达更多更为丰富的意思，如这个年龄段的儿童说“兔兔”的时候，那么他想表达的意思并不只是“这是兔子”，而且还可能包含有“兔子真可爱”“我想要兔子玩具”等含义。这时候的儿童就是用某个单词来表达某件事或自己的感觉、意愿等。

爸爸妈妈可以采用一些方法来促进婴儿的语言发展。当孩子 3 个月大的时候，他已经熟悉了人说话的声音，这个时候，当婴儿处于清醒、愉快的状态时，父母或其他的监护人可以尽可能多地跟他讲话。讲话过程中要注意观察婴儿对你所说的话是不是注意，是不是感兴趣。跟婴儿说话的时候，态度要自然，速度要适当，语调要尽量柔和，发音要清晰。当还稍微大一点，4 ~ 5 个月大的时候，他们已经能通过喊叫的方式影响别人，所以父母或成人要注意婴儿愉快的叫喊和咿咿呀呀模仿说话的声音，并且要及时地给他反应和回馈。此外，有意识地训练婴儿的发音器官也是十分重要的。如教他进行如下的发音训练：妈—妈、爸—爸、哥—哥、姐—姐、打—打、拉—拉等，这些训练能够使婴儿的唇、喉、舌、鼻等发音器官受到训练，增进发音器官的活动能力，研究表明7个月以后的婴儿对重复发音就已经有了模仿性，9个月以后的孩子模仿积极性更强，发音器官的训练可以在这个时候开始。

**不要错过孩子语言发展的关键时刻**

卡玛拉生于印度，当年被狼叼走，与狼一起生活了8年。后来她被救回来并被送到附近的一个孤儿院，由辛格牧师夫妇抚养。回到人类社会的第一年，卡玛拉只有狼的习性而没有人的心理，她不会思考、不会说话，用四肢行走，睡觉也和狼一样。卡玛拉经常半夜起来在室内外游荡，像狼一样嚎叫，吃饭、喝水都是在地上舔食。入院6年时，她能说出30个单词，智力达到两岁半儿童的水平。第七年，卡玛拉基本上改变了狼的习性，能与正常孩子生活在一起，能说出四五个单词，能用三言两语表达简单的意思，能唱简单的歌。她17岁去世时的智力才达到3岁半儿童的水平，仅知道一些简单的数字概念，学会了50个单词。

狼孩卡玛拉的例子说明如果错过了智力和语言发展的关键时期，后来的教育也难以起到太大的作用。

正常情况下，婴儿主要是在后天环境中不断接受语言的刺激，通过模仿成人的语言，逐渐学会说话的。儿童心理学家认为，整个婴儿期都是学习语言的准备期。当母亲与两个月左右的婴儿说话时，可以发现孩子的小嘴一动一动开始做出回答，这就是母婴对话的萌芽。6 ~ 7 个月大的孩子开始认生，这时父母应给他看各种景色、事物，听各种声音，同时用语言告诉孩子这些图片和声音的内容，使他留下记忆，为未来学习口语打下良好基础。当孩子能理解大众说话的意思时，可采用“模仿游戏”“命名游戏”等方法促进孩子语言的发展，如喂饭时说“吃饭”，客人离开时教孩子说“拜拜”之类。

2 ~ 3 岁是学习口语的最佳年龄。如果这时候妈妈能够利用孩子喜欢“语言游戏”的特点，抓住时机多与婴幼儿说话，反复发某个音或某些词语都会使他感到兴奋、喜悦。

尽管心理学界对语言关键期的具体时间仍有分歧，但是人们都支持语言发展的确存在关键期，一般认为口头语言学习的关键期是在 2 ~ 3 岁，书面语言学习的关键期是 4 ~ 5 岁，所以人的一生中学习语言最好的时期是 1 ~ 5 岁。这时期孩子学习语言既轻松，又迅速，其效率是任何成年人都无法比拟的。但是如果训练不当，孩子就会丧失语言能力或者成年后自我表达能力非常差。因此父母一定要抓住学习语言的最佳年龄，积极发展儿童的语言能力，以免错过语言发展的关键期，为孩子未来良好的沟通能力打下基础。

家长在帮助幼儿学习语言的时候，可以参考以下方法：

（1）积极发展儿童的语言能力，在儿童已有词汇和经验的基础上，不断扩大和丰富儿童的词汇范围。例如，可以有意识地训练孩子叙述见到的事情的能力，并注意纠正孩子的错误用词和多余的话；如果孩子讲得正确，要及时给予表扬，使孩子形成正确的语言表达方式。

（2）由于孩子年龄小，说话的时候难免会有错误和缺点，这个时候家长千万不要嘲笑孩子，不要故意重复他的错误和缺点，而要进行正确的示范。

（3）因为儿童语言的主要特点就是模仿，理解能力很差，所以即使周围的人存在语言上的错误，孩子也会照搬不误。家长应该尽量不让孩子同说话粗鲁、口齿不清的人接触，而要让孩子多向广播、电视里的人学习发音。

（4）给孩子提供尽量多的语言交流机会。例如，经常同孩子谈话、教孩子说歌谣、让孩子自己讲故事等。

（5）鼓励孩子多说话，如果有条件，可以让孩子学习一门外语。但是对孩子的外语学习要求不能过高，可以学习一些简单的句子和单词。在幼儿期间学习的外语，对孩子将来在学校以及长大成人后的外语学习都能起到非常深远的影响。

### 从单词到复合句——语言的小宇宙爆发

婷婷两岁半了，妈妈发现：最近一年来，婷婷的语言能力发生了很大的变化。一年前的婷婷只能说几个简单的词语，而且发音还不清晰，外人基本很难听懂她在说什么。可是现在，经常会有一些新词从她的小嘴里“蹦”出来。

有一天，妈妈正在厨房里做饭，婷婷就一直跟在妈妈的屁股后面转，闹着要去肯德基，妈妈被她吵得很烦，就批评了她几句，没想到她竟然转身跑到爸爸那里去告状："妈妈坏，骂婷婷，婷婷不理妈妈了。"爸爸见婷婷一口气说了这么多，心里很诧异，因为之前婷婷很少能一下子说这么多句子，她只会说诸如"妈妈做饭""爸爸上班"之类的简单语句。爸爸奇怪地想：婷婷的语言能力怎么会突然发展这么快了呢？

儿童语句的产生和发展经历了从简单到复杂的过程。这个过程大体上可以分为单词句、简单句和复合句三个不同的阶段。

1. 单词句阶段

单词句指儿童用一个单词来表达一个比该词意义更为丰富的想象力意思。比如儿童说"狗狗"，可能表示着"这是小狗""小狗真可爱""我要小狗"等几个意思。

1 岁到 1 岁半的幼儿语言能力发展是建立在婴儿后期"初懂人意"的基础上的，"初懂人意"的婴儿大多能够听出 10 ~ 20 个词和说出几个词，而后就会进入进一步对言语的感知阶段。这时，幼儿开始说出有意义的单词，看到父母时能分别叫"爸爸"和"妈妈"。对一些经常接触的人和物已能在不同情况下正确地称呼，表现出一定的分化和概括。这个时期的幼儿大约可以理解 40 ~ 100 个词，但是这些单词只是作为事物或动作的一般标志，随后不久就出现了单词句。但是，这个时期的幼儿很少主动使用语言，表现得很被动。

2. 简单句阶段

1 岁半到两岁的儿童说出的句子通常是简单句。此时由于幼儿掌握的词汇量增加，这时一个句子一般包括两三个或三四个词。如"爸爸上班""妈妈再见"等。这种句子在表达一个意思时虽然与单词句相比更明确，但是表现形式是不连续的、简略的，就好像电报式文件，所以又被称为电报句。此时的儿童句子中基本上没有修饰语，有时即使形式上看起来是有修饰语的，如“老伯伯”“大积木”等，但是儿童实际上是把整个词组当作一个名词来使用的。

3. 复合句阶段

研究发现儿童在两岁时开始说为数极少的简单复合句，4 至 5 岁时发展较快。复合句主要有联合复句和主从复句两大类，在联合复句中出现最多的是并列复句。如“爸爸排排坐，宝宝吃饭”。其次是连贯复句和补充复句。连贯复句如“吃好饭以后，我在家里找小华玩儿了一会儿，就看电视了”，补充复句如“我搭东西，我搭桥”。主从复句中反映了较复杂的逻辑关系，所以对儿童来说比较难掌握。主从复句中出现较多的是因果复句，如“这个汽车坏掉了，不好玩儿了”。

幼儿的复句中最显著的特点是结构松散，缺少连词，儿童在 3 岁时开始使用极少数连词，但直到 6 岁，使用连词的句子仍不多，仅占复合句总数的四分之一左右。

父母应该时刻关注孩子各个时期的变化，有计划地发展孩子的语言能力。1 岁半到两岁的幼儿学习语言明显变得主动了，会经常向成人发问，让成人教他说出各种事物的名称。而且这时候幼儿言语发展的速度也加快了，到两岁末期，大约可掌握 300 个词。到 3 岁末期就可掌握近 1000 个词，甚至有的心理学家认为，3 岁的孩子已掌握了本民族的基本语言。这段时间是孩子语言发展最为迅速的时期，如果父母按照以上的时期分别采取不同的措施，就能够获得事半功倍的效果。

# 第三章　儿童发展心理学

## 敏感期：儿童发展进程中的黄金时期

### 多样的敏感期行为

冲冲今年已经6岁了，从他出生的那天起，妈妈就为他准备了一本成长日记，准备作为孩子18岁的“成人礼”。不过这本成长日记有个特别的地方，那就是上边记录了孩子的表现和妈妈的心情，下边妈妈用另一种颜色的笔写下了孩子出现这种表现的原因。虽然带孩子是一件很辛苦的事情，但是每当翻开这本成长日记，妈妈的脸上总是会浮现出幸福的微笑。

“我的宝宝好可爱！他来到这个世界已经3个月了！离开他一会儿我都觉得想念得很。我每天都会拿着小玩具在他的眼前晃，而他的眼睛也会滴溜溜地跟着玩具转来转去。孩子的眼睛真的很纯净，黑白分明。不写了，我要去看宝宝。”

孩子感官的发育中，最先发育的是视觉。视觉能力发展的关键时期是在1岁之前的婴儿期。3个月大的时候，孩子的眼睛已经可以跟随物体运动，也能把视线固定在某一个物体上。所以，有色彩或者运动的物体都能吸引孩子，这些都能促进孩子视觉的发展。

冲冲到底喜欢谁呢？前两天我们和冲冲一起睡觉，他爸爸随手抓过我的枕头放在了头下边，冲冲使劲儿推开了他爸爸，嘴里嘟囔着："妈妈的枕头，爸爸不用！"我当时心里那个开心啊，很骄傲地冲着老公挤眼睛！结果昨天冲冲就来了个180度的转变。我们去郊游，我拿过他爸爸的帽子戴上，没想到冲冲一下就把我头上的帽子摘了下来，给他爸爸戴上了。这下轮到老公冲我挤眼睛了。

其实这与孩子喜欢谁并没有多大关系，而是因为他正处在秩序敏感期，对物品所有者的秩序感非常敏感。孩子都需要一个有序的环境来帮助孩子认识周围事物各个部分之间的关系，这样才能让孩子更适应环境，行动更具有目的性，并且在建立秩序感之后找到自己最喜欢的生活方式。

冲冲今天变成了一个"坏孩子"。我去幼儿园接他的时候，他竟然对我说了一句："坏妈妈，我踢死你！"听到这句话，再看看孩子那认真的表情，我的心里别提多难受了！

这是孩子进入了语言敏感期。当孩子的语言能力进一步提高之后，他会发现语言具有力量，尤其是具有强烈感情色彩的词汇竟然可以产生让别人生气的力量！所以孩子骂人的时候是在验证语言的威力。此时最好的应对凡事就是“淡定，不做出任何反应”。

冲冲学会走路以后，活动范围增大了，喜欢的东西也越来越多了。今天我不小心把他房间的一个小盒子打翻了，里面的东西都是冲冲的“宝贝”——碎纸片、小树叶、小纽扣、黄豆粒……看到自己的“宝贝”被打翻，他迅速冲了过来，把这些东西一个一个捡起来，然后小心翼翼地放进了小盒子里。这孩子以后不会成为“破烂王”吧？不过也好，行行出状元嘛！

其实并不是孩子爱上了“收破烂”，而是他进入了对细微事物感兴趣的敏感期。在这个时期，孩子开始喜欢观察和收集琐碎的事物。如果这时候忽视了对孩子观察细微事物能力的培养，那么孩子长大以后就会成为一个粗心的人；如果对孩子的引导得当，那么孩子就会具备惊人的观察和探索能力。

冲冲妈妈的这本日记记录了孩子每一天的变化。而6岁前孩子的成长确实可以用“日新月异，突飞猛进”来形容。因为此时他们正处在一个接一个的敏感期内，在这些时期，孩子受到内在生命力的驱使，在某个时间段，专心吸收环境中某一个事物的特质，并且不断实践。每通过一个敏感期，孩子的智力水平就会上升到一个新的层面。孩子在敏感期的行为是多样的，而且富于变化性，成人有时候会很难理解，无法理解的时候不妨放手给孩子一个宽松的环境，千万不要让他失去这一生只有一次的特殊生命力。

## 蒙台梭利的九大儿童敏感期

著名的幼儿教育家蒙台梭利对婴幼儿的敏感期行为进行了系统地观察和研究，她把儿童必然会经历的敏感期归纳成下列九种：

1. 感官敏感期

这个时期通常为孩子的 0 ~ 6 岁。从出生的时候开始，孩子就会借助视觉、听觉、味觉、嗅觉、触觉等感官来熟悉周围的环境、认识事物的本质。3 岁前，孩子通过生理本能来了解周围的事物；3 ~ 6 岁的孩子除了能直观地认识事物之外，还能通过感官对事物进行分析和判断。蒙台梭利在提高孩子感官敏感程度的时候利用了很多教具，比如听觉筒、触觉板等，这些教具可以更好地帮助孩子发展自己的感受能力。在孩子处于感官敏感期的时候，家长也可以准备一些教材，比如色彩纯净鲜艳的图片、会发出声音的玩具等等。当孩子对周围的一切充满探索欲望时，只要对自己没有危险同时不会侵犯别人，那么家长都应该尽量满足孩子的需求。

2. 动作的敏感期

这个时期通常为 0 ~ 6 岁。动作发展主要包括两个领域，一个是身体运动方面，比如走路，走路的敏感期是在 1 ~ 2 岁；另一个是敏感期是手的动作，这个敏感期是在 1.5 岁 ~ 3 岁。孩子在学习走路的过程中，是非常愿意不断行走的，而且在这个阶段也引起了手部动作的发展，因为孩子走到哪里，手就抓到哪里。研究表明，孩子的大脑发育与手部精细动作的发展具有密不可分的关系。所以孩子手部动作发育良好，对于孩子智力的发育也是很重要的。学会走路的时候是孩子最活泼好动的时候，在孩子动作的敏感期，父母应该充分让孩子运动，使其肢体动作正确、熟练，而且运动也有利于孩子左、右脑的均衡发展。

3. 语言敏感期

虽然孩子并不是一出生就会开口说话，但是他们从来到这个世界就开始了语言的学习，所以语言敏感期是 0 ～ 6 岁。当婴儿学会注视大人说话的口形，并发出咿咿呀呀的声音时，就开始了他的语言敏感期。对成人来说，学习一门语言是一件很困难的事情，但是对于婴幼儿来说，这很容易，这正是语言敏感期所具有的魔力。在这一时期，父母应该经常与孩子说话、讲故事；也可以多用“反问”的方式来加强孩子的表达能力。一般孩子在 1.5 岁左右都会开口说话，如果自己的孩子在 2 ～ 3 岁的时候还是迟迟不会说话，父母应该带着孩子到医院求助专业的医生。

4. 对细微事物感兴趣的敏感期

这个敏感期通常为 1.5 ～ 4 岁。整天忙忙碌碌无暇顾及周围的大人常常会忽略环境中的一些细小事物，但是孩子能捕捉到其中的美妙。所以当孩子拾起一根头发丝，或者对着泥土里的小昆虫发呆的时候，不要粗暴地打断他，因为对细微事物感兴趣的敏感期是孩子锻炼观察能力以及培养孩子关注细节的优秀品质的最佳时期。

5. 秩序敏感期

这个时期通常为 2 ～ 4 岁。蒙台梭利通过观察发现这个时期的孩子会因为无法适应环境而害怕，甚至大发脾气，所以这个时期的幼儿对秩序有着极高的要求，他们对秩序的要求表现在事物一定要按顺序摆放，生活习惯不能改变，每个人都有自己的物品不能交换。这时候的孩子需要一个熟悉的环境来帮助他认识事物、了解自己生活的地方，所以他会对自己所在的地方是不是有变化非常敏感。一旦他所熟悉的环境发生变化或者消失，他就会感到无所适从。

6. 社会规范敏感期

这个时期通常为 2.5 ~ 6 岁。两岁半的孩子开始脱离以自我为中心的生活，逐渐表现出对结交朋友、群体活动的倾向。此时，父母要注意帮助孩子明确生活规范、学习日常礼节，使孩子长大后成为遵守社会规范、能够自我约束的人。

7. 书写敏感期

这个时期通常为 3.5 ~ 4.5 岁。蒙台梭利发现孩子的书写敏感期早于阅读敏感期。当孩子喜欢拿笔涂涂画画的时候就是孩子书写敏感期到来的时候。孩子进入书写敏感期，一般需要经过用笔在纸上戳戳点点、来回画不规则的线条、画不规则的圆圈、书写规整的文字等几个阶段。要维持孩子的书写激情以及提高孩子的书写技艺，父母一定要对他书写的行为给予肯定和赞赏，并且尽量为他提供丰富的书写材料，充分调动他的好奇心来延长孩子练习书写的时间。实际上，如果父母给孩子创造出充满了乐趣的书写环境，他的书写敏感期就会提前出现或者爆发得更为猛烈。

8. 阅读敏感期

这个敏感期通常出现在孩子 4.5 ~ 5.5 岁的时候。孩子的阅读能力虽然出现得比较迟，但是如果孩子在语言、感官、动作等敏感期内各种能力得到了充分的发展和挖掘，那么他的阅读能力会自然而然地产生。此时，父母可以为孩子布置一个充满阅读氛围的环境，提供尽量多的书籍，这样孩子就能养成爱读书的好习惯，成为学识渊博的人。

9. 文化敏感期

这个敏感期是最晚的，在孩子 6 ~ 9 岁的时候才会出现。蒙台梭利指出孩子对于文化学习兴趣的萌芽出现在 3 岁左右；但到了 6 ~ 9 岁的时候，则对探究事物产生了浓厚的兴趣和强烈的愿望，此时孩子的大脑已经做好了接受大量文化信息的准备，只要父母在此时能够提供丰富的文化信息，孩子就会很快接收并内化为自己的知识。

## 视觉敏感期

### 宝宝看的是光影交错

教育大师蒙台梭利曾经讲述了这样一个生物学案例：

雌性蝴蝶总是把卵产在安静又隐蔽的地方，但是刚出生的幼虫总是爬到树顶去吃嫩叶。为什么会这样呢？难道幼虫一出生就知道长在树顶的嫩叶才是好吃的吗？后来生物学家做了一个实验：把树梢上的嫩叶采下来放到蝴蝶卵所在的地方，但是孵化后的幼虫仍然努力地向树顶爬去。

不久生物学家终于揭开了谜底：蝴蝶幼虫的行为完全是因为光的刺激。当幼虫出壳后，对光的敏感让它们马上就朝着最明亮的地方爬去。当幼虫对光的敏感消失之后，它们所吃的嫩叶就不限于树梢上的了。

其实这就是视觉敏感期的作用。不仅是蝴蝶的幼虫存在对光的敏感期，刚刚出生的婴儿也存在对光的敏感期，这是视觉敏感期的开始。

意意一个多月大的时候，妈妈抱着他在楼下晒太阳。妈妈忽然发现他一动不动地盯着爬山虎的叶子看，妈妈高兴地想："这么个小不点就对叶子这么感兴趣，将来没准能成个植物学家！"

第二天，妈妈又带着他来到楼下，发现他还是盯着叶子看。妈妈抱着他换了个位置，但是他马上到处寻找那些叶子，直到找到了才安静下来继续盯着叶子看。妈妈很奇怪，就顺着他的角度看过去，这才发现了他的秘密：原来他是在看阳光透过叶子投下的斑驳的光点。

出生后的第一个月，孩子大部分时间都是在睡眠中度过的，在这个时期，他们唯一的"爱好"就是睡觉，很少对其他事物产生兴趣。但是随着时间的推移，孩子睡觉时间明显减少了，经常会盯着一个地方看很长时间，连吃奶都变得不专心了，总是这看看那看看。当妈妈手里拿着玩具在他面前晃动的时候，他已经学会把注意力放在这个玩具上了。

小文3个月大，爸爸妈妈已经开始对他进行视觉训练了。有一天，妈妈手里拿了几个五颜六色的气球，心想："彩色的气球一定可以吸引孩子的注意力，锻炼他的视力。"出人意料的是，当妈妈把彩色的气球拿到孩子跟前时，孩子并没有显示出任何开心的表情，甚至没看两眼就转头去看别的东西了。

而当爸爸把几个白底黑点的气球放在小文眼前时，小文的表现让妈妈大跌眼镜，他看到这几个气球非常兴奋，伸手就去抓，抓到后就躺在小床上乐呵呵地玩儿了起来。

这是因为婴儿的视力发展并不完善，他们的眼睛只可以看到模糊的、明暗相间的世界，所以很多时候色彩鲜艳的气球反而吸引不了孩子的注意，对孩子的视力发展并没有太大的帮助。如果父母仔细观察的话，你还会发现孩子对从门缝中射进来的灯光或者窗外照进来的阳光非常感兴趣，有时候甚至会伸出小手去抓那道光线。此外孩子还对黑白照片、黑白相间的衣服有着浓厚的兴趣。因此对于处于视觉敏感期的孩子来说，那些色彩鲜艳的玩具远不如那些黑白对比强烈的东西或者光影有吸引力。

随着年龄的增长，孩子慢慢可以看清楚他周围的事物了，比较明显的是，他开始能够认出妈妈或者其他照顾他的人，并且会有选择地看周围的人。

随后孩子不仅能看清周围的物体，还能看到远处的事物，他们的视线范围在不断扩大。这是家长锻炼孩子视力和认知能力的最佳时期。这个时期，孩子长时间盯着某个物体看的注意力和精神是孩子认知能力的基础，家长可以抓住这一时间段用语言来激发孩子的视觉和认知能力。比如孩子们吃手的时候，会把手拿出来看一会儿再吃，趁着这个机会，妈妈可以拿着孩子的手在他眼前晃，告诉他这是他的小手，是用来抓东西的。家长还可以准备一些放大的照片给孩子看，一边看一边告诉他这些是什么东西。

虽然孩子暂时听不懂父母的话，但是这有什么关系呢？当父母不停地重复描述某件事情或者某个物体的时候，孩子就会慢慢地理解你所说的话，在这个过程中，不仅孩子的发展了视力，提高了认知能力，而且与父母的关系也会变得更亲近。

## 听觉敏感期

### 有声音就有吸引力

4个月大的宝宝又哭了，妈妈赶紧拿出刚买的小铃铛，在宝宝面前摇晃起来。这时候清脆的鼓声传了出来，宝宝就像得到命令一样，立刻停止了哭泣，眼睛开始跟着小铃铛四处乱转。

妈妈继续摇动铃铛，孩子继续目不转睛地看，妈妈看着宝宝这么认真，就对宝宝说："宝宝，这个是小铃铛，会响的小铃铛。"说完又摇了一下铃铛。这时候，孩子的小手开始伸出来，向着铃铛抓去。

还有一个孩子非常奇怪，原本安安稳稳的，如果房间里突然没了声音，孩子就会哇哇大哭。妈妈发现了这种情况，以后当妈妈在房间里做事的时候就会故意发出一些声音，或者自己哼唱一些儿童歌曲。每当房间里有声音的时候，孩子就会安安静静的，不再哭泣。

从故事中，我们可以看出，孩子其实是很喜欢有声音的环境的。很多父母为了给孩子一个安静的生活环境，说话总是细声细语，走路也总是悄悄地，其实这是完全没有必要的。让孩子生活在正常的环境中是最有利于孩子成长的，这样他就不会对家里过于安静的气氛感到恐惧。

孩子刚出生的时候，视觉与听觉是分开的，互不干涉，对外界环境的刺激不能做出一致的反应。但是在孩子 0 ~ 2 岁的时间段，既是视觉发育的敏感期，也是听觉发育的敏感期。所以在这个时期，爸爸妈妈应该有意识地给孩子提供一些刺激，让这种刺激既可以训练孩子的听觉，也可以提高孩子的视觉。其实故事中的妈妈的做法就很好。这样既可以同时提高听觉和视觉，也能够让这两种感觉协调发展，提高孩子反应的灵敏度。

要抓住孩子的听觉敏感期，妈妈可以试试以下几种小游戏：

1. 运用有声音的玩具

妈妈手里可以拿着玩具，把玩具放在离孩子 25 ~ 30 厘米的位置，一边让玩具发出声音，一边缓缓地移动玩具。当孩子听到声音的时候，他们的视线也会跟着玩具一起移动。妈妈要注意的是，玩具移动的速度一定要慢，如果过快的话，孩子的视线跟不上，就失去了提高孩子反应灵敏度的效果。当孩子对一种声音失去兴趣的时候，妈妈可以换另外一种声音的玩具，或者休息一会儿再继续玩儿。

2. 让孩子听听舒缓的音乐

不要以为孩子小就听不懂音乐，他们同样会被美妙动听、节奏流畅的曲子吸引。所以妈妈可以选择一些经典的曲目来刺激孩子的听觉，但是要注意，音乐的声音不能过大，同时不要选择那些情感变化剧烈的曲子。

3. 在孩子的耳边呼唤他的名字

妈妈可以与孩子面对面，确定孩子把注意力放在妈妈身上之后，在他耳边轻轻呼唤他的名字，当孩子向一边转头的时候，再到孩子的另一边呼唤他的名字。这样就可以提高孩子的注意力和对外界刺激的反应能力。

做以上游戏时一定要注意的是，不管是父母发出的声音还是玩具或者和音乐的声音，都一定要柔和动听。那种成人听到都感觉很恐怖的声音一定不要给孩子听。同时，父母不要让孩子长时间的暴露在同一种声音之中，否则孩子就会最终丧失对这种声音的敏感度。

## 口的敏感期

### 口是探索世界的工具

一位妈妈这样讲述自己家的孩子：

> 我的孩子今年一岁半，我经常带着他到楼下的小花园去玩耍。可是我发现孩子特别喜欢用手抠地面上的土，而且把能捡到的东西都放进嘴里。我跟孩子说过不要用手抓脏东西，更不要把脏东西放进嘴里。可是孩子就像没有听懂一样，还是见到什么就往嘴里塞什么。这样下去，我真的害怕孩子因为吃了脏东西而生病。

上面的现象并不是个例，另外一位妈妈也有同样的困扰。

女儿 14 个月大的时候已经学会用手抓东西了，凡是抓在手里的东西她就一定会送进嘴里“检验”。最开始的时候，连自己的手和脚也不放过。现在女儿开始咬东西，见到什么咬什么。有些人看到女儿这样总是会忍不住阻止她，每当这个时候，孩子总会痛苦地大声哭喊。妈妈就会走过去告诉那些大人，不要打扰孩子的“工作”。

话虽如此，但是妈妈也有自己的担心，因为分不清楚放进嘴里的东西是不是安全，所以妈妈只能眼睛时时刻刻都盯着她看，生怕她把瓜子皮、硬币等吞下肚子里。还有一次，女儿找到一个带皮的橘子瓣，想都没想就全都放进了嘴里。妈妈刚想上前帮女儿把橘子皮剥下来，只见女儿皱着眉头把橘子皮吐了出来，吃掉了橘子瓣。妈妈笑了：“看来孩子还真是用口来认识世界的！”

一般来说，孩子的口腔敏感期集中在出生到两岁这个阶段，在这一阶段，孩子会把自己的大部分注意力放在口上，但是随着年龄的增长，孩子的手和其他器官也会出现敏感期，此时口就不再是探索世界的主要方式了。

口腔敏感期持续时间的长短和孩子所处的环境有很大的关系。如果在这一时期，父母能够给孩子一个宽松的环境，让孩子尽情地去“品尝”世界，探索世界，那么孩子的口腔敏感期会很快过去。但是如果父母强行阻止孩子，这个敏感期可能就会持续很长时间，因为孩子是通过口把自身与外界建立联系的，如果没有建立起与外界的良好关系，那么孩子的口腔敏感期是不会停止的。

那么为了让孩子顺利度过口腔敏感期，父母可以采取哪些技巧来帮助孩子呢？

1. 首先要尊重孩子的口腔敏感期

这时候要允许孩子用口去品尝味道，去探索世界，否则就会引起孩子的不满。第二个故事中当孩子遭到阻止的时候会哭闹就是孩子反抗的表现。为了让孩子快速地度过这个敏感期，父母首先应该明确口腔敏感期的存在并且要尊重孩子的口腔敏感期。

2. 尽量满足孩子的需求

知道孩子具有口腔敏感期后，父母应该尽量去满足孩子的这一需求。如果父母没有满足孩子，那么孩子极有可能去抢别人的食物，拿别人的东西，如果孩子养成了这种坏习惯，以后再想纠正是很困难的。所以为了避免上述情况的发生，父母应该从最大限度上满足孩子的探索需求，支持孩子的探索行动，只有这样，孩子的这段敏感期才会迅速结束。当然父母也要注意孩子的安全，把一些危险的东西，比如剪刀、图钉等物品放到孩子看不到的地方。

3. 关于卫生的问题

其实对于孩子的口腔敏感期，很多父母最担心的就是卫生问题，因为此时的孩子分不清干净和肮脏，所以不管看到什么都会放进嘴里。在家里的时候，父母可以把孩子喜欢放进嘴里的东西洗干净，另外要让孩子锻炼身体以提高免疫力。在外面的时候，父母要学会转移孩子的注意力。比如当孩子捡到小石子的时候，可以自己也捡起一个小石子，扔向远处，然后对孩子说看看谁扔得远。这样孩子把石子放进嘴巴里的机会就减少了。

## 嗅觉敏感期

### 固定的气味带来安全感

孩子天生就有嗅觉，那么嗅觉还需要培养吗？其实这是一个见仁见智的问题。有些人可能会说虽然人的嗅觉没有视觉和听觉那么重要，但是训练过和没训练过还是有差别的；另一些人可能持这样的观点：我的孩子长大不当闻香师、调味师、调酒师……训练嗅觉没有必要。其实嗅觉的功能远远不止闻味道那么简单，它在人类出现的早期曾经起到过重要的作用。早期的人类可以依靠嗅觉来避免危险的环境和事物，嗅觉是一种凭直觉做出反应的感觉。当人吸气时，空气中的气味借着鼻黏膜上的感受器，由嗅觉神经传送到大脑中的海马叶。人类可以通过嗅觉来避免很多潜在的危险，比如很多人如果闻到不好的味道会自动避开那个环境，这就是嗅觉的功能之一。

当然嗅觉除了可以帮助人类避免危险的环境和事物，也可以帮助人们拥有一种安全感。如果到了一个气味与家里很相似的地方，人们大多数会感到放松和舒适，如果这个环境的味道与自己喜欢的味道大相径庭，人们就不自觉地感到紧张。

研究表明，孩子从刚刚出生的时候就具有了一定的嗅觉功能，而且是非常灵敏的，他们能够很轻松地识别母亲的气味。

曾经有科学家做过这样一个实验，当孩子哭闹不休时，将留有母亲气味的衣服放在婴儿的枕头下面，就可以帮助孩子安然入睡。有的孩子即使在睡觉的时候，也能够轻松地辨别出躺在自己身边的是不是自己的妈妈。有人曾经做过这样的实验：一位妈妈抱着不属于自己的孩子给其喂奶，但是孩子凭着灵敏的嗅觉知道这不是自己的妈妈，所以拒绝吃奶。

小皮皮刚刚出生不久，因为妈妈忙不过来，所以就让外婆过来帮忙带孩子。开始的时候，皮皮和外婆很亲，但是最近不知道怎么回事，只要外婆一抱他，他就开始放声大哭。妈妈很奇怪，就仔细观察了一下，发现外婆和以前并没有多大的变化，只是这两天染了下头发而已。

其实皮皮的妈妈不知道，皮皮的变化就是因为外婆染头发所用的染发剂。染发剂通常会有很大的味道，有的时候一周都散不掉。而孩子习惯了外婆身上原来的味道，他知道那种味道没有危险，很安全。当孩子闻到陌生的味道时，孩子就会觉得自己来到了一个不安全的环境，会很恐惧，也正是这个原因，外婆一抱起皮皮，皮皮就会哭闹。

其实，熟悉的味道能够给孩子带来安全感，他知道熟悉的味道代表着安全的环境，知道自己没有危险，这样他的心情会很平和。一旦周围的气味发生了改变，他就知道自己所处的环境有不熟悉的人或物品进入，他不能判断这个人或物品是不是有危险，只能靠大声哭喊来呼唤父母保护自己。

所以，为了给孩子安全感，父母要保证孩子周围的气味相对固定。只有这样，孩子才能对周围的环境产生信任的感觉，同时这种环境也有利于亲子依恋关系的形成。

## 触觉敏感期

### 让孩子的双手自由舞动

公交车上，一位爸爸抱着四五个月大的孩子上了车，人们纷纷给这位爸爸让座。爸爸坐下后，孩子就伸着手要抓车上的吊环，爸爸不想站起来，就没有动，结果孩子不依不饶，手一个劲儿地往上伸。爸爸没办法只好抱着孩子站了起来，孩子拿着吊环，玩儿得十分开心。后来孩子玩儿够了，爸爸抱着他坐下，发现孩子的手仍然一刻都闲不下来，一会儿摸摸窗户玻璃，一会儿摆弄一下衣服，一会儿又去摸摸椅背。

6个月大的小伦也是这样一个手闲不住的孩子。前天他意外地发现了一条丝巾，于是就拿着这条丝巾来回挥舞，还把它放在地上拍打、揉搓。妈妈发现的时候气坏了，原来这是当年小伦的爸爸送给她的定情信物，两个人都把这条丝巾看得很贵重，但是现在已经变成了小伦的口水布。

前面我们说过孩子认识世界时，最开始使用的工具是口。通过口与物体的亲密接触，孩子慢慢知道了什么是可以吃的什么是不可以吃的，一般0～8个月大的孩子就能准确地使用口。实际上孩子不仅用口来认识世界，也可以用口来唤醒身体的其他部分。

当孩子第一次把手放到嘴里的时候，其实就已经唤醒了手的知觉，从那时候开始他们就在尝试着用手来探索世界。

等到孩子口的敏感期过去，他们使用手的敏感期就来了。这时候的孩子总是一刻不停地挥舞着双手，见到方的就捏、见到圆的就按、见到线就拽、见到扁的就扔。有时候他们会把手放在物品上摸一下，然后握紧拳头，再张开，在家长眼里很无聊的动作，孩子就能一下玩儿上几个小时。其实这在大人看来是一个非常简单的动作，但是对孩子有着特殊的意义。这是他们用手去捕捉事物、认识世界的一次次尝试，在不断尝试的过程中，孩子不仅通过摸、揉、扔、拽的动作感知这些物体，而且在这个过程中了解到手是自己的一部分，具有很强大的力量，同时也在这个过程中增加了手的灵活度。

父母要充分尊重孩子的用手的敏感期，抓住这个时机提高孩子的触觉敏感度。首先父母要给孩子用手探索的自由。我们中国有句古话叫作“心灵手巧”，父母要知道，孩子手的活动不仅是手的活动，它还与孩子的智力发展水平紧密相连。如果父母对这些不了解，不仅不给孩子用手的自由，还人为设置很多障碍的话，就相当于剥夺了他认识世界的机会。

父母还要开动脑筋，给孩子提供尽量多的物品，可以给孩子准备一些不怕摔的东西。孩子喜欢摔东西并不是有意给父母找麻烦，而是他们发现了手的新功能，那就是不仅能够抓东西，还能扔东西，这对他们来说是一个重大的发现，所以他们要不断验证手的功能，借此来表明自己力量的强大。

现实中我们常常可以看到有些人非常善于做一些细活儿，比如缝纽扣、绣十字绣之类的，但是有些人在面对这些东西的时候显得十分笨拙，有的甚至穿针都不会，这就是因为每个人手的灵活性的差异，这与其在手的敏感期所处的家庭环境有很大的关系。

## 动作敏感期

### 爱游戏的孩子更灵活

孩子学会用手之后，大多数会爱上扔东西。合格的父母能够了解这是孩子敏感期的特殊行为，他们会试着包容孩子的行为，辛辛苦苦地为孩子捡东西。而优秀的父母则会让孩子的这个游戏变得更加有意义。

一位父亲是这样做的：

> 我的儿子最近爱上了扔东西，我想这不仅可以让孩子练习用手，还可以锻炼他肢体的协调性。有一天吃过晚饭，孩子又开始了扔东西的行为。我把他最喜欢的皮球放到他手里，他很开心地拿着皮球笑了笑，然后就用尽全力扔了出去。我乐呵呵地跑过去把球捡回来交给儿子，儿子看了看我，又把球扔了出去，我又去捡回来交给儿子……这样重复了十几次之后，我装作很累的样子对孩子说："宝宝，爸爸好累啊！现在咱们换个玩法，我来扔，你去捡，好吗？"儿子正玩儿得开心就毫不犹豫地答应了。我把球扔出去之后，看着孩子慢悠悠地走向那个皮球，然后费劲地抱起来还给我的样子，觉得真是有趣极了！这样孩子不仅锻炼了手的灵活性，还提高了身体各

个部分的协调能力。

这位爸爸的做法是很科学的。父母都可以试试与孩子玩儿这样的游戏。这样，孩子不仅在游戏中获得了快乐，还在不知不觉中练习了动作，提高了身体的灵活性。

当孩子开始尝试自己行走的时候，他就到了动作的敏感期。这时候他们喜欢走路，喜欢爬坡。其实父母也可以发明一些小游戏让孩子练习手脚的协调性。

星星的妈妈最喜欢与孩子做的游戏就是“模仿小动物”了。她经常会选择一个温暖的周末带着孩子到动物园去观察各种小动物，回家之后她就会对孩子说：“我们来做个游戏吧，让爸爸来说一种动物的名字，咱们一起学，看谁学得像，好不好？”于是，孩子就在妈妈的带领下学兔子跳，学大猩猩行走。星星最擅长的就是学长颈鹿了，听到学长颈鹿的口令，她马上就会兴奋地趴在地上，然后四肢着地，把脖子伸得很长。爸爸妈妈每次都会被星星这个动作逗得大笑。

学习小动物的游戏也是很受孩子们的喜欢，在模仿小动物的过程中，父母可以根据不同的目的说出不同的动物。比如想要锻炼孩子双脚跳的协调能力，那就可以多说一些蹦跳的小动物，比如“兔子”或者“袋鼠”等；如果想要锻炼孩子四肢的协调能力，可以让孩子模仿一些四肢着地的动物。

其实游戏不仅可以给孩子的生活带来缤纷的色彩，对孩子的健康成长也至关重要。游戏可以让孩子在快乐中提高反应能力和肢体的灵活性，所以在孩子的成长中，父母一定要善于利用“游戏”这个工具。

不过父母要注意的是，我们这里所说的“游戏”是那种孩子在生活中或者户外可以全身心参与其中的游戏，而不是电脑游戏。虽说电脑游戏也可以提高孩子的反应能力，但是并不能提高孩子肢体的协调性，不利于孩子的全面发展。

孩子在游戏的时候，父母要尽量去鼓励孩子，这样才会给孩子动力。千万不要看到孩子笨手笨脚就讽刺或者跟其他的孩子做比较。游戏的目的首先是给孩子带来快乐，父母千万不要本末倒置，把游戏看成是训练孩子的手段。只要孩子在游戏中玩儿得高兴，那就已经达到了目的。至于提高孩子协调能力的事情，那是需要时间慢慢来的，孩子不可能通过一个游戏就能变成身体灵活的运动员。

## 语言敏感期

### 学习语言，从重复和模仿开始

我的孩子正处于语言敏感期，最近她变得有些奇怪。那天我正在厨房做饭，刚刚学会说话的孩子自己在客厅里玩儿游戏。忽然，我听见孩子叫我：“妈妈！”于是我赶紧放下手里的活儿去看她。我问她怎么了，她看了我一眼，没有说话。于是我又回到厨房，没过一会儿，孩子又叫我，我跑出去看发现还是没事。就这样来来回回重复了好多次，我真不知道孩子到底是怎么回事！

下面是一个正处于敏感期的孩子和妈妈之间的对话：

妈妈："宝宝，我们去花园里吧？"
孩子："宝宝，我们去花园里吧？"
妈妈："你真淘气！"
孩子："你真淘气！"
妈妈："告诉妈妈去不去！"
孩子："告诉妈妈去不去！"
妈妈："我要生气了！"
孩子："我要生气了！"

其实上面出现的两种情况都是孩子学习语言的过程中出现的正常现象。孩子的语言基本上是从重复和模仿开始的。

大多数刚刚学会说话的孩子都喜欢重复同一个词，那么孩子为什么会出现这种情况呢？站在孩子的角度上，这种情况并不难理解。孩子刚刚开始学会语言的时候可能并不能把语言和物品对号入座，直到有一天他惊喜地发现自己说出一个词，妈妈竟然递给他一个东西，这个时候他就知道原来自己的语言是有力量的，它可以帮助自己得到想要的东西。于是他就会开始有意识地把自己知道的语言和物品配对，就像第一个故事中的孩子一样，她在和妈妈的一问一答中体验到了语言所带来的乐趣。这种重复的现象正是孩子进入语言敏感期的第二阶段的标志。

随后，孩子会放弃这种简单的词语重复，进入一种更高级的重复阶段，那就是模仿别人所说的话。在这一阶段，孩子就像一个复读机，别人说什么，他也说什么，别人问他话他也不懂，只是机械地重复别人的话。

也许最早的时候，孩子是模仿父母说的某一个字，或者一个词，但是随着时间的推移，他模仿的东西就会越来越多，句子也会越来越长。

不过孩子对句子的模仿通常不分场合，只要自己高兴或者感兴趣，他就会说出来。这有时候会让家长很尴尬。还有很多家长，他们会把孩子的这种行为当作是“淘气”的一种，常常阻止孩子的这种行为。其实这对孩子的语言学习是很不利的。

模仿是孩子最重要的一种学习语言的方式，也是语言敏感期的儿童常见的表现。如果家长强行剥夺了孩子模仿别人说话的权利，那么孩子语言能力的发展就会大大减缓。

所以父母在这个语言发展的关键时期，一定不要强迫孩子，要给他自由，让他随意模仿。孩子本身没有是非观念，所以这个时期他所学的话是五花八门，无所不包。有可能是动人的诗句，当然也有可能是不雅的脏话，对这些话他们都会不加选择地去重复，而且很开心。如果听到孩子学会一句诗歌，父母大多会很高兴；但是孩子嘴里说出脏话的时候，家长就很难保持平静了，其实骂人的脏话和优美的诗歌在孩子眼里并没有区别，所以父母不必很着急，也不必强迫孩子不去说。等到孩子失去对这个词汇的新鲜感，他就自然不会再说了。

当父母发现孩子喜欢模仿别人说话的时候，可以有意识地进行一些语言训练。比如，给孩子读一些文字优美的故事，让孩子去模仿这种精确优美的语言，体验语言的魅力；也可以把孩子已经会说的话放进新的句子里，不断加长句子让孩子来重复。这样孩子就能从最初的单纯模仿慢慢过渡到使用语言来表达自己的想法。

## 教孩子用语言代替哭泣

3岁的洋洋正坐在客厅里专心致志地玩儿着一个小汽车，妈妈在厨房做饭。过了一会儿，洋洋忽然大哭起来。妈妈听见了，赶忙丢下手里的东西冲出去。她发现洋洋正在电视柜附近坐着，小手指着柜子下面，眼睛里噙满泪水。妈妈一看就明白了，是小汽车滑到了柜子下面，孩子拿不出来了。她对孩子说："洋洋告诉妈妈想要什么，说完妈妈给你拿！""汽车！"洋洋带着哭腔回答。"宝宝乖，你对妈妈说：'妈妈，我想要小汽车。'妈妈马上就拿给你。""妈妈，我想要小汽车。"洋洋听话地重复道。然后，洋洋拿到了妈妈给他的小汽车。

后来有一次，爸爸在书房看书，妈妈在卧室织毛衣，洋洋自己在客厅玩儿，忽然停电了，可是洋洋没有哭，只是一直喊："妈妈，快来！我怕……"

其实，洋洋面对黑暗的屋子，能够做到不哭，而是用语言表达自己，这跟妈妈的引导有很大关系。因为在平时的生活中，孩子已经养成了这样的思维方式，遇到事情先用语言表达自己的感受，或者用语言向父母求助。

在孩子进入语言敏感期的初期，他们还习惯用哭泣来表示自己的心中的委屈、恐惧或者某种需求。这时候父母应该读懂孩子的表达方式，并且试着让孩子用语言代替哭泣来表达自己的想法。

父母在孩子的语言敏感期要多多鼓励孩子用语言表达自己，而不是用哭泣来引起别人注意。其实在语言敏感期，孩子不仅需要学习语言，还需要养成良好的思维方式，当然这就需要父母在日常生活中注意对孩子加强引导。

在生活中我们常常见到这样的场景：

> 孩子吃饭的时候不小心被烫着了，妈妈会这样安慰孩子："这饭真不好，把宝宝烫着了。宝宝不哭，我们把它倒掉！"
>
> 孩子走路不小心被石子绊了个跟头，结果孩子还没哭，妈妈就跑上前去："宝宝不疼，都怪小石子，咱们把它踢开！"

但是以上的两种场景可能会出现同样的结果，那就是孩子放声大哭。其实这就是孩子误导了孩子的思维方式。在孩子学习语言的敏感期，他们不仅要学习一些具体的名称，更重要的是要学习一些简单的逻辑思维方式。在上面的两个例子中，父母就向孩子传达了错误的因果关系。孩子被烫或者摔倒，与饭或石子是没有关系的，这本是孩子自己不小心造成的，而且孩子也并没有把原因归结到其他事物上面，但是父母自以为是地帮助孩子开脱，说了那么多"道理"，这就让孩子顿时感觉很委屈，于是就用"哭泣"来表达内心的"委屈"。

父母一定要牢记，当孩子因为某些意外觉得自己受了委屈并用哭泣来表达的时候，一定要理智，千万不要把责任推给无辜的人或物，而是要用语言告诉孩子真正的原因，让孩子形成正确的思维模式。当孩子学会正确的思考问题时，他就不会动不动就大哭，而是会理智地用语言告诉父母自己的面临这什么样的问题，需要父母帮忙做些什么。

# 第四章　儿童情绪心理学

## 情绪：孩子心理的外在表现

### 情绪是婴儿交流的手段

雯雯生下来就是个“哭”宝宝，动不动就咧嘴哭，眼泪来得特别快。妈妈像大多数母亲一样，学会了理解孩子的哭声。可随着雯雯年龄的增长，她依然还是说话少，哭声多。听到小朋友说“我不跟你玩儿了”，她就哭；别人不小心碰到，她也哭；分蛋糕时，因没得到喜爱的奶油小花也要哭。在不断满足孩子的需求之余，妈妈会经常不耐烦地冲她喊：“整天就知道哭，哭有什么用，也不嫌丢人！”

人类的基本情绪在婴儿的生存和生长中起着十分重要的作用。情绪和语言一样，是婴儿进行人际交流的重要手段。婴儿的情绪交流是以表情的形式来传递的，情绪表达主要有面部肌肉运动模式、声调和身体姿态三种形式，婴儿用得最多的是面部肌肉运动模式，比如，喜、怒、惊、恐等都是通过面部表情来传递情绪信息，声调和身体姿态都是面部表情的辅助形式。

有人将婴儿因饥饿、痛、生气而发出的哭声录下来，放给不知情的母亲听。当这些母亲听到因痛而发出的哭声时都冲进房间去看看自己的孩子是不是发生了意外，而听到另外两种哭声时，都慢吞吞地做反应。由此可见，婴儿已能用不同的哭声传达自己的情绪。

行为主义创始人华生指出，新生儿有三种非习得性情绪：爱、怒和怕。爱——婴儿对柔和的轻拍或抚摸会产生一种广泛的松弛反应，比如展开手指和脚趾，或者发出咕咕和咯咯那样的一些声音反应；怒——如果限制婴儿的运动，就会产生身体僵直的反应，或屏息、尖叫之类的反应，有些还会出现手脚“乱砍”似的运动；怕——听到突然发出的声音会产生吃惊反应，当突然失去身体支持时就发抖、啜泣和哭号。

情绪是性格结构的重要组成部分，许多性格特征，如活泼、开朗、忧郁、粗暴等都和情绪密切相关。随着年龄增长，幼儿在一定的、不断重复的情景中，经常体验着同一种情绪状态，这种情绪逐渐稳定后，就会成为幼儿的性格特征。大约5岁以后，幼儿情绪逐渐系统化和稳定下来。如果周围成人此时经常关心、爱抚幼儿，尊重幼儿，使幼儿经常体验到安全感和信任感，有助于促进朝气蓬勃、活泼开朗等良好个性的形成。如果父母和教师经常要求幼儿帮助别人，关心生病的小朋友，要求幼儿相互谦让等，这样孩子就能逐渐形成比较稳定的同情心和关心体贴他人的情感。久而久之，这种情感也会成为幼儿个性的一部分。故事中雯雯的哭闹对妈妈来说都是因为一些微不足道的小事，但是对雯雯来说，这是她解决问题的一种途径和控制外界环境的一种手段。

情绪不仅会影响儿童的心理健康，也能影响儿童的生理健康。在儿童发展早期，如果儿童被剥夺了正常体验情绪的机会，儿童的身心健康和发展就会受到严重影响。儿童情绪被剥夺，缺乏父母的爱，会抑制脑垂体分泌激素和生长素。少数被父母拒绝或在孤儿院中长大的儿童，很可能有情绪被剥夺的经验，这样容易导致他们身体发育不良，动作和语言发展迟滞，对他人的微笑毫无反应，无从学习人际交往，变得沉默寡言、无精打采。

因此，在儿童生长发育的过程中，给予他们适当的关爱和情绪刺激是十分必要的。

**婴儿也会“察言观色”**

秋季的一天，妈妈带着9个月大的清清到楼下的花园里散步。清清看到花园里有许多小哥哥小姐姐在玩儿，十分高兴，也跟着他们“咿咿呀呀”地乐。这时，有两个淘气的小男孩趁人不注意摘了好几朵花，碰巧被邻居张大爷看见了，张大爷生气地批评了这两个孩子。没想到当清清看到张大爷生气的表情时，突然“哇”的一声哭了，妈妈哄了好半天也不管用，妈妈只好带她回家了，回到家后清清才不哭了。

婴儿除了能够表达自己的情绪以外，还能对他人的情绪进行辨别和做出反应。研究发现，儿童运用面部表情和分辨他人情绪表情的能力是逐步发展起来的。半岁之后，婴儿就能够理解成人面部表情的意义，并且可能利用情绪进行信息交流。8个月左右大的婴儿对母亲的微笑、悲伤或无表情面孔，显示出相应的欢快、微笑、呆视、犹豫或哭泣反应。1岁左右的孩子已经能够“察言观色”：别人发怒时，孩子会感到焦虑不安，并会想离开那个环境；当别人对自己的妈妈表示温情或亲密时，孩子也会表现出深情的行为或妒忌的行为。

婴儿能够区别不同情绪的最有力证据来自对面部表情的研究。科学家进行的几项研究表明，一个三天大的孩子已经可以模仿成年人做出高兴、伤心或者惊奇的表情。

在他们的研究中，新生儿被垂直地抱着，脸部与一个女模特的脸相距约 25 厘米。女模特做出以上三种表情中的一种，直到婴儿的视线移开。与此同时，观察者仔细观察婴儿并且记录婴儿的眼睛、眉毛和嘴的变化，而后猜测婴儿模仿的是何种表情。婴儿在模仿“惊奇”时张大眼睛和嘴，在模仿“高兴”时张大嘴巴，在模仿“伤心”的时候紧闭嘴唇或锁住眉毛。

尽管有一些研究者质疑这些发现，但是还是有许多研究者相信婴儿对情绪表情具备早期的敏感性，或者说，婴儿很早就能识别和模仿成人的面部表情。

在测查婴儿识别面部表情照片的能力时，研究者采用了另外一种方法，即习惯化和去习惯化。国内的研究者采用习惯化－去习惯化实验设计，测查了 42 名 8 ~ 12 个月大的婴儿对愉快、愤怒和惧怕三种表情照片的习惯化速率以及在六种表情配对顺序下的识别能力。结果发现，多数婴儿的注视高峰出现在习惯化早期，不同年龄的儿童对三种表情的习惯化速率相同，在识别过程中不存在顺序效应。

喜怒哀乐是人类天生的一种能力，但是如果宝宝从小没有足够的情绪体验，他识别和理解他人的情绪时就会反应相对迟钝。想要宝宝对情绪“明察秋毫”，那就和他一起玩儿一些提高情绪反应和辨别能力的游戏吧！

（1）找一些杂志或者图书，和宝宝一起观察书里面人物的表情，让宝宝指出难过的脸、高兴的脸或者其他表情的脸。

（2）说出指令“我高兴！”“我难过！”等，然后和宝宝一起扮演出不同情绪的表情。指令可以由爸爸妈妈发出，也可以由宝宝发出。指令可以由“高兴”“难过”入手，进而过渡到别的情绪，并逐渐扩展，让宝宝逐渐学会用表情来表达各种情绪。

上边的两个游戏适合两岁以上的宝宝，这些游戏能够宝宝理解不同的表情，学会以恰当的方式表达不同的情绪。

（3）罗列一些令妈妈自己或者宝宝高兴、难过的事情。如：“宝宝会自己滑滑梯了，我真高兴！”“抱着你我真开心……”“我的玩具不见了，我很难过。”“看到你不高兴，我也很难过……”

然后可以引导孩子罗列一些可能招致其他不同情绪的事情。比如“下雨了，不能去公园玩儿了，真让人沮丧”“小哥哥把我的玩具抢走了，我很生气”等。

这个游戏适合两岁半以上的宝宝，它能够帮助宝宝理解情绪和事件之间的关系，学会体察他人的情绪。

## 0 ~ 3 岁：难舍的情感依恋期

### 认识依恋——满足孩子爱的需求

前面我们已经提到过妈妈与孩子之间建立良好的依恋关系对于孩子的重要作用，那么妈妈要怎么做才能更好地满足孩子对爱的需求，建立起稳固的依恋关系呢？

1. 父母要保证孩子有比较固定的依恋对象

依恋关系的建立不是很快就能形成的，它需要经历一个过程，而一个或几个特定的成年人持续照顾孩子是他获得安全感的重要途径。如果父母不能亲自带孩子，或者照顾孩子的人总是在变，那么孩子是很难建立起稳定和安全的依恋关系的。如果孩子的主要照顾者突然离开，由陌生人接替，那么由于这个人不了解孩子的气质与个性，就会使孩子安全感缺失。这也是我们提倡自己的孩子自己带的原因。如果妈妈真的工作很忙，不得不随时离开，那么家里最好至少有两个人能同时担当起妈妈的角色，这样在妈妈离开的时候，孩子不会产生过大的心理落差。

2. 提供充满爱心的照顾

并不是只要孩子与妈妈在一起，就一定能建立起安全的依恋感。孩子先天的气质类型决定了他们有不同的需要，而他们对回应速度和回应方式的要求也是不一样的。这必然会给妈妈的养育带来很大的难度。所以，即使是生他养他的妈妈也要充分了解孩子身心发展的规律，与孩子充分的磨合后才能通过孩子的行为读懂孩子的想法，并且给予及时准确的回应。父母要善于识别婴儿发出的需求信号，拥抱、谈话、逗孩子笑，这样才能让孩子有真实的被爱的感受和愉快的生活经验。这种互动可以促进孩子与外界沟通互动，产生对父母的信任感，并且将这种信任感推及他人。其实在孩子的婴儿时期，如果想让他们产生安全感，就是要做到“一哭就抱”。因为，此时婴儿与父母唯一的交流手段就是哭。如果他哭时，父母置之不理，这其实是阻碍了亲子间的交流。而一哭就抱，则让孩子感到自己唯一拥有的交流工具非常有效，不知不觉中就会增加婴儿与父母的互动。而婴儿与外界互动越多，获得的回应越多，他的感情和智力也会成长得越快。父母从小鼓励孩子“发言”，他长大以后才会能够更顺畅地与别人交流。

3. 对孩子的需求延迟满足

有的父母担心事事顺着宝宝，会养成他任性的坏习惯。其实这种担心不无道理。科学的做法是，要积极回应孩子的需求但是不要立即满足。这要怎么做呢？其实很简单，当孩子产生各种需求时，父母可以先用声音和肢体动作回应，让他知道到父母听到了他的呼唤，让他学会在希望中忍耐几秒钟。这种几秒钟的忍耐和等待，不仅不会损害婴儿的健康，还会对他的心理健康、智力发育以及交往潜能产生积极的促进作用。

4. 陪伴孩子但不干预行动

孩子在两岁左右会进入一个“反抗期”，此时他们希望摆脱大人的控制，自己去探索世界。此时，父母要做的是为孩子提供安全感，但是不要过度保护。很多家长认为陪孩子游戏就是要为孩子做点什么，其实这是一个错误的认识。陪孩子游戏，重点在孩子。如果孩子需要你参加，你就要及时参与到孩子的游戏中；如果他不需要，你完全可以坐在一边做些自己的事情。其实孩子只要听到大人的声音或者知道大人在哪里，他们就会产生安全感，不会害怕。慢慢地，孩子的安全感得到发展和提高之后，他们就学会了独自玩耍。

总之，当孩子需要关爱时，如果父母能够及时给予，就好像在他的心里建起了一座安全的港湾，这会让他的心灵安定，健康成长。

## 信任关系的最佳建立期

小石头刚刚出生几个月，现在他简直就是家里的皇帝，要风得风要雨得雨。有什么事情不满意，他咧嘴一哭，爸爸妈妈马上就会在第一时间赶到，看看他出了什么状况。当爸爸妈妈帮他处理好之后，小石头就会看着爸爸妈妈，然后安静地进入梦乡。

每个父母对于孩子都是极富热情和耐心的，他们总是在孩子需要的时候第一时间出现，生怕孩子受了什么委屈；孩子虽然来到这个世界不久，但是父母对他的这种超乎寻常的热情他很快就会感受到，当然他们也会用自己的“语言”来回应父母，比如哭泣、手舞足蹈或者微笑等，这些都是他们给父母的信号。父母往往在接受信号之后满足孩子的愿望。孩子就在发出自己的信号和接收父母信号的过程中逐渐产生了最初的信任感。

孩子通过自己的需求与社会发生最初的联系，他用哭声、表情、姿态来表达自己的需求，这些需求不仅包括吃、喝、拉、撒、睡等生理方面的需求，也包括爸爸妈妈的关注和抚摸的需求。如果父母能够对孩子的需求做出敏感而准确的回应，孩子就会感到周围的人和世界都是可靠的，他们就会在父母给予自己的满足中建立安全感和信任感。

不过现实中我们常常看到父母走进这样的误区：孩子平安地来到世界之后，早已经储备了很多提高孩子智商和情商妙招的父母就迫不及待地把这些方法在自己的孩子身上进行实验。对于开发孩子的智商，很多父母已经驾轻就熟，但是在提高情商方面，父母还有很多误区。爸爸妈妈总是认为只要给孩子足够的爱就可以了，但是爸爸妈妈忽略了孩子是有自己的发展规律的。孩子在不同的年龄段所需要的爱的内容和方式也是不同的。父母只有给予孩子需要的爱，才可以养育出身心健康的孩子。

那么在孩子生命的早期，他需要的爱是什么样的呢？心理学大师艾里克森指出，孩子在 0 ~ 2 岁的时候，心理发展的最重要的任务就是建立信任感，克服对世界的怀疑感。如果宝宝能够建立很好的信任感，那么就会为他长大以后的人际交往能力打下基础。

那么父母要怎样做才能充分利用这个建立信任感的关键时期呢？

首先要培养对孩子的敏感度。敏感的爸爸妈妈很容易和孩子建立信任关系。因为他们懂得孩子的需要，也知道怎样才能让孩子开心。孩子通常是在体验父母给自己的满足后感到安全并和父母建立信任感的。与父母成功建立信任感的孩子长大后大多数会具有乐观、自信的人格特征。如果父母对孩子的需求不敏感，经常让宝宝的期望落空，那么孩子就会对周围的人和世界产生不信任和恐惧的感觉，这样长大的孩子对周围的人和世界也会很冷漠，成人后大多性格悲观、多疑。

多多触摸孩子也能让孩子感觉到父母的爱意，帮助孩子建立信任感。孩子的皮肤十分敏感，他可以通过触摸来感受父母的爱。抚摸会给孩子带来安全和愉快，还能消除他的不安情绪，放松他紧张的神经。

此外，规律的生活也会给孩子带来稳定感与安全感。如果经常变化生活环境和日常作息时间，就会使孩子感到不安。所以父母要保证孩子每天的作息时间相对固定，这样可以使孩子习惯在特定的时间做相同的事情，并且能对下一个即将发生的事件做出预期。

0 ~ 2岁不仅是建立信任关系的最佳时期，而且也是建立亲子依恋的最佳时期，所以父母一定要抓住这一时期，让孩子走好迈向社会的第一步！

## 3 ~ 6岁：关键的敏感期

### 孩子敏感期，妈妈要谨慎

早上，点点妈妈给全家人每人准备了一个水煮鸡蛋。当妈妈把鸡蛋递给点点的时候，点点没有接住，鸡蛋“啪”的一声掉到了地上。妈妈想：破了就破了吧，反正鸡蛋都是要剥了壳再吃的。于是没有多想，就把鸡蛋捡了起来再次递给点点。不料点点不干了，他大声哭着说：“鸡蛋破了！我不要吃破的鸡蛋！”妈妈没有办法，只好重新给他换了一个完整的鸡蛋，点点这才开开心心地吃了起来。

点点有一个枕头，枕头上有两只小花猫。妈妈开始的时候没有注意，觉得能枕就行，怎么摆放无所谓。但是点点不是这样想的，一定要小花猫正对着他才可以。有时候，妈妈摆放错了时候，他就会大声抗议或者自己重新摆正。只有按他的要求摆放正确，他才会安安静静地躺下睡觉。

点点到底是怎么回事呢？是他不听话专门给妈妈找麻烦吗？其实不是的。这个时候的点点是进入了“完美敏感期”。什么是“完美敏感期”呢？此时的孩子有什么表现呢？

进入完美敏感期的孩子此时对事物的关注已经不仅是对物质本身的关注，而是转移到这种物质所带来的精神上来了。这是儿童心理发展的一个重要阶段。进入完美敏感期的孩子非常在意周围的事物是不是符合自己的审美要求，是不是完整没有缺陷的。如果此时的他们喜欢上一个东西，那么他们就会连它的形状一起保护起来。比如一个孩子喜欢上一个布娃娃，如果妈妈给这个布娃娃换一件衣服都是孩子不允许的。当他们发现自己喜欢的东西形状完整的时候，他们就会感到欣喜；一旦这个物品的形状受到了破坏，他们就会发脾气，或者是尽自己最大的努力去还原这个事物的形状，此时的他们完全不理会家人的劝说。也正是因为这种种表现，使孩子的行为受到大人的误解，认为他们无理取闹，不懂事。

其实，如果父母了解完美敏感期的话，就不会去破坏孩子心中建立起来的美好形象。只有父母有意或者无意地破坏了孩子心中的完美形象，他们才会发脾气，所以父母不要总是一看见孩子哭闹就指责孩子的任性，其实很多时候很有可能是父母的错误在先才引起了孩子的反抗。

所以，当父母发现孩子开始对事物的要求变得十分苛刻，就要想到孩子可能是进入了完美敏感期，这时候的父母要尽量满足孩子对完美的要求，因为这是孩子审美的开始。保护了孩子对于完美的要求，也就保护了孩子进一步提升自己情感世界的需求。在这个阶段，父母不要破坏孩子的完美需求，如果做错了事情，要尽量去弥补。

当然，孩子的成长过程不仅有完美敏感期，还有许多其他的敏感期，比如对细小事物的敏感期、自我意识的敏感期、秩序敏感期等。在这些敏感期内，孩子就会专门吸收环境中某一种事物的特质，无视环境中的其他因素的，并且不断重复这种实践活动，直到内心得到满足或者对这种事物特质的敏锐直觉减弱。而此时，孩子的某一时期特有的敏感期也就随之过去了，以后不会再出现，错过了这一时期也很难再重新培养起孩子对这种事物特质的关注。所以，儿童心理学家也把孩子的敏感期成为“学习关键期”或者“教育关键期”。

孩子每通过一个敏感期，他的智力和心理水平的发展都会提升到一个更高的层次。所以，父母要关注孩子在每个敏感期的表现，在这些敏感时期，每个妈妈都要谨慎地保护孩子的探索欲望，帮助他们更深入地了解事物本质，抓住机会帮助孩子充分发展各种能力，千万不要因为自己的误会伤害孩子。

## 6 ~ 12 岁：迷茫的儿童期

### 孩子迷茫，你知道吗?

在孩子 6 ~ 12 岁的时候，会面对他们人生中的两件大事：一件是离开幼儿园，进入小学开始系统的学习文化知识；另一件就是小学升入初中，面临第一次比较大的同龄人之间的竞争。在这两个时期年龄，孩子都是刚入学或者是即将进入一个新的学习阶段，压力会突然增加。而在压力增大的同时，心理就会出现变化，孩子对未来的生活充满了迷茫和恐惧，这种迷茫和恐惧往往会通过一些异常的行为表现出来，比如不想上学，沉迷网络等。

下面我们来分别看一下这两个阶段孩子的心理压力都来自哪些地方。

6岁是孩子进入小学的年龄，孩子们将要开始面对一个全新的环境，他们不知道这个环境会给自己带来什么，而自己又能对这个环境产生什么样的影响，所以会产生害怕和迷茫的感觉。

从幼儿园踏进小学的校门，对孩子和家庭来说都是一件大事。很多家长会在孩子入学那一天准备一桌好吃的来庆祝孩子的成长。但是从孩子的角度来说，他们的生活发生了翻天覆地的变化，每天除了有上学的兴奋，还会逐渐感受到学习和其他同学带来的压力，生活一下子变得紧张起来。如果你去问年幼的孩子上学有什么感受，他们的反应大多数是“累”。

如果上小学前孩子没有做好心理准备以及生活习惯上的准备，那么他们很难一下子爱上校园生活。对这个年龄的孩子来讲，他们表现自己压力的方式可能是“逃学”。他们上学之前会大声哭闹，不愿离开父母；或者是突然“生病”，很多家长可能会以为是孩子装病，但是除了装病之外，孩子的确可能会因为心理上的压力产生身体不适。所以当父母发现孩子上学之后变得体弱多病或者情绪低落，就要及时与孩子沟通，多谈谈学校中发生的事情，引导孩子把对学校的看法说出来，同时父母还要多多向孩子传递学校的正面信息，比如和蔼的老师、可爱的同学以及优美的校园环境等。

对于12岁的孩子来说，他们最大的压力来自“小升初”的考试，同时这时候的孩子大多已经进入了青春期，心理压力和生理上的变化都会让他们感到困惑和忧虑，这时候的孩子所承受的压力更是显著。又因为此时孩子的行为能力和思维能力得到了进一步的提高，所以他们逐渐有了自己的思想，会产生一种想要脱离父母的心理状态；而对于父母来说，此时孩子能够自己照顾自己的生活，所以对孩子的关心程度很明显不如幼儿时期。这两方面原因叠加，最终造成的结果是亲子沟通的时间越来越少。甚至有时候孩子鼓足勇气向父母求助，却被父母批评为撒谎、懒惰、没有上进心，这就会使孩子更加迷茫，同时心里更觉得压抑。

现实中很多这个时期的孩子迷恋网吧、不喜欢回家，这种行为实际上是孩子牺牲了自己的成长来向父母抗议，同时也是一种很强烈的求救信号。不过当孩子使用这种信号来求救的时候，父母再开始重视孩子的心理，就有些晚了。

其实只要父母在平时多多关注一下孩子的行为，就很容易发现孩子的“求救信号”，然后要寻找合适的机会和孩子交流，对症下药，帮助孩子减压。另外家长还要委婉地为孩子指引今后要走的方向，不要总是指责或是训斥，而是要不断鼓励孩子，支持孩子。

### 做孩子的灯塔

安安今年6岁了，在幼儿园的时候是个活跃分子，每天都有说有笑，蹦蹦跳跳的。妈妈原本以为这样的孩子进入小学一定会很快适应环境，但是没想到只上了两个星期小学，安安就像变了一个人一样，每天安安静静地不再说话，父母跟她说话的时候她也是心不在焉的。妈妈以为孩子在学校出了什么问题，就给班主任打了个电话，班主任说：“没发现什么异常，安安是个很文静的女孩子。”放下电话，妈妈觉得很奇怪，难道上学能够改变人的性格吗？后来经过仔细询问，妈妈才知道原来安安觉得周围的同学很陌生，不喜欢和他们说话。妈妈这才知道原来孩子有这么大的心理压力。

一个人在特定的环境中生活时间长了，这个环境就会成为他的一部分，每件物品也不再是单纯的物，他的情感也渗透其中。环境中物品的组合方式、自己与周围人之间的关系都成为生活的一部分，这种情况就是我们常说的“同化”。而孩子离开幼儿园来到小学不仅在环境上有很大的改变，而且小学对孩子的培养重点和要求也会产生很大的改变，这是一个较大的跨度，适应起来比较困难。为了避免孩子在这个阶段产生迷茫，家长应该做孩子生活和学习中的灯塔，把他引导到正确的航向上来。

其实对于孩子如何适应小学的问题，最好是提前引导孩子适应小学生活，让孩子在入学之前就对校园生活有个初步的认识。

1. 逐步改变孩子的作息时间

学校有自己的制度和计划安排，所以要求孩子不能迟到。在这种情况下，孩子通常需要早上 7 点之前就起床，因此为了保证孩子充足的睡眠，父母要让孩子提前上床睡觉，而不是像上幼儿园的时候一样能让孩子比较灵活地安排时间。

2. 提前带孩子到学校参观、熟悉环境

开学前，父母可以带孩子到学校参观，让孩子认识上学的路线，然后告诉他学校的一些设施和活动场所，并且给他描述在教室上课的情况与课外活动的种种乐趣，逐步培养孩子对学校产生好感，熟悉环境。

3. 利用孩子提出的问题让他对学校产生向往

孩子总是喜欢提出各种各样的问题，家长在给孩子解答的时候可以说："你问的问题越来越有深度了，妈妈也不完全懂，等你上学了，老师会告诉你的。""到学校上学，你会学到很多知识。"这样孩子就会对上学产生兴趣，并且在脑海中形成一个初步的概念。

4. 培养学习兴趣

爱玩儿是孩子的天性，贪玩儿并不奇怪，所以父母不要惊慌，而是要开动脑筋把玩儿和学习联系起来。学习形式多种多样，当孩子不肯读书时，可以找几个小朋友到家里和孩子一起读。出去玩儿的时候，也可以引导孩子对一朵鲜花，或者一件事情进行描述，这样既能让孩子玩儿得开心，也可以让孩子学得轻松。

5. 鼓励孩子参加集体活动

到了学校，集体生活会逐渐占据孩子的大部分时间。刚进入小学的孩子与同学相处的时候可能会不习惯，也会因此对学校生活产生恐惧感。这时候，父母要多多鼓励孩子参加集体活动，如运动会、游戏等，也要放手让孩子去同学家玩，或者邀请同学到自己家。让孩子在活动中学会与人交往，逐渐适应小学生活。

## 顽固的"水泥期"

### 人生中的两大"水泥期"

燕燕原本是个活泼可爱的小姑娘，可是今年妈妈忽然发现了一个奇怪的事情，刚满5岁的燕燕变得不爱说话了。以前燕燕在楼下见到邻居家的叔叔阿姨爷爷奶奶总会甜甜地打声招呼，但是最近她遇到这些邻居的时候，总是先偷偷地瞄上几眼，然后羞涩地垂下眼帘，最后躲在妈妈身后拉着妈妈的衣角不敢出来。妈妈问她为什么不跟别人打招呼，她自己也说不出来，就是觉得“不好意思”。而和小朋友在一起玩儿的时候，她也不像以前那样喜欢和其他人围在一起叽叽喳喳，反而更喜欢自己一个人默默地在一旁玩耍。

刚刚今年12岁，是个让妈妈很伤脑筋的孩子。刚刚现在是小学六年级，正面临着小学升初中的考试。可是不知道为什么，原本爱学习的他在面临这么重大的考试的时候开始贪玩儿，每天都和同学们玩儿够了才回家。妈妈为此批评了他好几次，他不仅不听，还大发雷霆，冲进房间后，“砰”的一声把门摔上，饭也不肯出来吃。

妈妈总是很奇怪地发现自己的孩子不知道从什么时候起变得害羞、内向、不善于与别人交往，也不知道孩子是从什么时候开始了发脾气和耍小性子，甚至变得自私和喜欢用暴力解决问题。这些问题通常会一下子出现在妈妈面前，让妈妈措手不及，不知如何应对。其实，孩子的情绪不是一天两天之内忽然形成的，孩子的性格也有一个累积的过程。

当孩子第一次说出“不”的时候，那就是孩子的自我意识萌芽的时候，从那之后，孩子就开始了性格塑造的过程，他们开始试着用自己的方式表达喜爱和讨厌，随着时间的流逝，孩子的性格和情商会逐渐定型，成为孩子特有的标志。

不过，孩子不可能一生都处在心理的形成阶段，在孩子的性格形成过程中，有两个时期是非常重要的，在这两个时期，孩子会迅速完成心理的发育。这两个时期又被称为“水泥期”，水泥期是孩子情商和性格形成和发展的关键时期，通常出现孩子 3 ~ 12 岁之间。它通常又被划分为两个时期：一个被称为“潮湿的水泥期”，这是 3 ~ 6 岁的孩子形成自己性格的关键时期，这是孩子性格塑造最关键的时期，在这一时期，孩子 80% ~ 90% 的性格、理想和生活方式都在逐渐形成。比如孩子的自我欣赏与接纳，同理心以及表达自己的勇气等都是在这一时期形成的；另一个时期被称为“正在凝固的水泥期”，此时孩子大多在 7 ~ 12 岁。这时候，孩子 85% ~ 90% 的性格都已经形成，而且这时候孩子的学业压力日益增加，各种学习和生活习惯也正在形成，此时需要重点培养的是孩子的决策能力以及压力处理和解决冲突的能力。此时家长还会发现孩子产生了更强的独立愿望，不仅在行为上想要挣脱父母的管束，而且在思想上也开始对父母产生了怀疑，不再把父母的话当作生活中唯一的标准。

把这两个时期称为“水泥期”，是因为孩子的性格此时并没有固定，如果爸爸妈妈能够很好地接受孩子发出的“心理信号”，引导孩子形成健康的心理，那么孩子就会养成好性格、高情商，而这一切会让孩子一生受益无穷；如果父母没有抓住孩子的“心理信号”，在孩子出现行为偏差的时候没有及时阻止，对孩子的性格发展听之任之，那么孩子就会形成不受社会欢迎的性格，甚至可能会形成对社会稳定存在威胁的性格特征。

## 利用"水泥期"塑造好性格

孩子 3 ~ 6 岁的阶段被称为"潮湿的水泥期"，这个时期是孩子性格塑造最重要的阶段。所谓："3 岁看大，7 岁看老。"人的很多性情在很小时候，就初见端倪了。对于处于"潮湿的水泥期"的孩子，家长和外界的环境对他的影响十分重要，此时对孩子进行方向性的指导帮助是必需的。不要以为孩子好的心理特征会自己形成，如果没有家长的关注和培养，孩子很有可能在某点或者某些方面上产生欠缺。所以在这个时期爸爸妈妈想把孩子打造成什么样子，孩子就会变成什么样子。3 岁以后孩子的性格言行预示着他们成年后的个性。所以，父母如果希望自己的孩子成为一个快乐、自信、受欢迎的人，那么身上担负的引导责任是很重大的。

具体来说，父母在这个时期首先要学会平静看待孩子的怪脾气。因为如果家长对孩子的脾气产生过激的反应，则会让孩子的这种情绪爆发得更加频繁。所以，父母首先要让自己有一个平静的心态，了解孩子有这样的情绪是正常的情况，在这种了解的基础上再去平静地处理孩子遇到的问题。父母还要教会孩子如何控制自己的坏脾气以及如何发泄负面的情绪。虽然人人都会生气、伤心、沮丧和失望，但是，情绪管理能力强的人，会用健康的方式表达出情绪。父母要向孩子灌输这样的观念，在地上打滚、摔东西、踢打都是坏情绪的表达方式，是不健康的。那么孩子要怎样发泄自己的坏情绪呢？父母可以给孩子设置一个"安全发泄岛"或者"情绪垃圾箱"，让孩子在这里用健康的方式把坏情绪发泄出来，比如运动以及把不开心的事情画下来或者写下来投入"情绪垃圾箱"。总之，父母要在这一时期教会孩子用健康的方式表达自己的想法。

很多孩子在水泥期都会出现变得害羞的情况，他们在家的时候手舞足蹈、能唱能跳，可是一旦出了门或者家里来了其他的客人，孩子就马上像变了个人一样，立刻安安静静地不肯说话。大多数家长可能都遇到过这样的尴尬情况，无论父母怎样苦口婆心，孩子就是不肯跟长辈打招呼；如果有些叔叔阿姨想要逗一下，孩子更是立刻把身上的刺都竖起来时刻防备着。

在这个时期，父母的一项重要人物就是要教会孩子如何接触陌生人。害羞的孩子并不是时时刻刻都害羞，他们的害羞大都只表现在陌生环境中或陌生人面前。虽然任何气质的孩子都可以成才，但是过于害羞对于孩子并不是一件好事，他们很容易对陌生环境和事物感到紧张和恐惧，适应环境变化的能力很弱，而且由于他们不喜欢在公众面前说话，所以在幼儿园也很少得到其他同学的关注。在这样一个快速竞争的年代，害羞的孩子可能会产生自卑心理，对自我形象产生严重怀疑。在这时候，父母首先要帮助他正确地认识自我，告诉孩子他并不是那么“与众不同”，而只是自己适应环境的能力稍微弱一些。另外还要教给孩子一些在公众表现的具体方法和技巧，但是这些方法不能泛泛而谈，而是要具体到解决每一个困境的方式。

孩子在这一时期并不懂得什么是真正的友谊，“好朋友”也仅仅是建立在玩具、零食等物品上的，但是我们不可否认的是，有些孩子似乎天生是个交朋友的能手，无论和谁在一起玩儿都很融洽。而在这样的孩子身上，有这样一些共同的特质：喜欢分享、有爱心、乐于助人、遵守规则。还有一些孩子不管在哪里都是“另类人物”，他们总是激怒别而孩子，破坏别人的游戏。如果你在自己孩子身上发现了这样的问题，那么就要对孩子进行教育了。

要逐渐引导他们摆脱以自我为中心的心态，遵守游戏规则。有些害羞的孩子也存在不合群的问题，对这样的孩子父母要多多鼓励他们参加集体活动。

专家们提醒父母，3～6岁时培养孩子如何接触陌生人、控制情绪以及怎样结交新朋友的关键时期。控制情绪的能力、良好的人际关系、社会交往技巧都是可以通过训练形成的，父母一定要抓住塑造孩子性格最好的时期进行情商培养，等到孩子的性格定型之后再想改变就非常困难了。

## 反叛的抗逆期

### 自我意识觉醒的“第一抗逆期”

许多年轻的父母都有这种体会：孩子到了两三岁就开始不听话，经常和父母顶嘴，事事都喜欢与家长对着干。当发现孩子出现了这样的问题的时候，父母首先不要生气，而是要思考一下孩子是不是进入了抗逆期。在3岁左右，几乎所有的孩子都会出现持续半年至一年的“抗逆期”，这个阶段是儿童心理发展的一个必经阶段，心理学上称为“第一抗逆期”。这一时期孩子最突出的表现是：心理发展出现独立的萌芽，自我意识开始发展，好奇心强，有了自主的愿望，喜欢自己的事情自己做，不希望别人来干涉自己的行动，一旦遭到父母的反对和制止，就容易产生说反话、顶嘴的现象。

当孩子甩开你的手说“不要妈妈，我自己来”的时候，这就表示孩子已经开始拥有了自己的意识，他知道自己具有影响周围的人和环境的力量。孩子这种意识的萌发是孩子心理发展的一次飞跃。而父母产生孩子变得不听话的心理感受是因为习惯了孩子事事都听自己摆布，一旦孩子开始说“不要”“我要自己来”的时候，父母就觉得产生了心理落差，有些失落，所以会觉得孩子变得不乖了，但这是孩子心理迅速成长的表现，也是他独立性和自信心发展的大好时机。

此时，两三岁儿童在动作能力方面已经有了较大的发展。他们身体活动能力已经较强，日常生活中的很多事情都可以自己做。因此他们就渴望扩大独立活动范围，不断尝试去独立完成新的事情。他的“不”宣告了他要开始用自己的行为探索世界，并且希望爸爸妈妈能够认同自己的这种想法并对孩子的探索行为表示支持而不是限制或者干涉。如果父母进行干涉，一定会引起孩子强烈的反抗。

另外，此时孩子的自我意识也得到了发展。原本孩子还不能区分自己的意愿和别人的意愿。现在，他们已经能够清楚地知道哪些事情是让“我”做的，哪些事情是“我”想做的。因此，他们就想顽强地表现自己的意志。但是这种表现往往与成人的规范相抵触，于是孩子就会产生挫折感，从而导致反抗行为。

当然，此时的孩子因为年龄还小，所以他们无法正确地区别是否安全，而父母在看到他们从事不安全行为的时候，一定会阻止。为了让自己的探索行为顺利进行，孩子就会用哭闹、撒娇来表示自己的不满并且请求父母让自己继续进行下去。

很多家长都非常讨厌孩子这种“蛮不讲理”的行为，认为自己一片好心不想让他遇到危险，结果却引起了孩子与自己激烈作对的无理行为。其实这时候父母不要急着去谴责孩子的无理，而是应该站在孩子的角度想一想。孩子年纪很小，当然没有很强的情绪控制能力，而此时他们的心智也没有发育成熟，所以他们一旦有不满，就直截了当地表现出来。所以大人不要以为这是孩子故意在和自己作对。

其实，反抗并不总是一件坏事。

曾经有专家做过这样的研究：将 2 ~ 5 岁的孩子分成两组，一组反抗性较强，一组反抗性较弱。研究结果发现，反抗性较强的孩子中，80% 长大以后独立判断能力较强；反抗性较弱的幼儿中，只有 24% 长大以后能够自我行事，但是独立判断事情的能力仍比较弱，常常依赖他人。

所以，反抗行为有时候是孩子有独立自主的想法的代表，这是孩子发展判断力的大好时机，值得父母重视。知道了这一点，父母完全可以试着冲破传统观念的束缚，尝试着去鼓励孩子的想法，你要想到孩子的反抗只是他表达自己的方式，如果孩子的要求合情合理，父母完全应该去满足孩子的要求。

### 心理烦恼的“第二抗逆期”

皓皓在家里一直是个非常听话的好孩子，爸爸妈妈让他做什么，他就去做什么，从来不会惹爸爸妈妈生气。可是自从皓皓上了中学之后，情况就发生了改变。有一天皓皓放学回到家里，看到妈妈已经把饭都做好了，正在等他回来吃饭。看见皓皓回来，妈妈就说：“皓皓，你去把爷爷奶奶叫来，该吃饭了。”可是皓皓说了句：“不，我不去。”妈妈听了这话就说了他几句，可他竟然跟妈妈吵了起来，还顶嘴。妈妈不禁想：皓皓一直是个好孩子呀，怎么上了初中就变坏了呢？

心理学研究发现，孩子 3 ~ 6 岁和 7 ~ 12 岁期间会有两次特殊的心理发育时期，这两个时期他们都表现出叛逆的特点。如果你的孩子在这两个时期没有表现出特别叛逆的现象，妈妈反而要思考孩子的成长中是不是出现了什么问题。而孩子 7 ~ 12 岁这一年龄段正处于“第二抗逆期”。由于孩子之间的发展不平衡，所以这个抗逆期可能出现在小学高年级，也可能延迟到高中初期。这段时期的孩子处于生理和心理发展急剧变化的时期，他们对父母的管教深为反感，甚至会在行为上发生反抗。有的学者也把这段时期称为“心理断乳期”，国外有的心理学家则把它称作“为从父母的束缚中解放出来而战斗的”的时期，或叫“心理烦恼期”。可见，孩子在这一时期的心理问题比较多，比较复杂。

第二抗逆期产生的主要原因是孩子对自己的发展认识超前，而父母对他们发展的认识滞后。简而言之就是孩子认为自己已经长大了，而父母认为孩子还小。所以这个时期的孩子会觉得父母们非常不理解自己，认为父母很主观，很自以为是，根本不关注他们的感受。这一时期他们的交往也逐渐地从与成人的纵向交往转向横向的同龄人交往。

那么孩子为什么会产生自我认识超前的现象呢？首先是孩子的身体在这一时间段加速成熟，使他们产生了“成人感”——自以为已经成熟。事实是，虽然他们的身体日益接近成人，但是他们在知识、经验、能力方面并没有成熟。这就造成了成人感与半成人现状之间的矛盾，这种矛盾是造成抗逆期的主要原因。

在心理方面他们的自我意识飞速发展，因此他们要求在精神生活要摆脱成人，以独立人格出现。

他们所处的社会环境也会对他们的思维意识产生影响。进入中学以后，学校环境和教与学的要求都发生很大的变化，这种更高的要求，就势必激励他们产生“长大成人”的责任感。而且，他们在这时候非常在意自己在同龄人中的地位，希望得到别人的尊重和接纳，他们为此要争取独立自主的人格。当自主性被忽视或受到阻碍，人格伸展受阻时，就会引起反抗。

面对孩子的种种反抗行为，父母要做的是学会勇敢放手。因为这个时期的孩子喜欢反抗父母，有的时候甚至会为毫无道理的事情为难父母。这时候父母要学会从束缚中解放孩子，让他们为自己的反抗负责任。比如有时候孩子可能会非常生气地冲你大吼，说:“你为什么总是要叫我起床，我都这么大了，起床的事情不用你管！”这时候妈妈要做的不是冲着孩子大吼大叫，或者泪水涟涟地控诉孩子不知好歹，而是安静地走开，第二天不要叫他起床。经过迟到的教训之后，他自然会对自己负责。其实这是一个让孩子成长的大好机会。

虽然孩子有了独立的意识，但是因为孩子的经验不足，所以很多事情还是需要父母从旁保驾护航的。但是父母不要生硬地提出自己的观点，而是要用旁敲侧击的方式去引导孩子，否则只会引起孩子更严重的反抗。

其实，如果父母处理得当，随着孩子的逐渐成长和理解能力的逐渐增强，他们的反抗心理会逐渐消失。

# 第五章　满足孩子的心理需求

## 满足孩子家的归属感

### 归属感是孩子最早的安全感

建筑师要想修建一所结实的房屋，需要有又稳又深的地基。人的生命要想健康长久地成长，也需要有稳固的地基。小孩出生后，地基便开始“建筑”，在这里，生命的地基便是人的“安全感”。

安全感是一种人在社会生活中感到安心不害怕的感觉，当环境中可能出现对身体或者心理有危险甚至潜在危险的情况时，安全感能够使人预感到出现的环境变动，人在其中主要表现为确定感和可控感。

安全感是生命的地基，即心理健康的基础，孩子在满足了安全感的基础上才能带着稳定的心理去探索未知的广阔世界，追求更高一层的需要，带着自信心去和小伙伴打交道，融入学校生活里，在小伙伴和学校里体会到自己的价值。相反，如果孩子有过度的不安全感，将会引发孩子的心理问题和疾病，导致精神障碍，甚至神经症。

当孩子从妈妈身体中分离出的那一刻起，脱离了妈妈身体的庇佑，孩子面对陌生的环境十分恐惧和不安。为了减少恐惧，孩子会在妈妈那寻找心理上的安全感和归属感。而这安全感和归属感会成为影响孩子身心健康的基础。变动可以引起孩子极大的无归属感和无安全感。

> 2009 年，深圳市妇儿工委办联合市妇儿心理咨询中心对全市 1500 个 8 ～ 17 岁的流动儿童心理情况进行了抽样调查。调查结果显示，深圳市近六成流动儿童感到自卑、敏感、情绪不稳定，他们与人交往合作能力较差。其中，自卑是这些流动儿童心理问题的集中表现，近 30% 的流动儿童感受压抑、被歧视，认为城里人看不起他们。这些孩子大多性格内向，行为拘谨，自卑心理较重，自我保护、封闭意识过强，存在相对孤僻性，以至于不敢与人交往，不愿与人交往。占一半以上的流动儿童通常是与自己的老乡一起玩耍，因为熟悉而且有伙伴，这些小孩更喜欢老家，而不是现在生活的地方。

流动儿童是伴随我国经济的快速发展，越来越多的农村剩余劳动力流入城市里出现的现象。这些孩子出现的自卑、敏感、情绪不稳定等各种心理问题，都是由于流动问题导致他们没有家的归属感。孩子在幼年时期缺乏家的归属感在流动儿童中最为典型。我们可以从这些流动儿童中看到归属感对小孩的人格发展的影响是多么重要。

所谓归属感，是指孩子觉得自己属于爸爸妈妈组建的家庭中的一员，属于学校班集体里的一员，属于伙伴们中的一员。在这一个个集体中，自己被集体中的其他成员接受、认可，在集体中是有价值的，必须存在的，不是可有可无的，能和集体有共同的感受。当孩子觉得自己被加入的群体接受时，会感到一种安全感和踏实感。

据有关研究发现，归属和爱的满足与生活满意度有很高的相关度。流动儿童因为生活的颠沛流离，有先天的生活条件不足的缺陷而得不到归属和爱的满足。美国著名心理学家马斯洛在1943年提出“需要层次理论”。他认为，“归属和爱的需要”是人的重要心理需要，只有满足了这一需要，人们才有可能“自我实现”。

研究人员给31名严重抑郁症患者和379个社区学院的学生寄出问卷，问卷内容主要集中在心理上的归属感、个人的社会关系网和社会活动范围、冲突感、寂寞感等问题上。调查发现，归属感是一个人可能经历抑郁症的最好预测剂。归属感低是一个人陷入抑郁的重要指标。

早在1998年夏天，美国心理学专家就断言：随着中国商业化进程的不断推进，心理疾病对自身生存和健康的威胁，将远远大于一直困扰中国人的生理疾病。上述表现概括起来就是思想上无所寄托，生活上丧失信心，对亲友无牵挂感。说到底就是归属感不强。

在孩子的安全感形成过程中，归属感是孩子最早的安全感。归属感和安全感从来都是相伴左右，有着密切的关系的。妈妈们在孩子小的时候，给了孩子充足的归属感，孩子能够体会到父母的爱和家的温暖。孩子会对世界感觉到安全，认为这个世界是安全的、可靠的、善良的，并在此过程中建立对世界和对自己的基本信任。因此，妈妈要给予孩子充分的归属感，让孩子感受到安全，并在安全的环境下健康成长起来。

**让孩子顺利找到归属感**

每个人都有觉得自己强烈归属于某个地方、某个群体的需求，孩子也不例外。也许孩子会对自己的这一潜在需求不自知，不会向家长表达自己的需求，但是妈妈们作为一个成人可以用自己的切身感受来设身处地地为孩子设想他的需求。而往往这些需求正是家长们易忽略的地方。有一位苦恼的家长曾经向儿童心理学教育工作者写过这样一封信诉说自己在教育孩子时遇到的困难：

老师，你好！

我的孩子今年9岁，即将就读小学四年级。但是孩子很贪玩儿，一点都不爱学习，回到家就打开电视看动画片，不写作业。现在放暑假了，孩子成天都不着家，在外面和伙伴们四处玩耍，一整天都见不着人影儿。老师布置的暑假作业基本没怎么写。孩子不写作业，不听话，爱撒谎，还跟大人顶嘴不认错！有时候孩子实在调皮得让人生气，我就动手打他了，没想到孩子不仅不怕，还骂人，甚至还手。我实在管教不了这孩子，总觉得这么下去天不怕地不怕，哪天就惹个什么事儿出来，孩子对世界没有敬畏，指不定某天做出什么无法弥补的错事，现在越想越觉得害怕！现在我们都不打他了，只有实在太生气才打他。也许是以前打孩子打得太厉害了，孩子才出现这么过激的行为吧？您说孩子这样应该怎么办啊？该怎么管教这孩子呢？谢谢了！

## 一位苦恼的家长

中国有句古话是"黄金棍下出人才"，多少年来这句话一直作为父母教育孩子的传统育人法宝。然而父母要做到的是用心去了解孩子的心理，打孩子可能出现的最大弊端便是孩子归属感的缺失或转移。妈妈对孩子打骂的次数太频繁，打骂的程度太严重，孩子会渐渐排斥妈妈，心不再和妈妈贴在一起，认为自己的归属感不在妈妈这里，从而把归属感转移到其他地方去。成人的心理核心是安全感，而孩子的心理核心是归属感，孩子所必需的吃饭穿衣他自己解决不了，所以他必须有归属，孩子的归属感在谁那儿，他就愿意听谁的话。孩子不听话，正是归属感缺失的迹象。

孩子出生后最初的需求只限于父母带给他的爱，然而孩子一天天长大，开始接触到除父母以外的朋友、群体和机构，开始有自我意识。这时候，孩子通过归属于某个群体，学会与他人和睦相处，在群体活动和他人的交往中形成对自我的认识。孩子一旦归属于某个群体，便意味着这个群体也需要他，接受他，这会为孩子判断自己是一个什么样的人以及该如何行动提供指引。如果男孩子在长大成人的过程中，觉得自己既不归属于家庭，也不归属于学校，觉得自己被人嫌弃（比如因为遭到他人不留情面的批评），他就可能到别的什么地方寻求接纳并获得归属感。为了让孩子顺利找到归属感，家长们得采取一些施爱小技巧。

培养孩子的归属感，首先要培养他对自己家庭的认同感。第一，家长要试着寻找机会多跟孩子交流，主动分享孩子感兴趣的事情，让孩子对家长产生认同心理。你会发现，在某个瞬间，孩子突然对你敞开心扉。其次，偶尔给孩子讲讲自己家族的故事，让孩子了解自己与家长的渊源，让孩子对自己的家庭产生兴趣。

凡是举行家族活动时，尽可能让孩子参加，不要因为孩子小不懂事，给大人添乱，就放弃了让孩子融入到家庭里来的宝贵机会。

其次，学校是孩子成长的重要场所，培养孩子对学校的认同感十分必要。第一，家长可以多支持孩子参加学校组织的一些社团大型活动，例如义卖会、音乐会等，让孩子在学校中找到归属感。其次，平时多留意孩子的言行，当发现孩子有太多的独处时间时，建议孩子加入一些社交俱乐部，或者某个兴趣团体，避免孩子出现“孤独”的征兆。再次，老师对学生要做到尊重，让每个孩子都觉得自己是班里平等的一员，每个孩子都有机会参与，受到大家的重视。

最后，孩子最终要走向社会，培养孩子亲社会的态度显得十分重要。父母应帮助孩子弄清时尚和服装何以会成为人们归属感的标志，给孩子以经济上的帮助，让他“融入其中”，并不是一直打压孩子的跟风的追求，因为这恰好是孩子寻求归属感的表现。

## 小孩子也需要被尊重

### 许下的诺言要实现

父母对小孩子许下的诺言是否应该认真遵守呢？很多时候，父母都以为小孩子年龄小，不懂事，对小孩子许下的诺言不重视，无论是否兑现都不在意。但是在小孩的眼里，正是这些不在意的许诺变得极为重要。

浙江的小毛今年以优异的成绩考上了初中，全家人都非常开心。但是开心之外，全家人都陷入了一种尴尬而又尖锐的境地中。

原来，小毛的父母为了让小毛能够全力以赴准备考试，在考试中表现出色，曾经信誓旦旦地许下诺言，只要小毛能在考试中考取前五名，就带他去海南旅游一趟。这个许诺对于从来没有出过远门、没坐过飞机的小毛来说无疑是巨大的诱惑。为了能去海南，小毛非常努力地复习，考试也超常发挥了。成绩下来后，小毛取得了区第一名的好成绩。全家人还为此举办了庆功宴，但是对带小毛去海南的事支支吾吾，岔开话题，仿佛对曾经许下过诺言一事忘得一干二净。小毛因此十分生气。

小毛认为既然父母没空陪自己去，当初就不应该许诺。小毛父母也有自己的说法，他们认为当初许诺只是想以此刺激小毛努力学习，并没有当真，以为孩子考好了一高兴就把这事给忘了，谁知道小毛把这事记得这么牢。"现在孩子每天吵着要去海南，我们也烦恼。"小毛父母说道。

小毛和父母之间引起误会发生矛盾，正是因为小毛父母没有尊重小毛，履行承诺。

在现实生活当中，很多父母也都有失信于孩子的行为。他们往往向孩子许下这样那样的承诺，但很少有兑现的时候。久而久之，孩子对父母的做法习以为常。而且，当父母不能依照承诺履行诺言时，孩子就会对父母的口是心非感到生气，且不再相信父母的话。累积的怨气不但会严重影响亲子间的和谐关系，也会降低孩子对父母的信任度。家长对孩子的影响深远而关键。

父母失信于孩子，害处是相当大的。有的时候，孩子并不能真正了解事情的原委，所以会认为父母说话不算数，从而不再信任父母。以后父母再要求孩子什么，答应孩子什么，在孩子心中都会打折扣，使得父母与孩子的交流、沟通出现障碍。而且，家长会失去自己在孩子心目中的威信。

如果父母常把对孩子的承诺不当回事，会让孩子觉得一个人可以说话不负责任，答应的事也可以不办，这可能会让孩子变得不遵守诺言、不承担责任，或是总以猜忌、多疑、不信任的态度对待其他人。这对孩子的社会交往、人格魅力的形成都是很不利的，会对孩子的一生造成影响。

再有，父母越是用所谓的“权威”强迫孩子就范，孩子就越是怀疑或不相信父母，从而与父母之间出现矛盾、隔阂，影响亲子的感情交流和相互信赖，甚至出现逆反——父母越是让孩子往东，孩子越是要故意往西，使很多原本不该出现的问题尖锐化。

相互履行承诺不仅是与孩子交流的一种合理形式，也是培养孩子健康人格的一种教育手段。当孩子认识到自己答应了的事情就必须做到时，便有了责任感，从而督促他们学会履行责任，养成良好的道德习惯。一诺千金不仅是简单地兑现某个诺言，更重要的是可以培养孩子遵守诺言的意识，这是一个非常重要的品质，甚至可以说是无价之宝。

### 别跟“别人家孩子”比

中国社会科学院的研究结果显示，中国人九大生活动力中，对子女的发展期望排名第一。

以前的时候，信息闭塞，那些别人家孩子也仅限于邻居或者父母同事的孩子，但是现在有了网络，信息几乎可以一瞬间传遍全球，肯定会有很多妈妈指着那些世界各地优秀人才的“传奇故事”，苦口婆心地教育自己的孩子。每天面对着这些“完美”的同龄人，怪不得孩子们会感慨自己是个“只会吃喝拉撒”的笨蛋呢。

“望子成龙，望女成凤”是中国父母们的普遍心理。为了激励自己的孩子，“别人家孩子”几乎成为父母挂在嘴边的口头禅，可他们并不知道“别人家孩子”正在深深地伤害着自己的孩子。

一位母亲曾经这样回忆因为“别人家孩子”而与女儿的一段不开心的往事：

> 女儿那时候刚刚上六年级，有一次我无意中在女儿面前说起同事的女儿在英语竞赛中获得了二等奖，没想到女儿立马很委屈地哭着说：“你为什么总是说别人的孩子好？你找别人的女儿做你女儿好了！”以前看到女儿这种反应，我都会批评她不谦虚，见不得我表扬别人。可是这次女儿竟然说出“你找别人的女儿做女儿好了”，我才觉得问题有点严重。

见贤思齐是我们国家的传统，妈妈都认为榜样的力量是无穷的。不过，这样优秀的“别人家孩子”对孩子来说已经不仅是榜样，更多的是给孩子们造成自惭形秽的压力，从而令他们看轻自己、怀疑自己甚至是放弃自己。

教育的核心是培养孩子内在的自信和乐观。我国目前的教育体系中没有把尊重孩子的差异性放在一个十分重要的位置，孩子们从小就经受着各种各样的选拔，有些孩子就在这些教育体系中被冷落了。如果回到家里，孩子仍然被“别人家孩子”的尺子判断着，那么他怎么放松，他的自信又从哪里来呢?

慧慧妈和佳佳妈是好朋友，两家人还住得很近，所以，两个孩子从小就形影不离，关系特别好。上小学之后，慧慧的成绩好，尤其是作文，总是全班第一，而佳佳的语文成绩是倒数，因此妈妈总是抱怨佳佳:“天天和人家慧慧一起，怎么就一点都不向人家学习呢? 和班里成绩最好的同学在一起，你成绩却这么差，不觉得不好意思吗? ”

而慧慧妈是这样抱怨慧慧的:“你整天在家什么家务都不做，将来自己独立生活了怎么办? 你看看佳佳，一回家就帮着妈妈扫地择菜，你俩这么好，你怎么就不向人家学学呢? ”

两个孩子总是这样被妈妈比来比去，最后导致一看到对方就觉得自己很差劲，因此在心理上慢慢疏远了……

妈妈如果总是喜欢将自己孩子的不足与其他孩子的优势做比较，这会令孩子产生强烈的挫败感，不利于培养孩子的自信心。没有哪一个孩子愿意承认自己差，他们都希望能得到大人的肯定，这种肯定对孩子自信心的建立培养很重要的，也将会影响到孩子的自我认知。妈妈如果总是强调自己孩子的不足之处，就会令孩子在潜意识中形成自我否定。总是自我否定的孩子，在遇到困难时只能是向后退缩，而不会有坚持挑战的勇气。可见，妈妈总是拿别人家孩子的长处来突显自己孩子的短处是非常不可取的。

由于家庭和成长环境的不同，孩子们的发展不可能是同步的。如果学校不能很好地尊重孩子之间的差异和个性的话，那么妈妈就一定要多制造孩子充分发挥自己特点的机会，而不是让孩子跟另一个孩子做比较。比较明智的做法是，多和孩子的过去比，这样就能够发现孩子的独特之处，以及他每一个小小的进步。这样一来，孩子也更容易提升自信，获得成长的动力。学着去把自己的孩子当成"别人家孩子"来看待，多发现孩子身上的闪光点，多多赞美，你就会发现，自己的孩子本身就已经很优秀了。

## 给孩子充分的信任

### 信任是最大的尊重

著名作家费尔德曼《给成功的孩子们》一书中写道："作为家长，你是孩子生活中最为强大的力量，你可以通过给孩子鼓励，并对他们取得的每一点成绩给予鼓励和赞赏，来让孩子振作精神，勇于创新。你不必总是对孩子的每种做法表示赞同，但你应当让他们时刻都坚信：你是他们坚定的支持者。"

信任孩子是对孩子最大的尊重。信任孩子，意味着爱护他们善良美好的心灵，意味着任何时候都支持孩子的决定，意味着放弃家长的权力和优越感，也意味着一种涵养和宽容待人的高尚品格。家长的信任，传递给孩子的是一份自信、一份勇气，让孩子勇于改变自己，奋力进取，不断突破。

一位母亲曾经这样写道：

“女儿从小就是个活泼可爱的孩子，她待人热情，喜欢和人打交道。后来这一切都变了，她成了沉默寡言、孤立人群、躲在自己的世界里的孩子。

这一切变化的转折点，在她小学一年级的时候。那时，我离开她去外地工作。她不适应刚进入的学习生活，对新的环境手足无措不知道怎么面对。有一天，老师给我打电话，说你的孩子不对劲，好像自闭了，不和任何人说话，只躲在角落里。

我立刻结束了外地刚刚开始有起色的事业，回来陪伴我的孩子。无数次，我被老师喊到学校训斥，说我的孩子如何如何不好，我做到的是，让老师这些负面的批评性的语言到我这里就结束了。回到家，看到忐忑不安，以为要受到训斥的孩子，我说的是，老师说，你在什么方面比以前有了进步。开始孩子嘴上不相信，可是我能感觉到孩子想要努力做到最好的那股动力。遇到无数的挫折和否定，这个小小的孩子，还是默默地努力想做好。”

可见，无论何种情况下，这位妈妈都永远选择站在女儿这边，选择信任孩子。

孩子的内心世界很丰富。要了解孩子，就要用心换心，用信任赢得信任。但是，总有些家长习惯以自己的观念养育孩子，要孩子走自认为他们应当走的路，或希望他们走的路。这听起来好像没什么错，但实际上，每个人的人生经历都不同。对于孩子来说，通过自己亲身实践所获得的人生经验，远比被家长强行灌输的人生经验宝贵得多。

信任本身会产生一种巨大的力量，能使人产生强烈的自信心和责任感，不断克服前进路上的重重阻碍，充分发挥潜能，直至抵达成功的顶点。对于孩子来说，家长是对他们最重要的人，家长的信任是他们获得自信、自尊的源泉，也是他们正确认识自己的途径，要想孩子获得最好的成长，就要放手让孩子去尝试、去实践、去获得，充分信任孩子，相信孩子可以做得好。妈妈的角色，应当是孩子背后的守护者和指导者，而不是孩子人生的规划者和领导者。信任孩子，给孩子空间自由选择自己的人生，并且陪伴他成长，才是妈妈给孩子的最好的、最正确的爱。

## 相信孩子做出的选择

1631年，英国剑桥商人霍布森从事马匹生意。他对人们说："你们买我的马、租我的马，随你的便，价格都便宜。"霍布森的马圈大大的，有很多马匹，但是马圈只有一个小门，高头大马出不去，出去的都是瘦小的马。买马人左挑右选却只能选择瘦马和小马，因为霍布森只允许人们在马圈的出口处选。

后来人们为了讽刺霍布森，就把这种没有选择余地的选择称为"霍布森选择"，也就是后说做选择的人无法通过自己的对比和判断来主动地进行选择，而只能被动地去接受那些没有选择余地的选择。

在孩子的教育方面，这种霍布森选择效应也经常可以见到。一些父母总是高举着"父母当家，为儿女做主"的旗帜，一意孤行，强迫孩子按自己的意愿来做。这些父母认为为孩子做出选择的初衷是为孩子好，可是家长自作主张强迫孩子做不愿做或者根本做不了的事，往往会事与愿违，甚至与自己最初的目的南辕北辙，到头来还有可能耽误了孩子的前程。实际上，每个孩子都有自我管理和选择的潜在能力，父母给予孩子的机会越多，孩子就会成长得越快、越健康。

谢军是世界闻名的国际象棋大师，曾经获得过多项世界冠军。她的成就让无数人羡慕。可是你知道吗，她能够取得今天的成就与她的父母给她自主选择的机会有着密不可分的联系。

1982 年的时候，谢军才 12 岁。在她小学快毕业时，她站在了人生的第一个十字路口上，她面临着是升入重点中学还是继续学棋这两条路。小学 6 年中，谢军有 7 个学期被评为“三好学生”，学校已经决定要保送她上重点中学，这样品学兼优的孩子，可以说是谁见谁爱；但是国际象棋的黑白格世界同样吸引着谢军和她的一家人。面对着这两个选择，谢军真是左右为难。是按妈妈的意愿，将来进高等学府继续深造，还是当运动员呢？继续深造是父母的期待，但是下棋同样难以割舍。

后来，妈妈叫来了女儿，用商量的语气对她说：“谢军，抬起头来，看着妈妈的眼睛，告诉妈妈你是不是很喜欢下棋？”这是母亲对女儿未来选择的提问，也是对女儿命运的提问。谢军的家庭氛围是民主自由的，她的父母对孩子的选择采取了审慎的商量的方法，充分尊重女儿的意见和选择。谢军听了妈妈的话，抬起头来严肃地看着妈妈的眼睛，坚定地说出了7个字："我还是喜欢学棋。"

得到女儿的回音后，妈妈同意了谢军的选择，但是她又极其严肃地对女儿说："好，既然你喜欢下棋，爸爸妈妈都支持你！但是你要记住，下棋这条路是你自己选择的。既然你做出了这个重要的选择，今后你就应该负起一个棋手应有的责任，如果中途遇到困难也决不能轻易放弃，或者为今天的选择后悔。"

谢军点了点头，最终她坚持了自己的选择，并成为一名世界著名的国际象棋大师。

生活中，像谢军的父母这样民主的家长并不多，大部分父母在孩子的衣食住行上倾尽全力，但经常忽略孩子的理想、人生规划等精神层面的问题，最终导致孩子陷入"霍布森选择"的陷阱中。

冰仔是个可爱的小男孩，他很喜欢看书，总是会从图书馆借自己感兴趣的书回来看，而他的妈妈从不干涉。有一天借完书，冰仔兴冲冲地把新借的书交给妈妈。妈妈看到第一本很开心，因为这是很符合他现在的阅读能力的书；看到第二本，妈妈有些失望，这是一本关于颜色的英文书，每页只有一个单词，图片就是这种颜色的各种物品的图片。书很漂亮，但对冰仔来说过于简单。妈妈的脸上没有表现出不快来，还是带着孩子开开心心地回家了。

结果回家之后，孩子借的第一本书需要妈妈认真读给他听，而看到第二本书的时候，他兴奋地站起来说：“我要做小老师，把这本书的知识教给妈妈！”

结果全部过程中他的语言使用完全超出了书中那几个简单的单词，甚至有些很难的物品单词妈妈都不会，还是从儿子那里学到的。

父母要想使孩子成为有主见，对未来充满信心的人，就要在日常生活中多给孩子做选择或决定的机会。比如孩子到商店买什么衣服，选择什么玩具，送给朋友什么礼物等小事，可以让孩子自己去做决定，这样他会很高兴，主动性变强，最终变得果断起来。

此外，家长还要给孩子参与家庭会议的机会，父母在谈论家庭事务时，可以有意识地问孩子“你觉得这个建议好不好？”“你认为这些东西该不该买？”等问题，久而久之，孩子必然就会成为一个有主见的人。

## 距离产生美：让孩子独立自主

### 独立意识从娃娃抓起

有两位妈妈带孩子去放风筝，女孩用力一扯，风筝破了，男孩很生气，一巴掌就扫过去，女孩立刻哭了。这时，男孩的妈妈脸色一变，就像触电一样从座位上弹起来，女孩的妈妈连忙把她拉住。男孩的妈妈急得脱口而出："你真残忍！"女孩的妈妈却笑着说："你才残忍！"

男孩的妈妈说："你眼看着孩子被打，哭了，身为母亲，不去呵护，还阻止我去干预，这不是很残忍吗？"女孩的妈妈却说："孩子争吵算什么？被打一下，也没受伤，为什么不让他们去自己解决呢？"

两位妈妈这时望向孩子，只见他们一同跑过来，说："妈妈，风筝破了，你能把它修好吗？"

女孩的妈妈认为孩子们在一起，争争吵吵是家常便饭，但是他们很快就会自己解决。孩子们在这种争争吵吵、哭哭笑笑的历练中会不断成长，学会处事和做人。"爱孩子"就要从小培养孩子的独立意识，孩子将来会遇到各种各样的困难，父母不能时时刻刻陪伴在孩子身边，帮孩子解决所有的问题。所以从一开始就应提供机会让孩子学习与人相处及解决问题的能力，使他以后能独立生活，凡事不依赖他人，长大了才能学会面对困难，解决困难。相反，对孩子太多干预，替他安排一切，帮他解决一切难题，这样一来，孩子失去了学习的机会，将来怎能做事，怎能生活呢？

莉莉的出生给爸爸妈妈带来了无限欢喜，爸爸妈妈都是高干子弟，接近四十岁才生了莉莉，所以他们对莉莉千般宠爱、万般呵护。妈妈四处向专家咨询，给莉莉精心制定了营养的三餐；对每一件给莉莉买的衣服或是玩具都细心检查，生怕质量不过关影响孩子的健康；莉莉上的是最好的双语幼儿园；为了莉莉有更多的时间来学习，妈妈不让她用做任何家务活儿，书包也是妈妈帮忙背。总之，妈妈帮莉莉安排好了生活学习的一切。但是娇生惯养的莉莉并没有比其他孩子出色很多，在学校时总有些畏畏缩缩，体育课上要跳高，她被吓得大哭；老师让她起来回答问题，她总是害羞得说不出话。家里的娇小姐在学校慢慢地逊色下来，也慢慢和同学们的距离越来越远！

“关爱孩子”是每个妈妈的本能。不少妈妈对孩子百般呵护，她们都是“慈母”。然而，这样的“慈母”很可能是残忍的母亲。妈妈替孩子做了自己本来可以做的事，实际上是剥夺了孩子自己的亲身体验，剥夺了孩子发展能力的机会，也剥夺了孩子的自立及自信心。如果把磨难和体验全部省略了，一切都替他包办，看上去是顺利了，是舒适了，结果却使他软弱而闭塞，胆怯而无能。

生活能力低下，缺乏正常的与人交往、克服困难的能力，成了时下许多孩子，尤其是独生子女的共性问题。而这一切，就归咎于妈妈长期包办了孩子的日常生活，不肯放手让孩子锻炼，不让孩子自己做决定，久而久之，孩子就养出了依赖妈妈的习惯，缺乏独立意识和自立能力。

现在有一种现象，叫“30岁儿童”，到了而立之年，凡事仍不能自立，没有长辈陪在身边就惶惶不可终日。相信所有的妈妈都不希望自己的孩子是这样一种成长状况，那就切记：关爱不要过度，保护不能过度，从小就注意培养孩子的独立意识。因此，妈妈让孩子自己感受生活吧！让孩子的世界里不再只有爸爸妈妈，让孩子成为自己世界的中心。不要代劳孩子安排他的生活，他的人生终究要自己负责。缺乏独立意识的孩子只会成为温室里的娇美花朵，遇到社会的风浪会被摧残，而只有能屈能伸的坚毅杂草，才能“野火烧不尽，春风吹又生”。所以，培养孩子的才能重要，培养孩子的独立意识更为重要。

为了孩子的成长，对孩子照顾过头的妈妈们不妨做做“懒”妈妈，对待孩子时，记得以下几个“不要”：不要替孩子做一切家务活儿，剥夺他锻炼独立生活的能力；不要把自己的意志强加于孩子，剥夺孩子做自己的权利；不要对孩子监护过度，剥夺孩子的自由；不要给予孩子过度的保护，折断他应对挫折的翅膀；不要逼迫孩子追求成绩或是功名，把世俗功利的思想植在他的心上；不要满足孩子不合理的消费要求，让他远离自制和节俭的美好品格；不要过早地给孩子准备资产，剥夺他自我创造的动力；不要替孩子解决一切困难，阻碍孩子坚强意志的生长……总之，不要为孩子安排好一切，对妈妈来说，是一种解脱；对孩子来说，是一种恩赐！

## 别让“自己的事情自己做”成为口号

月月是个四年级的小学生，喜欢睡懒觉。每天早晨，她妈妈喊她起床的时候总是需要反反复复好几次，而月月总是不情愿地往被窝里缩缩：“我再睡会儿。”如果迟到了，她就会抱怨妈妈没把她叫起来。

妈妈觉得这样下去不行，于是某一天她告诉女儿：“上学是你自己的事情。从明早开始，该几点起床你上好闹钟。如果闹钟响了你还不起，那你就赖吧，肯定没人叫你，一切责任自己负！”女儿朝妈妈扮了个鬼脸，跑了。结果，第二天早晨，闹钟响了，苗苗还在床上赖着不起，父母都没有管她，结果那天女儿上学迟到了。妈妈知道：孩子可以跟父母撒娇，在老师、同学那里还是很注意自己形象的，怎么会总迟到呢？果然，第三天闹钟一响，女儿就“腾”地跳下床来。从那以后，女儿早晨起床上学再也不用大人叫了。有时候，父母还在睡觉，女儿就已经骑车上学去了。

“自己来穿衣，自己来穿袜，叠叠自己的小被子，洗洗自己的小手帕，自己的事情自己做，不靠爸爸和妈妈。”这是每个幼儿园都会教孩子的童谣，但并不是每个孩子都读懂了这个歌词，因为他们的妈妈太勤快了，他们从来没有实践过。他们“自己的事情自己做”的权利被剥夺了。如果孩子没能从小形成“自己的事情自己做”的意识，那么他今后就很难养成“自己的事情自己做”的习惯。

惰性是人类天性中的一部分，如果妈妈过于勤快，对孩子的事情大包大揽，这就等于剥夺了孩子的锻炼机会，无形中助长了孩子惰性的发展，妈妈的好心反而做了坏事，这是极其不明智的。

现实中很多妈妈都会被母爱冲昏了头，不知不觉中成为一个勤快过头的妈妈，结果就是养出一个“懒”孩子。所以，妈妈应该时刻提醒自己不要过界，做一个称职的“懒”妈妈，最关键的一点就是要做到“身懒心不懒”。

要做一个“身懒心不懒”的妈妈，首先，要和孩子划清“界限”，让孩子清楚地知道什么是自己的事，什么是妈妈的事，同时妈妈还要通过谈话、讲故事、做表率等方式，让孩子知道“自己的事情自己做”的道理，让孩子懂得依赖大人是没有出息的，从而培养孩子自己做事的自觉性和积极性。

其次，妈妈要对孩子有信心和耐心，不要看着孩子在穿衣服或鞋子，穿了半天没穿好时，就冲到他面前，边数落边迅速地帮孩子把衣服和鞋子穿好。妈妈要知道孩子的动作都是慢的，因为这个世界对于他们来说就是新的，大人看上去很简单的东西，对他们来说可能是很困难的，都要慢慢地去学，反复练习才能做到。妈妈要记住，今天孩子学习自己做事耗费的时间，是为了明天节省更多的时间。另外当孩子做好自己事情的时候，妈妈应该给孩子奖励，这个奖励不能是物质的，最好是口头上的，比如摸摸他的头、冲他笑一下，或者给他一个大拇指，这样就够了。孩子从你的表情、动作上就可以感知你的鼓励。

再次，妈妈要创造让孩子独立做事的环境，在孩子力所能及的范围内，妈妈不要插手帮孩子做事，另外，妈妈还可以引导孩子从身边的小事做起，由易到难，循序渐进。如帮大人扫地，到邻居家借东西，下楼买日用品等，不让孩子因为负担过重而讨厌做事；当孩子做得好时，可以给予适当奖励，让孩子体会到做事情的满足感，以鼓励他再接再厉。

此外，妈妈还应该制定严格的要求，并且持之以恒地严格遵守。只有先制定好规则，孩子才有做事情的方向和准则。而一旦有了要求，就一定要严格遵守，只有这样孩子才能养成良好的习惯。孩子自觉性的提高，不是一朝一夕就能奏效的，所以，妈妈应该长期坚持对孩子的引导。

最后，妈妈可以给孩子一个属于孩子自己的独立的小房间或者小角落。在这个属于孩子的空间里，应该让孩子自己来布置、设计，包括选择书桌、装饰品、图书及各种学习用品等。允许孩子在自己的空间里做一些自己感兴趣的事，比如养花养鱼等等，让孩子感觉自己是自己的小主人。

其实每个孩子都有自己动手的欲望，不同的年龄段有不同的表现。比如1岁多时喜欢甩开大人自己走路、自己去抓饭、自己穿鞋子等，当孩子有想去做一件事的欲望时，妈妈脑海里首先想到的应该是鼓励，而危险或可不可行，然后才是怎样帮助孩子去做的问题。很多时候并不是孩子懒，而是妈妈太勤快，剥夺了孩子体验的机会。

从故事中苗苗的变化可以看出，孩子可以做很多事情，潜力很大，只是妈妈的包办剥夺了他自立的能力。比如孩子的学习也是他自己的事，只有依靠孩子自己认真听讲、认真思考、认真预习和复习，独立完成学习任务，才能真正掌握学习本领。而大人陪读、陪写甚至帮写，都是在帮倒忙，是在用自己的辛苦培养懒孩子。

孩子独立自主的习惯是在生活中的点点滴滴中养成的。如果妈妈只是在口头上对孩子灌输理念，“自己的事情自己做”就很有可能只是成为孩子的一句口号。只有让孩子通过实践经验，才能锻炼出他勤劳自立的好习惯！

# 第六章　做好孩子的心灵导师

## 孩子迷茫时，做好心灵咨询师

### “妈妈，我从哪儿来”

每个孩子自出生开始都对自己从什么地方来这个问题深感好奇，提问者的年龄不同，提问对象不同，答案也是多种多样。多数时候，孩子都是向父母提问，而父母常常会感到尴尬而含糊其词地说“你是被妈妈从垃圾桶里捡来的”“你是装在篮子里从小河上游游下来的”“你是被天鹅叼来的”等诸如此类的答案。

对于父母来说，这只是一个用来应付孩子的玩笑话，可是对于孩子幼小的心灵来说，在他们的世界观、判断力还没有完全定格之前，很容易因此而被伤害。

一个幼儿园教师曾经说过这样一件事：有一天，她发现平时表现很活跃的一个孩子自己一个人躲在角落里，也不和其他小伙伴玩儿，觉得非常奇怪，就过去问他：“聪聪今天怎么了，怎么不高兴？”聪聪一下就哭出来了，说：“我问爸爸妈妈我是怎么来的，他们说我是垃圾堆里捡来的，是不是什么时候我不听话了，他们又会把我扔回去？”

对于孩子来说，父母说的每一句话他们都会相信，父母对于孩子的影响也正在于此。孩子会因为“来自垃圾桶”这句话而想到自己是不是可以偶然的来，或许有一天也会因为这样就偶然的消失，从而开始缺乏安全感而沮丧，甚至会在此后的人生中形成阴霾。

“生命的起源”这个词在父母的眼里大多数时候等于“性”，而这个词是父母在教育孩子的同时常常忽视甚至逃避的一点。但是，随着孩子年龄的增长，该了解的时候他们必然会了解。与其让孩子自己到时候毫无头绪的摸索，为什么不用科学的态度给他讲述关于他是怎么来到这世界上的，从而为他树立起正确的价值观和人生观呢？

经典卡通电影《小天使》里有一个故事是这样讲的：从前，在妈妈的肚子里住着一颗叫作“卵子”的种子，但是慢慢地，卵子长大了就觉得特别孤单，没有小伙伴和它玩儿，于是爸爸不忍心，就送了一颗名叫“精子”的种子。精子和卵子玩儿得特别好，每天都舍不得回家，于是它们就找啊找，找到一个叫作“子宫”的地方住在了一起。

慢慢地，它们长成了有鼻子、嘴和两只眼睛的小天使。小天使每天吸收妈妈给的营养，有时候爸爸妈妈还会为他唱歌、讲好听的故事，讲了整整十个月。

后来，小天使长大了，而妈妈的肚子又太小了。于是，小天使就跑了出来，降临到了这个世界，成了爸爸妈妈的小天使。

这个故事既生动有趣，又把生命形成的整个过程完整地说给了孩子听，让他一想到自己的来源就会感到温暖。他是爸爸妈妈爱的结晶，爸爸妈妈爱他，也愿意保护他，其中的联系是割舍不掉的，孩子也会因为感到安全而对这个世界充满希望和勇气。

圆圆有一天趴在妈妈肚子问自己是怎么来的，妈妈笑着指着肚子上一条疤痕，一边摸着圆圆的头一边讲当初生他的过程。

圆圆听了哭得很伤心，抚摸着妈妈的疤痕流着泪问她："妈妈，现在还痛不痛？"

"不痛，你的出生是妈妈最大的幸福。"妈妈一脸欣慰地回答。

许多孩子会对自己出生的细节好奇而究根问底。家长这样告诉他，既能在说明事实时表达自己对于孕育他的幸福，孕育的辛苦，也能让孩子从小就拥有一颗感恩的心。感受爱的过程，并且了解真相，这样一次经历对于家长和孩子都是一次成长的经验。

如果家长正为此感到苦恼，那么不妨看看以下几点建议：首先，要用正确的心态解答孩子的问题，不要欺骗，不要敷衍。其次，可以采取比直接回答更好的方式来解答，例如将答案用童话的方式或者充满爱意的故事传达给孩子，也可以结合趣味横生的图案，比如百科全书，这个时候你只需要在一旁指点孩子也能弄清楚真相，在乐于身心的同时，也能更好地达到目的。最后，可以让你的孩子通过科学书籍了解生命来源的具体细节，并寻找良好的时机，结合你自己亲身感受，或许是剖宫产，或许是自然分娩，告诉他并完全表达你的爱，让他了解而不再有疑问，不再有困惑，并且充满勇气的生活。

## “妈妈，我怎么和别人不一样”

随着年龄的增长，孩子感兴趣或觉得好奇的事物也会越来越多。大约从 4 岁开始，孩子就进入了性别敏感这个时期。为了明确自己的性别角色，孩子开始不断提出关于性的问题，关于自己和另一个性别的人之间的不同，可谓问题层出不穷。这是因为孩子对性不解且感觉好奇，是他们性心理发展的表现。

这个时候，父母的态度对孩子来说就尤其重要。是极力回避斥责，还是正确引导孩子，不同的选择对孩子的影响差别也是极大的。

当孩子表现出性欲望时，如果父母比较保守，就有可能会对孩子加以斥责，孩子的性意识被压抑，心理就无法得到满足。有这样一个现象，当人们十分想得到一件东西的时候，你越是不让得到，那么得到它的愿望就会越强烈，孩子也是这样。当他们心理上得到满足，性意识就会得到发展，也就能很好地对性进行理性的控制。反之，如果孩子的性意识发展被干预，那么他们探索的欲望就会更加强烈。在这种强烈好奇心的驱使下，加之孩子没有正确的知识常识，他们就有可能做出一些令他们自己和家人后悔莫及的事情，造成不可挽回的伤害。因此，家长要以正确客观的态度对待孩子所提出的关于性方面的问题，给予正确的引导和在孩子接受能力范围之内的解答，满足孩子的好奇心和探索欲。

在 3 ~ 5 岁这一阶段，孩子很容易对异性的身体产生兴趣，问出“为什么他和我不一样”一类的问题。有时这样的问题会让家长不知道怎么回答，但是如果这个问题得不到解决，孩子在你这里得不到答案，性意识得到压抑，就会自己另找渠道去了解答案，而这些渠道有正确的也有错误。如果孩子找到的是错误的方法，那么就会在青春期或以后出现一些的错误行为。家长的正确引导也十分重要，如果引导不当的话，也会为孩子带来不利的影响，有时甚至会令孩子形成沉重的心理压力。

小雨今年5岁了，正在读幼儿园。因为爸爸妈妈工作都很忙，所以她一直住在奶奶家，每天奶奶都会来接她放学。

有一天，奶奶给小雨洗澡的时候，对她说："小雨以后尿尿的时候不要让男孩看，也不可以看他们尿尿。"小雨就记下来了。

从那以后，她在幼儿园每次上卫生间的时候都会记着关上门，在爷爷和爸爸进卫生间的时候，她也会大声地冲他们说要他们出去。

因为幼儿园的小朋友们都是混住的，本来就不避讳这些，于是小雨渐渐地就不愿意再去幼儿园了。妈妈问她为什么，她也只是涨红了脸，小声说："幼儿园的小朋友都不知羞。"

奶奶的隐私教育是为了保护小雨，但是过早地让小雨产生了过度的紧张感，这违背了孩子希望探索的天性，让小雨感到只要被任何异性看到了她的身体，就像被侵犯了一样。当她看到了异性的身体，又会觉得自己不是好孩子从而对自己产生否定情绪。这是不适宜孩子的心理成长的。

如果仔细观察和了解孩子的话，家长就会有许多不同的发现，例如孩子会对妈妈的乳房感兴趣，会对男女生理上的不同感兴趣，会对异性产生比同性更强烈的好感，也会因此而感到害羞。这个时候，家长须尽快满足孩子的好奇心，扫除孩子的羞怯感。一旦孩子的好奇心得到满足，羞怯心得到缓解，那么他们便不会过多纠结于此。

对孩子性方面的问题，家长要尽量客观、自然地去引导，即使孩子表现出不好意思的时候，家长也不能因此而回避。作为家长要知道的是，你是他的第一位老师，对他有着至关重要的作用，你对这件事的态度，一定程度上影响了他以后对这件事的态度。

一位妈妈发现她的儿子上幼儿园之后明显对男同学和女同学的态度不同，特别爱讨女孩子欢心，不仅给女孩子吃自己的零食，还给她们玩儿自己的玩具。

有一次，一个男孩子和一个女孩子一起到他家来玩儿。他不停给小女孩好吃的好玩儿的，而在一旁的小男孩就受到了冷落。家长看在眼里，就笑他说他的眼里只有姑娘。

“异性相吸”，本就是自然法则，在孩子身上表现的明显也是正常的。如果家长为了单纯好玩儿而借此嘲笑孩子，虽然出发的意思是玩笑，但因为孩子此时的分辨力还完全没有形成，他就可能会因为家长的嘲笑而觉得这件事是不正确的，或许从此就会不再如之前一样对待异性，因为混乱而不知所措，从而走向另一个极端。

在面对孩子的种种问题或行为时，家长不用觉得尴尬，这是孩子成长过程的正常反应。用正确的方式来教育，坦然的回答孩子的问题，满足孩子的心理求知的欲望，就能顺利帮他们度过性别敏感期。

# 孩子有压力时，做好心理治疗师

## 及时去掉心理包袱，让孩子轻松前行

美国自然科学家、作家杜利奥曾经提出过这样一条心理定律，并将它命名为“杜利奥定律”——没有什么比失去热忱更可怕，一旦失去热忱，人便垂垂老矣。这条定律要说明的是，如果人的精神状态不佳，那么一切都将处于不佳状态。从根本上来讲，杜利奥定律要说的就是人与人之间其实只有极其微小的差距，可就是这微小的差距，可能会导致人成功或失败。如果差距的属性是积极的，那么就是成功；如果差距的属性是消极的，那么就是失败。换句话说，成功与失败只在一线之间，而这条线，就是人的心态。

在宜男的记忆里，从来就只有他的爸爸和爷爷奶奶。由于妈妈的早亡，他从小就过着单亲家庭的生活。

每次看到同学朋友和爸爸妈妈一起合家欢乐的时候，他就由衷地感到羡慕，而且总是梦想着自己也能得到爸爸妈妈共同的呵护和关爱。但是，他也知道那是不可能实现的，所以上初中之后，他就越发变得消沉，内向话少，很少和同学打闹，有意封闭自己，越来越孤僻。

他知道自己的梦想永远不可能实现了，所以就把寄托放到了高考上，一心要考出好成绩，考进理想的大学。

可是，两年以前高考时，因为之前用脑过度又过于紧张，他在考场上出现了记忆空白、惊慌失措等症状。也正是因为这样，他落榜了。这一年的九月，当他看到昔日的同学纷纷进入大学校园时，不免开始感到深深的自卑。从此以后，宜男就患上了忧郁症，身体也越来越不好了。

情绪的作用是巨大的。对于孩子来说，孩子比大人拥有更敏感更脆弱的心灵，这在孩子青春期时体现得尤其明显。因为这个时期孩子的心理还没发育健全，还没有足够的应对能力，所以在面临挫折或是突发意外时，往往会有比较大的情绪浮动，表现为叛逆心理、易烦躁、情绪多变等等。

孩子的心灵是很脆弱的，忧郁这个词常常在孩子的人生中作为一大阻碍，孩子会因为不同的事使情绪低落。妈妈是孩子最好的呵护者，也应是孩子最好的心理治疗师，因此要密切注意孩子的情绪发展状态。当孩子出现负面情绪时，要站在孩子的角度分析他的顾虑，及时帮他理清自己的情绪，去掉心理的包袱，让孩子步履轻盈地走过成长之路。

作为家长，当孩子出现负面情绪时，不能自乱了阵脚，要时刻保持冷静，理性和孩子一起所面对事物的利与弊，引导孩子回到正常状态上来。或是还可以帮助孩子发现有趣的事物以转移他的注意力。当孩子充满负面情绪时，他的注意力往往很难从当前这件干扰他心绪的事情上转换出来，所以妈妈不妨多让他出去和同学玩儿，或是发掘他的兴趣。最重要的是，要告诉你的孩子无论如何你都在他的身旁，让他感到自己不是孤立无援的，“没有什么问题解决不了”“开心面对每一天”。积极的心态能战胜一切，让孩子获得心灵上的支撑。

小静家境优越，又是家中独女，所以从小就被家人抱以很高的期望，她对自己的要求也很高，成绩一直很优秀，每次考试都是名列前茅。直到有一次期中考试前，小静因为感冒发烧没有复习好，所以那次考试不是很理想，为此小静一直闷闷不乐，不过她的父母并没有因这次考试责怪她，反而鼓励她下次加油。但是，从那以后，小静的心情再也没有像以前那么好了。为此，小静妈妈为女儿请了假，并和班主任谈论了小静的情况。班主任也发现，自从期中考试后，小静就开始沉默寡言。后来，小静好像封闭了自己，成绩下降，记忆力下降，人也不再开朗……

不被注视的失落感、失去自由玩耍的机会等，这些都有成为导致孩子抑郁的原因，会让孩子感到不快乐、忧郁和恐惧。如何让孩子摆脱这些负面情绪，甩开不必要的包袱，重新变得快乐起来，也是妈妈最需要注意的地方。

比较好的办法是，多鼓励、多倾听，让孩子用自己的方法减轻压力，比如大哭一场，或是通过运动来排解不良情绪。孩子不像成人那样善于运用倾诉的方法，所以有的时候他们并不能够有效地通过交谈来抒发缓解自己的负面情绪，或许是因为无法正确表述自己的意思，或许是因为觉得家长和自己有代沟无法说到一起去。这个时候，身为最关心孩子的妈妈，就要少说教多倾听，多从小细节处发现孩子的想法，听他说他的烦劳。即使孩子并不能完整的表达出他想说的意思，也能让他感到妈妈是能够理解他支持他的，这自然能缓解他心中的紧张情绪，产生安全感，减轻烦恼，及时从困扰中抽离出来。

### 开心的父母才有快乐的孩子

对每个妈妈来说，让孩子生活得幸福快乐，让孩子时刻感受到自己被爱和快乐所包围，是宁愿倾自己所有也愿意为孩子实现的。从某些方面来讲，孩子的幸福就是为人父母的幸福，当你忙碌一天回家，看到孩子那张洋溢着快乐阳光的脸时，便会觉得再辛苦也值得。

如何才能让孩子体会到幸福快乐呢？父母永远都是孩子的典范，懂得营造家庭轻松气氛，让家里充满温馨，懂得如何让生活轻松而快乐的父母，对于孩子的成长中所起的作用是老师或者孩子周围任何其他人都替代不了的。美国作家杜利奥曾说过，只有开心的父母，才有快乐的孩子。

金金是一名小学生，学习成绩优秀，还弹得一手好钢琴，同学们都很羡慕他有一个作曲家爸爸。可是金金一直闷闷不乐。有一次，金金去同学家里玩儿，这个同学家里条件没有自己家里好，但是家庭很温馨。回家的时候，金金拉着同学妈妈的手说："阿姨，我真想住在你们家！"原来金金的爸爸总是忙于自己的工作，由于工作的特殊性，爸爸的眉头总是拧得紧紧的，每当缺乏灵感他更是会大发雷霆。这种情况下，金金的妈妈总是一声不吭地躲进房间抹眼泪。

对于孩子来说，家庭是可以避风的港湾，即使受到再多伤害，只要一回到家，就能重获安全了。在一个幸福快乐的家庭里成长起来的孩子，比那些在不幸家庭里的孩子要幸福得多，因为他们从小被快乐的氛围所熏陶，自然就会有乐观的性格，遇到事情能以乐观的心态看待并积极地想办法去解决，而不是消极的逃避或者听之任之。

孩子的情绪很容易受到大人的影响。做一个快乐的妈妈，比做一个为了孩子而放弃了自己的快乐的妈妈，为孩子带来的幸福要更加的长久。有些父母省吃俭用一生，为孩子牺牲太多，每天很少有余力去开拓自己的兴趣，这也相当于放弃了自己的一部分快乐。每个人都有自己的精神世界，放弃了自己兴趣和快乐的父母无形中就会将自己放弃的东西寄托在孩子身上，这样一来免不了会为孩子带来压力。试想，一个背负了巨大压力、且生活在没有欢声笑语的家庭里的孩子，又怎么能感受到快乐呢？

小林在和朋友的一次聊天中，回忆起了年幼时爸爸妈妈为了节省从未吃过一顿好的，从未穿过一件好衣服，感慨不已。于是，他下定决心："一定要舍得为自己花钱，平时多出去玩儿玩儿，和朋友到处逛逛，要让自己开心，不要想着为孩子省钱而放弃了自己的快乐。即使你已为人父母，也有享受自己生活的快乐的权利。"

小林的一位朋友对此也深感认同。她的妈妈是一位永远懂得如何追求自己的生活目标的人。"每次想到她，我就可以全身都充满活力去追求自己的目标，战胜困难。"这位朋友说。

只有自己先感到快乐，才能带给别人快乐。只有家长自己心灵得到充实以后，才会由内而发出乐观积极的心态，并将这种乐观积极的心态传递给孩子。拥有物质上的一切并不代表快乐，真正的快乐是极易感染到他人、让他人从心里感到温暖和快乐的。营造和谐快乐的家氛围，将自己的快乐传递给孩子，就能让孩子更快乐。

要营造和乐的家庭气氛，妈妈不妨偶尔制造一些意外的惊喜。比如，圣诞节的时候给自己戴一顶圣诞帽，然后在孩子的鼻子上放一只红红的麋鹿鼻子，让他觉得很滑稽也很快乐。再比如，休息日带着孩子出门踏踏青，多接触大自然，给孩子一个可以接触新鲜事物的机会，培养他开朗豁达的心境。

有这样一个说法："一个人一天需要 4 次拥抱才能存活，8 次拥抱才能维持，16 次拥抱才能成长。"当你心情愉悦的时候，就不要吝啬表达你的快乐心情，不妨笑出声来。有的家长为了保持威严，经常在孩子面前摆出一副严肃的形象，殊不知那只会让孩子不再敢与你接近，而笑声则能让你与孩子的距离更加贴近。妈妈们，不妨多笑一笑，在有益自己身心的同时，也能让孩子得到快乐。

## 给孩子一个宣泄的出口

### 让孩子在涂画中发泄情绪

"晨晨，你画的是什么？"

"画的是房子。"

“这是谁家的房子？”

“圆圆家的。”

“他们家的房子为什么是黑色的？”

“是啊，就是黑漆漆的。”

“啊，为什么他们家的房子突然起火了！”

只见晨晨拿着一只红色的水笔把画面全都涂满，一片大火烧得激烈。

这是一个妈妈和孩子的对话。因为晨晨妈妈和晨晨爸爸经常忙得照顾不了他，而晨晨本身又比较内向，在学校经常被圆圆欺负，所以这次偶然的绘画机会让晨晨找到了一个发泄心理情绪的方式。晨晨妈妈没有弄懂晨晨这幅图画的意思，所以很吃惊。

父母要弄懂孩子的这些绘画意思，就应该结合孩子的行为、语言、心情，来解答这些图案背后的意义。孩子画画的时候会把情绪带进去，这些并不仅是孩子们随意涂鸦的图案，而是真真切切表达了他们内心的反映。父母只要注意到了这些图案，便能理解孩子所要表达的意思。

孩子的图画就是和这个成人世界交流的渠道，正如心理学家戴维·奥尔森所说——儿童涂鸦没有一幅画是无意而为。孩子会在画图的过程中倾注自己的情绪，这是孩子表现自我认识，自我感受的主要方式。了解孩子笔下图案的意义，有助于妈妈更加深层次地了解孩子内心所想，从而更准确地引导孩子走出情绪的困境。不过需要注意的是，对于孩子的图画，妈妈要客观对待，切勿以自己的个人主观臆想判断。

如果孩子画了一个圆圈，那么就代表此时的孩子很孤独，缺乏安全感。如果画了很多圆圈，那么就表示孩子心情不好，很犹豫，感到了郁结。孩子在3岁到4岁这一时期容易进入一个“圆形符号期”，这个时候的孩子会用圆形和一些简单的线条来表达一切事物，画面往往很抽象，所以家长也要注意加以区别。

如果孩子画了一朵花，花上面被一颗大大的太阳照耀着，妈妈不要被表面的讯号所误导，以为孩子所要表达的意思是阳光乐观，其实，这正是代表着孩子脆弱的一面，孩子的想象力很丰富，同时又十分渴望像花朵一样被阳光的温暖包围。

如果孩子画的太阳是黑色的，那么就说明孩子此时感到压抑。

如果孩子画了格子，就代表了犹豫，遇到了困难不知所措，犹豫不决，妈妈发现了应该及时引导孩子做出正确的决定，不要压抑到孩子。

如果孩子画的是箭头，箭头有尖尖的角，像英雄手上的矛，含义是愿望或者带有侵略性的愿望，指向方向不同则含义也有变化，高处代表他人，低处则代表自己，左边指向过去，右边，预示着未来。

如果孩子画的是星星，星星在天空一闪一闪的，散发着自己独特的光芒，代表着孩子想要展现自己的时刻到了。妈妈可以在这个时候引导孩子自然而然的展现出自己的才能，让孩子更有自信面对未来。

如果孩子画的是很有棱角的方形或者是三角形，那么这样的孩子一般都会很有自己的主意，棱角越是鲜明就代表这个孩子做事越有自己的一套方案，也越不容易听从别人的指挥。

如果你的孩子体质较弱，不爱和小朋友们一起玩儿，经常表现出孤独的情绪，而且他也不愿意和你交流，那么就给他一只画笔吧！让他通过笔下的图案将不良的情绪，特别是愤怒、抑郁、无助发泄出来。此外，妈妈还可以在生活中多引导发现不同的美丽的色彩，比如树上的小鸟，花园里千姿百态的花朵，超市里堆放在一起的香气四溢的各种水果等，将他它们一一画出来。这样可以让孩子多看到这个世界的美好，同时将美好的心情记录下来，从而培养出孩子善于观察的眼睛和良好的心境，可谓是一举两得。

**给孩子一个专属的宣泄空间**

曾有心理学家做过一项实验，得出过这样一个结论：当两个个体之间挨得太近，那么个体之间就会产生拥挤等不舒适的感觉，因为这两个个体之间打破了原来所占领域的平衡，进而影响正常的活动。这被心理学家称为“个人空间定律”。

后来，有人为验证这一定律又进行了另外一项实验：在一个房间里安排了超过这个房间所能容纳的人数，于是里面的人会感到十分拥挤。这时，如果有个陌生人进来，就会被房间里的人仇视，男性甚至会对这个新来者表现出攻击倾向，房间里的人的焦虑指数也会越来越高。

“个人空间定律”和后面的这个可以归纳为一句我们常说的话——距离产生美。想象一下，如果一群刺猬为了取暖而抱在一起，会感到暖和吗？

> 某知名女演员曾经在节目里说：“我很希望自己的房间成为能哭的地方，仅仅是在心情不好时，或者于己不利时有一个避难的场所。”

心理学研究表明，只有当一个人的个人空间不被侵犯，个人的隐私得到尊重，心境才能平和，才能对周围的人和事感到安全。

而当一个人的独立区域被外来力量强势侵入，则会表现得不安、焦虑、对事物戒备甚至驱逐。

总有些父母打着“为孩子好”的幌子对孩子的个人空间多加干涉，会对自己不赞同的行为一顿呵斥，殊不知这会让孩子的心情雪上加霜。或许孩子只是需要一个放松，但是因为父母的干涉就会变得闷闷不乐，心情沉郁。与此同时，他们还可能会因为对父母的“不爽”情绪而拒绝与之沟通，将父母拒绝在心灵的门户之外，这对孩子的心灵发展实在是没什么好处。

小春一直是个听话的孩子，家里长辈邻居都夸她是个好孩子，可是有一次这样一个好孩子和妈妈发生了争执。原来，小春妈妈给小春整理房间的时候，没有经过她的同意就把她很喜欢的一个玩具娃娃给扔了。小春很生气：“你为什么要进我的房间，不经过我同意就把娃娃给扔了！”小春妈妈见到女儿这个态度也是气恼不已：“我辛辛苦苦给你整理房间，还被你这样说。”一气之下也不管小春了。母女之间因为这件事斗了好长时间的气。

父母和孩子是这个世界上最亲密的人，可是即使如此，父母和孩子之间也是需要“距离”的。很多父母会以担心孩子为由对孩子的个人区域抱有不重视的态度，随意翻看孩子的日记本，或者不经孩子的同意扔掉孩子的东西，孩子就会感到不被尊重而产生消极情绪。家长会常常告诉孩子不要随便翻看自己的东西，因为那很重要，但为什么不换位思考一下，有些东西对于孩子来说，也是只能自己一个人知道的宝贝呢？

要知道，孩子作为一个独立的个体，也是需要自己的空间的。

这个空间不仅代表独立的个人房间，更是能让自己安心学习、玩耍的空间，不被强加的意志，可以自己独立的选择。孩子在这个只属于自己的地方，想画画、学习、写字，都能出于自愿。他们可能会想把今天刚刚学过的歌曲再在脑海里演习一遍，或是想把作业留在跳一支舞蹈之后再做，做什么以及何时做都在于自己的选择。能够发出主动性的行为，比被家长强迫的干涉做一件事，效率自然要高得多，孩子得到的益处也多得多。

阳阳每天完成作业后，剩下的时间就是自己的了，这个时候妈妈会让他自己选择做一些事情，或是待在房间里玩儿飞机模型，或是到附近公园里和小朋友们一起玩儿老鹰捉小鸡，有的时候还会发一会儿呆。

妈妈不会干涉他，只是告诉他出去玩儿的话要早点回家，偶尔会引导他。

所以，阳阳从小就很能为自己做决定，阳阳妈妈也很欣慰。

给孩子一个充分独立自由的空间，让它成为孩子的宣泄空间。孩子可以在这个空间里大叫、乱跑，即使是父母也不会来多加指责，这会让孩子感到安全，一旦情绪得到宣泄，那么孩子便能自然而然地回归正常轨道上来。

当然，宣泄空间对于孩子的很多问题是有效的，但是一旦遇到在这个宣泄空间里也不能解决的问题时，妈妈就要和孩子及时沟通，告诉你的孩子怎样正确控制自己的情绪，在以后遇到同类事情的时候，怎样有效快捷地解决它。

# 第七章　妈妈会说，孩子才会听

## 妈妈要会听，孩子才肯说

### 80/20：对话黄金法则

在夫妻相处的时候，我们经常会发现，当女性需要倾诉的时候，她选择的对象往往不是与自己朝夕相处的丈夫，而是自己的“闺密”。产生这个问题的原因是男女之间对话的目的不同。男性通常是为了解决问题而对话，在没有找到合适的解决办法之前，他们不会轻易开口；但是女性不同，她们是为了表达自己当前的感受才说话的，希望得到的是谈话对象在感情上的认同。

比如妻子对丈夫说：“我今天心情不太好……”丈夫第一个反应一定是：“怎么了？需要我帮你做点什么吗？”其实这时候妻子只是需要丈夫安慰自己一下，但是丈夫的反应显然不是自己需要的，所以妻子就会重复这些话，丈夫最终会忍无可忍：“你到底要我怎么办？”于是矛盾就产生了，因为丈夫的脑子里想的始终是“我必须提出一个解决方案”。

这种现象也会发生在孩子与父母之间的对话中。有时候孩子只是想表达一下自己的情绪，但是父母误以为孩子在向自己咨询“解决问题的方法”。

上三年级的小敏就说过这样一件事：

有一个周末，我正坐在家里看电视，忽然之间感到很无聊，于是就伸了个懒腰说：“啊！好无聊啊！”没想到这时候本来在做饭的妈妈冲了出来，对我说：“无聊就出去玩儿玩儿！要不就去看看书吧！作业做完了没有啊，没做完作业的话哪有时间无聊？”我当时听了特别生气，我的感觉糟糕透了！我只不过说了一句话，只是想关了电视去找点别的事情做，没想到就被妈妈劈头盖脸地批评了一番！我以后再也不跟妈妈说这些了！

其实这时候的小敏就像夫妻关系中的妻子一样，她只是想表达自己的感受，并期望得到妈妈的认同，她并不需要妈妈的主意或批评。

父母与孩子沟通时的对话可以分为两类，一类是“试图理解孩子情绪的对话”，另一类是“传递价值的对话”。所谓“试图理解孩子情绪”的对话，就是从孩子的角度出发，用孩子的眼光看世界。当小敏说“无聊”的时候，如果妈妈说“你是因为没有人陪你玩儿才无聊的吗”或者“是不是电视节目太无聊了”，这样就不会引起孩子的反感。因为孩子通过这些对话清楚地感受到了父母为了理解自己所做出的努力。这样说完之后，不管父母再提出什么样的建议，孩子都会努力去接受或者尝试，因为他知道这个建议是爸爸妈妈站在自己的角度提出来的。

而“传递价值的对话”是从父母的角度出发，把想法单方面传递给孩子的对话，它是为了达到教育孩子的目的而发起的对话。指出孩子的错误行为，并且向正确方向引导孩子的对话都是典型的“传递价值的对话”，比如“你一定要认真听讲”“回家之后必须先完成作业”等。

看到这里，有些家长可能会想，既然孩子不喜欢“传递价值的对话”，那我们就只进行“试图理解孩子情绪的对话”好了。这种想法是不正确的，因为亲子之间的相处毕竟不是夫妻间的相处，孩子的世界观和价值观尚未形成，如果这时候只是单纯地进行“试图理解孩子情绪”的对话，孩子很容易误入歧途。

“试图理解孩子情绪的对话”和“传递价值观的对话”不能独立存在。父母在与孩子对话的时候，一方面要关注孩子的心情，另一方面也要把正确的价值观传递给孩子。现实生活更多的父母倾向于只传递价值观，他们认为，这些才是真正为了孩子的将来好，其他的都是次要的。如果父母只关注“传递价值观的对话”，孩子就会不自觉地对父母的话产生抵触情绪，因为在传递价值观的对话中，父母难免会批评和指责孩子，孩子的自信心就会受到打击，时间长了，他就会逐渐远离不承认自己能力的父母。所以，“试图理解孩子情绪的对话“和“传递价值观的对话”必须取得平衡。那么这两种对话如何才能平衡呢?

这就需要父母掌握和孩子对话的技巧，那就是著名的80/20法则。80/20法则原本是经济学中的一个公式，意思是说如果抓住了事情的关键，那么只要付出20%的努力，就可以取得80%的成效。因此在与孩子的十句对话中，至少有八句应该是关心、理解和赞同孩子情绪的对话，而剩下的两句可以是传递父母价值观的对话，这样孩子就能自然地接受父母的教育而不会产生逆反心理。

## 孩子有说话的权利，妈妈才有“听话”的机会

露露是小学四年级的学生。最近，张老师发现原本活泼开朗的露露变了。

露露以前爱说爱笑，上课积极发言，现在却变得沉默寡言，总是一个人发呆，学习成绩也下降了。经过细心地了解，张老师终于知道了露露不爱说话的原因。

露露以前很活泼爱说话，每天放学后，都会把学校里发生的趣事说给妈妈听，可露露的妈妈是个对孩子要求非常严格的人，她几乎把全部希望都寄托在露露身上，希望露露将来能考上一所好大学，出人头地。也正是这个原因，妈妈对露露的学习抓得特别紧。妈妈觉得露露说的这些话都没用，简直就是在浪费时间，所以每当露露正说得高兴的时候，妈妈总是会不耐烦地打断她：“整天只会说些废话，这些话有用吗？一点用也没有！你把这心思放在学习上多好，快去做作业！”最近一次露露说班里发生的一件事，正说得兴高采烈时，妈妈忽然凶巴巴地说：“说你多少次了，让你别说这些废话，你还说，如果你以后再记不住，看我不打你！”吓得露露一个字也不敢多说，灰溜溜地逃回了自己的房间。

慢慢地，露露在家里话越来越少了，每天放学都闷在自己的房间里，因为妈妈不让她出去玩儿，渐渐地，露露的性格也就变了。

从露露的情况来看，亲子之间的沟通是影响亲子关系和塑造孩子性格的重要方面。许多父母都忽视了与孩子的交流，不重视倾听孩子的想法。也许短时间内，父母还会沾沾自喜，认为孩子变得乖巧听话了，但是时间久了，对孩子产生的不良影响就会表现出来。

父母不让孩子把话说完，一方面不利于孩子语言表达能力的发展，另一方面也使孩子产生自卑情绪。让孩子对着爸爸妈妈诉说内心的感受，是提高语言表达能力、增强社会交往能力的极佳机会。

每个孩子都渴望有人能听自己说话，在大多数的情况下，如果孩子与父母不能沟通，那就是因为每个人都在说话而没有人听。如果家长们能多尊重一下孩子的说话权，对孩子的倾诉多一点耐心，不急于打断孩子的话，那么孩子遇到事情时就会乐于向父母倾诉，同时与父母建立良好的沟通关系。

如果你发现自己与孩子不能进行良好的沟通，那么请你看一下自己是否有以下的行为？

不注意孩子倾诉的需求，当孩子有话与你说时，总是以“忙”为由，不去倾听。

孩子兴致勃勃地诉说时，你经常不耐烦地将其打断。

现实中，大多数妈妈在生活上都对孩子十分关爱，可是在真正平等地对待孩子、尊重孩子等方面做得很不够。

当孩子学习和生活上遇到什么问题向妈妈诉说时，稍微不顺妈妈的意，话就可能被强行打断，有的时候还可能会换来一顿责，甚至打骂。面对拥有强权作风的妈妈，孩子们只能把话咽回去。据一项调查表明，70%以上妈妈承认没有耐心听孩子说话。

孩子的说话权得不到妈妈的尊重，久而久之，孩子就会与妈妈产生对抗情绪，以至双方相互不信任，沟通困难。一旦孩子的想法得不到妈妈的重视，他就会把自己的秘密埋在心里，做妈妈的也就很难再有机会知道孩子的所思所想，这样教育孩子的时候也会感到无所适从。

为了避免这种情况的发生，当孩子说话时，妈妈无论有多忙，一定要用温柔地注视着孩子，不要随意插嘴，尽量表现出你听得很有兴趣的样子，让孩子能够完整地发表他的观点，如果你在某一重要原则上表示不同意他的看法，应该明确地告诉孩子你不同意他的什么观点，并说出理由。此外在提出反对意见时要注意态度，不要过于武断，也不应该否定一切。即使孩子是在胡说八道，也要控制自己的脾气，不能妄下定论，直到确定自己完全理解清楚后再说出自己的看法。

妈妈应该尽可能多地与孩子交流，而且应该试着用不同的方法使孩子愿意跟妈妈交流。妈妈在倾听孩子说话时，应该更加富有同情心和耐心，应该努力地尊重孩子，从孩子的角度就分析问题和解决问题，这样才能营造出更加友好的语言氛围。

同时，妈妈应该学会正确“听话”，在听的过程中不责备、不打岔、不否定，以便孩子可以畅所欲言，也便于妈妈看清孩子的内心世界，并在此基础上创造出更多与孩子交流的机会。

每个孩子都有自己的想法，需要有个会“听话”的妈妈来倾听。妈妈只有尊重孩子说话的权利，积极做个会“听话”的妈妈，才能够有机会了解孩子的想法和感受，亲子之间才能良好沟通，并建立和谐的亲子关系。

## 再忙也要留下和孩子对话的时间

一个初中一年级的男生曾经对老师说："我很害怕放假。"老师很奇怪，就问他究竟是怎么回事。他说："放假在家里，爸爸妈妈都上班了，只有我一个人在家，我特别害怕，也很孤独，根本没有人跟我说说话。爸爸妈妈一点也不了解我，他们只会问：'作业写完了吗？''这一天你都干什么了？'他们从来不问我在想什么，也不和我聊天。我想说的话只能晚上说给星星和月亮听。我不喜欢放假，我喜欢上学，因为学校里有同学，和同学在一起我感到很开心。"

一项"家庭教育大调查"显示，60%的妈妈每天与孩子相处的时间有4个小时左右；亲子共处时，最常从事的活动是：35%的妈妈看电视，25%的妈妈在辅导孩子学习，剩下的则是其他如游戏等。而妈妈每天和孩子说话的时间，则基本上在半小时以内，而且说话的内容多是教育性的。

许多妈妈觉得给孩子吃好的、穿好的，关心他的学习，孩子就会感到很幸福。其实科学研究证明，最有威信的妈妈反而是那些每天能安排一些时间和孩子说话的妈妈。要让孩子感到幸福，绝不仅是提供物质上的满足，更重要的是与孩子在精神上有很好的沟通。而每天抽出一定的时间陪陪孩子，就是与孩子进行精神交流的最好渠道。

但是在现在的社会中，上班族妈妈越来越多，他们常常是在跟时间赛跑。有时回到家里，孩子已经睡了。然而，聪明的妈妈总是能够挤出时间陪孩子聊聊天，分享他的心情。

下面这个职场妈妈就想出了一个聪明的办法：

> 我把抽出时间与儿子交流作为每天的工作内容之一。我下班晚，于是就要求自己每天中午必须抽出半小时与儿子“煲电话粥”。开始的时候，我主动打电话给儿子，问他学习有什么困难，老师对他有什么要求，需要妈妈给什么帮助？开始，儿子不太喜欢说这些，但是经不住我的启发和开导，慢慢地他就把学校的困难，与同学的交往，甚至有哪个同学欺负他等，都讲给我听。听完他的问题，我会帮他分析原因，引导他正确处理，使他感到每次与妈妈“煲电话粥”都很愉快。渐渐地，每天中午，我不打电话给他，他就会打电话给我，向我汇报学习上的困难，讲述生活中的趣事。他还调皮地称中午时间是“妈妈时间”。

其实，即使真正陪伴孩子的时间很短，但是只要注重质量，仍然能让孩子感受到你对他的爱，建立良好的亲子关系。当孩子感到妈妈的爱与关怀的时候，他的情绪就会变得稳定，自信心就会持续增长。

注重与孩子的情感交流，是妈妈与孩子成为知心朋友的前提。与孩子交流的时间最好选在吃饭时和睡觉前，因为这是孩子情绪最为平稳的时候。职场妈妈在工作时，可以暂时把孩子交给保姆、老人或者学校，但是谁也取代不了妈妈在孩子心目中的地位，你一定要挤出时间陪孩子，因为孩子需要和妈妈“单独在一起说话”的时间，他需要从与你的对话中感知你对他的爱，从而获得安全感和幸福感。同时，他也需要你来与他一起分享喜悦，分担痛苦。

如果缺少妈妈的陪伴与沟通，孩子就容易“情感饥饿”。“情感饥饿”的孩子可能会特别任性，偶尔还会做出一些古怪的行为，以引起妈妈对他的注意，同时也可能极端自闭，郁郁寡欢。当孩子出现这些情况以后，妈妈才发现自己的失职并且后悔不已，很可能已经来不及了。因为要修补受到伤害后的亲子关系，解决孩子的“情感饥渴”问题，或许要花很长很长的时间，也许永远也不能实现了。

## 妈妈怎么说，孩子才肯听

### 低声说与大嗓门，哪个更有效

现实生活中，我们总是可以见到这样的场景：面对放声大哭的孩子，母亲越是歇斯底里地高声斥责，孩子哭闹的声音反而越大。实际上，孩子的大嗓门是被母亲的高分贝吊上去的。这种母与子之间的交战，只有等双方中某一方的筋疲力尽才能结束。

美国的凯尼让大学语言研究班曾经与美国海军合作，研究在军事行动中一项指令的下达应该以多大的声音发出最合适。实验者们通过电话、舰船上的传声管，向接收者发送各种分贝的声音，结果表明：发送者的声音越高，接收者回答的声音越高；发送者的声音越低，接收者回答的声音越低。

这个规律告诉我们，当交谈双方的情绪处于紧张和敌对时，一方的低声也有助于降低对方的音量，从而缓解双方的对立状态。这就是心理学中的“低声效应”。这种效应给家庭教育的其实就是：有理不在声高。父母在批评孩子的时候，使用较低的声音要比使用较高的声音效果更好，而且越是批评、呵斥的话题，就越应该用低于平日的声调来讲。

妈妈有一天带着3岁的铭铭到邻居家做客。铭铭刚开始还很安静，但是过了一会儿，就开始在别人家床上蹦蹦跳跳，张牙舞爪。看到这种情况，铭铭的妈妈没有发怒，而是走到铭铭跟前，用轻得几乎让人听不见的声音在铭铭的耳边说：“你觉得不经允许就随便在人家床上乱蹦乱跳，是一件好事吗？”

妈妈的声音十分轻柔，脸上挂着和蔼的微笑，但铭铭像听到了严厉的批评一样，马上停止了乱蹦。

其实这个事例就体现了“低声效应”的作用。在家庭教育中，降低声调、压低声音的讲话方法有很多好处。

首先，从物理学的意义上来讲，一方用低声讲话，对方就必须集中精力才能听清。在这种情况下，即使他并没打算认真听这些话，但是由于条件反射的听觉动作，还是会不自觉地捕捉你谈话的内容，并进行理解。

其次，洪亮的声音一般是用来面向公众的，比如用于演讲、舞台剧等；而小声说话则突出强调了这是两个人之间的谈话，不涉及其他人，是针对个人私下里讲的话，所以很容易形成一种“促膝长谈”的良好气氛。这对于正在挨批评的孩子来说，是一种不会引起紧张感的气氛。

此外，低声讲话给人的感觉是“理性”的表述，而不是感情的宣泄。低声讲话可以让听话的人感到你是理智的，从而让自己的话更有说服力，同时也促使听话的人保持理智。如果孩子在你的面前大声哭闹，那么你必须首先保证自己的情绪不被孩子的情绪感染，然后才能理智、冷静地分析孩子哭闹的原因，进而把孩子从波动的情绪中引导到理智的状态中来。

用不同于平日说话的低声来跟孩子交谈，其实也是在暗示孩子：现在爸爸妈妈的态度是异乎寻常的郑重，你一定要认真听才可以。

总之，低平的声音、沉稳的语调，能够促使对方认真倾听你的谈话，至少可以防止父母在教育子女时与孩子竞相拔高声音，使矛盾升级。低声说话可以使双方都处于冷静自制的状态中，可以为进一步说服孩子创造条件。相反，面红耳赤、声嘶力竭地数落孩子只会起到适得其反的效果。

### 一个拥抱胜过十次说教

在人际交往中，身体语言往往能比口头语言传递更多的信息。所以父母在和孩子的交往中，不仅要留意自己的语言所传达的信息，还要学会利用身体语言。

当孩子跌倒的时候，我们常常可以看到一些家长嘴里说着：“宝宝快起来，不疼不疼！”可是脸上带着惊慌失措的表情，手也不由自主地伸向孩子。孩子看到妈妈这时候的表情，就会大哭起来。

其实孩子年龄虽小，但是第六感是相当敏锐的，他们能从父母微妙的表情和动作中判断出父母的态度。如果在孩子跌倒的时候，以坚定的目光看着孩子，并对孩子说："自己起来吧！"孩子就会知道父母不会帮助自己，然后就会自己站起来。

曾经有这样一个实验：

> 让妈妈面无表情地看着正在笑的6个月大的孩子，结果，不一会儿，孩子就不再笑了。当妈妈离开后，再次回到孩子身边时，他根本就不看妈妈。这个实验证明，面无表情或郁郁寡欢的妈妈很容易刺伤孩子的心。孩子虽小，但他能清晰地从妈妈的表情、动作上感觉到妈妈的态度。

也许父母不知道，孩子对于表情的敏感程度，远远超出了家长的想象。据研究，在孩子语言能力没有成熟前，父母与他交流时，这种非语言的表达方式能占到97%的比重。大一点的孩子就更不用说了，他们更善于观察父母语言之外的其他东西。因此父母在与孩子的交往中，一定要留意自己的身体语言所传达的信息。

> 当孩子想妈妈或者被别的小朋友欺负了，妈妈可以把孩子搂在怀里，脸贴着脸，缓缓地拍着他的背部，嘴里轻轻地说些安慰话，这样孩子那颗惊恐失措的心会渐渐趋于平静。当孩子说着不着边际的话时，家长最好也要面带微笑地等他说完再发表见解，可以伴些手势和面部表情，这会使孩子觉得自己像大人一样被尊重。当和孩子玩儿游戏时，调皮的孩子故意耍赖，妈妈要么刮刮他们的鼻子，要么摸摸他们的头，再不然就亲亲他

们……这时候孩子们就会围着妈妈又蹦又跳，显得特别开心。

总之，除了正常的语言交流外，家长适时地给予孩子的一个拥抱或者一个吻，都可以很好地激发孩子的积极性，让他们体会到父母的可亲可敬。而对于那些调皮捣蛋的孩子来说，父母一个严厉的眼神，也许比责骂更有效果。

此外，在父母和孩子的交往过程中，还要学会读懂孩子的身体语言，以此来“透视”孩子的内心世界。当一个小孩撒了谎的时候，他很可能会在说完之后立刻用一只手或双手捂住嘴巴；如果不想听父母唠叨，他们会用手捂住耳朵；如果看到可怕的东西，他们会遮住自己的眼睛。当孩子逐渐长大以后，这些身体语言依然存在，只是会变得更加敏捷让别人不易察觉。

一个妈妈在与孩子谈话时，十分注意孩子的眼神。她这样总结自己的孩子：“孩子眼神定向专注，表示注意力集中；眼珠发亮，表示思维活跃；眼珠放光，表示懂了；眼珠不亮，表示在思考，但还不明白；眼珠亮点闪烁，表示思想上处于矛盾斗争中；眼睛湿润，表示激动。”

不同孩子的身体语言不一定相同，但是只要父母认真观察，就不难掌握孩子的身体语言特点。

而在教育孩子的过程中，父母也要适当地运用肢体语言，这样可以强化口头语言的使用效果。特别是对年龄偏小的孩子来说，父母的肢体语言可以使他们柔弱的心灵得到莫大的安慰，一个鼓励的眼神、一个温暖的拥抱，都会使他们觉得温馨，具有安全感。

了解孩子的肢体语言，就可以在孩子需要帮助的时候像春风一样温暖孩子的心；学会用肢体语言表达自己的情感则会让孩子收获更多的关爱和欢乐。请父母们时刻把这样一句话放在心头：任何时候，孩子都更愿意相信父母的表情，而不是父母的话。所以，不要吝啬自己的肢体语言，让它们带给孩子一份特别的鼓励和关爱吧！

## 翻过亲子沟通的围墙

### 蹲下来，从孩子的角度看世界

在一个圣诞节的晚上，一位年轻的妈妈带着5岁的女儿去参加圣诞晚会。热闹的场面，丰盛的美食，还有圣诞老人的礼物……妈妈兴高采烈地领着女儿和自己的朋友们打着招呼，她原本以为女儿会很开心。但是女儿几乎哭了起来，还坐到地上，鞋子也甩掉了。

妈妈气愤地一把把女儿从地上拉起来，大声训斥一番之后，蹲下来给孩子穿鞋子。在她“蹲下来”的那一刹那，她惊呆了：她眼前晃动着的全是大人的屁股和大腿，而不是自己刚才所看到的笑脸、鲜花和美食。她忽然明白了女儿为什么会不高兴，因为她“蹲下来”的高度正是女儿的身高。这一次，她知道了，只有“蹲下来”和孩子一样高，妈妈才能理解孩子的感受，才能真正和孩子去沟通。

“蹲下来”，不只是指在生理的高度上尽量与孩子保持相同的高度，更重要的是指在心理上的高度要平等，要用认真而亲切的态度，以平等的态度和眼光把孩子看成一个同样需要尊重的独立的人。其实，是否“蹲下来”与孩子说话，只是一种方式问题，重要的是在妈妈心中，是否把孩子真正当作和自己一样，是具有独立人格的个体，这才是问题的本质。只有妈妈在心理上不再居高临下，与孩子完全处于平等的地位时，孩子才会把他的真实想法告诉你。这就是孩子为什么喜欢把心里话对自己的朋友说，却不愿与妈妈说的原因。

美国一位精神病学家曾经说过：“教育孩子最重要的，是要把孩子当成与自己人格平等的人，给他们以无限的关爱。”尊重孩子，认识到孩子也是一个独立的人，有自己的情感和需要，放下做妈妈的架子，使孩子觉得妈妈和自己是平等的，这是妈妈为了孩子的健康成长而所应做的。

可是，在现实生活中，我们经常看到的是妈妈站在那里，大声呵斥孩子：“过来！”“别摸！”从说话态度来看，妈妈用居高临下、命令式的语调和孩子说话显得很威风，可是此时在孩子心目中的妈妈，并不可敬，自然这样的沟通效果就不会好，而且妈妈也很容易失去威信，时间长了妈妈说的话孩子不会听，有些孩子还会产生厌恶妈妈的情绪。无数事例证明，只有妈妈转变姿态，像对待朋友那样去关爱子女，才有可能让孩子感受到平等。

无论孩子的想法多么幼稚，多么没有道理，妈妈也要学会耐心倾听，让孩子尽情倾诉。妈妈只有“蹲下来”和孩子说话，真正同孩子建立起一种平等的朋友关系，才能拉近彼此间的距离，更好地进行沟通和交流；也只有这样，妈妈对孩子的教育才会越来越容易，妈妈同孩子之间的紧张关系才会越来越改善，家庭才会越来越和睦。

总之，“蹲下来”和孩子说话，是增强孩子独立意识的有效方式。“蹲下来”说话，不仅是一种行为的表现，也是一种教育观的体现。只有怀着崇高的责任心和热切的期望才能“蹲下来”；只有把孩子看作是平等的个体才能“蹲下来”。而只有“蹲下来”，妈妈才能平视孩子，才能获得和孩子真正交流的机会，才能真正明白孩子心中所想以及他们行为的真正动机。

另外需要提醒妈妈注意的是，理解孩子的内心感受只能解决问题的一半，更重要的是确认自己的判断与孩子的真实想法是否一致。如果得到孩子的认可，可以采取针对性的解决办法；如果自己的想法与孩子的不一致，那么就要继续引导孩子对自己的行为做出解释，然后再根据具体情况慢慢引导孩子。

## 平等协商，让孩子在民主氛围中成长

葛莹是一个喜欢与孩子协商的妈妈，对此，她非常自豪，她曾经在日记里写道：

我的女儿从没撒过谎，因为她不必撒谎。在家里可以无话不谈，就是说得不好，也不会受到指责。我习惯和女儿商量她的事以及家里的大小事。我们经常坐在一起聊天，而且我们的观点竟是如此接近，很少有意见相左的时候。

“商量”这个词，在母子、母女之间的使用率一般是不高的，而我们将其当作准则。面对任何事情，我从不摆母亲的架子，她也不使独生女的性子，商量的格局便形成了。在孩子很小的时候，这就已经约定俗成。比如她看中了一个玩具，我觉得不妥，便和她商量可不可以不要，强压她会不服，糊弄缺乏诚信，商量则是最佳的途径。更奇特的是，孩子一般都能接受，并且欢天喜地地放弃初衷。

我家里的抽屉都没有锁，女儿可以翻看任何东西，可以随便拿钱。她很小的时候就尽知家底，我也不对她保密。信任是家庭宽松环境的重要因素。

我内心的不快也愿意向女儿透露，我拿不定主意的事情乐于征求她的意见，她还小的时候我便将诸如选择购房这样重大的事情和她商量。

孩子是一个独立的世界，这个世界蕴藏着极大的潜能。潜能的开发，不仅需要个人的努力，也需要父母的尊重、赏识和肯定。有了这样的认识，父母在遇到事情的时候才能够相信孩子，与孩子商量。商量的魅力在于，它可以使自己学会从别人的角度思考问题，并且让孩子感觉到自己被别人尊重，同时，孩子也学会尊重别人和用商量的方法对待父母和朋友。

英国教育家斯宾塞说过：对孩子要少下命令，命令只有在其他方式不适用或失败时才用。要像一个善良的立法者一样，不会因为去压迫人而高兴，而要因为用不着压迫而高兴。

两代人的沟通，最重要的是相互理解、相互尊重。而实现相互理解、相互尊重的方法就是学会商量。如果妈妈喜欢与孩子商量，孩子就会非常乐意与妈妈交流。反之，孩子则会产生逆反心理，封闭自我。

学会与孩子商量，在子女的教育中还有更为重要的一个方面。那就是对孩子提出的要求，我们不能满足或不应满足时，我们不应粗鲁而简单地拒绝，而是要学会与孩子共同商量。这不但可以增加相互的理解，也可以避免一些无谓的争吵；更重要的是它可以教会孩子在社会上怎样与人共事。

每一个孩子都会出现与妈妈意见不一致的情况，孩子们都希望妈妈能够尊重自己的意见。如果妈妈忽视了孩子的主观能动性，一味地用妈妈的威严来压制孩子，孩子即使口头上同意了，内心也无法产生努力的动力，在这种情况下，孩子已经感觉简直就是受罪，怎么还可能与妈妈和睦共处呢?

喜欢与孩子商量的妈妈都是民主的妈妈。在这样的家庭氛围中，孩子渐渐会养成民主的习惯，都愿意主动与妈妈进行沟通，这样的亲子关系是非常令人羡慕的。那么，妈妈应该怎样运用商量来促进亲子关系呢?

1. 孩子的事情一定要与孩子商量

随着孩子的成长，孩子的事情一定要放手让他自己去选择，妈妈不可替孩子包办一切，即使妈妈有自己的想法，也要通过商量的方式，把自己的意见传达给孩子，让孩子权衡利弊后再做出自己的选择。

2. 凡事都要学会商量

不管什么事情，尤其是涉及孩子的事情，妈妈都不要自做主张，要学会与孩子商量，取得孩子的同意和认同。

3. 多些商量，少些命令

妈妈不管要求孩子做什么事情，一定要用商量的口吻，而不要用命令的口吻。比如，在提醒孩子不要看电视时，可以说："你现在是不是该做作业了，做完作业可以再看会儿电视。"而不要简单粗暴地说:“别看电视了!”或“没做完作业看什么电视?”商量的语气对孩子来说非常重要。因为商量的语气代表着你尊重孩子,关心他的感受,孩子进而会对你产生好感和信任,这对促进亲子沟通非常有效。

总之,妈妈要学会与孩子商量,这样不仅可以增加相互之间的理解,避免许多无谓的争吵,还能够教会孩子为人处世,促进孩子健康成长。

# 第八章　不可或缺的逆商教育

## 告诉孩子：没有人会一直做赢家

### 你的孩子是不是个“瓷娃娃”

不少妈妈认为，儿童年龄小，心理承受力差，只能接受良好的环境，并且以为“挫折”只能给孩子带来痛苦和紧张，所以把挫折看成是有百害而无一利的事情，无形之中孩子就被妈妈培养成了碰不得的“瓷娃娃”。其实，心理学家研究发现，让孩子从小就遭受一些挫折是很有好处的。作为孩子心目中偶像的妈妈，应正确地看待挫折的教育价值，把它看成是磨炼意志、提高适应力和竞争力的有力武器。

霍英东找到的第一份工作，是在一艘旧式的渡轮上当加煤工。可是他的身体实在太单薄了，顾得上铲煤就顾不上开炉门，刚上班就被辞退了。不久，霍英东找到了第二份工作，日本占领军扩建启德机场，需要大量劳工，但工资非常低，每天只给两百克米和七角五分钱。而霍英东从他家所在的湾仔乘车到机场，路费就要八角钱！霍英东没有办法，只好多吃苦步行，省下这笔交通费。

他每天天不亮就起床，步行赶到码头，花一角钱渡过海，然后骑车赶到机场上班。劳工们干的都是苦力活儿，挖石抬土，消耗很大，但食物很少，一天只能吃到一碗粥和一块米糕。霍英东总是感到又累又饿。有一天，工头让他去搬重达两百多升的煤油桶，结果被砸断了一根手指！工头也是中国人，出于同情，把霍英东调去学做汽车修理工。可是没过多久，喜欢冒险的霍英东自己试开汽车，结果把车撞坏了，又被炒了鱿鱼。

对于霍英东经历的这一切，母亲从来没有责备过他，而总是极力鼓励和支持，使得霍英东有了继续奋斗的勇气和信心。经历了无数挫折和艰苦，霍英东最终成为人们眼中的超级成功人士。他是国际著名的房地产产业的巨头，亿万富翁。由他创办的霍兴业堂置业有限公司，拥有香港建筑所必需的国产海沙的输港专利权，形成了一个遍布海内外的庞大工商业体系。

霍英东能够取得成功，不仅是因为他有一个聪明的大脑，合适的机遇，还跟他个人的努力分不开。但是最重要的还是妈妈对他的支持，对他挫败经历的认同和鼓励。

生活不是理想中的世界，生活中充满失败与挫折，所以妈妈们应该让孩子从小就懂得这一点，并培养他们在失败与挫折中奋进的勇气。妈妈可以通过古今中外许多历史人物或现代成功名人的例子，让孩子知道“失败”并不可怕，可怕的是一蹶不振和永远地放弃自我。要让他们从小知道，失败并不可耻，只要肯努力，总会成功的。

有道是“人间没有不凋谢的花，世上没有不曲折的路”。妈妈要教育孩子坦然地面对挫折，把挫折看作是前进道路上必经的关口，从而增强心理的韧性。同时妈妈还要指导孩子调整努力的目标，扬长避短，努力发挥自己的优点和长处。

任何人的成长都要经历无数的挫折。如果孩子总是一帆风顺，那么一旦遇到困难，就会情绪紧张，束手无策。因此，妈妈在平时应有意识为孩子创设挫折情境，为孩子打下勇于面对困难的预防针，让他获得应对挫折的适应能力。比如妈妈可以让孩子负责某件事情等，但要注意，障碍设置难度要适中，否则屡次失败，容易引起孩子的自卑。

心理学家们研究发现，当孩子真的遇到挫折时，妈妈不能置之不理，采取“无视”态度或者指责、谩骂孩子，而应帮助孩子认真分析挫折产生的原因，采取正确的方法战胜挫折。同时还应让孩子认识到挫折本身并不可怕，重要的是要敢于面对挫折。因此，妈妈在孩子遇到挫折时，适时地扶他一把，给予鼓励，才能帮助孩子学会忍受暂时的焦虑与不安，加强对困境和压力的容忍力，并且有信心和方法去克服困难。

心理学家们指出，挫折是人生的一部分，接受它，就是接受成长。所以，妈妈要认识到，孩子一生中不遇挫折是不可能的，要想让孩子在竞争中立于不败之地，必须对孩子进行挫折教育，不让孩子变成碰不得的“瓷娃娃”。在适当的环境下放开手脚，留给孩子一个生活自理的空间，让他在摔倒中逐渐增强抗挫的能力，使孩子能始终保持积极心态，形成执着的品性。

## 世界“不公平”，心情要平静

妈妈们都明白，生活不总是公平的，就像大自然中，鸟吃虫子，对虫子来说是不公平的一样，生活中总会有些力量是阻力，不断打击和折磨孩子。外界的事物什么样，这由不得孩子去选择和控制，但用什么样的态度去对待，可以由孩子自己做主。面对生活中的种种不公正，能否使自己像骆驼在沙漠中行走一样自如，关键就在于孩子是否足够的坚忍，能够用一颗平静的心去面对，这也是成大事者的一种格局。

周晓龙今天很不开心，因为自己的劳动成果被别人窃取了。

事情是这样的，上周学校组织了一场英语演讲比赛，对于英语每次都拿“优秀”的周晓龙来说，他决不会放过这次锻炼自己的大好机会。不过学校对参赛选手有个要求，就是所有参加比赛的稿子都必须是原创。于是周晓龙用三天时间翻阅各种资料完成了一篇非常满意的稿子，就等着比赛那天“惊艳全场”。

时间很快到了比赛的前一个晚上，同是参赛选手的余天看晓龙这么胸有成竹，提出想看看周晓龙的稿子：“嘿，晓龙，明天就比赛了，把你稿子给我看看行吗？”

作为好朋友，周晓龙当然没有拒绝：“可以，等会儿我就把稿子给你。”

让周晓龙没有想到的是，余天看完稿子后竟然把最精彩的几段挪用到了自己的稿子上，那天的比赛余天在周晓龙前面出场，于是裁判们普遍觉得余天的稿子更胜一筹，把冠军给了余天。

结果出来的时候，周晓龙差点哭了出来："明明是我写的稿子，余天凭什么窃取我的东西？而且让人无法接受的是评委竟然把冠军给了那个'抄袭者'，这也太不公平了！"

我们必须承认生活是不平等的这一客观事实，但这并不意味着消极处世，正因为我们接受了这个事实，我们才能放平心态，找到属于自己的人生定位。命运中总是充满了不可捉摸的变数，如果它给孩子带来了快乐，当然是很好的，孩子也很容易接受，但事情往往并非如此。有时它带给孩子的会是可怕的灾难，这时如果孩子不能学会接受它，反而让灾难主宰了孩子的心灵，生活就会永远地失去阳光。

威廉·詹姆士曾说："心甘情愿地接受吧！接受事实是克服任何不幸的第一步。"孩子一定要学会接受不可避免的事实。即使孩子不接受命运的安排，也不能改变事实分毫，孩子唯一能改变的，只有自己。面对不可避免的事实，我们就应该学着做到诗人惠特曼所说的那样："让我们学着像树木一样顺其自然，面对黑夜、风暴、饥饿、意外等挫折。"

心理学家说，生活的不公正能培养美好的品德，孩子应该做的就是让自己的美德在不利的环境中放射出奇异的光彩。明白了这些，孩子就能够善于利用不公正来培养自己的耐心、希望和勇气。比如在缺少时间的时候，孩子可以利用这个机会学习怎样安排一点一滴珍贵的时间，培养自己行动迅速、思维灵敏的能力。就像野草丛生的地上能长出美丽的花朵，在满是不幸的土地上，也能绽开美丽的人性之花。

孩子也许正为一个专横的朋友而心烦，并因此觉得很不公平，那么放平心态，不妨把这看作是对自己的磨炼吧，用亲切和宽容的态度来回应朋友的无理取闹。借着这样的机会磨炼自己的耐心和自制力，转化不利的因素，利用这样的时机增强精神的力量。而朋友经过你的感化，将会认识到自己行为的不妥，从而改变对孩子的不公正的做法。同时，孩子自己也将提升到更高的精神境界，一旦条件成熟，孩子就能进入崭新的、更友善的环境中。

**放手，让孩子去失败**

心理学家们告诉妈妈，孩子是通过失败来学习的，经历过挫折、困难，孩子才能够有所领悟，获得成长。但是，性急的妈妈总是会因为孩子的困难和失败而心痛，从而剥夺孩子领悟如何从失败中学习的机会。

妈妈要想孩子独立性强，自律性高，就必须让他自己从失败和挫折中领悟和学习。妈妈要有让孩子自己努力赢得自己想要的东西的智慧。如果妈妈要提供帮助，也应该是真正有意义的帮助，而不是干涉和唠叨。

一位母亲为她的孩子伤透了心，她在心灰意冷的情况下去找心理医生。

医生问:“当您的孩子第一次系鞋带时，打了个死结，从此之后，您是不是再也不给他买带鞋带的鞋子了？”母亲点点头。

医生又问:“孩子第一次刷碗的时候，打碎了一只碗，从此以后你是不是再也没用过他刷碗？”母亲称是。

医生接着说：“孩子第一次整理自己的床铺，用了很长时间，您看不过去，从此代替他叠被子，是吗？”这位母亲惊愕地看了医生一眼。

医生又说：“孩子大学毕业去找工作，您怕孩子找不着工作，便动用了自己的关系和权力，为他谋得了一个令人羡慕不已的职位。现在您却为孩子的适应能力太差而感到恐慌！您怕他不能胜任一份好工作，怕他娶不到媳妇，怕他以后过得很凄惨……”

这位母亲更惊愕了，从椅子上站了起来，凑近医生问：“你怎么知道的？”

“从那根鞋带知道的。”医生说。

母亲问：“我以后该怎么办才好？”

医生说：“当他生病的时候，您最好带他去医院；他要结婚的时候，你最好给他买好房子；他没有钱时，你最好及时给他送钱。这是你今后最好的选择，别的，我也无能为力。”

母亲这种不肯放手让孩子去为自己的未来负责的爱，伤害了孩子，使他适应外界环境的能力，即“自适应心理”长期处于停滞生长状态或休眠状态，最终成为“母爱”的牺牲品。

在心理学上，“自适应心理”是指人们自我调节，应变适应环境的能力。这种能力与生俱来。保加利亚学者佩尔努曾做过一段描述：“婴儿被相当于200牛的力推出，从温度为37摄氏度的温暖母体腹水中被抛了出来。在那个环境中，他像宇航员处于无重量的状态，现在来到空气温度为20摄氏度左右的寒冷环境中，而且在这个环境中还必须呼吸。”从他的这段论述中，我们不难看出，新生婴儿脱离母体的那一刻起，就已经用他天生的自适应能力来积极回应母亲子宫之外广阔的生活。他不仅能够适应这种内外温差，而且很快便开始在这种环境中健康成长。接下去，他会积极地适应家庭生活，以后还要适应复杂的学校生活，继而要适应更复杂的社会生活。

孩子不仅天生能够自我调节，适应外界环境，而且也确实应该主动去适应，这无疑对他们的未来产生极大的推动作用。心理学家认为，那些自适应心理素质好的孩子，他们对未来有着强烈的求知欲，他们会有选择地接受未来发生的事情，理智地分析生活中的变化。他们有主见，不盲从，明白想要的未来轮廓。因此，他们能够用“未来”的要求来规划自己的行为和思想，不断为成长增值。

如果妈妈总是为孩子提供“善意的帮助”，剥夺孩子独立的处事能力，那么孩子长大后势必无法把握自己的生活。所以妈妈们不如放开手，让孩子去接受挫折的存在。在孩子向尚未经历过的事情挑战时，一般会饱受失败的折磨。不过，忍耐这种痛苦也是一种必需的经验。孩子在这个过程中，会调用内心深处的“自我帮助系统”来协助自己处理挫折与失败，从中得到各种各样的处理事情的方法。从而使稚嫩的“羽翼”渐进丰满。

## 孩子遭受挫折后怎么办

### 正确归因，让孩子认清事实

心理学家说，犯错是孩子的惯常行为之一，错误本身并没有可怕之处，最让人担忧的是，当错误已成事实的时候，孩子却选择了逃避，而没能从中学到生活的经验。由此，当孩子犯了错误之时，妈妈绝不能毫无原则地让步，更不能姑息放任。妈妈必须帮助孩子正确归因，让他们认清事实，知道自己为什么失败，为什么犯错，错在什么地方。

报纸上曾经登载过这样一件事：

> 三年级学生李某一天放学后走在回家的路上，两名中学生拦住了他的去路："喂，借点钱给我们用用。"10岁的李某虽说从来没碰到过这种场面，但也毫不示弱："我不认识你们，没钱。"其实，那两人早就看到他的裤袋里藏了个鼓鼓的钱包，干脆抢了就跑。这可是李某攒了180天的零用钱，共180元。他哭着喊着去追赶，可哪里还追得上。旁边的大人还以为是小孩在吵架，谁也没当回事。
>
> 一星期后，李某在班主任许老师的护送下，与同学一起排队走出校门。上次抢钱的一名中学生出现了，不同的是，这次他的身边还站着一个大人。大人把李某叫

到一边说:“对不起，我儿子不争气，抢了你的钱包。你的180元钱和钱包现在在他同学手里，我马上通知那个同学的家长。”只一刻钟，当时结伴抢钱的另一名学生也赶到了，大人让两个孩子一起向李某道歉。

原来，这名抢钱的中学生的妈妈得知儿子与同学合伙抢了一名小学生的钱包后，寝食不安，仅凭儿子一句“那个学生可能在某某学校读书”，她便每天上学放学，带着儿子到那一带的小学逐个儿认人，终于发现了背着书包排队出来的李某……

这位正直而充满勇气的妈妈，用另一种方式，一种比惩处更有效的方法，为自己的儿子、为更多的妈妈上了生动的一课：当孩子犯了错误时，千万不要偏袒他们，而是应该正确归因，让孩子认清事实，让他们为自己的行为担起责任。

心理学家指出，躲避责任，只会让孩子留下人生的硬伤，甚至一错再错。生活中，当孩子犯了错误的时候，家长们要把握好分寸，让孩子多从自己身上寻找原因，不断完善自己，学会为自己所经历的一切负责。有一个年轻人，他在自己的文章记录了母亲在一件事情上给过他的启悟：

中学时，我是住校生。每次离家前，母亲总不忘叫我带上一小袋米，因为我所就读的中学要求学生自己带米。

又是一次返校，因为疲劳，一上车我就昏昏欲睡。突然，一个紧急刹车把我从梦中惊醒。我睁开眼睛，浑浑然间感觉前面有一摊耀眼的白色。定睛一看，我大叫起来——“天啊，我的米！”不知何时，米袋口脱开，米从袋子里滚落下来，摊在地上成一堆白色。当我失声尖叫的时候，一个冷漠的眼神从旁边斜射过来。我看见一张写满不屑的脸，仿佛在告诉我他看到了米滑落的整个过程。刹那间，我的整个肺都要气炸了，他怎么可以这样冷漠？世界上竟然还有这样的人存在！我不知道应该用哪一种方式让自己平静。我只是蹲在那个年轻人的面前，用双手一捧一捧地把米送回袋子，然后安静地等着下车。

此后，我一直被一种从未有过的愤怒和惆然所包围。我开始怀疑一些东西，重新审视身边的一切。

当我又一次回到家里，讲述那天车上的遭遇时，我余怒未消，用最狠毒、最丑恶的字眼来诅咒同车的那个年轻人。我满以为母亲会与我同仇敌忾，声讨这个年轻人的劣行。不料母亲却平静地说：“孩子，你可以觉得委屈，甚至可以埋怨，但你没有权利要求别人去承担你自己的责任和过失。作为母亲，我只能希望我的儿子在别人的米袋口松开时，能帮忙系上。”

这位母亲的语言中充满了智慧，她很平静地告诉了儿子一生做人的道理：凡事不要把希望寄托在别人身上，更不要埋怨别人，永远也不要盼望着让别人来为你担当责任。从这位母亲的做法之中，我们可以参悟出培养孩子的心得：我们可以从身边的平凡小事中延伸到立身社会、处世做人的准则，经常告诫孩子凡是自己做错的事，自己就要负责任地做好，不能让别人来替你收尾，甚至来承担责任和弥补你的过失。自己的事情自己负责，这样的孩子在进入社会时，才会少一些尴尬，多一分练达。为自己的过错担当责任，孩子在面向广阔的人生天地时，才能赢得别人的信赖，并会有所成就。

**失败也是另一种收获**

失败带给孩子的除了痛苦、失望就没有其他收获了吗？

失败的结果就一定是惩罚吗？

其实不然，在这个世界上，每一个人都经历过无数次的失败。当然，也包括富人在内，他们的成功也并非是一帆风顺的。

一位成功人士曾这么说："人生是一个积累的过程，你总会摔倒，即使跌倒了也要懂得抓一把沙子在手里。"记得一定要抓一把沙子在手里，只有这样才有摔倒的意义。所以妈妈可以告诉孩子，跌倒并不可怕，关键在于孩子将如何面对跌倒。如果孩子经受不住跌倒的打击，悲观沉沦，一蹶不振，那么跌倒便成了他们前进的障碍和精神的负荷。如果孩子将跌倒看成是一笔精神财富，把跌倒的痛苦化作前进的动力，那么跌倒便是一种收获。

瑞典电影大师英格玛·伯格曼是对现代电影最具影响力的导演之一，曾经重重地跌倒过。

1947年，电影《开往印度的船》杀青后，出道不久的伯格曼自我感觉棒极了，认定这是一部杰作，"不准剪掉其中任何一格镜头"，甚至连试映都没有就匆忙首映。结果拷贝出了重大灾情，糟透了！伯格曼在酒会上将自己灌得不省人事，次日在一幢公寓的台阶上醒来，看着报纸上的影评，惨不堪言。

这时，他的朋友笑容可掬、幽默地说了一句话："明天照样会有报纸。"

此话给伯格曼深深安慰。明天照样会有报纸，冷嘲热讽很快都会过去的，你应该争取在明天的报纸上写下最新最美的内容。

伯格曼从失败中吸取了教训，在下一部电影的制作中，只要有空就去录音部门和冲印厂，学会了与录音、冲片、印片有关的一切，还学会了摄影机与镜头的知识。从此再也没有技术人员可以唬住他，他可以随心所欲地达到自己想要的效果。一代电影大师就这样成长起来了。

有时，我们虽然没有收获胜利，但我们收获到了经验和教训。失败让我们真正了解了世界，失败也让我们重新认识了自己。失败虽然给我们带来了痛苦和悲伤，但失败也给我们带来了深刻的反思和启迪。

心理学家们说，孩子的人生有高潮，也就会有低潮。有时候危机会成为一种打击，将孩子击倒在地，但是孩子千万不要就此一蹶不振。相反，孩子应该勇敢地站起来，因为当孩子站起来之后，他们会发现：危机已经走远。如果孩子站不起来的话，危机将永远压在他们的身上。危机就像闪电，它可以将孩子一时击晕，使孩子昏迷在地，但是醒来之后，孩子依旧可以顶天立地，而这时雷电早已消散无踪。那些跌倒了也要抓一把沙子的孩子，便领会了重新站起走向成功的真谛。

## 挫折越多，成长越快

在心理学上，有一个概念叫“跨栏定律”，是心理学家阿费烈德提出的，即一个孩子的成就大小往往取决于他所遇到的困难的程度。也就是竖在孩子面前的栏越高，孩子跳得也就越高。

按照“跨栏定律”，可以解释生活中的许多现象，譬如盲人的听觉、触觉、嗅觉都要比一般人灵敏；失去双臂的人的平衡感更强，双脚更灵巧，所有这一切，仿佛都是上帝安排好的，如果人们不缺少这些，仿佛就无法得到它们一样。按照这个定律，如果孩子所遭遇的挫折越多，那么成长得也就越快。要知道一个人的缺陷有时候就是上苍给他的成功信息。

蔡耀星，台湾花莲泰雅族人，因家境贫穷，小学毕业即当了学徒。16 岁时，他在工作中误触高压电，伤势非常严重，辗转进入了一家医院，才从死神手中抢回一条命。但是他双手全被截去，这注定他往后一辈子都是“无臂残障者”。

由四肢健全，一下子变成“无臂人”，真是晴天霹雳啊！然而祸不单行，父亲车祸过世，母亲改嫁，妹妹也远嫁，他一人独居多年，但“生命还是要活下去啊”！

没有手，怎么吃饭？蔡耀星看狗儿如何吃，就学狗儿一样“直接用嘴吃饭”！没有手，怎么穿衣服？他学会用嘴巴、用脚指头，慢慢将衣服套上！别人都是“双手万能”，可是，他是“双脚万能”，凡是洗头、洗脸、刷牙等全都靠双脚来完成！连洗米、煮饭、切菜、切肉，也都用双脚来操作，一“脚”的好功夫，真是已经“神乎其技”了。而今天的成就，是十年来，他辛酸走来的血与泪啊！

“我相信苦难会让我成长得更快，虽然以前我靠养鸡鸭、捡蜗牛为生，但我还是天天训练体力，在水中游、在路上走、在沙滩上跑，我不管别人怎么看我，但我要为自己而活！希望有一天，我还能参加残疾人奥运会，这是我最大的梦想！”蔡耀星看着来访的记者，眼中也闪耀着期盼与梦想！

而这番豪言壮语，蔡耀星并不是随便说说而已，因为，无师自通的他，早已在前些年参加台湾区运会，成为蛙式50米、100米，仰式50米的金牌得主；近几年又获得蛙式、仰式等多项金牌，被好多人敬称为“无臂蛙王”。

心理学家指出，挫折是指孩子为满足自己的某种需要，在追求达到特定目标的活动中，遇到了无法克服或自以为无法克服的障碍和干扰，使他们的需要不能获得满足时，所产生的紧张状态和消极的情绪反应。一般而言，容易受挫的孩子往往或多或少地表现出以下的一些特点，如追求不切实际的目标；对追求目标过程中可能遇到的困难缺乏心理准备；能力不足，遇到困难不知如何应付；缺乏自信，把困难夸大成不可逾越的障碍等等。

其实，孩子经历的挫折越多，成长越快。美国著名职业教育专家霍兰德说：“在最黑的土地上生长着最娇艳的花朵，那些最伟岸挺拔的树木总是在最陡峭的岩石中扎根，昂首向天。”确实，苦难是每个孩子生命中的茧，冲破它即成美丽的蝶。

然而在我们的身边，孩子因为妈妈的几句指责就离家出走、因为同学之间的小小矛盾就郁郁寡欢、因为老师的批评就产生逆反心理，厌恶学习，类似的现象屡见不鲜。

反思我们的教育，似乎妈妈在急切地想给孩子们自己没有的东西，却忘记了给他们最基本的，也是最重要的挫折教育、生命教育。结果他们虽然学了很多知识，却经受不了丝毫的挫折。比如现在的很多孩子会因为一次不成功的考试、一次面试的失败、一次老师的批评而结束自己的生命，这对一个家庭一位母亲来说是100%不可承受的结果。

心理学家告诉妈妈们，挫折如弹簧，你弱它就强。逆境充满荆棘，却也蕴藏着成才成功的机遇。只要孩子勇敢面对，就一定能从布满荆棘的路途中走出一条阳光大道。正如培根所说，“奇迹多是在厄运中出现的”。因为每个孩子的心底都有一座潜能的宝库，它无时无刻不在运动，一旦达到爆发的极限，它就将划破黑暗，照亮一切，辉煌孩子的人生，促使它爆发的是一颗永不衰竭的进取心和对幸福生活的向往。想成为一名生活中的强者，孩子就要勇敢地向挫折宣战，像一名真正的水手那样投入到生命的浪潮中去。

## 鼓励孩子多坚持一秒钟

### 让孩子尝到坚持的果实

世界首富比尔·盖茨认为，巨大的成功靠的不是力量而是韧性。如今社会的竞争常常是持久力的竞争，有恒心有毅力的人往往能够成为笑到最后、笑得最好的人，对于孩子来讲，恒心和毅力是成功的必要条件，半途而废、浅尝辄止，那么梦想永远只能是梦想。

心理学家们指出，孩子无论做什么，轻易放弃是不会取得成功的。有时候，孩子多坚持一会儿就会有奇迹出现，多坚持一会儿就能够反败为胜。当事情愈来愈困难时，当失败如同排山倒海般地压过来时，大多数孩子会放手离开，只有意志坚强的孩子才能够坚持到底，不轻易言败，而最后的胜利，也往往属于这些意志坚强的孩子。据心理学家研究，孩子最开始能够坚持去做一件事，是因为他们尝到了坚持的果实。

生物课上，老师在黑板上出了一道题："草履虫有眼睛吗？"对于孩子们来说，这比证明三角形全等有趣多了，于是开始热烈地讨论。

大部分同学认为，既然叫"虫"，当然有眼睛喽，不然它怎么看东西呢。但是韦冰不这么认为，他隐隐约约地记得以前上初中的表哥对自己说过，草履虫是种单细胞动物，没有眼睛，只有鞭毛。于是韦冰告诉周围的同学："草履虫是没有眼睛的。"

听韦冰这么说，大家纷纷质疑起来："你怎么那么确定呢？你的依据是什么？"同桌马小涛甚至说："你敢坚持你的看法吗？如果你赢了，今天的值日我就一个人全包了！"

听大家这么一说，韦冰的心开始打起鼓来："万一我错了多丢脸啊，而且那么多同学都说没有，我应该是记错了吧，可是……"韦冰又想，"我隐隐约约记得好像自己的答案没有错啊，要不要坚持下去呢？”

经过激烈的思想斗争，韦冰还是决定坚持自己的答案，结果等老师公布答案的时候，韦冰果然是正确的。知道这个结果的那一刻，同学们都不约而同地鼓起掌来，为了韦冰能够坚持自己，经过今天的事情，韦冰一下子对自己充满了信心，心里甜滋滋的。

心理学家们告诉妈妈，一个孩子的恒心和内心的梦想结合以后，就会产生百折不挠的巨大力量。很多孩子的失败并不是因为自己能力不济，而是败在自己意志力不强，很多情况下，成功与失败只是一步之遥。据心理学家研究，孩子不敢坚持自己的看法是因为有的孩子属于“温和派”，很少大胆地向别人说“不行”，妈妈说什么他们就听什么，有什么反对意见在妈妈的强行压制下也就烟消云散了，慢慢地就养成了不敢大胆表达自己意见和想法的习惯，总认为别人说的可能说是对的，即使自己的意见正确，也不敢理直气壮地坚持。

还有的孩子害怕遭到妈妈的责骂。如果孩子说出自己的看法后，妈妈认为孩子的看法相当幼稚并且没有逻辑性，往往会指责孩子“反应迟钝”“笨”，于是孩子下次遇到这样的问题，就会为了免于责骂而改变自己的看法。那妈妈应该怎样教导孩子呢？心理学家给出了这么几种方法：

一般欧美国家父母的做法是：鼓励孩子发表自己的意见，提出自己的要求，当孩子的意见和要求不妥当时，立即给予纠正，并说明父母不能满足孩子要求的原因。例如孩子认为自己晚上可以玩儿一会儿电脑，这样有利于调节紧张的学习，如果父母反对，就一定要说出反对的理由：“你是一个自制力不强的孩子，这样会影响你的睡眠，所以我们不同意。”妈妈还可以给孩子参加家庭会议的机会。比如全家人一起商量是否要买新房，认真参考孩子的意见，把孩子当作一个平等的个体来对待，是对孩子敢于坚持的最大鼓励。

### 让孩子把一件事情坚持做下去

心理学家指出，坚持到底，是执着的必备要素，也是孩子成功的重要条件。如果失去了这些条件，即使孩子成人后才识渊博，技能熟练，也无法成功。

卡勒先生曾经说：“许多青年人的失败，都应归咎于他们没有恒心。”的确如此，妈妈们深有体会，大多数青年人，虽然都颇有才情，也都具备干一番大事儿的能力，但他们缺少恒心、缺少耐力，只能做一些平庸安稳的工作，一旦遭遇些微的困难、阻力，就立刻退缩下来，裹足不前。可见，不屈不挠、百折不回的精神，是获得胜利的基础。

但孩子长大后，一旦孩子拥有坚持执着，永不言弃的品质，不论在任何地方，都不难找到一个适当的职位。换种思维考虑，困难其实就意味着机会，解决问题，孩子就能够实现成功。如果妈妈能够引导孩子看清困难背后的现实意义，抱着执着的心态去面对每一项任务，一步一步地坚持努力，那孩子终将克服这些困难，远大的目标也会在这一步一步的努力中最终得以实现。心理学家认为，孩子在克服困难的过程中形成的坚强意志、大无畏的勇气、坚定的信心以及汲取到的宝贵经验和教训，这些都会为他们日后取得更大的成功创造有利条件。所以从现在起，妈妈就可以着手培养孩子，从让他们把某一件事情坚持做下去开始。

以前，妈妈总是把女儿媛媛当成小公主般宠爱着，吃的放在嘴边，穿的放在手边，要星星不给月亮。可是妈妈突然发现，女儿媛媛一到假期就睡懒觉，起床后就窝在家里玩儿电脑。

妈妈生气时责怪女儿媛媛，媛媛就回一句："时间是我自己的，我想睡懒觉就睡！"

哎，其实女儿这样，自己这个做妈妈的责任占大部分，于是妈妈决定：这个寒假，让女儿媛媛晨跑，而且要坚持下去！

媛媛平时很少锻炼，身体有点弱，动不动就感冒发烧。这个寒假，妈妈决定每天早晨陪女儿围着小区慢跑20分钟，相信坚持一个多月，不仅能增强她的体质，也能磨炼她的意志。

寒假一开始，妈妈就对女儿媛媛说出了自己的想法，没想到媛媛小嘴一噘，老大不愿意："妈妈，早起太冷了吧！"

继而，媛媛开始耍赖："小孩子睡眠不足会影响智力的，妈妈，你也不希望养个笨女儿吧……"

妈妈晓之以理、动之以情道："妈妈让你暂时吃点苦，是为你今后做打算啊，要是你能够坚持下去的话，身体也棒了，妈妈该多欣慰啊！你说是不是？"

媛媛听完只好点点头："那好吧，我试试。"

于是，妈妈陪女儿跑了一个寒假，媛媛也很好地坚持了下来！

心理学家指出，成功者的特征是：绝不因受到任何阻挠而颓丧，只知道盯住目标，勇往直前。世上绝没有一个做事半途而废的孩子能够成功。获得成功的前提就是坚持。人们最相信的就是意志坚定的孩子，当然意志坚定的孩子有时也许会碰到困苦、挫折，但他绝不会一蹶不振。

只要坚持到底，一个平凡的孩子也会有成功的一天，否则即使是一个才识卓越的人，也只能遭遇失败的命运。正是因为有了坚持到底的品质，人类才消除了各种障碍，建立起了人类居住的共同体；因为有了坚持到底的品质，人们才登上了气候恶劣、云雾缭绕的山峰，才在宽阔无边的海洋上开辟了通道。坚持到底的品质让天才在大理石上刻下了精美的创作，在画布上留下了大自然恢弘的缩影；坚持到底创造了纺锤，发明了飞梭；坚持到底使汽车变成了人类胯下的战马，装载着货物翻山越岭，在天南地北往来穿梭；坚持到底把对大自然的研究分成了许多学科，探索自然的法则，预言其景象的变化，丈量没有开垦的土地；坚持到底还让白帆撒满了海上，使海洋向无数民族开放，每一片水域都有了水手的身影，每一座荒岛都有了探险者的足迹。

鼓励孩子把一件事情坚持做下去，这是培养孩子恒心的最好方法，是成功的必经之路，唯有坚持，才能有丰收的果实。

# 第九章　善用赏识和批评

## 孩子喜欢被人夸

### 赏识——激发潜能的武器

每个孩子在内心当中都希望得到别人的赏识和肯定，教育家陶行知先生早在半个世纪之前就深刻地指出过：教育孩子的全部秘密就在于相信孩子和解放孩子。而想要相信孩子，解放孩子，首先就要做到赏识孩子，没有赏识也就没有教育。

> 哈佛大学的心理学家们曾经做过这样一个实验：
>
> 有两组男孩，先让他们一起长跑消耗体能，接下来，对第一组男孩给予严厉的批评，对第二组男孩给予热烈的称赞。接下来研究人员对这两组男孩进行体能检测，结果发现被批评的男孩无精打采，体能处于崩溃状态；而被表扬的那组孩子精力十分旺盛，体能恢复得十分迅速，而且充满自信。

因此，心理学家得出这样一个结论：在教育孩子的时候应该多给孩子一些适当的赏识。学会赞美孩子，这对孩子的心理发展十分有利。让孩子感受到父母对他们的关注和认可，这样既可以快速地抚平孩子身体上的创伤，同时也可以促进孩子的身心朝着健康的方向发展。

所以，适当的赏识和鼓励是十分必要的，而家长们也要注意不要对孩子赏识过了头，因为一个孩子如果受到的赞美太多，心理就会出现不同层次的膨胀，而且会找不准自己的定位。这样的孩子将来走在社会上，心理也会十分脆弱的，经不起生活中的挫折。

捷克教育家夸美纽斯，被尊称为教育史上的哥白尼，他曾经说："应当像尊敬上帝一样尊敬自己的孩子。"人性当中最本质的需求就是渴望得到别人的赏识，没有一个小生命为了挨骂而活着。作为家长，轻易不要对孩子说出泄气的话，因为孩子成长的道路犹如赛场，他们渴望父母发现自己身上的闪光点，为自己呐喊加油。

周弘是我国著名的教育实践家，他的女儿周婷婷原本是一个聋哑人，但是周弘用了将近20年的时间，不断鼓励女儿，让婷婷对自己产生信心，认识到自己并不差。在周弘的赏识教育下，天赋不是很好的婷婷反而比其他的孩子优秀了很多，最终成了留美博士生。周弘亲身实践出了这一套赏识教育理念，不仅让自己的孩子受益，而且还改变了更多家庭的命运。

周弘认为，赏识教育的奥秘在于让孩子觉醒。他认为，每一个孩子都拥有巨大的潜能，但是孩子在诞生的时候都很弱小，在他们成长的过程中难免会有自卑情节，这时候就需要父母的赏识教育了。

德国著名的心理学家阿德勒也曾经透露过在他上学的时候，由于缺乏数学才能，对数学毫无兴趣，所以每每考试都不及格。但是后来偶然间发生了一件事情，让他的潜能开发出来了。他有一次在无意当中解开了一道连老师也不会做的数学难题，这次成功改变了他对数学的态度，他觉得自己实在是一个天才。在老师和家长的赏识中，他重新树立了自信，从此以后他的数学成绩突飞猛进，并成了数学尖子生。因此，赏识教育的奥秘就在于让孩子觉醒，自觉地发现自己的潜能。

孩子相对于大人来说，知识少，经验少，缺乏思考能力，所以是一个非常容易接受暗示的群体。父母可以对孩子进行暗示教育，或许会收到更好的效果。

比如有的父母想要改变孩子偏食的习惯，一味地劝说他多吃蔬菜，他可能会很不情愿甚至是干脆拒绝。但是父母如果故意装出吃得津津有味的样子，孩子就会产生“这种菜很好吃”的猜想，从而对吃蔬菜产生兴趣。

除此之外，父母说话时的声音、手势、表情等也可以形成暗示。比如父母说的同样一句话“你干得好”，但是如果声调、语气和面部表情各有不同，就可能会给孩子带来不同的感受，同样的一句话，他们可以理解成为称赞、表扬、嘲弄或者是批评。

父母也可以创造出一些特殊的情景，来对孩子进行心理暗示，创设情景暗示的教育方法有很多，比如说针对孩子的某些缺点或者是错误，父母可以选择适当的电影、电视剧，和孩子一起边看边议论，或者给孩子讲一些有针对性的故事，对孩子进行心理暗示。

## 妈妈的谎言也能成“真”

美国著名的心理学家罗森塔尔曾经提出过“罗森塔尔效应”，也可以通俗的解释成为暗示效应。罗森特尔经过研究发现，人的情感和观念，总是会在不同程度上受到别人下意识的影响，任何人都会不自觉地接受自己喜欢、信任的人的影响和暗示。

在学校当中，每个班级中都会有一些所谓的“差生”，“罗森塔尔效应”的理论对这些差生们有特殊的意义，按照这个效应的理论，多对这些所谓的差生鼓励和肯定，也许会收获到意想不到的效果。

儿子上幼儿园了，她第一次参加家长会。会后，老师跟她说：“我们怀疑你的儿子有多动症，在板凳上连3分钟都坐不了，你最好带他去医院检查一下。”

回家的路上，她一直在思忖该怎样对孩子说。吃晚饭时，儿子问她：“妈妈，老师表扬我了吗？”她说：“老师表扬你了，说宝宝原来在板凳上坐不了1分钟，现在能坐3分钟了。全班只有宝宝进步了。”那天晚上，儿子竟然吃了两碗米饭，并且没让她喂。

儿子上小学了，又一次开家长会，老师对她说：“全班50名同学，这次考试，你儿子排第48名。我们怀疑他有学习障碍，你最好带他去医院查一查。”

回家的路上，她哭了。然而，当她回到家里，对正在做作业的儿子说：“老师对你充满信心，他说你很聪明，只要细心些，就会超过你的同桌。”第二天上学时，儿子去得比平时早。

孩子上初中了，又一次家长会上，她等着老师点儿子的名字。然而，这次老师告诉她："按你儿子现在的成绩，考重点高中有点危险。"

她怀着惊喜的心情走出校门，此时，她发现儿子在校门口等她，路上她扶着儿子的肩膀，心里有一种说不出的甜蜜，她告诉儿子："你的老师对你非常满意，他说了，只要你努力，很有希望考上重点高中。"

高考过后，儿子被清华大学录取了。儿子从学校回来，把一封印有清华大学招生办公室的特快专递交到她的手里，突然边哭边说："妈妈，我知道我不是个聪明的孩子，可是，这个世界上只有你能欣赏我……尽管那是骗我的话……"

这个故事正好印证了心理学上所讲的罗森塔尔效应，热切的期望很有可能使被期望者达到期望者的要求。所谓的热切的期望指的就是正确积极的期望暗示，妈妈对孩子的积极期待能够使孩子的状态随之发生变化，由消极转变为积极，由自卑转变成为乐观自信，从而向着好的方向发展。大发明家爱迪生在小的时候，只上学 3 个月就被学校开除了，老师认为他实在是太笨了，但是爱迪生的妈妈坚信自己的孩子并不笨，她对爱迪生说："你肯定比别人聪明，我从来不会认为你是笨孩子。"在妈妈的鼓励之下，辍学的爱迪生并没有停止学业，依然对于知识孜孜不倦地索求，最终成了大发明家。

在现实生活当中，也时常可以看到期望成真的奇迹，那么，这种神奇的作用是如何发生的呢？心理学家通过研究认为，这就是通过对双方的暗示作用实现的。暗示是指用一种间接的方法对人的心理和行为产生影响，从而使人们能够按照一定的方式来行动，或者是接受一定的思想。暗示的结果会使一个人发生改变，甚至是发生巨大的改变。大人们的期望，也就是一种暗示，会对孩子的成长产生巨大的影响，父母或者老师会以积极的态度来期望孩子，孩子也可以朝着积极的方向来改进。很多闻名于世的伟人，就是在家长的积极期望当中成就人生的。

世界三大男高音歌唱家之一的帕瓦罗蒂就是在家人的期望当中取得成功的，当帕瓦罗蒂还是个孩子的时候，祖母就会常常将他抱在膝盖上，对他说："你将会成为一个了不起的人物，我认为你有着高超的音乐天赋。"在家人的支持和期望之中，帕瓦罗蒂走上了舞台，并实现了祖母的期望。成名之后的帕瓦罗蒂说："如果当年不是祖母和父亲积极地鼓励我，估计我永远都不会站在舞台上了。我的老师含辛茹苦地训练我，但是并没有一位老师说我会成名，只有我的祖母和父亲，他们的话鼓励了我。"

当人经常听到期望的语言时，就会变得非常自信，这个时候的心理、生理都会调整成为一个最积极、最活跃的状态。每个家长都要对孩子有一个好的期望，而且能够透过这些言谈举止来让孩子感觉到父母对孩子的期望，多对孩子说"这次有进步，下次努力加油"之类鼓励的话，这些积极的外部信息能够让孩子看到自己的进步，肯定自己，并激发出蕴藏于自身的巨大潜能。

### 罗森塔尔效应：给孩子积极的心理暗示

罗杰·罗尔斯出生在纽约一个叫作大沙头的贫民窟，在这里出生的孩子长大后很少有人能获得较体面的职业。罗尔斯小时候，正值美国嬉皮士流行的时代，他跟当地其他孩童一样，顽皮、逃课、打架、斗殴，无所事事，令人头疼。幸运的是，罗尔斯所在的小学来了位叫皮尔·保罗的校长。有一次，当罗尔斯正调皮的时候，出乎意料地听到校长对他说：“我一看就知道，你将来能成为纽约州的州长。”校长的话对他的震动特别大。从此，罗尔斯记下了这句话，“纽约州州长”就像一面旗帜，带给他信念，指引他成长。他衣服上不再沾满泥土，说话时不再夹杂污言秽语，开始挺直腰杆走路，很快他成了班里的主席。40多年间，他没有一天不按州长的身份要求自己，终于在51岁那年，他真的成了纽约州州长，且是纽约历史上第一位黑人州长。

大人的一句夸奖，有时往往是不经意的一句赞许，都会被孩子放在心上，对他们的学习、行为乃至成长产生巨大的影响。

1968年的一天，美国著名的心理学家罗森塔尔和雅各布来到了一所小学，说是要对孩子们进行一个试验，他们从一年级至六年级中各抽出三个班，对这些学生们进行了一次煞有介事的“未来趋势发展报告”。测验结束之后，他们给每个班级的教师发了一份学生名单，称根据他们的研究成果，名单上列出的学生是班上最优秀的学生。出乎很多教师的意料，名单中的孩子有些确实很优秀，但也有些平时表现平平，甚至水平较差。尔后，罗森塔尔又反复叮嘱教师不要把名单外传，只准教师自己知道，声称不这样的话就会影响实验结果的可靠性。8个月后，罗森塔尔和雅各布又来到这所学校，并对这18个班的学生进行了复试，奇迹出现了：他们提供的名单上的学生的成绩都有了显著进步，而且情感、性格更为开朗，求知欲望强，敢于发表意见，与教师关系也特别融洽，而且更乐于与别人打交道。

为什么会出现这样的现象呢？罗森塔尔是当时著名的心理学家，在大家心目当中具有很高的权威，大家对他的话都深信不疑。虽然老师们答应对这份名单保密，但是他们还会在日常上课时忍不住对名单上的学生更多一些的关注，眼神、通过音调等途径来向孩子们传达“你很优秀”的信息。这些学生在老师们的影响下，逐渐对自己树立了信心，最终也成了优秀的学生。这种变化就被称作“罗森塔尔效应”，也被称为“期望效应”，期望是人类一种普遍的心理现象，所以在教育的过程当中，“期望效应”常常可以发挥出强大而神奇的威力。

也有人用很通俗的讲法来讲罗森塔尔效应：“说你行，你就行；说你不行，你就是不行。”所以，作为家长，如果想要让孩子发展得更好，就应该努力为孩子传递出一种积极的期望，促使他们向更好的方向发展，消极的期望则使人向更坏的方向发展。

有人曾经对犯罪儿童做过专门的研究，经过研究发现，很多孩子成为少年犯的主要原因，就在于他们从小被贴上了“不良少年”的标签，这种消极的期望引导着孩子，使他们越来越相信自己是不良少年，并且在潜移默化中朝这样的方向发展，最终走向了犯罪的深渊。由此可见在孩子们的眼中，积极的心理期待对孩子的自我肯定和未来的成长是多么的重要。

每个孩子都有可能成为天才，但是这种成为天才的可能性，取决于父母和老师能不能像对待的天才那样去爱护、期望、珍惜这个孩子，孩子的成长方向取决于父母和老师的期望，简单地说，你对孩子的期望是什么样的，他就会成为一个什么样的人。

马斯洛说过，每个人都有满足自我的需求，然而得到正确积极的心理暗示就是满足自我最好的途径。一个没有任何经历的小孩子，他的心理本来就是不健全的，所以需要父母的鼓励和赞扬。所以，想要一个聪明、听话、乐观健康的好孩子，就不要吝啬自己的赞美吧。

## 表扬要高调，批评要低调

### 批评不可少，但绝不能多

有的孩子总是把妈妈的批评当成耳边风，甚至屡教不改，如你越是三番五次地对孩子说“你要将你的屋子收拾干净”，他就越把你的话当作耳边风，屋子杂乱依旧。甚至有的时候，你越批评他，他就越要犯同样的错误。妈妈们一面觉得孩子不听话，一面又继续不停唠唠叨叨地数落孩子，但似乎永远看不到孩子发生改变。妈妈们在“怒其不争”的愤懑之余，是否能够想到，是不是因为自己批评的话太多了，导致孩子这样呢?

> 美国著名作家马克·吐温经历过这么一件事：有一次他在教堂听牧师演讲。最初，他觉得牧师讲得很好，使人感动，准备捐款。过了10分钟，牧师还没有讲完，他有些不耐烦了，决定只捐一些零钱。又过了10分钟，牧师还没有讲完，于是他决定1分钱也不捐。等到牧师终于结束了冗长的演讲开始募捐时，马克·吐温由于气愤，不仅未捐钱，还从盘子里偷了两个硬币。

从心理学的角度来看，成人的短时记忆容量为72个单位，孩子的短时记忆容量相对更小，内容过量就会使孩子的短时记忆不断刷新，客观上导致孩子听了后面忘了前面，主观上也就会令孩子产生厌烦心理。

人的注意力主要受大脑额叶的支配，而额叶的髓鞘化要到7岁才完成。所以，就时间而言，即使是一个成人在有意注意的情况下，10～15分钟的言语刺激就已经是一个冲程，更何况是还未发育完全的孩子。如果家长对孩子不停地唠唠叨叨，这明显就是在挑战孩子的身心承受能力，必然会令孩子产生厌烦和逆反心理。

还有一些父母，喜欢对孩子进行过多的大而空的说教。孩子即使认为父母的话在理，也由于在短时间内遭遇“集中轰炸”，而感到难以承受，这也正是许多孩子爱顶嘴的原因。

如果想批评对孩子“生效”，那么对孩子批评的话就不要多。在生活中，孩子难免会犯一些错，毕竟每个人都是在犯错的过程中累积经验成长起来的。对于孩子犯的错，妈妈应当一事一议，犯了什么错就纠正什么错，不要加以引申，对孩子“翻旧账”。说教的态度要温和，语言要简明，指出改正错误的方法。而且，根据孩子身心发展的特点，当孩子犯错时，讲道理最好控制在3分钟以内，最长不超过5分钟，以免令孩子难以接受，产生厌烦抵触的情绪。

### 批评不是挖苦，别拿讽刺来伤害孩子

“妞妞过来，给叔叔表演一个丑女无敌。”5岁的小女子就摇摇晃晃地走到客人面前，跟着电视上面的样子

学一些搞怪的动作，看得爸爸妈妈哈哈大笑，小女孩也跟着父母乐开了花。

很多家庭里都出现过类似的场景。其实，父母本来是想展示女儿的聪明可爱，可是这样的事情给女孩留下的印象就是“扮丑就是乖孩子”，她会越来越倾向于扮丑角。

还有一些父母，喜欢叫孩子“笨姑娘”“傻妞”“丑丑”这样的贬称。尽管父母没有恶意，但会令孩子的自尊心受损，令他们在自我认同上，偏向别人对自己的称呼，就真的“越叫越胖”“越叫越傻”。更有甚者，一对孩子发起脾气来，就开始用讽刺性的话如“你长脑子没有”“脑子进水啦”“笨得像个猪”“天下第一蠢材”，用这样的话来打击孩子。

孩子有时出了差错，便遭到父母的指责，甚至讽刺和挖苦。可是，这种讽刺挖苦的教育方式，往往会造成与本来目的相反的效果。

当孩子还没有完全形成道德观念时，他分辨是非的能力还很差，对“对”和“错”的概念还不能区分清楚，也无法理解讽刺的真正含意。所以，当孩子听到讽刺、挖苦的话时，并不能清楚自己做的事错在哪里。久而久之，孩子就无法形成正确的是非观，甚至会将错的当作对的。

随着年龄的不断增长，孩子认识事物的范围逐渐扩大，对事物的理解逐步深刻，逐渐能从家人的神态、语气中察觉出某些话是在讽刺、讥笑自己。这就会令孩子反感、不满，产生反抗情绪，自尊心严重受损甚至完全泯灭，甚至会因此而酿成无法挽回的悲剧。

有一个14岁的女孩，因为上课的时候总是迟到而被请了家长。女孩的妈妈在老师的办公室，觉得很丢面子，于是随口就对低着头站在一旁、本来已经惭愧不已的女儿丢了一句："胖得跟猪似的，能不迟到吗？"结果，第二节课之后，这个女孩从教室冲出去直接跳楼了，抢救无效死亡。

这个妈妈肯定没有想过自己的一句批评会要了孩子的命。但是，在众人面前讽刺挖苦孩子胖得像猪，即使这个孩子不跳楼，那么这句话对她的打击和伤害也可能是一生都挥之不去的。

如果家长总是讽刺挖苦孩子，那么孩子会觉得被当头打了一棒，失去信心，放弃努力，因为就连和自己最亲密的人都对他并没有信心，自己上进心的表现父母也只是不屑一顾。此外，孩子还会觉得父母不讲理、虚伪、不公平，因为他明白，如果他对父母也用这种嘲讽的口气，一定会遭到父母变本加厉的责骂。再有，这种讽刺挖苦的话还会让孩子学到不良的沟通方式，即用同样讽刺的话代替原本正常的交流，这必然不利于孩子的人际交往。最关键的是，这种讽刺挖苦会极大程度毁掉孩子的自尊心，令孩子与家长的关系变得疏离、淡漠。

孩子的自尊心既强大又脆弱，他们最看重的就是别人对自己的尊重，尤其渴望得到父母的尊重。批评孩子不等于挖苦孩子。所以，无论孩子犯了多么可笑的错误，妈妈都一定不要用讽刺挖苦的话来伤害孩子，而是应当就事论事，引导孩子主动去思考、去反省，这样才能使批评更有效，令教育达到预期的效果。

## 孩子有尊严，尽量私下批评他

伟大的教育家洛克说："父母越不宣扬子女的过错，子女对自己的名誉就越看重，因而会更小心地维护别人对自己的好评。如果父母当众宣布他们的过失，使他们无地自容，他们就会越觉得自己的名誉已受到打击，维护自己名誉的心思也就越淡薄。"

每个孩子都是活生生的生命个体，他们不仅满足于被爱，被保护，他们更渴求得到尊重和理解。但是，总有些家长喜欢当众给孩子"揭短"，越是人多的时候，就越是要批评他。

妈妈和客人正在客厅聊天，倩倩拿着试卷走上前来。"又考那么低！看看这分数！还好意思拿到我面前，真丢人！"妈妈抖着哗哗作响的试卷，像在寻求客人的同情。客人略显尴尬。

看着倩倩没有动静，妈妈更加生气："我说错了吗？她一直都这样，我看是改不了了！我也不报什么希望了！"妈妈气愤失望的表情让倩倩无地自容。

"孩子小，一两次考得不好是正常的情况，别这么说孩子。"面对客人的担忧，妈妈仍然"不解恨"地说："小孩子不说她就不懂，非得我来骂她两句！"

有的妈妈总是喜欢在众人面前批评自己的孩子，因为这可以让其他人在"无意中"看到自己做妈妈的"权威"，从而令自己"有面子"。但是，这种当众揭孩子的短的做法，虽然成全了妈妈的这种自私心理，却极大地损伤了孩子的尊严，让孩子觉得无地自容，脸上无光而羞于见人，无形中不良刺激强化了孩子的弱点。

其实，孩子的面子比大人的面子更重要，而且孩子越大，自尊心就越强。而且，孩子每一个行为都是有原因的，也许这些原因在成人看来是微不足道的，但在孩子的眼里那是很严重的事情，不了解原因当众批评孩子，非但不能解决问题，反而会使问题变得更糟，令孩子产生逆反抵触情绪，继而与家长产生深深的隔阂。

一个教育专家在和家长谈论对孩子的教育问题。

妈妈带着孩子来找这位教育专家，见到之后，跟孩子讲："问叔叔好。"

孩子很懂礼貌地和这位专家问好。

妈妈接着开门见山地当着孩子的面问这位教育专家："您说，我的这个孩子怎么老是比别人反应慢呢？"

教育专家示意家长不要当着孩子问这样的问题，故意把话题岔开了，但是家长并没有意识到。

等到把孩子支走之后，教育专家对这位妈妈说："大姐，我跟你说实话啊，不要在孩子面前评论他，这样还能指望他变聪明吗？"

其实，有的妈妈也明白孩子的自尊心非常敏感，不能伤害。但是有时候看到孩子还是老样子，就忍不住怒火攻心，恶语相向了。怎样避免这种情况呢？很简单，当你觉得自己在气头上的时候，就忍住怒气，离开孩子。当你有意识地躲避孩子，就会少说很多令他伤心的话。这也是一个无可奈何的解决方法。

在家庭教育中，教育者的心态和教育的出发点直接影响着教育结果。因此，不要因为他是你的孩子，就蛮横地在众人面前使他的缺点一览无余，或是因为无法掩饰你愤怒的情绪，无辜地伤害孩子。孩子的自尊心有时是透明的玻璃物，碎了就很难黏合起来，伤害是永远的。爱孩子，就要真正的为他着想，停下嘴中的不满，尤其在众人面前。即使孩子在众人面前犯了错误，妈妈也要先维护住孩子的“面子”，等到没有人的时候，在私下里心平气和地指出孩子错误的行为。这既保全了孩子的自尊，也会让孩子更容易认识到自己的错误，接受妈妈的批评。

### 三明治效应：批评需要讲艺术

电视里在进行某个比赛最后的挑战赛，主持人或者评委都会对将要淘汰的选手先来一番表扬，接着会说他这一次可能在某个地方有些差强人意所以落败，最后还会鼓励他说希望以后继续努力之类的话；工作中，聪明的领导会先肯定某个人的工作成绩，然后再指出他的毛病或是需要改进的地方，最后会以肯定的鼓励表示自己对这个人的信心……

人们都喜欢听好话，都喜欢得到他人的肯定和赞扬。因此，聪明的批评者会在批评他人以前，先对其进行一番认同、赏识，积极地肯定对方的优点和积极面，以拉近批评者与被批评者的心理距离，进而产生情感共鸣；继而提出批评和建议，最后不忘再重复一遍鼓励、希望、信任、支持和帮助的话，令受批评者振作精神，重新再来，避免陷入一错再错的泥潭之中。事实证明，这种兜个圈子似的批评的方式，要比直截了当地批评更有效，会令批评者心甘情愿地认识到自己的错误和不足，愉快地接受，积极的改进。心理学家将这种“表扬—批评—再表扬”的批评方式，称为“三明治效应”。

“三明治效应”可以灵活地运用在生活中的各个场合，在教育孩子的时候，也能发挥神奇的作用。

有位老师曾经讲过这样一件事：有天，班里的李东向我请假说肚子疼，我没多想就同意了。下午，我经过一家网吧门口时却看见了他。我装作“无意”中看见了他，他又惊又怕，直往学校方向走去。

回学校后，我把他叫到办公室，他一副“视死如归”的样子。我说：“出去之前先请了假，这表明你还是很有纪律性的。而且看到我之后马上回到学校来了。”他有点不好意思，看到我没有严厉批评，小声说：“老师，你看能不能不告诉我父母，我怕他们伤心。”“你现在怕他们伤心，但如果你学无所成，最终他们不是更伤心吗？”他说：“老师，我错了……”我看他已露出悔意，便接着把上网打游戏的危害告诉他，并告诉他如何学会自我控制：“你很孝顺，也很聪明，只要你去努力，一定能够成为一名很出色的学生。”然后就他在学习方法上出现的问题给出一些建议。从此，李东再没有出现过类似的情况，并成为一名品学兼优的好学生。

这位老师恰当地运用了“三明治效应”，先是肯定了李东的纪律性，然后用启发式的话引导他主动去思考“如果自己学无所成，父母会不会伤心”，进而给他清楚地摆明了上网的危害，最后给出了他一些关于学习的建议，表达了自己对他的肯定和期望。这样一来，这个孩子就能通过深刻地自我反省认识到自己的错误，并努力为此做出改变。

三明治式的批评会比直截了当的批评更有成效，首先因为它有着去除防卫心理作用。在批评之前，先说些亲切关怀赞美之类的话，就可以制作友好的沟通氛围，并可以让对方平静下来安下心来进行交往对话。如果一开始就进行直接批评，加上语气十分严厉的话，那么对方就会产生一种自然的反射状的防御反应以保护自我。一旦产生了这种防卫心态，那么对方就很难再听得进批评意见了。即使批评是对的，也不会产生任何正面积极的效果。

其次，三明治法有着去除被批评者的后顾之忧的作用。许多破坏性的批评总是一而再，再而三地进行批评，到批评结束时，还会令被批评者心有余悸。而三明治法的最后一层，就起到了去后顾之忧的作用，它会给予被批评者的鼓励、希望、信任、支持、帮助，使被批评者振作精神，重新再来，不再陷于泥潭之中。

再有，三明治法给了被批评者足够的面子。这种批评既指出了问题，同时也易于让人接受，不会伤及被批评者的感情，也不会损坏他的自尊心，能激发起向善的良心，令其积极性始终维持在良好的行为上。

因此，妈妈在批评孩子的时候，也不妨尝试运三明治的方法。不过，孩子的心理有时会和成年人有所不同，如果妈妈在赞扬后用“但是”来一个明显的转折，这容易让孩子产生反感，认为妈妈的表扬不真诚。因此，妈妈可以将“但是”换成“如果”，比如“你的学习成绩很不错，如果你能多团结同学，多关心别人，相信你会更受同学欢迎的”这样的间接提醒，会比“但是”后面的直接批评，效果更好，孩子也更乐于接受。

值得一提的是，孩子一再犯错误又不肯改正，这种方法不但起不到教育作用，还会让孩子感觉大人也不过如此。这时，三明治法就起不到作用了，妈妈应该想办法，调整一个新的行之有效的批评方法。

# 让孩子承担犯错的后果

## 教育孩子不能“心太软”

孩子早晚都要脱离父母走向社会。因此，尽管妈妈都心疼自己的孩子，但是在教育孩子的过程中，也应该给孩子机会独立尝试，不能因为怕孩子吃亏受苦就心软，也不能因为爱孩子就处处向孩子心软妥协。这对孩子的成长是极其不利的。

5岁的欢欢虽然是个孩子，但喜欢玩火，只要是与火有关的东西，例如火柴、打火机，甚至家里的炉灶他都要去摆弄摆弄。

欢欢的爸爸自己也喜欢各式各样的打火机，从气体、电子式到机械式，甚至还有古老的“火镰”……对于欢欢玩火的行为，妈妈从来没有给过任何处罚，觉得玩火也不是什么大错。

可是有一天，欢欢在家里玩儿爸爸刚买来的一个打火机时，一不小心把自己的帽子烧了个洞，脸上还蹭上了不少黑灰！欢欢的妈妈看到女儿的狼狈样，非但没有狠狠地教训她，反而笑得喘不过气……

几天后，妈妈带欢欢去农村的姥姥家，一不留神，欢欢居然和几个表兄弟一起玩儿起火来，不知什么时候开始，姥姥家的草垛已经燃起了熊熊大火！欢欢的爸爸跑来，怒发冲冠，拉过欢欢来就是一顿痛打！

有的妈妈会认为孩子的小错并无大碍，不用小题大做。孩子犯了小错可以不问，犯了大错就必须加以批评，其实不然，小错更应该引起妈妈的重视。这是因为，孩子的判断能力远不及大人成熟，他时常会犯错误。可能一开始只是小错误，但如果妈妈不及时予以制止纠正的话，小错误就会累积成大错误，令孩子受到更深的伤害。而且，即使是孩子，也具有区分好坏的基本判断能力，如果犯了严重的错误的话，孩子的内心深处一定会有所察觉，虽然不知原因，他也会自问是否做错了。倘若此时妈妈不将孩子的错误指出来的话，孩子也会不断进行自我怀疑，在这个过程中就有可能出现思想上的偏差。所以，妈妈在教育孩子的时候，绝对不能心太软。孩子犯错误了就要及时教育，该独自去尝试的事情，妈妈就要放手让他自己去尝试。

此外，在孩子还比较小的时候，妈妈不妨根据自己和社会的价值观给孩子立规矩，从小为孩子建立起良好的行为习惯模式。妈妈要让孩子知道，并非所有的行为都是能够被接受的。妈妈可以运用“三区段”的方式让孩子明确哪些是可以做的，哪些是不可以做。在对不适当的行为设立限制时，父母还应该让孩子知道遵从或违反了这些规定的后果。良好行为的后果可以是正面的关切、赞扬、特权或奖赏，不良行为的后果是不予关切、特权的丧失或没有奖赏。

绿区：被认可及合适的行为。这是我们要求孩子采用的行为、允许孩子去做的行为。

黄区：不被认可的不当行为。但是，由于特殊的理由也能被容忍。比如孩子在生病的时候可以睡懒觉，在周末的晚上可以多看一会儿动画片。

红区：无论如何都不能容忍的行为。包括会危害自身或他人幸福的行为，也包括不法的、邪恶的、不道德的和其他不被社会接纳的行为。

总而言之，在日常生活中，妈妈不要有觉得孩子犯些小错无妨的意识。在孩子已经犯错时，要及时提出批评，切忌心软，但也要注意不要过于严重或夸大。妈妈在发现孩子犯下比较严重的错误时，既不能以孩子还太小做借口“得过且过”，也不要“大发雷霆”地惩罚孩子，应该仔细帮助孩子分析错误的原因，让他意识到错误的严重性，自己在反省中得到教训，避免日后重犯。

### 不要因为错误而全盘否定他

有一个5岁的小朋友，他习惯饭前不洗手，这个坏毛病怎么都改不过来。妈妈就批评他说：“之前说多少次了你都不听，今天我一定要好好教训你一下，否则的话你以后就该翻天了。”这样一边说着，一边把儿子拉过来，在他屁股后面使劲地打了几下。这个小朋友边哭边说：“妈妈，你小时候就没有做错事吗？”当妈妈听了这句话，不由得愣住了，孩子说的并不是没有道理啊，不就是没洗手吗？别说是孩子了，大人也不会十全十美啊？

没有一个人从出生就是正确的，也不可能有人不犯错。所以在一个孩子成长的过程中，犯错是必然的生活体验，犯了错，父母要给予一些谅解和宽容。

每个孩子都曾在爸爸妈妈眼皮底下犯错。

1 岁时：缠人，闹夜。

2 岁时：不好好吃饭，咬人，抓人。

3 岁时：乱拉屎尿，乱涂乱画，跟屁虫。

4 岁时：捣蛋，恶作剧，不顺心就和大人对着干。

5 岁时：撒谎，欺负比自己小的孩子，欺负小动物。

6 岁时：乱跑，偷拿别人的东西，砸烂玻璃。

7 岁时：贪玩儿，不爱学习，多动。

孩子小的时候，爸爸妈妈总是盼望着孩子能够快快长大，然而当孩子长大了之后，那些烦人的小毛病终于没有了，但是父母还会担心，怕他不好好学习，怕他沾染上各种各样的坏习气。可以这样说，一个孩子在任何年龄都有出现各种错误的可能，这简直是防不胜防。

当然了，一个孩子出现了错误固然是不好的，但是如果他从来没有出现过错误，从小就是个格外乖的宝宝，那会更让人忧心。孩子小的时候，该犯的错误没有机会犯，到了不该犯错的时候，却用幼稚的行为去“补课”，那就得不偿失了。聪明的爸爸妈妈，当然希望孩子丢人都丢在最不懂事的时候。

所以，父母们千万不要苛求孩子不犯错误，正是在这些犯错误的过程中，一个孩子才可以得到成长。孩子可以在欺负别人或者是被别人欺负中，学会自我保护；在伤害小动物的过程中，明白怜悯和爱惜，这些，都是孩子可以从犯错中学到的宝贵品质。

错误能够带给孩子成长，这是有心理依据的，心理学家发现，人类的孩子和动物小的时候一样，要在游戏中训练攻击和防御，通过这样的方式来获得生存的能力。所以在孩子的成长过程中，他们需要一些犯错误的机会。

而那些一直受到贴身看护的孩子，那些得不到行为与情绪实践机会的孩子，他们长大了之后内心总有一些不踏实，有的时候甚至会以一种冲动的行为或者异样的举动来补偿那些小时候没有经历过的事情。也许有很多家长都会注意到这样的现象，小时候自己的孩子明明是一个懂事听话的乖宝宝，但是长大了之后让人费心，整夜都在打游戏，不回家，别人说一句不中听的话就不高兴。出现这种现象的原因很简单，就是这些孩子在小的时候，根本就没有犯错误的机会，长大之后摆脱了父母的限制，就迫不及待地犯起错误来了。

一个孩子的成长经历就像一盘录像，只有体验到了快乐、痛苦、悲伤、骄傲等等这样的情绪，才会在心灵上留下痕迹，也才能够在以后的成长道路上倚靠这些痕迹更加健康快乐地成长下去，这就是孩子的一种“心理反刍”。然而错误也是这种体验之一，也有存在的必要性。所以当孩子小的时候犯了一些小错误，他们会通过错误来确认与外界的关系，进而获得对错误的部分免疫，长大之后这些孩子再出现错误的概率也就会少很多了。

家长必修课

# 儿童时间管理训练手册

启 文 编著

中国出版集团
中 译 出 版 社

图书在版编目（CIP）数据

家长必修课 . 儿童时间管理训练手册 / 启文编著
. -- 北京 : 中译出版社 , 2019.12（2022.5 重印）
ISBN 978-7-5001-6140-0

Ⅰ . ①家… Ⅱ . ①启… Ⅲ . ①时间—管理—儿童教育
—家庭教育 Ⅳ . ① G78 ② C935

中国版本图书馆 CIP 数据核字 (2019) 第 282230 号

家长必修课

# 儿童时间管理训练手册

出版发行：中译出版社
地　　址：北京市西城区新街口外大街 28 号普天德胜大厦主楼 4 层
邮　　编：100088
电　　话：（010）68359827，68359303（发行部）；（010）68002876（编辑部）
电子邮箱：book@ctph.com.cn
网　　址：http://www.ctph.com.cn
总 策 划：张高里
责任编辑：李　颖
封面设计：青蓝工作室
印　　刷：金世嘉元（唐山）印务有限公司
经　　销：新华书店
规　　格：880 毫米 ×1230 毫米　1/32
印　　张：30
字　　数：550 千字
版　　次：2019 年 12 月第 1 版
印　　次：2022 年 5 月第 3 次

ISBN 978-7-5001-6140-0　　　定价：149.00 元（全 5 册）

# 前 言

很多父母会有这样的疑问：为什么我的孩子早上起床要花十几分钟？为什么我的孩子从 7 点就开始写作业，到了 9 点却还写不完？为什么我的孩子做事情永远都是慢腾腾的，就好像电影在播放慢动作？为什么我的孩子放学回家一定要先看电视，非要父母催个三四遍才肯写作业？为什么我的孩子总是想一出是一出，做事丝毫没有条理性？……当孩子出现这些类似情形的时候，作为父母，应该审视一下孩子：他是否具有时间观念，是否懂得合理地管理自己的时间？显然，有上述行为的孩子，一般时间观念都比较差，不懂得珍惜时间，更不懂得如何合理地利用自己的时间。所以，在生活和学习中，他们做事习惯拖延，没有条理性和计划性，更无法专注地把一件事情做完、做好。

现实生活中，不会管理和利用时间的孩子比比皆是。看看我们身边，类似的事情每天都在上演：孩子做事慢慢悠悠，父母在一旁着急催促，甚至还会打骂孩子；孩子做事情总是拖拖拉拉，效率低下，结果学习和生活搞得一团糟；孩子把时间都浪费在玩闹、看电视上，结果无法按时完成作业，反而抱怨时间不够用……

正因为如此，父母应该尽早培养孩子的时间观念，让他们学会管理自己的时间，这对于孩子的生活和学习都非常有意义。正如著名管理大师彼得·德鲁克所说的："不能管理时间，便什么也不能管理。时间是世界上最短缺的资源，除非严加管理，否则就会一事无成。”

简单来说，如果孩子从小就懂得珍惜时间，善于管理自己的时间，那么孩子每天就会过得很充实、快乐；而如果孩子不懂得珍惜时间，找不到掌握和利用时间的方法，那么孩子就会让时间白白地流走，导致一无所成。

实际上，让孩子懂得如何管理和利用自己的时间，并不是一件非常困难的事情。这本《儿童时间管理训练手册》就帮助我们解决了这个问题。它从培养时间观念、营造时间氛围、纠正孩子不良习惯、制订时间计划、时间管理的纪律约束、培养孩子专注力以及如何让孩子最大限度地利用时间这七方面进行了阐述，目的就是为了帮助父母们教会孩子如何建立时间观念，如何灵活自如地利用和管理时间。

所以，父母们不要总是感慨“孩子的时间都去哪里了”，也不要总是抱怨孩子做事拖延。父母只要从日常生活开始入手，灌输给孩子正确的时间观念，循序渐进地给予孩子积极正确的引导和指导，并且有意识地纠正孩子拖延、注意力不集中、懒惰等坏习惯，那么，孩子就会养成珍惜时间的好习惯。而一旦好习惯养成了，孩子自然就会成为时间的主人，可以轻松有效地掌握自己的时间和生活。

# 目录

# 第一章
# 时间是什么？看不见，摸不着
## ——没有时间观念，何谈时间管理

想要孩子学会时间管理，父母就应该着重培养他们的时间观念，让他们真正理解时间究竟是什么？可是，时间是看不见、摸不着的，它是一个非常抽象、虚幻的概念。这就需要父母们利用具体的事物来把时间具体化，让孩子们意识到时钟上的那些数字刻度就是时间，并与他们所做的事情息息相关。

## 父母包办代劳，孩子就没有时间意识

很多父母抱怨孩子没有时间观念，做事拖延，浪费时间。可实际上，这样的结果往往是父母的过度保护和纵容造成的。

长久以来，父母什么事情都为孩子代劳、包办，导致孩子产生了很大的依赖心理，认为这些事情本来就是父母应该做的，自己没有一点责任；或是认为自己再慢也没有关系，反正最后父母都会帮着做，那我还着急什么呢。

父母们的包办和代劳，本意是让孩子不再磨蹭，快速地行动。可结果正好相反，正是因为这种包办代劳的行为，以及纵容孩子的心理，让孩子形成了一种思维定式，并越来越没有时间观念。

比如孩子早上起床后，穿衣服磨磨蹭蹭，父母担心孩子上学迟到，就会帮孩子穿衣服；吃饭的时候，孩子慢条斯理，一边吃一边玩，父母看着着急，就会喂孩子吃饭；出门的时候，父母已经准备好了，可孩子的鞋子、上衣还没有穿好，于是父母就会直接上手帮孩子穿了……

结果，父母越是包办代劳，孩子的依赖心理就越强，变得越来越磨蹭。同时，这种行为还会让孩子失去锻炼的机会，使得他们做事能力越来越弱。等到那个时候，他们即便是想快，也快不起来了。

6岁的洋洋今年上一年级，是个活泼开朗、聪明可爱的男孩。可这孩子就是做事情没有时间观念，总爱磨磨蹭蹭。不管妈妈让他做什么事情，洋洋总是说“再等一会儿，我一会儿就做”。可行动之后更是慢腾腾的，别人花 1 分钟就能做完的事情，他需要花 5 分钟才能做完。

比如他玩积木的时候，妈妈让他收拾起来，他就会说：“我还要玩呢，过一会儿再收拾！”可是，过了一会儿，妈妈发现他并没有收拾，于是再次提醒他，他还是会以“再玩一会儿”为借口拒绝收拾。等到吃饭的时候，妈妈会说：“还有 5 分钟，你必须把积木收拾好，放到柜子里。”这时，尽管洋洋痛快地答应了要收拾玩具，却迟迟不肯快速行动。于是，看着摆了一地的积木，妈妈只能一边唠叨一边帮助孩子收拾。再看看洋洋，他已经放下没收拾好的积木，自己坐在餐桌前吃饭了。最后，妈妈就只能一边无奈地摇摇头，一边帮孩子做完他应该做的事情了。

早上起床穿衣服更是如此。以前上幼儿园的时候，学校对于时间的要求不算太严格，妈妈也就没有严格要求孩子必须按时起床。可是，洋洋上了小学之后，要在家里吃早饭，那么早上的时间就显得更紧张了。洋洋的妈妈觉得每天都像是打仗一样，催着孩子起床、催着孩子穿衣服，更不断地催着孩子吃饭……可是，平时的情景却是这样的：妈妈已经着急得不行了，洋洋却跟没事人似的，依旧按照自己的节奏慢慢来。

洋洋妈妈知道，其实孩子什么道理都明白，可就是无法让自己快起来。对于这个孩子，她实在是没有一点办法了，于是听了一次教育讲座。后来，她才明白，原来孩子之所以这样，和自己一直以来的代劳、包办有很大的关系。

从那以后，洋洋妈妈开始采取补救措施，慢慢培养孩子的责任心和自理能力，让他学会做自己的事情，并且时常引导孩子帮助父母做一些事情。即使孩子做事还是有些磨蹭，妈妈也只是在旁边提点和引导，而不是像以前一样直接上手帮忙。除此之外，洋洋妈妈还想办法来提高孩子做事的速度，比如采用和孩子比赛等方式。

渐渐地，洋洋的情况果然有所好转，不仅做事有效率了，而且自理能力得到了大大提高。

父母们要知道，孩子习惯拖延的问题并不是父母们顺手帮忙就能够解决的。父母的包办和代劳只能让孩子永远也无法脱离对父母的依赖，并且变得越来越懒惰。

因为对于他们来说，快一点慢一点都没有关系，反正父母会帮助自己完成任务；耽误一分钟、磨蹭五分钟也没有大不了的，反正等到来不及的时候，父母就会代劳。如此一来，孩子怎么能改正拖延的毛病，又怎么能有时间意识呢？

所以，父母即便再爱孩子，也不能溺爱和纵容他们，该放手时就学会放手。

父母可以在孩子面前稍微“懒一些”，做个懒爸爸、懒妈妈，让他们学会做自己的事情，比如收拾书包、洗小袜子和小毛巾等；父母还可以让孩子学会帮父母做一些力所能及的事情，比如整理房间、打扫卫生等。

最重要的是，父母要让孩子们明白：你已经长大了，可以做很多事情，可以承担很多事情。而等孩子的独立性和责任心养成了，自然就明白什么时候该做什么事情，自然也就提高效率了。

## 教孩子从小学会守时守信

曾经听过这样一个故事：一天，一位将军宴请几个手下吃晚餐，想要在晚餐后顺便讨论一些事情。可是到了晚餐的时间，几个手下还没有到场，这位将军就没管他们，自己独自一人吃饭。等到他放下餐具的时候，几个手下才姗姗来迟。这时候，将军说："晚餐时间已经过了，现在是议事时间，我们开始吧！"几个人只能饿着肚子，一脸尴尬地参加接下来的议事。

这个故事或许是人们杜撰的，因为没有哪个人敢在将军的宴会上迟到。但是这个故事告诉人们一个道理：那就是做人必须要具有一个素养——守时守信。

是的，守时守信是一种美德。这不仅体现了人们对别人的尊重，更体现了对自己的尊重，否则不仅会浪费别人和自己的时间，还会失去别人的信任和欢心。所以，父母们要教孩子从小就学会守时守信，做一个珍惜时间、信守诺言的人。

可生活中，很多父母却忽视了这一点，无形中纵容了孩子迟到、食言等行为。比如几个孩子约好了一起出去玩，却总有几个孩子迟到，或是不到场。等到别人问起的时候，父母却为孩子开脱说："都是小孩子，没有关系！""小孩子哪懂得迟到不迟到，等他们长大了就好了！"

可真的是无所谓、没关系吗？

当然不是！迟到就是迟到，食言就是食言！不能因为是孩子，就觉得无所谓了！正因为他们是孩子，父母才应该更严格要求，让他们知道守时守信的重要性。因为所有的好习惯都是从小养成的，所有的好品质都是从小形成的。一旦父母纵容孩子的坏习惯，纵容他无理由地迟到、食言，那么孩子的不良行为就会得到助长，从而影响未来的成长。

况且，今天因为他是孩子，或许会得到别人的谅解和原谅，可是等他长大了，谁又愿意和没有时间观念的人交往呢？今天，小朋友会耐心地等他，那么将来谁又愿意甘心为他的错误而买单呢？

要知道，没有时间观念的行为，必定会使孩子受到相应的惩罚。比如，乘车不守时，公交、火车就会开走；考试不守时，你就进不了考场；上学不守时，你就会被老师罚站，还会浪费自己和同学们的时间；约会不守时，你就可能错过了相约的人……

可以说，守时，是一个人诚信素养的体现，更是孩子必须具备的良好品质。孩子正处于良好习惯养成的黄金时段，父母们怎么能觉得不守时无所谓呢？

所以，父母要给予孩子正确的教育和指导，让孩子知道如何做才是正确的，如何做是错误的，让孩子成为一个守时守信的人。同时，父母也应该为孩子做好榜样，做一个诚实守信的人。因为孩子的行为都是从模仿父母开始的，一旦父母平时没有做到守时守信，就会给孩子种下一粒不守约的“种子”。

一天，菲菲和好朋友琪琪约好了，要到附近的公园写生。可快到了约定的时间，妈妈看到她还在摆弄自己的芭比，没有出发的意思。于是妈妈便提醒说：“菲菲，你不是和琪琪约好了吗？为什么还不出发？我们家到公园要半个小时的时间，你再不出发就迟到了！”

菲菲却不以为然地说：“没事，我一会儿就出发了。”妈妈说：“我和你说过很多次了，和别人约会要守时，迟到了让人等多不好！”菲菲头也不抬地说：“的确不太好，不过，这也没有什么大不了的，她也等不了多少时间。我一会儿就会出发的。”

这时候，妈妈有一些生气了，说：“你怎么可以不当回事呢？守时是一个人最起码的素养，你总是习惯迟到，没有时间观念，还有谁会相信你？还有谁愿意和你做朋友？再说，你迟到不仅浪费别人的时间，也浪费自己的时间。既然和别人约好了，你为什么不早一点出发呢？”

听见妈妈生气地教训自己，菲菲也赌气地说：“你们大人不也是经常这样？”妈妈不知道为什么孩子会这样说，不解地问道：“我们怎么了？你是什么意思？”

菲菲说：“你上班不也是经常迟到？和××阿姨她们聚会的时候，你总是在家化妆化半天，人家都到了，你还没有出发。我们学校组织活动的时候，你答应了我要参加，却总是食言。你自己都这样，为什么还要求我守时守信？”

妈妈听了菲菲的话，一下子呆住了，没有想到自己的行为给孩子带了这么坏的影响。她想了想说：“孩子，对不起，妈妈错了。你先准备出发吧，不要让琪琪等。今天晚上你回来的时候，我再和你讨论，好吗？”

菲菲看了看妈妈，痛快地答应了。之后，妈妈和菲菲进行了深入的沟通，承认了自己的错误，也指出了孩子的一些不足。最后，母女两人还约好了彼此监督和帮助，努力做守时守信的人。

现实生活中，很多父母都和菲菲妈妈一样，不知不觉地给孩子树立了不好的榜样。所以，父母们想要让孩子珍惜时间，做到守时守信，就应该从自己做起。同时，父母还要从孩子小时候就给予正确的引导，教会他们不迟到、不食言。

那么，父母们应该如何引导孩子呢？

1. 让孩子从小做起，从点滴做起

要知道，孩子的性格、习惯，以及道德观、价值观，都是从小开始形成的，更是从生活中的点滴小事养成的。很多时候，孩子口头答应了朋友，可由于年龄小而没有责任感，做了食言的举动。这时候就需要父母的指导和教育了，让孩子学会守时守信，并且知晓它的重要意义。

即便孩子约定的事情是小事，父母也应该让他遵守诺言，这样一来，孩子才能逐渐学会约束和管理自己的行为，并且做到对任何事情都信守承诺。

2. 批评不应该态度过硬

当孩子不能守时守信的时候，父母应该给予批评和指导，但是批评也不能太过于强硬，应该注意方式方法。因为太过直接强硬的批评方式，非但对于教育孩子没有效果，还会引起孩子的逆反情绪。

父母如果事先知道孩子和别人有约，就应该提醒孩子按时赴约，比如在时间快到时，问一句："你们几点钟出发？""你准备好了吗？"

## 让孩子为他的磨蹭付出代价

很多时候，人们不为自己的行为付出代价，就不知道自己做错了，就不知道事情的严重性，不能更好地吸取教训。孩子也是如此。不管是磨蹭还是不守时，如果孩子不为自己的行为付出代价，就不会知道时间的宝贵，更不会真正认识到自己的错误。

因为没有付出过任何代价，孩子们就会认为："犯错和完不成任务没有什么大不了的，反正父母也不会拿我们怎么样，最坏的结果不过是唠叨几句、责骂一下，然后还不是帮助我们收拾了烂摊子。""我磨蹭了，可是并没有什么后果。既然如此，我为什么要改掉自己的习惯呢？"

就是因为如此，大家才会看到这样的情形：已经7点半了，孩子还磨蹭着不肯起床；大人赶着回家，孩子却非要在外面玩，不愿意回家；父母让孩子早点休息，他却一会儿要吃东西，一会儿要喝水，不肯上床睡觉；孩子放学了不马上写作业，磨磨蹭蹭到七八点钟才打开作业本……

因为孩子从小到大并没有因为磨蹭而受到任何实质性的惩罚，也没有付出过实质性的代价，所以他们认为这些事情并不属于自己的责任范畴，并不应该让自己负责。而想要让孩子改掉这个坏习惯，父母就必须学会狠下心来，让他们为自己的磨蹭付出代价，并且让他们学会为自己的行为负责。

慧慧永远按照自己的想法做事情磨蹭，不遵守时间，更不懂得提高自己的做事效率。因为她知道，即便自己再磨蹭也不用付出什么代价，大不了挨父母一顿唠叨，最后父母还是会帮助自己解决问题。

比如，早上磨蹭着不起床，没关系。因为父母会在某一个时间拉自己起来，然后帮自己穿衣服；不愿意回家，没关系，因为父母即便唠叨，也不会不等自己；晚点上床睡觉，也没有关系，因为父母就是我的“闹钟”，我不用担心明天上学会迟到；作业写不完，也没有什么大不了的，因为父母会帮助我的……

慧慧妈妈一开始对于孩子的磨蹭毫无办法，后来她不得不请教一位教育专家。而专家则给出了一个不错的方法：以前孩子早上起床后磨磨蹭蹭的，她总是先催促、再责骂，然后再帮孩子穿衣服，甚至喂孩子吃饭。现在，她也不着急了，也不催促了，只是任由她慢腾腾地行动。

开始的时候，慧慧还没有什么改变，依旧“做自由自在的自己”。可是过了一段时间，慧慧就变得积极多了。妈妈故意问她为什么。慧慧说：“这段时间我每天早上都迟到，不仅挨老师批评还被同学嘲笑，实在是太丢人了。而且老师说再这样下去，我的小班长就会被撤了，我不能再迟到了！”

听了孩子的话，慧慧妈妈笑了，直到现在她才知道：原来让孩子吃点苦头、付出些代价，真的比自己唠叨、发脾气管用得多。

所以说，孩子如果养成了磨蹭的坏习惯，父母不要着急，不要不断地催促他，也不要去帮助他穿衣服、吃饭。只有让他们为磨蹭付出代价，孩子就会改正不良习惯。那么父母应该怎么做呢？

1. 给予一定提醒，让他吃点苦头

当孩子磨蹭的时候，父母可以给予一定的提醒，比如：“你还有半个小时的时间来穿衣服、吃饭，如果再不快点可要迟到了。”

如果孩子还在那里磨磨蹭蹭，那么就任他去吧，不要再管他。父母不要担心孩子会上学迟到，如果孩子真的迟到了，那么老师会批评他。而这其实就是要让孩子亲身体验的后果。

这个时候，孩子已经有了自尊心，根本不好意思承认迟到是因为赖床和磨蹭。再者，孩子都不愿意挨老师的批评，更不愿意在同学们面前出丑，所以，经历几次之后他们就会认识到磨蹭给自己带来的害处，从而自觉地加快速度，改掉磨蹭的坏习惯。

2. 吃饭磨蹭，不妨让孩子饿一顿

孩子小时候，尤其是 3 岁到 5 岁的时候，吃饭很喜欢磨蹭，而一些爸爸妈妈担心孩子饿着，就追着孩子喂食。如此一来，孩子不仅变得更加磨蹭，还会拿不吃饭来威胁父母。

对于这种情况，父母应该避免一味地娇惯，让孩子品尝不好好吃饭的苦果。如果孩子不好好吃，等到大人吃完之后，孩子还在磨蹭，那么父母就马上把饭菜收起来。不要管孩子吃了多少，是否吃饱了，更不要让孩子吃零食。

如此几次之后，孩子体验了挨饿的后果，还会不好好吃饭吗？

3. 出门磨蹭，那就让孩子失去出门的机会

如果出门的时候，孩子磨磨蹭蹭，不赶紧收拾好东西，父母就可以取消这次外出。

比如父母打算带孩子看电影，并且准备 9 点半出门，如果过了这个时间孩子还在磨蹭，那就取消这次看电影的活动。如果孩

子足够大了，或是家中有其他人在，完全可以将孩子留在家中，父母独自去看电影。

这个时候，父母一定要坚持原则，不管孩子怎么哀求，都不能妥协。

4. 不要对孩子冷嘲热讽，应该让孩子知道错在哪里

父母应该注意的是：刚开始的时候，孩子吃到了磨蹭的苦果，肯定会抱怨爸爸妈妈没有帮助自己。这时候，父母不能对孩子冷嘲热讽，而是应该明确地对他说："我已经提醒过你了。这是你的错，应该受到惩罚。另外，你已经长大，应该学会自己做自己的事情，并且为自己的行为负责。"等到孩子明白了这样的道理，自然就会努力改变自己，变得不再磨蹭。

总之，孩子改不掉磨蹭的习惯，绝大部分原因都在于父母的纵容和溺爱。正所谓"吃一堑，长一智"，与其在孩子后面不断地催促和啰唆，不如让他承受他的行为所引起的后果，给他一个教训。也许这一次教训，要比父母唠叨十遍的效果还要好。

## 让孩子意识到时间是会飞逝的

孩子不知道时间是什么，不知道1分钟是多长、5分钟是多久，更不知道时间是一去不复返的。

所以，他们不管做什么事情，都习惯按照自己的意愿和节奏来做。当爸爸妈妈催促他们快一些行动，不要浪费时间，或是警告他还有5分钟就迟到的时候，他们并没有意识到5分钟是多长时间，更没有意识到如果这5分钟过去了，自己上学或是约会就会迟到。

美国一位科学家曾经做过一项研究：他对数千名孩子做了40多年的跟踪调查，发现孩子在2岁半到3岁的时候才有了时间的观念，可以准确地说出现在、过去和未来的事情，可以把这些事情按照时间先后顺序进行排列。可是，由于时间是看不见摸不着的，所以这个时期的孩子很难知道时间是什么，时间究竟是怎么回事。

孩子到了4岁的时候，基本就可以知道一天中每件事情的先后顺序了。比如上幼儿园的小朋友可以说出在幼儿园先做了些什么事情后做了些什么事情，在家中又先后做了什么事情。但是，大多数孩子还不能准确地理解什么时间应该上床睡觉，什么时间应该起床吃饭、去幼儿园。所以，我们时常会看到这一时期的孩子出现这样的情况：孩子早上赖床，不愿意起来；到了吃饭的时间，孩子却一直在外边玩耍，不肯回家；到了晚上10点钟，孩子还不愿意睡觉。

接下来是6岁左右的孩子，他们虽然已经能够掌握了大人常用的时间词汇，比如1分钟、1个小时等。但是他们仍然不会认识钟表，对于1分钟、10分钟大约是多长时间没有什么感觉。比如当孩子磨磨蹭蹭地吃饭、穿衣服的时候，你如果告诉他“你只有5分钟的时间”“你10分钟不做完这些事，就如何如何”的时候，实际上这样的话对他们来说是没有任何效果的。最好的做法是，给孩子准备一个闹钟或是钟表，让他知道时针分针指到哪个地方就是5分钟、10分钟；或是在时间快到的时候，父母要提醒孩子做某件事情。

而孩子7岁之后，对于时间的认知就会有一个飞跃。他们已经能够认出时钟上的时间，说出现在是几点几分，知道1个小时是多少分钟、1分钟是多少秒。但是，即便如此，孩子做事情还是有些磨磨蹭蹭，不管做什么事情都是慢腾腾的；或是他们并不能专注在所做的事情上，一会儿做做这个一会儿弄弄那个，等过了一大段时间后才匆匆忙忙地做接下来的事情。

这种情况直到八九岁的时候才有所改善，这个时间段的孩子会比之前更懂得遵守时间，做事情也比以前快得多。除了个别养成拖延习惯的孩子外，大部分孩子都能按时快速地完成父母交给他的任务。

这位科学家的研究恰好说明了培养孩子时间观念的重要性。

虽然说孩子的时间观念是逐步形成的，由于年龄的限制，在8岁之前很难准确地管理时间，并且避免不了做事磨蹭的行为。但是，好习惯是从小就养成的，如果父母没有给予正确的引导和教育，那么孩子就会养成不良的生活习惯，习惯了拖延。

一旦这种习惯养成了，即便他能够正确地认识时间，也没有办法高效地做事了。那么，父母应该如何让孩子有时间观念呢？

1. 让孩子看见时间的流逝

想要让孩子管理好自己的时间，就必须让他知道时间是宝贵的，时间是会飞逝的，一旦失去了就永远也无法找回来。对于较小的孩子，让孩子“看见”时间的流逝是最好的办法。

父母可以给孩子戴一块手表，让他看着秒针和时针的转动，也可以利用手机中的秒表倒计时，让孩子在事前和事后观察时间的变化。比如，父母可以让孩子通过手表和秒表计算自己吃饭用了多少时间，穿衣服用了多少时间，做作业用了多少时间。

这种方法就是把看不见摸不着的时间物化成嘀嗒转动的时分秒指针，让孩子看见时间的流逝。这不仅可以提高孩子认识时间的兴趣，更可以有效地让孩子知道时间的意义。久而久之，孩子自然就会体会到时间的宝贵，知道失去的时间永远也没有办法再回来了，从而养成珍惜时间的好习惯。

2. 通过故事、寓言，让孩子知道时间是宝贵的

而对于较大一些的孩子，父母可以给孩子讲一些关于时间的故事，比如《等明天》《寒号鸟》这样的寓言，或是一些名人珍惜时间的故事，让孩子知道时间是世界上最宝贵的财富。

时间的流逝是无影无踪，又快又令人无法察觉。一部分大人尚且无法好好地珍惜时间，更何况是没有明确时间概念的孩子。

所以，身为父母一定要好好地引导孩子，让他们及早地意识到时间的宝贵，并且引导孩子养成珍惜时间的好习惯，使他们成为善于管理时间的好孩子。当孩子先人一步形成这种意识的时候，自然就比其他人更优秀了。

## 拖延是种“态度病”，得治！

有多少孩子做事情是爽快利索的？有多少学生放学后能够积极高效地完成课后作业？又有多少孩子每天做事情拖拖拉拉，无形中浪费掉了很多宝贵的时间？

相信大部分孩子都有拖延的毛病，没有养成珍惜时间、快速高效做事情的好习惯。只是有的孩子症状轻一些，有的孩子则更重一些。

小菲做什么事情都习惯一拖再拖，口头禅就是“等一会儿”“我一会儿就去”，结果，一会儿过去了，谁也没有见她行动。生活上的不良习惯直接带到了学习上，造成她没有养成主动高效学习的好习惯。

每天放学后，她总是在外边玩够了才回家，回家之后不是马上写作业，而是先看电视、玩玩具、吃东西，最后在父母催促下才想起来写作业；写作业的时候她也不够认真，一道练习题做十几分钟也做不完。因为她的心思根本不在做题上，不是想着明天和同学出去玩，要不就是东看看西望望，一会儿喝水一会儿上厕所……

就是因为小菲这孩子做事情磨蹭得很，所以时间浪费了不少。

事实上，拖延是一种病，如果父母纵容孩子的这样行为，不仅让孩子白白地浪费大好的时间，还会给孩子的将来带来很大的危害。正如美国哈佛大学人才学家哈里克所说："世上有 93% 的人都因拖延的陋习而一事无成，这是因为拖延能杀伤人的积极性。"

对于成长中的孩子来说，拖延的害处是很大的，它会让孩子的学习和生活一团糟，还可能导致懒惰、消极心理的产生。父母应该让孩子知道拖延的危害，并且改变自己的教育方式，让孩子改掉拖拖拉拉的坏习惯。

那么，是什么原因导致孩子拖延呢？父母们不妨了解一下：

1. 缺乏时间观念，做事情缺少计划性和条理性

导致孩子拖延的最重要的客观原因就是孩子缺乏时间观念，做事情缺少计划性和条理性。如果孩子没有时间观念，那么他们就意识不到一个小时完成作业和两个小时完成作业的区别，更意识不到自己拖拖拉拉的行为会带来时间的浪费。所以，孩子们就会放任自己的拖延行为。

2. 注意力不集中也是孩子拖拉的主要原因

孩子做事时喜欢东看西看，一会儿喝水，一会儿上厕所，导致无法专注地做事，自然就无法提高效率了。

父母应该给予孩子正确的指导，注意孩子专注力的培养，让孩子从小就养成专心做一件事情的好习惯。比如不要让孩子一边吃饭一边看电视，一边玩游戏一边吃零食。父母不要在孩子专心做某件事情的时候，在一旁大声说话。

3. 父母不要总是催促孩子

凡是拖延的孩子，往往都有一个性格急躁、期望值太高的父母。在平时生活中，这些父母总是不断地催促孩子，要求孩子严格按照自己的要求做事，或是强制孩子完成他们规定的目标。这样一来，孩子完全被父母推着走，被动地做着某些事情，从而产生无助、反抗的情绪，只能用拖延来对抗父母的强势。

这时候，如果父母看不到孩子无言的反抗，继续督促孩子，那么孩子就会越来越拖延，越来越消极。所以，父母要注意自己的言行，不要总是催促孩子。

## 多给孩子自由支配的时间

善于管理时间的孩子，可以在有限的时间内做很多事情，而不懂得管理时间的孩子，则只会浪费更多的时间。正因为如此，父母要从孩子小时候就开始培养他们的时间意识，让孩子学会合理地支配时间。

可很多父母却并不相信自己的孩子，认为孩子还很小，会控制不住自己，从而做出很多浪费时间的事情。比如做事不专心、偷懒、做事磨蹭等。于是为了让孩子更好地利用时间，父母便把掌控时间的权力完全捏在自己的手中，不是在一旁督促孩子做这做那，就是要求孩子严格按照自己的安排来做，以至于孩子彻底失去了支配自己时间的权利。

可事实是，父母越是这样做，孩子就越没有时间观念，就越不懂得如何支配自己的自由时间。我们看看贤贤和君君的经历就明白了。

贤贤是一个 8 岁的男孩，爸爸妈妈对他非常宠爱。为了让孩子更好地成长，妈妈会时刻陪在孩子身边，为孩子安排好所有的事情。等到孩子上小学的时候，爸爸妈妈更是紧张得不得了。为了让孩子好好学习，不浪费时间，他们恨不得每时每刻都在孩子身边监督、提醒。不仅如此，妈妈还为贤贤制订了详细的时间计划，包括每天花多少时间学习，每天几点起床、几点睡觉，以及花多少时间休息娱乐等。总之，不管是学习上还是生活上，妈妈都给予了贤贤无微不至的关怀，甚至连他休息时间做什么事情看什么电视节目都来指手画脚。

贤贤的老师知道了孩子的状况，便找贤贤妈妈谈了一次话，希望她能给孩子一定的自由。可贤贤妈妈却说："我担心孩子自控能力差，不能好好地支配自己的时间，白白浪费了时间。我帮助他安排好了时间，孩子按照这个计划做下去，岂不是节省时间又高效？"

可老师却说："贤贤妈妈，现在孩子已经长大了，应该有支配自己时间的权利和能力，否则他永远也不知道怎么管理自己的时间。贤贤虽然平时表现不错，能够很好地完成老师交代的功课，可是一到自习课时间就摸不着头脑了。他根本不知道如何安排自己的时间，更不知道应该做什么事情。这对孩子的成长是非常不利的。"

贤贤妈妈听了老师的话，思考了很久，可还是没有拿定主意。直到有一天，贤贤的同学君君来家里玩，她才真正改变了自己的想法。那天是周六，君君来找贤贤去公园玩，于是贤贤妈妈问："你作业做完了吗？怎么自己出来玩了？你父母同意了吗？"君君说："这个时间是我可以自由支配的，自己想做什么就做什么，不用爸爸妈妈管。"贤贤妈妈对此非常不理解，这个孩子的父母怎么对他这么放心呢？难道就不担心孩子过于放任自己吗？

之后，她向君君妈妈请教了这个问题，君君妈妈说："我们时常担心由于孩子贪玩而浪费时间，所以不肯给孩子支配时间的权利。可是这样做是错误的，你越是控制孩子的时间，孩子就越学不会管理时间。从君君 5 岁开始，我就尝试给他自由支配的时间，开始的时候他确实不知道怎么利用这些时间，不是疯玩就是发呆。可是慢慢地，他学会了如何规划自己的时间，什么时间该读书，什么时间该玩游戏。既然他连自由的时间都可以规划好，那么管理学习和生活的时间就更没有问题了！”

直到这时，贤贤妈妈才认识到自己的错误，自己不应该控制孩子的时间，而是应该多给他自由支配的时间。这样一来，孩子不仅会锻炼自己管理时间的能力，还可以获得更多的乐趣。

虽然孩子确实有浪费时间的行为，但是这并不是父母完全不给孩子自由时间的理由。想要孩子能够有时间观念并且合理地管理时间，父母就应该尝试让他们有支配自己时间的自由，否则，孩子永远也学不会管理自己的时间。

但遗憾的是，很多父母像贤贤妈妈一样，没有给孩子足够的可自由利用的时间。据一项调查显示，生活中，每个孩子每天可支配的自由时间只有 68 分钟。就是因为孩子们的时间都被父母控制和安排了，所以他们才会完全失去了自由和自我，变得越来越懒散消极，也越来越失去了独立做事的能力。

所以，聪明的父母应该做到以下两点：

1. 让孩子自主安排自己的活动

当孩子有自由支配时间的时候，他们就会尝试自主安排活动，不管是聊天嬉戏也好，还是静静地发呆，或是玩游戏。在这个过程中，孩子的自身能力得到了提高，独立性和思考能力得到了发展，时间长了，他们也就慢慢地懂得了如何掌握时间、支配时间。

所以，父母不要完全控制孩子的时间，也不要事无巨细地给孩子安排，让孩子自主安排自己的活动。

2. 自由是有限制的，父母不能过于放纵孩子

当然，自由并不是无边际的，也不是不受制约的。给孩子自由支配的时间，并不意味着对孩子放之任之，父母应该在日常生活中多指导孩子如何有效地利用时间。这并不是对孩子指手画脚，而是给孩子指出一个方向，让他知道如何去做。

同时，不同年级的儿童，自控能力和做事能力也有所不同，父母应该根据孩子的能力来分配自由时间。简单来说，年龄小的孩子，父母要给他少一些自由时间；而年龄大一些的孩子，父母给予的自由时间应该多一些。

自由支配时间是儿童实现自我和表达自我的机会，更是孩子各方面能力得到锻炼和提高的机会，一旦父母剥夺了孩子自由支配的时间，就等于剥夺儿童成长和发展的机会。所以，父母们请转变自己的观念吧！多给孩子一些自由支配的时间，如此孩子才能发现生活的乐趣，并且健康自然地成长。

## 自我管理，从合理支配时间开始

要做好自我管理，合理支配时间是关键。有的父母可能会觉得，孩子年龄还小，没必要早早就开始学习这些，等他以后长大懂事了，这些事情自然也就会了。

其实不然，事实上时间观念的培养是一个非常复杂且漫长的过程，它不仅仅包括对时间的认知，更重要的是在于培养孩子对时间的把握和感觉。一个具有良好时间观念的孩子，在做事情的时候通常都能做到井井有条、主次分明，并懂得如何将时间最大化地合理运用起来。而这种能力并不是与生俱来的，它与父母的引导和教育息息相关。

时间就是生命，谁能把握时间，谁就把握住了生命。所以，如果希望孩子成为时间的主人，做好自我管理，那么父母就要从小培养孩子管理时间的能力，教会他如何合理地支配时间，这项能力将会使他受益终身。

最近一段时间，孙鹏每天都挂着两大个黑眼圈，上课也毫无精神，有时听着听着就趴到桌子上睡着了。

老师觉得很奇怪，便在课后把孙鹏叫到了办公室，问他说："孙鹏，怎么回事？这几天没睡好吗？怎么老是打瞌睡？"

孙鹏无精打采地点了点头，回答道："可能是晚上睡太晚了，所以总感觉睡不够。"

老师疑惑地问道："那你为什么睡这么晚？最近宣扬

要‘减负’，作业可比从前少多了，你晚上都在干什么呢？”

在老师的追问下，孙鹏扭扭捏捏地说出了实话。原来每天5点半放学之后，孙鹏都会拐去学校外头的租书社，挑几本自己喜欢的漫画，然后才慢悠悠地走去公交站台等车。

按照孙鹏家和学校的距离，如果骑自行车，孙鹏每天只需要花费15分钟就能到家了，但他嫌骑车累，所以一直都是坐公交车回家。公交车正常行驶大概需要10分钟左右，但放学时间也是下班高峰期，经常会发生堵车的情况，一堵车，差不多得多花十几分钟。而且，公交车站距离孙鹏家还有一段距离，他下车之后还得再走十几分钟才能到家。

回到家以后，孙鹏通常会先“放松”半小时，翻翻租来的漫画，然后差不多就该吃饭了，吃完饭之后还会蹭到爸爸身边，和他一起看会儿新闻。等到他终于准备做作业时，已经是晚上8点多了。

原本老师一直都强调，让同学在做作业之前，先把白天讲课的内容回顾一遍，尤其是新学的公式、定理，复习一遍之后再开始做题会更有帮助。但孙鹏为了“节约”时间，往往会跳过这一环节，直接开始做作业。结果，在做作业的途中，因为对公式、定理不熟悉，不可避免地经常会出现卡壳现象，孙鹏又得去翻书……就这样，翻来翻去，左拖右拖，时间都被浪费掉了。因此，每天不到12点，孙鹏基本上没有上床睡觉的可能。

孙鹏每天需要做的事情其实并不多，而且他也有绝对充裕的时间，但因为他不懂得合理支配时间，使得时间都浪费在了毫无意义的事情上，所以孙鹏才把自己弄得手忙脚乱、筋疲力尽。可见，培养孩子管理时间的能力是多么重要啊！

通常来说，从幼儿阶段开始，父母就可以着手培养孩子的时间观念了。在这一时期，孩子虽然还没有明确的时间观念，但却已经开始形成一些固定的行为习惯，因此，父母可以通过采取一些技巧，来帮助孩子养成珍惜时间的好习惯。比如当孩子做事磨蹭的时候，父母可以通过引导的方式告诉他，只要能迅速做完这件事，便能拥有更长的游戏时间。或者直接给他规定一些做事的时限，让其在这一时间范围内完成，比如规定必须在家长数 10 个数的时间内穿好鞋等。

孩子越小，培养习惯越容易，所以，父母应该把握机会，从小培养孩子珍惜时间、善用时间的好习惯。

1. 集中精力，才能提高效率

很多孩子做事之所以拖拖拉拉，效率上不去，归根结底是因为他们在做事的时候不够专心，总是三心二意。这种行为是极其愚蠢的，不仅大大降低了做事的效率和质量，还在无形中浪费了大把的时间，结果做事也做不好，玩也玩得不畅快。因此，父母一定要监督孩子养成做事专心的好习惯，让他学会把做事和玩乐分开，不可一心二用。

2. 让孩子品尝浪费时间的苦果

孩子不懂得珍惜时间，是因为他们并不清楚浪费时间对他们会有什么影响。父母不妨试着让其自己去承担某些耽误时间后造成的苦果，让孩子在切身体会中吸取教训，学会珍惜时间。

3. 利用计时器，改掉拖拉坏习惯

要改变孩子做事拖拉的坏习惯，计时器绝对是个好帮手。在做事情的时候，父母可以根据事情的难易程度来给孩子规定时间，然后利用计时器来监控他的完成进度。这样做一方面能够帮助他树立时间观念，另一方面也能合理安排时间，提高孩子的做事效率。

4. 制订一个时间安排表

为了更直观也更方便地管理时间，父母可以根据实际情况，和孩子一同商议，制订一个详细的日常生活时间安排表，然后按照安排表的计划来完成每天需要做的事情。通过这样的方法，不仅可以让孩子直观地看到自己每天在时间支配上的缺点和不足，还能帮助他提高做事效率。

# 第二章
# 时间永远不会等人
## ——营造氛围，让孩子对时间有感觉

很多时候，孩子做事情拖延，并不是有意而为之，而是真的不知道这样做会让时间流走。所以，父母应该给孩子营造良好的家庭氛围，从生活的各个方面灌输给孩子时间宝贵的观念。当孩子明确地知道时间的真正意义时，就不会再做出浪费时间的事情了。

## 记录好自己的“时间开销”

对于每个人来说，时间都是最宝贵的东西。可是，人们总是在有意无意间浪费掉大把大把的时间，他们每天看似在忙碌中度过，却没有做什么有价值的事情，直到最后才发出这样的感慨：我的时间究竟到哪里去了？

成人是如此，时间观念淡薄的孩子更是如此！很多时候，孩子会因为懒惰、拖延等行为浪费掉很多时间，更多时候，他们也不知道自己的时间究竟浪费在哪里了？他们按照自己的节奏做事情，按照自己的计划安排时间，可是即便如此，时间管理还是没有太大的效果。

究其原因，可能是他们在正确的时间做了不该做的事情，或是花了大量的时间做了没有意义的事情。

那么如何才能让孩子们杜绝这样的行为呢？

其实，早在 100 年前，苏联科学家柳比歇夫就给出了人们正确的答案。对于这个名字，懂得时间管理的父母肯定并不陌生，或许很多父母还运用过他的方法和技巧来管理自己的时间。事实上，柳比歇夫管理时间的方法很简单，那就是记录下自己每天的时间开销。

柳比歇夫从 26 岁就开始做这件事情了，他像记账一样记录下每天的时间开销，包括在什么时间做了什么事情，做某件事情花费了多少时间。然后，他会分析这些时间内所做的事情是不是重要的、有意义的，是不是必须要做的，分析这些时间哪些是被浪费掉的。最后，他会再根据之前的分析来调整自己的计划，重新安排自己的时间。

在 30 年的时间内，柳比歇夫孜孜不倦地做着这件事情，定期对自己的时间安排进行分析和总结。正因为如此，他的一生都在做有意义、有价值的事情。他笔耕不辍，利用几十年的时间完成了 70 多本著作，而这是很多人都无法比拟的。

这种方法真的非常简单，简单来说，就是记录每天时间开销、分析时间、去掉浪费的时间，最后重新安排时间。这样的方法可以让孩子节省很多时间，利用有限的时间做有价值的事情。

那么，父母如何引导孩子记录自己的时间呢？

1. 针对孩子的实际情况进行记录

对于那些没有时间观念、喜欢拖延的孩子来说，父母应该让他们记录得越详细越好。父母可以让孩子在晚上回忆一整天所做的事情，然后不管大小全部记录下来。

如果孩子年龄小，回忆所有事情有难度，父母也可以让孩子采取随时记录的方式，把每天所有的事情都记录下来。

而对于那些年纪较大的孩子，或是开始懂得管理时间的孩子来说，父母可以建议孩子采取部分记录的方法，就是让孩子记录一件或是几件比较重要的事情，或是记录自己容易忽视、浪费时间的事情。

2. 进行分类

不管是事无巨细的全记录，还是只记录重点的部分记录，父母都可以让孩子把时间分为几个类别，比如生活、学习、休闲、其他等。

生活可以记录睡觉、吃饭、洗漱、整理房间等；学习可以记录阅读、课后作业、课外作业等；而休闲可以记录看电视、休息、兴趣爱好等。至于其他就是偶然发生的事情，比如朋友突然来访、生病等。

3. 让孩子知道自己的时间花在哪里

记录下每天的时间开销，并且养成习惯之后，孩子们就可以知道每天的时间都花在哪里了，自己在哪些时间做了有价值的事情，自己在哪些时间做了不该做的事情，哪些时间的花费是必须的，而哪些时间是被白白浪费的。

孩子们还可以知道，自己在哪一段时间可以高效地学习，哪一段时间精力不足、状态不好；在哪一段时间自控力比较强，在哪一段时间自控力比较差。如此下来，孩子们就可以在状态好、自控力强的时间段做有价值的事情，在状态不好、自控力差的时间段休息、娱乐，避免在正确的时间做错误的事情，而白白浪费了时间。

同时，通过记录时间开销，孩子们会知道自己有多少时间花费在电视、玩游戏上，或是与人争吵等繁杂琐事上；哪些事情本来花 20 分钟就可以做完，结果因为拖延而花费了 1 个小时。

4. 找到时间浪费的原因

对于每个孩子来说，浪费时间的原因都不一样。

比如有些孩子注意力不集中，容易被外界因素影响，习惯一会儿做这个一会儿做那个；而有的孩子则比较懒惰，把大把时间浪费在休息、玩游戏上；还有的孩子习惯拖拖拉拉……

父母们教会孩子如何记录自己每天的时间开销，就可以让他们意识到时间是多么无情的，会不知不觉地从他们身边溜走。更为重要的是，父母可以帮助孩子找到浪费时间的根据，从而促使孩子改掉不良习惯，好好地管理好自己的时间。

5. 一定要养成习惯，把时间记录变成长期的习惯

记录时间开销真的是让孩子懂得珍惜时间和管理时间的好方法。

不过有必要提醒一下父母，让孩子记录时间应该是长期的事情，而不是一时兴起。只有孩子们养成了良好的习惯，才能更好地管理好自己的时间。

## 将孩子的行动与时间联系起来

很多学龄前儿童没有时间观念，不知道时间是会流逝的，也不知道什么时间要做什么事情。所以很多孩子晚上十一二点还不睡觉，第二天早上闹钟也叫不起，或是做事情不紧不慢、磨磨蹭蹭，完全按照自己的节奏来走。

而到了小学阶段，虽然孩子们已经学会认识钟表，对于时间有了一定的概念，比如知道星期一有哪几堂课，上午上了哪些课程，知道按时完成作业和交作业的期限，知道上课铃声响了需要进入教室，等等。但是这些孩子还是会出现上学迟到、做作业拖延、浪费时间的行为，需要父母在一旁不时地给予提醒。而有些时间观念差的孩子更是糟糕，他们睡觉需要大人催促，早上起床需要大人叫醒，做事更是需要大人在一旁看护。

不得不说，虽然这些孩子有了时间意识，但是还不知道时间是宝贵的，不懂得如何管理自己的时间。所以，当父母提醒他们不能浪费时间的时候，他们不是不愿意按照父母所说的去做，而是并不知道怎么去做。

这是因为父母给予孩子的指令太笼统了，没有把节省时间和具体的行动联系起来。就好像父母如果提醒孩子“不乱丢玩具”“走路不要东张西望”，他们会按照父母的要求去做。可是如果父母只是提醒孩子“好好管理时间”“不要浪费时间”，他们就不知道如何去做了。

正因为如此，父母不能只是笼统地教孩子“好好管理时间”，而是应该根据孩子的实际情况，把他们的具体行动和时间联系起来，让孩子能够真正建立起时间的观念。这样一来，孩子就能理解父母的要求，并且能够按要求做事了。

其实，这并不是很难的事情，只要父母提到和时间有关的内容时，明确地告诉孩子几点应该做什么就可以了。我们可以看看依依妈妈是怎么做的：

依依刚刚上小学，对于时间管理还没有明确的概念。为了培养孩子的时间管理能力，妈妈给她买了一个闹钟，不仅教她认识上面的时间，还刻意把时钟上的那些数字刻度和她要做的事情联系起来，让孩子更明确地认识时间。

比如，叫依依起床的时候，妈妈会说："现在7点了，到起床的时间了。我们需要10分钟刷牙洗脸。"吃早饭的时候，妈妈会说："现在是7点半，我们刚才共花了30分钟，吃饭需要10分钟，然后我们就要上学了。"到了学校门口，妈妈对依依说："现在8点整，你还有20分就要上课了，赶紧进去吧。中午11点30分的时候，我会来接你放学。"

就这样，依依妈妈把每件事情都和时间联系起来，要求孩子写作业的时候，她不是像其他父母一样催促孩子："快点去写作业，回家之后就知道玩！"而是明确地说："6点30分了，妈妈该做饭了，你也应该写作业了。今天的作业是写声母，20分钟就可以写好。20分钟之后妈妈来检查，好不好？来，把你小闹钟带上，我给你倒计时！"

如此这般，依依妈妈始终把时间挂嘴边，经常说几点孩子应该做什么了，时间长了，孩子自然就有了时间的观念。每天她做完作业之后，就会问妈妈：“妈妈现在快7点半了，爸爸是不是要回家了？我们是不是可以准备吃饭了？”

和朋友约好一起外出游玩的时候，她会主动说：“妈妈，明天我和夏丽约好了9点在公园门口见面，8点就必须出发。你早点给我准备早餐吧。”

看吧。时间观念已经渗透到了依依的生活之中，她已经渐渐地意识到时间的重要性，并且把自己的行动和时间紧紧地联系在一起。如此一来，当这种好习惯形成之后，孩子还会拖延并浪费时间吗？

这就是潜移默化的作用。孩子在父母的影响下，自然而然地就建立起良好的时间观念，并且逐渐地学会了如何管理好自己的时间。这样的做法要比父母不断地催促孩子“快一点，快一点，你都要迟到了！”“快点睡觉，都已经9点半了，你还在那玩游戏！”的方法要好得多，也更有效得多。

那么具体来说，父母应该怎么做呢？

1. 精确时间，明确告诉孩子什么时间做什么事情

培养婴幼儿和小学生良好的时间意识与观念，需要的是正确的方法，还有父母耐心的指导和引导。父母们只要在日常生活中多对孩子说：“现在是几点了，你应该做……”就可以了，不要总是强迫孩子、催促孩子，更不要看到孩子磨蹭就训斥打骂。

不过要注意的是，父母强调的时间必须是具体时间，必须精确到几点几分，否则孩子的时间概念就会很模糊，无法按时完成任务。

2. 让孩子知晓做事的顺序

父母还应该让孩子知晓做事情的顺序，应该先做什么后做什么，并且让孩子严格按照这样的顺序来做事。

比如父母可以这样对孩子说：“现在是早上 8 点 10 分，我们需要先穿好衣服、吃好饭，这需要花费我们 30 分钟的时间。然后 8 点 40 分，我们就出发到商场买东西。”“现在是下午 6 点整，你可以先休息 10 分钟，然后 6 点 10 分就回屋写作业。”时间长了，孩子的习惯养成了，不用父母的提醒也能做好自己的事情，并且严格遵守时间。

所以，父母要明确孩子做某件事情的时间，并且把这个方法应用到日常生活中，给孩子营造良好的氛围，如此一来，孩子自然就会对时间有感觉了，自然就不会浪费时间了。

## 不要催促，设法让孩子自觉主动行动

生活中，很多父母喜欢催促自己的孩子：

走路的时候，妈妈在前面走，孩子在后面跟着，妈妈会不停地回头催促："快点走，你怎么这么慢。"吃饭的时候，父母嫌孩子慢腾腾的，不时在旁边催促："快点吃！一碗饭怎么吃这么半天还没有吃完。"

……

面对孩子磨蹭的情况，绝大部分父母会抱怨不已，然后接下来的反应就是催促、催促、再催促。曾经父母对待孩子是耐心呵护的，叮嘱孩子的口头禅也是"慢点走，小心摔跤""慢慢吃，小心噎着"，可现在的口头语却变成了不断地催促，"快点""快点"……

可在父母的不断催促下，孩子的行动变快了吗？

当然没有！催促并不能使孩子加快行动的速度。

事实上，很多父母都知道催促孩子是不对的行为，但是却无法改变自己的习惯。他们总是想要孩子按照自己的想法和节奏办事，一旦孩子不顺他们的心意，就开始不断地催促、责骂。其实，对于孩子来说，节奏比大人慢是非常正常的事情，孩子不愿意做作业、不愿意按照父母的吩咐做事情也是正常的事情，父母实在不应该不断地催促孩子。

另外，在父母的不断催促下，孩子在不知不觉中形成了逆反心理。父母越催促，孩子就越抵抗，故意和家长对着干。所以说，催促并不是教育孩子的最好办法，想要孩子高效地行动，最好的办法就是激发他们的自觉性，让他们主动地做一件事情。

我们来看看涵涵的故事：

涵涵妈妈是一个急脾气，做什么事情都雷厉风行，可涵涵却是个慢性子，做什么事情都慢腾腾的，总是要妈妈催促几次才肯行动。随着年龄的增长，涵涵的磨蹭行为并没有什么改进，做什么事情依然是没有效率，马马虎虎。这让涵涵妈妈非常着急，可催促又没有任何效果，究竟应该怎么办呢？

经过了思考之后，涵涵妈妈不禁想：既然催促没有效果，我为什么不换一个方法呢？于是她尝试着不催促孩子，而是多鼓励她，多激发她做事情的自觉性，让孩子对自己所做的事情产生兴趣。

一天，学校组织了手工比赛，涵涵也参加了比赛。可是，涵涵行动并不积极，过了好几天都没有选择自己要做的模型。这一次，妈妈没有催他快点选择，而是引导他说："涵涵，你是不是不知道选择什么？我知道你对于飞机模型很有兴趣，为什么不选择组装飞机模型呢？"这下，涵涵来了兴致，和妈妈一起到商场选择了自己最喜爱的一款飞机模型。

回到家后，他就把全部零件都集中在一个箱子里，然后开始研究图纸，准备开始组装，仅仅花费了一个小时的时间，他就组装好了飞机的四只轮子和两翼。

可是，接下来的两天，涵涵好像忘记了组装模型这件事情，每天放学后不是和同学在外面玩耍，就是坐在沙发上看电视。如果是以往，妈妈肯定生气地催促：“你这孩子怎么这么磨蹭，飞机模型只组装了那么点，期限只有一个星期，还不快点去完成！”涵涵则是毫不情愿地行动，依旧慢腾腾地做接下来的事情，或许还会因为逆反心理而放弃比赛。

这一次妈妈对涵涵说：“涵涵，你的模型进展怎么样了？是不是已经完成机舱、机翼了？这个模型真是太好看了！如果你能够按时把它组装完，肯定能赢得第一名！”

这时候，涵涵得意地说：“那是肯定的！它的造型非常漂亮，构造也非常精致，需要 10000 多个零件才能组装成。我打听过了，我班同学的模型都比较简单，最多也就 1 千多个零件！”妈妈故意惊讶地说：“是吗？那你实在太厉害了！我等着你拿第一名回来！”

接下来的几天，涵涵充满了干劲，每天放学早早就回到家，完成作业之后就开始组装自己的模型，结果仅花三四天的时间就完成了任务。最后，涵涵的模型当然获得了全校第一名！

从此之后，涵涵妈妈彻底改变了催促孩子的习惯，开始有意识培养孩子的自主行动能力，并且开始尝试激发孩子的积极性和主动性。而由于她的教育方法发生了改变，效果也比以前好多了，涵涵拖延的习惯也逐渐地改掉了。

事实证明，父母越催促，孩子就越磨蹭。而如果父母改变了方法，把催促转换为激励，那么效果会好很多。

父母们要知道，孩子心里都是有小算盘的。他们知道父母的忍耐力有多长，所以会故意磨蹭，等到父母真正生气时才肯行动。

比如孩子不愿意写作业，放学回家就玩游戏，妈妈以为只要自己多催促几次，孩子就会加快行动。可是结果正好相反。当妈妈第一次催促他的时候，他一点都不在乎，因为他知道妈妈之后还会催促他，于是他根本没有行动的意思，继续玩着游戏；等到妈妈第二次催促他的时候，他知道妈妈可能有些生气了，但还是可以再玩一会儿的，于是嘴上答应着却依然没有行动的打算；直到妈妈第三次高声地催促之时，他知道妈妈真的发火了，再不行动就会挨揍，于是才会立刻行动。

同时，孩子还会养成父母不催就不行动的习惯，不管做什么事情都没有自觉主动的意识。更为严重的是，这会导致孩子责任心缺失，认为这些事情都是父母的责任，和自己没有什么关系。

所以，父母与其催促孩子，不如好好地引导孩子，想办法让他们自觉主动地行动。

## 不用反话刺激孩子，要正面鼓励他

我们身边有很多这样的父母：他们看到孩子有缺点和不足，就大声地训斥，甚至是打骂，看到孩子做错事或是做事不符合自己的标准，就批评讽刺。而对于孩子的进步和努力，这些父母却视而不见，认为这是孩子应该做到的，根本不值得夸奖和肯定。

比如，孩子做事情不专心、磨磨蹭蹭，开始的时候父母还不断地催促着，希望孩子能够快一些。可是没过几分钟，他们就气急败坏地训斥道："你这孩子怎么这么不专心，心里到底在想什么？做事情磨磨蹭蹭的，还不快点做！"

孩子早上快迟到了，可还是没有加快脚步，于是父母的脾气就上来了，大声骂道："你就这么磨蹭吧！你不用着急，也不要加快速度！迟到也没有关系，反正你迟到又不是一两次了！"

如果要问这些父母为什么要责骂孩子，或是说反话刺激孩子？相信很多人会回答："我这不是为了催促孩子快一些行动嘛！否则孩子怎么能够有时间观念？"

可上面的这些想法真的对吗？这样的教育方式真的对孩子有好处吗？答案必然是否定的。作为父母，应该认识到：及时夸奖孩子，给予正面的鼓励和支持才是对孩子最好的教育，才能对孩子的健康成长起到正面的作用。而反话和讽刺只能是适得其反。不妨看看艳艳的爸爸是怎么做的：

艳艳的父母都是外企白领，平时做事雷厉风行，很讲究效率，可是艳艳却是个懒散的孩子，不管做什么事都缺乏主动性。父母一让她做什么事情，她就千方百计寻找各种各样的借口，每次都要等着妈妈催促好几遍才肯行动。好几次，妈妈交代她的事情，她都是拖到了最后关头才匆匆忙忙地行动，结果把事情做得乱七八糟。

对于艳艳的情况，妈妈非常着急，也想了很多办法。可妈妈把催促、批评、责骂甚至是激将法都用上了，艳艳的情况还是没有好转。每次妈妈批评她的时候，她都毫不在乎的样子，或是口头上承认了错误，事后依旧如此。

一个周五的下午，由于学校有活动，所以放学早了些，老师也没有给孩子留很多作业。回到家之后，妈妈就催促艳艳赶紧去写作业。艳艳答应得很爽快，可就是不见她行动。过了一会儿，妈妈又过来催她，艳艳则说："今天的作业不多，我一会儿就写，您就让我先看会儿电视吧！"

妈妈着急地说："你每次都是这个样子，让你做什么都说'等会儿、等会儿'，可是哪一次你不是拖到最后时刻才肯行动？"艳艳也有些生气了，反驳道："明天是周六，老师就留这么点作业，难道我明天写就不行吗？你为什么一直催我，烦死了！"

妈妈更加生气了，说："好，那你就不要着急写！最好是别写了！反正又不是我上学，你以为我愿意催促你啊！你自己不写作业，成绩上不去，丢人的是你自己……"

正在这个时候，爸爸下班回来了，看到母女两人正在争吵，便当起了和事佬，说："为什么在吵架？艳艳你先到房间待会儿，我和妈妈聊会儿。"之后，妈妈向爸爸说出了事情的经过，爸爸笑着说："现在孩子长大了，你不能总是批评和责骂她，更不能用反话来讽刺她，这样只会让她更加叛逆的。我们应该多给孩子鼓励和肯定，如此孩子才愿意行动。”

说完，爸爸来到了艳艳的房间。艳艳以为爸爸会批评自己，便故意不理爸爸。谁知爸爸却说：“孩子，我以前做事也会磨蹭，因为我想多玩一会儿，多休息一会儿。可是，后来我明白了这样的一个道理：事情是我的，终究还是要我自己完成。既然这样，我为什么不早点完成，然后再尽情地休息和玩呢？你平时有拖延的习惯，我是知道的，可是却没有批评过你，因为我知道你长大了，自己会自觉地改正。是不是？”

艳艳看着爸爸，点了点头。爸爸接着说：“拖延不是好习惯，它会让我们浪费很多时间，还会让我们养成懒散的坏习惯。你是个聪明的孩子，应该知道时间的宝贵。再说，你早早完成了作业，那么周末是不是更自由了？这样就可以和朋友约会看电影，也可以自由地看电视了，是不是？”

最后，艳艳说：“我知道了，爸爸。”于是，艳艳向妈妈道了歉，并且立即开始写作业。之后，妈妈也改变了之前教育的方法，不再训斥和用反话刺激孩子，而是多给予孩子鼓励和肯定。结果，艳艳拖延的习惯也慢慢地改掉了。

很多父母不知道，他们的话可以起到一种心理暗示的作用。如果孩子一直听到负面的话，那么孩子就会暗示自己“我就是拖延的人”“父母对我很失望”，从而变得越来越磨蹭；可父母如果一直鼓励孩子，强调孩子的优点，那么孩子的注意力就会集中在鼓励和赞扬上，不断地告诉自己“我要努力”“我要改掉缺点”，从而使自己变得越来越优秀。

父母们要知道，如果你一再催促孩子，会让孩子更加不能集中精神，并促使他产生麻痹心理，变得越来越磨蹭。而讽刺的话和反话则会严重打击孩子的自尊心和积极性，使其故意放任自己的行为。

时常被父母讽刺的孩子，或是被反话刺激的孩子，会产生这样的想法：“你不是嘲笑、讽刺我吗？那么我就慢慢来，看你还有什么办法？”一旦孩子产生了这种心理，只会让父母口头上的违心话变为事实，时间久了，孩子就会越来越叛逆。

事实上，与批评、讽刺和用反话刺激相比，父母如果能看到孩子的进步和优点，并且给予他正面的肯定和鼓励，更能让他改掉拖延的坏习惯。同时，这种方法不仅能让孩子增强自信心，还能刺激孩子努力做好所有的事情。

比如，如果孩子写作业慢，不妨对他说：“宝贝，你的字迹很工整，写得也很漂亮。如果你能够快一些，就更好了！”这样一来，孩子就会力求做到最好，提高自己写字的速度；如果孩子做事情拖延，总是习惯说“等一会儿再做”，父母不妨告诉孩子：“宝贝，你做完这件事情之后，就可以获得很多自由的时间，那么你想做什么就可以做什么了。”这样一来，孩子为了给自己赢得更多自由时间，自然就不会故意拖延了。

所以，作为父母应该给予孩子积极的心理暗示，善于及时地给予他们肯定和鼓励，而不是一味地否定和刺激孩子，更不可采取拳脚相加的暴力方式，如此教育才能更有效果。

## 杜绝拖延症，父母要做好榜样

没有一个父母，希望自己有一个患上了拖延症的孩子。然而，很多时候，父母越是对孩子说:“你再拖拖拉拉，我就揍你！”“你就不能快点吗？真是太气人了！”孩子拖延症就越严重。

为什么会这样？是父母的话没有震慑力吗？还是孩子已经无可救药了？

并不是如此。事实上，如果父母发现自己的教育没有太大效果，不管用什么办法都无法让孩子改掉拖延的坏毛病，那么就应该从自己的身上找原因了。父母应该反思一下，是不是自己平时也有拖延的毛病？是不是自己做事情也喜欢拖拖拉拉？

要知道，父母的一举一动都会被孩子无声无息地复制下来，并且潜移默化地成为一种习惯。如果父母喜欢说谎，那么孩子也会养成说谎的坏习惯；如果父母脾气暴躁，那么孩子的脾气也不会好到哪里；如果父母没有时间观念，做事情习惯拖拖拉拉，那么孩子也绝不会成为干脆利索、做事有效率的人。

所以，想要孩子杜绝拖延症，那么父母就必须为孩子做好榜样。

娜娜是个乖巧的女孩，聪明可爱，也懂得关心父母。和其他父母一样，爸爸妈妈对于孩子的教育非常重视，希望娜娜可以学业有成，将来成为出色的人才。娜娜的父母平时会注意自己的教育方式：只要孩子成绩好了，爸爸妈妈就会给予她奖励；如果孩子成绩下滑了，他们就会批评孩子，并督促孩子努力学习。

所以娜娜平时表现很不错，可就是有一个毛病，做作业爱拖拉，每天10点多还完成不了作业，周末作业非要等到周日晚上才抓紧时间赶出来。为了这个问题，妈妈批评了她很多次，可是她依然没有改掉这个坏习惯。

一天，妈妈去接娜娜放学，被班主任留下了。班主任说："娜娜这次作业完成得非常潦草，很多不应该错的题都做错了，显然是没有认真完成的结果。娜娜妈妈，你应该多关注孩子一下，不能让她总是敷衍了事。这孩子有拖延的毛病，这是非常不好的习惯，对成绩的提高有不利的影响。"

回到家之后，妈妈生气地说："你怎么屡教不改！和你说过多少遍了，不要总是拖到最后再匆忙赶作业，要先完成作业再做其他事情，你为什么就是不听呢？每次都是拖到很晚才行动，然后匆匆忙忙地赶工，作业质量怎么能高？成绩怎么能提高上去？你这是和谁学的竟然养成了拖延的毛病？"

谁知娜娜竟然反驳说："我还不是和你学的！我哪一天早上上学不是匆匆忙忙的？还不是因为你早上不起床，非要拖延到7点10分才肯起来，结果都来不及给我做饭，只让我吃面包。还有每次答应带我出门玩，总是说'过几天''过几天'，要我催好几次才肯行动……"

妈妈听了娜娜的话，一时间竟然不知道怎么回答了。她开始反思自己，发现自己真的也有拖延症：平时孩子让自己做什么的时候，喜欢说"等一会儿"；上班的时候也总是迟到，不到最后一刻不出门；老板交代的任务不到最后期限不开始行动……

她没有想到自己的行为竟然严重影响了孩子，让孩子养成了不好的习惯。这时，她非常后悔，可是已经晚了。

正如英国心理学家希尔维亚·克莱尔在《挖潜能》一书中说的那样："如果你自己都不准备去有所成就，你也不能期望你的孩子去做什么。"

可以看得出，娜娜之所以拖延，关键是受到了妈妈的影响。因为孩子的模仿性非常强，父母的一言一行她都看在眼里、记在心里，并且会有样学样。妈妈喜欢说"等一会儿"，她学会了；妈妈做什么事情都喜欢等到最后一刻，她也学会了。可以说，是这样的家庭环境造就了孩子的拖延症。

父母必须明白，在孩子的成长过程中，榜样的力量是无穷的。你做什么，孩子就会学着做什么。如果你是一个珍惜时间、做事效率高的人，那么孩子就很难染上拖延的毛病；可是如果你事事拖延，没有时间观念，那么孩子就别想高效地做事了。

更关键的是，父母如果没有做好榜样，却责骂孩子做错了事情，那么孩子就会产生叛逆心理，对父母说："凭什么你能做，我就不能？"

所以，父母应该用自己的言行给孩子做好榜样，如果自己身上有拖延的毛病，一定要及时改正，并且及时向孩子道歉。孩子看到了父母能够知错就改，那么肯定也会改正自己拖延的坏习惯。

## 培养自控力，让孩子管住自己

对于孩子来说，尤其是年龄较小的学龄前儿童，他们之所以会拖延，大部分原因是自己管不住自己。他们很容易被不相干的小事吸引注意力，从而忘记了本来要做的事情。当他们分心去做其他事情的时候，原本的事情就这样被耽搁下来，导致了时间的浪费。

虽然在日常生活中，父母会对于孩子进行一些约束和管教。但是父母的约束和管教不过是外在因素，如果孩子的自控能力差，不能更好地管理自己，那么孩子就很难做到合理地利用时间，专注而高效地做事情。

一位小学生家长说得非常好："问题的关键不在孩子被什么吸引了注意力，也不在于孩子因为什么游戏而耽误了时间，关键在于孩子是否具有自我管理的能力，是否能够管得住自己。"

没错，不妨看看我们身边，那些经常迟到的孩子，绝大部分是自控能力差的人；那些做事拖延的孩子，绝大多数是没有自我管理能力的人。

所以，父母应该想办法培养孩子的自控能力，让父母对孩子的约束行为逐渐转变为孩子的自觉行为，这样才能从根本上解决孩子时间观念淡薄的问题。

钰钰小时候是跟着爷爷奶奶长大的，老人家对孩子非常宠爱，处处迁就孩子。一旦孩子有什么要求，爷爷奶奶都无条件地给予满足。于是，钰钰成了一个骄横、以自我为中心的孩子，更养成了为所欲为、没有规矩的坏毛病。

等到上小学的时候，父母把孩子接到自己身边，这才发现孩子身上有很多不良习惯。比如说，钰钰从小就喜欢看电视，吃饭、玩游戏的时候都要开着电视，爷爷奶奶也从来没有纠正过这个坏习惯，导致孩子有很大的电视瘾。

为了让孩子改正这个坏习惯，妈妈平时坚决不让她看电视，可是钰钰就是管不住自己，经常偷偷地打开电视。虽然钰钰忌惮妈妈的威严，平时不敢肆意地看电视，可心里还是始终想着电视的，这导致她做什么事情都没有兴趣，就连老师讲课的时候都时常分心走神。

妈妈觉得不能长久这样下去，于是便和钰钰好好地交谈了一次。她对孩子说："你为什么会想看电视？"钰钰说："以前我每天都看，已经养成了习惯，而且我喜欢看动画片。"妈妈说："你喜欢看什么动画片？"钰钰回答说："《巴啦啦小魔仙》《熊出没》。"妈妈想了想，说："如果我每天让你看一集《巴啦啦小魔仙》或是《熊出没》，你觉得怎么样？"钰钰高兴地说："太好了！妈妈，你让我看电视了？"

妈妈点点头说："没错，不过每天只能看一集。你从这两个动画片中选择。看完之后，你就必须关掉电视。"钰钰说："可是我每天除了上学就是上学，太无聊了！"妈妈说："你可以做一些自己感兴趣的事情，比如画画、跳舞、看书等等。如果你喜欢画画，妈妈可以给你报兴趣班。"

最后，钰钰选择了画画。而在之后的时间里，她也按照妈妈的要求，每天只看一集动画片。虽然她也有非常想看电视的时候，但是在妈妈的帮助下，她开始控制自己，找其他感兴趣的事情代替。时间长了，钰钰不用妈妈的帮助就可以管理自己的事情了，并且开始远离电视。

这是一个很好的例子。钰钰妈妈知道自己的孩子痴迷电视，每天总想着看电视，浪费了时间并分散了注意力。但是她也知道，一味地用强硬的手段限制孩子是没有什么大用的，所以她积极引导孩子，帮助孩子用感兴趣、有意义的事情来代替看电视，让孩子逐渐学会管理自己的事情，逐渐地培养自己的自控能力。果然，这样的方法要比强硬的手段有效得多。作为父母，如何让孩子管住自己呢？其实，这很简单。

1. 改变思考方式，不要一味催促、打骂

作为父母，如果发现自己的孩子做事拖拖拉拉，并且不能更好地管理好自己的时间，千万不要一味地催促、打骂，因为这些方法都是治标不治本的。

不妨改变一下思考方向！父母们可以积极培养孩子的自控能力，让他们学习自己管理好自己，学会安排和支配好自己的时间。当孩子们自我管理能力增强的时候，自然就会成为一个管理好自己时间的人。

2. 从日常生活开始，培养孩子自控力

相信很多父母都有这样的感触：孩子说想要画画，妈妈就积极地为他准备画纸、画笔。可过了一会儿，等到妈妈过来看时，却发现孩子并没有好好画画，而是正在玩书桌上的格尺、橡皮；

浴室里，妈妈给孩子洗好了澡，并且给孩子拿了块毛巾，让他把身上的水滴和泡沫擦干净，可刚转身，就发现孩子开始玩起了水里的橡皮鸭……

与其说孩子的注意力容易分散，不如说孩子的自控能力比较弱。因为缺乏自控力，所以即便父母已经明确地告诉他“你必须五分钟内吃好饭”，孩子也会拖拖拉拉地做事；因为缺乏自控力，所以即便父母告诉他“你看完一集动画片之后，必须进屋写作业”，孩子也不会主动按照安排去做；因为缺乏自控力，所以他们很容易分散注意力，很容易被任何一件小事、小东西吸引，以至于偏离了原本的轨道。

所以，孩子自控力的培养是从日常的生活习惯中开始的，在孩子还小的时候，父母就应该有意识地培养孩子的自控力。

比如让孩子养成良好的作息习惯，按时洗澡睡觉，按时吃饭；让孩子学会控制好自己的情绪，不要随便发脾气；让孩子不要贪吃零食，不要太贪玩；让孩子学会控制自己的行为和动作；让孩子学会坚持、坚强、勇敢等良好的品质。

## 强行督促孩子学习，不如营造好的环境

很多父母希望孩子能够好好学习，提高学习效率和学习成绩，于是便想办法督促孩子学习。殊不知，督促孩子学习、强行赶孩子学习的做法对孩子是没有太大效果的。与其如此，父母们还不如积极为孩子营造好的学习环境，让他们主动学习。如此一来，孩子的学习效率才能提高上去，学习成绩也会好起来。

父母们应该要知道，学习虽然是孩子自己的事情，但是给孩子营造出良好的学习环境与学习气氛却是父母应该做的事情。如果条件允许，父母应该给孩子布置专门的书房，并且布置得学习气氛浓厚一些。可以给孩子摆上专属于他的书柜、课桌，摆上平时学习的书籍，或是孩子喜欢看的课外书。如果条件不允许，父母也应该给孩子准备小书桌，或是专门供孩子学习的场所，让孩子有可以专心、安心学习的地方。

良好的学习环境对于小学生来说，尤其重要。因为小学生的自律能力不强，很少会主动地学习、做功课。可是如果父母能够给他们创造良好的学习环境，那么他们就会受到环境的感染，更容易自觉地学习。

小学三年级的小刚非常不喜欢学英语，因为他之前没有接触过英语，所以学习起来有难度。父母为了让他提高英语成绩，可以说是费尽了心思：每天让他听单词、读单词，还准备了一些英语读物，给他报了英语课外班。但是，小刚就是不愿意学英语，每次做英语作业的时候

都是拖拖拉拉，找各种借口拖延。所以，一个学期下来，他的英语成绩没有任何提高。

后来，妈妈想到了一个新办法，不再强迫孩子学习英语，而是想办法激发孩子学习的积极性和主动性。她重新布置了孩子的房间，给孩子买了新的书桌和书柜，并且把那些英语读物都摆在书柜显眼的地方。

同时，妈妈还打印出一些单词、名言名句，贴在房间、书桌的角落，让孩子一眼就可以看见它们。妈妈还把孩子的叫醒闹铃换成了英语歌曲，让孩子可以耳濡目染。

刚开始的时候，小刚还非常生气地对妈妈说："为什么哪里都贴着英语？我不喜欢英语！"可渐渐地，他不再那么排斥英语，对英语也有了学习兴趣，成绩也开始有了一点起色。

由此可见，学习环境是影响孩子好好学习的关键因素。没有好的学习环境，孩子就很难养成专注的习惯。没有专注的精神，孩子读书、写字就会拖拉，注意力不集中，从而浪费很多时间。

所以，打造一个良好的学习环境是每一位父母都应该重视的问题。那么父母们应该怎么做呢？

1. 不要强行把孩子赶进书房，让孩子主动走进书房

打造良好学习环境并不是给孩子布置好书房、买一张书桌那么简单。有的父母给孩子购买昂贵的书桌，准备了各种各样的课外书，然后就强行把孩子赶进书房里面，让他们好好学习。

这样孩子就能够好好学习了吗？当然不能！

其实，这与强迫孩子学习没有什么区别。如果父母无法提高

孩子的学习兴趣，只是强行把他们关在书房中，那么只能起到相反的效果。孩子们即便是坐在椅子上，也无法把心思放在学习上。虽然他们拿着笔，可是一个字也没有写，他们看着书，可是一页书也没有读进去。因为他们的脑袋里想着电视和游戏，怎么又能专注地学习呢?

人们常说:“虽然我们可以把马引到水边，却不能迫使它喝水。”在孩子的教育上，也是同样的道理。虽然父母可以把孩子赶进书房里面，但是却不能强迫孩子学习。如果父母不顾孩子的意愿，强行把他们赶进书房，那么他们不仅不会认真学习，还会形成拖延、注意力不集中的坏习惯。

所以，父母应该想办法让孩子经常主动地走到书房，促使他们产生学习的兴趣和积极性。而这才是问题的关键。

2. 不要随意打扰孩子

良好的学习环境还应该是安静的、不受干扰的。有些父母在孩子学习的时候时不时敲门打扰，不是送水果就是送牛奶，不是在一旁监督，就是一会儿提醒这个，一会儿询问那个，导致孩子根本没有办法全神贯注地学习。

最可笑的是，这些父母却埋怨孩子注意力不集中，做作业拖延。难道这不是父母的频繁打扰导致的吗?

所以，想要孩子好好学习，提高学习效率，父母们就为孩子们营造良好的学习环境吧!

## 让孩子学做家务，培养生活自理能力

生活中，我们不难发现，同样大的孩子在时间管理上也有很大差异：

李华做事情毫无条理性，习惯了丢三落四，就连早上起床穿衣服都需要父母帮忙；而好朋友夏明的生活自理能力就非常强，早上自己按时起床，安排好时间做作业，每件事情都做得井井有条，处理起事情来有自己的主张和想法……

在仔细观察之后，我们就会发现，前者是没有时间观念的孩子，做事情习惯磨蹭，行动效率也高不到哪里去；而后者就不同了，因为他自理能力非常强，所以做事干净利落，绝不拖泥带水，效率自然也比前者高很多了。

简单来说，夏明是一个自理能力强的孩子，没有做事拖拉的坏习惯。因为他平时就习惯了自己的事情自己做，养成了一种积极主动的做事习惯。而李华自理能力比较差，从小就习惯于大小事都依赖父母，遇到问题总是指望着父母帮助自己，所以做什么事情都无法高效地完成。

由此可见，自理能力与高效做事有非常密切的联系。想要让孩子做事不拖沓并且养成积极主动的习惯，父母就应该从小培养他们的自理能力，多让他们做做家务劳动，包括打扫卫生、整理房间等。

一位教育专家曾经指出：“一个孩子如果从小就具备做家务的能力，那么他就赢得了培养自身生活自理能力的机会，从而有利于增强他做事的条理性、秩序性，以及培养其独立性。”

事实上，很多西方国家的父母会早早地让孩子做力所能及的家务劳动，培养孩子的动手能力和独立性。正因为如此，我们很少看到西方的孩子有拖延，以及浪费时间的坏毛病。而在我们身边，有这样坏毛病的孩子却比比皆是。

淘淘是一年级的小学生，9月份入学后，班主任会对新入学的孩子们给予更多的照顾。因为孩子们在幼儿园的时候都有生活老师照顾，无法快速地适应完全独立的小学生活。平时，老师可能会帮助孩子们打水，交代孩子们按时上卫生间。中午吃饭的时候，老师会帮助孩子们拿餐盘、餐具，然后在饭后帮忙收拾餐具。同时，每天的值日，老师也会帮助孩子们打扫教室，或是帮孩子搬凳子，或是帮孩子擦黑板、拖地板。

很多孩子的自理能力都比较差，凡事都需要老师的帮忙。可班主任发现淘淘却并不是如此。他比其他孩子都让人省心，完全可以自主处理好自己的事情。吃饭的时候，他会自己拿餐具，吃完饭会自己收拾餐具；下课的时候，他会帮助老师擦黑板，还帮同学们接水。每次轮到他们组值日的时候，他都会把桌椅板凳摆放整齐，然后把同学们的课桌和抽屉收拾得干净整洁。

在班会上，老师夸奖了淘淘，并且让淘淘妈妈分享了教育孩子的方法。原来，淘淘妈妈从孩子小时候就注意其自理能力的培养：孩子 3 岁多的时候，妈妈就鼓励他自己做自己的事情，包括穿衣服、收拾玩具等；孩子 4 岁的时候，妈妈开始让他帮助做一些简单的家务，比如扫地、擦桌子。虽然孩子根本扫不干净地，也擦不干净桌子，但是妈妈却每次都夸奖他做得好，目的就是让他养成做家务的习惯；到了孩子 5 岁多的时候，妈妈开始让他自己洗小内衣、小袜子，然后学习叠自己的衣物和帮助妈妈整理房间。

通过让淘淘学做家务，他的自理能力越来越强，独立性也要比其他孩子好得多。现在淘淘已经成了一个做事勤快、有序的好孩子，做事情从来不会三心二意，更不会拖拖拉拉。

相信，很多父母都会羡慕淘淘的父母，希望自己的孩子也能做得一样好。其实，只要大人不再溺爱孩子，凡事不替孩子大包大揽，而是让孩子做力所能及的家务活，那么孩子们也可以具备很强的生活自理能力，也可以成为一个勤快、独立的好孩子。

作为父母，可以尝试着做到以下几点，来培养孩子的自理能力：

1. 让孩子自己做家务，不要太宠溺孩子

父母们不要因为担心孩子太小，就觉得孩子什么都做不好，更不要因为嫌弃孩子给自己帮倒忙而拒绝让孩子在家里做家务。

实际上，与孩子在做家务中惹下的小麻烦相比，通过做家务的机会来培养孩子的自理能力和独立性更重要。如果父母过于宠溺孩子，不舍得让孩子做任何事情，那么孩子就会变成一个懒散、依赖性强又缺乏条理的人。

父母们要知道，任何好习惯都是从小养成的。父母不能什么都不让孩子做，然后等孩子大一些，养成做事磨蹭、懒惰的坏习惯后，就毫不留情地斥责他们。对于孩子来说，从小就没有独立做事的观念，就没有养成做事勤快、有条理的好习惯，又怎么能奢望他一下子又快又好地做事呢?

2. 根据孩子年龄来安排家务

想要培养孩子的自理能力，父母也不要操之过急，而是应该根据孩子的年龄来安排相应的家务活。

比如，孩子 3 岁的时候，动手能力比较差，父母可以让他擦擦桌子。到了 4 岁的时候，可以让他整理自己的小衣服，或是帮妈妈浇浇花。而到了 5 岁的时候，孩子就可以慢慢地学会扫地、整理自己的物品了。父母要耐心地指导，教给孩子怎样擦桌子、怎样扫地，如何更快地穿好衣服、系上扣子等。

只有从孩子自身的成长特性出发，按照孩子的年龄安排家务，孩子的自理能力才会越来越强。否则，孩子就会因为做不到而失去信心，这样就得不偿失了。

3. 提高孩子的兴趣，不能强行命令

当然，想要培养孩子的自理能力，父母就应该想办法提高孩子的兴趣，不要强行命令孩子做他不愿意做的事情，更不要让孩子做太多的家务，侵占了孩子玩的时间，否则孩子就会产生逆反心理。

# 第三章
# 别让孩子的时间被偷走
## ——纠正孩子浪费时间的不良习惯

谁无端地浪费时间，谁就会白白浪费宝贵的生命。面对自己的孩子，很多父母会发出这样的疑问：是谁偷走了孩子的时间？事实上，是孩子偷走了自己的时间。生活中，由于这样那样的原因，孩子养成不良的生活习惯，没有主见、做事没条理、注意力不集中等……这些坏习惯让孩子耽误了很多时间和精力，从而导致生活一团糟糕。

## 没主见就会耽误时间，要培养孩子的主见

很多孩子做事情总是拿不定主意，如果你问他是去公园玩还是去看电影，他会在那里想半天，自己也不知道应该去哪里，结果在纠结中浪费了大量的时间。

还有些孩子习惯被别人的意见左右，别的同学说这个解题方法好，他就按照这个方法做，另外的同学说那个解题方法方便，他又开始尝试这个方法，结果哪一个方法都没有做到底，花很多时间也没有能找到适合自己的解题方式。

所以说，孩子犹豫不决、拿不定主意，就是他们行动缓慢、做事拖拖拉拉的重要原因。他们不管做什么事情都需要左思右想、瞻前顾后，大量的时间就在这种毫无意义的思考中被浪费掉了。

思思是一个有选择困难症的孩子，不管做什么事情都拿不定主意，一会儿想要这样一会儿想要那样，既想要选择这个又不愿意放弃那个。十一假期时，爸爸妈妈准备带着思思外出旅游，妈妈知道思思有做事犹豫的不良习惯，于是便想通过这个机会来锻炼孩子。距离十一假期还有一个星期的时候，妈妈就让思思开始做旅游攻略，看看哪里适合全家度假。思思高兴地接下了这个任务，她开始上网查询，看到美丽的三亚，便惊呼道："三亚好漂亮啊，有大海、蓝天，正是度假的好地方！"一会儿看到了古朴的丽江古镇，她又感叹地说："这里好有韵味啊，有很多特色景物和美食！"

接下来，她一会儿被黄山的奇松怪石、云海云泉所吸引，一会儿又向往九寨沟的自然风景……总之，她查询的地方越多，想去的地方越多，就越拿不定主意。

这时候，妈妈提醒她说："我们只有几天的假期，不可能去那么多地方。你必须拿定主意，选择最想要去的地方。"思思回答说："我知道了。我先看看，过两天就确定下来了。"过了两天，妈妈问思思是否做好了选择，思思为难地说："我忍痛割爱，舍弃了那些美丽的景色，可是还在纠结究竟是去三亚，还是去丽江。妈妈你说我们应该去哪里？"妈妈说："这次旅游应该是你自己拿主意，我们不参与意见。"思思只好闷闷地说："好吧，我再考虑考虑吧。"

等到出发的倒数第二天，妈妈又问思思："你选好了吗？"思思说："选好了，妈妈我们去三亚吧！那里的景色具有热带风情，还有我向往的阳光、沙滩！"妈妈说："好，只要你喜欢就好！"

可刚吃完了饭，思思又对妈妈说："嗯……我觉得丽江古镇也不错。那里的一街一景都比较有韵味。"妈妈无奈地说："你到底想去哪里？"思思皱着眉头说："其实，我也不知道去哪里。这两个地方我都想去，哪一个都不想放弃。要不妈妈你帮我决定吧！"妈妈摇着头说："像你这样总是拿不定主意，自己无法做决定，怎么能行呢？你现在是大孩子了，应该有自己的主见，否则长大了怎么办？"思思听了妈妈的话低下了头。

孩子为什么会犹豫不决，拿不定主意？是因为他们没有自己的主见，不知道怎么自己下决定。

不难发现，生活中有很多像思思一样的孩子，他们做事情毫无主张，遇到问题就向家长寻求帮助。他们不仅害怕自己下决定，而且不能自己下决定，结果导致了拖延，白白浪费了时间和精力。

其实这与父母的错误教育是分不开的。很多父母从来不让孩子自己做决定，认为孩子还小，没有足够的判断力，万一做错了决定就会引起不必要的麻烦。所以，他们把孩子的事情安排得妥妥当当的，丝毫不用孩子费脑筋思考。这样一来，虽然避免了孩子犯错误，但是也剥夺了孩子选择的权利，让他们失去了锻炼的机会，从而没有能力下决定。

那么，应该如何培养孩子的主见，让他们敢于做决定呢？

1. 孩子不是父母的附属品，父母不要一味为孩子做决定

父母们应该知道，孩子是独立的人，是有思想、有主见的人，而不是父母的附属品。如果父母一味为孩子做决定，那么孩子就会失去了主见，变成了没有思想的人。

生活中，如果孩子遇到了问题，父母不要代替孩子去解决，也不要替孩子选择，而是应该鼓励孩子自己想办法独立去完成。一旦孩子遇到了实在解决不了的问题，父母可以帮助孩子分析问题，多提供一些解决问题的方法，但最后必须让孩子决定选择哪一种方法，而不是直接告诉孩子“你应该这样做”“这个方法是正确的”。

2. 别总是要求孩子绝对服从自己

父母不应该一味地让孩子听自己的话，要求孩子绝对服从自己，这样只会让孩子逐渐失去主见和自主性。孩子习惯了听父母的命令，时间长了，就会产生这样的想法：我不需要思考，只要按照父母的话去做就行了。这样的话，孩子就会习惯求父母帮助，

事事要父母替自己拿主意，一旦离开了父母，即便是很小的事情，都没有办法自己下决定了。

3. 给予孩子话语权，让孩子参与家庭讨论

父母应该给孩子话语权，让他们大胆地说出自己的想法，并且逐渐让他们参与到家庭的讨论之中。比如，父母可以和孩子讨论周末去哪里玩、晚饭吃什么、报什么兴趣班，等等。慢慢地，孩子自然就会可以积极地思考，变得越来越有主见了。

没有主见的孩子，不仅会养成拖延的坏习惯，总是在思想斗争浪费时间，还会习惯了随波逐流，成为最平凡的人。我们可以看到，出色的人永远都是有自己的主见的人，而没有主见的人只能随波逐流，人云亦云，过着平庸的生活。

我相信，所有父母都不希望看到自己的孩子成为一个平庸的人。那么我们就应该培养孩子从小做一个有主见的人，让他们自己决定自己的事情，敢于大声地说出自己的意见。

## 不要让孩子在时间上“讨价还价”

随着孩子年龄的增长，他们慢慢地学会了和父母讨价还价，当妈妈要求他立即关掉电视的时候，他会说：“我再看一会儿嘛，就让我再看一会儿吧！”当妈妈要求他做功课的时候，他则会说：“我一会儿就去，再给我5分钟时间！”

除此之外，孩子们还会把这种“讨价还价”的技巧熟练地应用在任何一件事上。每当父母要求他做一件事情的时候，他都会提出一个要求，不是要求向后推迟几分钟，就是要求给予奖励。比如要求获得一个礼物，或是看一集动画片。

这样的情况会发生在很多孩子身上，也让很多父母头疼不已。这不楠楠妈妈就面临着这样的问题。

一个周末的上午，妈妈正在打扫卫生，而楠楠正在玩自己的芭比娃娃。妈妈对楠楠说：“宝贝，你玩了很长时间了，应该去做功课了。”楠楠说：“我想再玩一会儿，这个芭比是新买的，我还没有玩够呢！”

妈妈说：“整个上午你都在和它玩，怎么就没有玩够啊！”这时候楠楠撒娇地说：“妈妈，求求你了，就让我玩一会儿嘛！”妈妈说：“不行，你应该做功课了！”楠楠还是没有马上行动，开始和妈妈讨价还价：“我再玩10分钟……”看妈妈没有答应，她便说：“8分钟……5分钟……”

最后，妈妈没有办法，无奈地说：“好吧！你只能玩

5分钟，之后必须马上去写作业！”这时候，得逞的楠楠高兴地说：“好的！”

其实，这样的事情并不是一两次了，楠楠知道只要自己撒娇一下，妈妈一定会同意自己的要求，所以她开始经常使用这样的方法。

还有一次，楠楠跳舞回到家之后，妈妈让她把自己的舞蹈服和袜子放进洗衣机。可楠楠却懒懒地躺在沙发上，说：“我已经够累了，为什么非要我马上做这做那呢？”妈妈耐心地说：“这本来就是你自己的事情，现在不做，一会儿就忘了。”楠楠还是不情愿地说：“我想待会儿再洗，要不您答应我一个条件？”妈妈无奈地说：“又有什么要求啊？”楠楠说：“我可以马上去洗衣服，但是你得让我看会儿电视。”

其实，孩子“讨价还价”的根源完全出自父母身上。父母们不妨想想，在孩子小的时候，你是不是经常说这样的话：“你只要快快吃饭，等一会儿我给你糖吃”“你如果乖乖睡午觉，醒来后，我给你买好玩的玩具”“只要你上课认真听讲，我就奖励你到游乐园玩。”

父母的这种行为，让孩子产生了一种误解，认为只要按照父母要求的去做事，自己自然就可以获得某种“报酬”。于是，他们开始利用每一个机会和父母讨价还价。

在讨价还价的过程中，孩子和父母都不会轻易地妥协，你进一步我退一步，你拉过来我拉过去。结果，时间就在这样的“讨价还价”中浪费掉了，不仅浪费了孩子的时间，也浪费了大人的时间。

更为重要的是，时间长了，就会让孩子形成一种习惯，不管做什么事情都要“讨价还价”。在做任何事情之前，他都要求有好处，如果没有好处就不会去做；在做任何事情之前，他都会和父母谈条件，总是习惯性想拖延，10分钟不行就要求5分钟，5分钟不行就要求2分钟，反正就是不肯马上行动。

这样一来，孩子不仅失去了主动做事、马上行动的意识，还会让每一次学习和尝试都成为一种“交易”，从而失去了探索的兴趣和精神。这对于孩子的成长是非常有害的。

所以，在教育孩子的过程中，父母一定要注意自己的教育方式，切不可做出错误的决定。

1. 不要拿“好处”诱导孩子

父母千万不要拿“好处”去诱导孩子，主动地和孩子“讨价还价”。虽然父母这样做的目的是引导孩子主动地做某件事情，让孩子快点把某件事情做完，可事实正好相反，这样的行为只会让孩子会错意，并逐渐失去做事情的主动性和积极性。

2. 不要轻易向孩子妥协

孩子喜欢和父母“讨价还价”，与父母的轻易妥协和纵容是分不开的。当孩子第一次提出“等一会儿”“再玩10分钟”时，如果父母轻易地答应了他的要求，那么孩子就会第二次、第三次、第N次提出要求。当父母一次次向他妥协的时候，他就会越来越善于利用这种手段来对付父母，为自己赢得更多的“好处”。

要知道，大多数孩子的讨价还价都是在试探父母，如果父母稍微有松动的迹象，他们就会得寸进尺；可如果父母坚持原则，不肯向孩子妥协，那么孩子就会慢慢地改正这个坏习惯。

所以，父母一定要守住自己的底线，不要轻易向孩子妥协。

当孩子要求再玩一会儿，或是等一会儿再去做某件事情的时候，父母要明确地告诉孩子：“我可以给你5分钟时间，5分钟过了，你就必须马上行动。”

如果孩子再想要讨价还价，父母一定要坚定地说“不”，不给孩子任何商量的余地。对于年龄比较小的孩子，父母可以不断强化他的时间观念，可以给他定个闹钟，或是在时间剩余1分钟的时候提醒他。不管怎样，只要父母坚持原则，那么孩子就没有了讨价还价的机会。

3. 不要对孩子太苛刻，把握好教育的尺度

换个角度来看，孩子学会了讨价还价，说明他已经产生了自主意识。这未必完全是坏事。所以父母也不能太过于苛刻，丝毫不给孩子商量的余地，否则就会让孩子不敢发表自己的意见，变得越来越自卑、内向。

父母应该把握好尺度，既不能过于迁就孩子，也不能一味说“不”，如此孩子才能健康地成长。

## 身在心不在的“磨洋工”

有人曾经做过这样的试验：

> 80%的孩子在做作业的时候习惯磨洋工，一两个小时也做不了几道题。孩子坐在书桌前，手里拿着笔，眼睛看着书，可却是身在心不在，思想早就不知道飘到哪里去了，脑袋里也不知道想着什么奇怪的玩意儿。
>
> 一般来说，孩子开始做作业的前10分钟，内心是无法平静下来的，特别是看过了动画片或是做过了剧烈运动之后。他们的身体虽然坐在座位上，脑袋中却还想着之前的动画片或是好玩的游戏，始终无法把精力放在作业上。
>
> 过了好久之后，孩子们的心才能平静下来，开始安心地做作业。可是内心平静下来还没多久，他们的注意力就又开始涣散了，想看看爸爸妈妈在外面做什么，想着明天和同学说好玩的事情。他们的头不停地东张西望，身体也开始扭动，而心思也早就飞走了。
>
> 可以说，孩子一旦身在心不在，就会把宝贵的时间白白浪费掉，学习成绩也一塌糊涂。

一位有经验的教师曾经说：“注意力集中的孩子，背诵课文时，只要读9遍就可以完全背诵下来；而同样的课文，那些容易走神的孩子要读100遍才能记住。”可想而知，后者浪费了多少时间？

正如宋代大学问家朱熹所说:“人做功课，若不专一，东看西看，则此心先已散漫了，如何看得出道理？”作为父母应该找到孩子心不在焉的根源，从而引导孩子解决这个难题，养成良好的生活和学习习惯。

1. 父母要学会放手，给孩子自由和空间

孩子走神、思想开小差的原因有很多，但是自控能力差、依赖性强才是最关键的一点。

有些父母生怕孩子不好好学习，每当孩子做事情的时候就会在一旁盯着孩子，时刻催促着孩子“快点”“认真点”。

结果，这样的行为让孩子产生了依赖心理，一旦父母不在一旁督促，孩子就会故意磨蹭，偷偷地做别的事情。有时候即便父母在一旁监督着，他们也可以偷懒，放慢做作业的速度，一边做着作业一边想着玩的事情。

所以，父母应该学会对孩子放手，给予孩子自由和空间，尤其是独立思考的空间。同时，父母应该帮助孩子制订作业时间表，规定孩子在一定的时间内完成作业，并且设定奖励和惩罚的办法。

2. 孩子爱幻想，父母要合理引导

有的孩子身在心不在，是因为爱幻想，脑袋里总是有各种稀奇古怪的想法。做作业的时候，脑袋里却开始幻想着各种各样的场景，然后让自己沉浸其中。

其实孩子爱幻想并不是坏事，父母千万不要加以制止和斥责，否则就会扼杀孩子的想象力，这对于孩子的成长没有好处。父母应该巧妙地告诉孩子:“你爱幻想是好事，但是也要分时间和场合。做事情的时候就应该注意力集中，等到做完之后就可以自由地幻想了。”

父母还应该引导孩子合理地想象，把奇思妙想引导到兴趣、目标、理想上来。

小路是一个爱幻想的孩子，每天脑袋里充满了奇思妙想，不是想要到太空中旅行，就是想要探究海底世界。因为他爱幻想，所以上课时也会犯“神游”的毛病，时常学着学着就看着窗外发起了呆。尤其是他自己一人在房间做作业的时候，就更容易走神了，所以他每次做作业都耗费很多时间，作业的完成质量也不高。

一天，妈妈到房间中看他作业的完成情况，结果发现这个孩子又在走神了。妈妈刚想发火，但是想想之前也教育了很多次，似乎并不太管用，于是便想换一个方法试试。妈妈轻轻地敲了敲门，小路这才回过神了。他知道自己又犯错了，于是低下来头，不敢说话。

妈妈笑着说：“宝贝，你在想什么？”小路支支吾吾地说：“没想什么！”妈妈说：“没关系，妈妈不批评你，你好好和我说一说。”小路说：“我在想海底世界真是太奇妙了！那里有各种美丽的鱼儿，还有千奇百怪的植物，要是我能到海底世界见识见识就好了。”

妈妈说：“海底世界确实非常精彩，我们对于它的认识实在是太少了！”小路说：“将来我想成为科学家，探索神秘的海底世界，然后让人们见识到更美妙的海底世界！”

妈妈说：“很好，不过你得好好学习才能实现这个目标。如果你现在不好好学习知识，怎么能成为科学家？你不能成为科学家，又怎么能探索海底世界呢？你爱幻想是好事，只有爱幻想的孩子才有创造力。不过，这不代表你可以每天胡思乱想，做作业的时候走神分心。你应该知道什么时候认真学习，什么时候发挥自己的想象力。现在你应该知道自己做什么了吧！”

小路想了想说：“我知道了，我应该认真学习！”于是，他打开了书，认真地看了起来。尽管小路还是爱幻想，但是在妈妈的帮助下，他开始努力锻炼自己的注意力，开始的时候努力做到 20 分钟不分心，然后是半个小时、40 分钟……

即便有时候走神了，他也会很快提醒自己集中注意。果然，经过了一段时间的努力，小路有了很大的进步。

所以对于那些爱幻想、爱神游的孩子，父母千万不能非打即骂，而是应该给予正确的引导。要允许孩子发挥自己的想象力，同时加强孩子专注力和注意力的训练。

3. 孩子遇到了难题，父母要及时给予帮助

还有些孩子之所以磨洋工，是因为功课比较难，孩子不会做，但是又不好意思或是不敢问父母。这时候，父母如果再因为孩子磨蹭而打骂孩子，那么孩子就更不敢提问了。时间长了，孩子做作业“磨洋工”的不良习惯就养成了，之后即便功课不难，孩子也快不起来了。

而且这种磨洋工的习惯会渗透到孩子生活的各个方面，给孩子的生活带来很多不利影响。所以，父母看到孩子做作业速度慢，应该询问他是不是遇到了难题，并给予正确的帮助和引导。

总之，孩子做事情身在心不在的原因有很多，父母应该找到问题的根源所在。只有真的了解孩子，才能纠正孩子身上的不良习惯。

## 分散注意力，自然就会消耗时间

路航做事情缺少专注力，上课听讲听到一半就会想玩篮球的事情，做作业时不时看着窗外发呆。做其他事情也是如此，看他表面上是认真做事，可实际上思想早就不知道跑哪里去了。有时候，妈妈看他在那里坐着，想要让他帮助自己拿下东西，可叫他好几声他都没有反应。

他还是一个坐不住的孩子，就连吃饭的时候都爱做小动作，不是抠抠这就是抠抠那。当父母批评他的时候，他就会很委屈地说："我也想安静地坐一会儿啊，可是就是坐不住啊。"

因为路航注意力分散，无法专注在一件事情上，所以让父母非常担心。

其实，很多孩子身上都有这样的毛病。同样是做一件事情，有些孩子很快就能完成，有些孩子却需要花费很长的时间才能完成。这并不是孩子智商的问题、能力的差别，而是孩子是否拥有专注力，是否集中注意力的问题。

事实上，注意力分散与做事磨蹭有着不可分割的关系。

一个孩子自控能力差，就很容易被别的事情吸引。不管是眼前的玩具，或是外面的喇叭声，或是他脑袋中突然冒出的一些莫名其妙的想法，都会把他的注意力分散掉。当他在想其他事情的时候，就会中断本来应该做的事情，浪费掉很多宝贵的时间。

面对这样的情况，父母应该培养孩子的专注力。所谓专注力就是孩子注意力的稳定性，简单来说就是让孩子把手眼心脑都集中在一个事物上，并且持续一段时间，不受外界因素的干扰。

正如 19 世纪俄国教育家乌申斯基所说："注意力是唯一的窗户，只有经过这个门户，外在世界的印象才能在心里引起感觉来。如果印象不把我们的注意力集中在它身上，那么，虽然它也可以影响我们的肌体，但我们是不会意识到这些影响的。"

可以说，专注地去做事情，我们的行动才能更快，效率才能更高。一个人如果注意力不集中，那么任何小事都能让他分心，任何声音都能吸引他的注意力。如此一来，他做事情自然就磨蹭了，时间自然就被耽搁了。

所以，作为父母，要锻炼孩子的专注力，避免孩子在做事情时分散注意力。

1. 孩子专注做事时，父母千万不要打扰

专注力都是从孩子小时候培养的，可事实上很多父母并没有这样的意识，总是在孩子专心做某件事情的时候干扰孩子，久而久之，导致孩子注意力分散，不能长时间地专注某一事物。

图图非常喜欢画画，每次画画的时候都非常专心，即使画一两个小时都不嫌累。可图图妈妈却总是担心孩子累了、渴了，一会儿对孩子说："宝贝，你累不累，我们休息一会儿再画吧！"一会儿给孩子送水，说："孩子，好长时间了，你喝口水吧。"

就是因为妈妈总是不断打扰孩子，让图图不能集中注意力做一件事情，所以图图养成了做事三心二意、注意力不集中的坏毛病。

要知道，孩子是最容易受外界因素打扰的，父母那些看似无意的举动，却给孩子带来很大的干扰，破坏孩子的专注力。

所以，如果孩子专心地做一件事情，即便是撕纸片，或是拿着画笔涂鸦，父母也不应该介入和打扰。即便是孩子在玩游戏、看电视，父母也不应该毫不顾忌地打扰孩子，一会儿让孩子做这个，一会儿让孩子做那个。

2. 让孩子专注做自己喜欢的事情

很多孩子在平时容易走神，注意力不容易集中，可是在做自己喜欢的事情时却可以专注很长时间。

比如有的孩子比较喜欢画画，连续画一两个小时都不会分心；有的孩子喜欢打篮球，一到球场就会全身心地投入。

这时候，父母千万不要责怪孩子不务正业，强迫孩子去学习、写作业。只要孩子能够集中注意力做一件事情，父母就应该给予大力支持。当这份专注养成一种良好习惯的时候，对于孩子做其他事情也会产生好的影响。

3. 不要打扰孩子的思考

孩子在思考的时候，父母千万不能随意打断孩子。如果孩子在思考问题时，父母总是在孩子旁边催问："你知道怎么做吗？""是不是可以想到好办法？"那么孩子的思绪就会被打断，造成注意力的分散。时间长了，孩子就无法集中精神思考了，从而缺乏专注思考的能力。

总之，注意力分散是孩子做事情拖延的重要原因。父母如果想要孩子有效地节省时间，提高做事效率，就应该培养孩子做事的专注力，避免分散注意力。

## 要有节制，别一玩就没完没了

我们身边总是有这样的孩子：放学了不回家写作业，而是在外面和同学们疯玩；回家之后把书包一丢，就打开电脑玩游戏；爸爸妈妈不允许在家玩电脑，就偷偷地到网吧玩游戏，沉迷于游戏中不能自拔。

这些孩子玩起游戏就来了兴趣，并且很快就着迷了，无法停下来。可一提到学习，他就立刻表现出不愉快的情绪，父母催好几次都不见他行动；父母一让他做些家务，他就会找各种理由推脱，好不容易行动了还三心二意。

虽然贪玩是孩子的天性，但是这些孩子却没有自控能力，一玩就没完没了，不仅浪费了大量时间，还养成了不良的生活习惯。

13 岁的小军非常喜欢玩网络游戏，每天回家后就打开 iPad 玩游戏，什么赛车、王者荣耀等。开始的时候，妈妈觉得孩子学习任务重，玩些游戏没有什么大不了的，于是便没有对他进行严加管教。可后来，妈妈发现这孩子玩游戏的时间越来越长，一玩起来就忘记了时间，甚至在吃饭的时候还想着游戏里的事情。

于是妈妈开始禁止小军玩 iPad，可他还是会偷偷地躲在房间内玩个没完。无奈之下，妈妈只好断了家里的网络，把 iPad 锁到柜子中。之后，小军规矩了好几天，妈妈以为他已经认识到了自己的错误，所以感到非常高兴和欣慰。

可妈妈发现，小军回家的时间越来越晚，问他就说是在同学家写作业，或是在学校打篮球。有一天下午，快7点多了，小军还没有回家，妈妈非常着急，便到同学家中寻找。谁知她在路上遇到了小军和几个同学，几个人正在兴高采烈地谈论着："今天玩得真过瘾，把对方打得落花流水。""是啊，对方真是太菜了，我们还没有发挥全部的功力呢！"

这下，妈妈才明白了事情的真相：小军这段时间并没有在同学家学习，也没有在学校打篮球，而是到附近的网吧玩游戏。回家后，妈妈生气地骂道："你竟然学会撒谎了，还敢偷偷地到网吧玩游戏！说，你还去不去？"小军不服气地说："谁让你锁了我的iPad，让我没有办法玩！"妈妈气得一句话也说不出来。

小军贪玩，沉迷于游戏之中不能自拔。我们可以理解小军妈妈着急的心情，但是采取这种强硬的手段却显得有些欠妥。正因为如此，小军的逆反心理被激起，生气地对妈妈说："你越是不让我玩，我就越要玩！"

父母应该意识到，想要让孩子改掉贪玩的毛病，需要的是正确积极的引导和教育，而不是直接制止或是斥责、打骂。

那么，如何让孩子有节制地玩，而不至于失去了控制呢？

1. 父母不能扼杀孩子天性，让孩子有节制地玩

很多父母抱怨孩子贪玩，为了让孩子好好学习，于是便杜绝孩子接触一切游戏。一旦孩子想要看看电视、玩玩游戏，他们便大声地斥责："你整天就想着玩，还不赶紧去做作业！"其实，这样的教育方法是错误的。

要知道，贪玩是孩子的天性，父母如果扼杀了孩子的这一天性，不仅对孩子的学习没有任何益处，还会对孩子身心的健康发展有害处。

北大教授郑也夫说:“如果一个孩子不贪玩，比不爱读书更可怕！”一个孩子贪玩并不意味着他就是坏孩子，玩得好、玩得对可以激发孩子的创造力和想象力，提高孩子的智力。比如说，益智游戏有利于开发孩子的智力，激发孩子的想象力；篮球、足球等体育运动有利于增强孩子的体质，并可以让孩子放松精神。

如此说来，父母是不是不管孩子了，让孩子尽情地玩，想怎么玩就怎么玩？当然不是。

让孩子玩，是让孩子有节制地玩，否则孩子就会顾此失彼，把时间都浪费在游戏上，却对学习越来越没有兴趣。

2. 慢慢地减少孩子玩的机会，给孩子缓冲的时间

对于那些对玩游戏已经着迷的孩子，父母一下子让他戒掉游戏是不可能的事情。慢慢地减少他玩游戏的机会，并且让他认识到贪玩的害处才能解决根本问题。

父母可以逐步减少孩子玩游戏的时间，比如开始时，每天可以让孩子玩 1 个小时，然后慢慢地减少为 30 分钟、20 分钟；或是可以允许孩子每隔一天玩 1 个小时，然后是每隔两天玩 1 个小时。周末的时候，父母可以让孩子多玩一会儿，不过一定要规定好时间，时间到了孩子就必须停下来。

如果孩子按照父母的要求做了，父母应该及时给予孩子奖励和鼓励，让孩子有坚持下去的动力。

3. 增加孩子的学习兴趣，丰富孩子的业余生活

父母可以尝试激发孩子学习的兴趣，适当增加一些与学习有关的物品，给孩子买一些有趣的图书，为孩子营造良好的学习

氛围。

父母还可以多带孩子做做运动，不要让孩子总是闷在家里学习，比如让孩子打打篮球、跑跑步；或是给孩子报感兴趣的兴趣班，把孩子的时间和精力转移到音乐、美术等兴趣上来。

4. 引导孩子做好自我管理，处理好学习和玩之间的关系

想要让孩子不贪玩，更为重要的是，父母要引导孩子学会自我管理，让孩子处理好学习和玩之间的关系。

比如父母引导孩子做合理的时间计划，计划什么时间学习，什么时间玩；让孩子学会该学习的时候就全身心地投入到学习之中，到了玩的时候就尽情地玩，不要想学习的事情。

只要做好了自我管理，孩子才能有节制地玩，不会因为玩而忘记了学习，更不会沉浸在玩游戏之中不能自拔。

## 事情做不完，以前的时间就白费了

有的孩子好奇心很强，什么事情都想要尝试一下。可这些孩子的随意性又很强，没过一段时间，就会对这件事情失去了兴趣，完全把它放到了一边。

有的孩子则没有韧性，容易半途而废。他们在做一件事情的时候，开始时兴致勃勃，声势很大，可做着做着就没有什么劲头了，最后只能草草地结束。

还有的孩子开始还算认真地做事情，可一旦遇到了些困难和波折，就干脆放弃了努力。

…… ……

这些孩子有一个共同点，那就是做事情总是有始无终、半途而废。不管他们开始有多积极，有多努力，最后却都无法坚持把事情做完。或许他们有很多借口，比如失去了兴趣，或是遇到了困难，或是被其他事情耽误了。

但是不管怎么说，这些孩子并没有坚持把事情做完，并且没有事事都获得一个好的结果。而事情做不完，那么之前所花费的时间和精力也就白白浪费掉了。

所以，不管是在学习上还是在生活中，父母都应该给予孩子正确的引导，避免让孩子半途而废，虎头蛇尾。即便孩子在做很小的一件事情，父母也要鼓励和督促他们努力做完。

莉莉做什么事情都没有什么长性，不管是多喜欢的事情都没有坚持做完的时候。她喜欢画画，可是每幅画都画了一半就放弃了，在她的画册上有缺了一条腿的长颈鹿，有只画了荷花却没有荷叶的池塘，还有画了线条却没有涂色的作品……

后来她又对跳舞产生了兴趣，妈妈为了培养她的兴趣，特意给她报了舞蹈班，可是没过多长时间她就没有兴致了。她开始想方设法地逃课，每次上课的时候不是说肚子疼就是说头疼。

妈妈说："你这孩子不能什么事情都半途而废，这跳舞是你要求报班的，怎么着也应该坚持一个学期啊！"可莉莉却不以为意地说："我当时对跳舞很有兴趣，所以想要学。可现在我已经没有兴趣了，所以就不想学了。没有兴趣怎么学啊？反正我就是不去学了！"妈妈也很无奈，只好依着她。

不管做什么事情，莉莉只要遇到一点困难，就会立即选择放弃。做作业的时候，遇到了不会的题，她从来不会积极思考，不是空着就是求助于妈妈；做手工的时候，动物的一个部位捏不好，就随手把所有东西扔在一旁，不再继续做下去了。

因为莉莉做事情习惯了半途而废，没有什么事情是真正做完的，所以她的生活和学习都一塌糊涂。

我们常说："好的开始是成功的一半。"但是如果只是有一个好的开始，却没有坚持到最后，坚持把事情做完。那么，即便有再好的开始，也是白费功夫。做事情不能只有一个好的开始，我们需要有始有终，善始善终，只有这样，我们才能做成事情，做好事情。

父母应该引导孩子养成坚持到底的好习惯，避免孩子形成半途而废的坏习惯。具体来说，父母应该做到以下几点。

1. 父母不要纵容孩子，要积极引导孩子改正坏习惯

孩子做事情总是半途而废、有始无终，绝大部分原因是由于缺乏自制力和责任感，习惯了什么事情都随着自己的性子来。而且孩子越小就越没有耐心，无法长时间把自己的精力集中在一件事情上。

这个时候，如果父母对其不管不顾，那么孩子就会越来越任性，什么事情也做不完，什么事情也做不好。因此，作为父母，应该让孩子改掉坏习惯，养成做事有始有终的好习惯。

2. 让孩子成为一个有耐心的人

要想培养孩子做事有始有终的好习惯，父母必须培养孩子的耐性，让孩子成为一个有耐心的人。

事实上，4 岁的孩子就可以有足够的耐心做自己想要做的事情了。

> 科学家曾经做过一个实验：他们发给孩子 1 颗糖，如果孩子马上吃掉这颗糖，那么他只能获得这颗糖；如果孩子 20 分钟之后把糖吃掉，那么他就可以额外再获得一颗糖。
>
> 结果很多孩子都可以耐心等待，暂时不吃手里的那颗糖。他们为了让自己抵住诱惑，或是闭上眼睛不看糖，或是做别的事情，或是头枕双臂自言自语……

所以，作为父母想要从小培养孩子的耐心，可以采取这样延迟需求满足的方式。当孩子不再急于想得到自己想要的东西，自

然就有了耐心。

3. 培养孩子的责任心，灌输一些责任意识

父母还可以在日常生活中，多培养孩子的责任心，灌输给孩子一些责任意识。由于孩子缺乏责任心，认为做不做完事情都是无所谓的，所以他们会随着自己的性子来，不想做就马上放弃，丝毫不考虑事情的后果。

在日常生活中，父母应该有意无意地给孩子灌输一些责任意识，比如，可以对孩子说，“家务是每个家庭成员必须要做的，你应该做自己的分内之事”“学习是学生的责任，每个学生都应该好好学习”“既然决定做一件事情，就应该把事情做好”……

孩子有了责任感，学会了对自己的行为负责，自然就不会轻易地放弃正在做的事情了。

4. 增强孩子的自信心，鼓励孩子克服困难

当然，很多孩子半途而废是因为他们对自己缺乏信心，对自己的能力不自信，所以，一旦遇到困难，他们不是选择去面对和解决问题，而是下意识地逃避问题，或是放弃继续努力。时间长了，孩子自然就会形成这样的习惯：遇到难处就放弃，遇到问题就退缩。

针对这种孩子，父母需要帮助他们渡过难关，让孩子学会如何克服困难，并且给予孩子鼓励和支持，增强孩子完成任务的信心。当孩子从父母那里获得了做事情的信心，自然就有了坚持把事情做完的动力。

总之，有始无终的坏习惯会让孩子浪费掉很多时间和精力，还会让孩子缺乏耐性、坚持和责任，所以父母要正确引导孩子，让孩子把事情做完做好，做一个善始善终的人。

# 第四章
# 时间是挤出来的
## ——制订计划，合理利用时间

所谓计划，就是在规定的时间内，做好自己应该做好的事情。有了计划，孩子们就会按部就班地做事情，合理地分配时间和精力；有了计划，孩子们就不会盲目地行动，可以在正确的时间做正确的事情。相反，没有了计划，做事不仅缺乏了条理、顺序，更会失去了方向和目标。所以，父母要教会孩子制订计划，合理地利用自己的时间。

## 没有计划，就是浪费时间

很多孩子对于时间的支配是毫无计划的，他们想做什么事情就做什么事情，想什么时间做就什么时间做，就好像是脚踩西瓜皮，滑到哪里算哪里。

这是非常不好的习惯。没有计划，行动就是盲目的，孩子们就会荒废了时间；没有计划，生活就是混乱的，孩子们就会失去了前行的方向和目标。所以，不管做什么事情，父母都应该让孩子学会制订计划，合理地分配自己的时间和精力，这样一来，孩子才能一步步地接近自己的目标，更高效地做好每一件事情。

正如法国著名文学家雨果所说的："有些人每天早上预定好一天的工作，然后照此实行，他们是有效利用时间的人。而那些毫无计划、遇事现打主意过日子的人，只有混乱二字。学习也是一样，有计划的人，不仅学习有条理、有顺序，而且有目标、有方向。这样当然效果会比没有计划随意学要好得多。"

对于一个孩子来说，如果他缺少了条理性和时间观念，没有在做事之前就做好了计划，那么就很难抓住事情的重点。更重要的是，没有计划，不仅会让孩子们浪费掉很多时间，还会使其陷入一个没有条理、盲目做事的恶性循环之中。

小瑞做事情总是很随意，没有做计划的习惯。妈妈时常对他说："你应该学会计划安排好自己的时间，这样做起事情来才不会手忙脚乱，才不会像只没头的苍蝇一样到处乱撞。"

小瑞却毫不在乎地说："我每天就做这么点事情，除了写作业就是上学、吃饭，哪用得着做什么计划啊？这点事情我轻轻松松就搞定了！"于是，小瑞养成了做事随意的坏习惯，不管是学习还是生活，都习惯了东一榔头西一棒槌，想做什么就做什么。开始他还觉得自己很自由，可慢慢地，弊端就暴露出来了。

考试之前，其他同学都做好了复习计划，按部就班地复习每一门功课。可是他却翻翻这个看看那个，感觉每个内容都复习过了，可是又感觉每个内容都没有掌握，尤其是那些重点知识。这是因为他平时做作业、复习的时候就非常随意，没有一个好的计划，完全按照自己的性子来看书。结果，每次考试总是成绩平平，没有什么进步。

生活上也是如此。周末休息，他不懂得事先安排好自己的时间，一会儿想要打篮球，一会儿想要看电影，结果既耽误了打篮球，又没有看成电影。

有一次，学校组织春游，妈妈事先提醒他收拾好自己的行李，把需要带的衣物、食品都整理好。他却不在乎地说："我知道了，这些东西很好弄的。"结果爸爸妈妈都快要睡觉了，小瑞房间还亮着灯。妈妈推开门，看见小瑞还在玩游戏，便说："你该睡觉了，要不明天就迟到了。"小瑞满口答应了。第二天早上，直到妈妈叫他，他才起床。谁知，他的第一句话竟然是："哎呀，我的行李还没有收拾呢？"结果，他只好匆忙地收拾好行李，急匆匆地与同学们集合。当然，他迟到了，全班都在等着他一个人。

生活中，像小瑞这样的孩子有很多，他们觉得随意是好的，不愿意事先做好计划。结果，这些孩子因为不懂得支配自己的时间，搞得生活学习一团糟。尤其是时间紧迫的时候，这样的孩子做事会更加慌乱，不知道该先做什么后做什么，搞得自己晕头转向。

制订计划可能会约束我们的行为，可正是因为这种约束性才能让我们养成好习惯，合理地支配自己的时间，并且有条理、有目标地做好每件事情。否则，我们的生活就会陷入一种茫然无序的状态中，既浪费了自己的时间，又无法达到预期的效果。

所以，作为父母，应该让孩子知道做计划的重要性，避免让孩子成为做事盲目的人。

1. 让孩子学会制订科学合理的计划

作为父母，应该让孩子们知道，时间是最公平的，对任何人都一视同仁。每个人每天只拥有 24 个小时，不会多也不会少。可是如果一个人能够合理地利用时间，为自己制订科学合理的计划，并且有计划地去支配时间，那么他就会比别人做更多有价值的事情。

比如孩子做作业的时候，父母可以帮助孩子做一个合理的计划，让孩子先复习当天学习内容，再做好课后作业，然后再预习第二天要学习的内容；孩子周末休息的时候，父母应该引导孩子合理地支配时间，协调好做功课、外出游玩、做家务、锻炼身体等等事务的顺序。

当然这些只是针对某件事情的具体计划，为了让孩子更好地生活和学习，父母还应该帮助孩子制订出长期的时间支配计划。

2. 和孩子商量，让孩子有属于自己的计划

由于孩子已经有了独立意识，所以在引导孩子制订计划的时候，父母可以给孩子提出建议，但不要强行要求孩子按照自己的意愿做事情。

最好的办法就是和孩子一起谈论和商量，并且让孩子自己决定自己的计划。这样一来，不仅可以让孩子锻炼自己的独立能力，还可以激发孩子的积极性，让孩子更愿意把这个计划坚持下去。

3. 计划要合理，兼顾各个方面

孩子们的生理和心理发育都不健全，需要在思想、学习和身心等方面全面发展。所以，父母不仅要帮助孩子做好学习计划，规划好学习时间，还应该给孩子安排好锻炼身体时间、睡眠时间、文化娱乐时间，尽量做到兼顾各个方面。

总之，古人说“凡事预则立，不预则废”。父母让孩子学会有计划地去做事，拒绝盲目性和随意性，将来孩子才能收获更多的东西。

## 制订计划，要考虑周全

有的孩子因为没有时间观念，不懂得制订时间计划，所以时常把自己弄得手忙脚乱。可是有的孩子制订了计划，也按照计划做了，却还是没能让自己摆脱糟糕的生活状态。这些孩子事情没少做，时间也没少花，可是事情没有做好，休闲娱乐也没有尽情享受，还把自己搞得疲惫不堪。

问题到底出在哪里呢?

究其原因，是因为这些孩子虽然制订了时间计划，却没有考虑周全，以至于计划出现了问题。

在制订计划的时候，我们要考虑周全，确保计划科学合理，这样，才更有利于我们更好地做事。父母在引导孩子制订时间计划的时候，应该考虑孩子的实际情况，制订符合科学规律的计划。否则，不仅不会让孩子做事更高效、节省更多时间，还会产生适得其反的效果。

生活中，我们时常看到这样的现象：一些孩子把自己的时间安排得满满的，从早上起床到晚上睡觉，每一分钟都安排了要做的事情。比如，他计划好了几点起床、几点刷牙，起床刷牙需要几分钟……然后，在这一天内，他们完全按照这个计划的条条框框来做事情。因为他们认为，只有这样，才能避免浪费时间，从而更高效地做事情。

这样的计划看起来非常清晰、有条理，让孩子们做事情可以有据可循。可是这样的计划太详细了、太死板了，而且时间安排得太满了，缺少了灵活性和自由性。孩子很快就会被这满满的计划压得喘不过气来，并且产生了厌烦感，从而很难长时间地坚持下去。

涛涛之前是一个做事没有计划的孩子，对于时间的支配也是毫无计划，养成了拖延的坏习惯。在老师和父母的引导下，他认识到了制订时间计划的重要性。于是，他便向其他同学学习经验，给自己制订了一个详细的时间计划。

涛涛的时间计划是这样的：

早上 6 点半起床，5 分钟洗脸刷牙，5 分钟吃饭，早读 20 分钟，然后上学；中午放学后，10 分钟吃饭，20 分钟午读，午睡 30 分钟，然后上学；下午放学回家后，先复习 30 分钟英语，花 30 分钟做语文作业，再花 30 分钟做数学作业。吃饭后，继续学习 1 小时，主要是预习第二天的课堂内容。

做好上面的安排之后，时间已经到 9 点了，涛涛计划休息 20 分钟，在这段时间内洗脸刷牙；然后再背 30 分钟语文课文，或是英语单词。10 点准时上床睡觉。

涛涛觉得这样的时间计划够完美、周全了，可是出乎意料的是，这个计划刚刚执行几天，他就坚持不下去了。他发现，虽然自己一天的时间都被安排得满满的，按时做作业、按时上床睡觉，可做起事情来并不高效。他做功课的速度和质量不仅没有得到提高，反而变得越来越慢。而且，他发觉自己每天的精神也没有以前好了，时常感到精神不振、疲惫不堪。

于是，他不得不向爸爸请教。爸爸看了看这个时间计划，说道："你有了规划时间的意识，这是很好的行为。可是这个计划的制订并不周全，缺乏合理性，你看你把时间安排得太满了，并没有考虑到自己的实际情况。你应该让时间更有弹性一些，更灵活一些，如此才能让自己提高时间利用率，更高效地学习和生活。"

听了爸爸的话，涛涛马上把时间计划进行了调整：早上 6 点半起床，花 20 分钟洗脸刷牙、吃饭；早读时间也进行了调整，或是饭前或是饭后，每天不少于 20 分钟；中午去掉了午读时间，晚上多安排了休息时间，不再规定每门功课必须学习 30 分钟，而是按照当天的学习内容进行安排。计划经过了调整之后，增加了执行的灵活性，而涛涛的生活和学习果然变得更加高效了。

我们说，不管是多么完美的计划，如果不符合个人实际情况，那么也起不到任何好的作用，反而还会造成相反的结果。

作为父母，在孩子做时间计划的时候，应该给予正确的引导，不要让孩子把自己的时间安排得太满，也不要让孩子把计划制订得太死板，否则只能让计划更快地流产。

父母可以给予孩子如下的指导：

1. 计划要具有灵活性，不能太死板

计划的制订应该具有灵活性，没有必要苛刻地要求孩子：规定孩子洗脸刷牙必须 5 分钟内完成，吃饭必须 10 分钟内完成。

父母应该要告诉孩子：你要调整好自己的心态，既要有计划地利用时间，又不能太死板地过每天的生活。在制订计划的时候，你可以把完成每件事情的时间增加 10%—20%，合理地安排学习和休息的时间，这样才能增加自己计划的灵活性，避免把自己搞得太累。

2. 计划的制订要从孩子实际情况出发

协助孩子制订计划的时候，父母应该要求孩子从实际情况出发，时间的安排一定不能超出自己的能力范围。

每天都只有 24 个小时，孩子能够真正可以利用的时间不过十多个小时。如果孩子的计划太严格，花费在学习上的时间太多，达到 12 或是 15 个小时，那么休息的时间就会被挤压掉，从而影响了身体的健康成长。

另外，每个人对知识的掌握程度不一样，做事速度也是不同的。如果孩子花费 30 分钟才能完成的事情，却只给自己 20 分钟的时间，明显超出自己的能力范围，那么，他不仅无法更好地完成任务，还会因为无法完成而质疑自己的能力。时间长了，孩子就会变得越来越没有自信。

3. 找出孩子的黄金时间，让孩子更高效地做事

计划的制订并不是随意的，我们必然要让时间的利用更加科学合理。在帮助孩子制订时间计划的时候，父母还应该让孩子找到自己的黄金时间，看哪一段时间孩子的大脑最好用、做事效率最高，然后把重要的事情安排在这一时间段。

通常，早晨是人的记忆力最好的时间，孩子可以在这段时间背诵课文、记忆单词；10 点到 11 点左右是一天里头脑最清醒的时候，孩子的思维能力、精力、体力等都是最佳的，孩子应该做一些重要的事情，包括思考、做题等。

下午 1 点到 2 点钟，孩子的脑力和体力状态都不好，应该让孩子多休息，不要做费脑费力的事情；晚上 8 点到 9 点钟，也是孩子记忆力最好的时候，可以安排孩子做功课。

晚上 10 点左右，孩子就应该休息了，因为 10 点到 11 点是孩

子生长激素分泌最多、睡眠质量最高的时候。

总之，没有计划，时间就会大把大把被浪费掉。可是计划的制订不周全、不合理，孩子做事同样没有效率。所以，作为父母，应该指导孩子制订合理的计划，高效地利用时间！

## 把大工程分解为小而简单的目标

很多孩子做事情速度慢，并不是因为他故意拖延，也不是因为他不懂得珍惜时间，而是因为他所做的事情太难了，超出了他的能力范围，而拖累了他行动的步伐。

或许在父母看来，孩子做的事情非常简单，没有什么困难，但是对于一个年幼的孩子来说，这件事情却具有难度，需要花费很长时间和很多精力才能做好。时间长了，孩子就会感到疲惫和厌烦，不是东张西望就是拖拖拉拉，无法很好地完成需要完成的事情。

遇到这种情况，父母如果不能了解孩子，那么就会认为孩子是故意拖延，不用心做事情。他们没有看到孩子的委屈，没有看到孩子已经努力去做了，但是无奈这件事情太难了，孩子根本没有能力尽快地完成。

所以，作为父母，要关注孩子的做事速度，更要关注孩子拖延的原因。当孩子因为某件事情太难而无法尽快完成的时候，父母应该根据孩子的实际情况，来帮助他合理利用时间，让孩子有技巧地完成任务。

有一个小女孩，小时候身体非常柔弱，上学之后每次跑步都是最后一名。孩子自尊心非常强，她暗暗发誓说：我一定要超过其他人，成为跑步第一名的人。可是她越着急就越做不好，还时常因为训练得太辛苦而累倒了。这时候，女孩的妈妈对她说："孩子，你不要着急。

你是最小、最柔弱的孩子，跑在最后面也是正常的。我理解你想要成为第一名的心情，但是你要知道，谁都不可能一下子就成为第一名。你需要慢慢地进步，慢慢地超越其他人。你不妨尝试着让自己每次都追上前面的那个人。”

小女孩点了点头，把妈妈的话记在心里。她把自己的目标设定为自己前面的那个人，每一次跑步都紧盯着那个人。开始的时候，她还是被拉得远远地，可慢慢地，她就追上了前一名。接下来，她追上了第二个人、第三个人……经过了整整一年的艰苦训练，这个女孩子终于超过了所有，成为了跑在队伍最前面的那个人。

在之后的学习和生活中，她始终都没有忘了妈妈的那句话“不要着急，不要妄想一下子成为第一名，最重要的就是追上前一名”。在学习上，她每次考试都努力超过一个同学，一步步地前进，一点点地进步。最后，这个女孩终于以优异的成绩考上了北京大学，后又被哈佛大学教育学院以全额奖学金录取。

这个女孩的名字或许你不陌生，她就是当年哈佛教育学院录取的唯一一个中国本科应届毕业生——朱成。2004 年 4 月，24 岁的她成为了哈佛历史上第一位研究生院学生会总会主席，在当时引起了很大的轰动。

对于跑在最后的人来说，想要成为第一名是非常不容易的事情，但是朱成的妈妈却让孩子把这个艰巨的任务分为无数个小目标，鼓励孩子每次努力追上前面的一个同学，结果，这样的方法终于让孩子实现了自己的目标。

对于一个普通的女孩来说，想要成为哈佛大学的高才生也是可望而不可即的事情。可是朱成通过自己一步步的努力实现了这个远大的梦想，因为她记住了妈妈的话，把这个远大目标分解成无数个小而简单的任务。她努力地学习，把目标定在前一名的同学，每次超越一个同学，最后终于成就了令人羡慕的辉煌成绩。

任何事情都不是一蹴而就的，父母不能奢望孩子在短时间内完成一个大任务，更不能奢望孩子一下子就能养成一个好习惯。如果发现孩子拖延时间是由于任务太大、太难造成的，就应该指导孩子把大工程分解成小而简单的几个任务，一个一个地去努力完成，如此，才不会让孩子感到疲惫厌烦，才会让孩子提高做事情的效率。

那么，父母们应该怎么办呢？

1. 不要让孩子长时间做一件事情

事实上，教育专家认为，孩子不可能长时间地做同一件事情。五六岁的孩子注意力集中的时间仅为 10 ~ 15 分钟，7 岁到 10 岁的孩子注意力集中的时间为 15 ~ 20 分钟，10 ~ 12 岁约为 25 分钟，而 12 岁以上的孩子注意力集中的时间也只能维持到 30 分钟左右。

如果父母总是长时间地让孩子做一件事情，并且不断地督促孩子快一些，会让他产生疲惫感，从而促使他形成拖延的坏习惯。而如果父母能够把事情分为几个阶段，让孩子一点点地完成，并且给予他足够的休息时间，那么孩子就会很快恢复精力，把注意力重新集中到所做的事情上来。

2. 把大任务分为小任务，让他一步步地完成

对于需要长期完成的任务，父母们不妨把任务分为几个小任务，然后再布置给孩子，让他一步步地完成，并且教他把时间合理地利用起来，这样，孩子才能提高做事的效率，并且提高做事情的专注力。

比如孩子想要练得一笔好字，并不是一两天就能实现的，这应该是一个长远的计划。父母应该给予孩子正确的指导，先让孩子按照字帖描红，练好横竖撇捺等笔顺，然后再让孩子练习简单的字，一步步地来完成自己的小目标，如此一来，才能实现练得一笔好字的大目标。

做事情就像是上楼梯一样，我们需要一步一个台阶，一步步地爬上顶楼。所以，父母要引导孩子把大目标分解成多个容易实现的小目标。如此一来，孩子每达到一个小目标，就会体验到成功的喜悦，从而让自己更积极、更高效地实现大目标。

## 坚持实行计划，以达成目标

制订一个计划是比较容易的事情，初期的执行也是比较轻松的。可是，是否能把这个计划坚持下去，却是一个很大的问题。

很多孩子为了节省时间、高效做事而制订了完美的计划。刚开始的时候，孩子们满怀激情地执行了，可是没坚持几天，他们就偃旗息鼓了，让计划成为了一纸空文。

父母应该让孩子们明白：不管什么时候，坚持都是我们达到目标的关键。坚持实行计划，我们才能养成合理利用时间的好习惯；坚持实行计划，我们才能摒弃懒惰、拖延的坏习惯。

所以，古人才会说："贵有恒，何必三更眠五更起；最无益，莫过一日曝十日寒。"如果觉得计划太难实现，就放任自己的懒惰，那么我们永远也无法实现自己的目标。如果我们执行了计划，可是因为短时间内没有效果而灰心丧气，甚至是直接放弃，那么，制订多少次计划也是白费力气。

为了让小武提高英语阅读水平，爸爸妈妈协助他制订了一个阅读计划：早上起床后背 5 个单词，每天中午读半个小时课文；每天睡觉前朗诵一篇英语文章。

这个计划非常好，既没有把时间安排太满，又能够帮助孩子提高阅读水平。开始的时候，小武按照这个计划做得很好，可是没坚持 10 天，他就放弃了。因为他觉得自己的阅读水平并没有任何提高，他说："既然花了这么多力气，都没有看到效果，我为什么还要坚持呢？"

其实，这样的事情并不是第一次发生了，小武做什么事情都没有长性，很容易放弃自己的计划。

前一段时间，他听说适当的体育锻炼不仅可以强身健体，还可以缓解学习压力、提高学习效率。于是，他制订了一个锻炼身体的计划：每天早上到小区跑步半个小时，利用周末时间打打篮球、跳跳绳。他还规定了每天跑步 5 圈、跳绳 300 个。

可是这个计划也没有执行几天，他就放弃了，理由是“我每天学习时间都那么紧张，哪有那么多时间锻炼啊！”事实真的如此吗？并不是，他有时间玩游戏、看电视，却认为自己没有时间锻炼。

不难看出，小武的阅读计划和锻炼计划制订得都非常不错，但是却没有能够坚持下去，以至于让计划成为了泡影。也正是因为他缺少了坚持的毅力，所以不管做什么事情都无法取得好的结果。

对于还没有定性的孩子来说，坚持是最难的事情。因为他们正处于认识世界、探索世界的阶段，很容易被外界因素干扰，很难把精力集中到一件事情上来。

就好像在孩子还小的时候，如果父母问他长大后想干什么？他会用响亮的声音告诉父母：“我想要成为科学家。”可没过多长时间，当父母再次提出这个问题的时候，他或许就会改变主意，说：“我想要成为一名出色的医生。”并且同样是大声地、信誓旦旦地宣告。

可正是因为如此，父母才应该让孩子知道坚持的意义，让孩子明白这样的道理：不管做什么事情，你只有坚持到底，才能实现自己的目标。如果制订了计划，却没有坚持实行下去，那么计划就会落空。即便它再完美，也失去了它本来的意义。

那么，父母应该如何引导或指导孩子坚持计划，持之以恒呢？

1. 计划目的要合理，不要增加孩子的负担

想要让孩子坚持实现计划，父母就应该知道：制订计划是为了让孩子合理地安排时间，而不是为了给孩子增加压力和负担。

如果孩子原来完成一件事情，只需要做 2 个小时，那么制订了计划、对时间进行合理分配之后，孩子做事的时间应该有所减少，在一个半小时或是更少的时间内就可以完成任务。

可是如果孩子做事效率提高了，需要做的事情却增多了，任务加重了。那么，孩子就很容易产生懈怠、反抗心理，从而不愿意坚持实行父母制订的计划了。

2. 给予孩子一定的奖励，增加其自信心和积极性

为了刺激孩子坚持下去，父母应该给予孩子一定的奖励，以便增强其自信心和积极性。当孩子的积极性提高了，就会更愿意把这个计划继续执行下去。

比如，父母可以周末陪孩子去游乐园，给孩子买喜欢的礼物等，还可以让孩子自由支配节省出来的时间。

3. 不要操之过急，从小目标、小计划开始

当然，任何目标都不是一天两天能够完成的，孩子珍惜时间、高效做事的习惯也不是一天两天就能够养成的。父母在协助孩子制订计划的时候，不应该太操之过急，给孩子制订太大、太长远的计划，而是应该从小一点的目标开始。

著名诗人歌德有这样一句名言："向着某一天终于要达到的那个终极目标迈步还不够，还要把每一步骤看成目标，使它作为步

骤而起作用。”

想要让孩子坚持实行计划，那么，父母们就把这句话告诉自己的孩子吧！

## 计划“卡”住了，想办法和孩子一起解决

任何计划都不可能是完美的。在执行计划的过程中，孩子可能会遇到这样那样的问题，从而影响了做事的速度和效率。

这个时候，孩子由于应变能力差，很可能会出现不知所措的情况，或是在某个问题上纠结不止，停住了前进的脚步，或是觉得计划不可能实现了，从而彻底放弃了计划。但不管出现了哪一种情况，这都会影响孩子做事的情绪和效率。

正因为如此，父母才不能对孩子所面临的困境采取袖手旁观的态度，而是应该积极想办法和孩子一起解决问题，耐心地给孩子指导，让孩子渡过这个难关。

如果父母只看到孩子做事的速度变慢了，一味地催促孩子，或是埋怨孩子，却没有探究其原因，那么这样的行为只会打击孩子的积极性和自信心，让事情变得越来越糟糕。

萱萱是一个胖胖的小女孩，安静可爱，可就是体重有些超标了，影响了身体的健康。为了让孩子拥有一个健康的身体，妈妈为萱萱制订了健康计划：每天早上跑步 30 分钟，晚上吃饭后到公园中散步 20 分钟。除此之外，妈妈还给孩子买了跳绳，规定她每天必须到公园中跳绳，每次不少于 200 个。

开始的时候，孩子确实按部就班地按照这个计划锻炼，效果也很明显。一个多月的时间内，萱萱的体重竟减少了 4 公斤。可是随着时间的延长和难度的增加，萱

萱觉得自己的锻炼好像没有什么效果了。萱萱不仅体重没有继续减少，还出现了身体疲惫、心跳加快的情况。

正因为如此，萱萱失去了继续运动下去的动力。每次妈妈叫她去跑步的时候，萱萱总是说："我好累啊，今天可以不去锻炼吗？而且，我每天这么辛苦锻炼也没有什么效果，我真的不想锻炼了。"

开始的时候，妈妈以为孩子想要偷懒，便强迫孩子去锻炼。可是过了几天，她才发现，孩子的训练确实出现了问题，萱萱精神好像没有以前好了，食欲也受到了影响。

为什么会出现这样的问题呢？为了搞明白这个问题，萱萱妈妈请教了医生和专业的健身教练，这才知道原来是这个训练计划出现了问题。萱萱不过是一个10岁的孩子，这样的训练强度有些太大了。开始的时候，孩子的训练出现了明显的效果，是因为孩子之前身体并不差，底子比较好。而后来由于长时间的高强度训练，孩子的身体出现了透支的情况，所以孩子才会感觉越来越疲惫，还出现了心慌、食欲不振的情况。

为了解决这个问题，萱萱妈妈立即改变了训练计划。这一次，她先是征求了萱萱的意见："萱萱，你觉得自己应该怎么训练呢？"萱萱说："我觉得早上跑步的项目可以保留，但是跳绳就不要再继续了吧！每次跳完绳之后，我都感觉非常累。我比较喜欢打乒乓球，妈妈可以每周陪我打半个小时的乒乓球。"

接下来，妈妈为萱萱制订了合理的训练计划，不再贪图快速起效，而是追求长期的坚持。当然，孩子的锻炼效果也比之前好很多，萱萱胖胖的身材不仅有所改善，而且身体还越来越健康。

萱萱妈妈帮助孩子制订了健身计划，可是由于超过了孩子的训练强度，所以在不久之后就出现了负面效果，导致计划“卡”住了，孩子没有办法再按部就班地执行下去。幸好，萱萱妈妈找到了计划进行不下去的原因，帮助孩子解决了问题，这才让孩子的训练取得了明显的效果。

试想，萱萱妈妈如果没有能够追查其中的原因，而是一味地强迫孩子执行原本的计划，或是放任孩子不管，那么萱萱就很可能因为强度太大而导致身体越来越差，或是放弃了原本的计划，让健身锻炼这件事情不了了之。

所以，当孩子的计划“卡”住了的时候，父母应该帮助孩子想办法解决问题，让计划顺利地进行下去。

1. 鼓励孩子面对问题，找到问题的所在

计划“卡”住了，原因有很多，可能是孩子自己的能力不足，或者是经验不够，也可能是计划出现了问题。不管原因是什么，父母都应该帮助孩子找到原因，如此才能让计划顺利地进行下去。

父母应该告诉孩子，计划“卡”住了并不代表你能力不行、你失败了。父母应该让孩子调解好自己的情绪，找到计划“卡”住的原因究竟是什么。如果计划本身出现了问题，父母就应该帮助孩子完善计划；如果孩子做事角度、方式出现了问题，父母就应该帮助孩子调整做事方式，或是提高孩子的做事能力。

当然，父母也应该多听听孩子的想法，看看他们是如何看待问题的，看看他们是否对这个计划满意，这样一来，才能分析方方面面存在的问题和可能性。

2. 父母要多给孩子鼓励和支持

计划“卡”住了，孩子难免会出现挫败的情绪，有时候甚至认为是自己能力不够才导致计划进行不下去，从而失去了继续坚持下去的信心和勇气。

所以，父母应该及时关心孩子，给孩子安慰、鼓励，让孩子不会感到孤独无助。这时候，父母不要批评孩子，也不要埋怨孩子，应该尽量给予孩子一些积极肯定的评价，这样孩子才能继续坚持下去。

## 给孩子一个最后期限，让他提高做事效率

很多父母不理解，明明有足够的时间，为什么孩子总是做不完事情呢?

其实，这是因为孩子们没有合理安排时间造成的。他们总是认为时间还有很多，不用太着急，结果时间都过去了才发现自己还没行动，等到再匆匆忙忙地开始时，却发现已经做不完了。

很多孩子，尤其是年幼的孩子，对于时间没有一个正确的认知，觉得时间是用不完的，所以他们做事情习惯了懒懒散散的，能拖延就拖延。这个时候，父母应该让孩子感受到时间的紧迫，如此才能让孩子更加认真地对待时间，并抓紧时间做本应做的事情。

在孩子做事情前，父母可以给他们设定一个最后时限。如果在这个时限内，孩子完成了任务，父母就给予其鼓励和奖励。相反，如果孩子在最后期限内完不成任务，父母就应该给他相应的惩罚，让他品尝到浪费时间的后果。时间长了，孩子就会养成合理利用时间的好习惯，就不用父母再催促了。

小伟很聪明，脑袋反应也很快，可就是有些依仗自己的小聪明，喜欢做事情偷懒。他知道自己头脑聪明，别人花 10 分钟学会的东西自己用 5 分钟就可以弄明白，所以做事情不积极不主动，甚至养成了能偷懒就偷懒的坏习惯。

老师让所有孩子一起做事情，别人早就开始行动了，

他却总是等到老师快检查的时候才开始行动。妈妈让他收拾自己的房间，他也是能拖就拖，嘴里还说着："不急，我一会儿就可以搞定。"时间长了，他就养成了不到最后一刻不行动的坏习惯，结果不管是在生活中还是学习上都喜欢拖延。

这让父母感到非常着急，妈妈知道"最后时限"可以帮助孩子改掉拖延的坏毛病，提高做事效率，便采用了这个方法。她每次让小伟做事情的时候，都会特意交代说："你应该在 ×× 点，或是 ×× 天之前完成。"

刚开始的时候，小伟还有些抗拒，总是会超过这个时限。但是只要小伟按时完成了任务，妈妈就会给他一些奖励和赞赏。慢慢地，小伟基本可以按照妈妈规定的最后时限完成事情了。后来，在妈妈的帮助下，小伟也不再拖延了。

如果每做一件事情都没有一个最后期限，那么孩子就会无限期地往后拖延，时间就会被大量的浪费，孩子的做事效率也无法得到提高。确实，给孩子一个最后时限，这样的方法不仅可以促使孩子加快行动，提高做事情的效率，还可以让孩子节省很多时间。

很多父母也懂得设定最后期限的好处，所以他们时常会下这样的规定：几点之前打扫好房间，几点之前必须完成作业，几点之前必须回家，等等。

不过，设置最后期限并不是简单的事情，父母们需要注意几点要求：

1. 最后时间是事情的结束时间，而不是开始时间

这里所说的最后时间并不是开始做事情的时间，而应该是结束时间。父母应该对孩子说：“你必须在 ×× 点之前，完成这个事情。”而不是说“你必须在 ×× 点之前，开始做这个事情。”

因为从孩子的角度来说，在 ×× 点之前开始做某个事情是一个模糊的概念。没有一个明确的结束时间，会让孩子失去做事情的动力，形成磨磨蹭蹭的习惯。而父母规定了截止时间，就是让孩子清楚地知道自己做这件事的时间，那么这一段时间内他就会积极地行动，确保在规定时间内完成任务。

其实，很早以前一位教育家就曾经做过这样一个简单的实验：

> 如果没有给孩子限制时间，孩子们用 8 分钟才能背诵一篇课文；而给孩子规定了 5 分钟内背诵一篇课文，孩子们也会按时完成任务。

所以给孩子一个最后时间，是非常有利于他们节省时间，提高做事效率的。

2. 不要把截止时间定得过长

虽然父母规定了最后期限，不过，有些孩子还是会不自觉地违背规定，并且把最后时限当成是拖延的借口。

当父母要求他们 9 点之前必须完成作业的时候，他们在此之前就会一直玩游戏，直到 8 点半的时候才开始匆忙地行动。即便他们早早地坐在课桌前，可是离最后期限还有很长时间，他们也不会把心思放在作业上，而是慢慢地磨洋工。实际上，这样的时间设定，更纵容了孩子的拖延。

所以，父母在给孩子设定最后期限的时候，不要把截止时间

定得太长。比如，孩子 5 点放学，你却要求他 9 点之前必须完成作业，那么，孩子自然就不会着急行动了；再比如，孩子有两个月的暑假，父母却要求孩子在开学前必须写好 20 篇日记，那么，那些贪玩的孩子怎么可能会提前行动呢？

事实上，这样的时间设定是没有任何意义和效果的。所以，为了避免这种情况的发生，父母应该让孩子把时间进行合理地分配，给孩子设置多个时间节点。

就拿后者来说吧，父母可以要求孩子 3 天完成一篇日记，整个暑假必须完成 20 篇日记，并且隔一段时间对孩子的完成情况进行检查，那么孩子就不会拖延到最后才行动了。

3. 具体问题具体分析

父母不要认为给孩子设定最后时限就好了，更不要想当然地按照自己的想法来安排。父母应该结合孩子的做事能力，结合任务的难易程度来进行时间安排。

原本孩子需要半个小时才能完成任务，父母却只给他 20 分钟的时间，那么孩子就会因为压力太大而无法集中精力，从而产生拖延的情况。

这样的事情次数多了，孩子就会越来越磨蹭。他会产生这样的想法："反正我也完成不了，为什么还要努力地去做呢？"所以，父母应该和孩子多沟通，尽可能地了解孩子的需求，和孩子商量做事情的最后期限。

总之，父母一定要考虑孩子的实际情况，并且不能把时限设置得太长或是太短，否则将难以达到真正的效果。

## 利用零星时间，学会化整为零

时间往往不是一个小时一个小时被人们浪费掉的，而是一秒钟一分钟地从人们的身边悄悄溜走的。那些浪费时间的人，总是看不起一秒钟一分钟的零星时间，任凭时间从自己身边悄悄溜走，所以最后什么事情都做不成。

很多孩子认为这些零星时间并没有什么用处，做不了什么大事，以至于让它们就这样浪费掉了。很多父母也认为孩子还小，没有必要太苛求孩子，让他们分秒必争。可父母们应该知道，时间也是由一分一秒积累而成的。虽然几分几秒的时间，看起来不起眼，也做不成什么大事情，但是经过长时间的积累，就能汇集很多的时间，可以让孩子做很多的事情。

正如数学家华罗庚所说的："时间是由分秒积成的，善于利用零星时间的人，才会做出更大的成绩来。"

不知道父母们是否听过"三余读书"这个故事？这讲的是汉献帝时期一个叫作董遇的人利用一切时间刻苦读书的故事。

董遇虽然并不是名垂千古的人物，其事迹也不足以被世人知晓，但是"三余读书"的典故却值得我们警醒。董遇很小就喜欢读书，可是因为家里很穷，又恰逢战乱，所以根本没有时间和精力去读书。当时他和哥哥到朋友家躲避战乱，只能靠上山砍柴卖钱来维持生活。每次砍柴的时候，董遇都带着书本，一有空闲的时间就拿出书来诵读。哥哥嘲笑他说："现在正是战乱时期，你读书又有什么用处？难道还想着出人头地吗？现在我们连温饱问题都解决不了，你还有心思读书？"尽管如此，董遇还是坚持抓紧一切可以利用的时间来读书。

正是因为他勤学刻苦，所以之后才取得了不错的成绩。他在文学上有一定的见解，并且为《老子》做了注释，还把《春秋左氏传》的心得体会写成了《朱墨别异》，对于当时和后世都有很大影响。

当时有人想请他讲学，他却说："读书百遍，其义自见。"那个人说："您说得非常有道理，只是我没有时间读书。"董遇说："你应该利用'三余'时间来读书。"那个人感到非常不解，问道："'三余'时间究竟是什么意思？"

董遇说："'三余'就是一个人三种空闲的时间。冬天，是一年中的空闲时间；晚上，是一天里的空闲时间；雨天，是临时的空闲时间。只要你善于利用空闲时间读书，自然就能有所得了。"

虽然说董遇说的"三余时间"指的是冬天、晚上、雨天，但是我们今天也可以把它理解为一切空闲的时间，一切可以利用的零散时间。

不仅仅是董遇，我国宋代文学家欧阳修也时常利用零星时间读书。他在著作《归田录》中就曾提到，自己利用"三上"时间来构思文章。这里的"三上"就是马上、枕上、厕上。而不管是董遇的"三余"时间，还是欧阳修的"三上"时间，都是教导我们要善于利用零散时间来做有价值的事情。

每个人的一天都有很多零星时间是可以利用的，只要孩子们愿意去发现，就一定能挤出大量的时间。比如，早饭后到上学前的 5 分钟或是 10 分钟，上学之后到上课铃响起前的 10 分钟，坐公交车的半个小时，甚至是上学路上的几分钟……

所以，作为父母，应该让孩子知道：时间就好比海绵里的水，关键就在于你会不会挤。只有懂得珍惜零星时间的人，并且坚持不懈地充分利用零星时间，才能成为真正珍惜时间的人。

1. 零星时间积累起来，力量不可忽视

零星时间虽然是不起眼的，可是加起来却是很大的数目。如果我们不看重这些时间，任凭它们从我们的身边溜走，那么每天就会浪费大把的时间，经过日积月累之后，更会给自己造成巨大的损失。

父母不妨和孩子算一笔账：如果你每天早上吃饭比人慢 1 分钟，那么 1 年下来，就是 360 分钟，相当于 6 个小时；如果你每天在放学的路上浪费 5 分钟，那么 1 年下来，就是 30 个小时；如果你看不起 10 分钟，认为它做不了什么事情，每天用 10 分钟发呆、胡思乱想，那么 1 年下来你就会浪费掉 60 个小时……

所以，作为父母应该让孩子充分地利用零星时间，从每一分钟、每一秒做起。

2. 利用零星时间，一定要有合理的计划

想要很好地利用零星时间，孩子不能“东抓一把，西抓一把”，想起什么就做什么，那样的效果肯定好不了。想要更好地利用零星时间，父母一定要让孩子有合理的计划，让他们的生活变得更加有规律起来。

比如，父母可以帮助孩子计算一下，看看哪些零星时间是可以利用的，然后教会孩子如何利用这些时间。做到了心中有数，计划得当，孩子们才能更好地利用这些时间，不让它们白白地浪费。

3. 坚持就是胜利，孩子不能三天打鱼两天晒网

时间是挤出来的，也是积累起来的。所以在利用零星时间的时候，父母应该让孩子学会坚持，不能三天打鱼两天晒网。

如果孩子今天觉得时间是宝贵的，开始抓紧零星时间学习、读书。可到了明天，孩子就忘记了自己的计划，开始肆无忌惮地浪费时间，做一些毫无意义的事情，那么节省时间就会成为空谈。

# 第五章

# 没有规矩，不成方圆

## ——时间管理的纪律约束

有的父母说，家不是讲纪律的地方；还说，孩子还小，不能对他要求太严格。但是，没有规矩，不成方圆。在家庭教育中，不管什么时候，孩子都不能少了规矩的约束。如果孩子违反了规矩，父母就应该让他受到相应的惩罚。尤其是对于自控能力比较弱的儿童来说，规矩和纪律是非常必要的，可以让孩子照章做事，也可以帮助孩子改掉很多不良习惯。

## 想看电视，必须先写完作业

我们时常看到这样的情形：

很多孩子每天把大量时间花在看电视上，放学回家之后，他们会第一时间打开电视，找到自己喜欢的节目；周末在家，他们也会长时间守在电视前，既不写作业也不外出活动，俨然成为小小的电视迷。甚至有些孩子，除了看电视什么也不想，吃饭的时候都必须开着电视。前几年，“跑男”非常火爆的时候，一到周末晚上，一些小学生就守在电视旁，甚至有些孩子还兴致勃勃地模仿上面的游戏——“撕名牌”。

虽然电视节目可以拓宽孩子的知识面，陶冶孩子们的情操，但是孩子们如果养成长时间看电视的习惯，就浪费掉了大量的时间。

孩子们如果被某一电视节目吸引，就会拖延做功课的时间。即便在妈妈的催促下坐在书桌旁，可心中想的还是电视节目的内容，导致注意力分散。不仅如此，长时间看电视，孩子的视力会严重影响，身体健康和睡眠质量也会受到影响。

小泽是一个聪明的孩子，但是却有懒散、拖延的坏毛病。

他平时什么事情都懒得去做，即便被父母逼迫着去做了，也不能完全集中注意力；做一件事情之前，他会找各种理由推托，直到最后关头才肯行动。

其实，这与父母纵容他长时间看电视有很大的关系。小泽上幼儿园之前，妈妈为了让他能够安静地玩一会儿，通常会打开电视机，让他看动画片。所以，他从小就非常喜欢看电视。

上了幼儿园、小学之后也是如此，小泽每天放学后就守在电视机旁，妈妈叫他吃饭，他都没有任何反应。周末的时候就更不用说了，他时常一整天一整天地看电视，根本不愿意做任何事情，就更别提写作业了。

现在，小泽上三年级了，妈妈为了让他改掉懒散和拖延的坏毛病，决定给他立规矩，禁止长时间看电视。这一天，小泽放学回到家，第一时间就打开了电视机，开始看他喜欢的动画片。妈妈一看时间还早，就没多说什么。可是，小泽一看就看到了 6 点多，直到妈妈叫他吃饭，他才磨磨蹭蹭地从沙发上站起身来。

吃饭的时候，妈妈警告他说："你已经看了很长时间电视了，吃完饭必须马上写作业。"可是他还是一脸不情愿地说："老师留的作业不多，再说时间还早呢，您就让我再看一会儿嘛！"在小泽的软磨硬泡下，妈妈最终同意让他再看一集动画片。可是时间到了，他依然坐在电视机旁一动不动，直到妈妈真的生气了，他才回到了屋里开始写作业。

然而，这个时候，小泽满脑子都是动画片里的人物，他哪还有心思集中注意力写作业啊？而且，由于长时间看电视，孩子的眼睛已经非常疲劳，根本无法好好地完成作业。于是，本来 20 分钟就能完成的作业，小泽一直写到了9点半才勉强完成。

试想，在这样的情况下，小泽写出来的作业，质量能好吗？

果然，妈妈一检查，就发现他把字写得歪歪扭扭，就连简单的数学题都算错了。妈妈真想撕掉他的作业本让他重写，可想到如果撕掉重新写的话，孩子就得熬夜重写，所以只能作罢。

其实，小泽之所以沉迷于电视，做事拖延，注意力不集中，与妈妈的纵容有很大的关系。

小泽小时候，妈妈为了做好自己的事情，长时间地让孩子看电视，导致孩子无法离开电视；孩子长大后，妈妈想要给孩子立规矩，可是又一再地妥协，纵容孩子拖延写作业的时间，所以才导致孩子难以改掉坏毛病。

那么，作为父母，应该怎么做呢？

1. 给孩子立规矩，并且严格按照规矩做事

其实，要想孩子戒掉长时间看电视的坏毛病，克服做事拖拉、懒散的毛病，最关键的就是给他立规矩，并且严格按照规矩做事。

就拿上面的例子来说吧，妈妈可以立下这样的规矩：第一，放学回到家，第一件事就是写作业；第二，无论如何，作业都必须要在八点之前完成；第三，必须先完成作业，然后才能看电视；第四，每天只能看半个小时电视，或是每天只能看一集或两集动画片。

只要小泽妈妈坚持执行这几条规矩，那么孩子沉迷于看电视的坏习惯就会慢慢地有所改善，写作业拖延的

问题也就轻而易举地解决了。

规矩在刚开始执行的时候，孩子可能会有些不习惯，还会千方百计地跟家长“讨价还价”，这时，父母不能心软，不要轻易答应孩子的请求。父母一旦心软，孩子就会得寸进尺，提出过分的要求。

所以，父母在给孩子立规矩的时候，坚决不能心软，一定要让孩子按规矩办事，绝不给他逃避的机会。这样一来，孩子就只能集中注意力，专心做事了。

2. 规定看电视的时间，选择适合孩子的电视节目

在看电视这个问题上，不是说绝不允许孩子看电视，而是应该给孩子制订一个准则，规定看电视的时间，并为孩子选择适合他们这个年龄看的电视节目。

一般来说，12 岁以下的孩子，每天看电视的时间总和不得超过 2 个小时，而且不能连续看太长时间。父母不能放任孩子，不能什么节目都让孩子看，比如说那些适合成年人的武打片、爱情片、悬疑片就不适合孩子看。父母应该让孩子看一些有教育意义的、益智的节目。

3. 想看电视，必须完成作业

父母还要明确一点，看电视是孩子的休闲活动，不能影响了学习和日常生活。所以，父母要帮助孩子明确看电视与写作业的先后顺序，告诉孩子“你想要看电视，就必须先完成作业”。

另外，在给孩子定规矩的过程中，父母也要考虑孩子的实际情况，具体问题具体分析。比如，父母认为孩子应该回家后立马就写作业，但有的孩子习惯先看一会儿自己喜欢的动画片，然后才能更专心地写作业。这时候，父母就要尊重孩子的自身特点和习惯，让他有选择的权利。

## 该学习的时候好好学，该玩的时候痛快玩

很多时候，我们会听到父母们这样抱怨：现在的孩子实在太难管了。他们的自控能力非常差，做事情时常无法集中注意力；如果你让他们好好学习，他们会老实地坐在书桌前，可是心思却没有在学习上，总是想着玩的事情。可是如果你让他们玩，他们却惦记起学习来了，不能做到尽情地玩耍。真不知道这样的孩子，究竟是爱学习还是爱玩？

其实不管是学习还是玩耍，都要让孩子做到专一，力求讲究效率。当孩子学习的时候，应该让孩子在有限的时间内学习到更多知识。而当孩子玩耍的时候，则应该让孩子在有限的时间内尽量放松身心，尽情地享受快乐。如此，孩子们才能学得认真，玩得痛快。

小可做事情总是三心二意的，按照妈妈的说法就是，这个孩子做作业的时候脑袋里总想着玩，非常容易走神；可如果妈妈给她时间玩的时候，她也不可能安心地玩，反而想着学习的事情。

有一次，妈妈带着小可到游乐场玩。开始的时候，孩子表现得非常兴奋，痛快地穿梭在各个游戏项目之中，玩得不亦乐乎。可是过了一会儿，妈妈就发现小可没有了之前的兴奋劲，显得有些心事重重。妈妈问小可发生了什么事情，小可支支吾吾地说："今天可以出来玩，我确实很高兴。可是一想到还有那么多作业没有完成，我

就开始担心不已了。”

妈妈笑着说：“今天我带你出来玩，就是为了让你彻底地放松心情。关于作业，如果你明天认真地写，很快就可以完成了。不要再瞎想了！”虽然小可明白这个道理，可还是有些担心，便对妈妈说：“妈妈，我觉得今天玩得差不多了，我们回家吧！”妈妈见孩子没有心思玩下去，便带着她回家了。

按理说，回家之后，小可应该安心地写作业了吧！可事实正好相反，她坐在书桌前，脑袋里想的却是没有来得及玩的游戏项目。过了半个小时之后，妈妈发现小可的作业本还是一片空白。妈妈生气地说：“你这个孩子真是太气人了！带你出去玩，你心里想着作业，不能尽情地玩。让你写作业吧，你心里却想着玩！如果你这样三心二意的，怎么能做好一件事情？”

很多父母都能够体会小可妈妈的心情，因为他们的孩子也会出现类似的情况：学习的时候，孩子好像是熬时间一样，时不时想着玩的事情；玩的时候，孩子又不能痛快地玩，心里还惦记着学习的事情。

这样的孩子不像那些特别贪玩的孩子，一玩起来就没完没了，根本就不考虑学习的事情。他们非常有上进心，并且知道学习的重要性，但是他们的学习成绩却不一定比那些特别贪玩的孩子好多少。因为他们的注意力不够集中，无法安心地学习，也无法在玩耍中获得快乐。

甚至，他们还不如那些特别贪玩的孩子，最起码那些孩子能够专心地玩，享受玩的快乐。

其实，这些孩子注意力不集中的原因，就在于他们混淆了学习和玩耍的界限。面对这样的情形，父母们千万不要着急，也不要严厉地批评孩子。父母只要教会孩子分清两者的界限就可以了。

那么，父母如何引导孩子们分清学习和玩耍的界限呢？

1. 父母可以帮助孩子做一个“时间三明治”

究竟什么是“时间三明治”呢？

简单来说，它就是玩→学习→玩的时间安排。这个方法是针对孩子们放学后的时间来安排的，对于提高孩子的学习效率非常有效。

对于学习了一天的孩子来说，他们的头脑和身体都处于疲惫的状态，这个时候他们需要一个缓冲的时间，让自己的头脑和身体得到休息。

所以，在孩子放学后，父母们不能着急让孩子写作业，而是应该给他们安排 10 分钟到 30 分钟的休息时间。在这个时间段，孩子可以做自己想做的事情，玩耍也好，看电视也好，让孩子彻底地放松自己。

2. 让孩子有专注学习的时间

放松之后接下来就是学习的时间了。不过父母一定要告诫孩子：学习的时候，你必须专注、认真，不能三心二意。这个时间的长短没有一定的限制，孩子能够专注多少时间，父母就让他们学习多少时间。同时，父母不能轻易地打扰孩子，要让他们认真地把作业做完。

另外，如果孩子需要做的作业比较多，父母也可以为他们安排中场休息的时间。这段时间，可以让孩子喝个水、吃个水果。但千万不要让孩子一边吃东西一边做作业，否则父母的努力就白费了。

3. 规定孩子结束玩耍的时间

最后，孩子学习结束之后，父母就可以让他们放心地玩了。

但父母要给孩子规定一个玩耍结束的固定时间，这样一来，当孩子因为学习不够专心而花费更长时间的时候，他们玩的时间就相对减少了很多。

比如，父母可以规定孩子做完作业之后有半个小时玩的时间，9 点半必须洗漱睡觉，不能再玩耍了。如果孩子因为不专心而拖长了作业的时间，在 9 点 10 分才完成作业，那么他当天玩的时间就只剩下 20 分钟了。如果孩子直到 9 点半才完成作业，那么当天的玩耍时间就没有了。

4. 该学习的时间好好学习，该放松的时候好好放松

父母不要给孩子过多的压力，如果完全不给他们放松、娱乐的时间，会很容易让孩子混淆学习和玩耍之间的关系。

父母要和孩子一起制订合理的作息时间表，让孩子学习的时间好好学习，放松的时间好好放松，这样一来，既可以保证孩子的学习时间，又能让孩子有足够的时间来休息。

## 无规矩不成方圆，让孩子按规矩做事

很多父母经常抱怨孩子不听话，做事拖拖拉拉，而且做作业无法集中精神。可是这些父母却从来没有想过，孩子为什么会养成这样的坏习惯。

现在的孩子大多都是独生子女，他们从小就受到父母的溺爱，想做什么就做什么，想怎么做就怎么做，而且做什么事情都随着自己的性子来。尤其对于学龄前的儿童来说，父母并没有教给他们相应的规矩，也没有给他们制订相应的纪律。如此一来，等到他们大一些的时候，父母再去要求他们照章行事，他们又怎么会听父母的话呢？

所以，为了培养孩子的时间观念，父母就必须尽早约束孩子的行为，给孩子制订相应的纪律和规矩。比如，上学不能迟到，放学要按时回家；上课要注意听讲，不能在课堂上随便讲话；吃饭要认真，不能一边吃一边玩等等。

父母们不要认为这些都是小事，实际上，这对于孩子良好习惯的养成起到了非常关键的作用。

乔治是个十分令人头疼的小男孩，他非常顽皮，在幼儿园里不遵守课堂纪律；上课的时候，他无法集中注意力，总是故意捣乱；他每天上学都迟到，丝毫没有时间观念。

一次，乔治他们班上公开课，学校领导组织了很多优秀教师去听课。可是，刚刚开始上课，就出乎意料地出现了这一幕：乔治手里抓着一只青蛙，一蹦一跳地走进教室。他刚坐下，青蛙就发出了一阵阵叫声。孩子们立刻拥了上去，把乔治团团围住，结果教室里乱成了一片。

这时，老师被气坏了，他红着脸，大声地要求孩子们遵守课堂秩序。孩子们这才一个个地回到自己的座位上，教室才慢慢安静下来，只剩下乔治手里的那只青蛙还在呱呱叫。老师继续瞪着乔治，希望乔治也能遵守课堂纪律。可是，乔治仿佛没有看到老师的警告，仍然玩弄着手里的青蛙。

教室里的气氛非常尴尬，这时，一位老师站起来，走到乔治面前，对他说："孩子，老师知道你是遵守纪律的孩子，但是青蛙却不知道遵守纪律。虽然你能认真听课，但青蛙不知道应该认真听课，它会不停地叫。这样一来，大家就没有办法听课了。我们把青蛙放出去，好吗？"听了老师的话，乔治才肯把青蛙放了出去。

其实，乔治并不是天生就这么顽皮。他之所以越来越顽皮，是因为父母从来没有给他立下规矩，告诉他什么事情应该做，什么事情不应该做；什么时间应该做什么事情，什么时间不适合做什么事情。

妈妈对乔治非常溺爱，简直就是捧在手里怕摔了，含在嘴里怕化了，所以孩子才养成了为所欲为的性格。他不懂得遵守规矩，所以不管在家里还是在学校，他都是最顽皮的孩子。

这个故事告诉父母一个道理：给孩子立规矩是有必要的，应该让孩子从小就认识并遵守规矩。

或许有的父母会说，家本来就不是一个讲规矩的地方，怎么能让孩子去遵守规矩呢？

我们常说："无规矩不成方圆。"只要你想制订规矩，任何地方都有规矩可言。比如，每天晚上7点是吃晚饭的时间，孩子必须在这个时间坐到饭桌前吃饭，这就是一条规矩。一开始，孩子没有遵守规矩的意识，可能会因为玩玩具、看电视而无法做到，总是需要妈妈的几番催促才肯吃饭。这时，父母就要对他进行教育，告诉他必须遵守规矩，时间长了，孩子自然就会自觉地遵守规矩，按时吃饭，并且不再拖延。

父母帮助孩子制订规矩和纪律，这既能让他们严格按照规矩做事，严格地管理自己的时间，又可以锻炼孩子的能力。父母们何乐而不为呢？

1. 对于没有时间观念的人，制定规矩尤为重要

对于那些自制力差并缺乏时间观念的孩子来说，制定规矩是尤为重要的。

有的家长不懂得为孩子制定规矩，导致孩子做事总是慢吞吞的。而父母为了让孩子加快速度，就开始催促孩子，甚至是替孩子做事情。

这样的做法真的能解决问题吗？

这样的做法除了促使孩子形成依赖心理外，什么问题都解决不了。一旦父母不能替孩子做事了，孩子的阵脚就会被打乱。

所以，父母要及时为孩子制订规矩，让孩子每天都严格按照规矩做事。一旦孩子违反了规矩，父母就应该让孩子自己承担后果，并且给予相应的惩罚。

2. 制定纪律，应该从孩子实际情况出发

给孩子制定相应的规矩和纪律，应该从孩子的实际情况出发，并结合孩子的接受能力。规矩和纪律的制定越贴近孩子的日常生活，越符合孩子的接受能力，执行起来就越容易有效果。

比如孩子只有 5 岁，做事还比较缓慢，动手能力还有些不足，你却要求他 5 分钟内完成穿衣、洗脸、刷牙等事情，孩子怎么能做得到？这简直就是强人所难。

3. 灵活处理，不要对孩子太苛刻

当然，纪律是人定的，因此也会出现一些不合理的地方。

这时，父母就需要灵活处理问题，不要对孩子太苛刻。毕竟法外还讲人情，如果父母对孩子太过苛刻，从不尊重孩子的意见和感觉，容易让孩子产生逆反心理，反而不利于纪律的执行。

## 和孩子约定规则，并且严格遵守

对于年龄尚小的孩子们来说，由于他们缺乏责任感和自控力，所以喜欢按照自己的喜好来做事情。而对于那些不喜欢做或是不愿意做的事情，就会尽可能地选择逃避。实在逃避不了的事情，他们就会想办法拖延，马马虎虎地应付了事。

比如，父母要求孩子每天晚上必须刷牙洗脸，可孩子最讨厌的事情就是刷牙洗脸。于是，当孩子做这些事情的时候，不是磨磨蹭蹭，就是想要糊弄过关。实在糊弄不过去了，孩子就会慢腾腾地行动，不情愿地走到洗手间，胡乱刷几下。

再比如，父母要求孩子每天认 10 个汉字，可孩子并不愿意做这件事情。于是，他就无法专注地做事，一会儿拿起识字卡，一会儿拿起自己喜欢的玩具。

让孩子做不想做但又必须去做的事情，这对于孩子来说是一个重要的挑战。挑战成功了，孩子不仅可以提高自己做事的专注力，还可以增强责任感和自制力。可如果失败了，孩子就会更加讨厌自己所做的事情，产生破罐子破摔的心态。所以，父母需要给予孩子正确的引导和教育。

很多父母认为奖惩激励手段是不错的选择，即用孩子喜欢的一件事情来引导他去做他不喜欢的事情。父母可以利用生活中的一些行为，和孩子约定某件事情或是某种规则，促使孩子积极认真地做事。

不过，父母要注意，和孩子约定的时候，千万不要给孩子讨价还价的机会，更不要让孩子牵着鼻子走。

萍萍平时做事总是三心二意的，为了让孩子改掉这个毛病，妈妈想出了一个办法。妈妈找来萍萍，对她说："孩子，为了让你改掉三心二意的坏毛病，我们做一个约定好不好？"

萍萍问："什么约定呢？"

妈妈说："我们做一个积分表格，在上面列上你每天所做的事情。如果这件事符合标准，我就会给你加上 1 分，否则，我就会给你减去 1 分。如果你每天获得分数不超过 10 分，就要接受惩罚，比如刷一次碗，或是扫一次地。如果你获得的分数超过了 10 分，就可以获得相应的奖励，比如看 20 分钟《爱冒险的朵拉》，或是玩 10 分钟游戏。每天的积分是可以相加的，如果一周的总积分超过了 80 分，我就可以满足你一个愿望。"

萍萍想了想，说："这个办法还不错。那标准是什么呢？"

妈妈说："做事情不能三心二意、马马虎虎，也不能拖拖拉拉、浪费时间。比如，你喝完水，忘了盖杯子盖，就要被扣掉 1 分；脱下衣服后到处乱扔，也要被扣 1 分。可是如果你早睡早起，不用妈妈催着起床，就可以加上 1 分；进门后，你主动把鞋子放进鞋柜中也可以加 1 分。只要你的表现是积极的，就可以获得加分，可如果是不好的习惯，那么就需要减分了。"

萍萍听完之后，高兴地说："这很容易做到，我们就约定好了。”第一天，妈妈就指出了萍萍的几处减分的地方：回家的时候，忘了换拖鞋；吃晚饭，让妈妈催了两次；上完卫生间后，忘记关灯。还没等妈妈说完，萍萍就叫了起来：“哎呀，妈妈。今天是第一天，你就宽容我一下吧！我明天一定会做到的。”

妈妈说：“不可以。既然我们已经约定好了，那么就必须按照约定办事。你今天被扣除了3分。”

萍萍听完低下了头。这时候，妈妈说：“没关系，今天还没有结束，你一定可以把分数挣回来的，不要过早地放弃了。”接下来，萍萍小心翼翼地做着每一件事，完全按照规则和约定办事，总体表现越来越好。

萍萍妈妈做得非常好，为了培养孩子的好习惯，和孩子约定好了规则和奖罚制度，并且严格遵守。相信，在妈妈的严格要求下，萍萍一定会更加懂得遵守约定的重要性，并且成为做事专一认真的好孩子。

事实上，每位父母都希望培养出有时间观念的孩子，所以想尽办法引导、教育自己的孩子，以便让孩子做得越来越好。但是真正有效的方法，是要让孩子明辨是非，让他知道怎么做是正确的怎么做是错误的。之后，父母还要积极鼓励孩子正确的行为，严格禁止错误的行为。

当然了，既然是约定，父母就必须要求孩子严格遵守，不能让孩子随意打破规矩，更不能因为孩子的软磨硬泡而放其一马。同时，父母也要遵守与孩子的约定，不要挖了一个“陷阱”给孩子跳，对孩子食言。如果父母说话不算话，那么，孩子也不会主动去遵守。这样一来，所谓的约定就没有什么意义了。

## 做事前，不妨让孩子收收心

日常生活中，我们时常会有这样的感受：每次假期刚结束的时候，人们就很难将注意力集中起来，安心地工作。其实，对于这种“假期综合征”，最好的解决办法就是在开始做事情之前，为自己留一个“收心期”。

“假期综合征”也会发生在孩子身上，而且由于孩子自控能力不强，情况会更严重。当孩子玩得太高兴的时候，如果马上让他做另外一件事情，他可能还沉浸在玩乐的情绪中，很难静下心来做事情；如果孩子注意力太集中，就很容易沉浸在一件事情中，等事情完成后还会难以自拔，以至于不能很好地投入到下一件事情中。

微微是一个 12 岁的小女孩，从小聪明活泼，做事情也比较认真，平时做事情能够集中注意力。可是她有一个缺点让爸爸妈妈很头疼——微微比较贪玩，并且很长时间也不能收回心来，无法把注意力集中到要做的事情上。

比如看电视，微微一看起来就没完没了，把吃饭、写作业的事情全都抛在脑后了，就连上厕所的时间都不给自己留。即便在妈妈的强制下，她关掉了电视，但是做事情也会心不在焉，很久都无法集中精神。

再如，微微喜欢和小伙伴们在公园中玩耍，并且很容易因为玩而忘记了时间，不肯回家。有时候，回到家很长时间后，微微还没能把心收回来。

问题最严重的是放假。对于孩子来说，放假就意味着自由，可以无拘无束地玩。结果，微微在假期中玩得太疯狂了，开学都好几天了，她还不能把心思放在学习上，导致状况层出不穷。她会每天赖床，不是说头疼，就是说肚子疼；上课注意力不集中，容易看着窗外发呆……

对于微微这样的情况，爸爸妈妈感到非常着急，但是不知道究竟怎么样才能让孩子改变。

其实，孩子难以将注意力从一件事情转移到另一件事情，并且很难进入状态是非常正常的现象。作为父母，最好不要强迫孩子快速地进入状态。

孩子由于年龄尚小，不像大人一样有很好的自制力，越是强迫他快速转移注意力，就越容易引起孩子的反感。父母应该给孩子一个缓冲期，让他收收心。在这段时间内，父母可以帮助孩子调整身体和心理状态，让他的内心彻底平静下来。

那么，父母应该如何帮助孩子收心呢？

1. 给孩子留出适当的时间

很多父母直到孩子开学前一天，才开始对孩子唠叨“明天就要开学了，你应该做好准备了”；有的父母则会突然禁止孩子的娱乐活动，让孩子尽快进入学习的紧张状态。殊不知，这样的做法只会增加孩子的紧张情绪，使孩子产生巨大的心理反差，从而导致孩子产生逆反心理。

对于这种情况，家长应该在孩子开学前几天，就开始营造一个良好的氛围。比如，父母可以帮助孩子一起购买学习用品；让孩子给同学打电话，聊一聊开学的情况；父母还可以帮助孩子制订一个新学期的学习计划表；在开学一星期前，父母就开始调整孩子的作息情况，停止剧烈的娱乐活动等，以便让他以更好的精神状态去投入到新学期的学习中。

其实做任何事情都是如此，孩子做完一件事情之后，家长千万不要立即给他布置另外的任务，而是应该给他一段时间来调整自己的状态。这样一来，孩子才能精神饱满地投入到下一件事情，从而专注地完成所要做的事情。

2. 收心不能急刹车，要有一定的缓冲时间

孩子刚刚在外面和小朋友追打玩闹完，内心还非常激动，气息还没有平息下来，你一下子就让他安心地吃饭，他能吃得下去吗？孩子刚刚看完动画片，还沉浸在有趣的故事情节之中，你马上让他坐下来做作业，他能集中精神吗？

对于这种情况，家长可以先让孩子洗漱一下，休息一段时间，准备吃饭，然后暗示他吃完饭后应该认真写作业了。那么，孩子就会利用吃饭这段时间来收心，从而在写作业时做到注意力集中。

3. 给孩子积极的心理暗示

很多孩子不能很好地将注意力转移到下一件事情，往往是因为缺乏一个好的心理暗示。这时候，父母应该从积极方面对孩子进行心理暗示，让他做好做下一件事情的准备。

比如孩子正在玩游戏，父母可以提前对孩子说，“你已经玩了1个多小时了，接下来应该写作业了。我再给你10分钟时间，收拾好自己的玩具，然后休息一会儿。”在这段时间内，父母可以和孩子进行沟通，询问孩子的学习情况，以及询问他作业情况，让他做好写作业的准备。

总之，作为父母应该考虑孩子的适应和接受能力，不能强迫

孩子立即把注意力从一件事转移到另一件事上，而是应该给他一段时间，让他收收心。整理好心情，孩子才能全心地投入到一件事情之中，并且高效快速地完成。

## 把节约出来的时间还给孩子

每位父母都希望孩子能够很好地利用时间，希望他们在有效的时间内完成更多的事。然而，孩子毕竟是孩子，在他们还没能很好地认识时间之前，你就要求他们珍惜时间、节约时间，孩子怎么能做到呢？

况且一些父母只知道让孩子节约时间，并且给孩子制订了严苛的时间表，要求他们能够按照规定来做事情，却不懂得让孩子体会到节约时间的好处，那么，孩子怎么能乖乖地按照父母的说法去做呢？

所以，想要孩子更好地珍惜时间，父母就应该让孩子体会到节省时间的好处，把节约出来的时间还给孩子。

华华是个 9 岁的小男孩，妈妈为了让孩子能节约利用时间，给他制订了详细的时间表，要求他凡事都必须按照这个表格来执行。比如叠被子 2 分钟，穿衣服 3 分钟，洗漱 3 分钟，吃饭 15 分钟……

一旦华华慢了一点，或是没有在相应的时间做妈妈要求的事情，妈妈就会大吼大叫地说："你这孩子快点不行啊！""我这么辛苦给你制订了时间表，你却不按照表格来做，这怎么养成好习惯。"

华华感觉自己就像被上了弦的钟一样，必须按照严格的时间来走，一点自由都没有。于是开始故意和妈妈作对，故意放慢吃饭和起床的速度；故意不认真写作业；

做事情三心二意地，一会儿去喝水、一会儿上厕所……

妈妈看到孩子如此不听话，故意和自己作对，便生气地说："你这孩子以前还算听话，现在怎么这么气人！我安排时间表不是为你好吗？你就不能好好配合吗？"这时候，华华说："你把我的时间安排得满满的，我就像是被上了弦的钟一样一刻都不能停，做完了这件事情还有另一件事情等着我去做。既然如此，我那么快做完干什么，岂不是让自己更累？"

妈妈说："我不是为你好吗？"

华华无奈地说："为我好就打算把我累死呀？"

听了孩子的话，妈妈一句话也说不出来。经过了一段时间的思考后，妈妈修改了孩子的时间计划表，并且征求了华华的意见。现在，华华的时间宽裕了很多，而且完全掌握了节约出来的时间的使用权。这一下，他再也不和妈妈作对了，做事效率也提高了很多。

对于父母来说，教孩子合理、充分地分配利用时间，是一项重要任务。而只有找对了方法，才能让孩子认识到时间的重要性，从而自觉地改掉注意力不集中、做事磨磨蹭蹭的坏习惯。

对此，儿童教育专家提出，父母应该在帮助孩子制订合理时间表的同时，帮孩子建立起一套"节约时间奖励机制。"

1. 把催促、批评变为鼓励、表扬

当孩子做事磨磨蹭蹭时，父母不妨多鼓励一下孩子，一旦孩子试图在行动上有所改善，就应该对孩子提出表扬。

一开始，父母可以给孩子布置几个简单的任务，给 1 或 2 分钟的时间完成，如果孩子能很快做好，家长要及时给予赞赏，对孩子说“你现在穿衣服快多了！”“你现在收拾书包快多了！”这样，孩子就会觉得很有成就，继续快速把事情做好。

2. 把节约下来的时间还给孩子

如果孩子节约了时间，父母只是给予金钱或物质上的奖励，那么孩子有可能会为了得到更多的金钱和物质奖励来努力节约时间。但这不是长久之计，一旦孩子对金钱和物质的需求不那么强烈时，这种方法也就失效了。而且这会给孩子造成一定错觉，即为了某些利益条件而节约时间。

父母可以把每天老师布置的作业做一个大概的估计，将孩子需要完成的任务进行一个时间预算。当孩子在这个预算内按时或提前完成任务时，不要再给孩子增加任务量，而是要把富余下来的时间还给孩子。

同时，父母要告诉他们，这是节约之后剩下来的自由时间，你完全可以自由支配。这样一来，就可以刺激孩子做事情的积极性，让他提高做事效率。

作为父母，要相信孩子，当你把节约的时间还给孩子的时候，让他们知道了节省时间的好处，他们就不会再拖延时间、浪费时间了。

# 第六章
# 让孩子做自己爱做的事
## ——用兴趣培养孩子的专注力

兴趣是孩子最好的老师，当孩子对某件事情产生浓厚兴趣的时候，就会积极主动去尝试，并且会投入全部的精力和热情。可是如果孩子对于某件事情没有兴趣，那么，他就会三心二意，无法进入做事状态。因此，父母们应该让孩子做自己喜欢做的事情，并且想办法激发孩子的兴趣，以便培养他做事的专注力。

## 孩子专心做事情时，父母不要轻易打扰

很多父母认为，孩子时常会做出一些令大人费解的事情：

> 比如有的孩子喜欢玩一张纸，如果你不去理他，他可以玩一两个小时；还有的孩子喜欢蹲在鱼缸前观看金鱼，他可以连续观察半天，只是想知道鱼儿怎么游动；还有的孩子看到蚂蚁搬家就走不动路了，蹲在路边一直观察这些小蚂蚁……

对此，很多父母会抱怨：为什么孩子做正经事的时候三心二意，可做游戏、观察小动物的时候就能专心致志呢？于是，父母为了不让孩子把时间浪费在这些没有意义的事情上，便经常会无情地打断孩子，杜绝孩子做这样的事情。

其实，这种做法是非常错误的。在孩子眼中，这个世界充满了新鲜感和神秘感，他们无时无刻不在用自己的双眼去观察，用自己的手脑去探索和体验，并且会全身心地投入到自己感兴趣的事情之上。如果这个时候，父母随意干扰孩子，让孩子中止所做的事情，不但会让孩子扫兴，更会让他们产生挫败感，从而很难再集中精神去做事情。这对于孩子注意力和专注力的培养是非常不利的。

要知道，人们只有对自己感兴趣的事情才会投入全部的注意力，而教育家们也倾向于利用孩子的兴趣来培养他们的注意力和专注力。那些在大人们看起来幼稚的，甚至是错误的事情，恰恰

能极大地吸引孩子的好奇心和注意力。

有一个男孩在7岁那年，跟随父母来到乡下居住。在这里，他第一次见识到了麦田和溪流，见识到了简陋的农场和草地。在他眼里，那些猪、羊、鸡、鸽子、黄莺、蜜蜂、小刺猬，甚至各种天上飞的地上爬的小昆虫等等都是那么新奇。这个男孩被这个新奇的世界深深吸引住了，于是他把大把的时间花费在跟踪这些动物和昆虫上。

父亲见孩子如此喜欢小动物，就送给他一本昆虫画集。男孩对这本书爱不释手，并逐渐痴迷上了对昆虫的研究。一次，在放学回家的路上，他发现一群蚂蚁正在交头接耳，不知道要干些什么。这一下子吸引住了孩子的注意力，他立刻蹲下来，悄悄地尾随在后面，以便观察蚂蚁们的动静。过了很长时间，他终于发现，原来这群蚂蚁捡到一只死去的绿青虫，并且想方设法集结起来把它运回洞里。这是一项声势浩大的工程，蚂蚁们有的调兵遣将，有的传递信息，男孩感到自己仿佛已经融入蚂蚁们的世界中。

就这样，时间一分一秒地过去了，男孩依然趴在地上悄悄尾随着蚂蚁。天色慢慢暗下来，收工的农民都陆续回家了，有的人看到男孩便劝他赶快回家，有的人见他不动声色则会嘟囔一句："这孩子中邪了。"有个好心人通知了男孩的父亲，没想到父亲却笑一笑说："不用管他，等事情结束了，他会回家的。"

在父亲宽容的教育态度下，男孩越来越喜欢研究昆虫，他会为了追踪一只罕见的蝴蝶而喘着粗气跑上2公里；他会为了保护昆虫而自己摔上一跤；冬天之前，他会将许多昆虫捕捉回家，以免让他们冻死……

谁又能想到，正是这样一个奇怪孩子，在多年以后写下世界闻名的《昆虫记》，成为一名昆虫学家和文学家。他就是法布尔。

法布尔从小就对昆虫有兴趣，为此经常做出一些令人啼笑皆非的事情。但是他的父亲并没有觉得孩子的行为是荒谬的，反而鼓励孩子认真地研究这些昆虫。正是这样的保护和鼓励，才让法布尔能专心地研究昆虫，并且把它当成了终生的事业。

在日常生活中，很少有父母能够做到这样。当他们认为孩子做的事情没有意义的时候，就会以浪费时间为由打断孩子正在进行的事。因为孩子总是被打断，所以专注力被破坏了，无法专心地做任何事情。

其实只要孩子有耐心投入到一件事情中，那么不管这件事是否与学习有关，父母都不应该将其打断，而应该让他们全身心地投入到活动中去。因为既然孩子能够那么专心地去做一件事，说明这件事对他有很大的吸引力，他很乐意投入到这项活动中来。这样做，不但有利于培养孩子的专注力，更有利于父母发现孩子的兴趣爱好，以及优点和长处。

其实，父母上前打断孩子往往并不是因为什么重大的事情，无非就是叫孩子吃饭，或是催促孩子快点写作业罢了。可这种打扰对于孩子来说就是一种伤害。

琳琳对画画感兴趣，平时总是会主动尝试涂鸦，画简单的线条和图案。可在琳琳作画的时候，如果琳琳的父母觉得孩子画的方式不对，或是颜色不好看，就会随意打断孩子，刻意教她正确的方法。琳琳的思路时常被打乱，之后再也无法集中精神了。

琳琳的爸爸妈妈还非常喜欢在孩子专心做事情的时候，在一旁大声谈话、看电视等。时间长了，孩子总是一边做事一边听爸爸妈妈说话，无法专心地做事。

结果，受到父母的影响，琳琳做事时常表现出心不在焉、注意力不集中的状态。

所以，父母要尽量给孩子营造一个安静的环境，让他们在不受外界干扰的情况下，集中注意力做他们喜欢的事情，如此孩子的专注力才能越来越好。

## 强加的意愿，会破坏孩子的积极性

由于现在社会竞争异常激烈，很多父母们恨不得为自己的孩子设计一条完美的人生道路，让孩子多掌握一些技能，以便孩子能更轻松地获得成功，迎接美好的人生。

带着这样的想法，父母们为孩子们勾画了一幅幅美好的蓝图：小学到哪里去上，该学哪些特长，该报什么培训班；未来是该选择文科还是理科，就连将来上哪一所大学都已经规划好了。可是，父母是否想过，这些美好的愿望是不是自己强加给孩子的呢？

作为父母，不应该要求孩子按照自己安排的道路行进，也不能不顾及孩子的想法和意愿，否则只能激起孩子的反抗。

孩子虽小，但是他们也有自己的人生，也有自己想做和不想做的事情。父母需要尊重孩子，让他们做自己爱做的事情。同时，对于孩子感兴趣的事情，父母要给予支持和帮助，而对于孩子不感兴趣的事情，父母则不能强迫他去做。这样一来，父母的教育才能有好的效果，孩子才能变得越来越优秀。

著名教育家斯特娜夫人就深有感触。有段时间，她不知道怎么和自己的女儿沟通，因为女儿逆反心理特别强烈，不管让她做什么事情或是教她如何做，她都会反驳几句，有时候甚至是顶撞。

后来，斯特娜夫人开始改变自己，每安排孩子做一件事，都会详细告诉她每一个细节，包括为什么要这么做、为什么不能那样做等，并且开始询问孩子的意见。

这样一来，女儿也发生了改变，不再不断反驳斯特娜夫人对她的安排了。

很多父母觉得自己是家中的权威，孩子就应该听自己的安排，不能有反驳的机会和想法。他们总以为这样是为了孩子好，但是却因为很少顾及孩子的想法而遭到抵制和反叛。

我们可以理解这些父母的心情，因为每个人都想给孩子最好的东西，为孩子的未来铺好路。我们也不能否认，由于孩子年龄比较小，在某些事情上需要父母的帮助和指导。但是，父母要知道，我们要做的是让孩子知道如何更好地去生活，而不是代替孩子生活。

父母应该明白，强加的意愿会破坏孩子的自由意志，让孩子失去了选择权、积极性和自信心。而且，这种强势的做法也是行不通的，还会给孩子的人生带来很大危害。

孩子和父母之间应该是平等的，孩子是一个有生命的独立个体，他有自己的思想和意志。作为父母，不应该把自己的想法强加给孩子，而是应该让他们自己做主，凭借自己的意愿做事。

峰峰是个 6 岁的小男孩，正是“猫嫌狗不爱”的年龄，他时常表现出来的任性让妈妈很是头痛。

比如，有一天早上，妈妈给峰峰准备了一双黑色的棉袜，峰峰却哭着不肯穿；妈妈又给他换了一双黄色的袜子，他还继续闹，坚持不穿。妈妈只好强行给他套到脚上，并告诉他，再闹下去就该迟到了。

到后来，峰峰闹够了，也哭累了，妈妈让他自己挑到底穿哪双。结果他还是选了原来那双黑色的袜子。那段时间，峰峰几乎天天这样，对此，峰峰的妈妈苦恼不已。

所幸有一次，妈妈无意之中发现了儿子的秘密。当时，为了省事，妈妈特意准备好了两双袜子，并且没有强行给他穿上，而是问了一句："峰峰，你今天想穿黑色的袜子，还是黄色的？"

"黄色！"峰峰很干脆地回答，并没有出现任何反抗的举动。

峰峰如此的配合让妈妈很是不解，她本来预留出 5 分钟和儿子"战斗"的时间，结果仅仅几秒钟就搞定了。既然如此顺利，妈妈就顺势多问了一句："峰峰，你准备先穿左脚，还是右脚呢？"

"右脚！"峰峰又是很爽快地回答。

通过这件事，妈妈知道了给儿子选择权的重要性。此后，她都有意识地为儿子创造选择的机会，母子之间再也没有出现以前那样"两厢对峙左右难"的状况。

看吧，当妈妈尊重孩子并且给他选择权的时候，孩子的行动是非常迅速而且积极的。而当妈妈直接命令孩子的时候，他就会产生排斥心理，不仅无法激发他做事情的积极性，而且还浪费了大量的时间。

对于孩子来说，当他们获得了选择的自主权后，就会觉得自己受到了尊重，内心产生一种孩子特有的成功感和满足感。这样一来，他做起事情来自然就积极很多。

生活中我们时常会发现，当你指定孩子玩某件玩具的时候，他可能玩一会儿就放弃了，可如果是他自己的选择，那么他可能会玩半天；当孩子想读书时，如果你强制他选择某一本，那么他就会磨磨蹭蹭半天也不行动，可如果你让他自己去选择，那么他就会满心欢喜地行动起来。

强加的意愿，无疑会破坏孩子行动的积极性。孩子的积极性都消失了，又怎么能集中精力把事情做得又快又好呢？所以，父母们应该知道，要尊重孩子的意愿，不要强迫孩子做任何事情。只有尊重了他们的选择，从他们的兴趣和爱好出发，才能让他们把事情做得越来越好。

## 激发孩子的兴趣，让他找到自己的乐趣

在日常生活中，我们不难发现，孩子的注意力经常受到兴趣的左右。如果孩子对于一件事情有兴趣，他不但会集中自己的注意力，而且还能维持较长的一段时间。

可以说，兴趣是孩子们产生和保持注意力的重要条件。

比如，艳艳从小就对小动物或植物感兴趣，所以她就能长时间地观察这些动物或植物，而不受到外界因素的影响。而且她还能在仔细观察的过程中，发现或学习到与其相关的知识。虽然她年龄小，但是已经成为同学们眼中的“万事通”。

孩子对一件事情有兴趣，就会更愿意学习与自己的兴趣点相关的知识。那么，如果能够有意识地培养孩子的兴趣，是不是也可以让孩子把注意力集中到他们平时不愿意做的事情中去呢？比如说，学习、劳动、锻炼等。

然而，这做起来似乎并不容易。孩子本身还小，缺乏自制力和注意力，如果家长硬要让孩子对不喜欢的事情感兴趣的话，可能会得到相反的结果。对此，教育专家给出一个建议，就是帮助孩子在做事的过程中寻找到乐趣，从而让他对某件事情产生兴趣，促使他们集中自己的注意力，专心致志地做这件事情。

宇宇是个活泼的孩子，每天活蹦乱跳。妈妈一让他

去玩，他就会开心得不得了。可是如果妈妈让他安静地坐一会儿，专心地做一件事情就难上加难了。

即便是玩游戏也是如此。妈妈时常带着宇宇到一家早教机构，老师会教孩子做一些拼图游戏、画画、搭积木等，别的小朋友可以安静地坐半小时。可是宇宇连 10 分钟也坐不住，积木刚搭个基座，他就站起来跑到一边玩；画没画几笔，他又跑了……

很快，宇宇到了开始认字学知识的年龄了，爸爸妈妈却犯了难，因为这实在是太难了。父母每天只教他几个汉字，可是宇宇就是坐不住，一会儿看窗户外面的飞鸟，一会儿要去喝水，一会儿又要吃饼干，总之就是不愿意静下心来。妈妈有时还会给他讲故事，希望能通过故事培养他对认字的兴趣，然而一个故事讲了几遍后他就会感到无趣，也不愿坐在那长时间地听。

为此，妈妈感到非常头疼，时常思考如何能让孩子静下心做一件事情呢？一天，宇宇在玩剪纸，这是他最喜欢的游戏。当他剪纸的时候，会比平时安静许多，能够专注的时间也长很多。妈妈突然灵机一动，为什么不利用剪纸来培养他的专注力呢？于是，妈妈把识字卡片全都拆下来，鼓励宇宇将卡片上的字全部剪下来。宇宇果然很感兴趣，不一会儿就剪下好几个大字来。在剪字的过程中，妈妈还在一旁告诉他，他剪下来的这个字念什么，是什么意思。就这样，在不知不觉中，宇宇已经把剪过的字深深印在了脑海里。

看来，让孩子在做事情的过程中发现乐趣才能激起他们的兴趣，那么是不是也能把讲故事变成一种游戏呢？妈妈想到，既然孩子不喜欢枯燥的文字故事，那么可以从绘本故事看起。幼儿绘本有一些简单的对白文字，也有漂亮的图画，宇宇在看绘本的时候，对故事产生了兴趣，自然就可以认识更多的字了。就这样，宇宇认识的字越来越多，也越来越喜欢看书，有时还会认出小朋友名字里面的字，于是宇宇对认字就更加感兴趣了。

之后，不管做什么事情，妈妈都借鉴这样的方法，首先找到孩子感兴趣的点，然后制造出许多乐趣，从而让宇宇爱上做这件事情，之后孩子做事时自然就积极主动，并且更加专注了。

本来宇宇是一个坐不住的孩子，并且不怎么愿意识字，不过妈妈却想到了一个合适的方法，那就是从孩子的兴趣出发，让他找到识字的乐趣。当然，这种做法也起到了很好的效果。

不管做什么事情，如果孩子没有兴趣，就无法注意力集中，从而浪费大把的时间和精力。作为父母，如果想要改善这一现象，就应该帮助孩子从中找到感兴趣的东西，让孩子爱上所做的事情，并逐渐提高做事效率和注意力。

1. 父母要改变思想，帮助孩子找到做事的兴趣

生活中很少有父母能够积极地激发孩子的做事兴趣，他们只注重孩子做事情的结果。比如今天认了几个字，画的画怎么样，而不是关心他在这个过程中是不是认真去做了是不是获得了快乐。就像外国的家长送孩子上学时，总不忘说一句："Have a good day（今天过得愉快）"而中国的家长总是大声喊："好好听课！"正因为如此，孩子们才对学习产生了排斥心理，更无法高效专注地去学习。

所以，父母们要改变自己的思想，不管是学习还是做其他事情，引导孩子激发孩子的兴趣，让他们找到做这件事的乐趣，如此孩子才不会产生排斥心理，才会积极主动地做下去。

比如原本孩子对画画没兴趣，不愿意花时间去学习，可是父母能够让孩子发现画画的乐趣，那么孩子就会主动地学习；再比如孩子不愿意去跑步，可父母如果能让孩子体会到跑步的快乐，那么孩子也会改变自己，积极主动地去跑步。

2. 把主动权交还给孩子

父母应该把主动权交还给孩子，让他们多动脑、多思考，如此孩子才能发现其中的乐趣。比如孩子在练习书法的时候，用同一种笔法重复练习某一个字，这就很容易感到厌倦，从而无法专注地继续做下去。家长可以鼓励孩子把这个字按照自己的想法用不同的笔法写出来，看究竟哪个更好看，这样孩子就会开动脑筋一遍遍地尝试，专注力也就会提高。

3. 不要让孩子长时间做一件事

孩子毕竟是孩子，如果父母总是长时间让他做一件事，他就会感到厌倦，无法集中注意力。因此，父母不要强迫孩子长时间做事情，小孩子上一天学累了，回家先吃喝玩乐一番，这是很正常的事；学习一周累了，周五的晚上他们会甩开一书包的作业，像个傻瓜一样疯玩一通，这都可以理解。只有给孩子自由玩耍的时间，当孩子身心都愉悦了，才能更容易激发兴趣。

## 用问题引起孩子的注意力

在生活中，我们都会有这样的经历，当我们对某一件必须通过思考才能找到答案的问题感兴趣时，很容易就能让自己沉迷其中，从而注意力也会达到空前的集中。这是因为当一个人有了疑问的时候，他就会想要找到答案，从而为了追寻答案而把注意力高度集中。

那么，父母们是不是可以利用这种方法来提高孩子的注意力呢？

答案是肯定的。就像饥饿的人对食物总有一种特殊的敏锐度一样，人们对于自己感兴趣的问题也会有一种特殊的敏感度。好奇心比较强的孩子更是如此。在问题面前，他们经常会升起一种求知的饥饿感，从而高度集中注意力去研究解决问题，甚至会比大人更能将这种热情持续下去。

所以，父母想要培养孩子的注意力，可以在平时的生活中为孩子制造一些求知的饥饿感，以便引起孩子的兴趣。

葱葱是个活泼聪明的小女孩，在学校也经常被老师夸奖聪明伶俐。然而，父母深深知道，葱葱身上有一个致命弱点，就是无法集中注意力投入到一件事情当中。这是个让人头疼的问题，因为父母不可能掌控她的思想，让她必须对某件事集中精神。

这天，葱葱吃完饭后，一边玩游戏一边看动画片，时不时地还会哈哈大笑。爸爸知道葱葱十分喜欢看动画片，于是想出了一个办法。他走到葱葱旁边问道："葱葱，你知道动画片为什么叫动画片吗？"

葱葱一脸疑惑："不知道啊，为什么啊？""哦？葱葱这么喜欢看动画片，居然不知道这个吗？"爸爸故意刺激她。"那到底为什么啊？我以前从来没想过这个问题啊！"葱葱追问。

"动画片啊，跟电视剧的制作方法不一样。首先是人工绘制出一幅幅图片，然后将它们按照顺序一张张排开，这样在播放的时候就形成一连串的动作了。"爸爸回答道。

"那它是怎么让一幅幅的图片连成动作播放的呢？"葱葱听了仍然不满意这个回答，于是继续追问。

"唉！这个爸爸也不清楚啊！但是如果你想知道的话，可以自己查阅资料。我想既然葱葱这么喜欢看动画片，这个问题应该是要弄清楚的吧！"

听了爸爸的话，葱葱再也坐不住了，开始翻家里的书柜，找到一些相关书籍开始认真翻阅起来。过了一会儿，葱葱似乎没能从书中得到满意的答案，又要求爸爸帮她上网查找资料。

看到孩子将注意力都集中在这个问题的时候，爸爸想以后恐怕要多用问题吊起孩子的求知饥饿感了，这样对培养她的专注力有很大的帮助。

当孩子在思考一个让他感兴趣的问题时，很容易将注意力集中在所思考的这个问题上。这要求父母在孩子小时候，就要引导他们多动脑、多思考。

同时，孩子们都有强烈的好奇心，父母们要善于对孩子进行启发式提问，充分调动孩子的思维。比如平时可以提出这样的问题：“春天到了，你知道大自然会有什么变化吗？”“想一想，时针转动一圈是多长时间？”

不要怕孩子说错，提问孩子并不是单纯地为了让孩子回答问题，更多的是让孩子积极主动地思考，并且培养对于某一事情或是某一知识的兴趣。也不要急于告诉孩子答案，留给孩子足够的思考时间，这样一来，他们才会更加渴望寻找答案。

问题的范围很广，父母最好选择开放性的问题。这样的问题或许没有一个标准答案，但却有很多不同的理解角度。在孩子钻研的过程中，不但能在专注力方面得到提升，更能开发他们的想象力和创造力。

虽然孩子的注意力很难集中，但是又天生具有强烈的求知欲和探求精神，对自己所不知道的事情，总是喜欢刨根问底。作为父母可以利用这一点，巧妙地向孩子提问题，激发孩子的兴趣，从而培养他们的注意力。

## 用成就感引发孩子的注意力和兴趣

很多父母认为，只有严厉的要求才能让孩子进步，才能让孩子集中注意力。殊不知这样的想法是片面的。

孩子需要的是鼓励而不是打击，需要的是体验成功的乐趣而不是体会失败的刺激。如果身边的人时常肯定他，让他感受到自己的成功，那么孩子不管做什么事情都会信心百倍，并且充满激情。反之，当孩子做好了一件事情并满心喜悦地等到父母表扬的时候，父母却采取打击的方式来刺激孩子，那么孩子的积极性就会严重受挫，从而再也打不起精神。

事实上，许多父母对孩子的要求太过苛刻，以至于孩子无法体会到自己的成功和成绩，导致孩子遭到了沉重的打击，而无法集中注意力。

小俊的爸爸对此颇有体会。小俊是一个一年级的男孩，平时表现一直都不错，成绩也是名列前茅。爸爸认为，孩子之所以能取得这样的成功，全靠自己平时对他的严厉管教。于是，他认为要想让孩子继续将好成绩保持下去，必须对他更加严厉，最好还能让他尝到一点失败的滋味。

一次考试后，小俊拿着很好的成绩回来，渴望得到爸爸的夸奖。可是爸爸却苛刻地警告他："别以为这次考得不错，就可以放松警惕，你明明能做得更好。瞧！只要注意力稍微集中一点，这道题就不会出错，那么名次就会再往上走好几个。”

小俊非常委屈，他不明白，为什么自己成绩这么好，听到的却是父母的埋怨而不是夸奖。难道自己真的是这么一无是处吗？想到这里，小俊成功的喜悦感一下子全都消失了，取而代之的是严重的挫败感，再也没有学习的兴趣了。慢慢地，小俊的成绩越来越差，而爸爸批评得也越来越频繁。

之后，小俊每次做作业的时候都拖拖拉拉、应付了事。一天，小俊做作业的时候不认真，坐下学习不到5分钟就想着出去喝水。这让爸爸大发雷霆，指着孩子的脑门责骂道："你现在是越来越不听话了。作业不好好做，成绩上不去，你到底是怎么回事？"

这时候，小俊委屈地说："我现在就是对学习没兴趣，一想到学习就烦！"

爸爸听完更生气了，扬起巴掌就要打孩子，并且大声嚷嚷："我这么严格要求你，你却一直退步，还不如之前学习认真，真是太气人了。"

这下小俊眼泪流了下来，大声喊道："你就知道让我专心学习，可是之前不管我再努力，你都不会表扬我，让我感受不到一点的成就感。这样一来，你让我怎么对学习提得起兴趣？我在你们眼里就是一无是处，你们到底要我怎样？"小俊的爸爸听了孩子内心的反抗，不禁开始怀疑自己的教育方式是不是出现了问题。

不用问，小俊爸爸的教育方式确实出现了问题。他只想到严格要求孩子，却忽视了让孩子体会到成功的快乐和被肯定的快感，如此孩子怎么愿意主动去学习呢?

想要让孩子成功，就必须让孩子集中注意力，激发他们学习的兴趣。不能总是打击孩子的积极性，而是应该给予其积极的暗示，让他体会成功的乐趣。

教育专家指出，在培养孩子做事的注意力和兴趣时，正需要用这种成就感来刺激他们。成功的快感能让孩子对事情充满热情和兴趣，而兴趣又是培养孩子注意力不可或缺的因素。所以，受到成就感鼓舞的孩子，往往在做事情时能够集中注意力。

一个心理学家曾经做过一个实验：他把一条肉食鲨鱼放养在鱼缸里，并在鱼缸中投入很多条小鱼，让它可以任意吞食。几天后，心理学家用一片玻璃把这条鲨鱼与其他小鱼隔开。一开始，鲨鱼还像以前一样，看到小鱼就顺势游过去想要将小鱼吞进肚子里，可结果却撞到玻璃上。几天下来，它不但一条鱼没吃到，反而把自己撞得遍体鳞伤。在经历过一次次失败后，鲨鱼终于放弃了对小鱼的捕食。这时，心理学家又偷偷将中间的玻璃隔板拿开，可这时即使小鱼在鲨鱼面前肆意游走它也不会再奋起直追了。最终，那只可怜的鲨鱼饿死在了食物成群的鱼缸中。

实验到这里还没有完。心理学家将另一条鲨鱼放养在有许多小鱼的鱼缸中，并同时用玻璃挡板将鲨鱼和小鱼分开。当鲨鱼前两次攻击小鱼而一无所获时，心理学家没有采取任何行动。第三次，鲨鱼依然向小鱼扑去，这时心理学家将挡板悄悄拿掉，于是鲨鱼很轻松地吃到了小鱼。按照这种模式，心理学家将实验继续下去，结果尽管这条鲨鱼有很多次的失败，却始终保持着战斗力。

为什么在第一个实验中，鲨鱼很早就对捕鱼失去信心从而饿死在美食之中，而第二条鲨鱼尽管失败多次，却依然对捕鱼乐此不疲呢？其根本原因就在于成就感的刺激。第一条鲨鱼经历了多次重创没有成功捕到过鱼，因此对此失去信心再也不愿意行动；而第二条鲨鱼尽管多次碰壁，但却偶然能取得一次成功，正是这为数不多的成功刺激它越战越勇。

对于孩子的教育也是如此。想要让孩子愿意做某件事情，就不要让他失去信心，反而应该让他体会到成功的快乐。

在日常生活中，父母不要对孩子要求太高，因为孩子还小，不可能凡事都做得尽善尽美。我们要多让孩子做自己最擅长的事，当孩子收获了自信和成功之后，再鼓励孩子做那些不擅长的事情。这样的做法要比先让孩子做不擅长的事情，更容易激发他的积极性和专注性。

另外，没有什么比家长的认同更能让孩子信心大增并获得成就感的了。因此，当孩子完成某件事情并且成绩不错时，家长就要给予适当的鼓励和赞美，甚至给他一些物质上的奖励。在这种赞美和夸奖的激励下，孩子会为此付出加倍的努力，从而也会将所有的精神和兴趣集中在这件事上。

满足孩子这一点点的虚荣心就能换得更大的动力，何乐而不为呢？

## 如果孩子有兴趣，就给他尝试的机会

对于孩子来说，兴趣就是最好的老师。如果孩子对一件事情不感兴趣，不但会浪费精力和时间，还无法达到预期的效果。而如果孩子满怀兴致地去做一件事情，不用父母提醒和催促，他们也会全力以赴、专心致志地完成。

如同歌德所说的一样："哪里没有兴趣，哪里就没有记忆。"当一个孩子对某件事情产生了兴趣的时候，他就会非常愿意为之付出努力和时间。

可是生活中，很多父母却忽视了这一点。

一个女孩非常想要学习跳舞，可是父母觉得孩子身材胖胖的、肢体比较僵硬，并不适合跳舞，便拒绝了孩子的请求。不仅如此，父母还说："你没有曼妙的身姿，没有跳舞的天赋，不如我们学习画画吧！"

于是这个女孩又开始想学画画，但是父母又觉得她身上没有那种艺术特质，就武断地对孩子说："看看你的样子，你根本就不是学画画的料。即使是学了，也当不上画家！"

说实话，这样的父母实在是太失败了！他们不仅用自己的武断和独裁遏制了孩子的兴趣，而且还毫不留情地打击了孩子的自信心。试想，这样的孩子能够健康地成长吗？

每个孩子都有自己的兴趣爱好，有自己想要做的事情，他们不必有这方面的天赋，也不必将来有所成就。只要他们对这件事情感兴趣，父母就不应该打击和制止。

作为父母，应该放开自己的双手，让孩子去做自己想做的事情。如果父母不给他们尝试的机会，那么永远也不知道自己的孩子有多大的潜能。

甜甜的妈妈为了不让孩子输在“起跑线”上，在她3岁的时候就替她报名参加了芭蕾舞培训班。每到周末的时候，甜甜就要花费2个小时去上培训班，练基本功提高身体的柔韧性。

在这个过程中，甜甜妈妈也感到非常骄傲，好像看到自己的孩子变成了一只优雅的小天鹅，在舞池中优美地舞蹈着。她还梦到自己的孩子在将来成为一名出色的舞者，把舞蹈跳到了更大的舞台。可是，令她没有想到的是，随着年龄的增长，甜甜对芭蕾舞越来越没有兴趣，上课的时候不认真练习，回到家之后也不练功。当妈妈批评她的时候，她告诉妈妈说：“我现在一点儿都不喜欢芭蕾舞，对这个东西也没有兴趣。我比较喜欢跆拳道，我看到隔壁小朋友练习跆拳道，实在是太帅了。妈妈，不如我去报名学跆拳道吧！”

妈妈生气地说：“小女孩怎么能练跆拳道呢？你又不打算和别人去打架！你已经练了好几年芭蕾舞了，怎么能半途而废呢！之后，你必须好好练习，否则就要受罚了！”

甜甜的要求被妈妈拒绝了，可是心思却无法再回来了。每次上课的时候都敷衍了事，有时间就跑到跆拳道教室，偷偷地看别的小朋友练习，有时候自己还踢腿、劈腿。由于她有舞蹈功底，竟然可以轻松地劈腿。

过了一段时间后，舞蹈老师找甜甜妈妈谈话，讲述了她最近的情况。妈妈看她实在对跆拳道感兴趣，便对她说："既然你对跆拳道感兴趣，那么我可以让你去尝试一下。"听了妈妈的话，甜甜自然是十分高兴。可妈妈又说："不过，你要知道练习什么都必须有始有终，必须能够吃苦。你必须确定对跆拳道真的有兴趣，而不是一时兴起而已。如果练了一段时间后再放弃，那么只能是浪费时间！"

甜甜听了妈妈的话，认真地说："我真的喜欢跆拳道。"听孩子这样说，甜甜妈妈就不再犹豫了，帮助孩子报了培训班。而这次甜甜确实比较积极努力，没有出现懈怠偷懒的情况。

虽然甜甜妈妈认为女孩子适合跳舞而不适合跆拳道，但是孩子对于芭蕾舞没有兴趣，又怎么能坚持专注地去学习呢？作为父母，要知道培养孩子的能力虽然重要，但是也要看孩子的兴趣是否在此。

事实上，如果父母能够尊重孩子，让他们尝试自己感兴趣的事情，即便孩子无法获得多大的成就，他们也会尽最大的努力把事情做得更好。因为这是他们自己的兴趣，是自己选择的事情，所以他们才更愿意投入地去做。

不管孩子的兴趣是什么，父母都应该以欣赏的眼光去看待，以积极的态度去对待。对于孩子来说，兴趣就是他们不断努力的动力，也是全身心投入的前提条件。即便孩子不适合画画，画得不好，父母也不要说“你不适合画画”“你没有这样的天赋”，这样不仅会打消孩子的积极性，还会让孩子对一切失去了兴趣。

没有兴趣，一切都是枉然。所以，如果孩子对某件事情有兴趣，父母就应该鼓励孩子去尝试，而不是逼迫孩子做父母认为对的事情。

## 参与到孩子的兴趣中来

孩子刚刚认识这个世界的时候，会对所有事情产生极大的热情和兴趣，并且希望父母能够参与到自己的兴趣中来，陪着自己一起去尝试和探索。可事实上，很少有父母能够参与孩子的兴趣，和他们分享自己的快乐和喜好。

于是，当孩子兴奋地对父母说:“爸爸妈妈，跳舞是我非常感兴趣的事情，你觉得我跳得怎么样？”这时候有些父母不仅不能给予孩子夸奖，反而会敷衍地说:“嗯嗯，你喜欢就好！”当孩子要求父母和自己一起跳舞的时候，父母还会不耐烦地说:“去去去！你自己跳就好了，没看到我正在忙着做事吗？”

这些父母觉得兴趣爱好是孩子自己的事情，只要他们喜欢就好了。他们从来没有想过要参与孩子的兴趣，更没有想过给予孩子正确的引导，让孩子尽情地享受自己的兴趣。

可悲的是，这样的父母并不在少数。我们相信这些父母都是爱孩子的，懂得尊重孩子的兴趣，但是却不懂得体会和参与孩子的快乐。他们不知道的是，当自己多次拒绝参与孩子的兴趣时，孩子的积极性就会受到打击，内心就会产生这样的质疑:“为什么我的兴趣爱好得不到父母的认可？”“难道他们不喜欢我做这个吗？”同时，孩子还会认为父母不可爱可亲，无法体会和懂得自己的快乐，从而导致亲子关系渐渐疏离。

事实上，孩子有喜欢和感兴趣的事情，最先想到的就是和父母分享，并渴望得到父母的支持和赞扬。当父母参与到孩子的兴趣中，与他们一起愉快地做一件事情的时候，孩子不仅会提高做事情的积极性，还可以进一步增强做事的专注力。

姗姗从小就对古老的东西感兴趣，家里不知哪辈子传下来的挂钟、还有不小心从奶奶家院子里挖出来的破旧不堪的陶瓷小罐都能让她爱不释手。小小年龄的她特别喜欢看关于考古的节目，遇到不懂的事情还会问爸爸妈妈，可是对于某些专业术语，或者具有特定时代背景和历史内涵的东西，爸爸妈妈也无能为力，根本无法作答。但他们并没有随便将问题抛开，而是尽自己最大的努力来为孩子解答。

爸爸见姗姗如此钟爱古董，便经常带她去历史博物馆参观那些真正的古董，同时妈妈为她订阅了好多历史和考古类杂志。一家人经常会讨论各个朝代的文化背景，看到一件古董时会一起尝试鉴定它的年代。

在热爱古董这条路上，爸爸妈妈一直陪在姗姗的左右。终于，姗姗凭借自己优秀的鉴别力，被北京大学考古系破格录取。进入大学后，姗姗虽然不跟爸爸妈妈在一起了，但爸爸妈妈还是会想方设法地帮助姗姗搜集相关资料，一旦发现报纸或杂志上有关考古的知识和报道，一定会在第一时间通知姗姗。

考古是一条十分辛苦而乏味的道路。但是，每次看到爸爸妈妈对自己的支持和奉献，就会让姗姗信心大增，不断激励自己继续努力。

如果姗姗的父母没能参与到孩子的兴趣中来，并且给予孩子全力的支持，或许姗姗就不可能把一时的兴趣爱好发展成事业。

如果姗姗的父母在孩子问一些稀奇古怪的问题时，采取不耐烦或是冷漠的态度，那么就会浇灭孩子对于考古的热情，从而埋没姗姗的才华。

因此，作为父母不要觉得孩子的想法和做法都是幼稚的，也不要觉得参与孩子的事情是丢脸的行为。积极参与到孩子的兴趣中去，和孩子一起探索的过程，是帮助孩子增长知识的过程，也是培养和提高孩子注意力的过程。

当孩子邀请父母与自己一起画画、跳舞的时候，父母不要以忙碌为借口拒绝孩子，也不要不耐烦地让孩子自己一个人玩，不妨与孩子一起行动起来。这不仅能够营造良好的亲子氛围，还可以让孩子受到激励和鼓舞，使孩子维持自己的兴趣热情，从而培养孩子的积极性和专注力。

当孩子对天空有兴趣的时候，不断提出“夜空为什么是黑色的”“星星为什么会一闪一闪的”的时候，父母不要不耐烦，反而需要和孩子一起查阅资料，帮助孩子找到答案。这个过程，会让孩子欣喜不已，这种欣喜不单单是因为找到了答案，更源自父母同他一起的行动，这甚至比发现美洲新大陆更令他们激动不已。

而当孩子为了追踪一只蚂蚁而在地上蹲个半天时，父母也不要催促孩子赶紧走路，不妨也蹲下来和孩子一起研究研究。父母可以尝试地问：“你知道蚂蚁为什么会搬家吗？”“你知道蚂蚁可以扛起比它身体重几倍的东西吗？”这时候，孩子一定会对蚂蚁更加感兴趣，着急找到这些问题的答案。这时候，父母再让孩子学习一些关于蚂蚁的知识，孩子就会认真积极很多。

参与孩子的兴趣，这就需要父母善于从生活中的点点滴滴发现孩子的兴趣。其实要做到这样很简单，就是平时要留心观察，发现孩子的快乐，基本上就能找到他的兴趣点了。

比如，当孩子能付出一定的努力来作一幅画时，当孩子读着一本书哈哈大笑时……这些平凡的片段都蕴藏着孩子对未知的欣喜和热情。这时，父母可以参与进来，陪孩子一起涂涂画画，一起哈哈大笑，那么孩子对于这些兴趣的热情就会持久很多。

不过父母要记住一点：参与到孩子的兴趣中来，并不是干预孩子的兴趣，也不是让孩子按照父母的意愿培养兴趣。参与孩子的兴趣，父母要做的是走进孩子的世界，陪着孩子一起去探索和研究世界，一起去增长知识和见识。

# 第七章
# 最大化提高时间利用效率
## ——引导孩子做事分清轻重缓急

培根说："善于选择要点就意味着节约时间，而没有条理地瞎忙等于乱放空炮。"这句话说得一点都没错。很多孩子之所以浪费时间，并不是因为懒惰、不珍惜时间，相反他们很勤奋刻苦，只是没有能够最大限度地利用好自己的时间。父母应该引导孩子把时间用在最有价值的地方，分清轻重缓急，如此才能更高效地利用时间。

## 希望做的事　必须要做的事情

我们知道，孩子更愿意玩耍、玩游戏、画画、跳舞，因为这些都是他们自己喜欢做、希望做的事情；而不愿意做作业、锻炼身体和做家务，因为这些都是他们不感兴趣的事情。

他们因为喜欢玩游戏，就希望有更多的时间玩游戏，所以会很容易投入其中，乐此不疲，可是一旦听到妈妈让他们做自己不愿意做的事情，就会变得行动缓慢，磨磨蹭蹭。然而，事实上，后者却又是他们必须要做的事情。

这个时候，就需要父母给予孩子正确的引导，让孩子改变自己的心态，尽力做好每一件事情，并且先完成必须要做的事情。

夏丽丽刚刚上一年级，还没有适应小学生的学习和生活，每天起床的时候习惯了赖床，非要妈妈催促好几遍才慢腾腾地起床，像一只小蜗牛一样。每次妈妈让她快一点的时候，她都会气鼓鼓地说：“我不想起床，不想上学，我要睡觉。”

放学之后，她就会满心欢喜地回到家，立刻坐在电视机旁，看自己最喜欢的卡通节目《顽皮豹》。过了一会儿，妈妈就会让她关掉电视，开始做功课。可是她通常都会不情愿地推托，实在没有办法了才会闷闷地去做功课。

结果可想而知，作业写得乱七八糟，生字写得横不平竖不直，算数也是诸多错误。妈妈生气地批评她说：

"你看看你写的是什么东西？字这么难看，连数字都抄错了。我看你就知道看电视，一点都不认真。"

丽丽也非常气愤，反驳道："是啊！我就是不想写作业、不想上学，我就是想看《顽皮豹》，是你非要让我上学、写作业的！"

妈妈听了丽丽的话，不知道怎么回答了。她不知道怎么教育孩子，让她改掉贪玩、爱看电视的坏习惯，对功课和上学感兴趣。事后她请教了一位做教师的朋友，这位朋友对她说："其实孩子贪玩是天性，尤其是刚刚进入小学的孩子，他们不知道游戏、玩耍是次要的，学习、做功课才是重要的。因为他们喜欢玩，所以更希望做游戏、看电视。作为家长应该引导孩子，让他们知道什么事情是重要的，什么事情是次要的，不能完全按照自己的喜好来做事情。"

听了朋友的话，丽丽妈妈不再强硬地关掉孩子的电视，而是耐心地引导孩子。妈妈对丽丽说："我也不喜欢每天做家务，希望每天清闲地看看电视、玩玩游戏，可是我并没有那样做，因为我知道照顾家庭和孩子是我必须要做、必须要履行的义务。我最大的梦想并不是每天辛苦地工作，而是到世界各地去旅行，可是如果只做自己喜欢做的事情，就没有办法赚钱、照顾你和爸爸了。"

"我知道你喜欢看《顽皮豹》，不如这样吧，妈妈答应你只要你做完了功课，每天就可以看两集。如果你能够完成妈妈交代的重要任务，比如整理好书包、按时起床上学、练好舞蹈，那么周末的时候我还可以奖励你多看两集。"

听了妈妈的话，丽丽就没有那么排斥上学、做功课了。之后，在日常生活中，妈妈始终指导丽丽按照事情的轻重缓急来安排做事顺序，如果这件事情她非常想做，但是又不是必须要做的，她就会缓一缓，等到把必须要做的事情做完再做；如果这件事情她并不是太感兴趣，但是又是必须要做的，她也会让自己积极地完成。

成功学大师金克拉曾说："人们都有一个倾向，喜欢做自己想做的事，而不是自己应该做的事。我们通常会花费较多时间做前者，却用应付和敷衍的态度对待后者，让别人感觉我们尽力完成所有的事情。"

没错，每个人都有自己的喜好，并更愿意做自己喜欢做且有兴趣做的事情。大人都是如此，更何况是孩子？可是，有些事情是必须要完成的，不管你喜不喜欢，也不管你是不是希望做。

所以，父母应该让孩子做好时间的规划，处理好希望做的事情和必须要做的事情之间的关系。

1. 让孩子分清轻重缓急

父母应该要让孩子学会分清事情的轻重缓急。对于他们希望做但是却不重要的事情，当孩子要做的时候，让孩子先问问自己：

"我必须做这件事吗？""做这件事情会花费多少时间？""有没有比这更重要的事情需要我去做？""妈妈交代的重要任务我完成了吗？"

然后让孩子好好地思考一下，如果他按照自己的喜好，先做了那些喜欢做的事情，虽然能获得一时的开心和快乐，但是之后会怎么样呢？被耽误的作业应该如何处理？学习成绩应该如何提高？

当孩子养成了先做必须要做的事情的习惯后，就可以少做或不做一些不重要的事情，把时间和精力花费在那些重要的事情上来，从而最大化地提高时间的利用率，让自己做事情更加高效。

2. 帮助孩子找出必须做的事情，优先完成

父母应该帮助孩子规定出每天必须要做的事情，比如完成当天作业、每天阅读 20 分钟、整理好自己的书包、预习第二天要学的内容等等。这些事情都是雷打不动要完成的，也是必须首先要完成的，然后其他事情可以根据当天自己的时间来安排了。

总之，谁把该做的事情无端地向后拖延，谁就会浪费大量的时间；谁先完成那些必须要做的事情，就大大地提高了做事效率。父母要努力培养孩子良好的做事习惯，如此才能让孩子更加出色。

## 根据事情的重要性和紧急程度排序

很多孩子制订了时间计划，并且努力地按照计划去做事情，但是他们却没有节省出太多时间，做事效率也没有得到提高。这是为什么呢？

仔细观察之后会发现，这些孩子的问题在于：虽然他们花了很多时间，但是重要的事情没有完成多少，而无关紧要的事情却做了很多。

因为处于成长阶段的孩子，做事情具有很强的随意性，并且自我控制能力也较差，所以他们常常不能注重做事的顺序，缺乏条理。在安排事情的先后顺序时，他们并没有考虑到事情的重要性和紧急程度，并没有先做那些重要且紧急的事情。如此一来，时间没有最大化地利用，效果又怎么能提高呢？

做事情总要分轻重缓急，这样才能把有限的时间和精力用在有价值的地方，才能让自己把事情做得更好。孩子懒惰是可怕的，但是更可怕的事情是，孩子没有安排好做事的顺序，把时间浪费在不重要、不紧急的事情上。这等于白白浪费了时间和精力，却没有收获任何有价值的东西。

正如著名思想家培根说的："敏捷而有效率地工作，就要善于安排工作的次序，分配时间和选择要点。善于选择要点就意味着节约时间，而没有条理地瞎忙等于乱放空炮。"

一位父亲就是这样教育自己孩子的：

我的孩子以前做事没有计划和条理，时常想到哪个就做哪个，结果时常忙碌个半天，重要的事情还没有做。为了让孩子更高效地利用时间，养成做事有条理的好习惯，我总是引导他：你应该想一想接下来要做哪些事情，然后把这些事情记在笔记本上，然后按照重要性和紧急程度分为四类：重要并紧急的、紧急的但不重要的、重要不紧急的、既不紧急也不重要的，把所有的事情都标上序号，然后再依次完成它们。

比如一个周末晚上，我看见孩子正愁眉不展，一问才知道他明天有很多事情要做，可是不知道先做哪一件事情。他说："我明天要去画画，还有很多作业要写，而且和同学约好了要去图书馆看书，另外，我还要打扫房间卫生、去看看奶奶、充公交卡。我到底应该先做什么呢？"

听完孩子的烦恼，我说："我们可以把这些事情都写在纸上，然后按照轻重缓急把它们分分类。"之后，归类结果出来了：上画画课、做作业都是重要并且紧急的；和同学去图书馆，因为是事先约好的，不能食言，虽然不重要，但是紧急的事情；而看望奶奶则是重要的，但与其他相比并不算太紧急；最后打扫卫生、充公交卡都是不重要且不紧急的事情。

之后，孩子说："我知道先做什么事情了。我周六上午有画画课，这是必须按时参加的，应该排在第一位。下午和同学去图书馆看书，有时间的话还可以把公交卡充好。周日的时候我要写作业，如果上午能够写完，下午就可以看完奶奶。如果写不完的话，就给奶奶打电话，下周末再去看她。至于打扫卫生的问题，晚上抓紧时间就可以完成了。”

看吧！孩子经过了排序和整理，然后按轻重缓急依次完成，原本杂乱无章的事情就变得轻松简单多了。通过这样的事例不难看出，主次分明的方法对于孩子处理事情是非常重要的。如果孩子不能分清事情的轻重缓急，习惯了眉毛胡子一把抓，不仅无法专心于一件事情上，还会养成三心二意的坏习惯。孩子平时看上去很忙，却难以取得高效的结果。

按照重要性和紧急性来把事情排序，并且先做重要且紧急的事情，说起来很容易，但是做起来并不容易。很多孩子容易受环境和别人的影响，看到别人在做不一样的事情，就会忘记自己的计划，把轻重缓急都丢到九霄云外去了。所以，父母应该多引导和监督孩子，让他将这种做事方式形成习惯，长期地坚持下去。

让孩子把事情按照重要性和紧急程度排序，并不是说只让他做最重要的一件事，而完全忽略其他所有的事，而是要让孩子分辨出哪些事情才是当时最重要的、最需要先解决的。至于其他事情，可以根据自己的需要、能力以及精力去慢慢地完成。

## 专心做好一件事情，效率才是最高的

很多孩子就像小猴子一样，做什么事情都是毛毛躁躁的，容易做着这件事情又想着那件事情，这件事情还没有做完就着手做下一件事情，反反复复地在好几件事情之间穿梭，结果一件事情都没有做好。

或许孩子的目的是想要多做几件事情，提高自己做事的效率。可是他们却忘记了一个道理，人不可能同时做两件事情或是更多事情，否则只会分散自己的注意力，导致一件事情都无法做好。

生活中，很多孩子做事都有不专心的毛病，三心二意。这让父母们伤透了脑筋，尽管父母总是提醒孩子“专心做好一件事情”“把一件事情做好之后再进行下一件事情”，但是似乎效果并不明显。

叶子从小做事情就没有耐心，做什么事情都是三分钟热度，不能专心地做好一件事情。即便是最喜欢的玩具也从来没玩过半个小时以上。她从来都是把一堆玩具放在自己的身边，一会儿拿起布娃娃，一会儿又拿起了小汽车，一会儿搭搭积木，一会儿又拿起来布娃娃……

叶子父母总觉得孩子还小，容易被更多的事物吸引，没有长性是正常的，或许长大一些就改善了。所以，他们就没有太在意孩子的这个坏习惯。可这个坏习惯却害了叶子，导致她做什么事情都三心二意，不能专心做好一件事情。生活中，叶子不仅没有耐心，还缺乏专注力。

她时常一边看电视一边吃饭，一边听歌一边读书。她以为自己可以一心两用，把两件事情都做得很好，可事实上，不仅耽误了时间，而且每件事情都不能做得尽善尽美。

而且这样的坏习惯还延续到学习之中，叶子做功课的时候不能完全地静下心来，一会儿去喝水，一会儿去厕所。即便是能够坐在书桌旁老实地写作业，也不能专心地把一门功课做好。她时常把全部书都拿出来，堆在书桌上，看见数学卷子就开始做，卷子还没有做完，又想起了语文课文还没有背诵下来，于是便开始背诵课文；课文还没有背诵下来，想到了生字还没有写，于是就放下了课文开始写生字……结果，一个小时下来，数学卷子没做完，课文没背会，生字也没有写完，既浪费了时间又影响了作业的质量。

其实，如果叶子能够一次只做一件事情，按照做卷子、背课文、写生字的先后顺序来逐一完成作业，就会高效很多。因为一次只做一件事情，注意力会非常集中，速度和效率也会得到很大提高。人的大脑一次能够注意的事物是有限的，完全集中精力也是需要时间的。当一个人的大脑长时间集中在一件事情的时候，才能提高速度和效率。相反，如果一个人同时做两件事情，或是不断地在不同的事情间转换，那么大脑就无法真正集中起来，一些无关的信息就会带走大部分精力，使其无法专注。这样一来，效率和结果自然就受到影响了。

叶子刚刚做一会儿数学卷子，精力还没有集中起来就开始背课文，那么大脑就会想着数学卷子的事情，从而无法专心地背诵。而好不容易把大脑转换到背诵课文上来，又开始写生字，那么脑子里还会留着背诵课文的记忆，又怎么能发挥更好的效用呢？

所以，想要让孩子做好事情，父母就应该要求他一次只能集中精力去做好这一件事，当这件事完成之后再做另外一件事。如此孩子才不会做着这件事心里却想着另外一件事情，导致所有事情都不能更好地完成。

那么，父母们应该怎样引导孩子呢？

1. 让孩子养成耐心的好习惯

很多孩子之所以不能一次只做一件事情，是因为他们从小就没有养成耐心做事的好习惯。他们做事情只有三分钟热度，习惯了半途而废，这样一来，孩子又怎么能有耐心地做事情呢？

耐心需要从小培养。当孩子做事情的时候，父母不要轻易地打断他。比如孩子正在画画，父母就不要让他放下手中的画笔去吃饭或是洗澡，而是应该等待孩子做完了这件事情之后再让孩子吃饭、洗澡。

而当孩子因为没有耐心，无法专心地完成一件事情的时候，父母应该给予孩子正确的引导，鼓励孩子坚持把事情做完。这样，不仅能够让孩子养成做事有始有终的良好习惯，还可以锻炼孩子的毅力。

2. 让孩子分清主次，按照主次顺序来做事

从另一方面来说，很多孩子不能专心地做好一件事情，是因为不懂得按照事情的主次来做事情。在面对众多事情的时候，他们不知道先做哪一个，因为觉得每件事情都非常重要，所以想要同时把所有事情都做好。这个时候，父母应该让孩子知道，做事

情应该有个先后顺序，先做好重要的那个，然后再一一做好其他事情。

3. 父母帮孩子做好时间规划

一次只做好一件事情，其实并不是非常难的事情。只要父母帮助孩子做好时间的规划，并且教会孩子做事情有始有终就可以了。

父母不能纵容孩子的坏习惯，只有积极引导和帮助孩子，让孩子改掉做事三心二意、半途而废的坏习惯，耐心地做好、做完每一件事，才能提高做事的效率，并且最大化利用时间。

## 把时间用在刀刃上，不要胡子眉毛一把抓

著名作家毕淑敏曾经写过一篇文章，是关于她如何读书的。她在文章中说：

> 现在分工越来越细，每一门专业都有很多很多书需要读。一个人即便是用尽一生的时间，恐怕也读不完一个专业的大部分书。那么，我们究竟要怎么办呢？
>
> 最好的办法就是把时间用在刀刃上，选择最值得看、最有价值的那几本来读。也就是选择每一个专业的经典书目来说，因为其他书籍都是经典的延伸和补充，即便是读了也不会有太大的意义。

不错，把时间用在刀刃上，才能使孩子在最短的时间内取得最大的效果，才能让孩子的努力获得最大的价值。如果不分重点，做事习惯了胡子眉毛一把抓，读的书都是重复的，或者都是经典之外的边缘书籍，不仅无法掌握重要知识，还将浪费自己的时间和精力。

可很多孩子却不懂得这样的道理，他们想要节省自己的时间，可面对众多事情，却不懂得把什么事情放在第一位，结果因为做了不重要的事情而耽误了最重要的事情。

对于很多孩子来说，尤其是婴幼儿，他们并不懂得时间管理的技巧，也不知道如何安排自己的事情。所以，做起事情来总是随心所欲，按照自己的喜好来做事。正因为如此，孩子的时间就

容易白白地浪费掉。

这时候，父母就需要给予孩子正确的引导了，告诉他们应该把重要的事情放在第一位，把大部分时间用在更重要的事情上。

萌萌从小就是闲不住的孩子，每天都是忙忙碌碌的样子。

可你别看她好像挺忙的样子，做事效率却并不高，因为她做事情不分轻重缓急，不管做什么事情都是眉毛胡子一把抓。

比如周末的时候，妈妈正在收拾房间，她看到之后就热心地来帮忙。可是妈妈还没有扫完地，她就开始擦地板，导致刚擦过的地方又一次被踩脏了，还要再费力费时擦一遍。

妈妈让她把自己的房间整理一下，然后再把橱柜擦一下。

可是妈妈都已经把橱柜擦完了，她还在自己房间内没有出来。

妈妈进去一看，发现萌萌正在摆弄自己的布娃娃。妈妈无奈地说："我叫你整理房间，你弄那个布娃娃做什么？看看，衣服还没有放进衣柜，书本也是扔得乱七八糟的。"萌萌不服气地说："我这个布娃娃的脸脏了，我用湿巾给她擦擦。"妈妈说："现在是打扫卫生的时间，你房间还没有整理好，为什么非要先擦布娃娃呢？"萌萌这时候就低着头不说话了。

爸爸妈妈时常告诉萌萌要注意做事情的次序，孩子总是信誓旦旦地说"知道了"，可到了下一次还是犯同样的错误。老师也发现了这个问题，萌萌在其他方面表现都很不错，可就是做事情主次不分，胡乱忙乎一气。结果做了很多事情，花费了不少时间，可是到头来却发现重要的事情并没有做好。放学的时候，老师会给孩子布置多项作业，有写生字、读书、背课文、做家务等。有时候，老师会着重提醒孩子们，必须完成某一课的生字背写。可是，到了第二天检查作业的时候，老师就会发现萌萌其他作业都做好了，可最重要的生字背写却没有完成。

对于孩子做事情不分主次、胡子眉毛一把抓的问题，萌萌爸爸妈妈也意识到了问题的严重性。为此，他们查阅了很多资料，也和老师讨论了多次，最终找到了解决问题的最佳方案。之后，每当孩子要做什么事的时候，都会问孩子是不是还有其他事情要做。如果孩子要做多件事情，就会帮助孩子分析哪一个最重要，然后让孩子把时间花在最重要的事情上，之后再一件件做接下来的事情。

坚持了一段时间后，爸爸妈妈发现，萌萌确实有了很大的改变。在面对多件事情的时候，她不再马上拿起一件事情就做，而是先找到最重要的一件事情去做，把时间和精力都用在有价值的事情上。结果，萌萌的做事效率不仅提高了，做事效果也提升了很多。

我们做事的时候，总要分个轻重缓急，把时间和精力花在重要的、紧急的事情之上。这样一来，才能用有限的时间和精力把事情做好，才能高效地完成所有的事情。大人是如此，孩子更是如此。如果孩子做事情习惯了眉毛胡子一把抓，就很难找到重点，也无法让自己的时间产生最大的价值。

一位名人曾经说过这样一句话：“凡是优秀的、值得称道的东西，每时每刻都处在刀刃上，要不断努力才能保持刀刃的锋利。”这句话告诉我们，我们在做事情的时候，要先确定事情的重要性，让一件事情足够重要的时候，我们才有必要花大力气和时间去做它。而摆在第一位的事情，也值得我们花费这样的时间和精力。

因此，父母们不要看孩子表面忙碌就认为他们一定能做好事情，如果孩子没有把时间用在关键之处，那么最后只能是白忙一场。同时，父母应该教会孩子做事的技巧，善于分配自己的时间和精力，杜绝胡子眉毛一把抓的行为，如此才能把事情做得更好、更有价值。

## 培养孩子养成思考做事步骤的习惯

在日常生活中，我们可能会遇到这样那样的问题，有简单的，也有复杂的。孩子也不例外，因为孩子处理问题的能力低，应变能力差，所以遇到的问题显然要比大人多得多。

对于那些简单的问题，孩子或许可以轻松地找到答案；但如果遇到复杂的问题，他们就可能束手无策了。这个时候，父母应该引导孩子学会认真地思索，把复杂的事情简单化。

想要复杂的事情简单化，父母就应该让孩子思考如何把复杂的事情分解成若干容易完成的事情，然后再一步步地解决，如此一来，再困难的问题也能迎刃而解。

比如一个孩子想要学习骑自行车，可是一时找不到好方法，所以总是摔跟头。这个时候，父母就可以帮助孩子把学习骑车分成四个步骤：

第一步，先让孩子学会推自行车，让孩子努力学会灵活地掌握车把，能够自如地走直线。

第二步，可以让孩子尝试着单脚踩在脚蹬上，学会单脚滑行，直到孩子能够单脚滑行一段距离，保证不摔跤为止。

第三步则需要让孩子练习上车。父母可以在后面帮助孩子扶稳自行车，让孩子能够成功地学会上车。

最后就是上车后保持平衡了，只有孩子学会保持平衡，才能继续前行。之后，通过一步步地学习，反复地练习，孩子一定能够快速地学会骑自行车。

同样，在面对孩子学习的问题上，父母也可以教孩子学会分解所做事情的步骤。父母可以先帮孩子将解决不了的问题分解成几步，然后让他们逐步认真地完成，最后一定可以顺利地解决问题。

岩岩是一个做事有计划的孩子，每天做完作业之后都会利用 10 分钟的时间来预习第二天的知识。他会把第二天老师要讲的内容从头到尾看一遍，可是他发现这样的预习并没有什么效果。因为到第二天上课的时候，自己对预习的内容一点印象都没有。

他感到非常不解，于是便向老师询问意见："老师，我听说提前预习会提高学习效率，可是我每天都预习，为什么听课还那么费劲呢？我怎么对新知识没有什么印象呢？"

老师问他："你是怎么预习的呢？"岩岩如实回答了。老师笑着说："你只是笼统地看了课本内容，不管懂没懂，也没有思考预习的正确步骤，当然没有什么效果了！你可以按照我说的步骤来，相信一定能够在短时间内做好预习。"

老师帮助岩岩制订了预习功课的步骤，首先通读课本，把课本内容先看一遍，对于书本有大体的了解；第二步，认真通读课本，找出本课的重点、难点，然后记下自己不懂的地方；第三步，把自己的问题写下来；第四步，遇到不懂的地方可以先查阅资料，尝试着自己弄明白；第五步则是整理自己的思路，回想一下课文讲了哪几个问题，哪些问题自己弄明白了，哪些问题还没有弄明白。然后第二天上课的时候认真听自己不明白的问题，这样一来预习才能起到更好的效果。

岩岩听了老师的建议，果然预习效果得到了明显的改善，听课效率也提高了。这时候，他想：既然预习可以分为几个步骤，那么其他事情是不是也可以呢？接下来，不管他做什么事情，都事先思考如何做，分为几步。比如复习的时候，他同样也把复习分为四步：全面复习一遍、找到难点重点、查漏补缺、着重练习重点习题；写文章的时候也事先想好了步骤，先构思、再想好构架，然后查阅资料，最后再写作。自从岩岩养成了凡事思考步骤的习惯后，做事更加有条理、有计划了，效率也提高了很多。

对于孩子来说，养成分解做事步骤的习惯，不仅可以让孩子合理安排需要做的事，节省出很多时间，还可以让孩子养成做事情有始有终的好习惯。孩子所制订的步骤不一定非常详细，但是一定要安排好先后顺序，并且按照这样的顺序来做，如此才能让孩子更有行动力。时间长了，即便孩子不一一把做事情的步骤写下来，也可以做到心中有数，有条理、有计划地做事情。

把事情分成一个个步骤，看起来比较复杂，而且会浪费些时间，但是这样做会把复杂的问题简单化，如果再加一个进步表的话，那么就更有利于事情的高效完成了。所以，作为父母不妨培养孩子分解做事步骤的习惯，让他们逐步地把事情完成。

## “准备”也需要花时间

孩子学会时间管理的目的就是要减少时间的浪费，以便于更高效地做事情。然而，很多孩子认为准备会浪费时间，所以为了更快地行动起来，省掉了事前准备这一步骤。

这样的做法是错误的，孩子们因为缺少计划性，没有做好事先准备，反而浪费掉了更多时间。

尽管准备也是需要花时间的，但是这点时间却花得非常值得，可以说是用一点点时间换来了更高的效率，从而节省了大量的时间。想一想，这样的做法是不是很划算？

况且它还可以给孩子带来很多积极的结果：在最重要的事情上投入更多的时间，避免把时间浪费在其他杂乱的事情；让孩子的行为更加有序、有条理，不再胡乱忙一通……

父母们想要孩子真正做到提高时间的利用率，就应该教会孩子时间管理和时间计划好好地结合起来，在做事情之前好好地准备，好好计划。

小华今年 10 岁，读四年级了，平时学习还算认真，每天都主动完成作业，成绩却只是不好不坏，不会落到最后几名，可也无法拿到更好的成绩。妈妈对此感到非常疑惑，便请教老师：“孩子用在学习上的时间并不比别人少，甚至比别人还要多，为什么学习成绩就是无法提高呢？”

经过了一段时间观察之后老师发现，小华虽然学习还算刻苦，但是却非常随意，根本没有事先做好计划。比如快考试了，别的孩子都安排好了复习的计划，一门一门复习，可小华觉得做计划浪费时间，还不如早点复习，结果想起什么复习什么，到最后也复习不到重点上；其他孩子安排了每天复习的进度和时间，可他平时不好好利用时间，到了考试的时候就临时抱佛脚。

一次考试的前一晚，爸爸妈妈都快睡觉了，可小华屋里还亮着灯。妈妈看到之后问他："小华，该睡觉了，明天不是还有考试吗？"小华却着急地说："我知道明天就考试了，可是我语文还有好几单元没复习呢！"结果怎么样？考试成绩当然是不理想了。

不仅是学习，在生活上小华也是如此。每次妈妈让他做事情好好准备和计划的时候，他都会不耐烦地说："准备什么啊？这多浪费时间啊！有那个时间我已经做好了！"可是结果呢？由于缺乏准备和计划，小华做事情的时候没有条理性，胡忙一通，不仅做事效率没有提高，还把自己搞得疲惫不堪。

我们会发现，很多孩子像小华一样，他们会积极主动地做事情，但是却没有太好的成绩。因为他们觉得事先的准备都是多余的，认为这是浪费时间的行为，于是忽视了这一步。

想要让孩子避免这种状况，最大化地提高时间的利用效率，父母就应该引导孩子认真规划每一天的时间。

1. 越是时间紧迫，越是要事先做好准备

不管孩子有多少事情要做，都应该设法抽出时间做准备。而且父母应该明确地告诉孩子，你越是面对较多的事情，就越应该做好事先准备。这就是我们常说的“工欲善其事，必先利其器”。

如果孩子每天拿出 10 分钟或是半个小时来规划自己的时间，为所做的事情做好准备，那么可能得到数倍的回报，节省出 1 个小时，甚至更多的时间。

2. 根据自身情况，选定做准备的最佳时间

通常，提前做准备的合适时间应该是早上起床之后，或前一天晚上休息之前。早上是孩子头脑最清醒的时候，这个时间如果让孩子做好一天的规划，就可以帮助他们把一天的事情安排好。而前一天晚上做计划，可以根据当天的实际情况来安排第二天的事情，做一个更合理清晰的安排。况且，这个时候孩子已经学习了一天，大脑也从紧张的情绪中放松下来，非常适合做第二天的时间规划。

父母也可以让孩子在做事情之前做好计划，比如在每天做功课之前把接下来的事情安排好，先做哪科作业，后做哪科作业，还是先写字后背书等等。这样一来，接下来的功课就会高效地完成。

再比如，孩子想要周末出游，父母可以协助孩子做好准备，需要带什么东西、坐哪一路车、怎么回来等等。即便孩子比较小，父母也应该让他养成这样的习惯，孩子长大后才能合理安排每件事情。

父母教会孩子规划好自己的时间，让孩子懂得事先准备的重要性，如此孩子才能在不知不觉中提高时间利用效率，做个高效做事的人。

家长必修课

# 哈佛家训

启 文 编著

中国出版集团
中 译 出 版 社

图书在版编目（CIP）数据

家长必修课．哈佛家训 / 启文编著．-- 北京：中译出版社，2019.12（2022.5 重印）
ISBN 978-7-5001-6140-0

Ⅰ．①家… Ⅱ．①启… Ⅲ．①家庭教育 Ⅳ．① G78

中国版本图书馆 CIP 数据核字 (2019) 第 282224 号

家长必修课

# 哈佛家训

出版发行：中译出版社
地　　址：北京市西城区新街口外大街 28 号普天德胜大厦主楼 4 层
邮　　编：100088
电　　话：（010）68359827，68359303（发行部）；（010）68002876（编辑部）
电子邮箱：book@ctph.com.cn
网　　址：http://www.ctph.com.cn
总 策 划：张高里
责任编辑：李　颖
封面设计：青蓝工作室
印　　刷：金世嘉元（唐山）印务有限公司
经　　销：新华书店
规　　格：880 毫米 ×1230 毫米　1/32
印　　张：30
字　　数：550 千字
版　　次：2019 年 12 月第 1 版
印　　次：2022 年 5 月第 3 次

ISBN 978-7-5001-6140-0　　　定价：149.00 元（全 5 册）


中　译　出　版　社

# 前　言

创建于 1636 年的美国哈佛大学，被誉为高等学府王冠上的宝石，无论是学校的名气、设备、教授阵容，还是学生的综合素质，都堪称世界一流。300 多年间，为商界、政界、学术界及科学界贡献了无数成功人士和时代巨子。正如哈佛大学第二十三任校长科南特所言："大学的荣誉，不在于它的校舍和人数，而在于它一代又一代人的质量。"

哈佛大学靠什么培养了这些巨人？他们的教育中有什么深藏不露的秘密？从这些成功者身上，我们不难看到，在哈佛大学收获的所有，是他们获得如此成就的决定性因素，是哈佛精神始终鞭策他们向成功的顶峰攀登，是哈佛大学成功的教育理念缔造了他们辉煌的人生。

哈佛大学的巨大成就，关键不是因为它的规模宏大、学科众多，而在于它先进的办学理念、追求真理的可贵精神和 300 多年沉淀下来的闪光智慧。在人生的旅途中，大学只是一个短暂的历程，但哈佛让学生在这个短暂的历程中汲取着智慧的营养，教会了学生怎样做人、怎样做一个成功的人，并引领他们思考和感悟人生，为实现人生目标、取得成功，做好积极而充分的准备。

本书汇集了哈佛大学最顶级的教育理念和哈佛家训的精华，从人生哲学、优秀品质、杰出本领、人性弱点等多个角度，诠释了哈佛大学教育理念中的精髓和哈佛家训的要旨，触及了人生中最朴素的感情和人性中最本质的东西，并挖掘出成长路上最丰富的成功内涵，为成长中的孩子提供适合其心理需求的精神养分，铸就一个哈佛学子应有的优秀品质，树立自强意识，学会在学习和生活中自我选择，自我塑造，为其成就辉煌人生打下坚实的基础。

通过本书，每个家长都可以与自己的孩子一同品味哈佛教育精华，帮助他们在成功的道路上迈出坚实的一步。对于孩子来说，这里没有冗长的说教，只有无穷无尽榜样的力量。对于成人来说，这里没有过多的说教，只有深刻的人生哲理。所有阅读这本书的读者——无论是涉世未深的青少年，还是经历过世事风雨的成年人，都可以与哈佛学子一起感悟人生，追求成功的真谛；听从梦想的召唤，为成功的人生树立航标；聆听成功的声音，奋勇攀登并征服生命的高峰。希望这本书中的某一个故事或者某一句话能改变你的人生，从而使你由平庸变得非凡，从失败走向成功。

# 目录

# 第一篇
# 百年哈佛教给学生的人生哲学

哈佛大学的巨大成就，不仅在于它高超的学术水平，更在于它积累的一系列深刻而珍贵的人生哲学。人生的要义、做人的根本、生存的智慧……这些人生哲学不仅教会每位哈佛学生立身处世的准则，锻炼自我，成就进取精神，同时也指引广大成长中的学生思考感悟人生，合理处理生活、学习、事业之间的关系，不断超越自我，适应社会，从而获得成功，走向辉煌。

# 第一章 人生是什么

## ——思考生命的意义

### 活的是过程

一位澳大利亚商人到东南亚去旅游，他住在海边的一个小渔村里。他注意到那里有一位渔民，每天在大海中打几条鱼便回来了。

商人很奇怪，问："你为什么不多花些时间多捕一些鱼呢？"

渔民说："这些鱼已经够我吃的了，何必多操那份心呢？"

商人问："那你每天还有那么多时间都干些什么？"

渔民说："回来和孩子们玩一会儿，和老婆聊聊天，到黄昏的时候，和老哥们一起喝喝酒。"

商人很不以为然，他告诉渔民："如果你能按照我说的去做，也许你会生活得更好。"

渔民笑着点了点头。

商人又说："你在大海中多停留一会儿，抓到更多的鱼，可以卖到更多的钱。有了钱之后，你可以拥有一只大船，甚至一支船队。这样你每天有几十吨的鱼，可以自己开办加工厂，进行直销。你就会拥有大量金钱，有了钱之后你可以去洛杉矶甚至纽约。"

渔夫问："到那儿做什么呢？"

商人说："到了那里，你可以做更大的生意，变成一个大富翁，你的钱财一辈子也花不完。”

渔夫问：“那么，再然后呢？”

商人哈哈大笑：“然后你就可以退休啦！到时你可以搬到你家乡的小渔村去住。每天睡到自然醒，出海随便抓几条鱼，和孩子玩玩儿，与老婆说说话，到了黄昏再和老哥们喝喝酒，快快乐乐享受下半生。”

同样的人生结局，因为有了不同的过程，才会显得意义不同。如果省略了那些曲折动人的奋斗历程，那么也就失去了辉煌而精彩的人生。我们每个人的人生始点和终点在表面看来并无差别，但有的人在即将告别人世时面对的是一张白纸，而有的人面对的是一张色彩斑斓的图画。当走到人生尽头，回首人生过往的时候，只要你能够无悔于自己的一生，你就可以欣慰地和自己的生命告别了。

懂得人生意义的人往往不喜欢平稳凡庸的生活，而是有胆量去尝试一些困难的、冒险的但却有内容、有意义的生活。当困难被克服了，险境过去了，才会尝到一些人生的真味，才会真正懂得人生的苦乐。

## 人生没有输赢

人生就如一盘棋，需要你朝着一个目标，踏踏实实地走好每一步。人生没有输赢之分，只要你走好每一步，就成就了无遗憾的一生。

一只屎壳郎，推着一个粪球，在并不平坦的山路上奔走着，路上有许许多多的沙砾和土块，然而，它推的速度并不慢。

在路正前方的不远处，一根植物的刺，尖尖的，斜长在路面上。植物根部粗大，顶端尖锐，格外显眼。也许是冥冥之中的安排，屎壳郎偏偏奔这个方向来了，它推的那个粪球，一下子扎在了这根“巨刺”上。

然而，屎壳郎似乎并没有发现自己已经陷入困境。它正着推了一会儿，不见动静。它又倒着往前顶，还是不见效。它还推走了周边的土块，试图从侧面使劲……能试的办法它都试到了。但粪球依旧深深地扎在那根刺上，没有任何移动的迹象。

观者不禁为它的行为感到好笑，因为对于这样一只卑小而智力低微的动物来说，怎么能解决好这么大的一个“难题”呢？就在这时，它突然绕到了粪球的另一面，只轻轻一顶，咕噜……顽固的粪球便从那根刺里“脱身”出来。

它赢了。

没有胜利之后的欢呼，也没有冲出困境后的长吁短叹。赢了之后的屎壳郎，就像刚才什么也没有发生过一样，几乎没有做任何停留，就推着粪球急匆匆地向前去了。

推得过去，是生活；推不过去，也是生活。这正如下棋，要的就是一种享受和学习的过程，而不是最后赢的结果。我们每个人在人生舞台上都担当着不同的角色，只要演绎好你的角色就可以了。

## 过属于你自己的生活

人生的价值不是体现在财产的多少和地位的高低。生活本质的价值并不因外形上的事物而受到影响。判断人生价值的准则是个性。如果按照个性来生活的话，不管你是做一个总统，还是做一个商贩，价值都是相同的。

所有的人生，都是宝贵而具有价值的。每个人的人生都具有他人不可模仿的独特价值。那些过上有意义的生活的人们，他们共同的特征就是不按照别人的路子来走，而是按照自己的个性认认真真地过日子。他们创造了符合自己个性的价值，受到他人的尊敬，也受到他人的羡慕。

从前，有一国王闲来无事，便微服走出宫门，走到一个卖烧饼的老头面前，一时兴起，问老头："一国之中谁是最幸福的人？"

老头答："当然是国王最幸福了。"

国王问："为什么？"

老头说："你想，有百官差遣，平民供奉，想要什么就有什么，这还不幸福吗？"

国王答："希望如你所说吧。"于是，国王与老头共饮葡萄美酒，直到老头醉得不省人事，国王便命人把他抬回宫中，对王妃说："这个老头说，国王是最幸福的，我现在戏弄一下他，给他穿上国王的衣服，让他理理国政，你们大家不要害怕。"

王妃答："遵命。"

等到那老头醒了，宫女便假装说："大王你喝醉了，现在积下很多事情要等你处理。"于是老头被迫临朝，众人都催促他快些处理事情，他却懵懵懂懂，什么也不知道。这时，旁边有史官记其所言所行，大臣公卿们与之商讨议论，一直坐了一整天，弄得这老头腰酸背痛，疲惫不堪。这样过了几天，老头吃不好睡不香，竟瘦了下来。

宫女又假装说："大王你这样憔悴，是为什么啊？"

老头回答说："我梦见自己是一个卖烧饼的老头，辛苦求食，生活很是艰难，因此就瘦成这样了。”

众人偷笑。这老头到了晚上，翻来覆去睡不着，道：“我是卖烧饼的呢，还是国王呢？若真是国王，皮肤为什么又这样粗糙呢？若是卖烧饼的，又为什么会在王宫里呢？唉，我的心很慌，眼睛也花了啊。”他竟分不清自己到底是谁了。

王妃假装问：“大王这样不高兴，让歌舞来助兴吧。”于是老头喝起葡萄美酒，又醉得不省人事了。后来，宫女们又给老头穿上旧衣服，把他送回简陋的床上。老头酒醒后，看见自己的破房和粗布衣服，一切都是原来的样子，但却浑身酸疼，好像被棍子打过了一样。

过了几天，国王又来到他这里。老头对国王说：“上次喝酒，是我糊涂无知，现在我才明白过来啊，我梦见自己当了国王，要审核百官，又有国史记对记错。大臣要来商量讨论国事，心里便总是忧心不安。弄得浑身都疼，好像被打了鞭子一样。在梦里尚且如此，若是真的当了国王，还不更痛苦啊？前几天跟你说的话，实在是不对啊。”

别把别人的生活当作你生活的蓝本，不要为达到别人的水平而努力。有意义、有价值的生活，并没有什么准则。世上并没有任何准则认为，某一种生活是有用且有价值的，就必须要过上那样的生活。生活的准则就是你自己，对自己的生活全力以赴，就是有意义、有价值的人生。

## 用平和心态对待死亡

生老病死是生命进程中的必然规律，谁都无法抗拒。生命对任何一个人来讲都是宝贵的。

1970 年，乔森来到美国西部当兵。一次在 –40℃的低温下进行一场拉练实地演习。乔森是位军医，药包、干粮、手枪、弹药，30 多千克的背包重重地压在身上。当眼前出现了一座巍峨的雪山时，很多人有些害怕，领导派人传话：“今天不翻过这座山，你们都得活活冻死！”

当时，乔森的感受就是痛苦，背包仿佛深深嵌入锁骨，连把它拽下来的力量都没有。他甚至想到了死，但双手却怎么也不听使唤，反而拽得更紧，那是来自生命本能的力量。

在危难时刻，人首先感到的是生命的宝贵，他紧紧抓住背包的手，充分表明了他对生存的渴望，哪怕有一线希望，也要翻过这座雪山，以求得生命的安全。

这是人们在危难时的一种抗争、在困境中的一种挣扎。

我们希望能够对死亡有重新的解释，死亡在我们的概念中不应再是肮脏的、悲惨的，它并不可怕，只是有时我们不能接受它而已。

死亡是生命中最后一个过程，有它的存在，生命才得以完整。我们不是要挑战死亡，而是要接纳死亡，这种认识不是凭空而来的，而是对生命的重新体悟。

所以，具体到每一个人，如果遭遇到病痛的折磨，甚至是受到死亡的威胁时，要以冷静的态度对待它，这样，你就会减轻许多自身的痛苦。

死亡不是对生命的剥夺，而是生命的告别。人们对死亡的恐惧往往是因为对生命的留恋，但如果你把人生看作一次旅途的话，你就会以平静的心态对待与生命的离别。

死亡是必然的。我们只有以积极的心态面对人生，才能懂得生命的可贵。从容面对死亡，这样的人生才不会有遗憾。

## 人生没有往复

人生只有一次，无悔的人生才是成功的人生。不要奢望“下一次”如何。

在人生的不同阶段，我们常会听到这样的话：

学生时：“我这一次没考好，下次一定会考好！”

找工作时：“我这次面试没通过，下次一定要通过！”

与恋人分手时：“这次没找到好的对象，下次一定要找到比他（她）更好的对象！”

业绩没达成时：“我这个月没有达成业绩目标，下个月我会认真达成！”

不知有多少人，总是在期盼和找寻下一个机会。下一次真的会比这一次好吗？

在学校，也许老师会给你补考的机会。但出了学校，步入社会，客户不会轻易给你第二次机会，老板也不一定给你没有把握的冒险机会，敌人更不会给你任何存活的机会。

一个人在进入社会之后，举凡工作面试、主管交付任务，每一次表现，别人都是看在眼里、评在心里的。一流人才，第一次出手就做好了赢的准备与打算。每次出手不是给自己练习机会，而是完成使命必达的任务。二流人才永远相信学校有义务教他，企业或主管有责任栽培他，因此误以为每一次都是在练习，认为成功就在下一次的机会里，他们不懂得体悟第一次出手就制胜的道理。

印度有一位知名的哲学家，天生一股特殊的文人气质。某天，一个女子来敲他的门，她说："让我做你的妻子吧，错过我，你将再也找不到比我更爱你的女人了。"

哲学家虽然也很中意她，但仍回答说："让我考虑考虑！"

事后，哲学家用他一贯研究学问的精神，将结婚和不结婚的好、坏分别列出来，结果发现好坏均等，真不知该如何抉择。于是，他陷入长期的苦恼之中，无论他又找出什么新的理由，都只是徒增选择的困难。最后，他得出一个结论：人在面临抉择而无法取舍的时候，应该选择自己尚未经验过的那一个，不结婚的处境我是清楚的，但结婚会是个怎样的情况我还不知道。对！我该答应那个女人的要求。哲学家来到女人的家中，问她的父亲："你的女儿呢？请你告诉她我考虑清楚了，我决定娶她为妻。"

女人的父亲冷漠地回答："你来晚了十年，我女儿现在已经是三个孩子的妈妈了。"

哲学家听了整个人几乎崩溃，他万万没有想到向来让他引以为傲的哲学头脑最后换来的竟然是一场悔恨，而后两年，哲学家抑郁成疾，临死前，将自己所有的著作丢入火堆，只留下一段对人生的注解：如果将人生一分为二，前半段的人生哲学是"不犹豫"，后半段的人生哲学是"不后悔"。

面对人生，既要有当机立断的决心，更要有永不后悔的气魄。不要以为机会很多，这次没了，还有下一次。即使是世界知名音乐家或是艺术表演者，每一次上台都如临深渊、如履薄冰，在事前不断地排练，务求在观众面前呈现最完美的一面。因为对他们而言，每一场演出，都是全新的第一次，也是最关键的一次。

人生有限，生命弥足珍贵。所以，务必把握当下的每一刻，把每一件小事都当成大事看，用心做好每一件小事。

# 第二章　学习到底是为了什么

## ——弄清楚学习的真正目的

### 学历不是“通行证”

在涉世之初，我们怀着美好的理想走入社会，却碰上了一个又一个难题。首先就是学历问题，没有本科学历或学历太低，是通向成功路途的羁绊。播下种子，却没有开花，不必灰心失望，我们注重的不是妖艳的花朵，而是沉甸甸的果实。

努力学习了，即使最后没有如愿拿到学历，没有得到那个“证明”，你也要相信自己的能力，只要还拥有学到的知识和拼搏的精神，你就有成功的机会。

一天午后，一位老妇人走进费城一家百货公司，大多数的柜台人员都不理她，只有一位年轻人问是否能为她做些什么。当她回答说只是在避雨时，这位年轻人并没有推销给她不需要的东西，也没有转身离去，而是拿给她一把椅子。

雨停之后，老妇人向年轻人说了声谢谢，并向他要了一张名片。几个月之后，这家店主收到一封信，信中要求派这位年轻人去苏格兰收取装潢一整座城堡的订单！这封信就是那位老妇人写的，她正是美国钢铁大王卡内基的母亲。

许多农村的孩子学习条件并不好，可他们通过努力考上了大学。这正是运用了补偿的方法——“勤于学业”，力争取得“好成绩”，他们成功了。

顺利拿到大学文凭的学子们，即使踏入社会也不一定能够顺利成就事业，学历只代表过去的成绩，而真正的成功还须日后努力奋斗获得。

学历只是你学习成绩的见证，并无法准确反映你的综合水平。踏入社会后，一个人的品德、修养、性格对其发挥的作用远远大于学习成绩所发挥的作用。

## 大学毕业不等于学习终结

只有不断地学习，才能不断地适应外部环境的变化。一旦学习停滞了，适应就停滞了。适应新时代的生存方式，就是不断学习、终身学习。只有做到终身学习的人，才能不断获得新信息、新机遇，才能不断获得高能力、高素质，才能够不断地走向成功。

在人的一生中，要持续不断地学习。学习始于生命之初，终于生命之末，即从摇篮到坟墓，一辈子持续不断。它宣告了“学历社会”的终结，宣告了把人生分为两半——学习和工作（“充电”和“放电”）的传统观念的错误。终身学习，成为迎接21世纪挑战的高能武器，越来越受到全世界的高度重视。

这是美国东部一所大学期终考试的最后一天。在教学楼的台阶上，一群工程学高年级的学生挤为一团，正在讨论几分钟后就要开始的考试，他们的脸上充满了自信。这是他们参加毕业典礼和工作之前的最后一次测验了。

一些人在谈论他们现在已经找到的工作，另一些人则谈论他们将会得到的工作。带着经过四年的大学学习所获得的自信，他们感觉自己已经准备好了，并且能够在社会中游刃有余。

他们知道，这场即将到来的测验将会很快结束，因为教授说过，他们可以带想带的任何书或笔记，要求只有一个，就是不能在测验的时候交头接耳。

他们兴高采烈地冲进教室。教授把试卷分发下去。当学生们注意到只有五道评论类型的问题时，脸上的笑容更加扩大了。

三个小时过去了，教授开始收试卷。学生们看起来不再自信了，他们的脸上是一种恐惧的表情。没有一个人说话，教授手里拿着试卷，面对着整个班级。

他俯视着眼前那一张张焦急的面孔，然后问道："完成五道题的有多少人？"

没有一只手举起来。

"完成四道题的有多少？"

仍然没有人举手。

"三道题？两道题？"

学生们开始有些不安，在座位上扭来扭去。

"那一道题呢？当然有人会完成一道题的。"

但是整个教室仍然很沉默。教授放下试卷，说："这正是我期望得到的结果。"

"我只想要给你们留下一个深刻的印象，即使你们已经完成了四年的工程学习，但关于这项科目你们仍然有很多的东西还不知道。这些你们不能回答的问题是与每天的普通生活实践相联系的。"然后他微笑着补充，"你们都会通过这个课程，但是记住——即使你们现在已是大学毕业生了，你们的教育仍然还只是刚刚开始。"随着时间的流逝，教授的名字已经被大家遗忘了，但是他教的这堂课却从来不曾被遗忘。

1994年11月30日至12月2日，在意大利罗马举行了首届世界终身学习会议，提出终身学习是21世纪的生存概念，强调如果没有终身学习的意识和能力，就难以在21世纪生存。

终身学习，理所当然地成为21世纪的生存方式。

比终身学习更进一步，应当是终身学习化。所谓“化”者，正所谓彻头彻尾、彻里彻外。

终身学习化与终身学习有所不同。

终身学习，只是强调走出校门，走上工作岗位，需要学什么就要及时充电，接受培训，直到老了也要学习，活到老，学到老。

终身学习化，不仅要终身学习，而且要使学习完完全全地融入生活，融入工作，做到生活学习化、工作学习化。生活学习化，就是使生活成为锻造性格的课堂、锻造素质的熔炉。工作学习化，不是工作之余的学习，而是工作本身就成为一种学习。终身学习化就是把学习融入人生的每时每地，成为“全时空学习”。终身学习化是终身学习的深化、升华和飞跃。如果说终身学习是21世纪的生存手段，那么终身学习化就是新世纪的生存目的。

终身学习化，就是人生学习化。要使我们的人生成为“学习化的人生”，就要不断地在实际生活中学习，在实际工作中学习，终身都做到“无一事而不学，无一时而不学，无一处而不学”。

假如你真有向上的志愿，假如你真想补救你没有知识的损失，你应当记住，你每天所遇见的每个人，都能增益你的知识。假如你遇见的是一个印刷匠，他能灌输你许多印刷的技术；假如你遇见的是一个泥水匠，能告诉你建筑方面的技巧；假如你遇见的是一个普通的农夫，由他做人、做事的经验，你能从他身上得到许多人情世故。

大学毕业不等于学习终结。即使你已经大学毕业，但你的教育仍然还只是刚刚开始。这是一个终身受教育的时代，谁不知道学习，谁不知道更新自己的知识结构，谁就会被社会淘汰。

## 真正要学习的是学习方法

要具备终身学习的能力，关键在于必须“学习如何学习”。

珍尼特·沃斯和戈登·德莱顿在《学习的革命》一书中认为：“真正的革命不只在学校教育之中，它在学习如何学习，在学习你能用于解决任何问题和挑战的新方法中。”

急遽的全球性转变，资讯光速流转，机会转瞬即逝，环境的迅速变化向每个人都提出了新的挑战——因循守旧还是创新超越。

在巨变的洪流中，无论企业还是个人，凡是依赖于旧有的知识和依循以往的方式解决新问题，终将无法逃脱被淘汰的命运。

别无选择，只有“变”才能应变。

变，才是唯一的不变。“变”是新的挑战下唯一不变的生存之道。

那么，如何应变甚至导变呢？那就是学习如何学习。只有具备“如何学习”的能力，才能在骤增的资讯中有所取舍，在“全时间”“全环境”中因时、因地、因事、因变地进行学习创新，从而更高效地实现自己的目标。也只有如此，你的时间才是用在最有生产力的地方，而效率就是竞争力。

台湾企业战略专家石滋宜博士认为：

懂得如何学习的人，自然能掌握变化、掌握趋势；

懂得如何学习的人，自然有事业心、有应变力；

懂得如何学习的人，自然能够有创造力、有前瞻性。

过去我们说，不愿学习是愚蠢，而加拿大媒体怪杰麦克鲁汉更直言：“不会学习，是一种罪恶。”

所谓“会学习”“知道如何学习”，实质就是倡导一种创造性学习、高效学习。如何能更有效、更高效地学习，这本身就是知识和学问。

学习很重要，学习如何学习更重要。

不学习的人，不如好学习的人；好学习的人，不如会学习的人。

## 成绩不等于成就

成绩和成就不一定成正比，你不能以学业的成败评估自己未来的成就。

哈佛大学教授亨利·B. 雷林讲过：“为了发现与学生未来成功相关的因素，哈佛商学院做了大量的调查研究。调查结果显示：一个学生在学校里的成绩与他将来的成就之间并无关系。短期内还有点关系，而长期内根本没有什么关系。”

作为一名学生，必须能够正确认识短期学业上的成败。生活之路是很漫长的，即使是哈佛大学最顶尖和最失败的学生也必须走完剩下 2/3 的人生旅程。在学业上跑在前面的人，在长跑中也许会黯然失色，起初落后的人也有可能会后来居上。

一项研究表明，在智力水平相当的天才儿童中，成就最高者和成就最低者之间的差距相当大，那些最成功的人士都有两个区别于他人的特征：高度的自信和恒心，充满豪情壮志。

有句古谚说：实践出真知。真正聪明的人懂得从他人的经验中学习。

影响成功的因素有很多。

首先是处理失意的能力。非常成功的人士都能够面临失意而始终坚持不懈。在你的职业生涯中你将会遭遇一些令你极为扫兴甚至痛苦的事情。你可能在一个很好的公司里工作，突然公司不需要你了，而你不得不走人。

成功的人总是在生活中勇往直前，富有弹性地面对失意和挫折。有时候许多人由于早年经历了太多成功——进入了自己所选择的大学，或毕业于名牌大学，他们不知道该如何摆脱失意或失败的情绪而勇往直前。他们更像一个可爱的瓷茶杯：高雅、精致、美观——逆境袭来时却不堪一击。

其次是运气。这里的运气并不是指生于达官显贵之家，或者是中了大奖。如果你遗传了好的基因，接受了良好的教育，拥有关心你并给你提供好建议的人或导师，如果你生于这个世纪而不是中世纪，那么你的好运便已多于你应该获得的了。幸运并不意味着安逸的生活，而是你的机遇。一个人，即使再有才能，但如果没有机遇，也很难让自己的才能得到发挥。

最后是公正感。你应该对他人公正。要获得成功，你必须有最优秀的人为你工作。如果你不公正或阴险地对待他人，他们会选择离开。你不得不让二流的人接管他们的工作，而同一群二流员工一起工作是很难取得成功的。

这几种能力的高低在学业上很难体现，而这几种能力是成功的必备因素。不要被成绩左右，成绩并不等于成就。

## 能力比知识重要

学习的本质就是培养人的思考能力和创造能力，只有通过学习，掌握了这些能力，才能让我们更加卓越。

有一天，一名大学教授到一个落后的乡村游山玩水。

他雇了一艘小船游江，当船开动后教授问船夫："你会数学吗？"

船夫回答："先生，我不会。"

教授又问船夫："你会物理吗？"

船夫回答："物理？我不会。"

教授又问船夫："那你会用计算机吗？"

船夫回答："对不起。我不会。"

教授听后摇摇头说道："你不会数学，人生已失去 2/6；不会物理，人生又失去 1/6；不会用计算机，人生又失去 1/6；你的人生总共已失去 4/6……"

说到这儿，天空忽然飘来大片黑云，随后吹来强风，眼看暴风雨就要来到。

船夫问教授："先生，你会游泳吗？"

教授愣一愣答道："不会。没学过。"

船夫摇摇头说道："那你的人生快要全部失去了……"

一个人拥有多少知识，并不能证明他就拥有多少能力，也就是说，知识与能力并不是成正比。有渊博的知识固然是件好事，但人生首先最需要的并不是渊博的知识，而是生存的能力。

青少年朋友只有通过学习，掌握一种能力，并让这种能力适应千变万化的社会需求，才能更好地生存和发展。

有人说，真正的“铁饭碗”，不是在一个地方总有饭吃，而是走到哪里都有饭吃，也就是到哪里都有生存的能力。

曾经的“高工资、低付出”仅仅是一种生存状态，而技能与技术却是一种生存能力，只有掌握能力的人，才能更好地生存下去。

知其然，仅仅是一种状态，知其所以然，则是一种能力。

学习成绩只是一种状态，思考与创新却是一种能力。我们学习的目的，正是为了获取这种能力。

所以，孔子说：“学而不思则罔。”卢梭说：“读书不要贪多，而是要多加思索，这样的读书才能受益匪浅。”

这些伟人的良言，就是要告诫青少年，要学以致用，不要用书本中的知识来替代自己的思考。只有积极地思考，才能触摸到知识的灵魂，才能将知识转化为生存的精彩，所谓“六经注我”，而不是“我注六经”。

有一位伟人说过：“学习是学习，学习的学习也是学习，而且是更重要的学习。”青少年朋友尤其要注重“学习的学习”，从各个方面塑造培养自己的综合能力。

尽信书不如无书，书本中的理论只有与实践相结合，才能转化为生存的能力。

做到这一点其实很简单，我们只要细心观察生活中的一些现象，并有意识地在自己的头脑中找出理论印证就可以了。比如说，老师在课堂上传授给我们作文的方法和要点，读书的时候，就可以用这样的理论衡量一篇文章的结构，从中找出为什么好、为什么不好，这些共性的经验可以反过来促进我们的作文水平，培养我们理论与实际相结合的能力。

学习归根究底是为了应用，所以，我们要在日常的生活中积累一些有用的经验和知识，从“无字句处”读书。这也是我们打造生存能力的一个重要途径。

数学运算阻碍物理的研究，牛顿就创造了微积分；工具的简陋影响了手艺的发挥，鲁班就发明了锯。这些都是在学习中创造、学以致用的典范。

青少年朋友更要在实践中突破各种束缚，主动应用新的技能，创造新的观点，这样我们在未来社会中的生存才能说有了保障。

古人说：“授我以鱼，只供一饭之需；教我以渔，则终身受用无穷。”在学习中探索生存的技能，在生存中体会学习的真谛，人才会越来越成熟！

# 第三章 原则是不可逾越的底线

## ——做一个坚守原则的人

### 哈佛之所以是哈佛

哈佛知名，是因它的精神。300多年来，哈佛已经成为一种象征，一种精神的象征。

2000年，美国哈佛大学遴选校长，有人提名新卸任总统克林顿和副总统戈尔。但哈佛很快就把这两个人排除在外，理由很简单：克林顿和戈尔可以领导一个大国，但不一定能领导好一所大学。领导一流大学必须要有丰富的学术背景，而克林顿与戈尔都不具备。后来，原任美国财政部部长、世界银行首席经济学家、副行长萨默斯被挑选为新校长，因为他在经济学研究方面做到了一流，是国际知名学者。

哈佛大学在世界上的名气与地位是毋庸置疑的，而其最重要的是向来捍卫学术自由，注重教育的独立地位和尊严。在美国历史上，有6位总统是哈佛大学的毕业生，并且，哈佛大学还曾授予华盛顿总统、杰弗逊总统、艾森豪威尔总统、肯尼迪总统等好几位美国总统荣誉学位。哈佛学位的授予，对美国总统来说，是一种难得的荣耀，因此每届美国总统无不期望。1986年哈佛350周年大庆，里根总统即让人放话：自己很乐意到哈佛大学进行现场讲演，但条件是授予他荣誉博士学位……鲍克校长立即做出了回答："我无意奉承总统的虚荣心！"一时间舆论哗然，但大多数人支持鲍克校长：因为他坚持了大学的独立性，拒绝将神圣的学术世俗化、庸俗化。

在捍卫学术自由上，哈佛更是举世闻名。第一次世界大战期间，哈佛大学心理学教授穆斯特伯格被怀疑是德国间谍，校内外很多人向哈佛大学施加压力，要求将其解聘。昔日的一位校友甚至提出：只要解聘穆斯特伯格，他愿意为学校捐资1000万美元。为了平息当时的舆论和压力，穆斯特伯格教授主动表态：只要那位校友把500万美元汇入学校账户，他立即辞职。但是，时任校长洛厄尔明确表示：哈佛虽然乐于接受捐助，但不会为了钱去损害学术自由，更不会为此辞退教授或接收教授的辞呈！

哈佛大学之所以为全球所瞩目，前任校长科南特道出了秘密："大学的荣誉不在于它的校舍和人数，而在于一代代教师的质量。一所真正伟大的学校，应该犹如一个核心，能聚集来自各地的自由思想者。"

哈佛大学校长鲍克说得好："只有有安全和自由保证的学者才能去探求科学真理。"这就是哈佛精神。

哈佛之所以能够成为世界知名大学，并且成为翘楚，正是因为它对真理的不懈追求。但如果追问哈佛令人崇敬和向往的原因，则是因为它对自己的办学理念的恪守。这就是一种坚守原则的哈佛精神。

## 迁就别人也要有底线

一味地迁就和顺从别人也是没有原则的表现。迁就别人表面看来是和善之举，但实际上是不坚定的表现。

一个人总要有自己的原则、自己的立场，不能一味迁就别人，一点主见也没有。这里的原则既包括办事的方法，也包括日常生活中为人处世的立场、原则，少了哪个，都会给你带来困难，并将影响你的生活。

工作办事没有自己的方法，只听命于他人，别人怎么说自己就怎么做，这样的人活着只是别人的影子，没有自我，走弯路、浪费时间不说，有时难免要犯错误。

罗宾斯没别的毛病，就是天生耳根子软，别人说什么他听什么，妻子一生气就骂他是“应声虫”。中午订餐，同事问吃什么，他犹犹豫豫地想了一会儿说：“吃汉堡吧！”同事一听：“汉堡有什么好吃的，就要比萨吧。”罗宾斯赶紧点头：“行，行，行！”不但生活中这样，工作中也是这样，他从来也提不出什么像样的意见，什么事都听别人的，所以单位里开会时，他永远是坐在角落时发呆的一个。前不久，妻子回娘家了，说是要跟他离婚，起因就是一卷墙壁纸。妻子嫌卧室里的壁纸太旧了，想换上新的，正巧身体不舒服，就让罗宾斯一个人去买。走之前一再嘱咐他按照家具的颜色搭配着买，可他却禁不住售货小姐的怂恿，买了一种深蓝色直条纹的壁纸。贴上以后，妻子总觉得自己是睡在监狱里。她觉得丈夫这人太没用了，很多同事都利用他的好说话占便宜，领导把他当软柿子捏来捏去……售货小姐居然也把他当“冤大头”，日子没法再过下去了，妻子愤怒地收拾东西离开了这个家，罗宾斯则坐在沙发上唉声叹气。

社会太复杂了，过于迁就别人的人很容易吃亏，多少人排队等着算计这种老实人呢！办事没有原则，有时就会表现为一味地迁就、顺从别人。由于没有自己的立场，所以很容易被他们所诱惑或利用。迁就别人，表面看来是和善之举，但实际上是软弱的表现。软弱到一定程度，就会逐渐失去自信力，而没有自信力的人是很难成就大事业的。有时，性格上的自卑和懦弱，也表现为没有自己的立场和观点。自卑，就会觉得处处不如别人，怯懦则往往会导致卑微。时时看着别人的脸色行事，怎么能走自己的路呢?

做什么事情都要有个度，不能过度，否则就是没有原则：什么事情没有原则，只会带来不良后果，而不会有好的结局。

干什么事情都要动脑筋，不要轻易听从他人的，要有自己的原则。这样做，你才可能收到意想不到的效果。如果只是一味地迁就别人，那你就再也不能成为你自己了。

## 做人要有底线

所谓底线，就是做人应遵循的基本原则，包括思想、道德、法律等方面。思想的底线，是积极向上；道德的底线，是诚实善良；法律的底线，是公正守法。

守住底线，就是确保自己的言行在道德与法律的约束范围之内，即不越矩。超出底线，就是道德的沦丧，甚至触犯法律。

底线是做人的根本，是行走社会的行为准则，同时也是人们安身立命、维护个人尊严的法宝。

“勿以善小而不为，勿以恶小而为之。”现实生活当中，每一个人都应该坚守自己心里的那道底线。如果连你自己都抵挡不住诱惑，忽视这道底线，那你心灵的防线就一定会不攻自破，使你失去自我。

只有坚持自己的底线，才能坚持自我。

麦克斯在印尼巴厘岛的时候，有一次逛摊子，看上了一个木雕。

“多少钱？”他问。

“20000 卢比。”

“8000！”麦克斯说。

“天哪！”小贩用手拍着前额，做出要晕倒的样子，然后看着麦克斯，“15000。”

“8000。”麦克斯没有表情。

“天哪！”商贩在原地打了一个转，转向旁边的摊子，对着那摊子举起手里的木雕喊，“他出 8000！天哪！”又对着麦克斯，“最低了，我卖你 13000，结个缘，明天你带朋友来，好不好？”

麦克斯笑着耸耸肩，转身走了，因为他口袋里只有 9000，就算他出到 9000，距离 13000，还是差太远。

他才走出去四五步，小贩就在后面大声喊：“12000，12000 啦！”

麦克斯继续走，走到别的摊子上看东西，小贩还在招手：“你来！你来！我们是朋友，对不对？我算你 10000，半卖半送！”

麦克斯继续走，走出了那个摊贩聚集的地方。

突然一个小孩从后面跑来，并声称要带麦克斯去一个地方。麦克斯好奇地跟着小男孩，打算一探究竟。原来，小男孩是那摊贩派来的，目的是把他拉回自己的摊位。

“好啦！好啦！我要休息了，就 8000 啦！”摊贩最后以麦克斯出的价格卖掉了那个木雕。

现在，每当麦克斯看到桌子上摆的这个木雕，就会想起那个小贩。他常想：“我为什么能出 8000 就买到？”

因为他坚持了自己的底线。

麦克斯也想，小贩为什么会卖？

因为小贩觉得他心中有个底线，并且很难冲破。

做人也是如此。很多时候，在原则面前根本没有回旋的余地。

双向的沟通，有时候就像讨价还价。你不可能让他全部得逞，他也不可能对你完全让步。两方面一定要先在心里有个底线，再在这个底线上沟通。也只有经过反复磋商，双方都有“让步”，也都有“收获”的情况才能叫作“双赢的沟通”。

## 守住你做人的底线

守住做人的底线，才能守住立身为人的根本。所谓的做人的底线，其实就是自己内心的道德准则。

有一个名气很响的跨国公司，招聘一名总经理助理，年薪至少 20 万美元。在众多应聘者中，丽莎气质端庄，业务精干，很快脱颖而出。最后一关是由总经理亲自面试。

总经理对她进行了长达两个小时的面试。丽莎从经营方略到内部管理、新品开发等多方面阐述了自己极具建设性的想法。总经理认真地听着，不时赞许地点点头。显然，他对丽莎的表现很满意。

“好了。”总经理说，“讲了半天，口一定渴了。我也有些口渴，请你去买两瓶可乐来。”说着递给丽莎一张 100 美元的大钞。

丽莎来到街前商店，买了两瓶可乐。回来递给总经理时，把剩下的钱也一分不差地交给了总经理。她知道，这很可能也是考试内容的一部分。

果然，总经理打开一瓶可乐，说："这是今天测试你的最后一道题目了。你已经给我留下了很好的印象，如果这道题你能回答得让我满意，你将通过今天的测试。"

"这道题是这样的。假如这两瓶水中有一瓶被人掺了毒药，当然目标是针对我。现在，我命令你先尝一尝。"

丽莎说："我明白你是在测试我对公司和你的忠诚度。虽然我知道也许我尝了你就会录用我，虽然我很想得到总经理助理这个位子，但我不能尝。我认为你这样是对我人格的侮辱。"

总经理怒道："这次应试者上千人之多，别说让他们喝这没毒的可乐，就是真让他们喝毒可乐，他们也会喝！"

丽莎正色道："我认为你刚才说的话与你的身份地位很不相称。对不起，我觉得今天的测试该结束了！"说着要起身离去。

总经理立刻和颜悦色地说："请原谅，刚才只是测试。我很欣赏你的反应和你的品格。请坐，今天的测试你通过了。祝贺你！你被录用了。"

丽莎说："招聘是人才与企业之间的双向选择，你的测试我已经通过了，但我对你们的测试你却没有通过，你不是我想象中的总经理。再见！"说完，拂袖而去。

做人做事的原则，并不是人为主观设置的条条框框，它是人们对自己身份的一种默认。有原则的人，首先是懂得自己的角色和位置的人，说到底是知道自己什么事情该做、什么事情不该做和该做的怎么去做。

原则在某些情况下可以做适当的变通，但是触及根本性的问题时，必须坚持你的原则，半点含糊不得。

## 既要坚守原则又要懂得变通

只知道坚守而不知道变通的人就走向了另一个极端——固执。根本的原则和正确的原则要坚守，但不合理的就要懂得变通。

一个固执的人在烈日下急匆匆地赶路。

他热得大汗淋漓，然而却不肯扇扇子。一只鸟儿飞过来，对他说:“你为什么不肯扇扇子呢？”

“哼，我靠我自己活在这个世界上，不需要任何外力的帮助！”

“我用翅膀为你扇风吧？”

“走开！我宁可热死，也不要任何外力帮助！”固执的人继续走他的路。

他来到一条很宽很深的河边，他过不去了，站在岸边。

“去找渔家借条船吧，你会很快渡过河去的。”那只鸟儿又追来了。

“哼！借？我长这么大，从来没向别人借过东西！我要靠我自己过河去。”固执的人说。

固执的人说完，径直朝河里跳去，一会儿，他就沉了底。

“唉！这个人真是太固执了。”鸟儿叹了一声，飞走了。

蒲公英借助风力把它的种子撒向四方，鸟儿借助树木把它的家安置妥当。世界上哪里有不借助外物而孤立存在的人呢？这个固执的人坚持了自己的错误原则，不知因时因事而变，最终受害的只能是他自己。过于固守原则，就会到处碰壁。

# 第四章 快乐根植于心
## ——快乐地生活

### 阳光人生需要阳光心态

琳达是个不同寻常的女孩。她的心情总是非常好，因为她对事物的看法总是正面的。

当有人问她近况如何时，她就会答：“我当然快乐无比。”她是个销售经理，也是个很独特的经理。因为她换过几家公司，每次离职的时候都会有几个下属跟着她跳槽。她天生就是个鼓舞者。如里哪个下属心情不好，琳达会告诉他怎么去看事物的正面。

这种生活态度的确让人称奇。

一天一个朋友追问琳达说：“一个人不可能总是看事情的光明面。这很难办到！你是怎么做到的？”

琳达回答道：“每天早上我一醒来就对自己说，琳达，你今天有两种选择，你可以选择心情愉快，也可以选择心情不好。我选择心情愉快。然后我命令自己要快快乐乐地生活，于是，我真的做到了。每次有坏事发生时，我可以选择成为一个受害者，也可以选择从中学些东西。我选择从中学习。我选择了，我做到了。每次有人跑到我面前诉苦或抱怨，我可以选择接受他们的抱怨，也可以选择指出事情的正面。我选择后者。”

“是！没错！可是并没有那么容易做到吧。”朋友立刻回应。

“就有那么容易。”琳达答道，“人生就是选择。每一种处境面临一种选择。你选择如何面对各种处境，你选择别人的态度如何影响你的情绪，你选择心情舒畅还是糟糕透顶。归根结底，你自己选择如何面对人生。”

她曾被确诊患上了中期乳腺癌，需要尽快做手术。手术前期，她依然过着正常而有规律的生活。所不同的就是，每天下午三点半的时候要接受医院规定的检查。对于来检查的医生，她总是微笑接待，让他们感到轻松无比。

直到手术麻醉之前，她仍然对主治医师说：“医生，你答应过我，明天傍晚前用你拿手的汉堡换我的插花！别忘了！上次的自制汉堡，味道真好，让人难以忘怀！”医生哭笑不得。手术果然进行得很顺利。两个月后的一天，朋友来探望她，她竟然马上忘记疼痛，要送朋友一件自己刚刚被医院允许做好的插花。等到她出院时，竟然与医科室一半的人交上了朋友，包括那些病友。因为人们都被她的轻松与坚强感染和征服。

对生活抱一种达观的态度，就不会稍有不如意就自怨自艾。大部分终日苦恼的人，实际上并不是遭受了多大的不幸，而是自己的内心素质存在着某种缺陷，对生活的认识产生了偏差。事实上，生活中有很多坚强的人，即使遭受不幸，精神上也会岿然不动。生活是喜怒哀乐之事的总和。我们必须清楚，不顺心、不如意，是人生不可避免的一部分，这些都不是我们个人的力量所能左右的。明白了这一点，我们就会对生活抱一种乐观的态度，而当这种态度占据我们的心灵后，我们就拥有了阳光的心态。

## 别让贫穷压弯了腰

生活环境的贫寒，不应该成为一个人自卑或消沉的原因。我们不要让贫穷压弯了腰，没有烦恼的贫穷胜于苦恼重重的富有。

约翰的父亲去世时，他只有 10 岁。当同龄的小朋友还在尽情玩耍的时候，小约翰却承担起了家庭的重担。他要和妈妈一起支撑家庭。他知道这不是一件简单的事，但他必须这样做，因为他是家里唯一的男子汉。他从来不张口向母亲要东西，但是这一次，他非常需要一本字典，因为只有这样才能把这门课上好。

但怎么向妈妈要这些钱呢？看到母亲整天省吃俭用为了这个家而操劳，约翰心里实在不是滋味。躺在床上，他辗转反侧，天快亮的时候才昏昏沉沉地睡去了。第二天醒来的时候，大雪盖住了所有的路，刺骨的寒风吹得每个人都不想去扫雪。

但约翰可不这样想，他知道自己赚钱的机会到了。于是他就跑到邻居家，提出替他们清扫屋前的积雪，这个建议被邻居接受了。当完成这项工作后，他得到了自己应得的报酬。

看来还有其他的人也愿意让人替他们扫雪，就这样，小约翰换了一家又一家，整整一天他都在为别人家扫雪，最后他赚的钱足够买一本字典了，而且有剩余。他拿着辛辛苦苦赚来的钱，兴高采烈地向回家的路上走去。

“太累了，应该好好休息一下了！不，不能休息，自己家门前的雪还没有扫呢！”于是他加快了回家的脚步。

当他回到家的时候，发现自己家门口的雪早已经被扫干净了。母亲做好了热乎乎的饭，正在家里等着他呢。母亲知道他干什么去了，她用鼓励的眼神看着自己的孩子，她相信约翰是最懂事的孩子，他将来一定会取得很大的成就。

穷人的孩子早当家，道理一点没错。人穷志不穷，永远相信只要有志气就不会有无法克服的困难。其实只要我们灵机一动，就不难发现，生活的方式有很多，外在的困难根本难不倒我们。在金钱充斥的社会中，很多人尤其是青少年把贫穷当作罪恶或是羞耻，他们因为出身贫寒而自卑。贫穷虽不光荣，但是它不能成为阻碍进步的绊脚石。只要你以乐观的心态去看待生活，并有决心改变不良的现状，你就不会永远贫穷。

## 不要让心智老去

年轻不在于容颜的美丽，而在于心态。心态一旦老去，便再也找不回青春的痕迹。

一天夜里，一场雷电乱发的山火烧毁了美丽的“万木庄园”，这座庄园的主人迈克陷入了一筹莫展的境地。面对如此大的打击，他痛苦万分，闭门不出，茶饭不思，夜不能寐。

一个多月过去了，年已古稀的外祖母见他还陷入悲痛之中不能自拔，意味深长地对他说：“孩子，庄园成了废墟并不可怕，可怕的是，你的眼睛失去了光泽，一天一天地老去。一双老去的眼睛，怎么能看得见希望……”汤姆在外祖母的说服下，决定出去转转。他一个人走出庄园，漫无目的地闲逛。在一条街道的拐弯处，他看到一家店铺门前人头攒动。

原来是一些家庭主妇正在排队购买木炭。那一块块躺在纸箱里的木炭让汤姆的眼睛一亮，他看到了一线希望，急忙兴冲冲地向家中走去。

在接下来的两个星期，汤姆雇了几名烧炭工，将庄园里烧焦的树木加工成优质的木炭，然后送到集市上的木炭经销店里。

很快，木炭就被抢购一空，他因此得到了一笔不菲的收入。他用这笔收入购买了一大批新树苗，一个新的庄园初见规模了。

几年以后，“万木庄园”再度绿意盎然。

没有什么可以挡得住你前进的脚步。擦亮你的眼睛，你将会看到生活的希望，一切还皆有可能。拿破仑说过：“最困难的时候，也是我们离成功不远的时候。”没有什么东西能让你的心产生皱纹。

## 平常心成就美丽人生

宝贵的平常心会让你宠辱不惊。一个人，无论成败，只要能拥有一颗宁静的心，他就是幸福的。

一对老夫妇谈恋爱的时间是 1967 年元月，当时全国政局一片混乱，百姓苦不堪言。那时候，粮店里的米，副食店里的肉、豆腐，百货店里的肥皂、布匹，以及煤铺里的煤等生活物资均凭票供应，普通人家的生活清苦至极。男方的家在城郊的小菜园里，用现在的话说，那里是当地的蔬菜基地。

女孩第一次“访地方”（当地将女方到男方家里去了解情况称为“访地方”）时，男方留她和介绍人吃午饭。菜很简单，只有两道：几个荷包蛋外加一碗萝卜丝。其中，鸡蛋是向邻居借的，萝卜则是自己种的。

在回家的路上，介绍人说男方人穷又小气，劝漂亮的女孩别嫁过来。女孩却说男方煮的萝卜丝很好吃，这说明他很能干。

过了一段时间，当女孩一个人再次来找男孩时，男孩刚好捉了一些鲫鱼。招待女孩的菜仍然是两道，除了油煎鲫鱼外，还有一碗红烧萝卜。吃饭时，女孩称赞男孩的萝卜做得很有特色，并说自己很喜欢吃萝卜。男孩说："是吗？你下次来我请你吃另一种口味的萝卜。"

在后来的交往中，女孩尝遍了男孩所制的不同口味的萝卜：清炒萝卜、清炖萝卜、白焖萝卜、糖醋萝卜、麻辣萝卜、萝卜干和酸萝卜，等等。

再后来，女孩就成了这些萝卜的俘虏，嫁给了男孩。

当有人质问老太太当时为何不嫁给那些有条件煮肉炖鸽杀鸡烧鱼的男人，却嫁给只会烹饪萝卜的人时，老太太说："当时我认为，一个男人在那样清贫的日子里竟能够把一种普通的萝卜烹饪出甜酸苦辣咸等各种不同的口味，味美而令我大饱口福、弥久难忘，我想他同样能够将清贫的日子调理得色彩斑斓。谈婚论嫁，既要注重眼前，更要注重将来。如今我和他结婚30多年了，你看我们吵了几次架？更不像某些同龄人那样动不动就闹离婚。日子虽然过得平淡了一点，但平淡中更能见真情！"

老太太说得不错，在我们的日常生活中，愈是具有平常心的人，生活愈能幸福，而那些整日斤斤计较、患得患失的人反而苦恼无比。

做人应有一颗平常心。平常心贵在平常，波澜不惊，生死无畏，于无声处听惊雷。平常心是一种超脱眼前得失的清静心、光明心。贫贱不能移，富贵不能淫，威武不能屈。安贫乐富，富亦有道。无论处于何种环境下，都能拥有平常心的人，一定是个了不起的人。就如前面故事中老太太所赞美的，他的丈夫不是个圣人，也是个贤人。只要我们努力，就能够以平常心对待纷杂的世事和漫长的人生，至少能够做到以平常心跨越人生的障碍。

所以，平常心，看似平常，实不平常。

## 成功由心态掌控

积极的心态能使你集中所有的精神力量去成就一番事业。当你以积极的心态全力以赴时，无论结果如何，你都是赢家。

有一位母亲，她有一位读高中而且网球打得很好的女儿。有一年，学校举行网球联赛，女儿信心十足地报了名，满怀着夺冠的希望。

比赛前，当女儿查看赛程表时，发现第一场和自己比赛的竟是曾经打败她的高手，她很是灰心，开始垂头丧气起来。

“这次可能连预赛出线的机会也没有了。”

母亲看见女儿如此绝望，自己的压力也很大。脑子一转，对她说：“你想不想把那人打败报仇呢？”

“当然想呀，不过她上次把我打得很惨，我们的实力相差太远了。”

“我有一个方法，如果你照着我的话做，你便能赢这场比赛。”

“真的吗？请母亲快点告诉我好吗！”

“你现在闭上眼睛，回想以前你打网球时最精彩的一幕，把那过程从头到尾重演一次，好好地感受胜利的滋味。”

女儿照着母亲的话做，刚才脸上的绝望不见了，换来的是一片容光焕发。对面临的比赛态度的改变，让她充满了信心和活力。

不久，比赛开始了。女儿信心百倍地踏上球场，施展浑身解数，把对方打得落花流水，顺利地赢得第一场比赛。比赛结束之后，女儿兴高采烈地冲向母亲。母亲说：“你打得很好！”

“全靠妈妈的指点。坦白说，我最初听到你的建议时觉得有点怀疑，没想到那么有效！”女儿兴奋地说着。

想想积极的事，有助于心态的改变。凡事不从好的方面去想，往往可能还没去做某件事，就失去了信心，其结果十有八九会朝着不利的方向发展。做什么事，都要有积极的心态，都要从好的方面去想。当你想象你会成功时，你就会增强信心，并在实践中想方设法做到成功。从好的方面想，才有好的结果。

## 要快乐就要简单生活

简单的生活，就是快乐的生活。如果你对生活有太多的要求，就会被生活所累。人生的最大悲剧就是被生活赶着走。

有一个老人，非常喜欢留大胡子，花白的胡子足有 30 多厘米长。

有一天，老人在门口溜达，邻居家 5 岁的小孩儿问他：“老爷爷，你这么长的胡子，晚上睡觉的时候，是把它放在被子里面呢还是放在被子外面呢？”

老人一时竟答不上来。

晚上睡觉的时候，老人突然想起小孩子问他的话。他先把胡子放在被子外面，感觉很不舒服；他又把胡子拿到被子里面，仍然觉得很难受。

就这样，老人一会儿把胡子拿出来，一会儿又把胡子放进去，整整一个晚上，他始终想不出来，过去睡觉的时候，胡子是怎么放的。

第二天天刚亮，老人敲邻家的门。

正好是小孩子来开门，老人生气地说：“都怪你这小孩，害我一晚上没有睡成觉！”

胡子放在被子里还是被子外？平时很不注意的问题，考虑多了便成了烦恼。人们往往就是这样，喜欢把一些简单的问题复杂化。因为烦琐，所以烦恼，因为简单，所以快乐。人生短暂，不要太多地计较那些琐屑的事情，车到山前必有路，让生活简单点，你会快乐许多。

# 第五章　爱是终身受用的财富

## ——千万别放弃爱的权利

### 爱心可以丰富人生

一座城市来了一个杂技团。4 个 12 岁以下的孩子穿着干净的衣裳，手牵着手排队在父母的身后，等候买票。他们不停地谈论着上演的节目，好像他们就要骑上大象在舞台上表演似的。

终于轮到他们了，售票员问要多少张票，父亲神气地回答："请给我 4 张小孩的 、2 张大人的。"

售票员报了价格。母亲的心颤了一下，别过头把脸垂了下来。父亲咬了咬唇，又问："你刚才说的是多少钱？"售票员又报了一次价。父亲眼里透着痛楚的目光。他实在不忍心告诉身旁兴致勃勃的孩子们："我们的钱不够！"

一位排队买票的男士目睹了这一切。他悄悄地把手伸进口袋，把一张 20 元的钞票拿出来，让它掉到地上。然后，他蹲下去，捡起钞票，拍拍那个父亲的肩膀说："喂！先生，你掉了钱。"

父亲回过头，他明白了原因。他眼眶一热，紧紧地握住男士的手："谢谢，先生。这对我和我的家庭意义重大。"

有时候，一个发自仁慈与爱的小小善行，就会铸就大爱的人生舞台。充满爱心的人往往能比别人享受更大的幸福，因为他们有三个幸福来源：自己的幸福，别人的快乐，还有自己对别人的付出。

## 父母的爱是伟大的

父母的爱是世间最伟大的爱，因为它从来不要求回报。要珍惜父母给予我们的爱，并时刻准备着用孝心去回报。

有一对夫妇是登山运动员，为庆祝他们的儿子一周岁的生日，他们决定背着儿子登上 7000 米的雪山。夫妇俩很快轻松地登上了 5000 米的高度。然而，就在他们稍事休息准备向新的高度进发之时，风云突起，一时间狂风大作，雪花飞卷。气温陡降至 –34℃。由于风势太大，能见度不足一米，或上或下都意味着危险或死亡。两人无奈，情急之中找到一个山洞，只好进洞暂时躲避风雪。

气温继续下降，妻子怀中的孩子被冻得嘴唇发紫，最主要的是他要吃奶。要知道在如此低温的环境下，任何一点裸露的肌肤都会导致体温迅速降低，时间一长就会有生命危险。怎么办？孩子的哭声越来越弱，他很快就会因为缺少食物而被冻饿而死。丈夫制止了妻子几次要喂奶的要求。他不能眼睁睁地看着妻子被冻死。然而，如果不给孩子喂奶，孩子就会很快死去。妻子哀求丈夫："就喂一次。"丈夫把妻子和儿子揽在怀中。喂过一次奶的妻子体温下降了 2℃。她的体能受到了严重的损耗。时间在一分一秒地流逝，孩子需要一次又一次地喂奶，妻子的体温在一次又一次地下降。

三天后，当救援人员赶到时，丈夫已冻昏在妻子的身旁。而他的妻子，即那位伟大的母亲已被冻成一尊雕塑，她依然保持着喂奶的姿势屹立不倒。她的儿子，她用生命哺育的孩子正在丈夫的怀里安然地睡眠，他脸色红润，神态安详。

为了纪念这位伟大的母亲，丈夫决定将妻子最后的姿势铸成铜像，让她的爱永远流传。

父母为了自己的孩子可以不顾及自己的生命，这种爱中不掺杂一丝利害打算。我们应该向父母的伟大而无私的爱顶礼膜拜。在我们的心头，应该永远牢记他们的恩情，用一颗赤诚的孝心去回报他们。

## 富有同情心

帮助他人就是帮助自己，要时刻保持一颗同情心。我们不能对身处困境的人熟视无睹，那种丧失了同情心的人会把自己推进冷漠的世界。

从前，有一位百万富翁，整天向别人吹嘘自己是如何如何具有同情心。这天，一位十分贫穷的农夫来到富翁家中，向他讲述自己的贫穷以及人生遭遇的凄惨，他讲得是那么真切生动，这位百万富翁感到从来没有这么被感动过。他眼泪汪汪地对自己的用人说："哦！汤姆，赶快把这个家伙赶出去，他讲的故事实在太凄惨了，我的心都快碎了！"

富翁整天向别人吹嘘自己的同情心，然而当他真正面对凄惨的农夫时，虚伪的本质就暴露无遗了。因为，他的行动与他的言辞恰恰相反，正体现出了他为富不仁的一面。

人生不可能一帆风顺，有时遭受的甚至是毁灭性的打击，在这种时候没有人会拒绝别人善意的帮助。"君子不乘人之危"是说正义的人不要在别人有危难的时候再给他伤口上撒一把盐，把别人置于死地。我们主张"君子好乘人之危"是指在别人处于危难之时，君子能够挺身而出，伸出援助之手。电影或小说中经常有一些这样的片段：两个本是对手的人，其中一方落难后得到另一方的救助，而后两人成了亲密的朋友。敌人之间尚且如此，更何况大多数人是我们的朋友，因此，保持一颗同情心至关重要。

俗话说“投之以桃，报之以李”，今天你帮助他人，给予他人方便，他可能不会马上报答，但他会记住你的好处，也许会在你不如意时给你以回报。退一步来说，你帮助别人，他即使不会报答你的厚爱，但可以肯定的是，他至少日后不会做出对你不利的事情。如果大家都不做不利于你的事情，这不也是一种极大的帮助吗？

## 付出是一种享受

人生最大的幸福和快乐不是获得，而是给予和付出。付出是人生的一种享受，学会付出是人类光辉灿烂的体现，同时也是一种处世智慧和快乐之道。

有个人在沙漠中穿行，遇到风沙暴，迷失了方向。

两天后，烈火般的干渴几乎摧毁了他生存的意志。沙漠就像一座极大的火炉要蒸干他的血液。绝望中的他却意外地发现了一幢废弃的小屋，他拼足了最后的气力，才拖着疲惫不堪的身子，爬进堆满枯木的小屋。定睛一看，枯木中隐藏着一架抽水机，他立刻兴奋起来，拨开枯木，上前汲水，但折腾了好大一阵子，也没能抽出半滴水来。

绝望再一次袭上心头，他颓然坐地，却看见抽水机旁有个小瓶子，瓶口用软木塞堵着，瓶上贴了一张泛黄的纸条，上边写着：你必须用水灌入抽水机才能引水！不要忘了，在你离开前，请再将瓶子里的水装满！

他拔开瓶塞，望着满瓶救命的水，早已干渴的内心立刻爆发了一场生死决战：我只要将瓶里的水喝掉，虽然能不能活着走出沙漠还很难说，但起码能活着走出这间屋子！倘若把瓶中唯一救命的水倒入抽水机内，或许能得到更多的水，但万一汲不上水，我恐怕连这间小屋也走不出去了……

最后，他还是把整瓶水全部灌入那架破旧不堪的抽水机，接着用颤抖的双手开始汲水……水真的涌了出来！他痛痛快快地喝了一顿，然后把瓶子装满，用软木塞封好，又在那泛黄的纸条后面写上：相信我，真的有用。

几天后，他终于穿过沙漠，来到绿洲。每当回忆起这段生死历程，他总要告诫后人：在取得之前，要先学会付出。

在人生中，在通往成功和富足的路上，我们往往并不是缺少获得扶持的机遇，而是无法好好把握。正如上边那个故事中的人，如果喝光了瓶中的水，他永远也看不到抽水机里奔涌出来的水，究竟泛黄纸条上说的是真还是假，恐怕他到死也无法断定。

这个道理听来或许很是稀松平常，但真要“学会付出”，恐怕不是每个人都能做到的。让高尚的品德和人生的智慧迸射出来吧，“先学会付出”，让成功从这里开始！

# 第二篇
# 百年哈佛教给学生的优秀品质

品质是人的立身之本，是通向成功的第一阶梯。哈佛大学给学生上的第一课便是如何做人——只有具备了良好的人格品质，才有资格取得人生的成功。

自信、勤奋……这些凝聚着哈佛精神的人性品质，能使广大青少年认识到品质对整个人生的重要性，自觉锻炼自我，启迪智慧，激发个人潜能，从而实现自己的人生价值，创造出卓越和精彩的人生。

# 第一章　自信

## ——成功的人生始于自信

### 每个人心头都隐伏着一头雄狮

土耳其谚语说：每个人的心中都隐伏着一头雄狮。中国古语说：人皆可以为舜尧。这些鼓舞人心的话道出了这样一个真理：每个人都可以成功。只要我们相信自己的力量，充分发挥自身的潜能，每个人都可以大有作为。

自信心是一个人取得成功的内在驱动力。它能够使弱者变强，强者更健。只有自信的人才有可能在成功的路上健步如飞，缺乏自信的人则一定是步履蹒跚。美国作家爱默生说得好："自信是成功的第一秘诀，自信是英雄主义的本质。"对于青少年来讲，在内心树立起自信，用自信激发出自己内在的勇气和雄心，是他们迈向成功人生的第一步。

20 世纪 30 年代，在英国一座普通的小城里，有一个叫玛格丽特的姑娘，从小就在父亲严格的管教下成长。父亲经常向她灌输这样的观点：无论做什么事情都要力争一流，永远走在别人前头，而不能落后于人。"即使是坐公共汽车，你也要永远坐在前排。"父亲从来不允许她说"我不能"或者"太难了"之类的话。

父亲这种近乎残酷的教育理念，培养出了玛格丽特积极向上的决心和信心。在以后的学习、生活或工作中，她时时牢记父亲的教导，总是抱着一往无前的精神和必胜的信念，尽自己最大的努力克服一切困难，做好每一件事情，事事必争一流，以自己的行动实践着“永远坐在前排”的誓言。

玛格丽特上大学时，学校要求学五年的拉丁文课程，她凭着顽强的毅力和拼搏精神，仅在一年之内便修完了。令人难以置信的是，她的考试成绩竟然名列前茅。玛格丽特不光学业优秀，在体育、音乐、演讲等方面也都出类拔萃。当年她所在学校的校长评价她说：“她无疑是我们建校以来最优秀的学生，她总是雄心勃勃，每件事情都做得很出色。”

正是在这种“永远都要坐在前排”精神的激发下，40 多年以后，玛格丽特成为英国乃至整个欧洲政坛上一颗耀眼的明星。她连续四年当选保守党领袖，并于 1979 年成为英国第一位女首相，她雄踞政坛长达 11 年之久，被世界政坛誉为“铁娘子”。

“永远坐在前排”是一种积极、自信的人生态度，它可以激发你积极进取的精神，促使你努力把梦想变成现实。林肯总统说过，喷泉的高度不会超过它的源头，一个人的事业也是一样，他的成就不会超过自己的信念。如果你想像玛格丽特那样取得骄人的成就，就不能轻视自己的信心，要在内心树立起自信，抛弃无所作为、甘居下游的想法，充满信心地去施展自己的才华。

俄国著名的文学家高尔基说过：“人最凶恶的敌人，就是意志的薄弱和信心的缺乏。”信心的缺乏会限制一个人的潜能，束缚一个人的发展。而树立自信的关键就在于我们内在的信心。

## 信念是所有奇迹的萌发点

在这个世界上，信念这种东西任何人都可以免费获得。成功的人，最初都是从一个小小的信念开始的——信念就是所有奇迹的萌发点。

信念是一个人成功的动力，是造就人生奇迹的伟大力量。

一名小男孩的父母希望他们的儿子能成为一位体面的医生。可是，男孩读到高中便被计算机迷住了，整天鼓捣着一台十分落后的苹果机，他把计算机的主机拆下又装上。

男孩的父母很伤心，告诉他，应该用功念书，否则根本无法立足社会。男孩说："有朝一日我会开一家公司的。"父母根本不相信，还是千方百计按自己的意愿培养男孩，希望他能成为一位医生。

不久，男孩终于按照父母的意愿考入了一所医科大学，可是他只对电脑感兴趣。在第一学期，他从当地零售商处买来降价处理的 IBM 个人电脑，在宿舍里改装升级后卖给同学。他组装的电脑性能十分优良，而且价格便宜。不久他组装的电脑不但在学校里走俏，而且连附近的律师事务所和许多小企业也纷纷来购买。

第一个学期快要结束的时候，他告诉他的父母，他要退学。父母坚决不同意，只允许他利用假期推销电脑，并且要他承诺，如果一个夏季销售不好，那么，必须放弃电脑。可是，男孩电脑生意就在这个夏季突飞猛进，仅用了一个月的时间，他就完成了 18 万美元的销售额。

他的计划成功了，父母只好同意他退学。

他组建了自己的公司，打出了自己的品牌。在很短的时间，他良好的商业成绩引起投资家的关注。第二年，公司顺利地发行了股票，他拥有了1800万美元的资金，那年他才23岁。十年后，他创下了类似于比尔·盖茨般的神话，拥有资产43亿美元。他就是美国戴尔公司总裁迈克尔·戴尔。比尔·盖茨曾经亲自飞赴他的住所美国奥斯汀向他祝贺。比尔·盖茨对他说:“我们都坚信自己的信念，并且对这一行业富有激情。”两位商业巨人的手紧紧地握在一起。

戴尔的成功告诉我们，每项奇迹都是始于一个伟大的想法。或许没有人知道今天的一个想法将会走多远，但是，我们不要怀疑，只要静下心来，努力去做，那么心中的梦想就会触手可及。

信念好比航标灯射出的明亮的光芒，在朦胧浩瀚的人生海洋中，牵引着人们走向辉煌。高高举起信念之旗的人，对一切艰难困苦都无所畏惧。相反，信念之旗倒下了，人的精神也就垮了下来。从来就不曾拥有过信念的人对一切都会畏首畏尾，在漫长的人生旅途中抬不起头、挺不起胸、迈不开步，整天浑浑噩噩，看不到光明，因而也感觉不到人生的幸福和快乐。

一天晚上，一位名叫杰克的青年站在一条河边，一脸忧郁。

这天是他30岁生日，可他不知道自己是否还有活下去的必要。因为杰克从小在福利院里长大，身材矮小，长相也不漂亮，讲话还带着浓重的法国乡下口音。他一直很瞧不起自己，认为自己是一个既丑又笨的乡巴佬，连最普通的工作都不敢去应聘，所以他没有工作，也没有家。

就在杰克徘徊于生死之间的时候，与他一起在福利院长大的好朋友汤姆兴冲冲地跑过来对他说:“杰克，告诉你一个好消息！”

“好消息从来就不属于我。”杰克一脸悲戚。

“不，我刚刚从收音机里听到一则消息。拿破仑曾经丢失了一个孙子。播音员描述的相貌特征，与你丝毫不差！”

“真的吗，我竟然是拿破仑的孙子？”杰克一下子精神大振，联想到爷爷曾经以矮小的身材指挥着千军万马，用带着泥土芳香的法语发出威严的命令，他顿感自己矮小的身材同样充满力量，讲话时的法国口音也带着几分高贵和威严。

第二天一大早，杰克满怀信心地来到一家大公司应聘。

20年后，已成为一家大公司总裁的杰克，查证出自己并非拿破仑的孙子，但这早已不重要了。

杰克的故事告诉我们，信念可以创造奇迹，信念能够唤起一个人的自信。无论是谁，只要把自己的信念牢牢地根植于心，就能够克服重重困难，实现自己的理想。

## 不要被他人评价所左右

社会心理学家指出，大多数人很容易接受外来意见。人类天生对父母、爱人、家人、朋友、领袖的影响开放心胸，他们的评价对孩子的成长有很大的影响。对大部分孩子来说，他们的一生，往往早已被父母设计定型，如此一来，便可能隐匿了他们内心真正的驱动力。譬如，由于贺罗德天生残疾，他的父母希望他做文书方面的工作，但他抗拒他们的建议，而做了他所希望的木匠。另一位会计肯恩有类似的经验，他说：“我父母强调安全，他们希望我做会计工作。我赞同了他们的决定，便做了会计，但我的天性实在比较喜欢表现，比较浪漫化一点。”现在，他计划两年后等孩子开始工作后，便进艺术学校当个老学生。

大多数人被证明，轻易接受建议是危险的，旁人的建议，无法使自己变成个人真正的样子，反而容易被操纵成别人理想的样子。

“做任何事情，开始时，最为重要的是不要让那些总爱唱反调的人破坏了你的理想。”芭芭拉·格罗根指出，“这世界上爱唱反调的人真是太多了，他们随时随地都可能会列举出若干个理由，说你的理想不可能实现，在这种情况下你一定要坚定自己的立场，相信自己的力量，不要因为他人的评价而放弃自己内心的想法。”

哈代是一个发明家，但他周围的朋友和同事都认为他是一个满脑子怪念头的“傻瓜”。当他弄明白电影发明的原理之后，便从电影胶卷的转盘中产生了灵感：他让胶卷上的画面一次只向前移动一格，以便老师能够有充足的时间详细阐述画面里的内容。

这个想法让哈代受到不少嘲笑，但是他没有因此退缩，经过反复试验之后，哈代终于成功地实现了让画面与声音同步进行的目标，创造了“视听训练法”。

另外，作为一名游泳运动员，哈代两度入选美国奥运会游泳代表队，也曾经连续三届获得“密西西比河 16 千米马拉松赛”的冠军。哈代在游泳的时候，觉得大家在比赛时使用的游泳姿势不好，决心加以改变。

但是，当他把想法告诉教练时，教练认为他的想法过于荒唐，立刻加以拒绝。一位游戏冠军也告诫他不要冒险尝试，以免不小心在水里淹死。

当然，哈代没有理会他们的告诫，仍然不断地挑战传统的游泳姿势，最后终于发明了自由式游泳。自由式游泳现在已经成为国际游泳比赛的标准姿势之一。

不要怕被称为傻瓜，有时候，真理只站在少数人这边。要相信自己内心的想法，努力去实现它，这样，你才能取得人生的胜利。巴尔扎克说过："发明家全靠一股了不起的信心支持，才有勇气在不可知的天地中前进。"同样，在人生成长的道路上你也要靠内心强大的自信支持自己的行动，而不是让别人的言行左右你的成长。

杰克是一位年轻的画家。有一次他在完成一幅杰作后，拿到展厅去展出。为了能听取更多的意见，他特意在他的画作旁放上一支笔。这样一来，每一位观赏者，如果认为此画有败笔之处，都可以直接用笔在上面圈点。

当天晚上，杰克兴冲冲地去取画，却发现整个画面被涂满了记号，没有一笔一画不被指责的。

他十分懊丧，对这次的尝试深感失望。

他把他的遭遇告诉了一位朋友，朋友告诉他不妨换一种方式试试，于是，他临摹了同样一张画拿去展出。但是这一次，他要求每位观赏者将其最为欣赏的妙笔之处标上记号。

等到他再取回画时，结果发现画面也被涂满了记号。一切曾被指责的地方，如今却都换上了赞美的标记。

"哦！"他不无感慨地说，"现在我终于发现了一个奥秘：无论做什么事情，不可能让所有的人都满意，因为，在一些人看来是丑恶的东西，在另一些人眼里或许是美好的。"

画展里的这种情况，我们常常会在现实生活里碰到。同样的事，同样的人，常常会得到不同的评价。仔细想想，这并不奇怪，因为人世间每一个人的眼光各不相同，理解事物的角度也不一样。所以遇事要用正确的思维方式，不要完全相信你听到的、看到的一切，也不要因为他人一时的批评而迷失自己。

我们无论做什么，一定要对自己有一个清楚的认识，要有自己的主见，不能因为别人一时的批评和议论而迷失自己，改变自己，失去了自己的主见。

心理学家认为，外部因素虽然可以影响一个人的决定，然而真正起决定作用的还在于一个人的内心。也就是说，不经你的同意，没有人能够影响你。一个人的自信心越强，就越不容易受到外界的影响。心理学家讲过这样一个例子：如果你在船上走近一位看起来很可怜的人，对他说："你看起来好像很不舒服，你的脸色好苍白，我想你一定是晕船了。我扶你到你的船舱去。"你晕船的提示和他自己的恐惧感联结在一起，该乘客的脸色会变得更苍白了。他接受了你的扶助，到船舱里躺了下来。你的消极、不好的提示经他接受之后，就成真了。

对于同一提示，不同的人会有不同的反应。这是因为他们潜意识所接受的状况和思想不同的关系。如果你不是走近一名乘客，而是走到一名水手面前，同情地说："老弟，你看起来好像很不舒服。你感到难过吗？我看，你要晕船了。"

根据他特有的身份，他不是笑着说你在"开玩笑"，就是会显得有点生气。在这种情形之下，你的提示他是听不进去的。因为你提出晕船的提示，在他的心中引不起恐惧或忧虑，反而会激起他的自信心。

一项提示或者评价是把某种事物状况，灌输到一个人心中的行为或步骤。也就是一个人的心智对所提示的想法和观念加以考虑、接受，或付诸实施的处理过程。你必须记住：一项提示如果和你的意念方向不一，就无法把某种事物状况灌输到潜意识中。换句话说，你的意识具有排斥提示的力量。譬如，对于水手来说，他根本不怕晕船。他早已使自己深信自己不会晕船，因此你消极、否定的提示，对他根本就不起作用。

我们每个人，内心都有着自己的信念和见解。我们心里的这些认定，会统治、支配我们的生活。别人的提示本身并没有力量，除非你在心理上已经接受了它。一旦你接受了它，就会促使你思想上的改变，对你的成长轨迹造成影响。

## 找到属于自己的音符

富兰克林说过，宝物放错了地方便是废物。一个人找到自己的特长，学会经营自己的长处，就能够化自卑为自信。事实上，每个人都有自己的长处，教育家 R. H. 里夫斯博士写过一个常被人引用的寓言，题为“动物学校”。该寓言说明了尊重差异的重要性。故事是这样讲的：

很久很久以前，动物们决定干一番勇敢的事业，以应付“新世界”的问题。于是，它们建立了一所学校，选定了活动课程，其中包括跑步、爬树、游泳和飞翔。为了方便管理，所有动物要参加所有科目。

鸭子擅长游泳，实际上比教练游得都好，飞翔的成绩也很优异，但却很不擅长跑步。由于它跑步成绩很差，放学后只得留在学校，还不得不中断游泳来练习跑步。它练呀，练呀，直到最后把双脚磨得不成样子，游泳也落了个一般水平。然而，在学校里，一般水平是可以接受的，所以，除了鸭子本身外，没有谁为此而担忧。

兔子开始在全班跑得最快，但由于需要一次次地补考游泳，搞得神经衰弱了。

松鼠爬树成绩优异，可后来被飞翔课搞得灰心丧气，因为老师让它从地面向上飞，而不是从树上向下飞。它由于练得太用劲，把肌肉扭伤了，结果爬树得了 C，跑步得了 D。

鹰最不听话，不得不被严加约束。在爬树课上，它击败所有对手，首先到达树顶，但却坚持使用自己的方式。

这年结束时，一条游泳技术超群，在跑步、爬树和飞翔方面也略具本领的畸形鳝鱼平均成绩最好，并成为致告别词的毕业生代表。

草原犬鼠没有入学并反对征税，因为行政当局不愿将挖洞列入课程。它们让孩子跟着地鼠学徒，后来与土拨鼠和地鼠合伙建立了一所成功的私立学校。

R. H. 里夫斯博士的这则寓言说明了每个人的才能都是有差异的，我们不必因为羡慕别人的长处而丧失自己的自信，而应当找到自己的长处，努力将自己的长处发掘出来，这样，有助于我们树立自信。

李扬是一位著名的配音演员，广受大家喜爱的卡通形象唐老鸭就是他配的音。李扬在初中毕业后参了军，在部队当一名工程兵，他的工作内容是挖土、打坑道、运灰浆、建房屋。可是李扬明白，自己身上潜在的宝藏还没有被开发出来：那就是自己一直喜爱的影视艺术和文学艺术。

在一般人看来，这两种工作简直是风马牛不相及的。但李扬却坚信自己在这方面有潜力，应该努力把它们发掘出来。于是他抓紧时间工作，认真读书看报，博览众多的名著剧本，并且尝试着自己搞些创作。退伍后李扬成了一名普通工人，但是他仍然坚持不懈地追求自己的理想。没过多久，大学恢复招生考试，李扬考上了北京工业大学机械系，变成了一名大学生。从此，他用来发掘自己身上宝藏的机会一下子多了起来。经几个朋友的介绍，李扬在短短的5年中参加了数部外国影片的译制录音工作。这个业余爱好者凭借着生动的、富有想象力的声音，参加了《西游记》中美猴王的配音工作。1986年初，李扬迎来了自己事业中的辉煌时刻，风靡世界的动画片《米老鼠和唐老鸭》招聘汉语配音演员，风格独特的李扬一下子被迪士尼公司相中，为可爱滑稽的唐老鸭配音，从此一举成名。李扬说，自己之所以成功，是因为一直没有停止过挖掘自己的长处。

很多人之所以自卑，就是因为没有找到自己的长处，没有挖掘出自身的潜力。每个人身上都有独特的特长和天分，只要能找出自己的特长，发挥自己的天分，你就能够为自己赢得自信。

每个人都有自己的特长，并适合于不同的工作岗位。不同的工作岗位对人才的素质与才能的要求也不同。比如，研究理论物理学，抽象思维能力不可少；一个数学家没有必要一定具备实际操作、设计和做实验的能力，虽然这种能力对于一个化学研究者来说是必不可少的；天文学是一门观察科学，需要很好的观察能力、浓厚的兴趣和长久的毅力。

人的兴趣、才能、素质也是不同的。如果你不了解这一点，没能把自己的所长利用起来，你所从事的行业需要的素质和才能正是你所缺乏的，那么，你将在平凡的工作中失掉信心和热情，而你的才能也将会被埋没。反之，如果你有自知之明，善于自我设计，从事你最擅长的工作，你就会获得成功。

## 树立自信，走出自卑的泥潭

心理学家认为，每个人对自己或多或少带有一些不恰当的认识。自卑就是一种过多的自我否定而产生的自我贬低的情绪体验，是一种认为自己在某些方面不如他人的自我意识和自己瞧不起自己的消极心理，是由主观原因和客观原因造成的。

人的自卑来源于心理上一种消极的自我暗示，即“我不行”“不可能”等，对自己的能力、学识、品质等自身因素、自我评价过低，在日常生活中表现出行为畏缩、瞻前顾后、心理承受能力较弱、经不起较强的刺激、谨小慎微、多愁善感等。长期被自卑情绪笼罩的人，一方面感到自己处处不如别人，一方面又害怕别人瞧不起自己，逐渐形成了敏感多疑、胆小孤僻等不良的个性特征。自卑使他们不敢主动与人交往，不敢在公共场合发言，消极应付工作和学习，不思进取。因为自认是弱者，所以无意争取成功，只是被动服从并尽力逃避责任。自卑不仅会使心理活动失去平衡，而且会引起人的生理变化，生理上的变化反过来又影响心理变化，加重人的自卑心理。在自卑心理的作用下，遇到困难、挫折时往往会出现焦虑、泄气、失望、颓丧的情感反应。一个人，如果做了自卑的俘虏，不仅会影响身心健康，还会使其聪明才智和创造能力得不到发挥，使人觉得自己难有作为，生活没有意义。

自卑是一种常见的心理现象，自卑与生俱来，人人都有，无论圣人贤士、帝王富豪还是布衣寒士、贩夫走卒，在潜意识里都是有自卑感的，真所谓“天下无人不自卑”，几乎所有的人都存在自卑感，只是表现的方式和程度不同而已。

自卑是每个人都会有的心理现象，然而，作为一个成功者，却能够克服自卑、超越自卑，合理地调节心理承受力，从而成功地做好事情。他们都用什么方法来调控自己呢?

1. 认识法

运用全面的、辩证的、发展的观点看待自己和周围的事物，认识到人不会是十全十美的，人是追求完美、不断完善的；对于自己的缺点也不能悲观，正视缺点并设法弥补它，这样便会消除自卑。

2. 转移法

通过把兴趣转向自己爱好的业余活动或事业上，淡化心理上的自卑阴影，缓解紧张。

3. 分析法

这种方法也叫心理分析法，即通过咨询心理医生，了解到自己自卑的原因，对症下药，解决自卑问题。

4. 行动法

行动法，就是找一些较容易的工作，然后用自己的实力完成，这样便会收获一份喜悦。接着再找一个新的目标，完成后再找。这样自信心就会逐渐恢复，从而战胜自卑。

5. 补偿法

补偿法也就是通过努力奋斗，突出自己某一方面的特长，从而弥补自己心理上或生理上的缺陷。这就是心理学上的“代偿作用”，即扬长避短，把自卑转化为自强的动力。

古人说“有长必有短，有明必有暗”，所以每个人都是一样的，人人都有自卑的一面。而在通往成功的路上，只有战胜“自卑”，才能成为一个自信的成功者。

在搏击中，最好的防卫方式是进攻。同样，在战胜自卑的过程中，最好的方式就是树立起自信，用自信去驱逐自卑。下面是我们提出的一些方法，有助于提升你的自信心。

1. 学会正视别人

不正视别人通常意味着：在你面前我感到很自卑，我感到不如你，我怕你……而正视等于告诉别人：我很诚实，光明磊落，毫不心虚。请练习正视别人吧！这不但能带给你自信，也能为你赢得别人的信任。

2. 练习当众发言

在会议中沉默的人都认为："我的意见可能没有价值，如果说出来，别人会觉得我很蠢，我最好什么也别说。"越是这样想，人就越来越会失去自信。但如果积极发言，就会增加信心，下次也就更容易发言。要当破冰船，第一个打破沉默，不要担心你会显得很愚蠢，因为总会有人同意你的意见。

3. 经常开怀大笑

这是医治信心不足的良药。开怀大笑，你会觉得美好的日子又来了。但是要笑得大，不能要笑不笑，要露齿大笑才能见效。

4. 注意仪表

从理论上说，我们应当看重一个人的内在而不是外表。但请你不要太天真，大多数人是以你的外貌打量你，因为你的外表是给人的第一印象，而且这种印象会持续下去，在许多方面影响别人对你的看法。穿着得体是必要的，因为这样不但会使别人看你时觉得你很重要，你也会因此而觉得自己真的很重要。当你去面试，当你去与人谈判，当你去赴约，请你为这些活动打扮一下自己。

5. 经常鼓励自己

你要经常自己鼓励自己。在做一项工作前，先要鼓足自己的勇气，要找出自己能做好这项工作的有利条件、长处、优点，并且勉励自己。你也不要忘了在做成这项工作后，自我庆祝一下，给自己一份嘉奖：去喝杯酒，或给自己放个假休息一下。

自信心对于一个人是非常重要的。没有自信心，会束缚自己发展的手脚，也不会得到别人的敬重和信任。但自信必须有知识做后盾，这是我们应该牢记的。

# 第二章　勤奋

## ——攀登成功的阶梯

### 成功属于有刻苦精神的人

成功属于有刻苦精神的人。在英国小说家特罗洛普刚刚从事写作的时候，一个作家的建议使他受益终身，后来，他又把这句话送给了罗伯特·布坎南。他说:“如果你想成为名垂千古的作家，在坐下来写作之前，先放一点鞋匠的粘胶在椅子上，有这样的创作精神才有希望成功。”

索尔·德拉克鲁斯是 17 世纪墨西哥著名的女诗人。她之所以能够在文学创作上取得杰出的成就，就是因为她不懈努力、勤学苦练。据说，在她十几岁的时候，就已经成为当地有名的美女了，她不但有轻盈灵巧的身段、美丽动人的容貌，还长着一头人人艳羡的秀发。

当时，德拉克鲁斯的家人和朋友都希望她成为一名出色的演员，因为以她的条件，做演员是再合适不过了。但是，她的志向并不是做一名演员，而是想成为一名诗人，能够经常用自己所写的美丽诗篇讴歌自己伟大的祖国和勤劳的人民。

虽然她一心想写好诗歌，但是她一开始所写的诗歌并不好，而且经常受到老师的批评。有一天，一群伙伴又跑到她家来找她出去玩。虽然她也很想出去，可最后还是婉言拒绝了:“我这几天刚刚写了几首诗，正在请老师帮忙审阅呢！如果老师说我有进步，那我就和你们出去玩。如果说没有，那我就……”

因为大家都非常喜欢她，所以不想失去她这样一个很好的伙伴，于是大家就一起坐下来，耐心地等着。过了一会儿，老师拿着诗稿来了。索尔·德拉克鲁斯接过来一看，脸当时就红了，因为老师不但在上面修改了许多，还专门加了批语，说她进步很小，自己感到很失望，等等。索尔·德拉克鲁斯很认真地看着诗稿，一言不发，其他人也都默默地注视着她，忽然，她放下诗稿，随手抓起一把剪刀，“咔嚓”几下，就把自己那一头人人羡慕的长发剪了下来。顿时，大伙惊得目瞪口呆。

索尔·德拉克鲁斯为什么要剪掉自己美丽的头发呢？原来，为了写好诗，她给自己立下了一条规矩：如果自己在规定的时间里没有学好自己规定的课程，或者在学业上没有什么大的进步，自己就要把那一头漂亮的头发剪掉，以示惩罚。

她对那些还在目瞪口呆的伙伴说：“如果一个人没有任何的知识和才能，而只有一个空洞的脑袋，那她就不应该有漂亮的头发做装饰！”她再次谢绝了伙伴们的邀请，在家里认真地写起诗来。

正因为索尔·德拉克鲁斯这样严格地要求自己，不断发奋努力，她的诗后来写得越来越好，最终成为墨西哥著名的诗人。

勤奋是对成功的最好注解，也是通往成功的必由之路。古罗马有两座圣殿：一座是勤奋的圣殿；另一座是荣誉的圣殿。人们必须经过前者，才能到达后者。勤奋是通往荣誉的必经之路，那些试图绕过勤奋、寻找荣誉的人，总是被荣誉拒之门外。

成功者都有一个共同的特点——勤奋。在这个世界上，投机取巧是永远都不会到达成功之路的，偷懒更是永远没有出头之日。

王永庆的发迹使他成为台湾传奇式的人物。成功的原因之一，正是王永庆本人常常提及的“一勤天下无难事”的道理。王永庆有一次在美国华盛顿企业学院演讲时，谈到了他一生的坎坷经历。他说：“先天环境的好坏，并不足为奇，成功的关键完全在于自己之努力。”

李嘉诚是海内外知名的企业家，曾有人问李嘉诚成功的秘诀。李嘉诚讲了一则故事：

日本“推销之神”原一平在69岁时的一次演讲会上，当有人问他推销的秘诀时，他当场脱掉鞋袜，将提问者请上讲台，说：“请你摸摸我的脚板。”

提问者摸了摸，十分惊讶地说：“您脚底的老茧好厚呀！”

原一平说：“因为我走的路比别人多，跑得比别人勤。”

提问者略一沉思，顿然醒悟。

李嘉诚讲完故事后，微笑着说：“我没有资格让你来摸我的脚板，但可以告诉你，我脚底的老茧也很厚。”

一位成功人士曾经说过：“我不知道有谁能够不经过勤奋工作而获得成功。”寓言中的守株待兔的人，曾经不费吹灰之力就得到一只兔子，但此后他就再也没有得到半只兔子。所以，不要指望不劳而获的成功。

## 勤奋是克服“先天不足”的良药

勤奋是成功的点金石，是克服先天不足的灵丹妙药。一个勤奋的人，即使一开始没有表现出惊人的天赋和过人的才华，但是只要他能够踏踏实实、坚持不懈，最终将比那些浅尝辄止、反复无常的天才取得更大的成绩。如果你有着很高的才华，勤奋会让它绽放无限的光彩。如果你智力平庸、能力一般，勤奋可以弥补全部的不足。

爱因斯坦小时候，有一次上制作课，老师要求每个人做一件小工艺品。课堂上，老师让学生们把自己的作品拿出来，一件一件地检查。当老师走到爱因斯坦面前时，他停住了。他拿起爱因斯坦制作的小板凳（那可不是一件成功的作品）问爱因斯坦："世上难道还有比这更坏的小板凳吗？"

爱因斯坦以响亮的回答告诉老师说："有！"

然后，他又从自己的小桌里拿出了一个板凳，对老师说："这是我做的第一只。"

自身的缺点并不可怕，可怕的是缺少勤奋的精神。自身之拙，可能会成为我们成功路上的障碍，但伟人、名人都是在克服障碍后得到桂冠的。如果我们始终不放弃理想的话，即使是太行、王屋二山那么大的障碍，也会被我们用愚公移山的精神，用勤奋一点点地挖掉。NBA 的球星巴克利就是一个很好的例子。

1963 年 2 月 20 日，巴克利出生在美国亚拉巴马州一个名叫里兹的偏僻小镇里。在这个只有 6000 人的贫穷小镇，巴克利一出生就遭遇了与当时很多贫穷黑人小孩一样的不幸。刚出生 6 个星期，小巴克利就由于患有贫血症而进行了一次全身换血的大手术。幸好手术非常成功，他终究逃离了死神的魔掌，幸运地生存下来。

小小年纪的巴克利早已有了自己的目标，他要用篮球来让自己逃离贫穷，他有信心，也有决心。但当时很少有人会相信巴克利可以做到，甚至讥笑他在做白日梦，因为他没有表现出足够的篮球天赋。在高一的时候，巴克利的身高只有 178 厘米，所以他连校队也没能入选，但近 100 千克的夸张体重使得教练建议他去打美式足球。虽然如此，巴克利还是丝毫不动摇自己的决心，他坚持每天练球，风雨无阻，也毫不理会别人的嘲笑眼光。为了锻炼弹跳力，巴克利每天都在顶端非常尖的栅栏上跳来跳去，吓得他的母亲和外婆心惊肉跳。他要告诉每一个人，他一定可以实现自己的梦想。母亲格莲姆总是最支持儿子的人，一直在鼓励着巴克利，让他坚持自己的理想。苍天不负有心人，经过一年的苦练，巴克利的球技有了很大的进步，他终于在高二的时候进入了校队。进入校队后，巴克利只能做替补，出场时间少得可怜，但他依旧没有怨言，一上场必倾尽全力，场下他也是训练最刻苦的一个。升高三的那个夏天，巴克利奇迹般地疯长了 15 厘米，体重也增加了 10 千克。这样，巴克利就有了一个很好的篮球运动员身材，再加上他刻苦练就的一身好球技，他终于成为里兹高中篮球队的首发球员。凭着对篮球的热爱，经过不懈的努力，巴克利实现了他儿时的梦想。他终于实现了自己对母亲的承诺，用篮球给母亲带来美好的生活。

出生在一个一贫如洗的家庭，一个受尽白眼的胖小子坚持自己的理想，遭挫而不折，遇悲能不伤，最后经过自己的努力成功了。巴克利的成长经历就是一个靠勤奋克服自身局限的故事，值得我们每一个人深思。巴克利说："世上大多数人，并不知道该如何才能从芸芸众生中脱颖而出。但我在孩提时代便已经决定无论我做什么，我都一定要成功。记住！只要你下定决心要成功，那么将没有任何人能阻止你。"

天才出于勤奋。著名数学家华罗庚说："勤能补拙是良训，一分辛勤一分才。凡是在某一领域被称作天才的人，无一不是经过辛勤的汗水才换来这样的荣誉的。"

英国画家雷诺兹曾对天才做过这样的阐释：天才除了全身心地专注于自己的目标，工作非常刻苦努力之外，与常人并无两样。

如果你想在自己的生涯中取得令人骄傲的成绩，就应当为自己定下一个目标，并为之锲而不舍地努力。

## 每天多做一点点

富兰克林说过，“做得好胜于说得好”。无论什么事，都要勤奋地做，脚踏实地地做，默默地在自己脚下多垫些“砖头”，这样，你才会更加接近成功。俗话说，一分耕耘，一分收获。生活是公平的，付出越多得到越多。每天多做一点点，积少成多，时间长了，你就会实现自己的理想，收获自己想要的成功。

神原裕司郎是一位诚实淳朴的日本青年。他没有什么学历，家庭也不富裕，但他从不自卑。因为他认为，在这个充满机会的社会，只要勤劳肯干，迟早有出头之日。从少年时代起，神原便出外打工，到 18 岁时，他已拥有一辆自动卸货车。他每天驾驶这部车四处去工地找活干。

一到工程现场，他就找负责人问：“你们有没有工作给我做？我有一辆倒土车，工钱我是不计较的。”他有时会遭白眼，有时没人理他，但他毫不气馁，往来于横滨、名古屋、滋贺县的工程现场找零工做。第二年，他回到故乡仓敷市。

当时，仓敷水岛地区正在移山填海、大兴土木，准备开发一个庞大的新工业区。

这充满活力的情景使这个 19 岁的年轻人很振奋，因为他知道，自己的发展机会来了。

他想，使用倒土车工作效率太低，发展实在有限，应该买一辆最新式的推土机，才不会长期在蝇头小利中打滚。但一辆轻型的推土机要100万日元，至少也得先付50万日元。于是，他把唯一的倒土车卖掉，得款25万日元，再向银行借了25万日元，买了一部推土机。

推土机买来之后，他又抱着很大的期望，像以前一样在水岛地区到处找零活做。

由于这台机器工作效率佳，神原又不斤斤计较工钱，所以，没多久，他就不用辛辛苦苦四处找工作，反而工作来找他。对找上门来的工作，神原几乎是来者不拒，每天甩开膀子大干，忙得连睡觉的时间也没有。他的收入也很可观，每天能赚6万日元。

这样超负荷地苦干一年后，神原又买了一台挖土机和一台大功率推土机。此后他的发展像旋风一般，3年后，他已拥有推土机等土木工程机械10台，成为一名土木工程包工头，并成立了神原重机兴业公司。到28岁时，神原已拥有土木工程机械30台，一年可做2.6亿日元的生意。

神原曾说："没有什么潜能和专长的人，只有靠努力苦干才能有光明的前途，要想出人头地，必须付出超人一倍的努力。我常这么想，就能激发更多的精力，废寝忘食地工作。"这是神原成功的秘诀，也是所有成功人士共同遵循的原则。

# 第三章　注重行动

## ——在行动中实现梦想

### 只有行动才能让计划变成现实

只有行动才能让计划变成现实。一张地图，无论绘制得多么翔实，比例多么精确，也永远不可能带着主人周游列国；严明的法规条文，无论多么神圣，永远不可能防止罪恶的滋生；凝结智慧的宝典，永远不可能缔造财富。只有行动才能使地图、法规、宝典、梦想、计划、目标具有现实意义。

安妮是一个可爱的小姑娘，可是她有一个坏习惯，那就是她每做一件事时，总是爱让计划停留在口头上，而不是马上行动。

和安妮住在同一个村子里的詹姆森先生有一家水果店，里面出售本地产的草莓。一天，詹姆森先生对安妮说："你想挣点钱吗？"

"当然想，"她回答，"我一直想有一双新鞋，可家里买不起。"

"好的，安妮。"詹姆森先生说，"隔壁卡尔森太太家的牧场里有很多长势很好的黑草莓，他们允许所有人去摘。你去摘了以后把它们都卖给我，1夸脱我给你13美分。如果你摘得足够多的话，就有钱买你想要的新鞋了。"

安妮听到可以挣钱，非常高兴。于是她迅速跑回家，换上衣服，拿上一个篮子，准备马上就去摘草莓。

这时，她不由自主地想到，要先算一下采 5 夸脱草莓可以挣多少钱比较好。于是她拿出一支笔和一块小木板，计算结果是 65 美分。

“要是能采 12 夸脱呢？”她计算着，“那我又能赚多少呢？”她得出答案，“我能得到 1 美元 56 美分呢！”

安妮接着算下去，要是她采了 50 夸脱、100 夸脱、200 夸脱，詹姆森先生会给她多少钱。她将时间花费在这些计算上，已经到了中午吃饭的时间，她只得下午再去采草莓了。

安妮吃过午饭后，急急忙忙地拿起篮子向牧场赶去。而许多男孩子在午饭前就到了那儿，他们快把好的草莓摘光了。可怜的小安妮最终只采到了 1 夸脱草莓。

回家的途中，安妮想起了老师常说的话：“办事得尽早着手，干完后再去想。因为 1 个实干者胜过 100 个空想家。”

只有行动才能让计划变成现实。成功在于计划，更在于行动。目标再伟大，如果不去落实，永远只能是空想。

在一次行动力研习会上，培训师做了一个活动。他说：“现在我请各位一起来做一个游戏，大家必须用心投入，并且采取行动。”

他从钱包里掏出一张面值 100 元的人民币，说：“现在有谁愿意拿 50 元来换这张 100 元人民币。”

他说了几次，都没有人行动，最后终于有一个人跑向讲台，但仍然用一种怀疑的眼光看着老师和那一张人民币，不敢行动。

那位培训师提醒说：“要配合，要参与，要行动。”

那个人才采取行动，终于换回了那 100 元。那位勇敢参与者立刻赚了 50 元。

最后，培训师说：“凡事马上行动，立刻行动，你的人生才会不一样。”

再美好的梦想，离开了行动，就会变成空想；再完美的计划，离开了行动，也会失去意义。青少年朋友要想实现自己的理想，就应当注重行动，在行动中实现自己的梦想。

## 用目标激励行动

目标是一个人成功路上的里程碑。目标能给你一个看得见的靶子，当你一步一个脚印去实现这些目标时，就会有成就感，就会更加信心百倍，向高峰挺进。

成功学专家拿破仑·希尔说过，不甘做平庸之辈的人，必须要有一个明确的追求目标，这样才能调动起自己的智慧和精力，全力以赴为自己的目标而行动。

目标是一种持久的热望，是一种深藏于心底的潜意识。它能长时间调动你的创造激情，调动你的心力。你一旦具有强烈的愿望，就会产生一种原子能般的动力，就会有一种钢铸般的精神支柱；一想到你的目标，你就会为之奋力拼搏，就会忘我地投入行动。

目标是一个人行动的动力，现实生活中，我们发现那些最终获得成功的人始终会将目光集中在他们的目标上，他们常常在向目标奋进的过程中运用想象提醒自己的目标所在。

奥林匹克运动会十项全能金牌获得者詹姆斯·卡特为了实现自己的目标，用运动器械装备了整个寓所，以便每天提醒他去实现自己的目标。他将十项全能每个项目的器械放在他不训练时也不得不看到的地方，跨高栏是他最差的一项，他就将一个栏放在起居室的正中央，每天必须跨越 30 次；他的门把手是个铅球；杠铃就放在室外廊檐下；撑竿跳高用的竿子和标枪在沙发后竖立着；壁橱里放着他的运动制服、棉织套服和跑鞋。詹姆斯说这种不寻常的陈设在他准备奥运会夺冠的过程中，帮助他改善了他的竞技状态。

已故网球名将阿瑟·艾虎早年有类似的经验。

艾虎是打破网球界人种限制的唯一特例，在他之前，网球界一直是白人的天下。他的一生可说是一连串设定并达到目标的过程。

艾虎一生都坚持这样的信念："每次你订立一个目标，然后完成那个目标，这样你就可以在目标的激励下不断前进。"

他订立一个目标，一旦达到那个目标，他就再订立一个新的目标。为什么呢？他解释道："我相信，自信能改变一个人。自信也能扩散到生活中很多不同的层面，使你不但对自己的专长更有自信，而且会对很多其他的事提高信心。相信自己也能做到，大可运用在其他工作或另外一组目标上。"

艾虎就是运用这种订立目标的方法，登上了网球王座的。他说："我早年的几位教练常订立清楚明确的目标，这正是我愿意遵循的。这些目标不见得一定要像赢得巡回赛这么重大，而是将一些有待克服的困难、需要努力与计划的事订立为目标。如果能达到这个目标，一定会有某种收获。不过我要再强调，不是只有赢得巡回赛才可以作为目标，往往一些小目标渐渐一个个地达到后，我自己都会意外地发现：'嘿！我距离得大奖已经越来越接近了。'"

艾虎一直以这种方式参加高难度的比赛。他说："参加巡回赛，总想能进入复赛。比赛时，总希望漏接的反手球不超过某个数字。或者是必须锻炼体力到一定的程度，天气太热时，才不至于很快就感到疲倦。这一类的小目标，可以帮助你将成为世界第一或赢得巡回赛这类的远大目标分解开来，变得更容易。”

因发现DNA结构而荣获诺贝尔奖的美国科学家莫里斯·威尔金斯说道：“癌症的种类实在太多了。我正设法治愈某些癌症。当然我们希望能治愈的越多越好。但是，你一定要把治疗某类癌症这一目标分解成很多短期内可以完成的中程目标。明天就治愈结肠癌不能算是中程目标，我们目前的目标只是先认识这个病症。这个过程还牵涉很多不同的步骤。没有人愿意身陷挫折之中。每次实现一个小目标，将会是你快乐的源泉。”

用目标激励行动，你会发现自己在完成了一个又一个目标之后，正一步步地走向成功，而不是总耽于空想或者疏于行动。

## 做好行动前的准备

第二次世界大战期间，具有决定性意义的诺曼底登陆是非常成功的。为什么那么成功呢？原来美英联军在登陆之前做了充分的准备。他们演练了很多次，他们不断演练，演练登陆的方向、地点、时间以及登陆需要做的一切事情。最后真正登陆的时候，已经胜券在握，登陆的时间与计划的时间只相差几秒钟。这就是准备的力量。

古人说得好，有备无患。只有充分准备才能换来最好的结果。一个人准备工作做得越充分，成功的可能性就越大，我们常说：养兵千日，用兵一时。这也是一种准备哲学。

飞人迈克尔·乔丹是美国篮坛有史以来最顶尖的球员，被称为篮球之神。他具备所有成为篮球王的特质和条件，他打任何一场篮球比赛，胜算都是很大的。但是，他在参加任何一场重要的赛事之前，都会练习，练习投篮，练习基本动作。他是球队练习最刻苦的人，他是准备工作做得最充分的人。

在吸引了几乎全世界人眼球的拳坛世纪之战中，当时正如日中天的泰森根本没有把已年近不惑的霍利菲尔德放在眼里，自负地认为可以毫不费力地击败对手。同时，几乎所有的媒体也都认为泰森将是最后的胜利者。美国博彩公司开出的是 22 赔 1 泰森胜的悬殊赔率，人们也都将大把的赌注押在了泰森身上。

在这种情况下，认为已经稳操胜券的泰森对赛前的准备工作——观看对手的录像，预测可能出现的情况及应对措施，保证自己充足的睡眠和科学的饮食方面都敷衍了事。

但是，比赛开始后，泰森惊讶地发现，自己竟然找不到对手的破绽，而对方的攻击却往往能突破自己的漏洞。于是，气急败坏的泰森做出了一个令全世界都感到震惊的举动：一口咬掉了霍利菲尔德的半只耳朵！

世纪大战的最后结局当然是：泰森成了一位可耻的输家，还被内华达州体育委员会罚款 600 万美元。

泰森输在准备不足。当霍利菲尔德认真研究比赛录像、分析他的技术特点和漏洞时，泰森却将教练准备的资料扔在了一边；当对手在比赛前拼命热身、提前进入搏击状态时，他却和朋友在一起狂欢。虽然泰森的实力确实比对手高出一筹，从年龄上也占尽了优势，但他最后却一败涂地。

霍利菲尔德的成功和泰森的失败重要的一点在于准备。是的，每一个差错往往因准备不足，每一项成功又往往因准备充分。

只有真正地重视准备，扎实地把准备工作都做到位，才能从根本上保证你不犯或少犯错误。葡萄牙波尔图足球队的前主教练穆里尼奥说过一句很著名的话："当准备的习惯成为你身体的一部分，它就会永远在那里，并帮助你取得令人惊讶的胜利。"

穆里尼奥率领球队征战欧洲冠军联赛时，几乎没有人相信他们能杀入决赛，更别提夺取冠军了。但结果却使所有人都大跌眼镜，这个从队员到主教练都籍籍无名的俱乐部，竟然得到了欧洲足球的最高荣誉。

确实，波尔图的队员们和皇马、米兰等大牌球队的球星相比，无论名气上还是实力上都相差悬殊；当时的穆里尼奥和卡佩罗、马加特、扎切罗尼等知名教练相比，也不可同日而语。但穆里尼奥却有一个胜利的武器：对准备工作超乎寻常的重视。他几乎观看了所有对手最近的每一场比赛，可以说，所有对手的技术特点、战术风格、最近的状态……他都了如指掌，甚至对比赛当天的天气、场地草皮的状况，他都进行了详细的了解并制定了相应的对策。结果在决赛当天，他使用的队员、阵形、战术打法都直指对方的软肋，就像他夺冠后所说的那样："如果大家知道我们为了取得胜利而研究了多少场比赛，准备了多少资料，筹划了多少方案，就会认为这个冠军我们当之无愧。"

功成名就的穆里尼奥在夺冠的第二年来到英超球队切尔西，这里会集了很多世界级的大牌球员。当穆里尼奥和这些队员们第一次见面的时候，他所做的第一件事是打开随身携带的笔记本电脑，开始如数家珍地介绍这些球员：从技术风格、进球数、身高体重，甚至详细到哪些球是左脚打进的、哪些球是右脚打进的，都了如指掌。穆里尼奥的这一举动一下子就震住了这些球星。不过，这只是开始，他们更没有想到的是，主教练这种近乎完美的准备工作会使他们在后面的比赛中取得一个又一个胜利。

提起准备，也许有人会说："准备没有什么了不起。"但就是这不起眼的准备，却能造就神奇的成功；反之，也能造成痛苦的失败。

## 拒绝拖延，今日事今日毕

拖延是无谓的耽搁，不仅无助于问题的解决，而且会让问题变得越来越糟。那些遇事拖延的人只会让自己处处陷入被动，即便是机会到了他们面前，他们也抓不住。

有一位猎人，带着他的袋子、弹药、猎枪和猎狗出发了。虽然人人劝他在出门之前把弹药装进枪筒里，他还是带着空枪走了。

他嚷道："以前我没有去过吗？天空中不就只有一只麻雀吗？我真正走到那里，得一个钟头，哪怕我要装 100 回子弹，也有的是时间。"

但是，他还没有走过开垦地，就发现一大群野鸭密密地浮在水面上，我们的乡村猎人一枪就能打中六七只，毫无疑问，够他吃上一个礼拜的，如果他出发时就在枪筒内装好了子弹的话。如今他匆匆忙忙地装着子弹，可是野鸭发出一声鸣叫，一齐飞起来了，高高地在树林上方排成长长的一列，很快就飞得看不见了。

他徒然穿过曲折狭窄的小径，在树林里奔跑搜索。树林是个荒凉的地方，他连一只麻雀也没有见到。更糟糕的是，一声霹雳，大雨倾盆。浑身都是雨水，袋子里空空如也，猎人只好拖着疲乏的脚步走回家去了。

我们在一生中，总有种种的憧憬、种种的理想、种种的计划。假使能够将一切憧憬都抓住，将一切理想都实现，将一切计划都执行，那么事业上的成就，不知要怎样宏大，我们的生命，不知要怎样伟大。然而我们却总是惯于拖延，一拖再拖，有理想不能实现，有计划不去执行，终于坐视种种憧憬、理想、计划幻灭并消失。

梦想和成功并不遥远。如果下定决心立刻去做，你心中最热望的梦想定会实现。王牌保险销售员查尔斯正是如此。

查尔斯是一个打猎爱好者，他最喜欢的生活是带着钓鱼竿和猎枪步行到森林里，过几天以后再回来，虽然筋疲力尽、满身污泥，却快乐无比。

这类嗜好唯一不便的是，他是个保险推销员，打猎、钓鱼太花时间。有一天，当他依依不舍地离开心爱的鲈鱼湖，准备打道回府时，突发异想：在这荒山野地里会不会也有居民需要保险？那他不就可以在户外逍遥的同时工作了吗？结果他发现果真有这种人：他们是阿拉斯加铁路公司的员工。他们散居在沿线 50 里各段路轨的附近。那可不可以沿铁路向铁路工作人员、猎人和淘金者推销保险呢？

查尔斯就在想到这个主意的当天便开始积极计划。他向一个旅行社打听清楚以后，便搭上船直接前往阿拉斯加。

查尔斯沿着铁路沿线开始了他的工作。

很快他就成为那些与世隔绝的家庭最欢迎的人，不只因为在他之前没有人愿意跟他们打交道，还因为查尔斯代表了外面的世界。

查尔斯还学会了理发，免费替当地人服务。

他还无师自通地学会了烹饪，由于那些单身汉吃厌了罐头食品和腌肉，他的手艺自然使他变成了最受欢迎的贵客。同时，他也正在做自己最想做的事，徜徉于山野之间、打猎、钓鱼，过着自己想要的生活。

今日之事今日毕。今日有今日的事，明日有明日的事。今日的计划，今日的事情，今日就要去做，一定不要拖延到明日，因为明日还有新的计划和新的事情。

那些在事业上成功的杰出人士总能够克服一般人具有的拖延的毛病，就是因为他们明确地知道时间的易逝、时间的可贵，所以，对于时间，他们总是像对待生命那样珍惜。

维克多·雨果是19世纪法国著名作家。有一回，他为了创作一部新作品，紧张地投入工作中。可是，外面不断有人来邀他去赴宴，出于礼节，他不得不去，为此浪费了好多时间。最后，他想出了一个绝妙的办法，把自己的头发剪去一半，又把胡子剪掉，再把剪子扔到窗外。这样，他就不好出去会客，不得不待在家里专心致志地埋头创作。

他把这种办法称为“合理的方式”。

拖延是每个人都会有的坏习惯，那些杰出人士为了打败拖延这个敌人，往往会给自己制订严密而又紧凑的工作计划，然后坚决地去执行它。

人们问富兰克林：“你怎么能做那么多的事呢？”

“您看看我的时间表就知道了。”

他的作息时间表是什么样子呢？

5点起床，规划一天事务，并自问：“我这一天要做些什么事？”上午8点至11点，下午2点至5点：工作。中午12点至1点：阅读、吃午饭。晚6点至9点：吃晚饭、谈话、娱乐，考查一天的工作，并自问：“我今天做了什么事？”

朋友劝富兰克林说：“天天如此，是不是过于……”

“你想爱生命吗？”富兰克林打断朋友的话，“那么别浪费时间，因为时间是组成生命的材料。”

平庸的人总是有着计划而不去执行，而优秀的人总是知道：做以前留下来的事情，会是多么不愉快，而且让人觉得困难丛生。

拖延的习惯往往会妨碍人们做事，会打消一个人做事的热忱，消灭人的创造力。杰出的作家、翻译家林语堂先生对这个问题有一个非常艺术化的比拟：有一天，一个神奇美妙的影像，突然闪电一般地袭入一位艺术家之心胸。但是他不想立刻提起画笔，将那不朽的影像形成在画布上；这个影像占领了他全部的心灵，然而他总是不跑进画室，埋首挥毫；最后，这幅神奇的图画，渐渐地在心灵上淡去了！

塞万提斯说：“取道于‘等一会儿’之街，人将走入‘永不’之室！”说的正是这个道理。

命运无常，良机难再。那些卓越人士的成功就在于，每当有某种天才的、美妙的设想出现在心里的时候，他们绝不会拖延，而是抓住机会，动手去做。

# 第四章　崇尚运动

## ——运动是生命的节奏

### 挑战生命的极限

挑战极限是一种很重要的体育竞技精神。体育竞技的一个重要目的就是把人的体能推到一个极限。人类运动史上有很多运动项目，比如马拉松、超长马拉松等竞技项目都是为了向人类忍耐力的极限发起挑战。养成一种敢于挑战自我极限的习惯，以及具有挑战自我极限的体验对于青少年的成长来说大有裨益。

我们都知道美国电影《阿甘正传》表现的是一个被常人称为低能的人成功的故事。阿甘之所以能够成功，从某种意义上讲，是由于他自己并不知道自己智商和常人不一样。这使我们联想到动物界的故事。有一种动物叫大黄蜂，它的身体肥大笨重，翅膀却十分短小。生物学家根据空气动力学原理，并经过仔细计算，最后断言，大黄蜂是绝对不可能会飞的。但令人不解的是，大黄蜂不仅能飞，而且飞行速度远远超过一般的蜜蜂。这是为什么？因为大黄蜂并不知道自己不会飞。

挑战自我极限，意味着我们要勇于超越，敢于打破自己体能和意志上的局限，就像奥运精神所倡导的那样，努力向“更快、更高、更强的目标迈进”。敢于挑战自我极限是推动人类文明发展的重要动力，而不是异想天开。无数事实证明，人的潜能是超乎自己的想象的。

20 世纪 80 年代，有一艘叫赫尔瑟的渔船因为没有得到警告，在驶近冰岛时，撞入水下渔网并遭遇大潮而翻了船。当事件发生时，船上有五个人，两个在甲板下，当船像龟壳一样翻扣过来时，他们不是被淹没了，就是因寒冷休克窒息而死。另外三人一起待在寒冷的黑暗中，他们牢牢地抓住翻转的船的龙骨。他们知道，和船待在一起获救的可能性最大，但仅仅几分钟后，船身沉没了，他们很快就失去了这种选择。他们当时被困在离岸 4.8 千米的地方，气温在 0℃以下，水温大约 5℃。

很多专家认为他们已经毫无生还的希望，因为在这种情况下，能够存活的时间不会超过 20 分钟。除此之外，专家还做出这样的预测：如果他们看到远处岸上的灯光并向它游去的话，他们生存的时间有可能还要缩短。计算机模型和实验数据都发现同一个奇怪的事实，就是当淹没在寒冷水域中的人试图通过游动来努力保持温暖时，他们反而会冷得更快——寒冷的水流冲泡他们的衣服所引起的热量流失会大大地超过他们在运动中产生的热量，这是因为水对热的传导能力比空气的传导能力要强 25 倍以上。

那三个人也许并不了解理论上所指出的危险，在意识到救援不会马上到来后，他们开始向岸边游去，为了求生大家用尽了全身的力气。居然有一个人活了下来，他就是 23 岁的戈罗・弗雷多。据弗雷多回忆，游了不到 10 分钟，他就发现寂静的黑暗中只剩下他一个人。但他接着向前游去，尽管腿和胳膊的疼痛使游动变得很困难，他仍一直保持着运动。他一直游了 6 个多小时，直到天色泛亮，太阳升起，他发现自己靠近了一个海滩。后来，他被涨潮的潮水冲上海滩，上了岸，看到不远的地方有一座农舍，他步履蹒跚地跑到那儿，告诉人家发生了什么。

戈罗·弗雷多的故事告诉我们，人的潜能是无穷的，如果你勇于挑战，你的潜能就会被无限制地激发出来。

数千年来，人们一直认为要在4分钟内跑完1.6千米是件不可能的事。不过，在1954年5月6日，美国运动员班尼斯特打破了这个世界纪录。他是怎么做到的呢?

每天早上起床后，他便大声对自己说:“我一定能在4分钟内跑完1.6千米！我一定能实现我的梦想！我一定能成功！”这样大喊100遍，然后他在教练库里顿博士的指导下，进行艰苦的体能训练。终于，他用3分56秒6的成绩打破了1.6千米长跑的世界纪录。有趣的是在随后的一年里，竟有37人进榜，而再后面的一年里更高达200多人。

在现实生活中，当一件事被认为是不可为时，我们就会为不可为找到许多理由，例如：我的智商没有别人高；我吃不了苦；我天生腼腆，不善于和生人打交道……从而使这个不可为显得理所当然，我们也就当然不会采取积极有效的行动，最终的结果肯定是这件事真的成了不可为了。

德国数学家高斯在上中学的时候，有一次，他在数学课上打瞌睡，下课铃响了，他醒了过来，抬头看见黑板上的一道题目，以为是当天的家庭作业。回家后，他埋头演算，一开始怎么都算不出来，但他还是锲而不舍。最后，他终于算出来了，并把答案带到课堂上。老师见了，不禁瞠目结舌，原来那是一道被认为是无解的题。那么高斯为什么能算出那道题目呢?因为高斯不知道那道题目是没有答案的。

只要勇于挑战，你就能够击败许多“不可能”，充分地激发出个人的潜能。青少年处于人生成长的黄金时期，更应当培养自己挑战极限的精神，让自己的青春岁月中多留下一些挑战自我极限的体验。

## 养成热爱运动的好习惯

医学上早已发现，身体受损引起的各种生命障碍，皆因人体对外部环境不适应所致。为了保证机体内部与自然界的变化相适应，必须始终处于运动状态中。

早在公元前300年，古希腊伟大思想家亚里士多德就提出了“生命在于运动”的名言，深刻寓意了运动对身体健康所起的重要作用。后来，医学和生理学关于“适者生存”的理论，明确地说明：人的健康状况和工作效率，不仅取决于全身各器官、系统的功能和相互协调，而且取决于整个身体对自然和社会环境的适应能力。怎样才能获得这种“适应能力”呢？经人们长期探索，终于得出这样一个结论：获得对环境的适应能力应是长期锻炼的结果。不同人对环境适应能力的差异，除受制于不同的生活环境外，在相当程度上与体育锻炼息息相关。

美国著名心血管专家肯尼思·库柏博士指出，只要参加运动就一定会受益。对脑力劳动者尤其是如此。据统计，1968年美国有24%的成人开始运动，在此后的15年里，美国心肌梗死亡率下降37%，高血压死亡率下降60%，人的平均寿命从70岁增至75岁。可见，运动是“健脑剂”，是健康的“催进剂”。让我们走进运动场，尽情活动自己吧。

有一句古话：“工欲善其事，必先利其器。”就是说，聪明的匠人决不会使用已经损坏的工具。天下没有一个理发师用迟钝的剪刀而指望其生意兴隆，也没有一个木匠用迟钝的锯子和斧头而指望其做工精良。

健康是人生的第一财富，是成功的载体，如果没有健康的身体做保证，理想、事业、幸福、成功都将不复存在。运动不仅可以让我们的身体保持健康，而且是一种很好的调节方式。

有时候学习太紧张，我们往往很少主动去参加运动。长时间的伏案学习后，脑细胞得不到充足的血液和氧气供应，容易出现疲劳，感到头昏脑涨。也有的时候，因为一些事情，我们会感到沮丧、困惑或无聊。

在这些情况下，或许我们能采取的最好办法就是像阿甘那样：停止学习，或者放下不愉快的情绪，去做一些自己比较喜欢的体育运动，如跑步、打球等。运动不仅有利于我们的身体健康，而且具有解除大脑疲劳、振奋精神、调节心理状态等神奇功效。

没有规定说哪一种运动方式最好。有的人喜欢像阿甘那样跑步，有的人则喜欢骑车，还有的人喜欢滑冰、跳舞或做操。

不管任何运动，只要勤加练习，就能帮助维持自己的健康。当然要注意到，如果运动过度，会造成疲劳，反而有可能会影响健康。若花大量时间运动，没有顾到学习和其他事情，也会适得其反，所以凡事一定要适度。

最后，要以平常心去努力锻炼，因为当心里感到平静安稳的时候，身体才会跟着感到舒服。

一位世界级运动员曾经说过一句很经典的话："当我的肉体疲倦了，我的精神也随之得到休息。"

从现在开始，选择一两种适合自己的并且能够长期坚持下去的运动项目，甚至把它作为自己的一种爱好，乐此不疲。长期坚持下去，运动就会成为你的一种生活习惯。

## 学会放松，释放心中的压力

人们一直生活在两种压力中：一是作用于躯体的物理压力，如大气压、地心吸引力、心脏压力等，这些压力维持生命形式；二是内在的精神压力，如生存竞争的压力、对危险与死亡的恐惧、人际压力、情绪与情感的压力等，这些压力保持人的警觉（清醒状态）和合适的行为模式。

可见，压力并不都是无益的。研究压力于人类身心影响最有名的加拿大医学教授赛勒博士曾说："压力是人生的香料。"他提醒我们，不要认为压力只有不良影响，而应转换认知和情绪，多去开发压力的有利影响，本来人类在其一生中，就无法摆脱压力。

既然无法逃避压力，就要学习与压力共处，若无法和平相存，甚至克服压力来获得回馈，则可能导致各种身体与精神疾病，天天受到压力的折磨，不仅对工作人员及家庭生活造成伤害，同时也导致企业生产力和竞争力下降，甚至造成无法弥补的损失。

学习与压力共处，首先要对压力有所觉察。机体对压力往往有一种天生的吸收—缓冲机制，一般的生活压力会被身体转化成活力与激情。如果一个人生活在流动的、不停变化的压力丛中，他的机体不仅可以是健康的，也是有饱满能量的。压力过小的生活让人消沉、昏昏欲睡、思维变慢。但有两种压力可能使机体调节失常，一是突如其来的过大压力，二是持续不变低量的压力。觉察压力有三个层次：大的压力引发纷乱的情绪；较大的压力带来躯体各种不适反应；过大的压力出现意识缩窄，对环境反应迟钝，身心处在崩溃的边缘。

与压力共处的第二个原则是平衡。躯体与精神两种压力之间存在着某些联系，当躯体压力大，精神压力也会慢慢增大，反之亦然。通过放松来释放躯体压力，精神的压力也随之释放。当我们集中精力工作太久，或者长期处在竞争的状态里，可通过身体的放松来释放精神的压力。

与压力共处的第三个原则是保持积极心态。良好的心态可增加人们应对压力的能力，不良的心态本身就像一团乱麻，干扰人的内心。当然，更主要的是要对压力有正确的观念。压力并不可怕，可怕的是我们对压力有不恰当的观念与反应。越怕压力就越会生活在压力的恐惧中，喜欢压力的人在任何压力面前都会游刃有余。

如果学会与压力共处，就可把压力变成实实在在的动力：行为有效、感情丰富、精力充沛。

身为现代社会的一分子，面对堆积如山的工作和归家之后繁忙的家庭杂务，一定要懂得如何放松自己。

要想放松自己，首先应当合理安排自己的时间。给自己制作一个工作和休息时间表，并严格执行它。工作的时候就努力工作，放松的时候就无牵无挂地放松。保证自己有足够的放松时间，不要无限地延长工作时间，而让自己变成一台工作的机器。

其实，放松并不一定非要你空出一大段时间来，它往往需要你见缝插针、见机行事。

约翰·洛克菲勒创造了两项惊人的纪录：他赚到了当时全世界为数最多的财富；活到了 98 岁的高龄。他是如何做到这两点的呢？当然他家里的人都很长寿，另外一个原因是，他每天中午在办公室里睡半个小时午觉。而在睡午觉的时候，哪怕是美国总统打来的电话，他都不接。

聪明的人不仅知道抓紧时间工作，更懂得抓紧时间放松。

工作累了，你可以换个坐姿，也可以想想以前的开心事；眼睛疼了，你可以做一套眼保健操；午休时，你可以读几篇美文，也可以看几则笑话；等人的时候，你可以闭目养神；坐车的时候，你可以戴上耳机听听音乐，让自己沉浸在音乐的海洋里；等等。

下面是一些可以在你自己家里做的运动。你可以尝试着做一下。

只要你觉得疲倦了，就平躺在地板上，尽量把你的身体伸直，如果你想要转身的话就转身，每天做两次。闭起你的眼睛，像心理专家所建议的那样想："太阳在头上照着，天蓝得发亮，大自然非常沉静，控制着整个世界——而我，是大自然的孩子，也能和整个宇宙协调一致。"

如果你不能躺下来，你可以坐在一张椅子上，得到的效果也完全相同。在一张很硬的直背椅子里，像一个古埃及的坐像那样，然后把你的两只手掌向下平放在大腿上。现在，慢慢地把你的十只脚指头蜷曲起来，然后让它们放松；收紧你的腿部肌肉，然后让它们放松；慢慢地朝上，运动各部分的肌肉，最后一直到你的颈部。然后让你自己的头向四周转动着，好像你的头是一个足球。要不断地对你的肌肉说："放松……放松……"

想想你脸上的皱纹，尽量将它们抹平，松开你皱紧的眉头，不要闭紧嘴巴。如此每天做两次，也许你就不必再到美容院去按摩了，也许这些皱纹就会从此消失。用很慢很稳定的深呼吸来平静你的神经，要从丹田吸气。印度的瑜伽术就是很有用的方法，有规律的呼吸是安抚神经的最好方法。

# 第三篇
# 百年哈佛教给学生的杰出本领

“先学会生存，才能学会生活。”对于哈佛大学来说，培养学生的生存本领远排在教授具体的知识之前。自我定位、终身学习、把握机遇……只有拥有了这些杰出的本领，才能游刃有余地面对各种机遇和挑战，才能比别人更快地获得成功。

# 第一章　给自己一个准确定位
## ——认识你自己

### 给自己做个“盘点”

这个世界纷繁复杂，外界环境日新月异，社会万象丰富多彩。人们可以用一双明亮的眼睛和一颗明净的心灵去认识外面的世界，审视世间万事万物。然而，在审视世间万事万物的过程中，人们最难认清的不是那些看似复杂的事物，也不是身边的其他人，而恰恰是你自己。

你是否真正了解自己？你是否曾审视过自己的兴趣、爱好、专长、能力？你是否清楚自己的性格特点是怎样的？是否知道自己适合做哪种类型的工作？

泰戈尔说过：“你看不到自己，你所见的仅是你的影子。”

你只有通过参与学校的各项活动，才能逐步清楚地了解自己的能力、兴趣、人格特点、价值观等，进而欣赏自己的特长，了解自己的不足，做到扬长避短，充分发挥自身潜能。

在希腊帕尔纳索斯山南坡上的神殿门上，写着这样一句话：“认识你自己。”人们认为这句格言就是阿波罗神的神谕。古希腊哲学家苏格拉底最爱引用这句格言教育别人。

两三千年前的这句格言直到今天还在教育着人类，因为人类还未曾真正地认识过自己。

“不识庐山真面目，只缘身在此山中。”人们不能充分地认识自己、为自己定位的一个很重要的原因，是不能客观地看待自己。最好的解决办法就是将自己视为一个“他者”，即与外界的事物相类似的“其他人”。自己站在客观的角度用另外一种眼光全面地审视自己的兴趣、特长、能力、性格、素质等，得出一个较为客观的结论，为自己定好位。

青少年正处于身心发育的关键时刻，这个时刻为自己做一次“盘点”尤为重要。这个盘点可以让你明白自己擅长什么，从而了解自己的优点以继承发扬、知道自己的缺点以改正。

由于青少年期属于人的心智、性格等不断变化、发展、完善的时期，给自己做“盘点”的工作要随着时间的推移和环境的变化重新进行，随时掌握自身的全面信息，以便于对自己的奋斗目标和行动计划做出适当的调整。

怎样才能为自己做“盘点”呢？以下是几条自我“盘点”的有效途径。

第一，可以从班级和社团组织的各项活动中来了解自己的能力。

对于青少年朋友来说，班级和社团是展示自我的很不错的舞台。想知道自己有没有组织策划能力，可以找个机会组织一次活动试试看，比如组织一次班级春游、一次元旦晚会，看看自己能不能有效地组织协调各方面的人力、物力、财力。

第二，可以从别人对自己的反应中来了解自己的优缺点。

平时，你的身边有没有朋友呢？他们对你的态度是怎么样的？朋友是不是愿意将自己的心里话讲给你听呢？如果你有很多朋友，而且朋友与你相处会感到很轻松、很愉快，这说明你有令别人快乐的优点，你也可以问问你的朋友们为什么喜欢和你在一起，也许他们会告诉你因为你诚实、因为你正直、因为你幽默、因为你认真等。总之，这些都是你的优点，也是你能有好人缘的资本所在。这时，你就要继续保持自己的优点，让它给自己带来更多的好朋友。如果你身边的人看到你就马上躲开，他们的任何事情都不与你分享，这时，你就要问自己到底是哪里出了问题。不要害羞，也不要顾及什么“面子”，你应该去问那些对你不太友好的人：“我错在哪里？”态度要诚恳，并且认真听取他们的意见。他们也许会对你说你太小气、你不守信用、你傲慢、你虚荣，这些可能会让你大吃一惊：“原来我有这么多的毛病！”假如这些缺点真的存在，那你就要努力改正，学得大方一些、更守信用一点、谦虚一些、务实一点，并诚恳地请求这些给你提意见的人随时监督自己，争取早日改掉坏毛病，找回原来的好朋友。

第三，可以在自我反省中了解自己的内在自我。

古人说“吾日三省吾身”，青少年朋友可能做不到一日三省，但这句话中包含的一定要定期进行自我反省的精神实质是你要准确理解的。每隔一段时间，给自己留出一份空闲时间，独自一个人，思考一下自己这段时间都做了什么事情，哪些事情产生了好的影响，哪些事情造成了不良后果，其间自己扮演了什么样的角色，起了什么作用，自己还有哪些方面做得不足，打算怎样改正，对后一阶段的学习、工作、生活有什么样的计划，等等。养成自我反省的好习惯，有助于更清楚地认清自己，也为更好地开展学习和工作打好了思想基础。

第四，可通过有关的心理测验了解自己各方面的特点。

科学的心理测验结果是一个人的潜意识的体现。心理测验大多为设计一个场景测试你的反应，根据不同的反应分析你具有哪些性格特性，进而分析你适合做哪一类型的工作。目前，广泛流行的还有根据血型、星座等对人的性格进行测试的题目，其科学性虽不很高，但也不是完全没有依据。因为心理测验对人的心理暗示性很强，所以要慎做，要依照科学的方法来做，不可随意相信所谓“权威”的心理测验，以免对自己造成不良暗示。

第五，可以从与心理辅导教师的谈话中了解自己。

心理辅导教师是心理问题方面的专家，他可以帮助你通过日常行为分析你的性格特征或出现的问题，之后“对症下药”，为你提供解决问题的有效办法。有的人不喜欢看心理医生，也不愿意去找心理辅导教师谈话，认为自己去找这些人会被人看成心理有毛病、不正常。实际上，这是错误的看法。大家应该放下思想包袱，怀着放松的心情向心理辅导教师寻求帮助。

“知己知彼，百战不殆。”给自己做“盘点”正是知己的过程，也是为了进一步获取成功打下坚实的基础。

## 选自己能胜任的工作

如果说给自己做“盘点”是为了发现自己的强项，那么选自己能胜任的工作就是发挥强项的过程。

每个人的能力总是有限的。有些人精力旺盛，认为没有自己做不到的事。其实，精力再充沛，个人的能力还是有一个限度的，超过这个限度，就是人所不能及的，也就是你的短处了。每个人都有自己的长处，同时也有自己的不足，这就要选择一项适合自己的工作，充分发挥长处，既保证自己能够胜任，又不会“大材小用”。

人的性格和能力是有差别的，这些差别是长期养成的，不能说哪一种类型就一定好，哪一种类型就一定坏。正是这些不同，每个人所能从事的工作性质就不一样。要想有所作为，首先得明白自己的性格和能力，然后选定一个适合你自己的工作目标。

每个人最好能从事与自己个性相切合的工作，这样就一定会全心全意做好这项工作。世界上最大的悲剧，也是最大的浪费就是大多数人在从事不适合自己个性的工作。过去的社会体制限制着个人，使得他们没有选择的权利；现在的社会，选择余地越来越大，好多人却仍然只是选择或从事从金钱角度看来最为有利可图的工作，根本没有去考虑自己的个性和能力。现在，社会为人们提供了便利的条件和宽松的发展环境，可以自由择业，这样的机会一定要把握好，才不会在年老回首往事时感到遗憾。

选择自己能胜任的工作包含着三层含义。

第一，这是一份符合自己性格特点的工作，也就是说工作适合你。

找到这样一份工作的前提是你充分了解自己的性格等各方面特点，并明确地知道自己想做什么和怎样去做，即有个明确的目标并有达到目标的具体方案。若按人与目标的关系分类，则可将人分为：

（1）确切知道自己在生活中想做什么并且会去做的人。

（2）不知道也不想知道自己想做什么的人。

第二种人害怕自己有目标，他们说："我实际想要的东西从来没得到过，所以我干脆也不去想了。"他们宁愿想别人也想的东西和不会给他们带来任何风险的东西。这些人实际上并不知道他们想要做什么，一个愿望还没出现在他们的意识中，就已被他们扼杀在摇篮里。"我能做到吗？我有资格做吗？别人将会怎么说呢？如果我不能胜任，结果会怎样呢？"如果说这些人也想做些什么的话，那也就只是做些别人想做的而不是他们自己想做的。

（3）看起来非常清楚自己想做什么，而实际上却对此一无所知的人。他们与上面提到的两类人的区别只在于：他们非常重视给别人留下一种印象，那就是他们知道自己想做什么。这使得他们比较自信，看起来也比别人略高一筹。

（4）还有一类人在现实生活中是常见的，就是什么都知道的人，至少他们对什么都了解得比较清楚。青少年朋友要在平时的生活、学习中锻炼自己，知道自己该做什么，该怎样做，这对成长益处颇多。

第二，自己能做这份工作，也就是说你适合这份工作。

这需要你对自己的各方面能力有个正确的认识，既不过分低估自己的能力，也不过分高估自己的能力。

很多人过低估计自己，而且不尝试做些事情去发挥自己被忽略的能力，这绝非偶然。他们的行为准则是中庸的，他们追求平稳，甚至不想全部发挥出自己的实际能力。

在美国西雅图的一所学校，教师对学生做了一项调查：50个学生中只有一个具有天赋。按照他们对“天赋”的理解，他们承认孩子们具有潜在的超常能力。但拥有这些超常的能力又能怎样呢？教师必须承认他们压制了孩子的天赋，在教学上一味地搞平均主义，一味地折中，以致大多数具有天赋的学生也渐渐适应了中庸。学生们深信：只有我得了高分才会得到承认，而当我致力于我的兴趣爱好并继续发展时，就得不到承认。所以，他们从来不知道自己能做什么。

如果说这是教育体制的一个弊端，那么学生本身是否一点责任都没有呢？恐怕并不是这样的。人在安逸的生活中会变得懒惰，在自由的氛围中思想却像上了一把大锁，不能有独立的思维能力。

在平时的学习训练中，你是否都全力以赴，做到最好了？你是否每天将自己的作业做得整洁、清晰？作业是否独立完成并保证正确率？老师、家长交代的每一件事是否都出色地完成了？

第三，这份工作自己能够做好。

这是一个自身能力与目标和现实相互协调、相互统一的过程，也是“胜任工作”所能达到的最高境界和最终目标。“做”与“做好”是不同的，“做好”是“做”的延伸和结果，中间要加入你自己的主观努力和对客观事物的把握。“做”一件事不难，但“做好”一件事并不容易。这需要你既了解自己的能力范围，又了解工作对能力的要求程度，随后适时地调整自己，以达到最好。

## 切勿盲目自大

每个人都会有自己的闪光点和骄傲，但不可将这份骄傲无限放大，脱离实际。盲目自大的人不清楚自己的优点和缺点，他们企图掩饰自己的缺点，而夸大自己的优点。这样的人不但得不到人们的欢迎，还会被人们所厌弃。

有一条涓细的小溪，细小的流水是由山上融化的雪水和天上所下的丝丝雨水汇聚而成的。

一场大雨过后，溪水暴涨，细小的溪流一下子就变成了滔滔的洪水。小溪高兴得忘乎所以，心中滋长了骄傲的情绪，很想把自己升格为一条滔滔的大河。于是，小溪借助雨水的威力，使劲地冲刷两边的堤岸。它卷走泥土，冲塌石块，尽力拓宽自己的河床。

令小溪感到遗憾的是，那可恶的风很快就驱散了带雨的乌云，明亮的太阳又高悬在蓝天了。雨过天晴，溪水骤减，不仅无力再拓宽河床了，而且那小小的溪流也被自己所冲积的泥石挡住了。

青少年朋友就像那一条小溪，能力有限却能够涓涓流动不停息。如果有一天，借助外界的力量我们变得强大了，这时，青少年朋友正确的做法是再次审视自己的能力与成功事件的关系，是否真的是自己的力量促使了事情的成功，有没有外界力量的介入，等等。而不能像小溪一样盲目地想将自己升为更为宽阔的大河。如果没有正确认识自己的能力，当外力不复存在时，青少年朋友恐怕也要被“泥石”挡住了。而这“泥石”不是别的，正是青少年朋友内心滋长起来的那一份狂妄和自大。

盲目自大的人往往过高地估计个人的能力，失去自知之明。心高气傲的人，有的自视过高，总爱抬高自己贬低别人，把别人看得一无是处，总认为自己比别人强很多；有的固执己见、唯我独尊，总是将自己的观点强加于人，在明知别人正确时，也不愿意改变自己的态度或接受别人的观点。自大的人一般很少关心别人，与他人关系疏远。他们经常从自己的利益出发，不太顾及别人。不求于人时，对人缺少热情，似乎人人都应为他服务，结果落得门庭冷落。还有的自大者过度防卫，有明显的嫉妒心，这种人有很强的自尊心，当别人取得一些成绩时，其妒忌之心油然而生，极力去打击别人、排斥别人。当别人失败时，幸灾乐祸，不向别人提供任何有益的信息；在别人成功时，这种人常用“酸葡萄心理”来维持自己的心理平衡。

盲目自大的人不易被社会所接纳，而造成这一障碍的就是他们不切合实际的想法和眼高手低的作风。

了解了盲目自大的诸多害处，青少年朋友可以认真思考一下，自己有没有这种不良的心理倾向，如果有，一定要努力克服。

## 学会从最低级的事情做起

青少年朋友在认清自己的能力、明确自己位置的同时，还要学会从小事情做起。小事情并不是最简单的事情，生活中的小事情往往隐含着许多智慧与信息。

香港某财团的继承人在进入家族企业工作时，并没有直接就任父亲为他安排好的职位——总经理，而是询问公司哪一个部门的工作可以在最短的时间内熟悉公司的所有员工和公司的财务情况，得到的答案是——财务部门。于是，他力排众议到财务部门做了一个小职员。他明白自己的使命不是在财务部门“沉默”，于是利用工作之便，在三个月内便弄清了公司的业务发展情况和公司员工的细节情况。半年后，他才去到父亲为他安排的位置，利用自己掌握的第一手资料对公司运营中存在的弊端进行大刀阔斧的改革，裁减了一批人，提拔了一批人，并对公司账目进行整顿，在短短一年内，公司的利润有了大幅度提高。

试想，如果这个年轻人没有这样一份抱负与智慧，当初“心安理得”地坐到总经理的位子上，而没有深入下面看似低级的岗位上亲身体验，怎么可能那么快就全面了解整个公司的人事与财务状况？怎么可能一针见血地看破公司的弊病所在？又怎么可能如此迅速地对症下药，给公司带来良好的经济效益？这些成绩都源于他能够认清自己的角色与能力，了解自己欠缺什么，肯从小事情做起，来弥补自己的不足。

青少年朋友当有远大志向，才可能成为杰出的人物。但要成为杰出人物，光是心高气盛还远远不够，必须从最低级的事情做起。在你还默默无闻不被人重视的时候，不妨试着暂时转移一下自己的物质目标、经济利益或事业目标，做好普通人、普通事，这样你的视野将更广阔，或许会发现许多意想不到的机会。

如果我们有埋头苦干、锲而不舍的精神，有在平凡中求伟大的品性，那么离成功也就不远了。要知道，在整个社会中，除了一些特殊的人从事特定工作之外，一般人的工作都是很平凡的。虽然是平凡的工作，但只要努力去做，和周围的人配合好，依然可以做出不平凡的成绩。

合抱之木，生于毫末；九层之台，起于垒土。不积跬步，无以至千里；不积小流，无以成江海。无论做什么事情，都是由点点滴滴的经验、点点滴滴的努力汇集而成。所以，真正懂得成功内涵的人，都不会放弃积累的过程。

## 天生我材必有用

实际上，成功往往离青少年朋友只有半步之遥。然而这半步，有时却要你为之付出几年、十几年甚至几十年的努力才能跨越。不是大家没有能力，而是不相信自己有这个能力。很多青少年朋友生活在自卑中，总拿自己的弱点与别人的强项相比，却不愿对自己大喊一声“我能行”！

在这个世界上只要找对了自己的位置，哪怕你只是一块不起眼的石头，总有一天也会发光、发亮。你要有足够的信心和毅力，并且要坚信“天生我材必有用”。

李海龙生下来的时候没有双臂，5 岁时的一场车祸又夺走了他的左腿。这样，他的四肢只有一条右腿幸存。但父母从不让他因为自己的残疾而感到不安，积极培养他各方面的兴趣。

在一次收看残奥会转播节目时，他看到美国有个游泳运动员没有了一条手臂，却以近乎完美的表现夺得了冠军。顿时，小海龙萌生了学游泳，为国争光的念头。那年，小海龙才8岁。

但是教练却尽量婉转地告诉他，说他“不具备做游泳运动员的条件”，因为他只有一条腿，完成复杂的游泳运动近乎天方夜谭。最后他申请加入地方残联游泳队，并且请求教练给他一次机会。教练虽然心存怀疑，但是看到这个男孩子这么自信，对他有了好感，因此就收他为徒。

两个星期之后，教练对他的好感加深了，因为他似乎已经克服了自身的身体缺陷，可以在游泳池中做一些常规的动作，并且做得很到位。小海龙一直坚持刻苦训练，别人练半小时，他就练一小时，因为他知道自己的先天条件太差，只能靠后天努力来弥补，而且他的目标是参加残奥会，夺得冠军。

他一生最伟大的时刻到来了。那是残奥会的现场。在游泳比赛场馆里，各国选手一一就位，等待着发令哨响。海龙在工作人员的帮助下，站在起跳台上，面对着碧色的池水，他仿佛看到了五星红旗冉冉升起，中华人民共和国国歌在耳边回荡，他笑了。

出发了！只见海龙如一条梭鱼敏捷地跃入水中，奋力向前游。唯一的一条右腿掌握着平衡，由于没有手臂不能压水，他只能加快将头探出水面的频率，既为呼吸，也是用头与肩部代替了手臂，起到压水的作用。

海龙终于如愿以偿，他夺得了冠军。当他站在最高的领奖台上，残奥会主办方代表将金牌戴到他脖子上之前，他请求代表将奖牌放在自己唇边——他要吻一吻它。

“真令人难以相信！”有人感叹至深。李海龙只是微笑。他想起他的父母，他们一直告诉他的是他能做什么，而不是他不能做什么。他之所以创造这么了不起的纪录，正如他自己说的："天生我材必有用，我相信我能行。"

总是听到有人在耳边抱怨"生不逢时""千里马好找，伯乐难寻""现在的工作不能体现自己的价值"，而实际上，这些人总是忽略一些问题，他们是否将自己放在了正确的位置上，是否为自己创造了被伯乐相中的机会，还是仅仅安慰自己"天生我材必有用"而不去做出努力以改变现状？

如果你有"才"，就不要总是只把"天生我材必有用"挂在嘴边，而是要付诸行动，让别人看到你的闪光点，充分挖掘你的才能与潜质，相信你能做到最好。

# 第二章　终身学习

## ——每天学习一点点

### 知识是登上成功顶峰的基石

在这个世界经济形势日新月异的时代，知识越发显得重要，通过终身学习来获取知识成为人们越来越爱讨论的话题。

不管你承认与否，在知识经济时代，“知识分子”注定要扮演各行各业的“主角”。他们把握时代脉搏，领导时代潮流，站在时代前列，渊博的知识、丰富的经验和超凡的能力是他们获取成功的资本。

英国唯物主义哲学家弗兰西斯·培根在《新工具论》一书中提出了“知识就是力量”的著名论断。他写道：“任何人有了科学知识，才可能驾驭自然、改造自然，没有知识是不可能有所作为的。”

随着社会的发展，知识的作用愈加重要，特别是知识经济已经来临的今天，可以说，知识不仅是力量，而且是最核心的力量，是终极力量。

对此，李嘉诚先生深有体会地说过，在知识经济的时代里，如果你有资金，但是缺乏知识，没有新的信息，无论何种行业，你越拼搏，失败的可能性越大；但是你有知识，没有资金的话，小小的付出都能够有回报，并且很可能获得成功。

所以说，人没有钱财不算贫穷，没有学问才是真正的贫穷。因为钱财的价值有限，而知识的价值无限。

有了知识积累，命运便会为你开启一扇幸运之门，使你一步步走向成功。

当年，华罗庚虽然辍学，但凭借对数学的热爱，他一直没有放弃学习，积累了许多数学知识，为他以后的发展和成功打下了坚实的基础。

一次华罗庚在一本名叫《学艺》的杂志上读到一篇《代数的五次方程式之解法》的文章，惊讶得差点叫出声来："这篇文章写错了！"

于是，这个只有初中文化程度的 19 岁青年，居然写出了批评大学教授的文章——《苏家驹之代数的五次方程式解法不能成立之理由》，并投寄给上海《科学》杂志。

华罗庚的论文发表后，引起了清华大学数学系主任熊庆来教授的注意。这位数学前辈以他敏锐的洞察力和准确的判断力认为：华罗庚将是中国数学领域的一颗希望之星！

当得知华罗庚竟是小镇上一名失学青年时，熊庆来教授大为震惊。熊庆来教授爱才心切，想方设法把华罗庚调到了清华大学当助理员。

进入这所蜚声海内外的高等学府，华罗庚如鱼得水。他一边工作，一边学习、旁听，熊庆来教授还亲自指导他学习数学。

命运再一次对这位努力不懈怠者展现了应有的青睐。到清华大学后的四年中，华罗庚接连发表了十几篇论文，自学了英文、德文、法文，最后被清华大学破格提升为讲师、教授。

华罗庚的事例说明，获取知识最直接、最有效的途径就是学习。学习，是明天最富革命性、创造性的生产力。21 世纪的最大能量来自学习，最大竞争也在于学习。学习已经越来越具有主动创造、超前领导、生产财富和社会整合的功能。面对信息的裂变、知识的浪潮，“终身学习”是每个现代人生存和发展的基础。

终身学习，即离开学校以后靠自己的努力继续学习。这对青少年朋友的自学能力提出了挑战。“未来的文盲将不是那些不会阅读的人，而是没有学会怎样学习的人。”这绝非危言耸听。“自行学习、自我教育、自我管理”，这是现代人汲取知识的重要渠道，也是终身教育的重要形式。

自学能力的核心是想象力和创造力。这是一种能改天换地、塑造全新的自我的伟力。培养和训练创新的能力，要从青少年时代起步，养成质疑多思的习惯。在接受教育（包括课堂教学）时，不能只是个带着耳朵的听众，而要开动大脑这台机器，打破常规地思考、讨论、比较、鉴别，要积极主动参与教学过程，开掘创新思路。平时，在独立治学时，也要经常问几个为什么，启发思考和探索问题的积极性。

## 学习知识也要有所甄选

青少年朋友每天接触的知识千千万万，既有有益的，也有有害的；有需要的，也有不需要的；有全新的知识，也有过时的知识。青少年朋友在学习过程中要懂得甄选，学习有益于自己身心发展的知识。

试想，一个经常在阅读沉思中与哲人文豪倾心对语的人，与一个只喜爱读凶杀言情故事和明星花边逸闻的人，他们的精神空间是多么不同，显然是生活在两个不同的世界中。

在茫茫知识海洋中，青少年朋友要力求寻觅上乘之作、经典之作，要多读名著，多读“大书”。所谓经典名著、“大书”，都是经过了时间的沉淀和筛选。

一些社会学家做过统计，其结论是：至少要横穿 20 年的阅读检验而未曾沉没，这样的著作方有资格称为经典、名著。

美国学者，《不列颠百科全书》编委会主席莫蒂然 · J. 阿德勒认为：所谓名著，必须具备六条标准。

（1）读者众多。名著不是一两年的畅销书，而是经久不衰的畅销书。

（2）通俗易懂。名著面向大众，而不是面向专家教授。

（3）永远不会落后于时代。名著绝不会因政治风云的改变而失去其价值。

（4）隽永耐读。名著一页上的内容多于一般书籍的整个思想内容。

（5）最有影响力。名著最有启发教益，含有独特见解，言前人所未言，道古人所未道。

（6）探讨的是人生长期未解决的问题，在某个领域里有突破性意义的进展。

读书各有妙法，许多学有专攻的人士，能读出个中滋味，读出门道。

作家韩少功读书择优而读，择要而读，将自己有限的时间投于特定的求知方向，尽可能增加读书成效，给人以启示：他将书分为可读之书、可翻之书、可备之书、可扔之书四种。认为“勃发出思维和感觉的原创力，常常刷新着文化的纪录乃至标示出一个时代的高峰”“作为人类心智的动力和光源”，对于每个人精神不可或缺的书，是可读的。这些书“透出实践的本质，不会用套话和废话来躲躲闪闪，不会对读者进行大言欺世的概念轰炸和术语倾销”，因而是值得读、值得细细品味的。大量的书则是不需细看，只需翻翻而已的，也有些书是备查的工具读物、参考资料。而对于那些被他看作文化糟粕、一些丑陋心态和低智商的喋喋不休、信息污染的书，则均属可扔之列。

可读之书也要根据其对青少年朋友的价值大小分出层次，采用不同的方法来读。至于采用何种方法，则根据自己的需要自主选择。读书大致分为四个层次。

第一，浏览。

浏览即以“一目十行”的速度翻阅大量书籍，了解概貌，是读书的初级层次。它能扩大阅读者的知识的横向接触面，可掌握新近的信息。通过浏览，可筛选知识，捕捉自己所需的资料信息，也可通过随便翻翻式的阅读，调节脑力、增益情趣。

第二，通读。

通读，是对全书的概览，以较少的时间，进行扫描式的阅读，以对全书的框架、主要观点、重点章节有个总体了解。一般读小说，是采取通读的方式。

第三，精读。

精读即是对自己需要加深了解的章节精研细读。对精读的部分有时要反复阅读，认真思考，并做笔记，力求将它变成自己的“血肉”。

第四，研读。

研读是读书最高层次。在这一阶段，将精读部分与以往获得的知识，或同类书籍进行比较研究，带着质疑的眼光品味书籍，进行评论，提出新的见解。这种阅读更具创造性。能达到这一层次，就算读出味道，取到真经了。

现在，青少年可以获取知识的途径不止读书一项，网络也包含了各种各样的信息与知识。但是，由于网络的管理比较薄弱，里面的内容鱼龙混杂，有可用的，有不可用的，还有对青少年身心健康产生不良影响的知识，而这些知识往往又披着科学的外衣，青少年只要一接触它，它就会像瘟疫一样对青少年的头脑进行侵蚀。所以，青少年朋友更应该加以注意，懂得保护自己。不浏览不健康的网站，不参与不健康的讨论，让网络成为获取有用资源的净土。

## 学习要选用适合自己的方法

有许多青少年朋友常常抱怨："我读的书并不比 ×× 少，而且我回家还要继续学习到夜里 11 点才休息，可为什么我的收获没有他大呢？"实际上，如果你和他在其他方面的条件均相同或相近的话，那么只能说你没有找到适合自己的学习方法，以致浪费了很多时间，收益却不大。选择了科学的、适合自己的学习方法，方能立竿见影、事半功倍。

许多成功者创造的方法，青少年朋友或可直接"拿来"，或可结合自己的实际，加以改进和创造。如数学家华罗庚将书由厚变薄看作标志阅读能力提高的"厚薄法"；理学家朱熹读书的心到、眼到、口到的"三到法"；儒学家子思"博学之，审问之，慎思之，明辨之，笃行之"的"五步法"；学者陈善的"既能钻得进去，又能跳得出来"的"出入法"；孔子"学而不思则罔，思而不学则殆"的"学思结合法"；孟子"尽信书不如无书"的"独立思考法"；韩愈的"提要钩立法"；俄国生理学家巴甫洛夫的

“循序渐进法”；哲学家狄慈根的“重复法”；等等。

史学家陈垣谈读书时，提倡读几本烂熟于心的“拿手书”，好似建立了几块治学的“根据地”。他自己就有一些经常翻阅的“拿手书”，对这些书他都熟读，有的内容还能背下来。

作家秦牧提倡读书将牛嚼和鲸吞结合起来，即每天吞食几万字的文章、书籍，再像牛的“反刍”，反复多次、细嚼慢咽。作家王汶石创造了对代表作要三遍读的读书法。即第一遍通读，尽享作品之美，让自己沉醉其间；第二遍是“大拆卸”，仔细考查每一部分的特色、优劣及写作技巧；第三遍又是通读，获得对写作技巧的完整印象。

著名教育家朱光潜实践的边读书边写作法，史学家李平心的随时“聚宝”勤做研究的方法，都是一种创造。

大凡成功者读书的方式都与众不同，青少年朋友可以学习一些他们积累知识的方法。

第一种：善诵精通。

郑板桥不但是“康熙秀才、雍正举人、乾隆进士”，还是中国清代著名画派“扬州八怪”的领袖人物。

郑板桥有三绝、三真。三绝分别是画、诗、书，三真分别是真气、真意、真趣。

郑板桥在读书的学以致用之中总结出了“善诵精通”的读书方法，他认为读书必须有方法，必须要记诵。他这样描述过他读书时的情景：“人咸谓板桥读书善记，不知非善记，乃善诵耳。板桥每读一书必千百遍，舟中、马上、被底，或当食忘匕箸，或对客不听其语，并非自忘其所语，皆记书默诵也。”

郑板桥不仅主张善诵，而且推崇“学贵专一”，即读书不能泛泛而读、毫无目的，而应该有选择、有针对性。

因此，青少年朋友可以从郑板桥的读书方法中得出这一宝贵经验：在记诵时讲究“善”与“精”两个字。

第二种：追本求源。

著名的作家、学者钱锺书先生也是一位爱书之人，他从小就酷爱读书，被世人称为“书痴”。

钱锺书的读书方法是“追本求源读书法”。“追本求源读书法”就是在读书时发现问题后，与多种读物相联系，经过详细的分析、比较、求证之后，求得一个能解决问题的读书方法。

第三种：“四多”方案。

四多即多读、多写、多想、多问。

多读。所谓多读，一是指读的书数量多、内容广；二是指对有价值的文献书籍读的次数多，以至熟记于胸。

多写。不动笔墨不读书，做笔记、写随感等也是读书的重要方法。

多想。多想是指读书时不仅要准确把握作者的思想，同时也要将自己的观点以及对书的一些看法用笔“谈”出来，似乎与作者切磋一般。这种“笔谈”使读书变成了反复思考的过程。

多问。人的一生要养成勤学好问的习惯，所谓“学问，讲的就是既学又问”。

也许你可以从上面所说的方法中找到一个最适合自己的，但更多的时候你会发现生搬硬套别人的学习方法到自己这里就行不通了。这时，你就要对这些方法做适当调整、修改，使之更适合自己，为自己服务。

## 尝试用各种方式为头脑“充电”

在瞬息万变的现代社会，各种知识更新极为迅速。如果青少年朋友只满足于已经掌握的那点知识而不能与时俱进地吸收新的信息、新的知识，不能利用各种手段为头脑“充电”，那么终究有一天会被社会淘汰。不想被淘汰，那就行动起来吧。

相信你最先想到的方法就是读书。古人说“读书破万卷，下笔如有神”，可见大量地读书——尤其是读好书对个人会有很大的益处。

世界上没有天才，非学就无以成才，读书无疑是知识积累的最好方法，书是人类的精神食粮，也是成大事者的必备之物。

“天下才子必读书”，这似乎已是一条规律，不知你是否注意过下面这些情况，它们或许可以让你对这一规律理解得更深刻。

当我们研究成功人士的事业时，常常发现他们的成功一直可以追溯到他们拿起书籍的那一天。在我们接触过的成功人士之中，大多数酷爱读书——自小学开始，经由中学、大学，以至于成年之后。

书虽然是一种没有声音的东西，但是它对人类的影响却是非常深远的，如果你经常阅读各行业成功人士的传记或者是自传，进行了认真的思索，你就有可能从中找出适合自己的成功之路来。

俄国著名的学者赫尔岑说过：“书是和人类一起成长起来的，一切震撼智慧的学说，一切打动心灵的热情都在书里结晶形成；书本中记述了人类生活宏大规模的自由，记述了叫作世界史的宏伟自传。”

书籍蕴含着千百年来人类的智慧与理性，正因为其中的人性之处，才使得一些书伟大，灿然有光。

书籍是一种工具，它能在黑暗的日子鼓励你，使你大胆地走入一个别开生面的境界，使你适应这种境界的需要。

阅读习惯是一种文化素质，是国民尤其是国家未来的建设者——青少年素质中的一个重要组成部分。

在日常生活中，常常可以听到一些人说“我爱好读书”。能把读书作为一种爱好，比起不喜欢读书来说是一大进步，但这还远远不够。我们不能把读书和看球赛、玩扑克、赏花草一样，当作一种纯粹的消遣去满足，或当作一种雅兴去炫耀，而应使之成为一项生活的内容，一种生命的需要。读书，就像给精神补充养分一样，是保持身心健康的需要，是改变命运的需要，是自我实现的需要。

著名作家蒋子龙先生说：“书是可以随身携带的大学。”读书不但可以获取知识，而且可以懂得做人的道理。但是，读什么书，什么时间读书，怎么读书，怎么处理好读书与生活、学业的关系，这些问题要是解决不好，可能会给青少年朋友的学习、生活甚至整个人生带来不良影响。所以，大家不但要重视阅读，还要做一个聪明的阅读者。

你是不是一个聪明的阅读者呢？有没有养成读书的习惯呢？

在现实社会中，青少年朋友要养成读书的习惯，说难也难，说易也易。难者大多强调“学习繁忙”，“没有时间”，正如鲁迅讽刺过的一些人那样，“有病不求药，无聊才读书”，甚至无聊也不读书。这种人要想养成读书的习惯确实会很难。其实，如今我们都有较为充足的空闲时间：双休日、节日长假、课外时间……看几页书的时间每日都有，就看你用不用在读书上。只要经常有计划、下意识地拿起书来阅读学习，并且日复一日地坚持下去，久而久之，读书习惯也就自然而然地养成了。

如果认为获取知识只有读书一条途径，那么就大错特错了。其实在现代社会，人们获得知识的渠道十分广阔。比如电视，不管人们对传媒作品的质量如何评价，它们都是我们文化环境的组成部分。电视已成为人们生活中最主要的信息来源之一。电视可以作为一种娱乐消遣的手段，使人们在轻松愉悦的情绪状态下观察社会、扩展视野、获取知识。

另外，互联网无疑为学习提供了巨大的资源。互联网是一种利用计算机从全球成千上万台计算机获取信息的工具，是一个能使每个人进入浩瀚的信息海洋尽情畅游的天地。这些信息包括文字、图表、声像资料、软件等。这些信息实际上包容了所有可想象的客观对象，它们是由图书馆、博物馆、政府机构、公司、大学、研究机构和许多其他机构及个人提供的，里面有许多有价值的资料。

除去以上所说的有形的学习资源，其实在我们身边还有一个无形的却无时无刻不在影响我们的、内容极为丰富的知识库——社会。

有人说，我们的社会、我们的生活是一本无时不在书写的“无字书”，比喻可谓贴切至极。

古人曰：“读万卷书，行万里路。”意思是说人要有较多的知识和丰富的阅历，也是要人们能理论联系实际，善于利用知识处理各种事情。丰富的阅历也是成大事者不可缺少的资本，特别是青少年，阅历一般较少，这就要求我们不但要注意书本知识，也要注重生活、社会中的知识积累。

南宋文学家陆游云：“纸上得来终觉浅，绝知此事要躬行。”读书学习获取知识诚然重要，但实践获真知也是必不可少的。

通过阅读“有字之书”，你可以学习前人积累的知识、前人的经验，并从中取得借鉴，避免走岔道、走弯路；通过读“无字之书”，你可以了解现实，认识世界，并从“创造历史”的人那里学到书本上没有的知识。

如果你想尽快、尽好地读通读透“有字之书”，并取其精华、去其糟粕，把“死书”读成活书，就要善于读“无字之书”。

“用自己的眼睛去读世间这一部活书”，“倘只看书，便变成书橱，即使自己觉得有趣，而那趣味其实是已在逐渐硬化、逐渐死去了”。

重视“读世间这一部活书”——读“无字之书”，也是大文豪鲁迅的主张。

鲁迅少年时代有很长一段时间在农村度过，而且乐于与农村少年为友，喜欢到农村看社戏，所以他从农村少年、农村社戏中了解了很多农村生活，也因此增长了不少见识。他后来创作的《故乡》《社戏》等短篇小说的生活素材都是在那时积累的。

鲁迅针对当时的社会弊病，写了许多杂文。如果鲁迅不注意读社会现实这部“无字之书”，只知闭门做学问，他又怎么会从中看出“世人的真面目”？

“无字之书”内容丰富、含义深刻，需要青少年朋友用较长时间甚至一生来阅读。

读“无字之书”，最好在缤纷的“社会大学”中读，唯有如此，才能读得通透。

凡是读过高尔基的《我的大学》的人都会知道，这位大文豪只上过五年学，但他把投身于“社会”认为是在上“大学”。

这个苦难的学徒工在“社会大学”里做过厨工，卖过苦力，饱尝了沙俄黑暗统治的辛酸。不过，他在流浪漂泊之中读了很多

“无字”的“活书”，学到了很多知识。

高尔基在社会的底层对自己的人生有了深刻的认识，对自己的祖国有了深刻的认识，这也增强了他对社会的浓厚感情。他从伏尔加河码头的搬运工那儿学到了劳动的习惯，从流放的政治犯那儿学到了精神上的鼓舞，从面包师那儿学到可贵的人生哲学。

从“社会大学”中读“无字之书”所获得的一切，为他日后创作“有字之书”提供了无限的源泉。

这在高尔基的自传三部曲——《童年》《在人间》《我的大学》——中已得到了充分体现。

获取知识的途径多种多样，也许你还有其他方法，那么就请你继续坚持，同时，你还可以将你的好方法讲出来与朋友分享，让大家共同进步。

# 第三章　不错过任何一个机会

## ——捕捉稍纵即逝的机遇

### 机遇出现时你应一眼认出它

机遇出现时的面貌各种各样。曾有人用五种物品来形象地比喻机遇的特点。

**急遽的闪电**

机遇的持续时间极短，犹如白驹过隙。稍纵即逝，这一时刻造就了机遇，但过几分钟、十几分钟，机遇又消失得无影无踪。有时机遇来临，你不去好好把握，转瞬间为别人获取，此时你后悔已迟。加之人人盼望机遇，它一出现，人们便蜂拥而上，很容易被快手抢去，你稍迟疑，机遇便与你无缘。

**矜持的公主**

机遇犹如美丽聪慧而又矜持的公主，羞答答地等待着心目中的白马王子到她门前求婚，而不会大大方方地自动送上门来。机遇是等不来的，而是需要你付出十分的热情和进取心去追求、去争取、去创造。对于那些不愿脚踏实地去努力的人来说，机遇永远是可望而不可即的；而那些勤奋努力，从不虚度年华的人，才会赢得机遇公主的芳心。

**公正的法官**

机遇犹如法官，对于任何人都是公正的，无论男人女人、富人穷人、美人丑人、健康的人或是残疾的人，在它的眼里一律平等，谁都可以拥有它。但它只为那些做着积极准备的人服务。谁具备了掌握机遇的条件，机遇就会来到谁身旁，听候他的差遣。

**自由的空气**

机遇像空气那样，充满了社会大舞台的每一个角落，从学校到商场，从领导机关到基层工作岗位，从战舰甲板到卫兵岗哨，从三尺讲台到菜地猪圈，处处都有机遇的身影。你只要做个有心人，无论在什么岗位上都能获得机遇、走向成功。说机遇是自由的空气，还因为你得到的机遇，并非永远跟定你，你稍不留神，机遇就会像空气一样在你手中散失。大家知道，机遇与挑战并存。得到机遇的人不一定就能获取成功，还需要付出更多的汗水和智慧，去迎接挑战，从而牢牢地把握机遇。

**稀有的物资**

虽然机遇俯拾即是，处处都有，但具体到个人，却是非常稀少的。面对林林总总的机遇，由于自身的种种限制，很多的机遇不适合你，你只能眼睁睁地看着机遇从身边溜走。或是由于性格、心理上的弱点，使你看不见机遇，即使看到，也不愿或不敢去争取，或者没有足够的条件去发掘机遇。

机遇出现的时候，你是否有慧眼认出它，这是很重要的。这往往决定了你能否成功。

机遇有时已经出现了，就在你的眼前，它向你递上橄榄枝。

遗憾的是，你不知道这就是你找寻已久的机遇，你向它摆摆手，拒绝了它。机遇只能无奈地去找寻另外一个能够认出它的人。当你猛然觉醒，它已走得很远很远，或者已经为别人所有，那时的你，后悔莫及，欲哭无泪。

可惜的是，并不是所有的人都明白这个道理，并不是所有的人都相信机遇能改变自己的一生，能够让自己一夜成名。于是他们在机遇来临的时候，无法认识那就是机遇，更无法谈到利用机遇来改变自己命运了。

要想抓住机遇，首先要练就一双慧眼，以便在机遇来临时，能一眼认出它。这就需要青少年朋友在平时培养良好的洞察能力。当然，首先你要明白自己想做什么，有了明确的目标，才会自觉地去寻找机遇，对机遇的敏感度才会提高。这样，就不会担心机遇在自己面前溜走了。

牛顿不放过苹果落地，伽利略不忽视吊灯摆动，瓦特研究烧开水后的壶盖跳动……这些都是司空见惯的现象，但是过人的洞察力使他们看到了常人看不到的东西，从而有所发明或发现。在日常生活中，常常会发生各种各样的事，有些事使人感到惊奇，引起多数人的注意；有些事则平淡无奇，许多人漠然视之，但这并不排除它可能包含重要的意义。

一个有敏锐洞察力的人，能够从日常生活的细微之处发现不平凡之事。19 世纪的英国物理学家瑞利从日常生活中观察到端茶时，茶杯会在碟子里滑动和倾斜，有时茶杯里的水也会洒出一些；但当茶水稍洒出一点弄湿了茶碟时，茶杯则不易在碟上滑动。他对此做了进一步研究，做了许多类似的实验，结果发现一种求算摩擦的方法——倾斜法，他因此获得了意外的惊喜。

富尔顿 10 岁时，和几个小朋友一起去划船钓鱼。富尔顿坐在船舷上，他的两只脚下意识地在水里来回踢着。不知什么时候，船缆松了扣，小船漂走了。富尔顿没有忽视这种生活中的小事，他发现自己的两只脚起了船桨的作用。富尔顿长大以后，经过刻苦的学习和研究，终于制造出世界上第一艘真正的轮船。

《致富时代》杂志上刊登过这样一个故事：有一个自称“只要能赚钱的生意都做”的年轻人，在一次偶然的机会，听人说市民缺乏便宜的塑料袋盛垃圾，立即就进行了市场调查。通过认真预测，他认为有利可图，马上着手行动，很快把价廉物美的塑料袋推向市场。结果，靠那条别人看来一文不值的“垃圾袋”的信息，两星期内，这位小伙子就赚了4万元。

英国有一个叫弗兰克的青年，从小立志创办杂志。一天，弗兰克看见一个人打开一包纸烟，从中抽出一张纸条，随即把它扔到地上。弗兰克弯下腰，拾起这张纸条，那上面印着一个著名女演员的照片。在这幅照片下面印有一句话：这是一套照片中的一幅。烟草公司敦促买烟者收集一套照片，以此作为香烟的促销手段。弗兰克把这个纸片翻过来，注意到它的背面竟然完全是空白。弗兰克感到这儿有一个机会，他推断：如果把附装在烟盒子里的印有照片的纸片充分利用起来，在它空白的那一面印上照片上的人物的小传，这种照片的价值就可大大提高。于是，他就找到印刷这种纸烟附件的平板画公司，向这个公司的经理推荐他的主意，最终被经理采纳。这就是弗兰克最早的写作任务。后来，他的小传的需要量与日俱增，以至他得请人帮忙。他于是要求他的弟弟帮忙，并付给他每篇5美元的报酬。不久，弗兰克还请了5名报社编辑帮忙写作小传，以供应平板画印刷厂。弗兰克竟然成了编者！最后他如愿以偿地做了一家著名杂志的主编。

弗兰克有自己的理想，也就不轻易放过任何一个实现理想的机会。当一个机遇出现时，哪怕它微不足道，令人不屑一顾，弗兰克也会认出这是上天赐给他的机遇。他认出了它、抓住了它，最后成功了。

类似的故事还有很多，但青少年看故事不能再像小孩子一样只是“听”故事，“看”热闹，而应该有自己的思想。能够从小的故事中看到大的道理，并将这一道理应用于自己的实践，才应该是看故事的最终目的。

你们有没有体会到，故事实际上也是一种机遇？从故事中得到启发，从而改变自己的思维方式和行为方式，从而终身有益，这就意味着你已经抓住了这个机遇；如果看过后随手丢弃一旁，脑中毫无印象，没有受到一点启发与影响，那么，只能很遗憾地告诉你：你错过了一次很好的改善自我的机会。

希望青少年都能做善于识别机遇的聪明人。

## 机遇来临时你要一把抓住它

机不可失，时不再来，这是一个浅显而深刻的道理。抓住了机会，我们就可以乘风破浪，越上成功的巅峰。如果错失了机会，我们就可能与唾手可得的成功擦肩而过，因而懊悔不已。成功学大师卡耐基曾不无感慨地说：“在某种意义上，时机就是一种巨大的财富。”英国人托·富勒也说：“抓住机遇，就能成功。”世界著名的石油大王洛克菲勒在谈到他的创业史时，也只说了一句话：“压倒一切的是时机。”

在实践活动中，如果你能在时机来临之前就识别它，在它溜走之前就采取行动，那么，成功之神就降临了。

每个人都是自己命运的设计师，每个人都是自己命运的建筑师。可以说，人一生的命运就是由一连串的机遇联结而成。自己的一生是否精彩，关键在于你能否抓住这些机遇。

机遇是有情的，你抓住它，它就陪伴你一步步走向成功；机遇是无情的，你稍有疏忽，它便匆匆弃你而去。

也有人把机遇称为运气，不管称谓如何，有一点是肯定的，善于利用机遇比怨天尤人更为有益。

机遇与青少年的发展休戚相关。机遇是一个美丽而性情古怪的天使，倏尔降临在你身边；如果你稍有不慎，它又将翩然而去，不管你怎样扼腕叹息，都将杳无音讯，不再复返了。

在这方面，比尔·盖茨堪称青少年朋友学习的楷模。正是由于他和艾伦善于抓住难得的机遇，才使自己的事业获得巨大成功。

比尔·盖茨的父母要盖茨专心读书，以便毕业后找到理想的工作，不让他办公司。最初，盖茨顺从了父母的意愿，去哈佛大学刻苦攻读。但是他感兴趣的还是办公司，于是，他和艾伦开始收集资料。

盖茨和艾伦通过长时间的资料收集和认真思考，确信计算机工业的触角即将伸向市场核心力量——广大的民众。当这一点真正实现时，就会引发一场意义深远的技术革命。他们正处在历史即将发生巨变的关键时刻。正像汽车和飞机发展史上曾经历过的那种关键时刻，他们预见计算机必将走进千家万户。

“计算机的普及化势必到来。”艾伦不停地对盖茨重复这一点。他们如果不能顺应甚至领导这一场计算机革命，就只能被这一革命抛到后面去。由于清醒地意识到了这些，所以盖茨决定开办自己的计算机公司。

当时，艾伦不停地说：“让我们开始创办计算机公司吧！让我们开始干吧！”盖茨回忆说：“保罗看见技术条件已经成熟，正等着人们去加以利用。他老是说，再不干就迟了，我们就会失去历史赋予我们的机遇。我们将遗憾终身，甚至被后人责备。”

于是，他们考虑制造自己的计算机。艾伦对计算机硬件感兴趣，而盖茨则对计算机软件情有独钟，他认为软件才是计算机的生命。

很快，艾伦和盖茨放弃了自己动手试制新型计算机的念头。他们决定还是紧紧抓住他们最熟悉的东西——计算机软件。

“我们最终认为搞硬件容易亏损，不是我们可以去玩的艺术，”艾伦说，“我们两人的综合实力不在这上面。我们注定要搞的是软件——计算机的灵魂。”

盖茨和艾伦创办了微软公司，并取得了辉煌的成就。事实证明，这一切都是他们善于抓住身边机遇的结果。

盖茨和艾伦看到了面前的机遇，并且牢牢地抓住了它，为此，他们甚至不惜停止了学业。

青少年朋友，时机的把握极有可能决定你是否有所建树，那么你们应该做的就是：抓住每一个可能带来成功的机会。

## 机遇之花需要汗水来浇灌

有人说过，机遇是一位神奇的、充满灵性的，但性格怪僻的天使。它对每一个人都是公平的，但绝不会无缘无故地降临。只有经过反复尝试，多方出击，才能寻觅到它。

在成功的道路上，有的人不喜欢尝试，不愿走崎岖的小道，遇到艰辛或绕道而行，或望而却步，他们也就常与机遇无缘。而另一些人，总是很有耐性，尝试着解决难题，不怕艰难险阻，结果恰恰是他们能抓住不可复得的机遇。

机遇不会白白地降临，只有用汗水去不懈地辛勤浇灌，才能使机遇的花朵为你绽放。

“天下没有免费的午餐”“有付出才能有回报”。这些至理名言都在告诉我们，想要抓住机遇，想要获得成功，就要勤奋地去努力、去付出。

很多人喜欢看 NBA 的夏洛特黄蜂队打球，但令人想不到的是，这个队的 1 号队员博格斯身高却仅有 160 厘米！

这样的身高，即使在东方人里面也算矮个子，更不要说是在身高两米都嫌矮的 NBA 球队了。

是博格斯机遇特别好吗？不是，小个子博格斯之所以能成为 NBA 的球员，完全归功于他自己的百倍努力。

据说博格斯不仅是现在 NBA 里最矮的球员，也是 NBA 有史以来创纪录的矮子。但这个矮子可不简单，他曾是 NBA 表现最杰出、失误最少的后卫之一，不仅控球一流，远投精准，甚至在巨人阵中带球上篮也毫无所惧。

博格斯是不是天生的篮球好手呢？当然不是，而是意志与苦练的结果。

博格斯从小就长得特别矮小，但却非常热爱篮球，几乎天天都和同伴在篮球场上打球，当时他就梦想有一天可以去打 NBA，因为 NBA 的球员不只待遇高，也享有风光的社会地位，是所有爱打篮球的美国少年最向往的梦。

每次博格斯告诉他的同伴：“我长大后要去打 NBA。”

所有听到的人都忍不住哈哈大笑，甚至有人笑倒在地上，因为他们认定一个 160 厘米的矮子是绝没有可能打 NBA 的。

他们的嘲笑并没有阻断博格斯的志向。他用比一般人多几倍的时间练球，终于成为全能的篮球运动员，也成为最佳的控球后卫。他充分利用自己矮小的“优势”，行动灵活迅速，像一颗子弹一样，运球的重心最低，不会失误；个子小不引人注意，抢球常常得手。

现在博格斯成为有名的球星了，他说：“从前听说我要进 NBA 而笑倒在地上的同伴，他们现在常炫耀地对人说：‘我小时候是和黄蜂队的博格斯一起打球的。’”

博格斯虽然个子矮小，却凭着一股韧劲和勤奋的努力，实现了常人认为不可能实现的理想。青少年朋友，你的身边也存在着许许多多机遇，只是你现在存在这样或那样的不足，但你绝不能轻易对自己说“我不行”。为了实现愿望、达到目标，就一定要努力，要付出辛苦和汗水。只有这样，机遇才不会从你身边跑掉，你才有可能获得最后的成功，就像博格斯一样。

青少年朋友都读过很多伟人的故事，都深深地了解所罗门在几千年前所说的那句话的含义：“你见过工作勤奋的人吗？他应该与国王平起平坐。”孜孜不倦的富兰克林用他的一生对这句话做了最好的诠释，他曾经与五位国王平起平坐，曾经与两位国王共进晚餐。

那些善于利用机会的人在发现机会与把握机会的时候如同撒下了种子，终有一天，这些种子会生根、发芽、结果，给他们自己或是别人带来更多的机会。每一位一步一个脚印、踏踏实实工作的人其实正在离知识与幸福越来越近，可供他们选择的道路也越来越宽、越来越平坦、越来越容易往前走。这些道路其实向所有的人都是敞开的，无论是对头脑冷静、生活节俭、年富力强的机械师，还是对刻苦认真的学生；无论是对谨慎细致的公务员，还是对兢兢业业的公司职员。

懒惰的人总是抱怨自己没有机会，抱怨自己没有时间；而勤劳的人永远在孜孜不倦地工作着、努力着。有头脑的人能够从琐碎的小事中找到机会，而粗心大意的人却让机会轻易地从眼前飞走了。

无数的成功经验告诉青少年朋友：每一个新的时刻都能给人们带来许多未知的机遇，一个聪明的人，只要把握住这些“未知的机遇”，就能够在实现人生目标进程中取得成功。

那些能拼能赢者不会等待机遇的到来，而是寻找并抓住机遇、把握机遇、征服机遇，让机遇成为服务于他的奴仆。换句话说，任何机遇都可以是他们手中的“金钥匙”。

## 机遇只偏爱有准备的头脑

现代社会是一个充满竞争的社会，既向人们提出了挑战，同时也为人们提供了实现目标的良好机遇。生活在现代社会中的人是幸福的，切不可放过身边美好的机遇。

爱因斯坦说过：“机遇只偏爱有准备的头脑。”这里的“准备”主要有两方面的内容：一是知识的积累。没有广博而渊深的知识，要发现和捕捉机遇是不可能的。二是思维方法的准备。只具备知识，而没有现代思维方式，就看不到机遇，只好任凭它默默地从你身边溜走。

有许多发现和发明看起来是纯属偶然，其实，仔细探究就会发现，这些发现和发明绝不是偶然得来的，也不是什么天才灵机一动或凭运气得来的。事实上，在大多数情形下，这些在常人看来纯属偶然的事件，不过是从事该项研究的人长期努力思考、实践的结果。人们常常引用苹果落在牛顿脚前使他发现万有引力定律这一例子，来说明偶然事件在发现中的巨大作用。但人们却忽视了一点：多年来，牛顿一直在为重力问题苦苦思索、研究。在这一漫长的过程中，牛顿思考了该领域内的许多问题及其相互之间的联系，可以说，关于重力问题的一些极为复杂深刻的问题他都反复思考推敲过。苹果落地这一常见的日常生活现象为常人所不在意，却激起牛顿对重力问题的理解，激起他灵感的火花，并进一步做出异常深刻的解释，很显然，这是因为牛顿对重力问题已有了深刻的理解。因此，成千上万个苹果从树上掉下来，却没有人能像牛顿那样引发出深刻的定律。同样，从普通烟斗里冒出来的五光十色像肥皂泡一样的小泡泡，这在常人眼里就跟空气一样普通，当然也很少有人去研究这一现象，但正是这一现象使杨格博士创立了著名的光干扰原理，并由此发现了光衍射现象。伦琴在实验时，从手骨图像中，发现了 X 射线。耐克鞋受人喜爱，一部分归功于采用了“华夫糕式”鞋底，使鞋子变得轻巧美观。这项设计上的革新是来自鲍夫曼，他说：“那天我看见妻子的蛋奶烘饼烤模，想到鞋底也可以做成华夫糕模样。”

以上这些人平时都既有知识的积累，又具备灵活的思维方式，否则，也会像李比希错过发现新元素溴一样，抱憾终身。人们总认为伟大的发明家总是探讨一些十分伟大的事件或伟大的奥秘，其实像牛顿和杨格以及其他许多科学家都是在研究一些极普通的现象，他们的过人之处在于能从这些人所共见的普遍现象中揭示其内在的、本质的联系。而这些过人之处正是源于他们曾经做过的努力。他们的头脑被自己做过的研究充满了，一个偶然的机遇才能立刻激起他们的灵感，从而有了伟大的发明或发现。

所罗门说过："智者的眼睛长在头上，而愚者的眼睛是长在脊背上的。"心灵比眼睛看到的东西更多。那些没头没脑的凝视者只能看到事物的表象。只有那些富有理解力的眼光才能穿透事物的现象，深入到事物的内在结构和本质之中去，他们才能看到差别，进行比较，抓住潜藏在表象后的机遇。

客观来讲，机遇的产生和利用需要有良好的社会环境，如自由的科研氛围，平等的择业、工作机会，良好的家庭环境和教育程度等。机遇的产生既有偶然性，也有必然性。比如，哥伦布发现新大陆是偶然的，但是，按照他所设计的航线，必然到达美洲，而不能到达印度和中国。只有捕捉住机遇，才能使机遇由可能性向现实性转化。

青少年朋友在客观条件既定的情况下，就要发挥主观能动性，牢固地掌握科学文化知识，以充实的头脑和饱满的精神状态去迎接机遇、迎接挑战。

# 第四章 懂得创造性合作
## ——掌握统合综效法则

### 我们需要与别人合作

北美有一种生存时间最长、最具生命力的植物——红杉。它的生命力之所以顽强，就是因为它们的生存隐含了一种“团队合作”的力量。这种力量坚不可摧！

美国加州的红杉，其高度大约是90米，相当于30层楼高。

科学家深入研究红杉的过程中发现许多奇特的事实。一般来说，越高大的植物，它的根理应扎得越深，红杉的根只是浅浅地浮在地面而已。理论上，根扎得不够深的高大植物是非常脆弱的，只要一阵大风，就能将它连根拔起，可红杉又为何能长得如此高大，且屹立不倒呢？

研究发现，红杉必定生长在一大片的红杉林中，并没有独立生长的红杉。这一大片红杉彼此的根紧密相连，一株接着一株，结成一大片。自然界中再大的飓风，也无法撼动几千株根部紧密连接、占地超过上千公顷的红杉林。除非飓风强到足以将整块地皮掀起，否则再也没有任何自然力量可以动红杉分毫。

红杉的浅根，正是它能长得如此高大的利器。它的根浮于地表，方便快速而大量地吸收赖以生长的水分。同时，它也不需耗费过多能量——一般植物扎下深根，用深根的能量来向上生长。

既然连植物都用“合作”而增强生命力，为什么人类就不可以呢？成功不能只靠自己的强大，成功需依靠别人，只有帮助更多人成功，你自己才能更成功。

作为社会中的一员，谁也不能总是单独行动，有些事情靠一个人的力量是无法完成的。因为，每个人的能力总是有限的。

有些人精力旺盛，认为没有自己做不到的事。其实，精力再充沛，个人的能力也还是有一个限度的。超过这个限度，就是人所不能及的，也就是你的短处了。

每个人都有自己的长处，同时也有自己的不足，这就要与人合作，用他人之长补己之短，养成合作的习惯。

从前，有两个饥饿的人得到了一位长者的恩赐：一根鱼竿和一篓鲜活硕大的鱼。其中，一个人要了这篓鱼，另一个要了这根鱼竿。之后他们便分道扬镳了。

得到鱼的人原地就用干柴搭起篝火煮起了鱼，他狼吞虎咽，还没有品出鲜鱼的肉香，转瞬间，连鱼带汤就被他吃了个精光，过了一段日子，他便饿死在空空的鱼篓旁。

另一个人则提着鱼竿继续忍饥挨饿，一步步艰难地向海边走去，可当他已经看到不远处那蔚蓝色的海洋时，已经饿得浑身没有一点力气，只能眼巴巴地带着无尽的遗憾撒手人寰。

又有两个饥饿的人，他们同样得到了长者恩赐的一根鱼竿和一篓鱼。只是他们并没有各奔东西，而是商定共同去找寻大海。他俩每次只煮一条鱼，经过长途跋涉，终于来到了海边。从此，两人开始过上以捕鱼为生的日子。几年后，他们盖起了房子，有了各自的家庭、子女，有了自己建造的渔船，过上了幸福安康的生活。

这个故事告诉青少年朋友，在面临困境时，无论你的眼光是短浅还是长远的，依靠自己一个人的力量往往很难摆脱困难。只有合作，产生一种“合力”，才能取长补短，进而帮助你渡过难关，最后获得成功。

而且，合作可以产生双重的奖励。一方面可使青少年朋友获得生活的一切需求享受；另一方面可使你的内心获得平静，这是贪婪者所永远无法得到的。

有时，人们总在感叹为什么自己的付出没有得到等量的回报，实际上也并不是你的付出不够多，而是你忽略了与别人的合作。合作往往能产生意想不到的结果，而这一点却总是被人们忽略。

## 学会与别人合作

善于协商与合作能够克服个人力量的不足，壮大集体的力量，从而使每个人都从中获得进步。因此，加强团结合作是每个人成功的基石，也是一个集体成功的基石。

世界是由形形色色的人组成的，一个人只有学会与不同的人相处，才能适应未来的社会。

“孤芳自赏”的才子常常会有“怀才不遇”的郁闷。观察社会上的成功人士可以发现，真正取得竞争优势的人首先是一个善于合作的人，完全靠单枪匹马走向成功的少之又少，因为我们处在一个专业分工精细而又合作共处的时代。因而我们需要培养自己与他人协商与合作的能力，为将来拓展自己的人生舞台打基础。

今天的时代是市场经济时代，市场经济是广泛的交往经济，离不开与各种类型人的合作；今天的时代是竞争时代，只有选择合作，才能成为最具竞争力的一族。

为了成功，你必须与别人合作。如果你能将个人与其他人做适当的搭配组合，相辅相成，便可收到良好的“相乘功效”。

当你选择与一些人合作之时，实际上，你已经将你的命运交在他们的手中了。你也可能遇到各种人：厚脸皮、黑心肝、野心家、政客、变色龙、小爬虫、极端自私自利、过分自负、懒惰成性者等。对此，你要有足够的心理准备。这既是你想取得一项事业所必须付出的代价，也是你应付的教育经费。如果能学到识别他人的本领，也将是一个不小的收获。

下面为你介绍五条与别人合作的原则，无论在什么位置它都能帮助你成为“令人赞叹佩服、乐于追随”的成功人物。

第一条原则，做每一件事情，都要符合人性的要求。

为此，至少要做到两点：一是抱着“真情、友爱”的处世态度；二是把这种态度随时随地付诸行动，同时还要戒除对人苛刻冷漠、与人斤斤计较、与人争得头破血流的陋习。

把真情和友爱渗透到每一件事情当中去，就能产生成功所需要的一切。

第二条原则，多贡献，多施予。

一个人的成就，大致上是与他的施予成正比的。成功的人都是慷慨施予的人物。那些肯大力布施、肯慷慨奉献的人往往受益匪浅，而苛刻、自私、吝啬的人却无法办到这一点。

第三条原则，要使你周围的人觉得自己很重要。

如何使别人觉得他很重要？请你记住这项基本原则：人们都渴望感到“他们是你生活的一部分，在你心目中占有一定分量”。如果能满足这项要求，你就能轻易获得他们的赞美、尊敬，以及通力合作的回报；而当人们感觉到被其他人置身事外时，往往会显得漫不经心，转而采取对立的态度与行动。行之有效的办法就是，你可请求别人帮你一些忙，使他们觉得自己很重要。

第四条原则，要以平易近人的方式说话。

平易近人是最好的沟通技巧，以这种方式说话是影响人的最有力武器。

说话者有两项基本职责。一是要说出必要的知识；二是吸引对方的注意力。

第五条原则，要能替人保守秘密。

替人保守秘密，正是你赢得“对其他人的影响力”的重要方法之一。

一是朋友一旦深知“他们所告诉你的事情，都会就此停住，不再流传出去”以后，就会对你更亲切殷切、格外关照。

二是他们认为你是很可靠、很值得信任的人，一旦获得什么消息，就会主动告诉你一些重要的事。

别人对你的忠诚，通常与你的保密能力成正比。能够合理地掌握以上五项原则，你就能寻找到值得信赖的合作伙伴，这样一来，对你的人生将有很大的帮助。

## 学会借鉴他人经验

有不少的青少年都可称得上“追星族”。从影星周润发、成龙、梅格·瑞恩……到歌星麦当娜、杰克逊，再到球星迈克尔·乔丹、罗纳尔多……这些明星，男的大多英俊潇洒、风流倜傥，扮演的多是些义胆冲天、侠骨柔肠的铮铮铁汉；女的则羞花闭月、沉鱼落雁，扮演的也多是些娇媚可人、善良温柔的亭亭玉女；球星也都英姿勃勃、气质逼人，在赛场上更有翻云覆雨、左右全局之势。

“星”，在追星族的心目中光芒闪耀，魅力无穷。

对于自己所崇拜的偶像，青少年们会看他主演的每一部影片，听他唱的每一首歌曲，对他的比赛更是一场不缺。

不仅如此，有的青少年朋友还疯狂地购买偶像的画册、唱片，收集有关偶像的一切资料；从生辰星座、身高体重、兴趣爱好、服装品牌到恋爱情史……各个方面都如数家珍。

除了时髦的各类明星外，其实在我们生活中，有一种永不陨落的巨星常常为我们所忽略——历史上的伟人。

如果我们能从伟人身上汲取力量，将汲取比“明星”更积极更健康的人生经验，使我们能更加良好地掌控自己的前进方向，发扬内在的精神力量与智慧。

青少年朋友，所谓的伟人并非只限于些叱咤风云的著名人物，那些从社会底层起步，克服自身缺陷而成功的人物身上，有更值得我们学习的伟大品格。

享誉澳洲的约翰·库斯天生严重残疾，脊椎下部没有发育，两条腿没有成形，根本无法行走，也无法安装假肢。但是他并没有向命运屈服，相反，他通过自己的努力和奋斗成为世界著名的残疾人演讲者。

约翰的演讲雄伟壮丽，思维清晰，富有幽默感。约翰有轮椅却从来不坐，而用双手行走。他有残障，却非常热爱体育运动。他曾是澳大利亚残疾网球赛的冠军，全国健康举重比赛的第二名。

约翰尽自己所能去做自己想做的事情，开车出游、健身、游泳，到世界各地演讲，过着和健全人差不多的生活。他告诉我们：“坦然面对现实，然后努力进取，不要轻易对自己说不可能。”他曾经在澳洲对超过 25 万人和世界上超过 10 万人的企业及社团演讲过。在 1997 年世界著名演讲大师商务研讨会上，他和斯蒂芬·康威、布莱思·茜希等国际著名演讲大师同台竞技，得到全场 12000 名热情听众经久不息的掌声。

普通人大都喜欢谈自己的成功经验和成功实例，而忘了面对或分析失败的关键。但伟人不同，他们现在的成功都是奠基于过去的失败，所以对自己的失败分析得更透彻。与伟人对话，你就会知道用何种方法来克服失败，从而促进我们的人生进步，使我们能够顺利实现梦想。

向伟人借鉴经验，可以避免走太多的弯路。伟人的经历已经告诉人们：哪条路布满荆棘，费力不讨好；哪条路较少险阻，可以顺利到达彼岸。向伟人借鉴经验，还可以学习到伟人的处世智慧和坚忍不拔的性格，使青少年朋友锻炼出坚强的个性，面对生活的困苦不退缩。

生活中，除了向伟人借鉴经验，青少年朋友还可以向身边的普通人借鉴经验。他们可以是你的长辈，可以是你的同学、朋友、合作者，甚至是竞争对手。

孔子说："三人行，必有我师焉。"老师随处可找，但一颗向他人虚心学习的心却难寻。每个人都有自己的优点长处与处世智慧，将这些借鉴过来，有利于青少年朋友更顺利地取得成功。

与人合作的过程，就是向他人借鉴经验的过程。

你往往会发现，你的合作伙伴有着另类的智慧，他或许推断能力高强，或许很有先见之明，或许逆向思维超群，而这些都是你所欠缺的。那么，合作正为你提供一个向别人借鉴经验的机会。现在你需要做的就是，拿出你的热情与诚心，保持平和的心态，虚心地向别人学习。

# 第四篇
# 百年哈佛教学生克服人性弱点

“与我们应取得的成就相比，我们只不过半醒着。”哈佛大学成功的经验和智慧告诉我们，人生成功的关键在于能够克服自身的弱点。盲从、贪婪……这些人性的弱点影响着我们的品德，决定着我们的思维和行为方式，左右着我们的成败。

哈佛大学用300多年的人生智慧指出了学生应清楚认识到的人性弱点，并提供了有效克服这些弱点的方法和途径，帮助广大青少年去除人性中的弱点，战胜自我，从而创造幸福美好的人生。

# 第一章　盲从

## ——风向就是方向

### 为迎合别人而存在

活着应该是为充实自己，而不是为了迎合别人。每个人都应该坚持走为自己的道路，不受他人的观点所牵制。我们无法改变别人的看法，能改变的仅仅是我们自己。

有个人一心一意想升官发财，可是从年轻熬到斑斑白发，却还只是个小公务员。这个人为此极不快乐，每次想起来就掉泪，有一天竟然号啕大哭起来。

一位新同事刚来办公室工作，觉得很奇怪，便问他到底因为什么难过。他说："我怎么不难过？年轻的时候，我的上司爱好文学，我便学着作诗、写文章，想不到刚觉得有点小成绩了，却又换了一位爱好科学的上司。我赶紧又改学数学、研究物理，不料上司嫌我学历太浅，不够老成，还是不重用我。后来换了现在这位上司，我自认文武兼备，人也老成了，谁知上司喜欢青年才俊，眼看我就要退休了，却一事无成，怎么不难过？"

可见，没有自我的生活是苦不堪言的，没有自我的人生是索然无味的，是悲哀的。要想拥有美好的生活，我们必须自强自立，拥有良好的生存能力。一个人若失去自我，也就失去了做人的尊严，就不能获得别人的尊重。

从前，有一个士兵当上了军官，心里甚是欢喜。每当行军时，他总是喜欢走在队伍的后面。

一次在行军过程中，有人取笑他说："你们看，他哪儿像一个军官，倒像一个放牧的。"

军官听后，便走在了队伍的中间，这时又有人讥讽他说："你们看，他哪儿像个军官，简直是一个十足的胆小鬼，躲到队伍中间去了。"

军官听后，又走到了队伍的最前面，又有人又挖苦说："你们瞧，他带兵打仗还没打过一次胜仗，就高傲地走在队伍的最前边，真不害臊！"军官听后，心想：如果什么事都得听别人的话，自己连走路都不会了。从那以后，他想怎么走就怎么走了。

人要是没了自己的主见，经不起别人的议论，那么就会一事无成，最后都不知该怎么办。我们若想活得不累，活得痛快、潇洒，只有一个切实可行的办法，就是改变自己，主宰自己，不再相信"人言可畏"。

我们每个人都不能孤立地生活在这个世界上，很多的知识和信息来自别人的教育和环境的影响，但你怎样接受、理解、加工组合，是属于你个人的事情，这一切都要独立自主地去看待，去选择。谁是最高仲裁者？不是别人，而是你自己！歌德说："每个人都应该坚持走为自己开辟的道路，不被流言所吓倒，不受他人的观点所牵制。"让周围每个人都对自己满意，这是不切实际、应当放弃的期望。

我们周围的世界是错综复杂的，我们所面对的人和事总是多方面、多角度、多层次的。我们每个人都生活在自己所感知的经验现实中，别人对你的看法大多有其一定的原因和道理，但不可能完全反映你的本来面目和完整形象。别人对你的态度或许是多棱镜，甚至有可能是让你扭曲变形的哈哈镜，你怎么能期望人人都满意呢？

如果你期望人人都对你看着顺眼，感到满意，你必然会要求自己面面俱到。只要你认真努力地去尽量适应他人就能做得完美无缺，让人人都满意吗？显然不可能！这种不切合实际的期望，只会让你背上一个沉重的包袱，顾虑重重，活得太累。

## 跟风之前，先做理性分析

跟风、随大溜是人类的“通病”和习惯，是思维懒汉的“专利”，是我们内心中难以觉察到的消极幽灵，只有痛下决心才能够有所改变。

在一个酷热的夏季，一家水果店前排着长队，人们还相互约束：不许加塞，不许超量抢购。这家店之所以生意如此红火，是因为这里卖的是适时对路的新鲜货。但街对面的服装店却冷冷清清的，因为店里积压了大量的防寒服。因此，老板既羡慕水果店，又为自己着急。于是，想出一个办法：他找来几个熟人，认真向他们介绍商品的特点与优点，并说明价格的合理性，临时雇用他们当促销员，同时先让他们“争相购买”，造成热销景象。还让几位推销员提来许多水，拼命地往防寒服上泼水，老板不失时机地在店门口醒目处贴上一张广告：“房屋漏雨，急促卖出，跳楼价甩卖。”

几分钟后，一位顾客看到这里商品俏销，就进店了。他看了看防寒服，随即买下一件，又怯生生地问：“只能买一件吗？”“很抱歉，为了照顾面广一些，每人只能买一件。”老板慢悠悠地答。看到这位顾客磨磨蹭蹭不肯离开的样子，老板额外照顾了两件。过往客人纷纷进来了，这个一件那个两件，争着抢着，好不热闹。有的与售货员套近乎，抱走一大包；有的批评老板的规定，要求多买几件；有的维持秩序，让大家排好队。对面水果店老板也来电话：脱不开身，请留下两件。就这样，滞销品反而成了抢手货。

可见，人的思维就有这种习惯和弱点：总认为多数人做就一定有道理，自己何必多加考虑，随大溜就是了。在上面的例子中，老板正是利用了人们的这种“从众”的心理来促进销售的。虽然，有时从众的习惯明显存在严重缺陷，可人们仍不愿批评它，依然盲目跟随，从而导致无谓的失败。

盲从是可悲的，但这种可悲后面有着一种更可悲的无形因素，那就是人的内心不坚定。

每年高考报志愿时，大家都会看到这样的场面：莘莘学子拿着报考志愿表，在选择填报哪个学校与专业时却表现得犹豫不决。大家纷纷想寻找“热门”专业，同时对自己能否考上也心存怀疑，所以难免会发出询问：“老师，他们都填报了计算机系，你看我是不是这块料？”

在犹豫和怀疑之后，许多优秀学生最终选择了大家趋之若鹜的“热门专业”。然而，到大学临近毕业时，他们才发现这些“热门行业”其实并不好就业。

这种现象，是在职业选择上典型的从众心理，此类错误普遍存在，说明很多人并没有意识到社会需要的一条客观规律：物以稀为贵。

一旦千军万马都去挤一条独木桥时，那么就会使桥坍塌的可能性大大增加。相反，如果你能独具慧眼，另辟蹊径，见人之所未见，则往往更能适合社会的需要，也就更容易在社会上生存并取得成功。

盲目跟风、从众，必然增加人生的风险。一位老板，几年前听说外地招商引资，就“顺应潮流”到该地投资了上千万元。两年之后，他把所有的钱都亏掉了，最后空手而归。

有人问他：“你当初为什么要到那里去投资？”他说：“那时候，很多同行争先恐后地去了，群众的眼睛是雪亮的，大家都认为那里的投资条件优越，大有发展前途。如果我不去的话，担心会丧失了发展的机会。”

很多人有跟风、从众的心理特点和行为取向，这在心理学上被称为“同类互比”。“人们为了达到其理想的生活目标，随时都需要了解自己的现状，尤其需要了解自己在社会上的位置。当缺乏判断信息的标准和有效方法时，就常常通过与他自认为同类的人进行比较，以此来确定自己的现状、社会位置以及应采取的行动。”

同类互比，是社会给个人设置的一个陷阱和圈套。成功者之所以永远是少数，就是因为大多数人掉进了这个陷阱和圈套。人一旦选择了跟风、从众，往往就意味着选择了失败。

其实，在日常生活中“随大溜”可能没什么，但在其他许多重要事情上这样做，往往会葬送了自己。所以，请你千万记住一句话：真理常常掌握在少数人的手里，大家都认为是正确的未必正确。在跟风之前，保持清醒，加以理性判断，才能确保你的人生不受损。

## 用自己的大脑支配自己的行动

一次，一场多边国际贸易洽谈会在一艘游船上进行。在会议进行到一半的时候，突然发生了意外，游船开始下沉。

船长当机立断，命令大副紧急安排各国谈判代表穿上救生衣，准备离船。大副照做了，可是他的劝说却失败了。

情况十分紧急，船长决定亲自出马。经过船长的劝说，各国的商人很快都弃船而去。这让大副惊诧不已。

船长解释说："劝说其实很简单。我对英国人说，跳水是有益健康的运动；对意大利人说，不那样做是被禁止的；对德国人说，那是命令；对法国人说，那样做很时髦；对俄罗斯人说，那是革命；对美国人说，我已经给他上了保险。"

这则笑话令我们捧腹之余，不难引发我们对各国文化差异的思索。从中可以看出中国人虽然灵活，但是比较喜欢盲从，不能坚持自己的原则。这个笑话可能有些夸张，但中国人喜欢盲从的特点在现代生活中也不乏实例。

前几年流行事物中最令人惊讶的，是人们对于山地自行车的青睐，该车型适宜爬坡和崎岖不平的路面，对于平坦的都市马路毫无用处。

山地车骨架异常坚实沉重，车把僵硬别扭，转向笨拙迟缓，根本无法对都市复杂的交通做出灵巧的应变；一天折腾下来，腰酸背痛；加上尖锐刺耳的刹车声，真是一个中看不中用的东西。

放着好端端的轻便车不骑，却要弄上一辆如此的蠢拙之物，好像一个人丢下良马，偏要骑那笨牛一样。

时髦先生们头戴耳机，腰挎"随身听"，脚踩山地车，一身牛仔服，表面上自我感觉良好得一塌糊涂，然而，这份潇洒的背后，却有许多无奈。

把时髦比喻成一座令人心摇旌荡的山峰，山地车的功能便昭然若揭了。

追赶时尚，大约就像骑那山地车一样，即便累你半死，也是心甘情愿的。

究其根源："为什么这样？"

必答曰："别人都这样！"

盲从的人会说："看我多机灵，不落后于他人，别人刚这么做，我就也这么做了。"盲从的人失去了原则，往往会给自己带来损失或伤害。

要想在生活中、事业上有所成就，就必须摆脱盲从众人的不良习惯，善于用自己的头脑思索问题，做出正确的人生抉择。

# 第二章　贪婪
## ——欲海无边

### 贪婪到极致是虚无

物质是生活的基础，对物质的追求是理所当然的。但是，人一旦掉进贪婪的陷阱，就如坠入万丈深渊，万劫不复。

以前，有一个国王，王妃为他生了好几个王子。好不容易他最宠爱的一个妃子为他生了一位漂亮的公主。国王对小公主疼爱有加，视如掌上明珠，凡是公主要求的东西，国王从来不会拒绝。就是她要天上的星星，国王也恨不得攀登天空，为公主摘下来。

公主在国王的呵护纵容下，慢慢成长为豆蔻年华的少女，渐渐懂得了装扮自己。有一天，春雨初霁的午后，公主带着婢女徜徉于宫中花园。只见树枝上的花朵，经过雨水的润泽，花苞上挂着几滴雨珠，显得越发娇艳；翁郁的树木，翠绿得逼人眼睛。公主正在欣赏雨后的景致，忽然目光被荷花池中的奇观吸引住了。原来池水正冒出一颗颗状如珍珠的水泡，浑圆晶莹，闪耀夺目。公主看得入神忘我，突发奇想："如果把这些水泡串成花环，戴在头发上，一定美极了！"

她打定主意，于是叫婢女把水泡捞上来，但是婢女的手刚一触及水泡，水泡便破灭无影。折腾了半天，公主在池边等得愤愤不悦，婢女在池里捞得心急如焚。公主终于气愤难忍，一怒之下，便跑回宫中，把国王拉到了池畔，对着一池闪闪发光的水泡说：

“父王！您一向是最疼爱我的，我要什么东西，您都依着我。现在女儿想要把池里的水泡串成花环，戴在头上。”

“傻孩子！水泡虽然好看，终究是虚幻不实的东西，怎么可能做成花环呢？父王另外给你找些珍珠水晶，一定比水泡还要美丽！”国王无限怜爱地看着女儿。

“不要！不要！我只要水泡花环，我不要什么珍珠水晶。如果您不给我，我就不想活了。”公主哭闹着。束手无策的国王只好把朝中的大臣们集合于花园，忧心忡忡地说道：“各位大臣，你们号称本国的奇工巧匠，你们之中如果有人能够用池中的水泡，为公主编织美丽的花环，我便重重奖赏。”

“陛下！水泡刹那生灭，触摸即破，怎么能够拿来做花环呢？”大臣们面面相觑，不知如何是好。

“哼！这么简单的事，你们都无法办到，我平日如何善待你们？如果无法满足我女儿的心愿，你们统统提头来见。”国王盛怒了。

“国王请息怒，我有办法替公主做成花环。只是老臣我老眼昏花，实在分不清楚水池中的水泡，哪一颗比较均匀圆满，能否请公主亲自挑选，交给我来编串。”一位须发斑白的大臣神情笃定地打圆场。

公主听了，兴高采烈地拿起水瓢，弯下腰身，认真地舀取自己中意的水泡。本来光彩闪烁的水泡，经公主轻轻一触摸，霎时破灭，变为泡影。捞了半天，公主连一颗水泡也没有拿起来。

显然，公主的水泡花环梦想难以实现。我们暂且不说公主失望的表情，先来研究分析一下公主有此梦想的根源：正因为公主生活无忧，物质富足，她才贪婪那些虚无的东西。可以说，这是贪婪的极致。极致的贪婪蒙蔽了公主的眼睛，使她是非难辨，幻想与现实不分，闹出如此笑话。现代生活中的某些人是不是也有着公主的影子呢？过度的追逐，只能陷于痛苦的深渊。然而，世人大都面对金钱爱不释手，面对名利心难清静。更有甚者，为虚无的目标而苦命追逐。然而由于目标不当，有时不仅不会带来快乐，反而会成为烦恼的根源，且白费精力。

## 欲望越小，人生越幸福

我们所拥有的并不少，而仅仅是因为欲望太多，才使得自己不满足，甚至憎恨别人所拥有的或期望比别人拥有得更多，以致心里产生失落、愤怒和不平衡。欲望太多，就会导致心理贫穷！

1856 年，俄亥俄州的亚历山大商场发生了一起盗窃案，共失窃 8 只金表，价值 16 万美元，在当时，这是相当庞大的数目。

就在案子尚在侦破中，纽约商人罗森到此地批货，随身携带了 4 万美元现金。当他到达下榻的酒店后，先办理了贵重物品的保存手续，接着将钱存进了酒店的保险柜中，随即出门去吃早餐。

在咖啡厅里，他听见邻桌的人在谈论前阵子的金表盗窃案，因为是当时的新闻，这个商人并没有太在意。

中午吃饭时，他又听见邻桌的人谈及此事，他们还说有人用 1 万美元买了两只金表，转手后净赚 3 万美元，其他人纷纷投以羡慕的眼光说：“如果让我遇上，不知道该有多好！”

罗森听到后，却怀疑地想：“哪有这么好的事？”

到了晚餐时间，金表的话题居然再次在他耳边响起，等到他吃完饭，回到房间后，忽然接到一个神秘的电话：“你对金表有兴趣吗？老实跟你说，我知道你是做大买卖的商人，这些金表在本地并不好脱手，如果你有兴趣，我们可以商量商量。品质方面，你可以到附近的珠宝店鉴定，如何？”

罗森听到后，不禁怦然心动，他想这笔生意可获取的利润比一般生意优厚许多，于是便答应与对方会面详谈，结果以 4 万美元买下了传说中被盗的 8 只金表中的 3 只。

但是第二天，他拿起金表仔细观看后，却觉得有些不对劲，罗森将金表带到熟人那里鉴定，没想到经鉴定，这些金表居然都是假货，全部只值 2000 美元而已。直到这帮骗子落网后，商人才明白，从他一进酒店存钱，这伙骗子就盯上了他，而他一整天听到的金表话题，也是他们故意安排设计的。

歹徒的计划是，如果第一天罗森没有上当，接下来，他们还会有许多花招准备继续诱骗他，直到他掏出钱为止。

因为贪欲而迷失方向的人比比皆是；因为贪婪而丧失天良的人也随处可见。贪欲不仅可怕，也是导致许多人失败的原因。

有一对即将结婚的青年男女，兴奋地憧憬着未来的美好日子，因为他们中了一张高额彩券，奖金是 7.5 万美元。

可是，这对马上要结婚的新人，却在中奖后隔天，就为了“谁该拥有这笔意外之财”而闹翻了。两人大吵一架，并不惜撕破脸，闹上法庭。为什么呢？因为这张彩券当时是握在未婚妻的手中，但是未婚夫气愤地告诉法官：“那张彩券是我买的，后来她把彩券放入她的皮包内，但我也没说什么，因为她是我的未婚妻嘛！可是，她竟然这么无耻、不要脸，居然敢说彩券是她的，是她买的！”

这对未婚夫妻在法庭上大声吵闹，各说各话，丝毫不妥协、不让步，让法官也伤透脑筋。最后，法官下令，在尚未确定谁是谁非之时，彩券发行单位暂时不发出这笔奖金！而两位原本马上要结婚的佳偶因争夺奖券的归属而变成怨偶，双方也决定取消婚约。

有人说："结婚，通常不是为了钱；离婚，却是经常为了钱！"

的确，人的私心、贪婪，常使人跌倒，重重地跌在自己恶念的祸害里。

托尔斯泰说："欲望越小，人生就越幸福。"同理，我们也可以说欲望越大，就越容易致祸。的确，古往今来，多少人欲壑难填，多少人被贪婪打败。所以，生活中，我们一定要减轻欲望，懂得舍弃，只有这样才能从贪婪中解脱，从而获得内心的安宁。

## 贪婪是怎样形成的

我们都读过伟大诗人普希金所写的《渔夫和金鱼的故事》。故事中那位老太婆，本来已经得到了金鱼为报恩而给予的诸多好处，但由于她让自己的欲望一再膨胀，有了高大明亮的木房子，还要做世袭的贵妇人，之后又要当至尊无上的女皇，但这些竟然都不能使她满足，等到她贪心不足地要求做要金鱼侍候的"海上女霸王"时，终于遭到了惩罚：恢复到只有破房子和破木盆的原状。这无疑是一个颇具深意的暗示：贪婪者的结局就是竹篮打水一场空。

"贪"的本义指爱财，"婪"的本义指爱食，"贪婪"指贪得无厌，意即对与自己的实际情况不相称的某一目标的过分欲求。

贪婪心理的成因，说简单也简单，说复杂也复杂。客观方面来讲，社会上太多的诱惑和不健康的思想，有时会让人心走向歪门邪道。但更重要的原因，显然在于人们自己的主观因素。人在成长和生活的过程中，很可能会接受或产生一些错误的价值观念，比如认为社会是为自己而存在的，天下之事物应为自己拥有。这种严重的个人主义，就很容易导致人滑向贪婪，使人得陇望蜀，欲壑难填。有了票子，想房子，有了房子，想位子；有了位子，想女人……这样成了习惯，也就被贪婪之心给控制住了。

行为的强化作用也会使贪欲增强。有贪婪之心的人，在初次伸出黑手时，一般也多有惧怕心理，然而一旦得手，在尝到甜头之后，胆子就会越来越大。每一次的攫取成功，都会刺激那颗贪婪之心。

有时，我们可能也会很奇怪，那些所谓的“贪婪者”，其实开始也是很本分的人，为什么就会陷入贪婪的泥潭而不能自拔呢?这恐怕就是攀比的心理在作怪。有的人在看到原来与自己境况差不多的邻居、朋友、同事或者下属，甚至原来远远不如自己的人，都能比自己过得好得多，心理就会严重失衡，觉得自己活得太败兴，于是一股贪婪之念油然生发出来，慢慢地也就学会了伸出贪婪之手，并且越来越频繁，越来越利索。

除此之外，扭曲的补偿心理也是形成贪婪习性的一种重要因素。有些人原来家境贫寒不堪，或者曾经受过很大的苦难，觉得命运对自己很不公平。一旦地位、身份升级，便利用手中的资源向社会或他人疯狂地索取，蜕变成一个不折不扣的贪婪者。

通过贪婪心理的成因，我们可以看出贪婪是一种病态心理，与正常的愿望相比，贪婪不但没有能够满足的时候，反而是胃口越来越大，而这往往就导致人的心理失衡，最终无可救药。从这个意义上来讲，贪婪确实可以称得上一个魔鬼。它会让人失去理智，明明知道是火坑也不由自主地往里跳，还让人自以为既能得到自己想要的东西，又能进退自如。岂不知在伸手的瞬间，贪婪就使他注定落入他人设好的圈套，注定了被设圈套的人牵着走，从此身不由己，说着言不由衷的话、做着违背自己意愿的事，轻则弄得狼狈不堪，重则身败名裂，身陷囹圄。

贪婪的可怕之处还表现在，很多时候有些人为了得到自己想要的东西，殚精竭虑，费尽心机，甚至不择手段地去攫取，到最后也许他真的如愿以偿了，但在整个的追逐过程中，他也已经失去了比所得的更为宝贵的东西，或者留下了永远都无法弥补的人生遗憾。也就是说，贪婪不仅摧毁有形的东西，更能搅乱一个人的内心世界。一个人的理智、自尊乃至未来的所有的希望，都有可能被贪婪这个魔鬼吞噬。

作为人性的原恶之一，贪婪是人的生命中不能承受与回避的重中之重。社会中，一切的丑恶、野蛮、杀戮、欺骗都是以贪婪为发源地的。人一旦显现出了自己灵魂深处的贪婪本性，就等于走上了一条不归路。这表现在贪婪不仅是以生命为代价的，而且是以灵魂为代价的。贪婪就像吸毒，是一项自毁的工程。据巴西科学家研究显示，任何贪官的一生都是在惊恐、惶惑之中度过的，他们的生命不仅比一般人短，而且其心理无时无刻不在受着无可名状的煎熬。

由于贪婪的成因既是隐藏性的，又具有历史和现实双重的复杂性，使得它确实能像一个魔鬼那样无孔不入，几乎在每一个人身上都有停留、生长和爆发的可能。所以说，人活着，就要学会用理智驾驭自己的欲望，明辨是非，认清欲望背后潜在的危险，不可放纵自己的贪婪之心。必要的时候，完全可以使用强制的手段来和自己的贪欲做斗争，用法律的清洗剂彻底清洗自己的灵魂，使其得以再生。

当然，贪婪并非遗传所致，而是个人在后天环境中因各种因素叠加而致，所以，它绝不是不治之症，是每一个人都能够通过正确的方法加以克服和避免的。

# 第三章　自负

## ——唯我独尊

### 自负就是自以为了不起

纵观历史，一些成功人士的失败，无不源于在成就面前的忘乎所以、我行我素、目空一切。被人称为“美国之父”的富兰克林，少年得志、豪情满怀、意气风发，他的表现、风度自然也是十分了不起。

一位爱护他的老前辈意识到，一个有成就的普通人如此表现无可厚非，但作为国家领导人，这样很危险。于是他将富兰克林约出来，地点选在一所低矮的茅屋。富兰克林习惯于昂首阔步地大步流星，于是一进门只听“嘭”的一声，他的额头顿时起了一个大包，痛得连声叫喊。

迎出来的老前辈连忙说：“很疼吧！对于习惯仰头走路的人来说，这是难免的。”于是富兰克林终于有所领悟。

“谦”不是自我压抑，“满”也不是自我张扬，最关键的是站在成功面前，以一颗平和的心面对未来，只有这样，才能把自己的成就保持长久。爱迪生晚年的经历也许能给我们一些启发。

当初那个锐意进取的爱迪生，到了晚年曾说过一句令我们目瞪口呆的话：“你们以后不要再向我提出任何建议。因为你们的想法，我早就想过了！”于是悲剧开始了。

1882年，在白炽灯彻底获得市场认可后，爱迪生的电气公司开始建立电力网，由此开始了“电力时代”。当时，爱迪生的公司是靠直流电输电的。不久，交流电技术开始崭露头角，但受限于数学知识（交流电需要较多数学知识）的不足，更受限于孤芳自赏的心态，爱迪生始终不承认交流电的价值。凭借自己的威望，爱迪生到处演讲，不遗余力地攻击交流电，甚至公开嘲笑交流电唯一的用途就是做电椅杀人！发展交流电技术的威斯汀豪斯公司，一度被爱迪生压得抬不起头。

一朝不等于一世。后来，那些崇拜、迷信爱迪生的人在铁的事实面前惊讶地发现：交流电其实比直流电强得多！

爱迪生辉煌的人生，却在接近尾声时栽了一个致命的大跟头，而且再也没能爬起来，成了他挥之不去的败笔。是什么使爱迪生前后判若两人？是什么毁了一个功成名就的伟人？在逆境中，爱迪生保持了惊人的毅力与良好的心态；在顺境中，他却像历史上很多伟人一样，沉湎在自己的成就中，变得狂妄、轻率而固执。从那一刻起，他前半生积累的一切成就，全部变成了负数，阻碍了社会进步，也毁了自己的一世英名。

不要相信能人会永远英明，即便是伟大的牛顿、爱迪生，到晚年都保不住自己的“品牌”。古今中外的很多伟人都难逃“成功—自信—自负—狂妄—轻率—惨败”的怪圈。真正聪明的人，总是在为事业奠定一个物质和制度基础后，平视自己的成就，平视周围的人，而不是仰视成就，俯视周围的人和事，这样的人才可能事业常青。

20世纪30年代，科学家得出了发出遗传信息的正是细胞核里的DNA的结论后，DNA成了世界各地著名试验室的研究课题。其中最具代表性的是美国一直致力于蛋白质研究的化学界“权威”

莱纳斯·鲍林和剑桥大学的卡文迪许实验室。他们几乎是同时着手对奇异的DNA结构进行探索的。

在卡文迪许实验室从事DNA结构研究的是英国人弗朗西斯·克里克和美国人詹姆斯·沃森。沃森虽然一直在研究DNA，但是克里克原来却是从事武器方面研究的，所以他二人的组合相对于鲍林的地位可以说是“一个在地，一个在天”。二人对DNA的研究实在不能引起鲍林的重视，在鲍林眼里沃森是一个好学生，但因成绩还不够突出，连到加州理工学院当研究生的申请都未被批准；克里克已经三十五六岁了，还在读研究生。况且卡文迪许实验室的科学家们至今尚未在任何竞赛中打败过鲍林。所以，鲍林颇为自信，他认为只有自己有能力解开DNA之谜，因为没有谁有足够的化学基础能对自己构成威胁。他还认为与蛋白质相比，弄清DNA的结构不会很难，“这算不上一个最为紧迫的问题”。

也就是说，鲍林是自负的，他不相信有人能够在他之前发现DNA的结构，尤其是在顺利解决阿尔法螺旋问题后，他更认为自己才是世界上解决巨分子结构的最佳人选。

事实却给了鲍林重重的一击。在探索DNA结构这一课题上，他输了，他输在了浮躁和自负上。他不但过于自信，藐视对手，而且急于求成。针对解析DNA这样一个大的课题，他没有把研究的准备工作做好就想碰碰自己的运气了。甚至当奥地利生物化学家切加夫得出碱基对应关系的结论后，仍然没有得到鲍林的重视，而沃森和克里克恰恰是在这一点上获得启发，最终他俩找到了DNA的正确结构。

鲍林因为自负输掉了这场大比拼。鲍林的自负，虽并未抹杀他已取得的巨大成就，却也在很大程度上削减了他作为一个科学巨人的“砝码”。这一教训，当为人们记取。

## 自负只会错失机会

许多人总是把自负当成是激励自己继续努力和赖以为生的精神动力，事实上，自负是一种精神与心灵上的盲目。

如果你认为自己拥有广博的知识、高超的技能、卓越的智慧，却没有谦虚镶边的话，你就不可能取得灿烂夺目的成就。你要永远记住："伟人多谦逊，小人多骄傲。太阳穿一件朴素的光衣，云彩却披了灿烂的裙裾。"

比尔·盖茨曾说："如果我们有了一点成功便觉得了不起，这是不可取的行为。然而，如果我们为自己的成功自鸣得意时，有一个人来教训我们一番，那么，我们就可以称之为幸运了。"

肖恩是一个刚刚毕业的大学生，不但相貌英俊，而且热情开朗。他决定找一份与人交往的工作，以发挥自己的长处。很快，他就得到一个好机会——一家五星级宾馆正在招聘前台工作人员。

肖恩决定去试试，于是第二天清早就去了那家宾馆。主持面试的经理接待了他。看得出来，经理对肖恩俊朗的外表和富有感染力的热情相当满意。他拿定主意，只要肖恩符合这项工作的几个关键指标的要求，他就留下这个小伙子。

他让肖恩坐在自己对面，并且开门见山地说："我们宾馆经常接待外宾，所有前台人员必须会说四国语言，这一指标你能达到吗？"

"我大学学的是外语，精通法语、德语、日语和阿拉伯语。我的外语成绩是相当优秀的，有时我提出的问题，教授们都支支吾吾答不上来。"肖恩回答说。事实上，肖恩的外语成绩并不突出，他是为了获取经理的信赖，自己标榜自己。但显然，他低估了经理的智商。事实上，在肖恩提交自己的求职简历时，公司已经收集了有关的详细信息，其中包括肖恩的大学成绩单。

听了肖恩的回答，经理笑了一下，但显然不是赏识的笑容。接着他又问道：“做一名合格的前台人员，需要多方面的知识和能力，你……”经理的话还没说完，肖恩就抢先说：“我想我是不成问题的。我的接受能力和反应能力在我所认识的人中是最快的，做前台绝对会很出色的。”

听完他的回答，经理站了起来，严肃地对他说：“对于你今天的表现，我感到很遗憾，因为你没能实事求是地说明自己的能力。你的外语成绩并不优秀，平均成绩只有 70 分，而且法语还连续两个学期不及格；你的反应能力也很平庸，几次班上的活动你都险些出丑。年轻人，在你夸夸其谈时，最好给自己一个警告。因为每夸夸其谈一次，诚实和谦逊都要被减去 10 分。”

在我们的生活中，像肖恩这样的人并不少见。很多人只知吹嘘自己曾经取得的辉煌，夸耀自己的能力学识，以为这样可以博得别人的好感和赞扬，赢得别人的信任，但事实上，他们越吹嘘自己，越会被人讨厌；越夸耀自己的能力，越受人怀疑。

谦逊基于力量，自负基于无能。夸耀自己和自我表扬并不会为我们赢得好的机会，只会断送我们的前程。因为一个喜欢标榜自己的人，往往会失去朋友——没有人喜欢和一个自我表扬的人在一起；失去别人的信任——别人不但会对你的能力产生怀疑，更严重的是你的品德和灵魂也会遭人批评。无疑，一个没有好人缘、不可信的人是永远都不会与成功邂逅的。

## 谦逊是通往进步之门的钥匙

谦逊就像跷跷板，你在这头，对方在那头。只要你谦逊地压低了自己这头，对方就高了起来，而这最终会为你打开成长之门。

有人问苏格拉底是不是生来就是超人，他回答说："我并不是什么超人，我和平常人一样。有一点不同的是，我知道自己无知。"这就是一种谦卑。无怪乎古罗马政治家和哲学家西塞罗会说："没有什么能比谦虚和容忍更适合一位伟人。"

一颗谦逊的心是自觉成长的开始，这就是说，在我们承认自己并不知道一切之前，不会学到新东西。许多年轻人有这种通病，他们只学到一点点，却自以为已经学到一切。他们的心关闭起来，再没有东西进得去，他们自以为是万事通，而这恰恰是他们所犯的最严重的错误。

达·芬奇说过："浅薄的知识使人骄傲，丰富的知识则使人谦逊，所以空心的禾穗高傲地举头向天，而充实的禾穗则低头向着大地，向着它们的母亲。"谦逊不仅是一种美德，还是你无往不胜的要诀，因为谦和、温恭的态度常常会使别人难以拒绝你的要求，这也是巨大收获的开头，正如亚里士多德所说："对上级谦恭是本分，对平辈谦逊是和善，对下级谦逊是高贵，对所有的人谦逊是安全。"

西方哲学家卡莱尔说："人生最大的缺点，就是茫然不知自己还有缺点。"因为人们只知道自我陶醉，一副自以为是、唯我独尊的态度，殊不知这种态度会遭到多数人的排斥，使自己处于不利的地位。

事实上，谦逊是通往进步之门的钥匙。没有谦逊，我们就会太过自满，以致不敢去面对今后的挑战；没有谦逊，我们就不会睁大双眼满怀好奇地去探索新的领域。如果我们不能保持谦逊的态度，或许就不敢承认错误，找出解决问题的方法，重新开始。谦逊，是我们对人类文明的未来以及我们在其中所处的地位表示关注的应有心态，也是那些对世间一切事物不肯放任自流。

只有保持谦逊，我们才可能有相互学习的机会；只有保持谦逊，我们才可能坦诚地与他人交换意见；只有保持谦逊，我们才可能避免犯下傲慢与褊狭的罪恶，并避免宗教争端。因为，谦逊使我们相互之间敞开心扉，并使我们能够从他人的角度看待事物。

# 第四章　自欺

## ——掩耳盗铃

### 自欺欺人，归根结底是欺骗自己

自我欺骗，起源于人们普遍具有的性格特点——虚荣心，尤其是缺乏他人的尊重时，这种自我欺骗就成了寻求自我心理平衡的一种“诀窍”。偶尔为之，可以说是一种无害的行为，甚至能够对自己产生激励，成为驱使自己奋发向上的内在动力。但是，一个人如果终日沉溺于白日梦和自我欺骗中不能自拔，则无疑会导致人格的畸形发展。喜欢自欺的人，既不能使自己的品格更完美高尚，也无助于在生活中取得成功。相反，它往往会导致在现实中发生过激行为，或者企图用相反的事实来掩盖自己的弱点。

一个好莱坞的著名演员，因妻子闹离婚而心烦意乱、脾气粗暴，这种恶劣心境影响了他的日常工作。当他观看了自己拍摄的电影后，发现自己在影片中的表演极其混乱和不真实，于是，他沮丧绝望，认为自己不再会受到观众喜爱了，甚至一度打算退出影坛，另谋生路。最后，他接受了心理分析医生的忠告，举办了一次记者招待会，向人们解释了为什么他心情一直抑郁不快，从而不能成功地演好电影的原因。他把自己因生活琐事而影响了工作的愚蠢行径公之于众，暴露出自己的缺点。记者们为他这种直率和坦诚所感动，怀着极大的同情对他进行了报道。他也因此一举摆脱了忧郁烦闷，声望也随之大振。可以想象，一个习惯于自我蒙蔽的人，是不会公开承认自己有缺点的，因而也很难体味到被社会承认的快慰。

“唯大丈夫能显英雄本色。”所谓本色，就是真实自然地表现你的人格，而不是极力遮掩，伪装高尚，故作多情。

弱点，人皆有之，即使是你崇拜的人物也不是完人，而是活生生的、有血有肉、有弱点的人。

诚实待人方是做人之本，欺骗他人的人也就是在欺骗自己。因为你欺骗了一个朋友，你就少了一个朋友；你欺骗了一个亲人，你就少了一份亲情；你欺骗了许多人，你就会一无所有。一切的欺骗，归根结底是在欺骗自己，这样的人，不要说成功，根本就不值得尊敬。

大人物尚且如此，我们又何必回避自己的弱点，自我欺骗呢？林肯的竞争对手有一次指责林肯是个两面派。林肯回答说：“如果我还有另一副面孔的话，我就不会长得像现在这个样子了。”林肯相貌不佳是众所周知的，如果他成天忌讳别人指责他长相有缺陷的话，那么流传下来的就不是一段佳话，而是尴尬狼狈的场面了。

一个惯于欺骗自己的人是不会诚实地和其他人合作的，欺骗自己的人一定也会欺骗他人。

## 不要自欺欺人地想象一切

这里有一个蚂蚁和犀牛的故事。

“报告大王，洞外来了一只犀牛。”小蚂蚁向蚁王报告说。

“就一头？”

“一头，陛下。”

“那好，让我派一只蚁将去把它捉了来！”

“这怎么行呢……”报告的小蚁吃惊地说道。

“不行？嘿！莫非得我蚁王亲自上阵不成？”

蚁王刚说完，犀牛在远远的地方喘了一口气，一阵风把蚁穴吹得堵死了。

过了一会儿，只听见蚁王在洞里放心地说道：“也好，不用我再亲自上阵了，那犀牛肯定被大风吹到九霄云外了。”

目光短浅的人就常常像蚁王这样，自欺欺人地去想象一切。

你会不会觉得这个蚁王很可笑？它简直愚蠢得要命，竟然不知道那阵所谓的大风就是犀牛的喘气，还愚昧地认为犀牛也被大风吹走了。它那种自欺欺人的想法是多么荒唐可笑！

自欺欺人的人只会害了自己。想一想，如果某件事明明是自己做错了，却硬要说自己没错，还欺骗自己说自己做得非常好，会有什么后果？这只会让你觉得自己很了不起，继续欺骗自己罢了。这样下去，你就再也不会想要进步了。而且，你处处自以为是，别人也不会喜欢你。因此，为了不断地进步，为了不被人讨厌，我们要实事求是，不要自己欺骗自己。

## 适应不可避免的现实

每天上午 11 时许，一辆耀眼的汽车都会穿过纽约市的中心公园，车里除了司机，还有一个人——无人不晓的百万富翁。

百万富翁注意到：每天上午都有位衣着破烂的人坐在公园的

凳子上死死地盯着他住的旅馆。

一天，百万富翁对此发生了极大的兴趣，他要求司机停下车并径直走到那人的面前说："请原谅，我真不明白你为什么每天上午都盯着我住的旅馆看。"

"先生，"这人答道，"我没钱，没家，没住宅，我只得睡在这长凳上。不过，每天晚上我都梦到自己住进了那所旅馆。"

百万富翁灵机一动，扬扬自得地说："今晚你一定如梦以偿。我将为你在旅馆租一间最好的房间并付一个月房费。"

几天后，百万富翁路过这人的房间，想打听一下他是否对此感到满意。

然而，他出人意料地发现这人已搬出了旅馆，重新回到了公园的凳子上。

当百万富翁问这人为什么要这样做时，他答道："一旦我睡在凳子上，我就梦见我睡在那所豪华的旅馆，真是妙不可言；一旦我睡在旅馆里，我就梦见我又回到了冷冰冰的凳子上，这梦真是可怕极了，以致完全影响了我的睡眠！"

显然，环境并不能决定我们是否快乐，我们对事情的反应反而决定了我们的心情。也许我们察觉不到，但是我们内心却有更强的力量帮助我们渡过难关，我们都比自己想的更坚强。

一切都是最好的安排，决定你的生活航向的是你自己的心灵，而不是环境。在漫长的人生旅途中，有时要苦苦撑持暗无天日的境遇；有时却风光绝顶，无人能比，但能掌控我们的命运的，绝不是我们所处的境遇，而是我们的心灵。踏入一条错误的河流并不可怕，可怕的是把心灵开错窗。不管上天有没有给你一个华美的舞台，你的心有多大，你的舞台就有多大。

在我们的一生中，总有一些事情，虽非心甘情愿，却也无可奈何。有生之年，我们势必会有许多不愉快的经历，它们是无法逃避的，我们也是无法选择的。我们只能接受不可避免的现实做自我调整。

松树无法阻止大雪压在它的身上，但它可以弯曲自己，蚌无法阻止沙粒磨蚀它的身体，但它可以包裹沙子来适应这悲惨的遭遇。学会和环境化敌为友，这是一种适应性，也是一种生存的技巧，人类作为万物的灵长又怎能屈居于这些小生物之下，正如席慕蓉所说："请让我终于明白，每一条走过来的路径都有它不得不这样跋涉的理由；请让我终于相信，每一条要走上去的前途也有它不得不那样选择的方向。"我们也许没有选择的权利，但我们有改变自己的能力。

# 第五篇 哈佛家训精华

对于哈佛大学来说，重要的不是出了多少位总统和诺贝尔奖获得者，而是让进哈佛的每一名学子都能像金子一样发光。

哈佛取得如此巨大的成就，并不完全是学校教育的结果，这其中也有学生家长的功劳。他们成功的教育方法和理念、他们培养孩子成才的坚定信心和严谨态度以及他们将“教育孩子”作为人生重要目标的信念，也给哈佛精英教育提供了好的基础！

# 第一章　真爱

## ——开启生命的源泉

### 小狗的主人

宠物市场上，一个30多岁的男人手里举着一块牌子："出售小狗。"身旁有6只毛茸茸的小狗，其中一只小狗紧紧地贴在他的脚边，呜呜地低声叫着。

一会儿，一个小男孩慢慢地走到了男人的面前。

"先生，你的小狗卖多少钱？"小男孩问道。

"20美元。"

"能让我先看看它们吗？"

小男孩蹲下身来逗这些活泼可爱的小狗。他看到了那只呜呜叫着的小狗。

"这只小狗怎么了？"小男孩好奇地问道。

"它的一条腿瘸了，生了一场病就变成这样了。"

"我想买这只小狗。"

"这条小狗不卖。"男人想了一下，说，"如果你很想要，我可以把它送给你！"

"不！"小男孩认真地看着对方，一字一句地说："我不需要你的赠予。这只小狗应该和别的小狗一样值20美元！"

"它的腿不好，不可能像别的小狗那样蹦蹦跳跳地陪你玩。"

小男孩低着头，轻声说道："我自己也不能蹦蹦跳跳了。这只小狗需要一个理解它的人，给它一份关爱。"说完，他卷起裤脚，露出一条严重畸形的小腿。

作为一个生命，每一个人的地位都是平等的，每一个人的价值都是一样的。不要用这样那样的标准把你我分隔开，因为人生没有高低贵贱之分，尊重对方也就是尊重自己。当然，也不需要把自己和他人区别地对待，因为这样会让快乐和幸福从自己的身边溜走，留给自己的只有烦恼和不幸。

## 10 美元的肖像画

大收藏家拥有大量珍贵的艺术品和一个年轻、充满活力的儿子，过着幸福美满的生活。后来，儿子应征入伍参加了保家卫国的战争，不幸战死在沙场上。而父亲还不知道这一消息。

圣诞节的早晨，日夜思念儿子的老人打开房门，看见一位陌生的年轻士兵站在面前，手里还提着一个大包裹。士兵向老人敬礼："您好，我是您儿子的战友。他已经为国英勇捐躯了，这是他留给你的一幅肖像画。"

老人用颤抖的双手打开了儿子的肖像画，把它挂在客厅的正中央，每天早上起来之后都要默默地对着它看上半天。老人再也没有心思去打理自己那些珍贵的收藏品，儿子的这幅肖像画已经成了老人心中最为珍贵的财产了。

第二年秋天，可怜的老人得了一场大病，不久就去世了。老人留下遗愿：所有的收藏品，都拿出来拍卖。消息传出以后引起了轰动，世界各地的收藏家们聚集到了拍卖现场，都想从这位老人的收藏中得到一些稀世珍品。

出人意料的是，拍卖会是从一件非常普通的作品开始的，那就是老人挂在客厅正中央的儿子的肖像画。拍卖师介绍了这幅画的来历后，然后问道："有人愿意出价 200 美元买下这幅画吗？"没有人回答。

"100 美元呢？" 拍卖师又问。

这时，人群中有人开始抗议了："谁会对那幅粗劣的画像感兴趣？快点，我们需要的是他的珍品！"

"对！对！" 大家十分赞同。

"不，必须先拍卖这一幅，这是老人临终前的要求。"拍卖师坚决地摇头。

"谁愿意买下这幅肖像？" 拍卖师再一次问道。

"10 美元可以吗？因为我身上只有这么多钱……" 在旁边站了很久的老仆人难为情地举起自己的右手说，"这是老主人最喜爱的肖像画，如果行的话我愿意买下它。"

"还有没有人高出 10 美元？" 拍卖师大声问道。

没有人回应。"10 美元一次！ 10 美元二次！ 10 美元三次！好，成交！" 拍槌重重落了下来。

接着，拍卖师扫视了一眼拍卖厅，郑重地宣布："今天的拍卖到此结束！"

"为什么？为什么？难道今天的拍卖会只拍卖这一幅普通的肖像画吗？还害得我们不远千里赶过来，这不是在愚弄人吗？" 拍卖厅里的人群顿时像炸开了锅一样，群情激愤。

"不！不止这些！按照收藏家的遗嘱，谁买下了他儿子的肖像画，" 拍卖师顿了一下，盯着众人说，"谁就可以同时得到他收藏的所有珍品！"

你能正确估量出爱的价值吗？愿意为爱买单吗？

爱是无价的。用心去爱别人永远都不要期望得到一次意外的回报，如果有了这样的想法，那么我们所付出的就不是爱了，而是一种赤裸裸的贪婪。这个时候，你已经亵渎了自己那一份朴素真挚的感情了。

## 看重“坏”孩子

自从母亲死了以后，他变成了一个调皮的孩子。只要谁家的牛走失了，或者是后院的树莫名其妙被砍倒了，大家都认为是他做的坏事。甚至父亲和哥哥都是这么想的。渐渐地，他也变得无所谓了。

有一天，父亲打算再婚了，家里的孩子们都担心新妈妈会是什么样子。他也打定主意，不把新妈妈放在眼里。最后，新妈妈终于走进家门，来到每个房间，愉快地向孩子们打招呼。当新妈妈走到他面前时，他像枪杆一样站得笔直，双手交叉在胸前，偏开头看着一边，一点欢迎的意思也没有。

新妈妈回头看了父亲一眼，眼里有些疑惑。

“这就是我跟你说的那个孩子，”父亲懒洋洋地说，“全家最坏的孩子。”

仿佛是为了印证父亲的这一番话，他冷冷地瞪着新妈妈，满脸的倔强。

然而，令他猝不及防的是，新妈妈说出了一番让家里所有的人都吃惊的话，包括他自己。她把手放在他的肩上，看着他，眼里闪烁着光芒。“最坏的孩子？”新妈妈说，“一点也不，他是全家最聪明的孩子，我愿意拿出我所有的积蓄跟你赌一赌。”

20年以后，他成了一位著名的企业家。当有人问到他成功的力量来自何处时，他自豪地回答：“是妈妈赐给了我无穷无尽的爱！”

爱是一切力量的源泉。有了真爱，可以让干涸的心灵长出嫩绿的新叶，开出鲜艳的花朵，在阳光下怒放着生命的芬芳。在母亲的眼里，只有一种孩子：一个好孩子，或者是一个正在准备做好孩子的孩子，就这么简单。

## 两个预言

他是诺贝尔和平奖获得者，在国际上享有很高的声誉。他之所以能够取得今天的成功，用他自己的话说，是来源于母亲的鼓励与期望。他来自一个贫穷的家庭，父亲早早就离开了他和母亲，可母亲给予他厚爱，同时也对他寄予了厚望。她对孩子情深意切，利用一切机会，用孩子可以理解的语言启发他、教育他。她总是对孩子说：“孩子，你是一个坚强的人，也是一个对社会有用的人！”

由于母亲的教育与熏陶，他从小就给自己树立了一个远大的目标。他考入哈佛大学以后，就决心要做一个不畏强暴，为全世界人民伸张正义、谋求利益的人。

与此相反，有一位做大学校长的父亲，他拥有一个幸福的家庭和一个聪明可爱的孩子。可这位父亲怎么也不相信自己的孩子有潜在的能力，稍微看着不顺眼，就要打骂自己的孩子，更要命的是没完没了地训斥：“你天生就不是成才的料。我早就看透了这一点！”结果弄得孩子失去了信心，最后，在父亲的唠叨声中，他真的成了一个无用的人。

更可悲的是，做校长的父亲就像一个伟大的预言家，每天仍然少不了对自己的儿子得意扬扬地吹嘘：“说对了吧！我早就说过，你不行的！”

不断地唠叨，不断地打骂，滋生的只有绝望；多一份启迪，多一份鼓励，伴随的就是希望。孩子成长的每一步都是伴随着对世界的认识而前进的，免不了要犯一些幼稚的错误，不要把这些错误夸大成为不可饶恕的“罪行”，要相信孩子的能力，不要做他命运的代言人，让他去主宰自己的命运，去放开脚步大步向前走！

## 最不可思议的称赞

心理学家来到一所学校给孩子们上课。

每次提问的时候，其他的孩子都高高地举起自己的小手，只有一个孩子总是低着头不吭声。心理学家发现了这一点，他决定帮帮这个孩子。

“我遇到了一个难题，想请一个小朋友帮帮我。”心理学家的话刚一落，大家就举手响应了。他故意扫视了一下全班同学，然后走到那孩子的身边说：“孩子，你能帮我吗？”孩子刚要摇头拒绝时，心理学家及时地拉他站起来，轻声地对他说：“孩子，老师相信你是天下最棒的孩子！不要紧张，你仔细看一看，仔细数一数老师这只手到底有几个手指？”

孩子缓缓地抬起头，涨红了脸，盯着他的五个手指，认真地数了半天，终于鼓起勇气说：“四个。”

没想到的是，心理学家竟然高声地大叫了起来：“哎呀，太好了，你简直太了不起了！一共才少数了一个。”

他的这一句话就像天上洒下的甘霖，孩子的眼睛一下子放出了异样的光彩。

积极的心志对一个人的成长影响很大。一个自以为自己不如别人的人，总是倾向于别人说他不行，而当周围的人也这样看待他的时候，他的自卑心态就会被强化，从而走向自我失败。

人在成长的过程中总免不了犯错，一句善意的赞美，其力量远远大于一万句严肃的批评。

## 贝利的第一个进球

足球教练在自家的别墅外面闲逛，看见路边的草坪上一个男孩正在专注地踢一个布包，他的心里一动，随手送给了他一个足球。男孩接过足球放在地上，看了一下远处放着的一只破铁桶，“哐当”一声响，足球应声而入。

“教练先生，谢谢您。”男孩鞠了一躬，说，“我也有一份礼物送给您！”说着转身往家跑了。过了一会儿，男孩从家里拿来一把铁铲子。正当教练摸不着头脑的时候，男孩挥着铲子很快地在别墅的花园里挖好一个土坑。

男孩扬起满是汗珠的脸，说：“教练先生，圣诞节就要到了，我没有钱买礼物送给您，就给您的圣诞树挖一个坑，行吗？”

教练拉着男孩的手激动地说：“我得到了世界上最贵重的礼物。从明天开始，你就到我的训练场去练球吧。”

这一年，男孩才 14 岁。3 年后，他在第六届世界杯足球赛上大放异彩，为巴西第一次捧回了金杯。从此，他的名字——贝利——就传遍了全世界。

每一个人都希望成功，很多人在抱怨周围没有人愿意伸出关爱的手帮助自己，可是从来没有扪心自问过自己给了别人多少关爱，又给了别人多少自己能够付出的东西。在每一个成功者的身边总是有很多关爱他的人和他关爱的人，正因为有了爱，人生才有辉煌，才有精彩，才创造出了奇迹。

# 第二章　梦想

## ——天才飞翔的翅膀

### 穷人的野心

法国的一位亿万富翁去世后，他的律师在报纸上刊登了他的遗嘱："我由一个身无分文的穷人变成了亿万富翁，去世之前，我不想把我成为富人的秘诀带走，现已委托我的代理人把它保存在银行的保险箱里。现在，如果谁能回答——穷人最缺少什么，我就把我的秘诀和200万法郎无偿赠送给他。"

遗嘱刊出之后，他的律师收到大量的信件，里面说了各种各样的答案。

大家都十分肯定，穷人最缺少的是金钱，除此之外，还能缺少什么？有一部分人认为，穷人最缺少的是机会，一些人之所以穷，就是因为没遇到发财的机会。另一部分人则认为，穷人最缺少的是技术，一些人之所以成为穷人，就是因为学无所长。还有的人认为，穷人最缺少的是关爱，因为有钱人都不愿意在关键的时刻拉他们一把。还有一些其他的答案，比如：穷人最缺少的是一份安定的工作，是家族丰富的遗产……总之，答案千奇百怪。

后来，律师按亿万富翁生前的交代，打开了那只保险箱，发现在所有的信件中，只有一位小女孩的答案跟亿万富翁的秘诀是一样的：穷人最缺少的是野心。

有人好奇地问年仅6岁的小女孩，为什么想到是野心，而不是其他的答案？

小女孩说："每次，我和姐姐分享母亲的礼物时，她总是警告我说：'不要有野心！不要有野心！'我想，也许野心可以让人得到自己想得到的东西。"

人有野心，这是一件再正常不过的事情。

因为人一旦有了野心就会不满足于现状，才会产生改变现状的想法，激发内在向上的动力和热情，并且开始有条不紊地按照自己的计划去做每一件事情。这样对于一个人的生命来说才是最有意义的。

当然，有了野心还需要通过自己的辛勤努力去实现自己的梦想，不能为了达到目的而不择手段。

## 一块石头的梦想

在法国的乡村，有一位尽职尽责的邮递员每天奔走于各个村庄，为人们传送邮件。有一天，他走在一条山路上不小心摔倒了，不经意发现脚下有一块奇特的石头，看着看着，他有些得意，最后他把那块石头放进了邮包里。

村子里的人们看到他的邮包里还有一块沉重的石头，都感到很奇怪："把它扔了吧，你还要走那么多路，这可是一个不小的负担。"

他取出那块石头晃了晃，得意地说："你们有谁见过这样美丽的石头？"

人们摇了摇头："这里到处都是这样的石头，你一辈子都捡不完的。”

他并没有因大家的不理解而放弃自己的想法，反而想用这些奇特的石头来建一座奇特的城堡。

此后，他开始了另外一种全新的生活。白天，他一边送信一边捡这些奇形怪状的石头；到了晚上，他就琢磨用这些石头来建城堡的问题。

所有的人都觉得他是疯了，这根本就是不可能的事。

20 多年以后，在他住处出现了一座错落有致的城堡，可在当地人的眼里，他是在干一些如同小孩建筑沙堡一样的游戏。

20 世纪初，一位著名的旅行家路过这里发现了这座城堡，这里的风景和城堡的建造格局令他慨叹不已，为此写了一篇文章。文章刊出后，邮差和他的城堡就成为人们关注的焦点。现在，这个城堡已成为法国最著名的风景旅游点。

在城堡入口处的一块石头上还刻着邮差的一句话：“我想知道一块有了梦想的石头能走多远。”而这块石头就是邮差当年捡起的第一块石头。

奇迹总是在不经意间诞生的。就如一座神奇的城堡，邮差最初的想法是想知道一块石头拥有了梦想之后，在它的前面等待着它的是什么。正是梦想的力量才把成千上万块石头改造成了邮递员心目中神圣的理想殿堂。

## 给非洲孩子挖一口井

电视上正在播放非洲孩子因为没有水喝而渴死的报道，主持人在节目结束的时候呼吁大家：“只要捐上 70 美元就能给这些非洲孩子挖出一口水井，请大家热心地帮助这些可怜的人吧！”电视机前的小男孩看到这里伤心地哭了。他拉着妈妈的手央求道：“妈妈，我要捐 70 美元给非洲的孩子挖一口井。”面对他的请求，妈妈根本就没当回事，小男孩只好沮丧地走开了。可是一整天，他脑子里都在想着这一件事。

晚饭时，小男孩又向爸爸妈妈提起了这件事。“不，”妈妈说，“光是 70 美元并不能解决问题。况且你也是个孩子，你没有这个能力！”小男孩把求助的目光投向了爸爸。

“这是个可笑的想法，我的孩子……”爸爸还想说下去，小男孩哭着叫道：“你们根本就不明白！那里的人们没有干净的水喝，孩子们正在死去，他们需要这笔钱！”

小男孩每天都要向父母请求，小男孩的爸爸妈妈不得不认真地讨论这件事，然后，他们告诉小男孩：“如果你真的想要，你可以通过自己的劳动凑齐这一笔钱，比如打扫房间、清理垃圾，我们会给你报酬。”

小男孩的第一份“工作”就是帮助妈妈打扫客厅的卫生，最后，他从妈妈那里得到了 2 美元。

小男孩的爷爷知道了这件事情之后，有些心疼自己的孙子，就对孩子的爸爸说：“你们为什么不直接给他这一笔钱呢？还要这样来对待自己的孩子？”小男孩的爸爸说：“这样做主要是锻炼他的劳动能力。他很快就会厌烦的。”妈妈也附和道：“一个 6 岁小孩的想法太可笑了，简直不可思议……谁会认真对待这种胡思乱想呢？”

可一年过去了，小男孩非但没有放弃，反而干得更加卖力了。每当爸爸妈妈劝他放弃时，小男孩就说：“我一定要赚到足够的钱，为非洲的孩子挖一口水井！”

附近居住的人知道了小男孩的梦想，他们被小男孩的执着感动了，纷纷帮助他。不久，小男孩的故事上了报纸和电视台，他的名字也传遍了整个国家。

一个月后，在小男孩家的邮筒里出现了一封陌生的来信，里面有一张 30 万美元的支票，还有一张便条："但愿我可以为你和非洲的孩子们做得更多。"

在不到两个月的时间里，就有上千万元的汇款汇来支持小男孩实现梦想。四年过去，这个梦想竟成为有上万人参加的一项事业。如今，他的梦想已基本实现，在缺水最严重的非洲乌干达地区，有 56% 的人能够喝上纯净的井水。

有人问他："你为什么要这样做呢？"小男孩说："这是我的梦想，我坚信这个世界上没有什么事情是不可能的，只要你想做，你就能成功！"

人活着，首先应该给自己一个梦想。有些人不能成功就是因为他们过分地夸大了自己与成功的距离，自己给自己的前进之路设置了障碍，连一个想法都不曾拥有过，最后就把自己隔离在成功的大门外。其实，只要你敢想，至少就离成功又近了一步。

## 山本的英语成绩

在一堂作文课上，孩子们正在大声地讨论自己的梦想。有的想当医生，有的想当作家，大家说了很多很多。这时候，有一个叫山本的孩子站起来大声地对老师说："我想做比尔·盖茨第二！"有人在下面小声嘀咕："能做到吗？"

回到家里，山本开始正式跟父亲谈起了自己的理想，一副信心十足的样子。这个时候，父亲也非常乐意做个忠实的听众，跟孩子一起分享他对未来的憧憬。听着听着，父亲最后也被他感动了。

有一次山本的英语考试只得了 59 分，回家后他不敢把试卷拿出来。父亲知道后并没有责备他。但是，在很长一段时间里，山本不再谈论自己的那一个理想了。

于是，每天睡觉前，父亲跟孩子一起躺在床上谈彼此的梦想。父亲告诉儿子，爸爸、妈妈都为他拥有这样的梦想而自豪，也相信他一定会实现自己的梦想。有一天，山本对父亲说：“我一定要把英语学好，比尔·盖茨第二的英语可不是蒙人的。”

后来，父亲给他买来英语课外读物，经常跟他一起阅读，并鼓励他每天用英语写一篇短小的作文，坚持了一段时间后，山本的期末英语考试还得了满分。

在人生的路途上，有很多东西可以舍弃掉，唯独梦想不能放弃，放弃了梦想等于放弃了希望。没有了希望，没有了目标，这等于把一个人放在了一片没有生命力的荒原上，没有阳光，更没有指明前进方向的指路灯，那将是一件多么可怕的事情。

# 第三章　细节

## ——成就完美的魅力

### 被马掌钉打败的国家

国王的马夫牵着一匹战马来到铁匠铺。

“快点给它钉掌。”马夫对铁匠说，“国王要急着出征呢。”

“你得等等。”铁匠回答。

“我等不及了。”马夫不耐烦地叫道，“敌人正在向我们的国土推进，我们必须早日出发。”

铁匠开始埋头干活，钉了三个掌后，他发现没有钉子来钉第四个掌了。

“我这需要一个钉子，”他说，“得需要点时间。”

“我告诉过你我等不及了，”马夫急切地说，“我听见军号了，你能不能凑合？”

“我能把马掌钉上，但是不能像其他几个那么结实。”

“能不能挂住？”

“应该能，”铁匠回答，“但我没把握。”

“就这样吧，”马夫叫道，“快点，要不然国王会怪罪到我头上的。”

于是，国王骑上他的战马出发了。两军交上了锋，国王率领部队冲向敌阵。

可是国王还没走到一半，一只马掌掉了，战马跌翻在地，国王也被抛在地上。

国王还没有来得及抓住缰绳，惊恐的战马就跳起来逃走了。士兵们突然看不见国王在前面骑马指挥了，顿时乱了阵脚，纷纷转身撤退，敌人的军队迅速包围了上来。

国王无力地哀叹道："一匹马，我的国家倾覆就因为这一匹马。"

成大业若烹小鲜，做大事必重细节。这个故事告诉大家，无论做什么事情，千万不可忽视细节的存在，否则就有可能付出极其惨重的代价。其实，细节是一种创造，也是一种征兆，从中可以看出一个人的命运走向和事情的成败。

一个没有注意到的细节可能引起矛盾，一个被忽视的小问题就有可能导致危机，每一个大问题都是由一系列的小问题构成的。

在这个因细节制胜的时代，任何一件事情都是做出来而不是喊出来的，特别是青少年们，在学习和生活中更要把小事做精做细。

## 小图书管理员

一个四年级的小男孩利用自己的业余时间自愿到学校图书馆帮忙。

第一天，小男孩早早地来到图书馆。管理员先给他讲了图书分类法，然后让他把已归还的却放错了位的图书放回原处。

小男孩问："整理放错的图书，感觉不就像是当侦探吗？"管理员回答："那当然。"接着，男孩兴奋地在书架的迷宫中蹿来蹿去，下班时，他已找出了三本放错地方的图书。

第二天他来得更早，而且更加努力。干完一天的活后，小男孩正式请求管理员让他担任小图书管理员。又过了两个星期，小男孩突然邀请管理员上他家做客。吃晚餐时，孩子母亲告诉管理员他们要搬家了，到附近一个住宅区。临走前，小男孩一脸担心地对管理员说："我走了，谁来整理那些站错队的书呢？"

没过多久，小男孩又在学校的图书馆门口出现了，并欣喜地告诉管理员，那边的图书馆不让学生干，妈妈把他转回这边来上学，由他爸爸用车接送。

小男孩认真地说："如果爸爸不带我，我就走路来。"

管理员没想到这个小家伙这么有责任感，他相信小男孩长大后会很有出息。果不其然，小男孩长大以后，成了信息时代的天才——微软公司的开拓者。他就是世界首富比尔·盖茨。

事无巨细，再小的事也能反映出一个人的全部素质，比尔·盖茨之所以能够有今天这么大的成就，主要是他在每一件小事上比别人肯下功夫。生活中，能够关注细节的人肯定是很细心的人，注重细节作为一种素质，能通过一件普通的事情反映出来。

## 尽职的信差

布莱曼是小区里一名出色的信差，颇受大家的欢迎。一天，小区内刚搬来一位旅行家。布莱曼上门找到旅行家索要一份全年行程表。旅行家很奇怪："您有什么用？"

布莱曼认真地说："以便您不在家时，我暂时代为保管您的信件，等您回来再送过来。"

这让旅行家很吃惊，因为他从未碰到过这样的邮差。

“没必要这么麻烦，把信放进信箱就好了，我回来再取也是一样的。”

布莱曼解释说：“这样可不安全，窃贼经常会窥探住户的邮箱，如果发现是满了，就表明主人不在家，那住户就可能要深受其害了。”

布莱曼想了想，接着说：“这样吧，只要邮箱的盖子还能盖上，我就把信放到里面。塞不进邮箱的邮件，则搁在房门和屏栅门之间。如果那里也放满了，我把其他的信留着，等您回来。”布莱曼的建议无可挑剔，旅行家欣然同意了。

两周后，旅行家回来，发现门口的擦鞋垫跑到门廊的角落里，下面还遮着个什么东西。

原来事情是这样的：在旅行家出差期间，一家速递公司把他的包裹投到别人家了。布莱曼看到旅行家的包裹送错了地方，就把它捡起来，送回旅行家的住处藏好，还在上面留了张纸条，解释事情的来龙去脉，并费心地用擦鞋垫把它遮住，以避人耳目。

能够把一件简单的小事做好的人往往不简单，他能够从眼前的小事做起，培养自己良好的习惯，这说明他能认识到细节的重要性，懂得以细节取胜，赢得别人无形中的敬重，这种行为为他积累了良好的社会人际交往的资本。

## 美味的泡面

他与妻子离婚了，独自抚养一个 6 岁的小男孩。每当孩子和朋友玩耍受伤回来，他心里总不免非常难过。

一天，他出差到外地要赶火车，没时间陪孩子吃早餐，便匆匆离开了家。一路上他担心孩子有没有吃饭，会不会哭，心老是放不下。即使抵达了出差地点，也不时打电话回家。可孩子总是很懂事地要他不要担心。

等他匆匆赶回这座城市自己的家里时，孩子已经睡熟了，他这才松了一口气。旅途上的疲惫让他全身无力，他仰身倒在了床上。突然发现棉被下面，竟然有一碗打翻了的泡面!

“这孩子！”他在盛怒之下朝熟睡的儿子的屁股一阵狠打。

“为什么这样调皮，把棉被弄湿要谁给洗？”这是他第一次体罚孩子。

“我没有……”孩子抽泣着，“我没有调皮，这……这是给爸爸吃的晚餐。”

原来孩子知道爸爸晚上要回来，特地泡了两碗泡面，一碗自己吃，另一碗给爸爸。可是怕爸爸那碗面凉掉，所以放到了棉被底下保温。

爸爸听了，不发一语地紧紧抱住孩子，泪流满面：“谢谢，谢谢你，儿子！谢谢你给爸爸的美味的泡面。”

孩子因为担心爸爸的泡面凉掉，就放在了棉被底下藏着保温，虽然他这个举动略显可笑，可就是这样一个小小的细节感动了爸爸，它比任何语言、任何行动来得更加真实。发自内心的举动更加具有征服一切人的力量。

## 细节构成内涵

在众多面试者中，大酒店的经理选中了一个年轻人负责这家酒店的管理工作。

“我想知道，”一位朋友问他，“你为什么喜欢那个年轻人，他既没带一封介绍信，也没任何人推荐。”

“你错了，”老板说，“我早就注意到了他。他在门口蹭掉脚上的土，进门时随手关上了门，说明他做事小心仔细；当看到那位残疾老人时，他立即起身让座，表明他心地善良、体贴别人；进了办公室，他先脱去帽子，回答我提出的问题干脆果断，证明他既懂礼貌又有教养。

“其他所有的人都从我故意放在地板上的那本书上迈过去，而这个青年却俯身拾起那本书，并放在桌上。当我和他交谈时，我发现他衣着整洁，头发梳得整整齐齐，指甲修得干干净净。难道你不认为这些足以说服我让他做酒店的管理者吗？”

生活的大海往往都是由一些小小的溪流组成的，一些小小的细节累积构成了生命的内涵。生命中，那些看来微不足道的事情都蕴藏着巨大的机遇，而成功者与一般人的最大区别往往体现在对待这些微不足道的小事的态度上。

## 简单的世界

周末早上，一位父亲正在为一些琐事烦闷。

妻子出去购物了，外面下着小雨，儿子无所事事。父亲为了不让儿子给自己带来麻烦，随手抓起一本旧杂志，翻了翻，看见一张色彩鲜艳的世界地图。于是他把这一页撕下来，然后把它撕成小片，丢在客厅的地板上说：“孩子，你把它拼起来，我就给你一块巧克力。”

父亲心想，儿子至少会忙上半天，自己也能安静地思考自己的事情。谁知不到十分钟，儿子就告诉他已经拼好了。

父亲十分惊讶，儿子居然这么快就拼好了。每一片纸都拼在了它应在的位置上，整张地图又恢复了原状。

“孩子，你怎么这么快就拼好啦？”父亲问。

“噢，”儿子得意地说，“很简单呀！这张地图的背面有一个人的图画。我先把人的图画拼起来，然后翻过来地图自然就拼好了。我想，假使人拼得对，地图一定拼得不错。”

父亲非常高兴，给了儿子一块巧克力：“你不但拼好了地图，而且让父亲明白了一点：假使一个人是对的，那么他的世界也是对的。”

大事是由许许多多不起眼的小事组成的，只有把一件小事做好，才有可能做成大事业。更何况，许多生活中的小事都会给你带来很多的机会。

# 第四章　快乐

## ——无悔人生的音符

### 穷人与富人

一天，富翁带着儿子去乡下旅行，想让他见识一下穷人是怎么生活的。他们在一个农户家里待了一天一夜。回来的路上，富翁问儿子："旅行怎么样？"

"好极了！"

"这回你知道穷人是怎么过日子的了？"

"是的！"

"有何感想？"

儿子回答："我发现咱家里只有一条狗，可是他们家里却有四条狗；咱家仅有一个水池通向花坛的中央，可他们竟有一条望不到边的小河；我们的花园里只有几盏灯，可他们却有满天的星星；还有，我们的院子只有前院那么一点儿，可他们的院子却有一大片！"

儿子说完，富翁哑口无言。

最后，儿子感叹了一句："感谢父亲让我明白了我们是多么贫穷！"

快乐是一种心态，它不要求物质上占有什么，以及物质的丰富程度如何，关键在于你如何看待眼前的世界。如果你是一个富翁，可在精神上却是极度贫乏，那么你就是不快乐的，你的人生也是不幸的。有钱的人并不一定快乐，但快乐的人一定是幸福的。

## 三条规则

曾经有一段时间，在宾夕法尼亚州，大家最痛恨的就是洛克菲勒，充满火药味的信件如雪花般涌进他的办公室，威胁要取他的性命。为此，他雇用了许多保镖，防止遭人杀害。他自傲地说："你尽管踢我骂我，但我还是按照我自己的方式行事。"可生活在这样的环境中，他的意志开始慢慢地崩溃了。身体开始不行了，疾病从内部向他发动攻击。失眠、消化不良、掉头发、烦恼等病症让他措手不及。最后，他的医生把实情坦白地告诉他，他只有两种选择：必须在财富和死亡之间做一抉择。

洛克菲勒选择了退休。医生们开始挽救洛克菲勒的生命，并为他立下三条规则——这是他以后奉行不渝的三条规则：避免烦恼，在任何情况下绝不为任何事烦恼；放松心情，多在户外做适当运动；注意节食，随时保持半饥饿状态。

洛克菲勒遵守这三条规则，因此而挽救了自己的性命。退休后，他学习打高尔夫球、整理庭院、和邻居聊天、打牌、唱歌等。但他同时也做别的事。他开始反省，一度停止去想他能赚多少钱，开始思索那笔钱能换取多少人类的幸福。

后来，洛克菲勒开始考虑把数百万的金钱捐出去。可是，当他向一座教堂捐献时，全国各地的传教士齐声发出抗议："腐败的金钱！"但他继续捐献。在获知密歇根湖岸的一家学院因为抵押权而被迫关闭时，立刻展开援助行动，捐出数百万美元去援助那家学院，将它建设成为目前举世闻名的芝加哥大学。

当著名的十二指肠虫专家史太尔博士说："只要价值五角钱的药品就可以为一个人治愈这种病——但谁会捐出这五角钱呢？"洛克菲勒得知此事后，马上就捐出数百万美元消除十二指肠虫，消灭了这种疾病。然后，他又采取更进一步的行动，成立了一个庞大的国际性基金会——洛克菲勒基金会，致力于消灭世界各地的疾病、扫除文盲等工作。

洛克菲勒的善举在拯救别人的同时，也拯救了自己，他开始了自己崭新的生活。

拒绝烦恼就是不要去斤斤计较眼前的利益，不要太计较自己的得失，要更多地爱护和关心身边的人，给一切需要帮助的人送去你的温暖和祝福。用自己的心去追寻生命中的博爱、宁静、空灵，这个时候你就会发现快乐已经长驻心底。

## 养生之道

英国皇家园林有一个行为古怪的园丁，每次他一生气就绕着自己的花园跑三圈。后来，他的花园越来越大，而一生气，他仍要绕着花园跑三圈，哪怕累得满头大汗，疲惫不堪。当园丁很老了，走路已经要拄拐杖了，他生气时还要坚持绕着花园跑三圈。

一次，他为了一件小事生气了，拄着拐杖走到太阳已经下山了还要坚持，邻居问："老先生！您一生气就绕着花园跑，难道这里面有什么秘密？"

园丁对邻居说："年轻时，我一和人吵架、生气，我就绕着自己的花园跑三圈，我边跑边想——自己的花园这么小，哪有时间和精力去跟人生气呢？一想到这里，我气就消了，我就有了更多的时间和精力来开垦自己的花园了。”

邻居又问：“老先生！您年老了，不愁吃不愁穿，为什么还要绕着花园跑呢？”

园丁笑着说：“老了生气时我绕着花园跑三圈，边跑我就边想——我的花园这么大了，又何必为了一点小事去和别人斤斤计较呢？我应该学会珍惜眼前的一切，包括我的快乐心情。一想到这里，我的气就消了。”

快乐是一种胸怀。快乐的人不会为眼前的小事所烦恼，他会找到各种各样的办法把眼前的烦恼转化成快乐的契机。他能用一种平常的眼光看待事物的发展，所以快乐不曾从他身边溜走。

## 35 张贺卡

六一儿童节快到了，儿子放学回到家，告诉妈妈他想为班里的每一个同学做一份礼物。妈妈的心有些难过，她发现每次放学回家，儿子总是一个人孤零零地走在最后面，他的同学们说着笑着一起回家，可从来没有一个人注意到儿子的孤单。尽管如此，她还是决定满足孩子的心愿。她买回了做卡片的硬纸、胶水和彩色蜡笔。一连三个星期，儿子费尽心思做好了 35 张精美的卡片。

六一终于来了，儿子别提有多高兴了，早上起床他小心翼翼地把卡片叠好，放进一个袋子里，飞快地跑出了家门。妈妈决定为他烤他最爱吃的甜饼，准备在他放学回家的时候，把这些美味可口、热气腾腾的甜饼连同一杯牛奶一起端放在餐桌上。妈妈想到儿子可能在节日来临时什么礼物都得不到，不禁感到心痛。

下午，妈妈把甜饼和牛奶端到桌上。一听到孩子们的声音，她就向窗外望去。是的，孩子们放学回家了，而儿子依旧走在后面，妈妈注意到孩子的手里空空的，一件礼物也没有。儿子推门进来了，她赶紧擦掉脸上的泪水。

“妈妈给你准备了甜饼和牛奶。”她说，可孩子却好像没有听见，只是继续大步走过她的身旁，脸上放着光，嘴里不停地说着：“一个也没有，一个也没有。”

最后，儿子拉住妈妈的手说：“妈妈，我把自己的卡片全部送给了同学，一个也没有忘记，一个也没有落下！”

快乐是不要求回报的，它并不是指一个人在带给别人快乐的同时，要求对方给自己带来同样的快乐。快乐的人是以自己能给别人带来快乐为乐，以能给人送去快乐为荣，他能够从对方的快乐中感受到自己的存在，能够给这么多的人带来快乐而高兴、满足。

## 两种态度

有位哲学家喜欢坐在村口的河边晒太阳，并不时和过路的人们拉拉家常。

一天，他刚坐下来，一个风尘仆仆的中年男人过来打听情况。

中年男人问：“这个小镇还行吧！”

哲学家慢慢抬起头来问：“你来自怎样的城镇？”

中年男人说：“在我原来住的地方，人人都很喜欢批评别人。邻居之间常说别人的闲话，总之那地方很不好。我真高兴能够离开，那不是一个令人愉快的地方。”

哲学家对中年男人说：“那我得告诉你，其实这里也差不多。”

过了没多久，一对旅行的父女俩又过来问路。

父亲问：“住在这小镇不错吧！”

哲学家又问：“你原来住的地方怎样？”

父亲说：“我原来住的城镇每个人都很亲切，人人都愿帮助邻居。无论去哪里，总会有人跟你打招呼，说谢谢。我真舍不得离开。”哲学家转过脸看着父亲，脸上露出和蔼的微笑：“其实这里也差不多。”

等到那家人离开后，旁边一个人奇怪地问哲学家：“老先生，为什么您告诉第一个人这里很可怕，却告诉第二个人这里很好呢？”

哲学家平淡地说：“不管你搬到哪里，你都会带着自己的心情，那地方可怕或可爱，全在于你自己！”

快乐是一种互相帮助、互相满足的精神状态，它所要求的永远都是你能够给予别人多少，只有这样，你才能得到别人给予的快乐。快乐不是相互指责，不是相互批评，快乐也不是冷漠与无情。有快乐存在的地方，就永远有微笑，有阳光，有最好的朋友。

家长必修课

# 如何培养孩子的社会能力

启文 编著

中国出版集团
中译出版社

图书在版编目（CIP）数据

家长必修课 . 如何培养孩子的社会能力 / 启文编著 . -- 北京 : 中译出版社 , 2019.12（2022.5 重印）
ISBN 978-7-5001-6140-0

Ⅰ . ①家… Ⅱ . ①启… Ⅲ . ①家庭教育 Ⅳ . ① G78

中国版本图书馆 CIP 数据核字 (2019) 第 282222 号

家长必修课
**如何培养孩子的社会能力**

出版发行：中译出版社
地　　址：北京市西城区新街口外大街 28 号普天德胜大厦主楼 4 层
邮　　编：100088
电　　话：（010）68359827，68359303（发行部）；（010）68002876（编辑部）
电子邮箱：book@ctph.com.cn
网　　址：http://www.ctph.com.cn
总 策 划：张高里
责任编辑：李　颖
封面设计：青蓝工作室
印　　刷：金世嘉元（唐山）印务有限公司
经　　销：新华书店
规　　格：880 毫米 ×1230 毫米　1/32
印　　张：30
字　　数：550 千字
版　　次：2019 年 12 月第 1 版
印　　次：2022 年 5 月第 3 次

ISBN 978-7-5001-6140-0　　　定价：149.00 元（全 5 册）

# 前言

我们都是生活在群体之中的社会动物，这就需要我们具备一定的社会能力。听到“社会能力”这个词，你或许会觉得很抽象，社会能力包括社会交往能力和社会活动能力，它应用于生活中的方方面面。对于孩子来说，虽然他们年纪还小，还在幼儿园、学校里，并没有真正走向社会，但有人的地方就需要交际，处于不同的环境里就应当具备一定的社会活动能力。总之，社会能力是一种综合能力，需要从小培养。

现如今，许多家长喜欢事事帮孩子包揽，这就使孩子没有机会去独立完成一些力所能及的小事；还有些家长总是疏忽孩子的感受，总喜欢帮孩子做决定，这样一来就使孩子缺乏了主见，甚至变得怀疑自己、不够自信。倘若家长不肯放手，不给孩子练习的机会，不去培养孩子独立自主的个性和能力，孩子将无法习得社会活动能力。另外，人际关系是一门重要的学问，那些情商高、会交际、懂礼节的孩子，在人群中更受欢迎，而不善人际交往很难融入社会、适应社会。这些能力和品质，都离不开平时一点一滴的积累。

本书语言通俗易懂，带有相关事例及解决方法，从多个方面进行阐述，让家长更系统地了解孩子应该具备哪些社会能力，进而有针对性地对孩子进行相关方面能力的培养。社会能力虽然不像某些技能可以带来收益或者在重要时刻发挥作用，但是它能作用于孩子成长的每一天。不管是优秀还是平凡的孩子，唯有拥有这项能力之后才能独立在社会上生存。相反，那些每天逼着孩子读书却忽视了培养社会能力的家长们，将来仍然需要负责他无法独立的人生。

社会能力的培养离不开大人潜移默化的引导和影响，在给孩子锻炼机会的同时，家长也应当从自身做起，用语言和行动，随时引导和教育孩子。家长朋友们，就让我们翻开这本《如何培养孩子的社会能力》一书，让我们进一步地认识到社会能力的重要性，让我们与孩子共同成长，让孩子每天进步一点点，成为社会中的“小能手”吧！

# 目 录

# 第一章
# 拥有社交力

## 我们都是社会动物，要教会孩子与人交往

人是社会的动物，需要获得别人的肯定与信赖才能取得成功，因此，建立稳定的人际关系显得尤为重要。而当今社会最讲究的就是互助与合作，那些善于在自己的生活中组织各种人际关系的孩子，一般将来在事业上也会比较成功；而那些无法创造出稳定的人际关系，甚至与人在相处过程中出现障碍的孩子，一般将来在事业上也不那么顺遂。

有些家长认为孩子不能和其他人愉快相处没什么关系，只要自己的孩子学习好，头脑比较聪明就可以了。我们的社会不是独立的个体，一个孩子再聪明，如果不懂得如何与人交往，也只能是一个“孤家寡人”式的神童。当今世界越来越需要人与人之间的合作与互助。那些喜欢以自我为中心，不懂得社会交往规则的孩子不太可能在将来有所作为，因为一个人只局限于自己的知识而不懂得如何与人相处，他的潜能将很难施展出来。即使他是一个所谓的“神童”，也很难做出什么惊天动地的事，更何况大多数孩子都是平凡普通的。总之，拥有人脉，会使自己更容易获得成功。

众所周知，美国前总统克林顿竞选成功正是离不开自己所拥有的众多高知名度的朋友，这些朋友在他竞选中扮演了举足轻重的角色，具有不可估量的作用。这些朋友包括他小时候在热泉市的玩伴，年轻时在乔治城大学与耶鲁法学院的同学，以及当学者时的旧识等。当演

说家罗安数年前应邀在阿肯色州热泉市为旅游业年会做演讲时，他才深刻地体会到这些人对克林顿的支持，明白了克林顿在总统竞选中的人气。

美国石油大亨洛克菲勒在总结自己的成功经验时曾表示:“与所有的能力相比，我更关注与人交往的能力。”正是洛克菲勒这种卓越的人脉沟通能力成就了他辉煌的事业。

与人相处的能力，是考察孩子的一种综合能力，它包括很多因素，比如和小朋友在一起，他要考虑应该怎样和人家说话，怎么样才能够表达清楚自己的意思，怎么样别人才不会讨厌自己。这不但要求一个人要有语言表达能力，还要具备一定的理解能力。

谈到了这些，你还会忽视孩子的人际交往能力，觉得这是件可有可无、并不重要的事情吗？为了孩子能够与别人和睦相处，为了让他成为有很多朋友的人，我们应该要求孩子做到最基本的人际交往要求：友爱、协作、大方、开朗、公道、礼貌、自尊、有责任心、有组织能力等，目的是让他以这些作为与他人相处的准则，让他能够与别人以适当的方式交往。

那么，家长们怎样才能有效地培养孩子与人交往的能力呢？家长们可以从以下几个方面入手：

1. 不要过于限制孩子的交往

有些家长只希望孩子学习好，其他的人际交往都不让孩子参加。家里来了客人，孩子刚跑过来，家长马上训斥：“去去去！小孩子不要多事，做功课去。”如果孩子有其他活动要和伙伴们外出，家长就横加干涉：“有什么好玩的，待在家里看书。”在限制交往中成长起来的孩子，在与陌生人交际时，就会显得畏首畏尾，甚至连一句话都说不出来。

2. 教孩子学会关心他人，为他人着想

人际关系很大程度上是彼此相互作用的结果。若希望得到别人的关心，首先就应关心别人。家长平常应该多教育孩子关心身边的人，同学生病了，可以去看望一下；邻居需要帮助的时候，教育孩子给予邻居必要的帮助；自己有的东西，也可以让他和小朋友们一起分享。学会关心他人，是人际交往的基础。

3. 鼓励孩子多参加团体活动或团体游戏

孩子在和小朋友合作游戏的时候，往往能体现出与人相处的能力，以及对人际关系局面的控制能力。多让孩子和其他小朋友一起玩，不但能够在游戏中锻炼孩子的团体合作意识，还能够训练孩子对人际关系的协调处理能力，孩子的性格也会变得开朗活泼，容易与人相处。

4. 加强孩子自身素质的提高

注意加强对孩子能力的培养，如运动能力、歌唱能力、知识面的扩张等，只有提高多方面的能力，才能产生信心和勇气，在与人交往的时候就能底气十足。

总之，一个人的成长、发展、成功，都是在人际交往中完成的，甚至一个人的喜怒哀乐也都与他的人际关系息息相关。家长只有让孩子拥有了交际的能力，才能让他们在人生的舞台上自如地起舞。

## 融入集体，收获来自群体的快乐

津津本来是一个活泼外向的小女孩，但是上小学以后，她却慢慢地变得内向起来。这是因为妈妈对她管得太严，每天放学都来接她回家，不让她在学校逗留，也不让她和小朋友们一起玩儿。

津津对妈妈抱怨过很多次："妈妈，为什么其他同学可以在学校玩一会儿跳皮筋、踢毽子，我就不行呢？我想和他们玩一会儿，就一小会儿都不行吗？我现在都没有朋友了，大家都知道我不能跟他们一起玩，所以都不和我玩了……"

无论津津怎么抱怨，妈妈都"雷打不动"。"放学就是让你回家的时间，在学校有什么玩的？再说了，这多浪费时间啊，而且玩多了就贪玩了，就不喜欢学习了，你愿意做他们那样贪玩的坏孩子吗？"

就这样，津津远离了同学们的课外活动，也疏远了同学，她慢慢地变得内向起来，跟同学老师的沟通也慢慢地困难起来。

世界著名潜能大师博恩·崔西说："一个人的幸福快乐80%来自于与他相处的人，20%来自于自己的心灵。"所以，如果家长希望孩子多一些快乐，最便捷的方式是鼓励孩子参加课外活动，无论是参加各种俱乐部、各种运动会、各种公益组织，在参与的过程中不仅培养了孩子的领袖才能、团队意识、社会责任感和服务精神，进而使孩子的品质趋向完美，还让孩子收获了朋友之爱、团队之情、集体之义，丰富的情感体验大大增加了孩子的幸福和快乐之感。

孩子更容易在团体中找到热情和快乐。一个正面、积极的团队是孩子热情的源泉，家长可以召集孩子和一些思想积极的朋友、同学，闲暇时聚一聚，一起讨论达到目标的方法，彼此激发脑力。团体活动能为孩子提供更多与人交流的机会，许多性格和能力要在集体生活和游戏中才能养成，如团结、大方、礼貌、遵纪、自尊自爱、竞争意识、牺牲精神、合作意识、组织协调能力、集体观念和服从精神等。这些品质和能力是集体之外的活动所不能够培养的。

为了鼓励学生身心的全面发展，美国的学校通常都会组织各种活动，鼓励学生多多参加，即便像表演舞蹈这样要求条件比较高的表演项目，只要本人愿意参加，学校一定全力欢迎，以维护学生的积极性和自尊心。平时老师除了教文化课之外，还会与同学们一起打球、练操、做游戏；万圣节，老师也会扮鬼脸与学生一起参加晚会；圣诞节，老师与学生互相赠送自己制作的贺卡，写上真挚的祝福；学年末要放假了，大家会在一起共进午餐，每个学生带一份具有本国特色的食品共同品尝，一边用餐一边娱乐，其乐融融，像是一个大家庭。学生们在这样的气氛中学习和生活，没有压力，既有利于培养他们的团队精神和参与意识，又有利于丰富孩子的情感体验，让他感受到与人相处的乐趣和快乐。

集体是成长的动力，会渐渐培养孩子的组织协调能力、语言表达能力、团结合作能力，并磨炼出坚强的意志和良好的为人处世技巧，而这些恰恰是以后的人生道路上所需要的。也许这些不像好成绩能让人们看到立竿见影的效果，但是从长远来看，在集体中磨炼出来的高情商，会成为孩子今后人生道路上最有力的保障。

所以，如果想让孩子有良好高尚的品质、优秀的人格魅力、高超的情感智商等，家长就要积极鼓励孩子融入集体中，参与到集体的课外活动中。家长可以教育孩子从为集体做好事开始。例如，在学校主动打扫卫生、为朋友打开水、帮老师擦黑板等；要让孩子知道自己是集体中的一员，应该为集体争光；遵守集体规则，维护集体荣誉；如果轮到自己的孩子做值日生，父母不要认为这样会累到孩子，一定要他们早点到学校去，不要迟到；父母也不要阻拦孩子参加班级活动。集体因为每一个人的存在才成为了一个有机整体。集体活动中缺少了谁，都是不完整的。你的孩子参加一次班级篮球赛，在赛场上会学到团结与合作；参加一次班级春游，会发现因为有了同伴的陪伴而使春天更加灿烂；参加一次班级合唱团，能知道他所在的那个音阶对整首曲子来说是多么重要。而这些，都是孩子一个人玩球、一个人爬山、一个人唱歌时体会不到的，是从集体活动中获得的。看似是简单的参与，实则体现了教育中“培养完整的人”的思想。

人都是离不开群体的，孩子也不例外。所以，让孩子融入他的集体吧！他有权在集体中收获他本该拥有的快乐！

## 给人留下好的第一印象

什么是第一印象？第一印象指的是我们在与陌生人打交道的过程中，留给别人的最初印象。实际上，第一印象就是心理学所说的首因效应，首因效应也叫首次效应、优先效应或“第一印象”效应。它是指个体在社会认知过程中，通过第一印象最先输入的信息对客体以后的认知产生的影响，也是指最初接触到的信息所形成的印象对我们以后的行为活动和评价的影响，实际上指的就是第一印象的影响。

心理学研究发现，与一个人初次会面，45秒钟内就能产生第一印象。这一最初的印象会对他人的社会知觉产生较强的影响，在对方的头脑中形成并占据着主导地位。这种先入为主的第一印象是人的普遍的主观性倾向，会直接影响到以后的一系列行为。虽然关于一个人的第一印象并非完全正确，但是第一印象总是比较牢固和鲜明的，而且第一印象往往决定着我们与别人后续的交往情况。因此我们要把握好与别人的第一次交往，争取留给别人一个美好的第一印象。

小明是一名初一新生，开学的第一天，全校新生都要在学校礼堂集合举行入学仪式。

各个班级的学生都安静地进入礼堂就座了，结果刚刚坐好，小明就发现自己小学的同班同学也考到这个学校了，而且就在隔壁班级。看到熟人，小明激动极了，也顾不上是什么场合，情不自禁地就站了起来，手舞足蹈地喊了起来:“小刚小刚！我在这，看这里！”

然而没等小刚反应过来回应他，小明的班主任就走了过来，一边生气地指着小明，一边严厉地说道:“干什么呢，快坐下！安静点，不许喧哗！”

小明这才意识到现在要举行入学仪式了，在老师的注视下，他连忙安静坐好，之后的时间里小明都表现得很安静，非常担心之后老师会再次批评他。

大家都刚刚入学，老师对所有人都不熟悉，结果经过这件事后，老师对小明的印象十分深刻，虽然没有再次批评他，但记住了这个敢在入学仪式上乱吵乱叫的学生，并且已经把他作为今后的重点关注对象。

就这样，小明稀里糊涂地成了班主任心目中的“小刺头”，自己却还不知道。小明虽然活泼爱闹，但也是一个知道分寸的好孩子，然而由于他给老师的第一印象不但不太好，而且很深刻，于是在开学之初选定班委等工作中，小明毫不意外地被老师排除在外了。直到很久之后，小明一直表现良好，这才改变了班主任对他的看法。

故事中的男孩小明在入学典礼上看到自己的朋友有些情不自禁，在礼堂大声喧哗，结果给老师留下了很不好的第一印象。因为这个第一印象，老师对他格外“关注”，直到后来才慢慢因为他的良好表现而改变了对他的看法。

第一印象根据一个人的表情、姿态、服饰等形成。与第一印象相关的是“成见效应”。如果我们在人际交往中留给别人很不好的第一印象，很有可能会导致别人对我们的人品和性格有偏见，这对我们日后的人际关系有非常大的影响。因此作为孩子，我们一定要注意留给别人良好的第一印象。

小飞在上中学之前，参加过初中学校的培训班，培训班里全都是想要考上这个学校的学生。

在培训班时，虽然还在放假期间，但小飞依然像在自己学校里那样认真听讲，做好每一道题，仔细修正自己的每一个错误并记笔记。在课程结束的最终考试中，小飞成绩优异，取得了班级第一的好成绩。

小学毕业之后，小飞如愿以偿地考上了那所自己心目中的中学。

令小飞十分高兴又惊讶的是，在开学后的班干部竞选中，班主任直接指定了小飞做班长，这让小飞一直十分不解，但他还是认真地做好了一个班长应该做的所有事。直到有一天放学时在楼道里遇到了班主任，小飞和老师一起往校门走，在聊天的过程中得知了事情的真相。

原来在之前的培训班中，小飞的表现十分优秀，当时班级的班主任认为小飞是个十分不错的学生，在知道小飞来到这所学校后，向小飞现在的班主任推荐了小飞做班长。所以，班主任在没见过小飞时就对他的印象很好，开学见过之后也觉得他是个很优秀的学生，就直接任命他为班长了。

故事中的男孩小飞在班干部的竞选中直接脱颖而出，被老师任命为班长。因为他在之前的表现中留给老师非常好的第一印象。让老师感觉到他是一个优秀、积极负责的人，所以老师十分信任他。由此可以看出第一印象的重要性。

作为一个孩子，也要注意与别人交往时留给别人的第一印象。我们与别人有重要约会时，要注重自己的仪容、仪表，要穿着得体、大方。在公共场合要注意自己的言行举止，不大声喧哗，不随意破坏环境和公物等，做一个有社会公德心的好公民。

虽然第一印象很重要，但它并不是评判一个人的唯一标准。因此，我们不应将第一印象作为评价别人的唯一准则。

## 教导孩子要大大方方地与人相处

“大大方方”的意思是什么？就是人的行为举止应自然而不俗气，与之相对应的表现则是忸怩小气。在与人的交往过程中，我们应该表现得大大方方，不管是说话还是行动，都不显得那么刻意做作，也不那么放不开、不好意思，这样彼此交往才会显得更自然，也更容易深入下去。

如果以大方这个标准来衡量孩子的表现，很多孩子可能会被打一个不及格的分数，因为很多孩子会在他人面前变得忸怩，不愿上前打招呼；即便对方和他说话，他也面无表情没有回应；如果问得多了，他可能还会一扭头就跑掉；更有一些脸皮薄的孩子还可能会当场哭出来。

从孩子们的这些不够大方的表现来看，这意味着他们对与人相处还是行不得法的，如果他们能掌握一些与人相处的技巧，并能熟练运用，就能表现得大大方方了。

对此，孩子需要掌握以下这些交往技巧：

第一，不要总是以自己为中心。

玩玩具的时候自己先拿，且自己选择的东西不能分给别人；自己想说话就直接开口，如果别人不听就发脾气；如果想要加入一个游戏就必须加入进去，若是没加入就发脾气；不允许别人反驳自己，希望所有人都听从自己的要求……

这些表现都是以自我为中心的表现，这样的孩子多半都不会为众人所喜爱。所以要提醒孩子，让他意识到自己正处于一个集体之中，在这个集体中人人都是平等的，只有分享、共同商量、彼此学会妥协让步、懂得包容，他们的游戏或者正在做的事情才能继续进行下去。

第二，不在小事上斤斤计较，懂得给他人留面子。

孩子们都不喜欢和特别小心眼的人玩，因为这样的人总会记得谁犯了错、谁欺负了他、谁不喜欢他，甚至还会有针对性地去做一些不好的事情。虽然看似是在保护自己，但这也是不自信的一种表现。

所以，要培养孩子大度一些，没有人能始终做得好，就算是他人做错了、让他受了委屈，这也并非是不能调和的矛盾。而且矛盾的爆发总不会是一方的原因，就算对方是主要原因，孩子也要学会从自己身上找问题，并主动缓和矛盾，大度包容，这样更容易吸引朋友。同时这样的表现也相当于给对方留了面子，会让对方更感激孩子这样的做法。除此之外，孩子还应注意不能主动去揭对方的伤疤，不要总是挑对方的短处。如果孩子友善地对待周围的人，那么周围的人也会同样以友善回报他。在这样放松的状态下，他的自信心才可能得到提升。

第三，养成多为他人着想的习惯。

现在的孩子关心自己往往多过关心他人，遇到事情总是先想到自己。然后有“余力”的时候才会想到他人。总是忽略他人，孩子会变得自私。而过分在意自己的利益，孩子可能会经常性陷入负面情绪之中。

在一些特殊机会，我们可以试着提醒孩子多为他人着想。比如，领取东西，不争不抢，让年龄小、个子小的孩子先拿；遇到他人需要帮助的时候，尽己所能地伸出援手；不与比自己年龄小的孩子计较；给他人留足自由空间，不过分干涉等。越是能为他人着想，越能体会这种与人为善的幸福，这也有助于自信心的培养。

第四，学会换位思考。

在与人交往时，孩子也需要学会换位思考。比如，如果他不喜欢自己的物品被别人随意拿起，那么他也就不会总去好奇别人在本子里写了什么。换位思考可以让孩子更理解对方，拥有同理心，他也将会更加受欢迎。

## 礼貌用语挂嘴边

语言是我们在人际交往中的一张重要名片。擅长语言表达会为自己的人际交往能力加分不少。其实要做到会说话并不难，把礼貌用语挂在嘴边就是最简单可行的方法。

有这样一个男孩，他从小是由爷爷奶奶带大的，因为家里只有这一个孩子，所以爷爷奶奶对他比较娇纵，不管他做错什么事情都会原谅他，这使得他变得越来越没有礼貌了。

在平时出门时，遇见了邻居的爷爷奶奶，男孩也不会问好，即便别人主动问他，他也是一副不爱搭理的样子。

在他上初中的时候，父母工作没那么忙了，把他接到了身边住。

有一次，妈妈带他去买衣服，在进入商场后，男孩东逛逛西转转，不久之后，男孩看到了一件自己很喜欢的衣服。

“哎，我要看一下那件衣服。”男孩用手指着那件衣服对服装店的服务员说。

店员看着这个十几岁的小男孩，什么话也没说，就用晾衣竿把衣服取下来给男孩看。男孩看了一会儿，就把衣服随手扔在了旁边。

店员礼貌地问道：“你好啊，要不要试一下这件衣服，或者再看看其他的衣服？”

男孩边往外走边说：“不看了。”

店门口刚好有其他要进来的顾客，男孩一不小心撞到了一个小女孩身上，女孩踉跄着差点就跌倒了。

男孩局促地站在旁边，没有说任何话，也没有表达自己的歉意。女孩的母亲走过来，语气不善地对小男孩说：“你这孩子怎么这么没礼貌呢，差点把我女儿撞倒了，也不知道说声对不起。”

男孩的妈妈上完洗手间进来了，在得知了发生的事情后，对女孩和她的母亲道了歉，这才带着男孩走出了店门。

很多人看到了这一幕，都对男孩指指点点，议论着男孩没礼貌的行为，这给男孩带来了困扰。

故事中的男孩因为从小受到爷爷奶奶的溺爱而变得有些不懂礼貌，在商场中其实就能看出他的习惯：将商品随意扔在一边，不声不响就离开；撞了人之后连句道歉的话也不会说，让对方十分不满。

其实这样的问题在生活中我们常常遇到。有的男孩在与别人交往中常常忽略语言中的礼貌，请别人帮忙不会表达自己的谢意，无意中给别人添了麻烦也不知道致歉。

小平出生于一个教师家庭，父亲是中学老师，母亲是小学老师，从小受这种优良文化的熏陶，小平成了一个特别有礼貌的孩子。

周末的时候，小平去少年宫上绘画课，一不小心把颜料打翻了，有一些颜料不小心溅在了旁边穿蓝色连衣裙的女孩身上，女孩瞬间就涨红了脸，眼含泪水。

小平赶紧站起来向女孩道歉说：“对不起，我不是故意的，我下课之后就把衣服给你洗干净，你别生气了，能原谅我吗？”

女孩听到他这样诚心的道歉，脸色缓和了下来，微笑着对男孩说：“没关系的，就只有几滴而已，我回去自己洗洗就干净了。”

小平本来以为女孩会很生气，却没想到女孩这么轻易地就原谅了他。

自从这件小事之后，小平和女孩成了好朋友，他们两个在少年宫一起学习绘画，互帮互助。在闲暇的时候，他们两个还会相约一起去写生，去逛书店，买一些学习资料，成了很好的朋友。之所以这样，正是因为小平是个文明、有礼貌的男孩。因为有礼貌、为人又谦和，除了故事中的女孩之外，还有很多人愿意和小平做朋友，这样的品质，也使得小平在今后的生活、工作中更加顺利。

故事中的男孩小平因为自己的疏忽，让女孩的衣服被颜料弄脏，但是他并没有逃避责任，而是选择大方道歉。小平诚恳的态度让女孩的怒气一下子消减了大半，一句道歉的话能够化解矛盾。

从小我们都在学习讲文明、懂礼貌，不得不承认有些礼貌用语是人际交往中非常重要的“利器”，它能够显示自己的涵养，也能够平息对方的怒气。

首先，我们要培养自己讲文明、懂礼貌的意识。礼貌用语的使用如果没有变成一种习惯，就会显得有些做作和生硬。因此我们要培养讲文明、懂礼貌的意识，并在生活中经常使用，直到将其变成一种习惯和本能。

其次，我们要学习正确使用礼貌用语，分清对象和情况，以免造成误会。尤其在使用一些敬辞时，我们一定要了解其使用对象和场合。汉语博大精深，谦辞、敬辞更是自成体系，因此我们一定要充分了解其使用规则。

最后，我们要学会一视同仁，对所有人都要讲文明、懂礼貌，将礼貌用语挂在嘴上。有的人平常看起来很有礼貌，却对比自己年纪小的人，或社会地位不够高的人另眼相看。

## 让孩子学会赞美他人

人都是喜欢被称赞的，不管是六岁的小孩还是六十岁的老人都一样喜欢被称赞，尤其是喜欢将自己和别人比一比，把自己说得比别人好一些。称赞是欣赏和感谢，它给人的喜悦是无法比拟的。赞美能激励人奋发图强，而一个善于理解和肯定别人的人，他的人生也会更加开阔，更加充满希望。我们家长要学会赞美自己的孩子，父母家人的鼓励是孩子成长必不可少的原动力。鼓励和赞美能引导他人走出困境，走向成功。所以，家长要有意识地鼓励孩子，更要教育孩子学会鼓励和赞美他人。

家长要教育孩子善于发现和欣赏他人的优点，让孩子学会称赞他人，并不是让他学会空口说白话，阿谀奉承等，称赞是要以一种谦虚的心态，发现他人的优点，真心地赞美人家，赞美别人不仅可以从大处着眼，更要从小处发挥。

如果有人送了一个玩具车给你的孩子，让孩子感谢别人是应该的，如果刚好这部玩具车是孩子最喜欢的玩具类型，那么在感谢之余还可以对礼物有所称赞，“谢谢阿姨，我最喜欢这样的玩具车了”，那么赠送的人肯定会更加高兴。

那么，怎样让孩子学会赞美别人呢？不妨试试以下的方法：

1. 赞美别人一定要真诚

赞美绝不是虚伪的胡乱夸赞，一定要真诚。如果别的同学把事情搞砸了，你却“不失时机”地赞美道：你做得真好，我想做还做不到那个样子呢。这个时候，赞美就变成一种讽刺了。不真诚的赞美往往会起反作用，不但不会使别人舒畅，反倒会伤害别人。实际上，真诚的赞美与虚伪的谄媚有着本质区别：前者看到和想到的是别人的美德，而后者则是想从别人那里得到非分的好处。只有真诚赞美别人的人才能真正得到别人的爱。

2. 对事不对人

赞美绝不是阿谀奉承。教孩子赞美别人不能毫无根据，如果只是说“你真是太好啦”是没什么意义的。所以，一定要赞美事情本身，这样对别人的赞美才可以避免尴尬、混淆或者偏袒的情况发生。比如，你可以告诉孩子这么说：“奶奶你做的饭真好吃。”不要只是说：“奶奶你真是好奶奶。”

3. 可以直接赞扬

要以具体明确的语言、表情称赞对方的行为。赞扬不同的人应当采取不同的方式。赞扬同学就应用平等、热情、情不自禁的口气。比如赞扬同学的作业写得整齐，就该说：“你的字写得真好，我要是也写得那么好就好了。”这样既平等，又真实，充满羡慕，让别人觉得很舒服。即使被赞美者知道自己的字写得没那么好，也会对称赞者平添一份友好的感情。而赞美长辈则应怀着敬佩、尊重、学习的心情。

4. 教孩子以眼神、动作、姿势等间接方式赞美和鼓励别人

一般的人对表情的感受远远超过对语言的感觉，在一些场合，人的表情在多数情况下是下意识的，装也装不像，虚伪的成分少。比如，可以用微笑、惊叹，或是夸张地瞪大眼睛表示对别人的能力倾慕和敬畏，这种方式是容易被对方接纳的。

此外，如果想让孩子有赞美别人的习惯，父母要从自己做起，经常真诚地赞美孩子的优点，或赞美周围的人，潜移默化中孩子也就学会了真诚地赞美他人。尽量不要在别人面前公开批评自己的孩子，要帮助孩子找到优点和缺点，让孩子能够更好地认识自

己、认识他人。

我们所说的话，表示着我们的修养程度，要是遇到有鉴别力的倾听者，就会明白我们常与哪一类人交往。语言是我们文化教育的标尺，我们和别人接触的时候，有四件事容易被人估定价值：行动、面貌、语言和我们说话的方式。所以，赞美别人是说话的一门艺术，一句话能把人说笑，也能把人说跳，学会赞美别人，是我们为人处事必须要知道的一个道理。任何事物的发展都是建立在一定基础上的。父母如果想让孩子长大后能很好与人沟通，会得体地表达自己的心声，就从小培养孩子赞美的能力吧。语言是一种艺术，语言运用得体的人，必定有一种特殊的魅力。

## 如何让孩子告别孤僻?

彤彤性格内向，在班级里沉默寡言，也不爱参加集体活动。妈妈经常接到老师的电话，反映彤彤太孤僻，没有朋友。妈妈很着急，想趁着彤彤的表妹小柳过生日的机会，让彤彤多接触接触其他朋友。

这天一早，妈妈给彤彤准备好了生日礼物，让彤彤去参加生日 party，可是临走前彤彤磨磨蹭蹭，对妈妈说:“我不愿意参加小柳的生日会……”

“为什么？”

“我和她们又不熟，有什么好玩的，还不如在家上网。”

“在那里你可以认识很多和你同龄的朋友呢！以后你就可以不和妈妈一起逛街，自己和朋友逛街啦！”妈妈不放弃，积极地劝说道。

“……非要去吗……”彤彤还是犹犹豫豫。

“那你告诉我一个理由啊！如果我觉得理由充分，就可以不去！”妈妈想听听女儿心里到底在想什么。

“我，我害怕……”彤彤终于道出了自己的真实思想。

妈妈思考了一下，随即给彤彤出了个主意:“妈妈和你一起去！你在客厅和她们一起玩，妈妈和阿姨在厨房给你们准备吃的。有妈妈在，不害怕了吧！”

彤彤立即点点头。母女俩走出了家门，也迈开了彤形摆脱孤僻的第一步。

孤僻对人的身心健康影响很大，它主要有以下表现：

第一，孤僻的孩子不爱与人交往。孤僻使孩子很难处好人际关系，很难扩大交际面。人是在相互接触、互相理解、互相帮助之中密切关系的，一个人若是总躲避人群，独自一人，又怎能与他人搞好团结，怎能从与他人的交往中获得更多的信息呢？

第二，孤僻的孩子往往自尊心强，怕别人说自己不行，说自己无能，这会令孩子内心痛苦。

第三，孤僻的孩子往往多疑。他们大多内向、不活泼，自己不愿与人交谈，看到别人交谈又有疑心，怀疑是在说自己，总在心里闷着，既影响情绪，又影响学习和生活。

第四，孤僻的孩子在集体中必定孤单，孤单会影响孩子的心情，影响孩子的情感。长期心情不佳对孩子身心的影响很大，心情异常会使大脑皮层的正常活动受到干扰，失去平衡，导致皮层下中枢神经活动的紊乱，造成消化系统、血液循环系统、呼吸系统、内分泌系统等功能紊乱以致病变。孤僻、孤独往往与抑郁为伴，显然对孩子的身心健康有害。

孩子养成孤僻性格往往是事出有因的，或受家庭环境影响，或受过刺激、伤害，或身患疾病等。孤僻的孩子如果得不到及时的矫正，将影响他今后的生活，包括恋爱婚姻。因此家长要及早帮助孩子矫正孤僻的性格。那么，应该如何做呢？

1. 为孩子营造良好的家庭氛围

如果父母不和，经常争吵，孩子就得不到应有的关怀和培养，就会因此而沉默寡言、闷闷不乐，从而养成了孤僻的性格。因此，家长应给孩子营造出一个和睦、融洽、民主的家庭氛围，让孩子真正感到自己是家庭中的重要一员，让孩子切身感到家庭的温暖、体验家庭的欢乐。

2. 扩大孩子的生活空间

当前，由于居家条件、家庭结构等原因，家长常常把孩子关在家里，久而久之，孩子就会变得孤僻。家长应让孩子从“自我”的小圈子走出来，让孩子多与邻居的孩子一起玩耍。家长有必要利用节假日、业余时间带孩子到游乐园、动物园、公园等场所玩耍，或带孩子去串门、走亲戚，减少孩子对不同人、不同情境的陌生感，增强其与人交往的需要与兴趣，逐渐培养孩子活泼、开朗、大方的性格。

3. 教孩子学会求大同存小异

性格孤僻的孩子对别人的评价常有偏见，总觉得这个人这样不好，那个人那样不足，看人家优点少、缺点多。总认为周围的人不可信，不可交，对谁都不放心，不联络。有这种心理的孩子，很难与人相处。要改变孩子的这种性格，家长必须帮他抛弃偏见，重新去审视自己周围的一切，改变自己对周围人的评价。与同学、朋友相处，要本着这样两个基本点，即：一是多看人家的优点，取长补短；二是与人相处，不能用一把尺子去衡量，要求大同存小异。如果能有这样的立足点，在与人共处中就会消除疑虑，增加信任，从而扭转孤僻的个性与自卑的心理。

4. 增强孩子的体质

孩子性格孤僻与体质弱有关。孩子体质弱，就会缺乏活动的耐性和持久性。这样就容易被同伴奚落和蔑视，处于这种状态的孩子会采取回避社会、回避人际交往的做法，用孤僻来保护自己。所以，家长应多带领孩子到大自然中去，去旅游参观、登山、游泳、锻炼等。这样，一来可以培养孩子勇敢、乐观的精神和持久性，二来可以增强孩子的体质，使孩子能够参加各种集体活动，孩子把自己融入集体之中，孤僻的性格自然就荡然无存了。

5. 给孩子树立良好的榜样

俗话说："近朱者赤、近墨者黑。"家长自我封闭，无良好的人际关系，会对孩子产生潜移默化的影响，孩子会因此而产生孤独感，形成孤僻的性格。因此，作为孩子的第一位启蒙教师，家长应以身作则，在各方面都给孩子树立良好的榜样，孩子耳濡目染，会在不知不觉中形成良好的性格。

6. 讲究教育方法

家长经常随意批评、否定孩子，甚至指责、训斥孩子，孩子就容易丧失自尊心和自信心，就会感到自己很笨，什么都不行，这种自我体验几经反复固定下来，就会使孩子形成自卑孤僻的性格，遇事往往一个人缩在一旁不敢出声、心情压抑。家长不妨改变一下教育方法，采用一些鼓励的语言，如："虽然你没有成功，但我仍要表扬你，因为你已经努力了。""你一直在努力，再加把劲，一定会做得更好！"坚持这样做下去，相信孩子会慢慢开朗起来，自信起来，会把孤独感忘得一干二净。

# 让孩子告别害羞

贝贝是女孩儿，很害羞，但特别喜欢跳舞，爸爸妈妈特地为她寻找了一个非常好的舞蹈训练班，希望在这个班级里，贝贝能够有些改变。

这天，当一家三口终于从塞车的灾难里逃离出来，满怀期望地赶到训练班的时候，原本还很开心的贝贝突然像变了一个人似的，安静地站在妈妈的身边，眼睛四处打量着，任凭老师点头招呼，同学们热烈欢迎，她都始终不肯迈出一步。

“我不想跳舞了……”最终，拉拉嘴里咕哝着，然后就把爸爸妈妈晾在原地，一溜烟儿跑回了车边。

实际上，这已经不是贝贝的爸爸妈妈第一次遭遇这样的尴尬了。他们给她报名参加各种活动、各种聚会，甚至把朋友们邀请到自己家中，为孩子提供展现自己风采的舞台，但是贝贝总是悄悄地退在一边，藏在阴影里面，仿佛前边就是悬崖一般。面对这么害羞的孩子，爸爸妈妈不知道怎么办好。

害羞是青春期孩子的一种较为普遍的心理现象，它是指青少年在社交活动中，特别是与陌生人或异性交往时，产生的那种紧张、拘束乃至尴尬的心理状态。害羞的孩子有以下几种表现：在陌生人面前，总感到有一种无形的压力，似乎自己在被人审视，不敢迎视对方的目光，感到极难为情；与人交谈时，面红耳赤，虚汗直冒，心里发慌，即使硬着头皮与人说上几句，也是前言不搭后语，结结巴巴的；不善于结交朋友，常感孤独，常因不能与人融洽相处或充分发挥自己的才干而烦恼；不善于在各种不同场合对事物坦率地发表个人意见或评论，因此不能有效地与他人交换意见，给人拘谨、呆板的感觉；常感到自卑，在学习和生活中往往不是考虑如何取得成功，而更多的是考虑不要失败。

研究人员估计，只有15%～20%的孩子生来就害羞，这就是说，多数害羞者是在成长过程中养成害羞习惯的。在家长试图了解孩子为何害羞时，应该先问自己以下几个问题：

我是否常叫孩子多做事少说话？

我花时间听过孩子的心声吗？

当我无法回答孩子的问题时，是否常常缺乏耐心？

我喜欢孩子的朋友吗？

我是否对孩子的害羞表现太过关注，以至于反而助长了她的害羞表现？

我尊重孩子的隐私及独处的权利吗？

假如家长没有犯上述那些父母在与孩子相处中常见的忌讳，那么孩子的害羞也许就是天生的，只是她独处的需求比别人多一些而已；如果家长有过上述的言行，那么孩子的害羞就与家长有密不可分的关系了。

1. 缺少与他人接触的机会

现代家庭以独生子女居多，无形之中也减少了孩子与同伴互动的机会。再加上有许多父母在孩子小时候，样样事情都帮孩子安排好，事事都为孩子代劳，总以为在如此环境下成长的孩子是最幸福的，但却不知孩子在成长过程中，很难有和大家接触的机会。随着孩子的逐渐长大，到了青春期，孩子可能就会有害羞、怕生的倾向。

2. 父母不正确的教养态度

父母忙于工作没时间陪伴孩子，和孩子缺少交流，或讨厌孩子吵闹，让孩子以看电视、听录音带等打发时间，甚者怒骂孩子“不安静就走开”。当孩子与父母亲近时，不是被奚落一顿，就是要他躲开，不要吵大人做事。如果孩子一再被拒绝，就有可能造成日后遇事害羞、怕生的情况。

3. 孩子自身的原因

从孩子自身角度来看，害羞的原因可能是因为他们缺乏自信心。孩子本身与人沟通或接触社会的能力不佳，这就导致孩子缺乏表现自我的信心，而选择以退缩及逃避的行为来掩饰自己的缺点。另外，孩子的不安全感也是孩子羞于与人接触的原因之一，不安全感容易使孩子对人产生畏惧、不信任感，从而影响孩子日后大胆地与人相处。

害羞的孩子由于退缩懦弱，会影响他们与人进行积极的交往，并导致焦虑、抑郁等不良情绪。而且，更为可怕的是，这种影响往往会伴随孩子的一生！因此，家长一定要尽早意识到问题的危害，并积极帮助孩子甩掉“害羞”的坏毛病。

1. 引导孩子多与外人接触

为了使孩子不再那么害羞，家长应当有意识地多给孩子提供一些与外人接触的机会，比如：常带孩子去亲戚、朋友家做客，常带孩子去公园、超市等人多的地方，常安排孩子参加一些集体活动等。家长在鼓励和安排孩子参加社会交往活动的时候，一开始必须要选择好对象，通过这些活动让孩子体会到与人交往的快乐。在带孩子去做客时，要选择那些态度和蔼、容易亲近的亲戚朋友，在安排孩子参加集体活动时，要选择人数较少的场合，这样可以有效地减少孩子在参加活动时产生拘束、不安全、缺乏自信等不良的心理体验。

2. 增强孩子的自信心

怕羞的孩子通常自卑感都很强，他们往往因为没有信心去解决生活中的压力或冲突，从而产生害羞和逃避的行为。因此在许多场合，他们都喜欢躲在别人的后面，这样就会形成一个恶性循环：因为害羞失去了许多表现的机会，而表现的机会越少则越发害羞。面对这样的情形，家长应当从培养和增强孩子的自信心入手，孩子的自信心提高了，害羞就比较容易克服了。增强孩子自信心的方法有许多，比如：帮孩子寻找自己的特长和优点，多给孩子提供一些表现自我的机会，让孩子体验成功的乐趣，多给孩子一些肯定和鼓励，帮助孩子弥补自己的弱项等。

3. 不要给孩子贴“害羞”的标签

一些孩子不太善于与别人打交道，每次外出前，虽然父母都要提前告诫孩子，见到长辈要主动问好，别人问问题时要好好回答等，可是孩子在遇到外人时往往依然如故，要么使劲儿低着头、要么把脸扭向一边、要么涨红了脸没有一句话、要么干脆躲到家长的身后，于是一些家长便无奈地说：“这孩子就是害羞，不太爱说话，见到客人总是别别扭扭的。”这是十分不妥的做法，这只会加深孩子对他人的恐惧，只会进一步增加孩子与他人交往的困扰，只会使孩子更加害羞。因为孩子会相信父母的评价，会认为自己的确就是一个性格内向、好害羞的人，从此以后便经常以“我是一个害羞的人”来暗示自己，并以此作为自己退缩行为的理由和借口，使自己更加害羞。因此，面对自己害羞的孩子，家长在谈到他的这一弱点时，一定要格外注意表达的方式。

4. 给孩子营造宽松的环境

为害羞的孩子创设一个“没有责备”的环境是非常重要的。家长不要因为孩子害羞就对其大加埋怨或横加指责，这样只会打击孩子的社交信心；家长不要对孩子失去信心，认为孩子没出息，无法适应未来的社会生活；家长不要操之过急，焦急的心态不利于帮助孩子克服害羞的弱点，反而会加重孩子的心理压力；家长也不要拿自己的孩子与那些不害羞的孩子去比较，这会伤害自己孩子的自尊心，不利于孩子的健康成长。

为害羞的孩子，创设一个“没有压力”的环境也是非常重要的。当孩子不愿意与其他更多的孩子相处时，家长不能硬逼着孩子去和他人一块玩儿，因为害羞的孩子比较喜欢一对一的交往；当孩子不愿意和别的长辈打招呼时，家长不要勉为其难，因为这可能会增加孩子的恐惧感；当孩子不愿意在客人面前表现时，家长也不要强迫她，因为这样做会加剧孩子的紧张感，将来可能会以更多的沉默和拒绝来应对。

5. 让孩子事前做好充分的准备

无论在什么场合，如果孩子事先已经做好了各种准备，知道会出现什么样的情况，他就不会那么紧张、焦虑和不安了，怕羞的情绪也会减少许多。比如：带孩子参加聚会，父母应该事先告诉他要到哪里去、要去干什么，最好能先让孩子结识一下要见的人；家里有陌生的客人到访，父母可以先告诉孩子将来多少客人、客人是做什么的、客人来后孩子应该怎样打招呼；遇上老师要求孩子发言或演讲，父母可以事先在家里对孩子进行辅导和演练，让孩子熟悉整个程序，以减少临场的慌乱与失误。

6. 给孩子更多表现自己的机会

害羞的孩子通常不太爱表现自己，而越不爱表现自己，行为就越退缩，所以在日常生活中，父母要注意给孩子更多表现自己的机会。孩子平时可以自己做的事情，要坚持放手让孩子去做；家长要鼓励和支持孩子参加学校的各种活动，鼓励和支持孩子单独出去和其他孩子交往；家长也可以寻找一些让孩子充分展示自己强项的机会，如：有一位学习很好的学生不太爱与人来往，也没有几个知心朋友，孩子的母亲便让他去辅导邻居孩子的学习，经过一段时间的锻炼，孩子就不再害怕与外人接触了。

## 让孩子懂得说“不”

“你的工作都做完了，帮帮我吧！”同事说。

“我列了一个单子，你出差帮我买回来吧！”亲戚说。

“你挣那么多钱，借我几万块吧！”朋友说。

我们总是嘴上说着“好好好”，哪怕心里一直呐喊着“我不要！”

为什么我们无法面不改色地拒绝别人无理的要求，也很难面对别人对自己的拒绝呢？孩子懂得说“不”，会为自己发声，是学习独立、自主的第一步，学会对别人说“不”，也能坦然接受别人对自己说“不”，是社交中一项很重要的能力。

如何让孩子学会礼貌、友善而坚定地拒绝？是家长必须教给孩子的一堂人生课。不会拒绝的孩子，未来会很辛苦。

为什么家长总是在教孩子顺从而不是拒绝？自小我们就教育孩子要以和为贵，恭敬谦让，这并没有任何错误，但在教孩子“让”的同时，我们更应该告诉孩子，“不让”也很重要。

让孩子懂得分享，防止孩子形成自私的性格，不过让孩子学会拒绝则有助于避免孩子形成讨好型人格。这正是很多孩子，甚至很多成年人最缺乏的一项教育：界限教育。

有礼貌乐于助人这些品德本身是好的；然而由于家长一些错误的教育方式，常常强迫孩子做他不愿意做的事情，导致孩子误以为自己“不分享”“拒绝了别人”就不是个好孩子，只有听话、顺从才能被喜爱。

把他人的需求摆在第一位，过分在意别人会不会不高兴，甚至不惜牺牲自己来满足别人的要求，这样的结果往往是伤害自己，容易演变成“讨好型”人格。

如何教孩子区分社交中的“合理要求”和“不合理要求”呢？拒绝和不拒绝的界限是什么？家长要让孩子心中有底线，知道自己什么能接受，什么不能接受。

比如我要不要借给别人东西，我要不要帮别人这个忙呢？再进一步，别人能不能跟我开我不怎么喜欢的玩笑呢？

对于这一类的问题，衡量的标准其实非常简单且唯一：就是孩子本身的感受。如果他感受到了不舒服、不情愿、别扭、难过、不喜欢，那么他当然可以不借东西、不帮这个忙、不配合别人的玩笑、拒绝别人的无理要求。因为这是孩子在社交中必须学会的为自己划定清晰的界限：不受他人侵犯的界限。

如果一个孩子在日常生活中无法捍卫自身权益，无法在社交互动中保护自己……渐渐变成不会表达自己意愿的“老好人”。那么再接下来，就有可能成为“霸凌”的对象。

作为家长，要告诉孩子，拒绝是每个人都拥有的权利，但拒绝也要讲技巧。怎样说“不”，能够让对方知道自己坚定的态度，进而做出改变呢？

请告诉孩子以下几点做法：简单清楚地拒绝：“不要，我并不想这样做”，或是“不用了，谢谢”，甚至可以稍微加重语气并重复句子来表示坚定的态度。

提出反问或建议：“为什么你想要这样做？”以幽默自嘲的方式来化解拒绝时的尴尬：教导孩子直接表达自己的顾虑。如：“如果我这样做被我妈发现，大概这个月都不能再出来玩了”，甚至是“你说对了，我本来就是胆小鬼，那又怎样？”

此外，家长要让孩子知道，无论孩子在什么时候、遇到什么自己解决不了的困难，都应该及时寻求帮助。

在孩子学会了如何拒绝别人、清楚表达自己的意见后，家长同样要教会孩子能够承受他人的拒绝，学会理解别人的立场、避免孩子产生太大而且不必要的情绪反应。

给予孩子自由的空间，但同时也要教会他自律，尊重孩子，让孩子有说“不”的权利，这样孩子也会因此学会自重，并且尊重他人。

家长必须有所坚持，并且随时提醒孩子“表达自我，同时尊重他人”的原则，至于孩子怎么决定，后续要面对什么样的回应与挑战，就是孩子必须学着自己去承担的。也只有经过这种过程，并不断练习，孩子才能慢慢学会抓到“平衡点”，长成一个独立、成熟而自主的大人。

## 鼓励孩子与不同年龄的朋友接触

五岁的小豪性格开朗，喜欢交朋友。有一次，他跟随妈妈去野餐，在他们的大本营旁边，也有一个家庭。看到那边有一个小朋友，小豪就冲着小朋友挥手以示友好，那边的孩子看到有人挥手，也兴高采烈地回应起来。两个孩子就那样挥来挥去，乐此不疲。就在这个时候，对方的家长看到了小豪，小朋友的妈妈一边制止自己的孩子，一边冲着小豪叫道："你敢打他，我就打你。"

相信很多家长在理智上都是支持孩子认识新朋友的，但是当自己的孩子在和陌生人交流的时候，保护孩子的强烈意识往往会遮蔽家长的理智，就像上面那位小朋友的妈妈一样，对任何外来的事物都充满敌意。这类家长抚养的孩子，从小就被灌输高度警觉的自卫意识，将来也会很难与人坦诚地相处，不容易融入社会。也正是因为家长常常会因为爱而做出错误的判断，才更加需要让孩子接触到别的人，接受不同的观念。如果他开始和"小豪"这样的孩子玩耍，发现原来陌生人身上也有很好的地方值得学习，与人相处可以得到快乐，就会易于打开心扉，接纳他人。

孩子的成长不仅需要家庭的尊重和认可，更需要去接触不同的人，提高自己的情商。人类是群居的动物，依靠集体来抵御侵袭，创造语言，传播智慧。在现代社会，是否有组织能力和团体意识，是衡量一个人能力的重要标准。因此，让孩子接触到不同年龄的人，是孩子成长过程中必不可少的。

对一个幼儿来说，适合他们成长的小社会中并不特别强调不同职业的成年人出现，因为他们对新事物的接受和感知能力是有限的。鼓励不同年龄幼儿间的互动，这对幼儿的智力，特别是思维能力发展是非常有意义的。例如，当不同年龄幼儿间发生认知冲突时，年长幼儿充当了“小老师”的角色，给弟弟妹妹讲解他们掌握的知识。这能促使他们更深入地理解知识，牢固地掌握技能技巧，同时也训练了他们的思维能力和表达能力，以及因此感受到的“人气”和“威望”，这会极大地鼓舞他们的信心。这也是蒙台梭利的一个教育主张——混龄教育。

在混龄教育活动中，不同年龄的幼儿在一起玩耍，增加了群体互动的复杂性和层次性，与异龄同伴交往带来的角色、心理体验和沟通方式的变化对幼儿提出了新的人际挑战。同时，随着年龄的增长和环境的变化，幼儿个体的角色也在不断变化，在这里是弟弟或妹妹，在那里可能就是哥哥或姐姐，这种变化促使他们不断适应和接受新的角色。混龄教育为幼儿创造了一个较为复杂的、动态的小型“社会环境”，为幼儿情感的发展提供了动力和源泉。

混龄教育为幼儿提供了丰富的情感体验的机会。由于年龄差异和能力差异、经验差异，每个幼儿都拥有区别于以往的角色和地位，不得不面对复杂的关系情境。在混龄教育活动中，一名幼儿既可以是老师的学生，又可以是其他幼儿的弟弟妹妹或哥哥姐姐，还可以是同龄人的伙伴，这些角色变化既让幼儿体验到了年幼幼儿对年长幼儿的尊重、敬畏、钦佩或嫉妒，又让幼儿体验到了年长幼儿对年幼幼儿的关心、爱护或轻视等，这些复杂的情感体验给幼儿带来了巨大的冲击。因此，在混龄教育活动中，我们既要为幼儿提供情感体验的机会，培养幼儿对各种情感的敏锐性，丰富幼儿的情感世界，又要防止幼儿过多地体验不健康的情感，如嫉妒、傲慢、轻视等，把幼儿的同伴关系引向关怀、互助的方向，为幼儿健康人格的形成打好基础。

混龄教育增强了幼儿对积极情感的敏锐性和对消极情感的承受能力，锻炼了幼儿的情感控制能力，扩展了幼儿情感体验的范围。年长幼儿的积极行为为年幼幼儿提供了良好的榜样，并由于年龄的相近而更具感染力；年幼幼儿通过与年长幼儿的交流，可逐步克服自己的消极情感（如胆怯、任性等）；年长幼儿也因为榜样的自我心理暗示，愿意在与年幼幼儿交往的过程中自觉展现积极情感（如谦让、耐心等），克服任性、霸道等不良的消极情感。同时，教师和家长也需要积极引导，帮助幼儿克服消极的情感体验，加强幼儿对积极情感的认同和渴望。家长应该多关心了解孩子，让他们多和不同年龄阶段的朋友接触交流，生活在“水泥森林”里的儿童更需要亲情友情的关爱。愿我们的孩子不再孤单，都能拥有丰富快乐的美好童年。

# 第二章
# 养成好习惯

## 摈弃日常不良习惯

在日常生活中，有的人在与人交流时总是无意识地带有一些不良习惯、小动作等。例如坐在椅子上抖腿、写作业时咬笔头、不自觉地甩头发、双手插在裤兜里等。有人认为，这些都是些无伤大雅的事情，根本没必要在意，其实不然。在与人交往时，如果我们不摈弃这些不良习惯、小动作，我们在他人心目中的形象就会大打折扣，甚至会让对方产生误会。

小松今年 13 岁了，是一名初中生，是一个有着良好形象的阳光男孩。

在日常生活中，小松会有意识地摈弃在他人身上出现的或在自己身上出现的影响个人外在形象的一些不良习惯。因为小松深知：习惯的影响力是不容忽视的，就算是再平常不过的坐、立、行，都会透露出我们精神风貌的好与坏，也会影响我们的自身形象。

此外，小松还了解到：一个人的精神风貌往往就体现在我们坐、立、行的协调和自然之间。注重个人外在形象而又有着极强自制力的小松在不同场合都会展现出自己最好的形象，坚决摈弃自己日常生活中不良的习惯。在比较正式、庄重的场合，小松的站姿就向“军人看齐”，而不是像有些男孩，站立时喜欢将手插在裤袋里或交叉在胸前，或者下意识地做些小动作，小松也绝不会做出在站立时歪脖、斜腰、屈腿或者倚门、靠墙、抖腿、跷脚等一些有失形象的动作。走路时，小松克服并改正了自己原先晃来晃去的走路姿势，做到了挺胸昂首、收腹、挺直腰身，上身保持不动、两肩不摇，双目平视前方，不东张西望，不双手插兜，不边走边吃东西。

就这样，凭借自己的自制力和毅力，小松在个人外在形象的塑造上，严格要求自己，坚决摈弃自己的不良习惯，成了“有形象、有气质”的青春男孩，也因此获得了身边人的一致赞许。

故事中的小松很注意个人形象，无论是在平日里还是在重要场合，都会注意自己的坐姿、站姿等，尽量摈弃各种不良习惯和小动作，逐渐成为一个形象好、气质佳的孩子，受到了很多人的喜爱。

每个人都有一些不好的习惯，如果不坚决摈弃，就会影响我们在他人心中的形象，不利于自己的人际交往。所以，我们应该好好反省一下，看看自己是否存在一些不良的习惯、小动作。比如咬嘴唇、吐舌头等。与人交流时，倘若我们不停地咬嘴唇、吐舌头，整个人的帅气形象就会大打折扣，而且对方也会觉得我们缺乏自信、比较紧张。

抖腿也是一个很不好的习惯，会给人不雅观、不礼貌的感觉。有的人习惯在桌子下面抖腿，认为这样别人不会看见，无伤大雅，可是一旦这种习惯养成，我们在任何场合都有可能无意识地抖腿，既影响姿态美观，又会给人留下不好的印象。还有一些其他的不良习惯，也不宜在公共场合被他人看到。

小延是一名初中二年级的学生，是一个在日常生活中有着许多影响外在形象的不良习惯而又没有决心去改正的男孩。

看到小延这么不重视好习惯的养成，任由自己的形象受损，作为一名初中舞蹈老师的小延的妈妈打心眼里着急。有一天，她拉着小延来到“形体训练室”，让小延看镜子里的自己，并说道：“看到了吗，小延，驼背的你好看吗？”小延自觉“没形象”，就接受了妈妈对自己的“形体训练”。两个小时后，小延就想放弃了：“哎呀，这也太难了。”看到小延有放弃的念头，妈妈鼓励道：“的确，可能有一点难度，主要是难在坚持。但是如果你想成为一个风度翩翩的人，姿态训练是必不可少的。在刚开始培养体态习惯时，要注意从平时细小的动作开始。此时可能会显得有些刻意、不自然，但不必担心，时间长了，就习惯了。相信只要坚持下来，当你把自己的性情也慢慢融合进去的时候，优美大方的姿态就完全属于你了。这时候你根本不用再特别去想自己要怎样坐、怎样站、怎样走路，可以把精力放在其他更重要的事情上去，比如结交新的朋友，或是学习新的更有意思的东西。还有一点你必须明白，那就是培养个人优雅的姿态，不是为了别人，而是为了你自己，它最终将会使你的形象和气质得到升华。”虽然妈妈苦口婆心，但在小延听来，却是“夸大其词”“小题大做”，妈妈的话在他这里就是“左耳进，右耳出”。

后来，总是带着不良习惯的小延，在与人相处时，常常是站立交谈时抖腿、手插口袋；行走时驼背、向外甩腿、身子晃来晃去……面对这样一个有着诸多不良习惯而又没有意识和决心去克服、改正的小延，大家都不大喜欢与他相处了。

故事中的小延有一些不良习惯，例如坐姿、站姿不对等，致使他出现了轻微的驼背现象。妈妈告诉他，不良习惯如果不及时改正，就会影响他的整体形象，但小延并未重视。在各种不良习惯的影响下，同学们越来越不喜欢小延。可见，不良习惯会影响我们的形象，那么，进而影响我们的人际交往。

我们如何才能摈弃日常生活中的不良习惯呢？

首先，我们要反省自己，看看自己有没有不良习惯。如果有，就要正视并改正它。

其次，我们要随时记录自己的情况，看看自己在哪些场合、哪些情况下容易出现不良习惯，然后记录下来，以便查看、改正。这种方式有利于帮助我们找到诱发不良习惯的原因，对改正不良习惯非常有利。

最后，改掉不良习惯时，为了保证效果，我们可以采取“一一攻破”的方式。在某一段时间内，我们要专心去改正一个不良习惯，等这个不良习惯改正后，再改正下一个。

## “自己的事情自己做”，不能只是说说而已

孩子从幼小时学做一些力所能及的、切身的、简单的劳动，在生活中逐步养成爱劳动、爱整洁、有条理的生活习惯，对孩子一生会有良好的影响。另外，孩子在自我照顾时，总是通过视觉、触觉等各感官来感知事物，探索窍门，通过做能想出各种办法，大脑和身体都得到了锻炼，人就会变得聪明。所以，父母要重视培养幼儿“自己的事情自己做”的好习惯，这是对孩子最有益的锻炼。

当然，让孩子“自己的事情自己做”，也要视孩子的能力来定。不同年龄的孩子能自己做的事情是不一样的。3 岁幼儿会用汤匙自己吃饭，穿脱袜子，扣纽扣，把玩过的玩具放回固定的地方；4 岁幼儿开始学刷牙，洗手洗脸，擦鼻涕，洗手帕，饭后擦嘴，自己穿脱衣、袜子、鞋，学会系鞋带、搬小椅子、帮大人递小物件；5 岁幼儿会用筷子吃饭，能够收拾自己的抽屉，折叠晒干的衣服，叠被子，在家里能完成大人给的临时任务，进了幼儿园学做值日生；6 岁幼儿生活基本自理，很少需要大人帮忙。他们为集体做事十分负责，乐意帮助大人做事。他们常以自己能独立地克服一定困难，把某件事做好而感到愉快和满足……父母要根据孩子的成长情况来循序渐进地放大孩子自己做事的范围，既不要超过孩子的负荷，也不要小看孩子的实力，限制孩子的发展。

在培养孩子“自己的事情自己做”的习惯的时候，父母一定要有足够的耐心和信心，不要看着孩子在穿衣服或鞋子，穿了半天没穿好，就冲到他面前，边数落边快手地帮孩子把鞋穿上，要

知道孩子的动作都是慢的，因为这个世界对于他们来说就是新的，大人看上去很简单的东西，对他们来说则不是，都要去学，反复练习才能做到。所以，请父母要有足够的耐心，给予孩子练习的时间和空间。

当孩子做好自己事情的时候，父母应该给孩子以奖励，但最好不是物质上的，而是行为上表达的赞许，比如摸摸他的头、冲他笑一下，或者给他一个大拇指，这样就够了。孩子从你的表情、动作就可感知你的鼓励。

另外，父母可以给孩子一个独立的、可以自由活动的小房间或者小角落，在这个属于孩子的空间里，应该让孩子自己来布置、设计，包括选择书桌、书柜、玩具、图书、装饰品及各种学习用品等。允许孩子在自己的空间里做一些自己感兴趣的事，比如，养几盆花，养几条金鱼，等等。让孩子能够独立地支配自己的小天地，让他觉得自己是自己的小主人。

孩子独立自主的习惯，就是在生活中的点点滴滴中养成的，父母光是口头上对孩子灌输理念，是没有多大功效的，“自己的事情自己做”很可能只是被孩子当成一句歌谣或是口号，只有让孩子通过实践摸索，才能锻炼出他勤劳自立的好习惯！

孩子的可塑性很强，早早训练他们的生活技能，能充分发挥他们的天分，孩子越能独立做事，他的自信心就越强，而自信心是每个孩子走向成功最不可或缺的因素。所以，从小事做起，从小开始，培养孩子“自己的事情自己做”的习惯吧！

## 让孩子明白“成功离不开勤奋”

尼克松的家境并不富裕，一家人只能靠种地糊口。父亲在自己的菜园里辛勤劳作，供养着一家人。母亲则是一个有着文化修养的伟大母亲，更多地承担了教育子女的责任。自尼克松出生后，她就用自己的智慧和耐心教育他。在尼克松6岁上学之时，母亲早就教会他读一些书籍了。

尼克松9岁时，父亲卖掉了屋子和菜园、果园，把家搬到了惠特尔。父亲十分勤劳，靠自己的双手辛勤耕耘，努力改变全家人的命运。终于，他有了属于自己的加油站，后来又办起了杂货店，并专门出售自家制的馅饼和蛋糕，将尼克松母亲的手艺绝活推向了市场。

妈妈的勤劳对尼克松产生了很大影响。他很早就帮忙操持家务，做些力所能及的事，妈妈经常拿书中的一些激励人的话来教育他。尼克松把这些话深深地记在了心中。

尼克松很快就成了家里的得力帮手。在父亲和母亲辛勤劳动的带动下，尼克松充分认识到只有劳动才能创造一切，才能满足自己的需求。给家人帮忙让尼克松深深体会到了劳动的快乐和成果。尼克松回忆到，他每天早晨4点钟就起床，5点赶到洛杉矶第七街菜市场。他自己挑选水果和蔬菜，把价钱还到最低，选购好的货物用马车送回家，等这些货物洗净、分级，放到店铺后，接着在8点钟去上学。尽管很辛苦，但每次劳动后，尼克松都感到一种轻松和快乐。因为他靠自己的努力，得到了收获。

童年的经历使他一生都保持勤劳，尼克松终生都谨记妈妈教给他的那句话，靠自己的付出来实现人生的目标。

尼克松的妈妈告诉他说："人生的目标要靠自己的付出才能实现。"在妈妈的带动下，尼克松也养成了勤奋用功的习惯，这为他以后的成功打下了坚实的基础。

在一个学校或者是在一个班级中，通常有两类学生是容易受到老师喜爱的：一种是非常聪明又非常勤奋的，另一种是不算聪明却非常勤奋的。可见，勤奋的孩子，走到哪里都会招人喜欢。在人生的旅途中，有许多聪明的人常常在最后变笨了，而原本被认为是笨的人，却常常在最后变得聪明了。勤奋的人不一定会成功，但是如果人要取得成功，就永远离不开勤奋。

所以，作为家长，我们不应该为孩子的低智商而气馁，也不要为孩子的高智商而沾沾自喜，而是应该重视自己的孩子是否努力勤奋，把这种理念传递给孩子，让他们感受到只有努力才能获得父母的认可和夸奖。

美国近期的一项研究得出结论：如果一个孩子总是自认为自己很聪明，很有可能在面对挑战的时候想回避。在一项实验中，老师让幼儿园的孩子们回答问题，她对其中一部分的孩子说："你们答对了8道题，你们很聪明。"而对另一半的孩子换了种说法："你们答对了8道题，你们确实付出了巨大的努力。"接下来，这个老师分别给两个部分的孩子布置新任务让他们自己选择，一种是他们在完成的时候也许会出现一些差错但是最终可以学到一些东西，另一种是他们有把握一定可以做得好。结果那些被夸奖为“聪明”的孩子大多都选择了后者，而那些被夸奖为“努力”的孩子则大多数选择了前者。

夸奖自己的孩子聪明，会有一个缺陷：孩子在潜意识中认为是由于自己聪明才会一帆风顺，逐渐对自己的感觉良好，想着自己的将来一定是只会成功，不会失败。时间长了之后，就容易对自己的评价不那么客观了。如果他把事情做得很好，他就会认为只是他聪明罢了，一旦他受到了挫折，他的第一反应很可能就是“我并不聪明”，随之对一切都失去了兴趣。这样的孩子将来走上社会之后就会感觉自己有点输不起，甚至会导致终生一蹶不振。

所以，家长最好是赞美自己的孩子“勤奋”，当我们在夸奖他勤奋的时候，其实就是在鼓励他继续努力去寻求更多的挑战，这样可以帮助孩子在遇到挫折的时候不会气馁，他会始终认为自己不懈努力去做的事情是一件值得的事。

懒惰者永远不会在事业上有所建树，永远不会使自己变得聪明起来。唯有勤奋者，才能在无垠的知识海洋里猎取到真知实才，使自己变得聪明起来。任何目标都是需要经过认真地付出才能够实现，勤奋努力的习惯最好是从小就培养，越小越好。家长在夸奖孩子勤奋努力的同时，也就是在鼓励他继续努力去挑战更高的目标，通过这样的方式启发孩子认识到自己的责任，开阔人生。

## 孩子要懂得自律，约束自己

所谓自律，就是指在无人监督的情况下，能够严格要求自己，约束自己的言行举动，做好自己该做的事情，负起自己该肩负的责任，并且还不会给他人增添麻烦或负担。

很显然，自律的人对时间的利用效率会非常高。因为他能管得住自己，能让自己在有限的时间里认真行事，所以这样的人永远都不会耽误事，而且他还能把该做的事情做得令自己满意，也会让他人感到很舒服。

我们当然会希望孩子也能养成自律的好品德，也在心里向往着孩子能够不用我们操心，将自己的时间都高效地利用起来，能够自行将学习、发展兴趣等时间都安排好，做自己该做的事情。

不过，我们不得不承认，这可能只是个奢望罢了。因为孩子总是管不住自己，一切行动都显得太过随意，想起来干什么就去干什么，行动起来根本就不会考虑后果，心血来潮的原因占了大部分，有的行动甚至毫无意义，可能就只是因为他单纯地觉得那样做很好玩。特别是在本来该学习的时候，孩子的闲散之心却依然没有收敛的迹象，一会儿做点小动作，一会儿又吃又喝，一会儿又开始神游天外，一会儿又干脆找点什么东西玩了起来，总之就是无法让自己的注意力完全集中，或者说学习这件事早就被他抛在了脑后。

当发现孩子不能专注时我们往往都会采取一些强制性的措施来强迫他专注起来，比如，会不厌其烦地催促他，会经常提醒他要注意时间，会苦口婆心地劝，严厉一些的会训斥几句。然而，我们这样的催促一多，问题也就随之而来，孩子会觉得很麻烦，认为我们的催促破坏了他的这种闲散，他会为此感到很生气，却丝毫没觉得自己不好好利用时间这件事本身就是错误的。

于是这可能就会变成一个恶性循环，孩子越来越懒散，我们的催促越来越频繁，也越来越严厉，更多时候我们都会从催促变成训斥，想要以严厉的训斥来震慑孩子让他意识到时间的宝贵。而孩子一旦受到了训斥，就会更加厌恶专注利用时间了，久而久之，他注定会成为一个懒散的人。

所以别让这个恶性循环有可以循环起来的机会，我们不能替孩子行使管住他的义务，而是要让他自己意识到时间的宝贵，让他自己感觉到，如果不努力、不专注，那么时间就相当于被放弃了，而且再也找不回来了，这样是无比可惜的事情。

那么，我们就来教孩子管住自己吧。

1. 给孩子立一些规矩

应对散漫有一个很基本、也很管用的方法，那就是约束作用，让他能知道自己到底该怎样做。

比如，学习方面，可以给孩子规定，每天放学后如果没有特别的事情，就一定要先写作业，而在做作业的过程中，他要保证专心致志，不能三心二意；再比如，生活方面，如果家里分配了孩子要做的家务，他就要认真完成，不能边做边玩；等等。关于你和孩子之间约定好的这些“规矩”，也交代得清楚一些，提醒孩子不可违反，督促孩子行动起来。

2. 教孩子控制自己的行动

孩子对自己的行为并没有太多的考虑，他可能只会关注眼前的感受，而忽略了自己某些行为背后会给未来带来的不利影响。比如，如果他只是一味任自己那么闲散下去，并不专注地学习或者做事，那么一旦让他紧张起来去迎接考试或者处理紧要事务，他就会变得不知所措，手忙脚乱，还会错误连连，乃至直接失败。

所以，我们要教孩子控制自己，可以让他从几方面来入手。

先是在大脑中提醒自己“我要认真”，如果发现自己走了神，就要大声说一遍“我不能走神”，假如还是不能控制好自己，就写一些严肃的语句贴在显眼的位置作为提醒。

还可以有更深层次的引导，那就是和孩子聊一聊如果他不够自律将会给自己、给周围人带来怎样的影响，有哪些后果是相当严重的，让孩子意识到这里的利害关系，也许他的行为就会有所收敛。

3. 让不够自律的孩子自己承担后果

总有孩子觉得自律太严肃了，他会偷懒、会钻空子，有时候也会和我们抱怨“用得着那么紧张吗？不就是懒了点”，对于这样的孩子，只是单纯地说教、训斥是不行的，因为他内心深处对自律没有更好的认识。

所以，我们不如来引导他自己体验一下，让他自己体会因不够自律而带来的种种后果。比如，本来该好好写作业，作业做完之后我们就可以带孩子出去玩了，可他却非常懒散，三心二意，那么最终我们可以告诉他，外出游玩取消了，因为他不够自律。

几次不愉快的体验之后，孩子多半都会对自己不够自律的行为产生一些想法，此时家长再和他聊一聊自律的好处，就能使他主动地想要有所改变。

## 养成珍惜时间的习惯

在美国现代企业界里，与人接洽生意能以最少时间产生最大效益的人，非金融大王摩根莫属。

为了珍惜时间，他招致了许多怨恨，但其实人人都应该把摩根作为这一方面的典范，因为人人都应具有这种珍视时间的美德。

摩根每天上午9点30分准时进入办公室，下午5点回家。有人对摩根的资本进行了计算后说，他每分钟的收入是20美元，但摩根说好像不止这些。所以，除了与生意上有特别关系的人商谈外，他与人谈话绝不在5分钟以上。通常，摩根总是在一间很大的办公室里，与许多员工一起工作，他不只是一个人待在房间里工作。摩根会随时指挥他手下的员工，按照他的计划去行事。如果你走进他那间大办公室，是很容易见到他的；但如果你没有重要的事情，他是绝对不会欢迎你的。

摩根有极其卓越的判断力，他能够轻易地判断出一个人来洽谈的到底是什么事。当你对他说话时，一切转弯抹角的方法都会失去效力，他能够立刻判断出你的真实意图。这样卓越的判断力使摩根节省了许多宝贵的时间。有些人本来就没有什么重要事情需要洽谈，只是想找个人来聊天，而耗费了工作繁忙的人许多重要的时间，摩根对这种人简直是“恨之入骨”。

苹果电脑公司的创始人史蒂夫·乔布斯在斯坦福大

学曾对新生做了如下的演讲，他说在他 17 岁的时候，曾经读到一句格言“如果你把每一天都当成生命里的最后一天，你将在某一天发现原来一切皆在掌握之中”，这句话对他日后产生了深远的影响。对于每个人来说，时间都是平等的，谁更能够抓住时间，谁就可以得到时间老人的奖赏。但是孩子们由于年龄尚小，还不知道人生的目标和使命，往往缺少时间的紧迫感，也不懂得如何科学地来利用时间。

对于孩子来说，时间是财富、是资本、是命运，是千金难买的无价之宝。教会孩子合理、充分地分配利用时间，是父母的一项重要任务。所以，作为父母，我们应该重视培养孩子安排时间、运用时间的能力，培养孩子珍惜时间的习惯。

建议一：培养孩子良好的时间观念

养成良好的时间观念是一个人做事成功的基本前提，但并不是意味着全部。父母在与孩子朝夕相处的岁月中，向孩子渗透时间可贵的概念。父母有意无意在孩子面前所表露出的一举一动，都会对孩子行为习惯的形成起着至关重要的作用。

建议二：应该教育孩子尽量提高效率

为了提高效率，要强调科学用脑。用脑的时间过长，大脑就会变得迟钝，这时要适当地休息。此外，大脑的不同区域所负责的功能是不一样的。比如左脑主要是负责抽象思维，而右脑则是负责形象思维。因为，我们可以辅导孩子交替学习不同的内容，使大脑得到充分的休息。

建议三：教孩子善用整块时间干件大事

有些事情需要用比较集中的时间来完成，如果用零碎的时间，就容易造成时间的浪费。

建议四：杜绝孩子“磨蹭”的坏习惯

孩子只有在体会到磨蹭会给自己带来损失之后，才会自觉地快起来。因此，让孩子为自己的磨蹭付出代价，也可以说是改掉孩子磨蹭毛病的好方法。

建议五：教孩子用“倒计时”的方法来安排时间

有的事情是硬任务，必须在某个时间内完成，这就需要妈妈教会孩子用“倒计时”的方法来安排时间了。比如一件事情在10天之内必须要完成，这就需要规划一天应该完成多少，如果当天没有完成的话，就应该要及时补上，保证按时完成。

建议六：增加孩子的紧迫感

缺乏适当的紧迫感是许多孩子做事磨蹭的主要原因。所以，妈妈可以在孩子的生活中“制造”点紧张气氛，让孩子的神经紧绷些，使孩子的生活节奏加快。

放弃时间的人，时间也会放弃他。善于利用时间的人，永远找得到充实的时间。时间是最不值钱的东西，也是最宝贵的东西，因为有了时间，我们就有了一切。

珍惜时间的好习惯是做事成功的基本前提，成功与失败的重要分别在于怎样分配和安排时间。教你的孩子学会将时间利用到极致，那将是一笔珍贵的财产。如果一个孩子懂得珍惜时间、利用时间，应得的回报早晚会如期而至。

## 和“拖拖拉拉”说再见

莉莉做事磨蹭经常拖拖拉拉，爸爸妈妈打算好好“治治”她这个毛病。

这天早上，妈妈告诉女儿：“快点起床，你爸爸的车正在修理，不能送你，迟到了老师要批评的。”

莉莉并不在意，说：“爸爸一会儿就能修好车，来得及。”

等她起床洗漱完毕，车子还没修好。这下莉莉急了起来，动作立刻快了几倍，等她到校时，早已迟到了。

从学校放学回来后，莉莉耷拉着脑袋，爸爸妈妈不用问也知道，莉莉一定被老师训了。莉莉虽然做事爱拖拉，但是“面子”还是要的，自己都那么大了，而且还是班里的生活委员，这样当着全班同学的面挨训，她心情挺不好的。

“学生迟到不是常有的事嘛，真不知道老师今天干吗发那么大的火……”莉莉抱怨道。

她哪里知道，这是爸爸妈妈和老师联合好的，他们知道莉莉爱面子，故意和老师导演了一场“当众教训”的戏。

看到莉莉的样子，爸爸妈妈知道教育的时机到了：“莉莉，凡事有因才有果，今天要是你不磨蹭，怎么会迟到，又怎么会挨老师的训呢？”

“那我怎么办嘛，我一直都是那样的啊！今天是意外情况，谁让你的车坏了！”莉莉不服气地说。

“那我明天开始不送你了，”爸爸佯装生气道，“你迟到居然怪在我的头上。”

“那好，我还想骑自行车上学呢，以前要不是你们怕出危险不让我骑，我现在怎么要你送！”莉莉说完就提着书包进房间做作业了。

爸爸妈妈的“计划”失败了，他们真不知道拿这个拖拉磨蹭的女儿怎么办！

怎样的孩子算是喜欢拖拉的孩子呢？假如他在以下行为中符合三项及以上，便可以断定他是个办事有拖延倾向的人：

怕困难而把艰巨任务拖到最后办理；

卧室、桌子总是乱七八糟，经常不清理卧室和桌子；

迟迟不能完成作业，或拖泥带水，点灯熬油开夜车；

遇到棘手或吃力不讨好的事情便频频生病，或遭遇轻微意外；

以泼冷水或者挑刺的方法来拒绝接受某项任务；

怀疑健康有问题，却不肯去检查身体；

新想法很多，但却从不付诸行动。

如果孩子确实有拖拉的坏毛病，那么家长就要找出拖拉的原因，只有知道了拖拉的原因，才能有针对性地帮助孩子克服这个坏习惯。从心理学角度讲，孩子拖拉的原因有以下几个：

1. 逃避行为

拖拉并不是孩子的天性。孩子得到自己喜欢的礼物，总是迫不及待地打开，绝不会拖拉半天不去接触，为什么？因为他喜欢。所以，如果孩子拖拉，那么往往是一种逃避行为，因为他不喜欢即将要做的事情，所以就会拖拉。除了主观的好恶外，孩子还可能因为天性胆小腼腆，缺乏自信，总是害怕做不好事情而迟迟不肯动手，或者害怕成功后受到别人的关注，不好意思，因此总是拖到不能再拖的最后时刻，才鼓起勇气把事情完成。

2. 激进行为

孩子拖拉有一种原因是“激进”心理作祟。他把任务的积累当成一种压力，自信能在高压之下，在最后一刻完成任务，就有点像惊险电影一样，不断制造悬念，但英雄总能在最后时刻完成壮举。孩子也是这样，家长越是催他，越是显示家长的焦虑，他却故意不当回事，故意在最后时刻大显身手，完成自己的壮举。可以说，任务越重，旁人的焦虑度越高，越能证明他的伟大。激进型的拖拉是为了在最后一刻寻求刺激。

拖延是许多孩子身上所存在的一种普遍现象，如果没有得到及时的纠正，久而久之就会形成一种不良的习惯，不仅会影响到孩子的学习成绩和学习效率，而且孩子还可能形成拖沓的性格，影响到孩子将来的工作和生活。对于这种情况，家长应该采取怎样的措施帮助孩子克服这种拖延呢？

1. 对逃避的孩子要多鼓励

如果是因为逃避的心理而拖拉的孩子，家长就要多鼓励，让他有自信，敢于面对自己的任务。同时要告诉他，世界上的事，躲是躲不过去的，只有勇敢地去做，才能彻底解决它。对于胆怯的孩子，家长要多给他一些机会去证明自己，人的自信都是在成功的经历中建立起来的，总是不成功，就会失去自信，大人和孩子都是如此。同时，家长不能只是在语言上鼓励几句，就把孩子扔在那里，让他自己去做，自己去吃苦受罪，自己去承受失败。家长要帮助他，指导他，创造条件让他成功，这就像孩子学步一样，先要大人牵着走，等他慢慢长大了，有力了，大人就要逐渐放手了。

2. 对激进的孩子要漠视

对于激进型孩子的拖拉，大人的催促反而会成为孩子拖拉的动力，因此就要采取漠视的态度，让他不能从拖拉中得到成就感。同时，要让孩子明白什么是真本事，如何证明自己的能力，把他从畸形的炫耀中拉回来。

3. 榜样的作用

如果家长是个慢性子，做事情时常拖拉，孩子耳濡目染，做事情时自然也学着拖拉起来。这时家长应该从主观上找原因，先从自己做起，为孩子树立榜样。为了提醒孩子，可以在孩子的房间挂上“今日事今日毕”的条幅；还可以进行一个约定，彼此互当监督员，如果谁做事磨蹭、拖拉，谁就没有选择电视频道或者买冷饮等的权利。孩子在家长的提醒下，也是为了获得一些权利，做事肯定快得多。

另外，家长可以给孩子找他所熟悉的朋友或同学做榜样，让孩子与这些榜样一起学习、玩耍，通过孩子之间的影响作用帮助其逐渐改掉拖延的坏毛病。

4. 用规矩进行督促

家长可以定下一些规矩：父母安排的事情没做完，不许看电视；家庭作业没按规定完成，不许上网；帮父母买东西超过了时间，“功劳”减半……开始孩子也许会屡屡“犯规”，但是一定要记住按规矩执行。

5. 利用孩子的潜意识

家长要经常提醒孩子，当事情确定之后一定要立即行动，并在行动中不断纠正和完善自己的行为，哪怕是芝麻粒大的小事，这样的提醒会让孩子形成“立即行动”“现在就去做”的潜意识。

比如：孩子把闹钟定在早上六点，当闹钟响起时，他却觉得睡意正浓，于是干脆把闹钟关掉，倒头继续睡。如果让这种情况继续下去，那么他将来就很容易养成懒惰拖拉的坏习惯。而如果家长经常提醒他，让他在潜意识里时刻告诫自己“这样不行啊”“立即行动”“现在就去做”，那么他就会迅速爬起来。

## 小小年纪，也要具备理财能力

在竞争日趋激烈的社会环境中，金钱观和理财能力是不可忽视的基本素质。理财教育是与少年儿童成长的各种问题息息相关的。可以说，在现代生活中，理财能力是生存能力的重要组成部分。对于成长中的少年儿童来说，学会理财，不仅仅是学会如何用钱，其中包含了多方面的教育内容和多种能力的培养。

一位心理学家曾经对 100 名学前和小学儿童进行调查，询问他们钱是从哪里来的，结果得到 3 个答案：大部分孩子认为，钱是从爸爸的口袋里拿出来的，或是银行送给他们的，只有 20% 的孩子说，钱是通过工作挣回来的。

从理财能力的角度看，处于少儿时期的孩子呈现出如下几个突出特征：一是不具备固定的收入；二是不具备成熟的金钱和经济方面的意识；三是不具备熟练的理财能力；四是具有强烈的消费要求和欲望。这几个方面的特征导致孩子在理财方面极易出现错误，这些错误直接影响他们的成长、发展和前途。

所以，小孩子也需要学习理财，家长要趁早对孩子进行理财教育。从小进行理财训练，可以教给孩子正确的理财观念，帮助孩子减少无谓的花费，避免陷入债务危机，甚至可以避免孩子走上违法犯罪的道路。再者，孩子一旦对理财投资方面的知识有了初步了解后，便会明白世上没有免费的午餐，长大后便不会轻易受骗而相信那些少投资、多回报的骗局，从而减少被骗的机会。

总之，从小进行理财训练，将会使一个人终身受益。在市场经济和商品社会中，一个人的理财能力直接关系到他一生的事业成功和家庭幸福。进行理财训练，将有助于培养孩子独立生活的能力，树立正确的道德和劳动观念，让孩子知道勤奋努力与金钱之间的关系，激发孩子的工作欲望和社会责任感。

从小对孩子进行理财训练，帮助孩子养成理财习惯，还能让孩子学会为自己的未来投资，从而提高孩子对社会的适应能力和竞争能力。

像学习其他东西一样，孩子学习理财也需要不断尝试和失败，才能走上成功之路。所以，家长要坚持对孩子进行理财教育，就像坚持对孩子的培养一样。那么家长应该怎样对孩子进行理财教育呢？

1. 严格按照财务计划花钱。一个有力得当的财务计划，能够使孩子清楚地认识到自己当前的财务状况，以此来把握金钱流向并做出消费决定，以达到控制金钱的目的。

2. 让孩子坚持每天记账，这样容易知道每个月的金钱流向。按照消费记录，建立计划。决定该买物品的具体钱数，然后严格按计划执行，并要求孩子随时查看他的计划，如果他有别的需要，及早做出更正。月底评估执行计划的成果。教会孩子在计划与实际花销的对比中，积累经验教训。长期下来，你就会发现孩子改变了许多，他可以量入为出甚至游刃有余了。在计划之余，最好准备一部分钱让孩子自由支配，以便让他们学会如何在花钱时做出正确的选择。

3. 给孩子钱的数额应当把握在孩子有能力支配的范围之内。无论孩子的年龄多大，家庭经济条件如何，为孩子花钱都不要没有节制，给孩子多少零花钱一定要心中有数。零花钱的多少并没有一个定值，主要依据孩子的年龄及其一周的消费预算来确定。千万不能给孩子太多的钱，不能任其无节制地使用，这样非常不利于孩子养成理财的习惯。

4. 让孩子学习管理经济事务。让孩子从小接触钱、了解钱并学会如何合理使用钱、管理钱，有利于培养孩子的经济意识和理财能力，以适应未来经济生活的需要。所以，家长要给孩子适当的零花钱，并让孩子自己处理。越早进行理财训练，孩子便能得到越多的锻炼机会。孩子越早学会理财，长大后就越会赚钱，更会为自己的未来进行投资。总之，家长们应该尽早给孩子进行理财教育，理财也是他们成长过程中必不可少的一门功课。

# 要从小学会自己整理和收纳

一些家长只重视孩子学习成绩的好坏，不在意孩子动手整理自己物品的能力，包办孩子的生活，为孩子做好一切，以为这是给孩子腾出时间来学习，提高成绩，其实是错了。学生对物品的整理能力反映了他对所学知识的总结归纳能力。生活上杂乱无章的后果将导致学习知识时同样也是逻辑不清。

收拾整理的好习惯有助于培养孩子的自我管理能力，让孩子有条不紊地安排时间和生活，提高学习效率，预防和矫正拖拖拉拉、丢三落四的坏习惯。

例如，一个孩子能把自己衣柜整理得井井有条，这就是一种能力。其实，小的衣柜学问很大，衣柜中的衣服四季不同、长短不一、薄厚不一、面料各异，能把它们分门别类、叠放整齐的孩子一定是条理清晰、行动力强、思路清晰的孩子。

1. 小收纳，大用处，让孩子理解收纳的意义

家长可以跟孩子进行一个小交流，例如:“如果把你的玩具（或者书本）和其他小朋友的弄混，谁都找不到自己的东西，大家会不会开心？”当孩子们说不愿意、不开心时，家长可以告诉孩子:“学会把自己的玩具或者物品整理好是很重要的。如果你们不整理、放好这些东西，我们的家会乱成‘狗窝’，你会经常找不到东西。你想不想这样啊？”当孩子说“不想”时，收纳整理的启蒙就开始了。也可以跟孩子一起来阅读绘本，绘本里的小男孩因为被自己乱丢的东西绊倒，哇哇大哭。讲完故事后，家长和孩子们发起一个关于小男孩的讨论，鼓励孩子将自己和小男孩进行比

较，指出养成随时随地收拾好东西多么重要。家长进一步引导孩子说：“如果学会了整理东西，那么你将会在任何时间、任何地点都能轻松地找到你想要的东西了。”

2. 手把手教给孩子整理玩具和生活用品

（1）用过的东西放回原处

清晨出门，找不到自己的衣服、书包、帽子；做作业的时候，经常找不到铅笔、橡皮……

经常找不到橡皮，这样的场景是不是经常发生呢？如果有，就赶紧开始帮助孩子养成“把用过的东西放回原处”的习惯吧！物归原位，这是初级的整理收纳训练。在放回原位的过程，孩子逐渐对空间和归类有了认识。

（2）帮助孩子分解工作步骤

从孩子生活的小区域开始训练。例如，训练孩子把绘本放到书架，把玩具收到玩具柜子里。

家长要亲自示范，先模仿，再领悟，最后独立动手。

一旦孩子自己把物品收纳归位，将体验到亲自动手带来的成就感。多次反复，便会形成一种习惯。

（3）让孩子在游戏中学会收拾东西

没有哪个孩子会拒绝与父母一起玩耍的机会，日常琐碎的家务事，也能变成有趣的亲子游戏。比如，练习给物品分类，可以设计让孩子给袜子配对；辨别哪些衣服是爸爸的，哪些衣服是妈妈的；还可以跟妈妈比比赛，按照季节将衣服分类，放进不同箱子里。

一旦将收纳整理和游戏结合起来，孩子的兴趣就被调动起来了。孩子在玩的过程中，慢慢学会了整理的种种小技巧。

3. 孩子整理书包和学习用品

那么，书包到底怎么整理呢？怎么培养孩子自己整理书包呢？有以下三个步骤：

步骤一：列出书包里所需物品的清单

对照课表，将第二天需要的书本准备出来，进行分类。

- 按功能性分类。把课本、作业本、文具按类分好。水杯、纸巾放在书包侧面的小包里。
- 按学科分类。按照语文、数学、英语等学科来分类，具体看孩子的使用习惯，觉得哪种更顺手就用哪种方式。
- 准备几个 A4 透明文件袋，将各学科零散的资料装入其中，袋内资料再按大小顺序逐一叠放。

步骤二：物品一一查验，收好

孩子每天都需要在完成作业之后削铅笔，将削好的铅笔放回笔袋，这时候也正是整理书包的下一个步骤——放回。

书本封面朝上，先往书包里放入上课用的大书本，再放作业本、记事本，最后放笔袋，不用的别放入。

步骤三：对照清单，查看是否全部带齐装好

结束之后，爸妈们可以准备一本好习惯贴纸月历，贴上贴纸或者盖上印章，以示奖励。

接下来就是强化和反馈。就算孩子可以自己做，爸妈也要陪着他一起练习几天。

等孩子记住该怎么做之后，要常常称赞他“你每天的书包，真整齐！太棒了！”这样孩子才能持续下去。

帮助孩子养成每日整理习惯，爸妈们都要经历一个带领、督促、放手的过程，刚开始是给孩子示范、和他一起学习如何整理书包，接下来的一段时间检查督促孩子每日自行整理的情况，最后，爸妈们一定要学会放手，让孩子独立承担整理书包这项任务，以及不整理书包带来的后果。并和孩子说明自己会不定期抽查，让孩子不要中途懈怠、偷懒。

## 把节俭当成习惯

玲玲是一名小学五年级的学生，长得乖巧，学习又好，深得全家人的喜爱。但是她有一个改不掉的坏毛病，就是喜欢浪费。比如说她很喜欢浪费纸张，往往不到学期结束，一本好好的笔记本就被她撕得只剩下两张皮。家里人对她的这种做法非常反感，常常告诫她不要这么浪费，可她却不以为然："这有什么，反正爸爸、妈妈会给我买，浪费几张又怕什么？"又比如她花钱大手大脚，妈妈给她一个星期的零花钱，她一早上就把它花完；她跟妈妈上超市买东西的时候，都是挑比较贵的东西买；穿衣服喜欢穿名牌，班上同学有什么名牌衣服，她都吵着让妈妈买；她还经常洗完手后不关水，晚上睡觉不关灯……

现在有很多小孩和玲玲一样，奢侈浪费习惯了，对这一现象，家长喜欢睁一只眼闭一只眼，甚至持纵容鼓励态度，因为大家都认为现在的生活条件好了，孩子没有必要像自己以前一样生活节俭，能享受就应该享受，何必委屈了孩子。

但是，虽然现在的物质生活日益丰富，人们的生活方式和消费观念也在不断变化，但这与提倡节俭并不矛盾，节俭是任何一个时代都不可缺少的美好品质，因为它是许多优秀品质的根本。古人云："俭，德之共也；侈，恶之大也。"

节俭可以提升个人的品性，是一个人在许多方面都卓越不凡的一个标志。节俭是人生的导师，也是一个人事业取得成功的重要保证。很多成功人士身上都有一种共同的特质——节俭，我们很少会见到一个生活奢侈、浪费的人能取得什么成就。节俭的习惯反映了一个人的自我控制能力，证明了他能够合理支配自己的金钱、对自己有所约束。

美国著名的成功学家拿破仑·希尔认为，节俭是人生的导师。一个节俭的人勤于思考，也善于制订计划。他有自己的人生规划，也具有相当强的独立性。

如果孩子在生活中养成了节俭的习惯，那么就意味着他具有控制自己欲望的能力，意味着开始主宰自己，也意味着他正在培养一些最重要的个人品质，即自力更生、独立自主，以及聪明机智和独创能力。

所以，在物质富足的今天，在欲望横生的社会中，家长更应该培养孩子的节俭的品质。那么，该如何把节俭的美德传达给孩子呢？这就需要家长根据社会和生活的需要，要有与时俱进的意识。首先自己要明白，讲节俭就是要珍惜人类有限资源和人类自身的劳动成果。节俭不只是要节衣缩食，节俭在更大的程度上是对社会资源的一种节约和保护。要让孩子懂得煤矿、天然气这些都是不可再生资源，要有节约的意识。

此外，让孩子在树立一种正确的金钱观念的过程中认识到节俭的好处。花钱要有一定的技巧，学会用最少的钱买物美价廉的东西，在花钱之前要认真思考，避免盲目消费。要懂得量入为出，不在攀比中失去自己。有些孩子之所以一踏入社会就花钱如流水，胡乱挥霍，是因为他们从不知道金钱对于事业的价值。他们胡乱花钱的目的只是想让别人觉得自己“阔气”，或是让别人感到他们很有钱。他们总是在服饰和日用品、饮食上比时髦，很少有克制自己花钱的意识，也不考虑自身的修养。只有去掉孩子攀比的毛病才能养成勤俭节约的好习惯。

总之，节俭是一种不应被大家忽视的美德，随着社会的发展它有了更丰富的内容。父母需要在生活中懂得节俭更新鲜的内容和信息。在当下的生活中懂得如何去节约我们有限的社会资源，反对浪费的可耻行为。此外，让孩子在富足的今天，养成节约的良好生活习惯，养成正确支配金钱的习惯。

# 第三章
# 具备好品格

## 你需要锻炼孩子的“韧性”

社会能力是孩子未来生存的必备能力。我们宠着孩子，护着孩子，觉得这是在爱护孩子，其实，这是在慢慢扼杀孩子的社会能力。孩子终究是要走出家门的，与他人相处的时候，别人家的孩子并没有迁就自己家孩子的义务。

几个小孩蹲在一起围观一只毛毛虫，看着毛毛虫在地上一拱一拱的，很有趣，有个小男孩直接上手想抓，被在一旁看护的爸爸赶紧阻止了。看到几个孩子已经围观有一会儿了，几个家长怕孩子一不注意去抓毛毛虫会伤到自己，就商量着把毛毛虫拿走。一位爸爸刚用卫生纸把毛毛虫包起来准备转移，不远处一个小女孩忽然大哭起来。当时，男孩爸爸并未察觉到那个女孩的哭跟自己的行为有什么关系，也没走几步，被抱着女孩的妈妈匆匆拦住：“把毛毛虫放回去好吗？我女儿正在看。”可能是怕孩子哭闹，女孩妈妈语气有些急促，显得不太礼貌。男孩爸爸有点愣住，但是也没说什么，把毛毛虫放回原处了。

虽然那只无辜的毛毛虫已经被放回原位了，可是小女孩还在哭，那位妈妈哄着：“宝贝别哭，那位叔叔做得不对，不应该动毛毛虫。”

小女孩点头，指着男孩爸爸：“叔叔坏蛋！”

妈妈继续哄：“别生气了，不哭了啊。”

这样的对话，在一旁听着的几个家长面面相觑，然而那个女孩的妈妈还在继续，语气不太客气，言词中也都是对男孩爸爸的抱怨。

终于，男孩爸爸忍不住了，上前说了一句："你好，不好意思打断一下你们。刚才我并不知道你家孩子也在看，你这样不停指责我来哄你家孩子是不是有点不妥？"

女孩妈妈立刻语气比较尖利地回击："每家孩子教育的方式不同，我这样没什么不妥。"

男孩爸爸被怼得脸色有点不好了，他说："你教育你的孩子没问题，但为什么要拿我说事？并且，当着我的孩子批评我，我又没做错，我该怎么教育孩子呢？"

女孩妈妈摔过来一句："关我什么事！"

男孩爸爸大怒，一旁的家长纷纷劝阻，才将一触即发的战火消弭下来。

此情此景，让很多人都忍不住摇头。

其实，我们不难理解这位妈妈对孩子情绪的回应，但是不得不说，在这件事情上，她的引导方式和解决问题的方法是不妥当的。的确，她怎么教育孩子是她的事情。但是有一点她却忽略了——此时此刻，她和孩子是在公众场合。而有一个很现实的事实就是：为什么别人一定要迁就你的孩子呢？如果需要旁人帮忙，她至少应该对别人客气一些才对。在这两点的沟通上，她确实做得不对。她和人交流缺乏基本的礼仪，并且理所当然地以自我为中心。

如果我们的教育如此"矫情"，孩子也只会越来越娇气、越来越任性，以后如何在社会上立足呢？为什么我们应该注重早期教育，就是因为一个孩子的性格、能力等，很多在幼年时期就播下了种子。而社会能力，是孩子早期教育中极其重要的一环。因为任何年龄的人，都会有一些因为日常冲突和未满足的需求而产生的典型问题。

女孩妈妈这样不分是非对错的教育，很容易就使小女孩认为自己是对的，会以自我认识为主，认为其他人都需要无条件地迁就她。长此以往，对小女孩的社会能力发展并无益处。

社会能力是什么？一方面是适应性的技能，这些我们可以通过家庭学校等途径帮助孩子巩固知识体系，提高专业技能。而还有一个重要部分则是社会技能，这些包括与人沟通的能力，自我表达的态度等。

孩子在适应外部世界的时候，总会有不开心的时候：

公众区域里喜欢的玩具被别的孩子拿走了；

被比自己高大强壮的孩子捉弄，抢走原本属于自己的玩具；

热情地邀请其他孩子一起玩却被拒绝。

研究表明，如果孩子没有学会解决冲突和与人相处的技巧，内向的孩子，以后可能会变得孤僻、自卑、抑郁。而个性强硬的孩子，则可能变得具有攻击性、冲动、好斗或者具有“反社会”人格。孩子的交友、学习、工作、生活，都可能会因为社会能力的缺失而问题重重。

诚然，我们会希望孩子在社会中得到善待。但是，我们更需要锻炼孩子的韧性。因为孩子的韧性，会是他在走入社会的适应性行为中很重要的一点。

每一个人，在社会上都不可能永远顺风顺水，势必会遇到挫折和困难。韧性，是指一个人有能力面对挫折、阻碍、沮丧、错误、缺陷等。如果一个孩子老是依赖父母给他答案，帮他解决问题，修复他沮丧失望的情绪，例如：孩子摔一跤就跟他说："宝贝，都怪地面不平，咱们打它。"而不是教孩子注意自身的问题，走路的时候小心路面，不要奔跑速度太快等，那么，他的大脑很难形成韧性。斯蒂芬·卡马拉塔在《直觉养育的力量》一书中说道：要形成韧性，势必需要遭受失败，学会处理失败，才能最终取得成功。

如果只是一味地满足孩子，迁就孩子，不分场合的事事以他的感受为主。那么，孩子对自我的认知以及处理社会关系方面，就很难掌握平衡。

作为家长，要帮助孩子寻找多种解决问题的办法，重视韧性在孩子性格培养中的作用，而不是事事以满足孩子需求为唯一目的。

## 让孩子明白诚实守信的重要性

诚信，是中华民族的传统美德，它具有强大的向心力和凝聚力，所以我们应该时刻诚信对人。家长要让孩子时刻记住，无论是谁，只要说一句谎话，他就失去了别人信任的心。学习上弄虚作假的人总有一天会吃到苦头，做错了事要敢于承认，自我检讨，这样做才能提高自己，才能赢得别人的认可，成为“诚实守信美德少年”。我们要做到言行一致，不撒谎，不欺骗别人，对人守信，对事负责；不弄虚作假，经得起诱惑；即使遇到困难，仍能坚持信守诺言。

“诚”字的写法是一个“言”字旁一个成功的“成”，即我们的语言成为现实之意。

春秋时期的大教育家、大思想家曾子就是位非常守信的人。有一次，曾子的妻子要去赶集，孩子哭闹着也要去。妻子就哄孩子说：“你不要去了，我回来杀猪给你吃。”她赶集回来后，看见曾子真要杀猪，连忙上前阻止。曾子说：“你欺骗了孩子，孩子就会不信任你。”说着，就把猪杀了。这个故事就是对“诚”字的最好解释。

“信”是一个“人”和自己的“言”站在一起，完全一致。

汉朝有一个开国功臣叫韩信。他小的时候家里很穷，常常没衣穿没饭吃，他跟哥哥嫂嫂住在一起，靠吃剩饭剩菜过日子。韩信白天帮哥哥干活，晚上刻苦读书。韩信的嫂嫂是个非常刻薄的人，她非常讨厌韩信读书，认为读书耗费了灯油，又没有用处。于是韩信只好流落街头，过着衣不蔽体、食不果腹的生活。有一位替别人当佣人的老婆婆很同情他，支持他读书，还每天给他饭吃。面对老婆婆的一片诚心，韩信很感激，他对老人说："我长大了会用一千两金子来报答你。"后来韩信成为楚王，他找到这位老人，真的给了老人一千两黄金，并且将老人接到自己的宫殿里，像对待自己的母亲一样对待她。这个故事就是对"信"字的最好解释。

诚实守信是人与人之间最基本的一个情感，大人之间自然不必多说，与朋友、亲人、合作伙伴都是离不开诚实守信的。孩子也是这样，缺乏诚实守信品质的孩子是需要家长教育的，诚实的人在社会中更容易让人尊敬，也更容易成功。教育孩子做一个诚实的人具有重要的意义。

不管孩子是为了什么理由而说谎，总喜欢说谎就是不好的行为，是不诚信的行为，但孩子还小，说谎一般没有什么恶意，因此家长就要懂得教育孩子，让孩子戒掉说谎的习惯，做一个诚信的好孩子。家长应该如何教育说谎的孩子呢？应该先找到理由，然后再对症下药，说谎是孩子们成长过程中的一个正常现象，孩子说谎的理由有很多种，具体如下：

1. 逃避惩罚

多数情况下，孩子说谎是为了逃避惩罚，比如考试成绩不理想、淘气惹祸了怕家长责罚。

2. 不明就里

一些孩子对时间、空间、数量、人物关系等概念比较模糊，经常说了“假话”自己不知道，比如他们可能把以前统称“昨天”。孩子满嘴谎言，家长应把诚信教给孩子。

3. 模仿大人

孩子有时会看到父母或者电视上有撒谎的镜头，他们抑制不住好奇心，跟着学。

4. 获得认同

有的孩子想象力丰富，描述事情时，常常掺杂着自己想象的场景、人物，说得绘声绘色，炫耀自己。

5. 表示对抗

还有的孩子说谎，与父母干涉过多有关，比如孩子做作业时，一会儿叫他喝水，一会儿叫他吃点心，孩子很不耐烦，随口说“不渴、不饿”，以表示对抗。

了解了孩子撒谎的理由，家长应当如何教育呢？

1. 家长给孩子做一个好的榜样

孩子们都是有样学样的，要培养诚实的孩子，自己就不应撒谎。父母在要求孩子诚实的同时，自己应该以身作则，在日常生活中做一个好榜样，不要不经意地在孩子面前说出做不到的承诺，或骗人的话，要在日常生活和工作中注意做到言行一致，诚实守信。

2. 证实孩子是否在说谎

当家长怀疑自己的孩子说谎时，应该首先进行仔细的调查、了解，搞清楚孩子是不是真的在说谎，千万不能一味地责罚。因为有的时候父母的判断不一定是正确的，如果没有搞清事情真相就鲁莽行事，可能会给孩子的心灵带来不利的影响，甚至会影响亲子关系。

3. 先找出说谎的原因

发现孩子说谎以后，最重要的是先找出说谎的原因，这样才能采取行动。了解孩子说谎的动机后，根据不同的说谎行为采取有效的措施，才能对症下药、有的放矢。孩子满嘴谎言，家长应把诚信教给孩子！

4. 满足孩子合理的要求

对于孩子的一些要求，如果是合理的，那么就应该满足他们，如适时地给孩子添置玩具、图书及彩笔等。这样孩子就不会因为家长满足不了自己的要求，而去偷拿别人的东西，然后又通过说谎来掩饰了。

5. 多聆听并与孩子沟通

父母平时应加强与孩子沟通互动，多了解孩子的想法，让孩子感受到父母对他的关爱与注意，这样，孩子们就不会对自己的父母说谎了。

6. 不要惩罚认错的孩子

在现实生活中常常有这样的事例，孩子说今天在学校挨了批评或者考试不及格，父母往往是劈头盖脸一通严厉的批评，而说谎却常常能使孩子逃过责难。这样一来，孩子将逐渐体会到说真话会受到惩罚，不说真话倒能平安无事，因此他们就选择了说谎。

7. 采取适当的教育方式

家长在教育孩子的过程中，不仅要看到孩子取得的成果，而且要看到孩子努力的过程，并对孩子努力的过程给予表扬，尽量不要使孩子从撒谎中得到好处。

8. 让孩子明白诚信的重要性

我们立身处世，当以诚信为本，从小就该在孩子耳边经常灌输这种思想，让他潜意识里就存在对诚信的认识，这样他就知道撒谎是万万不能的。

在家庭教育中对孩子诚信品质的培养，能使孩子抵御不良品质的侵袭。当孩子一旦形成诚信的品质后，他们就不会在父母、老师、同学面前或弄虚作假，或当面一套背后一套，或挑拨是非，等等。因此，培养诚实的品质是使孩子形成优良品质、克服不良品质的重要途径。

诚实守信对一个人的成长发展来讲，再怎么强调也不过分，而对于孩子来讲，必须从小开始培养。家长应时刻引导孩子诚实守信，从小事做起，从一言一行开始，让诚信成为伴随我们一生的好习惯吧！

# 成为禁得住挫折的人

张文是带着兴奋的心情走进初中校门的。她所在的这所学校是一所重点学校，父母原打算让她在镇上的中学读的，但她的舅舅是县城一家企业的厂长，看张文的学习成绩还不错，觉得进好学校更容易使她进步，于是把她接到城里来，上了现在的学校。

没想到，进了这所学校后，张文的心情却一天天沉重起来。原来，一开学张文的班主任就进行了一次摸底考试。分数公布后，张文傻了眼，自己虽然考了81分，却是班级倒数第4名。在小学时，她可是班里的学习尖子，经常排在前五名之列。后来虽经努力，但考试成绩始终没有进入前30名。她从此开始后悔到这所学校来上学。

舅舅因为工作忙或出差等原因，没有多少时间来过问她的学习情况，但当知道张文的成绩老是在班里处于差生位置时，对她进行了严厉的批评："来这所学校多不容易，你要抓紧时间多用功，争取把成绩提高到中游以上。"

"我不想在这个学校读书了，"张文终于说出了自己盘算好久的想法，"我觉得根本没有什么希望达到中游的水平，我很不开心。"

舅舅哑然，不知道怎么教育这个外甥女比较好。

挫折感是在自我评价倾向性的推动下，根据社会期望、自我抱负水平对自我行为的过程和结果进行评价时产生的。孩子为什么经不起挫折?

第一，优越的生活条件造就了孩子自私的个性。社会的进步，经济的发展，为孩子造就了一个优越的生活环境，他们不再为吃穿发愁。这现成的一切，让孩子们不知道吃苦是什么，甚至玩着玩着都觉得无聊，于是稍不如意，便认为自己受了天大的委屈，吃了天大的苦，却不知吃苦真正为何物。

第二，家长的娇纵与老师的无奈造就了孩子任性的个性。现在的父母习惯于包办代替，所有的一切都为孩子安排好了，孩子得不到一点锻炼，所以孩子没有一点儿承受力。如果摔倒了，让他自己爬起来，他一定会知道，摔倒了怪自己，爬起来也要靠自己。

挫折是人人都会遇到的，因挫折而产生一时的沮丧也是正常的反应，如果失败的阴影总是挥之不去，老是为此唉声叹气，就会失去进一步拼搏的勇气和信心。

“没有挫折就没有成长”，孩子在成长的过程中必然会遭受各种各样的挫折和失败，这种挫折和失败在给孩子带来巨大心理压力与情绪困扰的同时，也给孩子带来了成长的契机。作为家长，要认识到对孩子进行耐挫折教育的重要性，要时时告诫孩子，让他们懂得那些经不起挫折考验的人必然会被淘汰。

一般来说，孩子面临的挫折多属于眼前的失败。指导孩子正确处理失败和挫折，家长应该从以下几个方面入手。

1. 帮助孩子做好经受挫折的心理准备

现在的孩子往往对遭受挫折的心理准备不足或根本无准备。他们基本上是独生子女，平日是家人呵护的对象，缺乏应对挫折情境的锻炼。因此，家长应该让孩子知道吃苦是什么，不要娇纵孩子，要让孩子具备以下观点：挫折是任何人都不可避免的，具有普遍性、客观性；产生挫折的原因有外部原因，也有内部原因；挫折是令人不快的，但不快程度及其转化情况却是能由自己控制的，应努力使各种挫折成为锻炼自己的机会。这样，孩子从小便能在头脑中储存挫折的信息和做好经受挫折磨炼的心理准备。

2. 通过认识各种挫折进行耐挫折教育

青春期的孩子正处于成长发展阶段，家长可以利用报纸杂志刊载的、现实生活中的，甚至是身边发生的挫折事件，不失时机地对孩子进行挫折教育。这些挫折主要包括三类：

第一，自然环境挫折。大自然一旦发淫威，人的力量就显得渺小无力；但如果此时人的耐挫力强，最终仍能“人定胜天”。可以和孩子讨论“假如洪水淹没了我的家”等。

第二，社会环境挫折。由于社会条件的种种限制，人的某些需要和愿望可能无法实现，如果对此心理准备不足，就可能遭遇挫折的打击。如：可以在孩子参加学生会干部差额选举投票前，和孩子开展“假如我落选”的讨论，以防患于未然。

第三，个体需要挫折。当孩子遇到困难和挫折时，可开展相应的耐挫折教育，让孩子懂得动机与目标、能力与期望永远存在差距。这样日积月累、潜移默化，孩子的耐挫折能力就会逐渐提高，从而做到宠辱不惊、成败坦然。

3. 利用挫折体验进行耐挫折教育

许多研究表明，早年的挫折体验有助于成年后有效地适应环境，正所谓“逆境成才”。为此，家长可联合学校老师，通过开展各种主题活动来为孩子创设受挫情境，让孩子体验挫折。这类活动形式颇多，如：远足、野营、登山、军训等。家长还可以让孩子进行“今天我当家”“怎样解决生活难题”等实践活动，以提高孩子的应变能力、自理能力等。

4. 利用榜样进行耐挫折教育

社会大课堂对孩子的成长是非常重要的，榜样的力量是无穷的。如：因遭受失学挫折而奋发成才的爱迪生、华罗庚；战胜病残而卓有成就的海伦·凯勒、张海迪等。这些优秀人物的事迹会给孩子带来战胜挫折的力量。

5. 做好孩子遭遇挫折后的引导和教育

第一，在孩子遇到挫折时，家长要以实事求是的态度帮助孩子承认现实，认识现实，要引导孩子多考虑主观因素，不要过多地强调客观原因，要注意纠正孩子“自我感觉良好”的不承认现实的态度。

第二，帮助孩子下定决心，想办法摆脱困境。家长应帮助孩子下定决心，想办法摆脱困境，这一点是十分重要的，是解决问题的关键。要让孩子把眼前的不幸或挫折当成考验自己、锻炼自己的好机会。家长应教育孩子，在失败和挫折面前要做一个强者。

第三，教孩子用补偿的方法战胜挫折。由于主客观条件的限制，使孩子的目标无法实现时，父母可以教孩子采取补偿法来达到目的。如：以新的目标代替过去的目标，以现在的成功体验去弥补过去失败的痛苦。这就是人们常说的“失之东隅，收之桑榆”。

第四，教孩子用升华的方法战胜挫折。孩子遇到挫折后，父母可教他将自己不为社会所认可的愿望或行为转变为符合社会期望的愿望或行为，或者将低层次的目标追求提到更高的目标追求之上。升华一方面转移或实现了孩子原有的愿望，使他心理获得了平衡，另一方面也创造了积极的价值。

## 家长少帮忙，孩子才能更独立

有些家长会抱怨说，我家孩子就是太懒了，什么事情都不愿意动手。其实之所以会这样，往往是因为家长总是将很多事情都替孩子做好了，以至于他们缺少了“自己照顾自己”的机会。正是由于家长“太勤劳”，才有了“太懒惰”的孩子们，他们不懂得照顾自己，甚至等到上了大学才第一次洗袜子、叠衣服。家长总是来帮忙，孩子怎么会独立呢？几米说：“大人一边嘲笑别人的孩子是温室的花朵，一边又把自己的孩子培养成温室的花朵。”是的，家长把什么事情都帮着做完了，孩子也就没有机会独立了。

小蜗牛爬到妈妈身边问：“妈妈，为什么我们一生下来就要背负这个又硬又重的壳呢？”

它的妈妈答道：“傻孩子，因为我们的身体没有骨骼的支撑，只能爬，但又爬不快，所以需要用这个壳来保护自己！”

小蜗牛不解地问：“那毛毛虫哥哥也没有骨头，也爬不快，为什么它不用背这个又硬又重的壳呢？”

它的妈妈说：“因为毛毛虫哥哥能变成蝴蝶，到那时天空会保护它啊！”

小蜗牛还是忍不住问道：“可是蚯蚓弟弟也没有骨头，也爬不快，也不会变成蝴蝶，它为什么不背这个又硬又重的壳呢？”

它的妈妈耐心地回答说：“这个啊，因为蚯蚓弟弟会钻土，大地会保护它啊！”

小蜗牛听到这里哭了起来：“妈妈，我们好可怜，天空不保护我们，大地也不保护我们！”

它的妈妈笑着安慰它：“孩子，但是我们有壳啊！我们不靠天，也不靠地，我们靠自己来保护自己。”

身为家长，我们必须让孩子知道，不依赖别人，自己保护自己才是生存之道。当孩子不愿意靠自己的时候，不妨把小蜗牛的故事讲给他听，让他开始思考自己要做一个怎样的人。

有个年轻人去微软公司应聘，而该公司并没有刊登过招聘广告。见总经理疑惑不解，年轻人用不太娴熟的英语解释说自己是碰巧路过这里，就贸然进来了。总经理感觉很新鲜，破例让他试一试。

面试的结果是，年轻人表现有些糟糕。他对总经理的解释是他事先没有准备，总经理以为他不过是找个托词下台阶，就随口应道：“等你准备好了再来试吧。”

一周后，年轻人再次走进微软公司的大门，这次他依然没有成功。但比起第一次，他的表现要好得多。而总经理给他的回答仍然同上次一样：“等你准备好了再来试吧。”就这样，这个青年先后5次踏进微软公司的大门，最终被公司录用，成为公司的重点培养对象。

年轻人以自己的努力和机智争取到了就业机会，成为公司的重点培养对象，靠自己的拼搏走上了事业成功的道路。有多少孩子能够像这个年轻人一样，不怕挫败，独立自强，一直坚持到第五次呢？很多孩子都是受了一点气，就委屈地走了，在家里发一通脾气，弄得大人莫名其妙，不知道孩子出了什么问题。

家长应该让孩子养成凡事依靠自己的习惯，自己收拾、打扫房间，摆好自己的衣服，吃完饭收拾和洗碗；学习上遇到了困难要开动脑筋、多思考，不要总想着去问别人；家长工作忙的时候要学会做饭等。生活中的点点滴滴，都可以当成锻炼自理能力的机会。

让孩子独立做事情，并不会让孩子对家长反感。如果是力所能及的事，孩子其实是愿意尝试的。如果他表现出为难情绪，家长先不要代替他，而是多多鼓励他，让他尽快尝试第一件事情，让他明白很多事情没有那么难，自己也可以做到，第一次没有做好，不要放弃，下次一定会做得更好。这样，他就能很顺利地独自做下一件事情了。不要再事无巨细地帮助他们，让他们自己动手，那样他们才能成长，成为更加独立的人！

## 孩子胆子小，家长如何鼓励？

懦弱胆小是不自信的一个最主要表现，很多孩子正是因为胆小才显得不自信，很多事情原本他可以做到，却因胆小让他错失展示自己的机会，因此他也就无法体会到成就感以及成功带来的喜悦，便也没法积累让他自信的资本——缺少足够的体会自信的经历，他自然也就越发不自信。

然而，鼓励孩子胆子大一点，也是需要技巧的，否则就会弄巧成拙。

班里开展“每日演讲”活动，同学们每天轮流上台演讲5分钟。但孩子胆子小，不相信自己能站在众人面前开口，所以很是发愁。

妈妈说：“没事，这有什么可怕的呢？不就是上去说几句话吗？你把词背熟了，上去几分钟就讲完了。”

孩子说：“我不想去，就是不想去众人面前演讲。我觉得紧张，说错了会被笑话，我不敢。”

妈妈听后，说：“你还是男孩子呢，连这个都怕？”孩子很不愿意听，没好气地说：“我就是不想去！”

妈妈皱眉说：“你看你这孩子怎么回事啊？我这是鼓励你，让你勇敢点。有机会你不抓住，我看你以后也没什么大出息，胆子这么小，连上台演讲都不敢，还能干成什么事？”

孩子非常不开心，其实他内心也有过幻想，但他的确有些胆小，如果妈妈能鼓励他，也许他还能鼓起勇气尝试一下，但现在妈妈这样说，他反而不愿意去争取这样的锻炼机会了。

孩子希望获得鼓励，妈妈如果能给予正确的支持，就会成为他最稳固的支柱，但若是像上文中的妈妈这样，对孩子采取冷嘲热讽式的“教导”，必然会引起孩子的反感。毕竟，勇气并不是说有就能立刻有的，对于胆小的孩子来说，我们要采取一些有智慧的方法。

第一，接纳孩子胆小的事实。

很多孩子都胆小，这是不能逃避的事实，但有的父母并不喜欢这一点，尤其是对男孩子，父母并不愿意接纳这个事实。但这种不接纳，反而会增加孩子的心理压力，让他更加烦躁，也更加不愿意面对胆小这个问题。

所以要让孩子勇敢起来的前提，是我们不嫌弃他的胆小，先让他不会有那么强烈的不安全感。我们平静地接纳这个事实，理解他因为胆小而不自信的表现，并安慰他因为胆小而来的种种恐惧心理，这才能让他放松下来。

第二，问问孩子，“你在怕什么”？

孩子胆小总是有原因的，所以如果你总是习惯性地说孩子“这有什么好怕的”，这就意味着你在否定他的感觉，反而增加了他的恐惧。

比较有效的询问是问孩子：“你在怕什么？”通过这种询问，让孩子主动说出所顾忌的事情，这其实也是让他释放情绪的一种方式。我们只有确定他到底在怕什么，才能给出更有针对性的帮助。比如，孩子怕黑，那就帮他确定黑暗会被光明驱散，他害怕的东西其实对他并没有多大的威胁，或者给他一些建议，让他感受到，他其实可以做到很多事，那些让他害怕的内容是没必要的，这样的帮助才是孩子所需要的。

第三，增加孩子的锻炼机会。

要应对胆小，多锻炼是最直接有效的办法。比如，孩子不敢在众人面前说话，那就多带他去接触人群，鼓励他在不同场合下开口，一旦他有了更多的体验，知道应该怎样去应对不同的人，那么这些经验就会让他变得自信起来。

我们可以结合前一条提到的孩子害怕的原因，对孩子开展不同的训练，让孩子多一些经历和经验，这有助于他消除恐惧心理。

第四，有时候也要能“狠心”把孩子推出去。

有一个纪录片，其中有这样一组画面：在小鹰 6 个月大的时候，父母要教它学习飞翔，由父亲为小鹰示范怎样展翅翱翔。但是小鹰不敢直接从 20 多米高的悬崖上跳下，母亲在一番安抚鼓励之后，反而用嘴将它直接推下了悬崖。有了第一次飞行体验，便有了经验，再加上父母的鼓励与示范，小鹰最终学会了飞翔。

没错，我们有时候也需要像小鹰的母亲那样，能够狠心把孩子推出去。其实很多妈妈都有一种矛盾的状态，一边抱怨孩子“你怎么这么胆小”，另一边却在他胆小求援时，给他需要的庇护。

若想让孩子有勇气，我们就要有坚定的信念，相信孩子是可以在逆境中成长的，他只是需要有人逼迫一下，推他一把，一旦他不得不去面对，自然也就能有所表现了。当然，我们也要注意，不能太过冷漠，要好好判断能让孩子去锻炼的时机，不要一上来就把他推到一个孤立无援的位置上，可以由浅入深，最好循序渐进，要给他足够的适应时间。

## 家长如何锻炼孩子的胆量

有些小孩胆子小让家长为之头疼，家长们为了锻炼孩子的胆量，也想尽了办法，但是效果不是很好，方法不当还会给孩子留下了心理阴影。那么，孩子胆小的原因是什么呢？家长该如何正确锻炼呢？

造成孩子胆小的原因大致有如下几点：

1. 先天因素

父母性格内向，不善与人交往，孩子遗传了他们的特点。家长要了解自己孩子的个性，允许孩子有一个逐渐适应的过程，同时尽量多给予孩子关心和爱，鼓励孩子与别人交往。爸爸妈妈要做孩子的榜样，不要一遇到事情就在孩子面前流露出胆小怕事的情绪。

2. 环境因素

现在大多数人都住在楼房里，一家一户的封闭环境使孩子缺乏与同伴交往的生活空间，造成孩子孤独、胆怯的性格。

3. 教育不当

当孩子哭闹时，家长经常用“鬼”“妖怪”等来吓唬孩子；也有些家长当孩子想出去玩时，便用“外面有骗子，会把你骗走”等话语来打消孩子的念头，使孩子的心里留下阴影；还有的对孩子期望过高，一旦孩子做错了事，轻则训斥重则打骂，使孩子因怕失败而退缩。有些孩子胆小怕事，缺少勇敢精神，一个很重要的原因是家长对子女过于关注，甚至溺爱，事无巨细都越俎代庖而剥夺了孩子尝试的机会。

4. 切身的体验

当孩子满怀信心地在家长面前表现自己时，得到的不是表扬而是嘲笑、挖苦，使得孩子灰心丧气；或者当孩子打过一次针后，切肤之痛使他下一次再到医院就会害怕……

找到了原因之后就要注意教育的方法。对于家长，平时教育孩子除了要细心，更要耐心。当孩子哭闹时，要多进行正面教育，不能吓孩子。不能把孩子当作“大人”，不能用过高的标准来要求他做力所不能及的事。父母应尽可能多陪陪孩子，和他一起玩，启发他玩出新花样。如果家长因事不能陪孩子玩，可在注意安全的前提下，规定他在什么地方玩，玩多长时间。值得注意的是，当家长要阻止孩子外出玩耍时，切不可用可怕的故事来吓唬孩子。当孩子回家后，可以让他讲述玩的过程，然后对孩子的行为做出评价，多表扬、少批评，这样既锻炼孩子的胆量，又可培养孩子的口头表达能力。如条件允许，也可适当地让孩子帮助买一些零碎的东西，或到邻居家借东西，也是培养孩子勇敢精神的好方法。当孩子遇到困难和挫折时，家长要适时地给他讲人类如何不怕困难的通俗易懂的故事。

如果孩子比较胆小，应从以下几个方面加以纠正：

1. 要注意改变对孩子的不良教育方式

当孩子在不听话或任性时，不能编造谎言、以威胁性的语言吓唬孩子“再不听话，叫老虎把你吃掉”，更不能把孩子关在小黑屋子里，或者在夜晚将孩子推出门外。

2. 科学道理教育

如果孩子听到雷声，看到闪电感到紧张、害怕时，父母可以用简单的语言，向他们讲明闪电打雷的科学道理，帮助孩子消除对雷电的恐惧感。

3. 榜样作用

父母应当帮助胆小的孩子树立榜样，可以让孩子看同龄人与自己所恐惧的对象相处，如看小朋友与自己害怕的小狗玩。并让孩子分阶段观察小朋友如何与小狗接近，再让孩子站在别人旁边与小狗玩耍，最后让孩子逐步去接近害怕的小动物。

4. 帮助孩子消除恐惧

如果孩子害怕黑暗，不敢一个人关灯睡觉，父母可以帮助孩子装上灯光柔和的床头灯或壁灯，让孩子学会开灯、关灯，自己掌握黑暗与明亮的主动权，并帮助孩子消除对黑暗的恐惧。

在培养孩子社会化技能时，建议家长多为幼儿创造与人交往的机会。当家长教给孩子一些交往的技能时，更应该让孩子经受各种锻炼。对学龄前的幼儿来说，培养他们的勇敢品质主要指：在摔了跤或有了轻微伤病的时候学会忍耐和面对；同伴间发生纠纷，自己去解决；培养和鼓励他在人多的时候说话、表演；积极参加力所能及的体育活动等。

## 帮助孩子理解什么是“自信”

对于孩子来讲，若想让他实现某种行为，就必须先让他知道这种事物是什么、为什么要这样做。也就是说，他只有理解了“自信”到底是什么，才可能知道怎么去表现自信、怎么去相信自己的价值。

孩子最初对自我的认知更多地来源于周围的成年人。我们可能也有这样的经历，那就是在孩子小的时候，成年人说什么就是什么，孩子会接纳他最亲近的人的表达，这足以显现我们对孩子的影响。

有这样一个小例子：学校举行运动会，孩子被朋友拉着报名参加了接力跑，但开始练习之后，孩子却退缩了，他告诉妈妈自己跑不快，总觉得自己会拖后腿。他觉得自己是自不量力。

妈妈看过一次练习之后和孩子谈了一次心，她对孩子说，“你们是一个小集体，每个人在其中都会发挥重要的作用，当然也包括你，如果没有你，这接力赛都跑不下来啊！所以，你只要认真跑自己这一段路程就好了，跑步你肯定没问题，我相信你能跑下来。拿出自信来，自信就是要相信自己可以跑完属于自己的路，加油！”

妈妈的话被孩子记在了心里，后来妈妈又经常给他鼓励，让他坚持练习。比赛时，虽然没有拿到冠军，但孩子奋力奔跑的样子，依旧赢得了同学们的掌声。

从这位妈妈的表现来看，家长在帮助孩子理解自信的含义时，也可以发挥自己应有的作用，通过巧妙的引导，让孩子正确认识自信、理解自信，并意识到自己到底有怎样的价值。

首先，要给孩子讲清楚什么是自信。

自信是一个比较抽象的词，在向孩子讲解自信时，我们要尊重他的年龄特点，用他可以理解的方式来引导他，使他自己意识到什么是自信，怎样才能表现出自信来。

比如，当孩子做到一件事时，就告诉他“你能好好地表现，不躲、不退，这很棒，这就是你的自信”。这样的说法可以让孩子意识到自己刚才的表现是正确的，那种不躲不退的样子，就是自信的表现。通过这种简单的提示，孩子不但能将自己的行为与自信联系起来，而且能得到肯定。

其次，引导孩子看到自己的价值。

孩子对很多事都抱有新鲜感，他抱着想要尝试的心情去做事，但对于是否能成功其实并没有多大的预期。如果成功，他会感觉到快乐，并意识到自己可以做到很多事，尤其是一些以前从没做过的事；如果失败，他会沮丧，同时也可能对自己的能力产生疑问。

引导孩子看到自己的价值，就是要让他看到自己到底能做到什么地步，他哪些方面做得好，在什么方面努力可以得到家长的肯定。同时，也要让他看到自己经过努力之后得到了怎样的好结果。比如，能让他看到快乐、满足的结果，这会让他更有想要体现自己价值的意愿。而我们对他所体现出来的价值也要予以真实的肯定，要充分信任他。

最后，提醒孩子相信自己。

自信的一个最明显的表现是不管何时都能表现出对自我的信任（当然自负等除外）。有的孩子可能有家长在的时候会依据家长的表达而信任自己，但是家长不在身边，他就没法信任自己，似乎只有家长的话才能让他放心信任自己。

这也就提醒我们家长，在引导孩子的时候要多让他注意自身，而非他人的评价（当然，他人正确合理的批评、建议等除外），让他多体会自己做事及做事成功之后的感受，多些主动性，从而保证他在更多的时候能主动相信自己。

## 父母多鼓励，孩子更自信

爱因斯坦小时候，老师和同学都认为他是个“傻子”。不仅功课很差，而且连话都说不清楚。

面对人们的讥笑和议论，担任电机工程师的父亲并没有对孩子失去信心，他相信爱因斯坦一定能成才，并且期望他能做出伟大的事业。为了培养起孩子的自信心，父亲为爱因斯坦买了积木，让他搭房子，搭好一层，便表扬和鼓励孩子一次，结果，爱因斯坦情绪高涨地一直搭到了 14 层。父亲还积极透过各种方式帮助爱因斯坦建立自信，消除爱因斯坦的消极情绪，也点燃了爱因斯坦心头的希望之火，让爱因斯坦振作起来，使他以一种不断进取的心态，努力奋进，最终成为举世瞩目的伟大的物理学家。

自信心能够让一个孩子坚信自己有能力克服困难并相信自己能够成功。美国历史上的著名富豪范德比尔特曾经说过：“一个充满自信的人，事业总是一帆风顺的，而没有自信心的人，可能永远不会踏进事业的门槛。”

李开复在美国上学期间，曾经因为能背出很多数学公式而被老师夸奖为“数学天才”。其实李开复心里很明白，自己根本就不是什么数学天才，只是把以前记住的东西搬了出来。但是自信的力量是无穷的，在这种自信心的驱使下，他开始认真地学习数学，并且还在全州的数学竞赛中获得冠军。

自信心是孩子潜力的“放大镜”，是孩子取得成功的根本，而孩子的自信，首先来源于父母的赏识以及信任。如果一个孩子是成长在只有批评没有夸奖的环境中，就很难能得到自信。

相对说来，一个积极夸奖的环境更容易激发孩子的自信。

给孩子一些正面的夸奖，让孩子知道父母其实在注意他做的每一件事，这对于他的成长很有好处。自信是需要逐步来培养的，父母可以帮助孩子做一个长期的计划。比如让孩子每天都在听你讲过故事之后发表自己的见解，如果能坚持一个星期就可以奖励他。一年以后，也许你就发现孩子特别愿意在众人面前表现自己。

父母要相信自己的孩子是有能力的，这对孩子能力的发展有巨大的促进作用。著名的“罗森塔尔效应”就说明了这个问题。

罗森塔尔是美国的心理学家，1966年，他做了一项关于学生对成绩期望的实验。他在一个班上进行测验，结束之后将一份“最有前途者”的名单交给了校长。校长将这份名单交给了这个班的班主任。8个月之后，罗森塔尔和助手再次来到了这个班，发现被列为“最有前途者”的学生成绩大幅度提高。其实，学生成绩提高快的原因很简单，因为老师更多地关注了他们，他们也就对自己更有信心了。

其实，每个孩子都有可能成为非凡的天才，但是这种可能的实现，取决于父母是否可以像对天才那样对他有信心。

如果你想培养自信的孩子，最好的方法是多对孩子进行鼓励，留意你对孩子说的每句话的措辞和语气，多做肯定性的评价，如“我相信你做得到的”“我对你有信心”“你做得真出色”等。

卡耐基在他的人际交往课程中也提到这样一个例子，如果想改变一个孩子读书不专心的态度，父母会对孩子说：“哈姆，我真的要以你为荣，这个学期你的成绩进步了，但是假如你的数学可以更努力一些就更好了。”孩子听到了父母这样的评价，非但不会从内心感到高兴，反而觉得父母在批评他，前面的表扬只不过是为批评而做的铺垫罢了。而最聪明的父母会这样讲：“哈姆，你这个学期的成绩进步了很多，我们真的要以你为荣呢。而且，只要你下个学期继续努力，你的数学也一定会更出色的。”

如果孩子犯了错误真的需要父母做出批评，在不伤害他自信心的前提下，应该怎样说比较好？

1. 用低声和孩子交谈：一般来讲，“低而有力”的声音更容易引起孩子的注意，也容易让孩子注意倾听你说的话，这种比较平缓的方式，比大声训斥要好上一千倍。

2. 有的时候可以采用沉默的方式：孩子做错事的时候，心理多少也有点自责。这个时候如果父母对孩子保持沉默，孩子的心理反而会更加紧张，进而反省自己。

3. 旁敲侧击加以暗示：有些父母面对孩子的过失，不是直接地批评，而是用启发式的教育，孩子会很快明白父母的用意，愿意接受父母的批评和教育，而且这样也保护了孩子的自尊心。

4. 用推己及人的方式说教：当孩子犯了错误给他人带来了麻烦，父母只要问一句“如果你是那个人，你会怎么想”，通过这样引导孩子设身处地地为他人着想，孩子也会意识到自己的过错，并促进他反省自己，主动承认错误。

5. 看到孩子犯错误要及时批评：父母批评孩子要趁热打铁，不能拖拉，因为孩子刚刚犯过的错误，可能一转眼就忘记了。

孩子的成长离不开自信，也就是离不开父母对他的信心。父母不要吝啬自己对孩子的赏识和信任，要让这些正面能量转化为孩子的自信，让源源不断的自信成为孩子不断进步的动力，让这些动力创造出孩子精彩丰富的一生。

## 教孩子学会宽容

世界上并不缺少美，缺少的只是发现。当你用心地去观察，用心地去热爱生活，热爱每一个人的时候，你会发现，这个世界真的很美，因为你在发现美的同时，你也在享受。

放学时候，幼儿园门口有一位老师，正在安慰一个大约4岁的小男孩，孩子已经哭得没有力气了。原来老师在带小朋友去完卫生间后，以为里面没有人了，就把卫生间关上，带小朋友们回教室了。等她发现人数不对时，才赶快跑到卫生间，将那个被遗忘的孩子带回了教室。孩子因为一个人被留在安静的卫生间，饱受惊吓，哭得稀里哗啦的。

这时，妈妈出现了，她蹲下来安慰4岁的孩子，并且很理性地告诉他："已经没事了。那位老师因为找不到你，而非常紧张和难过，她不是故意的，现在你必须亲亲那个老师的脸颊，安慰她一下！"

只见那个4岁的孩子踮起脚，亲了亲蹲在他身边的老师的脸颊，并且轻轻地告诉她："不要害怕，已经没事了。"

很多大人在旁看到这一场景之后，都不由自主地露出了微笑，感叹这位妈妈是多么大度。

就是这样的教育，才能培养出宽容、体贴的孩子。然而，有的家长看到小孩子被树根绊倒了，就会说“把这个树根挖掉，打死树根，扔了树根”之类的语言来哄孩子。殊不知，这种比较偏激的处事方式会带来多恶劣的影响。久而久之，孩子在遇到问题时，就喜欢推卸责任、找借口。所以我们要教会孩子综合分析原因，也找找内因。从过程中找到教训，总结经验。避免类似事件的发生。

公交车上，旁边座位上坐着一位母亲和一个小女孩，小女孩正睁着水汪汪的大眼睛，盯着不远处的一个阿姨看。

小女孩突然问她妈妈：“妈妈，这个阿姨怎么这么胖呀？”

只见，那位妈妈不慌不忙地说：“毛毛，花园里是不是有很多花呀？”

毛毛说：“是啊。”

妈妈又问：“那毛毛喜欢大朵的花，还是小朵的花呢？”

毛毛说：“我都喜欢。”

妈妈笑着说：“毛毛，人也是一样，有大的，有小的，有胖的，有瘦的。每个人都是独一无二的。只要是好人，毛毛是不是都喜欢呀。”

毛毛高兴地说：“是的，妈妈，我都喜欢！”

宽容是生活快乐的基础，拥有宽容人格的孩子，会收获到成长路上的更多快乐与幸福。家长要引导孩子学会换位思考，让孩子自己处理小矛盾。营造温馨和谐的家庭氛围，让孩子在潜移默化的影响中，形成宽容忍让的良好品质。

孩子有小过错时，家长要善于包容，让他知道错误是可以原谅的。对犯规的孩子，虽然需要批评，但要注意方式，父母对孩子的批评不能超过限度，应对孩子“犯一次错，只批评一次”。如果非要再次批评，那也不要简单地重复，要换个角度，换种说法。这样，孩子才会理解父母的苦心，减少对批评的厌烦心理、逆反心理。

生活中，许多父母往往对自己的孩子期望很高，总希望孩子事事顺着自己的心愿。若有不顺心就不停地说教，翻来覆去，总是指责的多，批评的多，抱怨的多，有时甚至讽刺挖苦，孩子当然不爱听，甚至会感到厌烦、反感、无所适从，还会有损父母在孩子心中的形象。注意保护孩子的自尊，不当众批评、指责，更不要揪着过去的错误不放。此外，父母最好不要随意批评和挑剔其他人，而是要尽可能表扬他人和感谢他人，让孩子明白每个人都是有优点的，避免孩子以自我为中心，让他从小养成一颗宽容的心。

另外，家长还要让孩子懂得如何对自己的朋友宽容。首先，当朋友出现错误时，要弄清楚出错的原因，不能忙着指责朋友，造成误解。尤其当别人都将矛头指向朋友时，我们更不能人云亦云，与别人一起指责朋友。其次，我们要学会宽以待人，当朋友犯错时，如果不涉及原则问题，没有造成不可挽回的损失，我们要学会谅解别人，不要因为一次犯错而有意针对，这样会对我们的友谊造成非常不好的影响。不过，家长还要让孩子懂得有原则的宽容。所谓宽容，并不是毫无原则地一味忍让，让朋友因认识不到自己的错误而一错再错，这样也是对朋友的不负责任。毫无原则的宽容，也会纵容别人一味伤害自己。因此，我们在宽容的同时要遵守自己的原则。

## 成为不妒忌的好孩子

刘倩是某校学生，班级里，谁都知道刘倩有个“死对头”——方芳。

方芳是后来转学来的，在她转来之前，刘倩是班里的“一把手”，深得老师和同学的喜爱，可是自打方芳来了以后，热情直爽、能歌善舞，学习成绩也很好的方芳逐渐取代了刘倩的位置，成为班上非常出众的人物。方芳对集体的事儿十分热情，办板报、组织比赛、主持节目等她都抢着去做，成了老师的得力助手。

刘倩看着自己的风头被方芳抢了去，心里嫉妒极了，她对自己的好朋友说:“她有什么了不起，哼，看我给她点颜色看看！”于是，刘倩号召班里的一些同学有意疏远方芳，明里暗里与她作对。只要是方芳做的工作，他们就故意设置障碍：刚刚画好的板报插图，漂亮的小姑娘一夜之间戴上眼镜、长出胡须或没了眼睛，整齐的粉笔字不是缺笔少画，就是部首不知去向；方芳主持的班会经常被一些同学故意搅得一塌糊涂。

妒忌心理在每个人身上的表现不同，归结起来主要有以下几个方面：

1. 妒忌学习成绩优秀的同学

在学生当中，不仅学习成绩差的同学会妒忌那些成绩好的同学，学习成绩不错的同学更容易相互妒忌。因为差生自感无力与成绩优异的同学相比，尽管羡慕，但终因无法与之抗衡而无可奈何。而一些争强好胜、学习成绩又相差不太大的同学之间，如果经过努力或其他客观因素的干扰而没有达到自己期望的目标，就会失去心理平衡，从而妒忌那些原来与自己成绩差不多的同学，甚至会采用一些不正当的行为有意给对方设置障碍，影响对方的成绩或情绪。

2. 妒忌获得荣誉的同学

一些人自己得不到某种荣誉，看到别人得到时，心里就不舒服，就有意去揭别人的短处，甚至用莫须有的罪名去诋毁别人。比如：方宇本能评上“三好”学生，但杜燕等同学却千方百计地阻止她，在背后做手脚、告黑状，制造同学间的矛盾，最终使方宇因得票未过半数而落选。

还有的同学虽然自己也较优秀，也获得了某些荣誉，但却容不得别人与自己具有同样的荣誉，总担心别人进步了会超过自己。他们用敌对的态度对待那些有可能超过自己的同学，甚至采用麻痹他人的方法让对方放弃努力。

3. 妒忌相貌、衣着胜过自己的同学

每个女孩都十分在意自己的形象，希望自己是美丽的。当意识到别人比自己漂亮，占据了优势地位时，有的人心里就不是滋味。你说“张三大眼睛，双眼皮漂亮”，她偏说“张三眼大无神，上了年纪后，眼皮会下垂”；你说“李四皮肤白皙，美丽绝伦”，她偏说“我一点儿也没觉得她好看”。还有些人采取更为卑劣的手段，如：某中学初二年级有位女生见同宿舍一同学家庭条件较好，亲朋好友常给她买许多衣服、食品之类，就趁宿舍无人之机，把这位同学的衣服洒上墨水或干脆扔出窗外，还把同学的发卡、丝袜等随手扔进卫生间的下水道，为此造成了同宿舍同学间的许多误会，直到有一天，她又如法炮制时，被偶尔回宿舍的同学撞见，事情才水落石出。

4. 妒忌老师欣赏的同学

每个学生都希望得到老师的关注，受到老师的喜爱，但由于各种原因，老师可能会偏爱某些学生，这就引起了一些被忽视学生的妒忌心。越是老师喜欢的学生，他们就越与之对着干，“你在老师跟前得宠，我们就让你在同学中间孤立”。因此，那些被老师喜爱的学生常常威信并不高，甚至较为孤立。

要帮助孩子克服妒忌心理，首先必须搞清产生妒忌心理的原因。

从外部原因分析，孩子的妒忌心理通常与父母或老师的态度密切相关。

父母在孩子面前，如果表现出对某一个孩子的偏爱，容易导致妒忌心理。在日常生活中，有些父母为了鞭策自己的孩子，时常夸赞某个孩子懂事，某个孩子学习成绩好，某个孩子有过人的特长。如果父母持续不断地将赞美的词句加在某一个孩子身上，孩子便可能认为自己失去了在父母心目中的重要位置，因此而怨恨那个孩子。

老师的态度常常比父母的态度更重要。本来 A 在班里是老师最喜欢的学生，可是 B 转学过来之后，老师又特别喜欢 B，经常在全班同学面前表扬 B。A 心里就产生了失落感，他觉得自己失去了在老师、同学心目中的位置，从而产生了妒忌心。

可见，父母、老师的态度（有时并不是父母、老师不公平，而是孩子错误地认为父母、老师不公平）对孩子妒忌心理的产生具有十分重要的影响。

从内部原因分析，孩子的妒忌心理与孩子的个性以及不良的认知习惯密切相关。一般地讲，性格内向、比较敏感、柔弱胆怯的孩子更容易产生妒忌心理。比如：老师少表扬两句，许多孩子没有注意到，而敏感的孩子则记在心里，产生了妒忌。此外，有妒忌心的孩子往往都有一些不良的认知习惯，这种认知习惯突出表现在不恰当的比较上。他们经常用别人的优点、长处与自己的弱点、短处比较，总觉得自己不如人。实际上，这种比较是不平等的，怎么能拿自己的弱点与别人的优点去比较呢？这类孩子往往看不到自己的优点、长处、优势，看不到自己内在的潜力。比如：有的孩子羡慕家庭经济条件好的孩子，羡慕他们的吃喝、穿戴，却意识不到和睦的、民主的家庭气氛往往比经济条件更重要。由于看不到自己家庭的优势，只是一味地羡慕那些家庭经济条件好的孩子，进而引发了妒忌心理。

妒忌心重的人很容易使人际关系恶化，甚至影响孩子良好道德品质的形成。尽管孩子刚产生的妒忌心不会有多么严重的后果，但若任其发展下去就很难收拾。那么，如何避免孩子出现妒忌心理呢？

1. 帮助孩子认识到妒忌的危害

古往今来，心胸狭窄、妒忌他人的人，都没有好下场。战国时庞涓妒忌同窗好友孙膑的才能，他把孙膑骗到魏国，用莫须有的罪名挖去孙膑的膝盖骨。孙膑忍着痛苦，修习兵书，终于逃出魏国，在马陵之战中，打败庞涓，并取其性命。庞涓自取灭亡，被人千秋耻笑。心理学认为，凡是心理上厌恶的东西，行动上就容易主动地进行抵制。因此，如果认清了妒忌心的危害，妒忌心是不难克服的。

第一，增添内心痛苦。妒忌者由于不能正确对待别人的进步，错误地认为别人的进步是对自己的贬低，于是心理上就会“情不自禁”地产生一种痛苦的“条件反射”。这种消极的情绪反应，能引起人的多种疾病，对人的身心有着极强的消耗力。正如巴尔扎克所说:“妒忌者比任何不幸的人更为痛苦，因为别人的幸福和他自己的不幸，都将使他痛苦万分。”

第二，会给他人造成不幸。如果对某个人产生了妒忌心，必然心有所恨、口有所言、身有所行、讽刺打击、造谣中伤……使他人不得安宁，给他人造成不幸。某中学有位女同学，学习勤奋努力，但性格内向，少言寡语，在期末考试中取得了优异成绩，受到表扬和奖励。与她同桌的李某，原来和她“平起平坐”，关系很好，如今见她名次排在自己之上，妒火中烧，在同学和老师面前诽谤攻击，说什么“她上小学时曾拿过别人的东西”“她妈是后嫁给她爸的”等。这位同学听到这些流言后痛苦不堪，不知暗自流了多少眼泪。她想争辩，可又说不出，只会生闷气，最后得了抑郁性精神病。

第三，使孩子人格扭曲。一定的好胜心能促使孩子在生活学习中更加努力。但是，如果好胜心过强，则会发展成嫉妒心理，看到别人超过自己就不服气，心里就觉得不舒服，甚至怨恨别人。长此以往，会扭曲孩子的性格，对孩子发展正常的交往有不良的影响，妨碍孩子各方面的成长和进步，父母一定要做好心理疏导工作。

2. 引导孩子正确地认识自我

“金无足赤，人无完人”，每个人都有自己的长处，也有自己的不足。所以作为父母，不但要正确地认识自己的孩子，还要帮助孩子正确地认识自我。孩子都喜欢受到表扬和鼓励。表扬得当，可以增加他的自信，促进他不断进步；如果表扬不当，就会使孩子骄傲，不能正确地进行自我评价，甚至当有人说别人好，没说他好时，他就难以接受。比如：人家取得了成就，便误以为是对自己的否定，对自己是威胁，损害了自己的“面子”。其实，这只不过是一种主观臆想，一个人的成功不仅要靠自己的努力，更要靠别人的帮助，荣誉既是他的，也是大家的，并没有损害自己。而孩子之所以产生妒忌心理，是因为他还不能全面地看问题，不能对自己和他人进行正确的评价，这就要求父母在与孩子相处的过程中，要注意引导孩子正确地认识自我。

3. 培养孩子分析思考问题的能力

教给孩子客观地看待事物的方法，培养孩子分析思考问题的能力，不仅能使孩子正确地认识自己，正确地对待别人，还能使孩子变得更有理智。平时，家长要有意识地设置环境，营造氛围，让孩子从日常的生活中，从家长的为人处世中，体会“强中更有强中手”，所谓“人人不如己，处处占上风，事事要拔尖”的人是没有的。如果自己的孩子养成了分析问题、思考问题的习惯，孩子的情感就会不断丰富，心理就会日趋成熟。这时，即使孩子对某人产生了妒忌心理，也会很快被理智所抑制。

4. 帮助孩子克服自身的弱点

有妒忌心理的孩子，往往都有自身的弱点。如：与人交往时，喜欢做核心；当不能成为大家的核心时，就会发脾气；不会感谢人；易受外界影响等。对此，家长要进行悉心引导。在孩子面前，要对获得成功的人多加赞美，并积极鼓励孩子虚心学习别人的长处，积极支持孩子通过自己的努力去超越别人，战胜自己，使孩子的妒忌心理得到正当的发泄。家长要教育孩子，对遭到不幸的人应给予同情，不可纵容孩子幸灾乐祸，助长孩子的妒忌心理。对孩子的挫折，家长要耐心地同孩子一起做认真的理性的分析，帮助孩子找到失败的原因，支持孩子再做努力，决不可让孩子怨天尤人，垂头丧气，一蹶不振。家长要通过自己的努力，使孩子经得起风吹浪打，为别人的成功感到由衷的高兴，对他人的不幸给予深切的同情，面对自己的失败、挫折决不气馁。

# 让孩子成为有主见的人

过年了，妈妈打算给乐乐买件新衣裳，便和婵婵的妈妈一起来到了新开张的百货公司。百货公司人头攒动，乐乐的妈妈和婵婵的妈妈都忙着为自己的孩子挑衣服。婵婵的妈妈手里捧着三件比较不错的衣服，问婵婵喜欢哪个，婵婵一下就说出了自己的意见。而乐乐的妈妈问乐乐喜欢哪件，乐乐睁大眼睛看了又看，蹦出来一句："你说买哪个好就买哪个吧！"

乐乐的妈妈心里很难受，她觉得自己的孩子太没有主见了，不光在挑衣服这件事情上，学校有时候让孩子表演个什么节目，乐乐也不知道要演什么，非得要爸爸妈妈帮她说个具体的内容不可。乐乐的妈妈决定和乐乐的老师联系一下，看看能不能帮助乐乐改一改她的性格。

这天，妈妈来到了乐乐的学校，和老师说起了乐乐没有主见的问题，老师也深有同感地说："在上课的时候，我也有同感。乐乐的答案或思路常常被旁边的同学所左右，犹豫不决，听风是风，听雨是雨，总是不敢坚持自己的观点，摇摆不定。有的明明自己是正确的，也常常怀疑自己的答案或观点，非得听听旁边其他同学的做法或想法，核对一番后自己才放心。有时候，我对乐乐提问，只要多问一次'你的解法真的对吗？'乐乐就又会改变自己的主意……我总感觉乐乐的思维常被别人所牵引，就像空中的白云一样，随风而飘。"

听着老师介绍乐乐上课时的情景，妈妈的心都凉了。如今是一个充满竞争的社会，乐乐将来长大后竞争必然更加激烈，这种没有主见的人将来怎么能成大器呢？

故事中的乐乐是缺乏“主见”的意识，这样的孩子在生活中往往表现出较盲目顺从，在产生疑问或意见不一致时，缺乏深入思考或者主动思考的良好习惯，从而听之任之。这样的孩子学习也往往是机械模仿的成分较多，在人云亦云之下，不能静心深入思考，进而不能有效地进行独立的、主动的学习，形成自己的观点。

面对这种状况，家长绝对不能忽视。表面上看来不会对孩子造成什么样的损失，但如果孩子得不到及时的引导与纠正，将会造成怎样的后果？如何自立于社会？这不单单会影响孩子的学习成绩，更会影响孩子未来独立解决问题的能力，影响孩子获得成功……因此，将孩子培养成一个有主见的人极为重要。

那么，是什么原因使孩子没有主见呢？

第一，家长的暗示。当父母发现孩子没有主见的时候，常一次又一次地明示或暗示孩子，说他是一个“没主见的人”，要他改正，这对孩子是一种侧面的强化。不同的性格特征之所以形成不同的人生，大多是因为家长们根据自己的想法，把孩子“强化”成那样的。

第二，孩子的个性。青春期的孩子已经懂得察言观色，为了争取父母关爱、喜欢，讨好爸爸妈妈，得到家长夸奖，有些孩子会更多地听从大人的话，表现得很乖，认为这样就能讨爸爸妈妈喜欢。于是，没主见的情况便出现了。

孩子有主见是一种优良的品质。孩子缺乏主见，往往会形成一种优柔寡断、易受暗示、不健全的性格。如不及时引导，这将影响孩子健康、和谐地成长。因此，我们必须培养孩子的这种主见意识，为他们今后独立处事、解决问题打下良好的基础。

1. 帮助孩子认识有主见的重要性

家长可以通过一些靠自己的主见或坚持自己的想法而获得成功的典型事例说起，对孩子进行教育，让孩子体会到学习、生活中有主见，能够坚持自己的想法而执着奋斗所带来的好处，认识到无主见对自己的影响及危害性，从而提高孩子的主见意识，增强孩子自主行为的可能性。

2. 改变评价孩子的价值标准

在家庭交流中，大人们不要把“听话”“乖”之类的语言挂在嘴边，不要让孩子觉得一味顺从大人的意志是值得表扬的。比如：可把“你这么快就把作业做完了，真听话”改成“你这么快就把作业做完了，效率真高”等，让孩子明白，一个优秀的人应该具备许多优秀的品质。

3. 给孩子充分表达意愿的机会

相当一部分家长习惯于事事为孩子做决定，且很少征求孩子的意见，一旦孩子不遵从，就大加责备。其实孩子有孩子的想法，家长在任何时候都要注意让孩子充分表达自己的意愿，耐心倾听孩子的讲话，给孩子自主思考的机会。例如：带孩子去超市购物，可以问他自己想买什么；带孩子出门，可以问他想乘坐什么交通工具；带孩子去旅行，可以问他自己觉得要准备些什么东西等。

耐心倾听孩子讲的每一句话，鼓励并引导孩子自由地表达思想，这既体现了家长对孩子的尊重，同时也能有效地培养孩子的自主性。家长可从以下几个方面加以注意：

第一，静听孩子的“唠叨”。孩子大都喜欢唠唠叨叨地讲他见到的一些人或事，家长千万不要嫌孩子啰唆和麻烦，因为这种“唠叨”恰好是孩子自主意识最早的体现，是孩子在试图向成人表达他自己对这个世界的看法。因此，家长不仅要静听孩子的“唠叨”，还要鼓励孩子多“唠叨”。

第二，勿抢孩子的“话头”。不少家长在听孩子讲话时，有时会觉得孩子的思想不够成熟，喜欢抢过孩子的“话头”来说，这样做无疑是剥夺了孩子说话的机会，同时也会让孩子对以后的主动表达失去信心。因此，在孩子想说话的时候，即使他说的家长不认同，也应让孩子把意思表达出来，而不能抢做孩子的“代言人”。

第三，聆听孩子的“辩解”。当孩子为自己所做的事与家长争辩时，家长千万不能简单地斥责孩子“顶嘴”，要给孩子充分的辩解机会；当孩子与他人争吵时，家长也不必立即去调解纠纷，可以在一旁聆听和观察，看他说的是否有道理。这对培养孩子独立思考的能力大有益处。

4. 改变要求孩子的表达方式

不少家长在要求孩子做事时，往往喜欢使用命令句式，如“就这样做吧”“你该去做什么什么事了”。这种语气会让孩子觉得家长的话是说一不二的，自己是在被迫做事，即使做了心里也不高兴。家长不妨将命令式语气改为启发式语气，如“这件事怎样做更好呢”“你是否该去做什么了”，这种表达方式会让孩子感觉到家长对自己的尊重，从而引发孩子独立思考、按自己的意志主动处理好事情的积极性。

## 让孩子拥有良好的心理素质

每个人的人生都不可能是一帆风顺的，都会遇到一些失败和挫折，能够冷静地接受失败并能勇敢地去挑战失败就需要良好的心理素质。那么，作为家长，该如何培养宝宝的心理素质呢?

宝宝良好心理素质的形成是一个漫长而又复杂的过程，家庭教育时要对孩子适度适时地施加一些负面刺激。所谓负面刺激，是指那些令人产生不愉快或不舒服的刺激，也可称劣性刺激。一般来说，对孩子实施劣性刺激，可以从以下几方面着手。

1. 设置一些困难

现在的独生子女大多生活条件优越，平时饭来张口，衣来伸手。这样的孩子遇到困难时，往往是不知所措，这些孩子面对困难只会怨天尤人。我们如果能在日常生活中为孩子设置一些困难，鼓励他们自己想办法去解决，会有利于增强孩子的生活能力，培养他们克服困难的勇气和意志。

2. 体验一点劳累

平时适当地给孩子实施点劳累刺激，让他们做一些力所能及的家务活，参加一些适当运动量的体育活动和公益劳动，不仅有利于提高孩子的身体素质，还能培养其吃苦耐劳的精神，让他们在劳动中增长智慧、体验他人工作的辛苦，从而学会尊重他人的劳动，珍惜劳动成果。

3. 适当给予批评

许多处于“众星捧月”地位的孩子，骄横傲慢，他们偶尔受到批评，便会大使性子、大哭大闹或者丧失信心。对于这样的孩子，及时适当地进行批评教育，指出其缺点与不足，并予以适当的约束是非常必要的。虽然这些孩子在接受批评时心里是难受的，但这种心理磨难正是克服骄、娇二气的良药。

4. 冷静对待孩子的消极情绪

孩子由于受挫，往往在日常生活中会出现某些性格上的缺点，不少家长和老师也都常常为此责备孩子，而事实上，这样的处理方法很不利于孩子的心理成长。要知道，孩子在经历挫折后往往会产生消极的情绪和抵触的心理，如果成人对此表现出大惊小怪，无疑是给孩子的不良情绪火上浇油、雪上加霜，会导致孩子产生退缩性行为，甚至是破坏性行为。因此，在遇到这种情况时，我们应创造一种宽松的情境，让孩子自由表达他们受压抑的情感，抒发他们的不满，以缓解他们不愉快的情绪，如果孩子很生气，甚至大怒的话，则应找一些他们喜欢的活动，吸引他们参与，转移他们的注意力，让他们从自己喜欢做的事中找到自信，从而减轻或消除挫折感。

5. 安慰孩子

可以告诉孩子，你很了解他的失落感，并安慰他“你感到失落没有关系，这种情况下我也会失落的”，让孩子了解失望是很正常的，然后和他一起讨论解决问题的有效办法。或是让孩子参与各种不同的活动，直到他找到自己喜欢的为止。一般而言，如果孩子能够从他擅长的事情中寻找到乐趣，那么他就知道了自己有能力掌控某些事情。这种训练通常可以使孩子的思考模式很快从失望转变为“做其他事情一样也很快乐”上来。

6. 为孩子创造一个人际交往的圈子

让孩子在失落时可以求助他们这个圈子里不光有父母，还有家里的其他亲人以及孩子的小朋友等。研究表明，能够从失落情绪中快速恢复过来的孩子通常有能力让其他人帮助自己。

7. 及时科学地帮助孩子调整个体的成长目标

孩子个体素质的差异是客观存在的，不承认这一点，往往会导致挫折的产生。现在，有一些家长对孩子的期望值过高，他们为孩子制订了许多符合幼儿年龄特点和个体条件的目标，或者仅仅因为攀比的心理，看到别人家的孩子会弹琴、画画，就要求自己的孩子也学习，甚至要求孩子在这些方面出类拔萃，结果是给孩子人为地设置了挫折陷阱，使幼儿在压力面前产生强烈的挫败感和抵触情绪。要避免这种悲剧的发生，家长和教师必须在孩子成长的过程中，有的放矢，循序渐进，不断地调整成长目标。

在生活中，挫折也是无处不在，它伴随着孩子成长的每一步。有意识地让孩子受点“苦和累”，受点“挫折”，让孩子明白每个人都会遇到困难和挫折，而困难和挫折是可以克服的。教育孩子敢于面对困难和挫折，正视挫折并提高克服困难的能力。如果孩子应付挫折能力强，在今后的生活中，也敢于直面挫折。

## 告别旺盛的虚荣心

赵女士下班后，一看时间，女儿贝贝马上就要放学了，得赶紧去接她。于是，她匆匆收拾了一下，就往贝贝的学校赶。

还好，到了学校，贝贝他们刚好放学。远远地，妈妈就看见别的同学都是三三两两的，有说有笑的，只有贝贝独自一个人，正闷闷不乐地往外走。看到了妈妈，也没有往常那么兴高采烈的样子。

“贝贝，你今天怎么了？不高兴呀？”妈妈问道。

“没什么……”贝贝吞吞吐吐地回答。

“哦，那赶快回家吧。”

妈妈带着贝贝离开了学校，可是一路上，贝贝都不像往常那么开心，一句话也不说。妈妈很奇怪：这孩子今天是怎么了？

到家后，贝贝一声不吭就进了自己的房间。妈妈感觉孩子今天有点不对劲，也走到了贝贝的房间，坐下来，轻声问道：“贝贝，今天是怎么了？怎么不高兴呀？是不是学校里不开心了？告诉妈妈好吗？”

“妈妈，这周末是我们班上李娜的生日，她要在比萨店过，而且她还请了好多同学一起去呢，下个月就是我的生日了，我也想和她一样去比萨店过生日。”

妈妈愣了一下，“要去比萨店过生日？你以前过生日的时候我和爸爸经常带你到动物园、游乐场去玩，一家三口这样过不好吗？”

“好是好，可是我们班上有好多同学都在比萨店过生日，还请了好多同学，就我自己和你们一起过，他们会笑话我的，以后他们就不理我了。”贝贝的话音里带了一丝哭腔。

“你先写作业，等你爸爸回来再说。”妈妈不好再说什么。

走出贝贝的房间，妈妈陷入了沉思：贝贝才10岁，小小的年纪，怎么就有了虚荣心呢？

人人都会有虚荣心，小孩子也不例外。从心理学角度来说，虚荣心是一种性格缺陷，是一种被扭曲了的自尊心。虚荣心强的人不是通过实实在在的努力，而是企图通过贬损别人、打压别人的方式来获得成功。用跑步比赛来做一个比喻，那就是虚荣心强的人并不愿意真正与对手站在同一起跑线展开一场较量，他总是企图通过一些不可告人的方式让自己的对手因为“这样”或“那样”的意外原因而无法参赛。

现在的独生子女越来越多，家长总怕孩子受委屈，于是对孩子总是有求必应。自己孩子穿的、戴的都不能比别的孩子差，别人的孩子买什么自己的孩子也得买，绝不能让人家比下去。于是在家长无意识的纵容下，孩子的欲望无限地膨胀，孩子虚荣心的种子也被深深埋下。

另外，现在的很多家长，总爱讲孩子的优点，掩盖他们的缺点，甚至在亲朋好友面前经常夸耀自己的孩子，孩子听到的都是赞美的声音，很少有人指出他的缺点，而家长又常常对别的孩子妄加指责。孩子对自己客观评价的能力本来就很差，再加上家长的夸耀，就认为自己什么都比别人强，孩子就从家长心中的“十全十美”变成自己心中的“十全十美”，再也容忍不了别人超越自己。

孩子一旦有了虚荣心之后，就喜欢和别的孩子进行攀比：看见别人穿了件新衣服，就要家长给自己买件更漂亮的；别人上下学由爸爸开车接送，我也要爸爸开车接送；看到别人夸别的孩子聪明，心里就很不舒服，动不动就说：“这有什么了不起的，我也会。”

这样的孩子，只爱听表扬，受不了批评，只能赢，不能输，否则就大哭大闹，失去心理平衡。

当然，一点虚荣心都没有是不可能的，适度的虚荣心是一种正常现象，不用过分担心。但虚荣心过强则不利于孩子的健康发展。这是因为：第一，虚荣心过强的孩子，不能忍受别人比自己强，处处想占上风，久而久之会受到同伴的嫌恶和排斥；第二，虚荣心过强的孩子，做事大多是为得到别人的赞许，达到自我炫耀的目的。

孩子过强的虚荣心会在平时的生活中流露出来，如果家长能够及时捕捉到这方面的苗头，那么就可以立刻采取相应的对策对他们进行教育和开导，具体可以从以下几个方面做起：

1. 正确的家庭教育方式

虚荣心过强的孩子多半是家中的“小太阳”，全家人都围着他转，这样就自然而然地滋长了他的自我中心和自夸欲。因而，家长对孩子提出的在合理范围内的要求可以答应，对于无理的要求应断然拒绝。

2. 家长的榜样作用

家长是孩子的第一任教师，喜欢炫耀和挥霍的母亲，可以想象她教养出来的孩子也一定爱慕虚荣。朴实谦逊的家风可以对孩子起到潜移默化的作用。

3. 客观地评价孩子

有一些家长常喜欢在他人面前夸耀自己的孩子。家里来了客人，总要让孩子表演一番，背诗、画画、唱歌等。虽然客人的赞扬能激发孩子的兴趣，但时间一长往往会使孩子失去对活动本身的兴趣，而仅仅对赞许给予关注。正确的做法是客观地评价孩子，不仅要表扬优点，同时对孩子的缺点也要及时指正。

4. 比别人没有的

告诉孩子，很多东西是没办法用一个标准去衡量的，别人拥有的你没有，同样你拥有的也可能是别人所没有的。孩子比来比去其实就是想要证明自己比别人强。所以我们家长要让孩子知道，每个人都有优点，都有比别人强的东西，培养孩子的自信心。

5. 家长自己不要比

一些孩子爱攀比是平时受家长的影响，家长要自己注意自己的举止。如果家长经常对孩子说，你看那个小朋友比你乖，那个同学比你学习好等等，慢慢地，孩子就会经常跟别人比。但孩子往往不比学习，会比一些物质上的东西。对孩子的表扬应集中体现在品质上，比如平时谁最爱劳动，谁最爱干净，谁最爱帮助别人等，这样孩子无形中就有了良好的价值观。

通过以上几点，让孩子远离虚荣，让孩子的身心健康发展吧！

# 让孩子学会谦让

谦让，是中华民族的传统美德，“孔融让梨”的故事教育了我们一代又一代的中国人。这种行为有助于孩子建立良好的人际关系，有利于孩子产生积极的情感，帮助他们意识到他人的需要，所以让孩子学会谦让、帮助孩子形成谦让的美德，是很有必要的。然而我们经常发现，孩子们在实践中无法真正理解谦让是什么。那么，如何使孩子理解和学会谦让呢？

1. 让宝贝自然流露和表达他内心的感受

当宝贝还是一个心智和感觉系统都不成熟的小家伙的时候，没有什么比让他体会自身的内在感受和真实的情感流露更可贵的经验了。这时，你所要做的，就是多让他和外界环境接触，让他在与外界的人和事互动的过程中尽情地流露自己内心的真实感受，这也是他心理成长所需要的养分。

2. 家长要注重言传身教

家长应该在日常生活中潜移默化地对孩子施以积极的影响。如：带孩子坐公共汽车时，家长在车上看见年迈的老人和抱小孩子的妇女，便主动起身让座。这虽然是生活中的小事，但在孩子幼小心灵中进一步增强了尊老爱幼和谦让的意识。要让孩子学会谦让，一方面父母要以身作则，做个主动谦让的人，为孩子树立榜样。孩子单纯、幼稚，喜欢模仿，作为父母要不断加强自身修养，对人对事热忱友好，为孩子树立楷模。另一方面，在理解谦让的基础上，运用多种方法、多种手段，引导孩子关心他人，懂得先人后己，从而发展孩子的谦让行为。

（1）通过经典故事，让宝贝理解谦让的含义

随着宝贝渐渐长大，可以让他诵读经典，并给他讲讲故事的含义，当“融四岁能让梨”这样朗朗上口的句子印在他记忆里的时候，这个故事所蕴藏的内涵，也就会慢慢深入到他的心里了。这个正面的例子，会不知不觉成为宝贝愿意学习和效仿的行为规范。

（2）随机教育

孩子年龄小，且大多是独生子女，常常以自我为中心，不能自觉控制自己的行为。在一次角色游戏中，我以客人的身份观察着孩子们的活动，有的孩子卷起了袖子当“厨师”；有的孩子当起了“小老师”。突然，李安静对小老师说“徐明浩抢我的书”。小老师上前劝说，也无济于事。这时，我抓住这个时机，坐到钢琴旁，反复弹奏《我们都是好朋友》的歌曲，孩子们嘴里也不由自主地哼着：好图书，大家看，好玩具，大家玩……当琴声停下时，我问孩子们：“你们唱的是什么歌？你们要向歌曲中的小朋友学什么呀？”这么一说，李安静和徐明浩都把手中的图书推让给对方。这不仅消除了孩子的争吵现象，还增强了孩子的谦让意识。

3. 提供机会，训练孩子的谦让行为

（1）帮助孩子理解谦让

让孩子明白谦让不是失去。孩子之所以不愿意让别人，是因为他们认为谦让别人自己就失去了。父母应该理解孩子这种难以割舍的“痛苦”，让孩子明白谦让不是失去，是一种耐心的等待。谦让体现了对别人的关心和帮助，自己让了别人，别人也会回报同样的关心和帮助。这样彼此关心、爱护、体贴，大家都会觉得温暖和快活。

（2）相互讲述，强化谦让意识

孩子喜欢讲述经历过的事情，当父母引导孩子讲述自己如何谦让别人，发现别人的需求时，孩子会很自豪，他们会把自己的经验讲给别人听。因此提供孩子相互讲述的机会，使孩子在相互说、听的过程中，强化孩子对谦让的认识。

（3）对孩子的成长予以鼓励

无论是大人还是孩子都喜欢受到表扬和鼓励，尤其是孩子，鼓励孩子会使他们更加健康地发展。对孩子的鼓励，不一定必须用语言表现出来。父母满意、信任的目光，亲切喜悦的笑脸，都会给孩子带来力量。作为父母，首先要看到孩子的进步，让孩子看到自身不断增长的智慧和力量。游戏中，我根据孩子的身心特点，创设条件，引导孩子让吃、让玩。每当孩子出现争执时，我让孩子们自由讨论，自我评价，分清是非，帮助孩子形成互相谦让的自觉性。凡出现谦让的举动和表现，就立即加以肯定和表扬，让孩子自己体验谦让带来的快乐，从而使孩子的情感体验转化为自觉行为。教育就是在培养一种生活智慧，当孩子们学会应用这些智慧进行交往、生活时，他们会更快乐、更自信。让我们用真诚的鼓励来帮助孩子，我们希望孩子们成功、进步，只有这样才能使孩子养成主动谦让、互相谦让的习惯，从小形成良好的思想品德，在我们的掌声中走向成功。

孩子谦让的自觉行为，不是靠一次两次的角色游戏，一天两天的鼓励表扬能够形成的，而必须长时间从日常生活中的小事抓起，持之以恒，让孩子在一次次活动中懂得什么是谦让，在一次次挫折后愿意主动谦让同伴，从中体会到谦让的快乐，并逐步养成谦让的好习惯。

## 让你的孩子充满勇气

随着孩子慢慢长大，他们需要得到父母的认可，因为父母是他们的领路人，是他们的榜样。尽管人们普遍认为，来自同龄人的压力会对孩子产生重大的影响，但其实，对孩子的自尊心和自我价值来说，来自父母的肯定、接受和关爱，远比从同龄人那里得到的表扬重要得多。懂得自我肯定，比较自信的孩子都跟父母有着良好的关系，积极向上的父母，对孩子有很大影响，这会使他们变得更加自信。

如果你希望孩子拥有抵抗同伴压力的力量，那么，作为父母的你必须强大起来，向你的孩子传授正确的价值观，并通过自己的行动，来让孩子体会到什么是勇气。

读一读下面的方法，让你的孩子拥有更多勇气吧！

1. 教导他们真正的价值来自哪里

孩子们需要知道他们所具有的内在价值。父母，尤其是爸爸，是要教导他们的人。永远不要让孩子怀疑他们对你来说是否重要，而是要让他们相信自己的价值是独立存在的，并不依附于任何成就、天赋，或他们的朋友圈。作为父母，要不厌其烦地告诉你的孩子这些事情，尤其是当他们成为青少年时，因为大多数青少年一直对他们的相貌、能力感到不安全和不适。不断地鼓励他们，能够让孩子更加相信自己。通常，跟父母保持良好关系的孩子，必然有一个用勇气和真理指引他们的爸爸。

2. 和孩子谈论如何成为充满勇气的人

一旦你的孩子明白他们的生命很重要，而且有意义，你就可以用适合他们年龄的方式去挑战他们，让他们变得充满勇气。你可以说“我知道这很难，但是你可以做到”，要教导他们接受挑战，而不是逃避；教导他们讲出事实，并坚持事实；教导他们为自己的行为承担责任，包括负面的行为，并在适当的时候接受公正的惩罚；教导他们为自己的信念保持高大、有礼貌和坚定的姿态。

孩子都喜欢去模仿他们的心中的英雄，而父母其实就是孩子的头号英雄！有时候，最好的榜样做起来也是最艰难的。当你的孩子想要你通融时，你一定要坚持原则；当孩子想要在父母这里获得勇气时，父母一定要加以鼓励，用言语和行动，让他们坚定自己最初的想法。

自信和勇气对一个人一生的发展所起的作用，无论在智力上还是体力上，或是处世能力上，都有着基石性的支持作用。一个缺乏自信和勇气的人，便缺乏在各种能力发展上的主动积极性，而主动积极性对刺激人的各项感官与功能及其综合能力的发挥起着决定性的作用。勇气是一种美德，勇气可以让我们充满积极的力量。更重要的是，勇气会让你获得孩子的认可，并确保自己的孩子有机会成为有勇气的人。成为一个有勇气的家长吧！孩子会在你的影响下，每天进步一点点，成为同样有勇气的人！

# 让孩子学会感恩

天下没有不爱自己孩子的父母，可有的父母却爱错了孩子——对孩子百依百顺，要什么有什么，结果却得不到孩子半点感激……是啊，这样的现象很普遍，要想让孩子也懂得爱父母，关键要让孩子学会感恩。

父母爱孩子没有错，但也要让付出有回报，不要让孩子觉得父母爱他们是理所当然的。感恩之心是一切道德的起源。父母要为孩子营造一个感恩的环境，以身作则，让孩子在一个感恩的环境下健康成长。那么，如何让孩子学会感恩呢？以下十个小方法希望对您有帮助！

1. 让孩子从感恩父母做起

父母应该让孩子理解父母的艰辛。如今不少孩子聚在一起往往吹嘘自己的父母地位怎样显赫，怎样日进斗金，却不愿讲父母真实的工作状况。事实上很多孩子根本不知道父母工作的辛苦，更不知道父母的钱是何等的来之不易。

据资料调查显示，70% 的小学生认为父母的付出是天经地义，没什么过意不去的。在这种情况下，有意识地把孩子带到父母的工作现场，让孩子一起参与劳动，让其亲身感受父母工作的艰辛，挣钱的不易。父母对孩子付出的一切是不求回报的，但是在他成长过程中，让他学会接受爱心、懂得感恩、知恩图报是不可缺少的一课。

2. 父母要起表率作用

孩子好动、好模仿、可塑性强，容易接受外界的各种信息。

父母的一言一行，在有意无意中孩子都会看在眼里，慢慢地记到心里，并逐渐给孩子一种行为上的暗示。因此，作为父母，在对孩子实施感恩教育的过程中，应秉持“以身作则”的原则，做好感恩的表率。

不仅自己在日常生活中要常怀感恩之心，用感恩的眼睛看待周围一切，而且要用自己的爱引导孩子、感染孩子。当孩子在日常生活中关爱或帮助父母时，父母应敏锐体察，适当感谢和鼓励孩子。父母的这种感恩方式，不仅言传身教，使孩子切身体会到父母的感恩意识和感恩行为，也使孩子体会到了施恩的快乐。因此，父母的表率行为，对引导孩子感恩、施恩有十分重要的意义和价值。

3. 父母要在孩子面前学会“示弱”

如果父母总能把每件事做得又快又好，那么孩子就没有机会插手帮忙。久而久之，孩子便习惯了接受，他所有的需要都被父母无条件地满足了，理所当然地认为什么事情都应该先满足他，认为别人的给予都是应该的。

父母学着在孩子面前“示弱”，孩子能够做的事情就让孩子去做，让孩子去吃苦就是让他懂得父母和别人的给予与帮助是一种“恩惠”，而不是理所当然或者欠他。

4. 父母要充分利用各种节日作为教育的载体

利用各种节日的机会教会孩子学会感恩，如春节时要教孩子热情接受爷爷、奶奶及其他亲属送给他的礼物，并表示感谢，不管价钱多少，回到家里都要求孩子妥善保管，学会珍惜别人的情意。

教师节，让孩子亲手制作贺卡送给老师，表达对老师的美好祝愿；父亲节和母亲节，给爸爸妈妈说几句感谢的话语，不一定感谢爸爸妈妈给他们帮了多大的忙，而只需表达生活中感觉很幸福的一点一滴。

5. 在日常生活中教会孩子学会感恩

家庭是孩子的主要活动场所，孩子经历着、感受着家庭生活所带给他们的一切体验。如果父母能很好地利用这一契机，使孩子在潜移默化中学会识恩、知恩，培养他们识恩、知恩的能力和心向，必将取得很好的效果。

首先，孩子总认为世上的一切事物都是有生命、有思想、有感觉的，因此，家长可以借此采用移情的方法，让孩子学会识别和感受他人的情感、控制消极行为，从而引导孩子做出互助、分享和谦让等积极行为。其次，作为家长，应尽可能在家中创设感恩的氛围，并且为孩子提供多种实践机会，在各种实践活动中，有意识地抓住时机，启发、诱导孩子对别人的利他行为进行识别和感受。另外，家长还可以给孩子讲短小精悍和富有人生哲理的寓言故事、童话故事或名人名家的传记。

6. 让孩子知道父母并没有想要孩子回报

父母们常常会在孩子面前说：“爸爸妈妈这么辛苦都是为了你！”表面上是希望通过这种方法强化父母付出的多，其实恰恰相反，这给孩子造成了心理负担，它暗示了“我付出给你，你要偿还”，这样孩子就算回报也不是出于真心的，孩子会以“形式对形式”来感恩。

7. 教育孩子积极参加集体活动

父母可以让孩子多参加集体活动，鼓励孩子关心集体，培养孩子对集体、家庭的责任，进而在孩子心目中才有对社会、对国家的责任。总之，让孩子懂得奉献，懂得关心别人，他才能学会感恩。

8. 让孩子从点滴小事做起

父母要知道，孩子的好品质、好行为是不断培养出来的。父母要让孩子从细微处入手，从小事做起。为了让孩子懂得主动尊敬他人，感恩大家，父母可以从“谢谢、晚安”开始培养孩子讲礼貌的习惯。通过生活中的小事，让孩子知道人与人之间要友好相待。若自己有能力，要懂得付出和服务，而当别人有恩于自己时，要懂得感恩。也只有懂得感恩的孩子，才能学会感激亲人给予他的一切，懂得感激在他成长过程中支持和帮助过他的每个人。

9. 让孩子在对比中学会感恩

父母可以带孩子到孤儿院或伤残医院参观，可以鼓励、组织孩子与贫困地区的孩子结对交友等，让孩子在对比中体会过去不懂、不在意、因而也不会珍惜的东西，改变孩子的冷漠，从而引发其慈悲心、惜福心、感恩心。

10. 教会孩子掌握好沟通与交流的方法

父母可以通过良好的沟通，开启孩子的心灵之门，并善于营造温馨、充满关爱的家庭氛围，让孩子爱父母、爱家庭，并通过父母的“榜样”，促发其感恩之心。听过一位母亲说过这样的一句话：“我们的世界，大门为你们敞开，你们不想进来；你们的世界，我们想进去，你们又不肯。”可见，不能良好地沟通，就无法让孩子走进父母的内心世界，无法让孩子了解父母的付出与辛苦，就很难让孩子有颗感恩的心。

“感恩”是一种生活态度，是一种品德，是一道人生美丽的风景线。只要孩子胸中怀着一颗感恩的心，随之而来的，就必然会是诸如温暖、自信、坚定、善良等等这些美好品格的人生。

# 第四章
# 成为更好的人

## 教孩子学着适应新环境

舟舟是个依赖性很强的孩子，上小学五年级的时候，别的同学都能自己步行或坐公交车回家，可他却不行，还是像一二年级那样，每天让爸爸或妈妈送他上学。

后来，舟舟13岁了，上初中了。爸爸帮他找了一个教学质量比较好的中学，但是离家比较远，因此舟舟必须住校。对于爸爸的决定，舟舟刚开始还感到很兴奋，对住校生活充满了向往，可是当他真正在学校里待上几天后，就觉得受不了了。

原因很简单，舟舟从小到大，生活上的一切都由妈妈来料理，被照顾得无微不至，甚至连洗袜子这样的事，妈妈都不舍得让舟舟去做。所以，整个小学阶段，舟舟除了学习，什么都不用操心，平时吃什么，穿什么，用什么，父母都会提前为他准备好。可是现在住校了，情形就不同了：舟舟饿了，就得端着饭盒自己去食堂排队打饭；渴了，就得自己拎着暖瓶去水房打水。

最让舟舟受不了的是，和其他5个男生住在同一个宿舍，平时若是与他们发生了矛盾，没有人会像爸爸妈妈那样让着他，宠着他，这无疑让舟舟觉得自己受到了很不公平的待遇，因此经常因为一些小事和舍友吵架，甚至动手。

每次跟妈妈打电话，舟舟都要发牢骚“哭诉”自己在学校里不如意的生活，并多次哀求妈妈为他转校，否则就以辍学来威胁妈妈。

看到儿子对新的学校环境如此不适应，妈妈也非常心疼，不忍心再让儿子继续“遭罪”，于是就跟舟舟爸爸商量：反正自己也没上班，干脆在儿子学校附近租个房子，和儿子一起住，照顾儿子的生活起居。刚开始，爸爸不太乐意，但后来禁不住舟舟妈妈的多次请求，就同意了。

就这样，妈妈很快就在舟舟的学校附近租了房，然后购买了日常用品，又立刻将舟舟从学校宿舍接了过去。从这以后，舟舟又能像以前那样享受到妈妈的精心照料了，再也不用为排队打饭、自己洗衣服、自己买东西等事情而头疼了。

对于舟舟妈妈这样的做法，邻居们都不太理解，纷纷埋怨她对孩子太娇惯，这样对孩子的将来也不好。可是舟舟妈却不这样认为。相反，她认为自己一点儿也没做错：只要孩子生活顺心如意，自己当妈的再怎么吃苦受累也值了。

看了舟舟的故事，相信很多父母都会有所感触。像这样因为心疼孩子，而不舍得让孩子在条件艰苦的新环境中磨炼的父母在我们身边有很多。这类父母只知道全身心地去呵护孩子却忘了一个重要的社会规律，即“优胜劣汰”“适者生存”。

其实，对于孩子来说，能够顺利适应各种环境，不仅是他独立性极强的一种表现，同时也是他将来在这个世界上生存下去的基本条件。父母对孩子的宠爱心理我们都能理解，可是试想一下，如果孩子从小到大都生活在父母的羽翼之下，不去主动、大胆地踏入新环境中锻炼自己，那么将来当他踏入社会，面对各种各样纷繁复杂的环境，如何进行独立生存，如何很好地工作和生活？恐怕他最终会被社会所淘汰！

所以，作为父母，一定要深刻认识到：不舍得让孩子学着适应新环境，其实并不是真正地爱孩子，而是在害孩子！一个对孩子负责任的父母，是不会时时刻刻让孩子生活在“蜜罐”里的，他们为了让孩子将来更独立，会想方设法鼓励孩子去体验各种不同的环境，从而让孩子懂得如何用自己的双手和积极的心态适应新环境，从而变得自立自强。

但愿所有做父母的，都能积极地做到这一点，唯有如此，你的孩子才能迅速长大、成熟！对于适应新能力这些事，家长应该怎么做呢？

招数一：不要帮刚开始适应新环境的孩子打“退堂鼓”

有些父母，看到孩子在新环境中备受挫折时，总会出于疼爱而对孩子说一些泄气的话。比如“宝贝，既然你觉得不习惯，以后就不要去了”“重新换个环境吧，或许这样你会觉得好受些”，等等。殊不知，这样的话很容易让孩子产生消极的心理，认为既然父母这样“同情”自己，那干脆自己就不用再去适应不熟悉或不好的新环境了。久而久之，孩子就会产生依赖心理，离不开父母的怀抱，一旦置身于新环境中就会产生强烈的抵触心理。基于此，父母不要帮孩子打“退堂鼓”，而应该多鼓励孩子：新环境中的困难只是暂时的，只要你摆正心态，努力去克服、坚持，就一定能适应，进而更好地发展自己。

招数二：引导孩子总结经验

孩子由于生活经验不足，很多时候在新环境中难免会遇到一些挫折。对此，父母要耐心地引导孩子及时总结经验、吸取教训，使孩子迅速地适应新环境。另外，面对孩子因为不适应新环境而遭遇的失败，父母也不要一味地批评孩子，而应该耐心地和他一起找出失败的原因，取长补短，然后鼓励孩子，让孩子相信自己一定能够成功。反之，父母如果总是指责孩子这做得不好，那做得不好，孩子就容易失去自信从而被新环境所淘汰。

招数三：培养孩子的忍耐力和自理能力

一般来说，环境适应力差的孩子，往往是由于忍耐力和自理能力较差所导致的。这样的孩子平时过惯了衣来伸手、饭来张口的舒服日子，所以一旦置身于陌生、艰苦的环境中时，就会觉得处处不如意，事事不顺心。所以，父母要从生活中的点点滴滴做起，不断培养孩子的忍耐力，多让孩子等待一会儿。比如当孩子向我们要东西时，如果不是必需品，可以延时再给他，或者不给他，但要向他解释原因，态度不能粗暴。而在培养孩子自理能力方面，父母要鼓励孩子自己面对问题，让孩子想办法独自去解决。一旦孩子具有了较强的忍耐力和自理能力，那么他在面对新环境时，往往就能独立思考，从而找到出路。

## 帮助孩子认识到对他人和社会的责任

小伟是六年级一班的“大懒鬼”，同学们都不喜欢他，老师也对他很头疼。轮到他们小组值日时，他总是磨磨蹭蹭，敷衍了事，或者是偷偷跑掉，把活儿全丢给其他同学；班里举行春游，需要带着炊具和食材到野外去做饭，小伟专挑轻的东西拿；小伟妈妈出差时，小伟每天都不换衣服袜子，臭烘烘地就来上学了；每次交作业时，小伟不是忘了写就是没有带作业本……

他的懒惰事迹数不胜数，大家对他都很有意见，当老师同学给他提意见时，他总是振振有词:“我在家里就不干活儿，我妈妈都不让我干，说我不会做。我不会做怎么能在学校做呢？我怕事情搞砸嘛！”渐渐地，同学们都不愿意和小伟相处了，小伟变成了一个“孤家寡人。”

小伟的问题，其实不只是懒惰的问题，还有责任感的问题，他没有对他人对集体的责任感，因而招致同学的厌恶。当一个人缺失对他人的责任感时，就会损害别人的利益，给他人带来不便，自然就会引起别人的不快。而一个有责任感的孩子，能够深刻地体会到自己对他人、对社会的意义和价值，会具有更强的生存能力。这个世界需要一种深深的责任感，我们不仅对自己负有责任，我们还要对别人负有责任，正是责任感把所有的人联结在一起，任何一个人对责任的懈怠都会导致整个社会链的不平衡。所以，家长应该帮助孩子认识到他对他人及对社会的责任，责任感才是孩子今后在社会立足的基本点。

《汤姆叔叔的小屋》的作者——美国女作家斯托夫人有自己的教育经验，她认为，一些家长在对孩子进行早期教育时，只注重孩子的智力和爱好的发展，重视拓宽孩子的知识面和学习的某种技能，而忽略了诸如责任心等重要品质的培养。这种做法是错误的。

家长要培养孩子这方面的责任感，就应该把他们放在具体的社会环境中，让他们自然地学会如何建立与他人的关系，处理好自己的事情。

从幼儿园开始，孩子们就要轮流担任老师的助手，帮助老师组织各种班级活动，以锻炼责任感和能力。小朋友们也都很愿意参与，并且会为自己日渐增长的能力感到很自豪。刚开始，家长可与孩子一起做，让孩子当助手，分派给他们一些简单的很快就能做完的小事，让孩子从中体验到成功的快乐。接着家长应有意识地将自己和孩子的角色慢慢互换过来，同时，家长要教育孩子帮助别人，因为每个人都有需要别人帮助的时候。孩子有麻烦的时候，往往需要他人的帮助，同样，当别人遇到困难时，也需要孩子伸出援手，提供帮助。当孩子感受到被帮助人的感激之情时，孩子会体验到自身的价值，提高责任感。

当孩子勇敢而积极地完成自己的任务时，家长要给予积极肯定，因为家长的表扬与肯定会让孩子体验到成功的喜悦，树立自信心，增强其成功感和自豪感，使孩子明白自己能做很多事、自己应该做很多事并且能做得很好。

家长的包办行为会使孩子失去责任心。孩子长期在家长全力照顾、凡事准备的情形下成长，就必然会失去自己计划、安排的能力和敢做敢当的勇气。要培养孩子的责任心，家长就要在孩子的学习、生活中纠正他的不良习惯，让孩子学会自己的事情自己做。只有懂得责任，才能具有更强的生存能力，也更能体会到自己对他人、对社会的价值和意义。

怎样训练孩子养成自己的事情自己做的习惯呢？专家建议从小事开始练习。比如，让孩子自己上学下学，如果路途远需要接送，那么至少他的书包应该由他自己来背。特别是要明确地让孩子明白学习是他自己的事，不是父母的事。让孩子处理自己的事情，目的就是要克服孩子的依赖性，培养其独立性，让孩子独立思考问题、独立解决问题、独立去处理自己应做的事。在现实生活中，妈妈要试着把孩子生活中的每一项责任都放到他自己的身上，让孩子自己承担。比如，当孩子遇到麻烦的时候，你应该说："这是你自己选择的，你想想为什么会这样？"而不要对孩子说："你已经努力了，是爸爸妈妈没有帮助你。"虽然只是一句话，却反映出了观念的不同。如果你无意中帮助孩子推卸了责任，孩子将会认为自己无须承担责任，这对他以后的人生道路是很不利的。

平时，在家中应让孩子练习做自己能做的事情，如洗手帕、洗袜子、整理自己的小房间等。

这样孩子也慢慢地学会了对自己的行为负责。孩子只有学会了对自己的事情负责，才能逐步地发展为对家庭、对他人、对集体、对社会负责。有时候，孩子在集体中会吃点小亏，做妈妈的内心也会在爱与公平之间摇摆犹豫，但是不能因为孩子的借口而一味地迁就他的喜好，让他逃避责任。要知道，责任感是孩子今后走向社会的通行证。

## 学会道歉，是承担责任的一种表现

小洋坐在靠近门边的书桌前写作业，外面风很大，作业本被风吹得“啪啪”直响。于是小洋不得不一次次跑去关门，每次关上没多久，猛烈的风就又把门吹开了。

这时，邻居有事来找妈妈，她没有进门，便和妈妈两人站在大门外闲聊起来。

恰巧此时门又被风吹开了，小洋跑过来用力关门，只听外面传来一声痛苦的叫喊声。

小洋打开门惊恐地看到，门外的妈妈五官痛苦地扭曲在一起，看到小洋出来，妈妈生气地冲他扬起了手。原来，刚才妈妈的手放在门框上，小洋突如其来的关门，夹到了妈妈的手指。

小洋吓坏了，以为这次免不了一顿“暴打”，不过妈妈的巴掌一直没有落下来……

事后，手指受伤的妈妈对小洋说：“当时我实在痛得厉害，原想狠狠地打你一个耳光。但是，转念一想，是我自己把手放在夹缝处的，错的人是我，凭什么打你？”

小洋的妈妈用自己的行动告诉了小洋一件事情，那就是要勇于承担自己的责任，敢于说对不起。

有的妈妈认为孩子做错事时道不道歉并不重要，只要孩子下次注意就可以了，但是当错误产生时，妈妈一旦无原则地让步，对孩子姑息放任，就会变相地提示孩子，自己的错误可以不用承担。

“对不起”这三个字虽然看起来很平常，但却蕴藏着无穷的力量。试想，当你在路边散步时，突然被一个骑自行车的人撞倒了，正当你怒发冲冠准备发火的时候，那人轻轻地对你说了声“对不起”，你要生的气是不是就生不起来了。在生活中，当我们和别人发生了什么不愉快的事情时，若能够做到礼貌，时时多讲两句对不起，那许多大事就可以化小，小事便可以化无了。

而且，更重要的是，让孩子学会说“对不起”，其实是教育孩子要勇于承担自己的责任。

一个做错了事而不敢去承担的人，就是一个没有责任感、没有价值感的人，他无法认识到自己在社会中的地位与重要性，也找不到前进的方向，就会失去创造的动力，最终将一事无成。

这样的孩子是可悲的，这样的妈妈也是失败的。

犯错是人的惯常行为之一，错误本身并没有可怕之处，最让人担忧的是，当错误已成事实的时候，我们却选择了逃避，而没能从中学到生活的经验。父母作为孩子最亲近的人，应该教孩子学会说“对不起”，让他学会承担起属于自己的责任。

每个人都不是天生就具有责任感的，都是在适宜的条件和环境下萌发的，并随着年龄的增长和心智的逐渐成熟而形成。因此说，家庭是孩子责任感赖以滋长的土壤，父母对待孩子的态度以及教育方法，是孩子的责任感能否形成的重要条件。

为了教育好自己的孩子，家长需要注意以下几点：

首先，一定要说对不起。当孩子犯了错误时，千万不要偏袒他们，而应该让他们为自己的行为担起责任。逃避责任，只会让孩子留下人生的硬伤，甚至一错再错。比如孩子吃饭的时候打翻了自己的碗，要向家长说对不起；不小心踩了小朋友的脚，也要马上道歉，说自己不是故意的。

其次，要给孩子做最好的表率。家长错怪孩子的时候，也要勇于向他们道歉。比如你发现自己晾在阳台的衣服不翼而飞了，你以为是孩子淘气藏了起来，便不听孩子的解释把他教训了一顿，当你发现衣服其实是被风吹到了楼底下的时候，不能放不下面子就这样算了，相反，你应该马上向他道歉，孩子便能感同身受，下次自己遇到这样的事情，才会勇于承担。以身作则，是教育孩子的最好方法。

最后，教孩子做一个和善的人。当自己受到触犯的时候，要勇于原谅别人的错误，学会换位思考，比如在餐厅吃饭，一个小朋友不小心把饮料泼在了孩子身上，这个时候可以教孩子想一想："如果你是他的话，一定已经非常内疚了，我们就不要再责怪他了。"让孩子做一个大气、宽容的人，才能得到幸福和快乐。

## 培养孩子责任感的几个有效方法

责任感是一种高尚的道德品质，是人对自己的言行持认真负责的态度。每一位做父母的都应该重视培养孩子的责任感。因为人的一生所有重要习惯、倾向、态度多半是在幼儿时期培养起来的，所以，父母要从孩子幼年时期开始，就着手培养孩子的责任感。父母可以采用一些符合孩子幼小心灵的方法来培养孩子的责任意识：

1. 用父母的责任感培养孩子的责任感

孩子的观察模仿力很强，父母的言谈举止中所透露出来的责任感和责任行为往往对孩子起着强有力的潜在影响。因此，父母首先要率先示范，用自己的责任感来培养孩子的责任感。如果父母希望孩子能信守承诺，父母就要说到做到；如果父母希望孩子自己的事情自己做，父母就得认认真真地完成自己的任务；如果父母希望孩子能对小宠物有责任感，父母就要对宠物表现出爱和关注。总之，孩子会跟着父母学，有责任感的父母才能培养出有责任感的孩子。

2. 在游戏中培养孩子的责任感

父母和孩子一起玩角色游戏，让孩子在游戏中通过扮演不同的角色，体验承担不同的责任。例如，父母可以扮演病人，孩子扮演医生，让孩子承担医生的责任，询问病情，认真给病人看病，打针拿药；当父母扮演学生，而孩子扮演老师时，孩子就要认真给父母上课、批改作业，担当老师的责任。通过各种各样的游戏体验，孩子的责任意识就会萌生，就会意识到每个人都有自己的责任。

3.“与孩子拉钩”，用承诺来培养责任感

拉钩，对孩子而言是游戏，但也具有良好的约束力，在孩子看来，拉钩就是最大的承诺，和孩子拉钩约定好一件事情，孩子就会为了实现自己的承诺而愿意为之做出努力，这就是孩子责任感的一种最初体现。

对孩子责任心的培养，仅仅是开始得早、花心思多是不够的，父母还要把握尺度，以免过多的说教或者不良的方法造成孩子的厌恶或是抵触。所以，培养孩子的责任感，需要把握以下原则：

1. 注重孩子的爱心培养，让孩子学会关心他人、善待他人，这是培养孩子对社会责任心的基础要求。让孩子主动关心老人、病人和比自己小的孩子。父母生病的时候，让孩子学会照顾父母；让孩子知道父母的生日，鼓励孩子给父母送上一份生日礼物。

2. 对孩子采取民主的态度，鼓励孩子独立思考，允许他们表达自己的观点和看法，有利于孩子形成责任心。让孩子绝对服从的教育方式只能培养出唯命是从、毫无主见、不敢负责的人。

3. 可适当地让孩子了解一些父母的忧虑和难处，提出一些问题，引导孩子独立思考和选择，大胆发表自己的见解。让孩子感到家庭的美满幸福，要靠爸爸妈妈和自己的共同参与，进而增强孩子对家庭的责任心。

4. 在大处着眼，从小处着手。让孩子在生活中感受责任的分量，哪怕只是倒一次垃圾，洗一块手帕，一次维护公共财物的举动，一件表示同情心的事情。孩子积极主动时应给予表扬鼓励，疏忽或漠视时应给予批评和修正。只有这样，才能让孩子超越“以自我为中心”，了解自己周围的世界，从而强化自己对他人负责、对周围环境负责的责任心。

5. 鼓励孩子做事情要有始有终。孩子好奇心强，什么都想去摸摸、去试试，但是随意性很强，做事总是虎头蛇尾或有头无尾。所以交给孩子做的事情，哪怕是很小的事情，父母也要有检查、督促以及对结果进行评价，以便培养孩子持之以恒、认真负责的好习惯。

6. 别让孩子找借口。找借口几乎是人的天性，孩子也不例外。生活中孩子常常会找出这样那样的理由和借口，来推托自己所做的事情。父母应及时而理性地纠正孩子这种不良的行为习惯，清除滋生“不负责任”的土壤。

小测试：看看自己的孩子有没有责任心

以下题目测试你孩子的责任心，每题答“是”或“否”。

1. 与人约定见面，通常准时吗？

2. 觉得自己是个可靠的人吗？

3. 孩子懂得未雨绸缪而储蓄吗？

4. 发现朋友犯了错，会告诉老师吗？

5. 出外旅行，找不到垃圾桶时，会把垃圾带回家吗？

6. 经常运动以保持健康吗？

7. 没有偏食、挑食等不良饮食习惯吗？

8. 永远将正事列为优先，再做其他休闲运动吗？

9. 积极参与班级体育活动吗？

10. 你告诉他同学有事找他，他会立刻回电话吗？

11. “既然决定做一件事情，那么就要把它做好。”孩子相信这句话吗？

12. 与人相约，从来不会耽误，即使自己生病时也不例外吗？

13. 曾经违反过社会规范吗？

14. 经常拖延交作业吗？

15. 经常帮忙做家务吗？

测试结果：

“是”记1分，“否”记0分。

分数为10 ~ 15：是个非常有责任心的人。行事谨慎、懂礼貌、为人可靠，并且相当诚实。

分数为3 ~ 9：大多数情况下，都很有责任心，只是偶尔有些率性行为，没有考虑得很周到。

分数为2以下：是个完全不负责任的人。有些父母可能会对你的孩子有成见，力劝孩子少跟你的孩子来往。孩子会一次又一次地逃避责任，做事不能持之以恒，手上的钱也老是不够用。

## 生活就是游戏，让孩子在游戏中感受社会

3岁的微微经常一个人做游戏，她最爱玩的游戏就是每天模仿妈妈的日常活动：买菜、做饭、梳妆打扮、电话聊天、匆匆忙忙出门去上班等，甚至会边穿衣服边拿东西，嘴巴里还会忙不迭地喊着："来不及了！来不及了！宝贝再见！上学要乖……要听话……"

游戏占据了孩子生活中的很大一部分。游戏是孩子最基本的活动，它是想象和现实生活的独特结合，是人的社会活动的初级形式，但是游戏并不是孩子的本能活动。孩子的动作和语言发展后，渴望参加社会实践活动但是又缺乏相关经验和能力水平，在这种情况下，游戏就成了孩子参加社会实践的一种方式，是孩子的一种社会性需要。

孩子的游戏内容通常来自周围的现实生活，例如"过家家""开汽车"等，都是现实生活的反映，都是以孩子在社会中经历过的事物为素材的。同时，孩子的游戏不是原原本本地照搬生活，而是孩子根据自己对生活的理解，并且加入了自己对生活的愿望，将内容进行重新组合后的创造性活动。

游戏在孩子社会能力的发展中起着十分重要的作用，孩子可以在游戏中按照自己的意愿去扮演任何角色，并从中体会到各种思想和情感。孩子还可以通过游戏学会如何在集体里发挥自己的作用，如何与别的孩子合作得更好。另外，游戏在发展孩子的自我控制、活动方式以及改造孩子的问题行为方面也起着重要作用。

如何让孩子有更多的情感体验呢？父母应该抽出更多的时间来陪孩子一起玩游戏，父母可以在家中设置一些特殊的“游戏角落”，孩子的玩具不需要多么精巧多么高科技，家里的很多东西都可以“变废为宝”。

大纸箱、旧布、坏掉的门把手等都可以变成孩子的宝贝。纸箱可以变成郊外的小房子，旧布变成云彩或者巫婆的斗篷，门把手可以变喇叭、做假鼻子……在玩的过程中，不但孩子的动手能力可以得到提高，他对情感的理解也会更加深刻丰富。

很多父母都知道游戏对孩子的好处，所以他们总是带着孩子到户外去与其他的小朋友一起玩耍。虽然户外活动对孩子来说是必不可少的，但是面对大自然的诱惑，很多孩子并不买账，这是怎么回事呢？

小波特别爱在家里玩玩具，因为玩得专心，有时连妈妈叫他都听不见，妈妈想让小波到外面和小朋友们一起玩，可是妈妈发现小波好像更迷恋玩具，每当妈妈让他外出时，小波总是表现出有些不情愿，妈妈很不理解，小波这是怎么了？

其实，孩子的玩乐没有大人那么强的目的性，他们关注的只是玩的过程。能够体验快乐情绪对他们来说已经就足够了，玩具是孩子幻想中的玩伴。无生命的玩具在他们看来和真实的小朋友是没有区别的。玩具是孩子无伙伴时的假想伙伴，过了特定的时间，他就会跨过以独自玩耍为主的阶段。

家长们经常可以看到孩子一边自言自语，一边摆放玩具，或者指挥打仗，或者和小动物对话，孩子不是单纯地在玩，他是在

“演练”如何与人交往。在家玩玩具和外出找小伙伴玩，这两者之间不是对立的关系。

在游戏中感受社会，不失为一个很好的方法。

## 培养兴趣，让孩子从中收获快乐

周末，5 岁的冰颖被爸爸妈妈带到了农场里。冰颖看到有很多小朋友正在自由采摘蔬菜，闹着也要去试一试，这正合爸爸妈妈的意。爸爸妈妈为了培养冰颖对动植物的兴趣，经常带她去农场，让孩子近距离接触动植物。

冰颖用手把红萝卜拔起来，结果带出一只小蚯蚓。小蚯蚓蠕动一阵子，然后就一伸一缩地爬行，要钻回土里面。

“妈奶，这只蚯蚓要去哪里呀？”冰颖问。

妈妈高兴地答道：“当然是要回家了，他的家在土里面。”

“我能抓他回家玩吗？”冰颖伸手要抓蚯蚓。

“不行哟，不要抓它。蚯蚓在土壤里钻孔，这样空气和水分可以通过这些孔道深入土中，使土壤疏松，让植物生长得更加茂盛。你看，这些蔬菜长得这么好，不只因为农民伯伯辛苦施肥浇水，还有蚯蚓的一份功劳呢。”爸爸分析起来。

“哦，太有趣了。”冰颖把手收了回来，“小蚯蚓，你回家吧，我不抓你了。”

当天，在农场里，冰颖认识了很多蔬菜，如小白菜、大白菜等，她还发现了不少虫子，如蚂蚁、毛毛虫等。爸爸妈妈用手机把这些植物和动物拍了下来，回到家后就让冰颖照着照片把它们一一画出来，还加上一点简要的文字说明。多次去农场玩耍之后，冰颖对动植物越来越感兴趣了。

在上述故事中，冰颖的爸爸妈妈经常带她去农场，让孩子近距离接触动植物，以培养她的兴趣爱好。孩子越感兴趣的东西，他就越愿意花时间去学习、去探索，父母不用督促，孩子也能做得又快又好。

父母怎么发现和培养孩子的兴趣？以下几点值得参考：

1. 父母与孩子共同活动，更容易发现孩子的兴趣爱好

虽然平常工作很忙，但父母可以利用节假日多与孩子共同参加活动，通过活动观察和发现孩子的兴趣爱好。如果父母不喜欢亲近孩子，连亲子关系都很紧张，那么父母就无法走进孩子的内心，也搞不清楚孩子到底喜欢什么。

2. 让孩子主动参加自己感兴趣的活动

如果父母发现孩子经常主动从事某一方面的活动，而且根本不需要父母的督促，那么这个活动可能就是孩子的兴趣所在。例如，孩子天天拿猫粮喂小猫，给小猫换水，还给小猫梳毛，这说明孩子比较喜欢亲近小动物。父母可以带孩子去宠物医院，让孩子学到更多照顾小动物的方法。

3. 让孩子在兴趣爱好中获得快乐

有些孩子玩起一样东西来，乐此不疲、废寝忘食，难以抑制愉快和激动的心情，这是孩子在享受兴趣爱好带来的快乐。父母不要打断或者破坏孩子的这种快乐的心情，而是要引导孩子学会与别人分享他的快乐。

例如，孩子玩小汽车玩具，玩个不停，睡觉也拿着，去幼儿

园也玩，回家路上也玩。这时，请父母不要没收孩子的玩具，而应引导孩子跟大家一起玩。父母可以对他说："你可以在课余时间跟同学们一起玩，让大家分享你的快乐，但不能扰乱老师的教学工作，也不要影响自己和别人的休息。"

4. 让孩子花更多的时间去坚持做某一件事

如果父母发现孩子愿意花更多时间去坚持做某件事，那么这件事可能是孩子的兴趣爱好。这时，父母不要干扰孩子，而是要给孩子创造条件，让孩子坚持下去，看他能否实现新的突破。例如，孩子每天晚上都会好奇地注视着天上的星星，并数着星星玩。这时父母可以对他说："你爱数星星就数吧，遇到不明白的地方就来问爸爸妈妈或去问同学和老师。古时候，有个人叫张衡，他小时候也经常数星星、做研究，长大后就变成了大学问家，还发明了浑天仪，那是古代用来演示天象的仪表。宝贝加油！我们都支持你。"

## 怎样培养孩子的学习能力

为什么有些孩子平时看起来不是很用功，但是成绩也特别的好呢？那就是他们懂得了学习的五大能力，并且懂得如何去运用。如此学习起来当然事半功倍。家长们应当详细地理解上面的五大智慧，并帮助孩子学会这五大学习能力，这需要一段比较长的时间去领会和熟练操作。请不要认为此五大能力非常简单，细中见成效；成功只给予那些可以从细节中做出文章的人。

下面，我们从孩子学习能力的各个因素来分析“如何培养孩子的学习能力”。

培养孩子的学习能力主要从以下方面做起：

1. 培养孩子的学习兴趣

孩子就喜欢干自己感兴趣的事，这是父母引导孩子学习的有利条件。法国启蒙思想家、教育家卢梭曾说：“要启发儿童的学习兴趣，当这种学习兴趣成熟的时候，再教给他学习的方法。”要让孩子学习好，首先就要使孩子对学习产生兴趣，这才抓住了教育孩子的根本。

兴趣是最好的老师，如果孩子对学习有极大的兴趣，他就会全身心地投入学习。要培养孩子的学习兴趣就要多鼓励，多表扬，多找他的闪光点。不要放过每一个值得表扬的机会。如，孩子某一天拿起笔在乱画，你就利用这个机会对他说：“你真能干，知道用笔画东西了。”孩子在看小人书，就说：“哎呀，我儿子（女儿）真乖，知道自觉地学习，我真喜欢这样的儿子（女儿）。”如果孩子好动，不要光责怪他，而要对他说：“你是个聪明的孩子，如果改掉缺点，你就是最棒的了。”当孩子取得了一点成绩后要让他感受到成功的喜悦，要让他知道成功是多么快乐，于是他下次会照样去做的。

2. 让学习变得有吸引力

父母要认真地听孩子讲述在学校的见闻，有意识地对孩子讲述的事情表现出极大的兴趣，关心孩子在学校的生活，这样就会使孩子在不知不觉中形成一种意识，即学习是愉快的、有趣的。

要鼓励、支持孩子在学校参加各种课余活动，如唱歌、跳舞、手工制作等。有的家长怕影响孩子学习，不让孩子参加学校的课余活动，这一方面不利于孩子扩大知识面，另一方面孩子不能参加课余活动，成天捧着书本，就会感到学习是枯燥的，失去对学习的兴趣。

3. 让孩子形成良好的学习习惯

当孩子结束一天的学校生活回到家里，家长自然要监督孩子尽快把老师布置的家庭作业做好，使孩子养成回家后马上复习当天功课的习惯，这样容易巩固已学的知识，孩子会产生一种学习有收获的喜悦心情。

家长应妥善安排孩子的学习和娱乐。既要保证孩子完成学校老师布置的作业，也要让孩子有玩的时间。当孩子完成了作业，引导孩子听听音乐、学学绘画、练练书法，让孩子做自己感兴趣的事。这既使孩子提高了学习兴趣，又让孩子养成讲求效率的习惯。

良好的学习习惯和学习兴趣是相辅相成、紧密相连的。不能把它们分开，如果你的孩子的学习习惯很差，那你就要多花一些时间陪他，引导他，陪他一起看书，一起写字，一起做作业……

也许你认为这样太麻烦，不，这只是一个阶段，你陪他一段时间后，就会有效果的，一定要有耐心，不能急躁，你急了，孩子也不会安下心的。总之，培养孩子的学习能力，需要家长细心地辅导，耐心地指导，多表扬，多鼓励，少指责，少批评。

4. 让孩子看到进步的脚印

当一个人在学习和工作中取得成绩，会自然地产生一种喜悦的心情，得到莫大的乐趣，对学习和工作更有兴趣和信心。大人是这样，孩子更是如此。

要注意让孩子经常看到自己进步的脚印。不管工作和家务怎样繁忙，父母最好每天都要检查孩子的作业，把孩子的学习情况和学习成绩做简单的记录，并把孩子的作业本都收藏好，过一段时间就拿出来让孩子比较一下。经常告诉孩子有哪些进步，还有哪些地方做得不够。这样，孩子对自己的进步轨迹看得清清楚楚，对学习有了信心，学习兴趣也会越来越浓。

有的家长平时从来不问孩子的学习情况，关心的只是孩子的学习成绩。还有一些家长和孩子订“合同”，规定各门功课的具体分数指标和奖罚办法。这给孩子精神上带来很大的压力，严重影响孩子的健康成长。

父母的眼睛不能仅仅盯在分数上，要把力气花在提高孩子的学习信心和学习兴趣上。要经常了解和分析孩子的学习情况，及时加以引导。父母不了解孩子学习的每一步是怎样走过来的，不能及时给孩子必要的监督和帮助，孩子也会对父母感到失望，甚至产生学习并不重要的想法，一直对学习失去兴趣。

5. 对孩子提出恰当的要求

家长要善于对孩子的学习提出恰当的要求。过高的要求会打击孩子的学习信心，过低的要求激发不起孩子的学习兴趣，激发不起孩子追求新知识、见识新事物的愿望。在有条件的情况下，每隔一段时间可以选择孩子时间比较空余、兴致比较高的时候，有意提高对孩子的阶段性学习要求。

# 培养孩子解决问题的能力

当孩子面对挫折时，他要是具有独立解决问题的能力，那么他就能战胜挫折。而孩子往往从小就具有解决问题的能力，如一个年仅 5 岁的孩子看到父亲锯木头，弄伤了自己，赶紧跑进屋里拨通了 120；一位 17 岁的女孩，因为父亲周末接她总是迟到，于是在父亲生日那天，特地给他买了个闹钟作为礼物；美国一个 10 岁的小男孩，因为表妹被一辆从面前跑过的汽车里的男人开枪打伤，致信市长和警察局长，谈了自己对治安状况的担心，要求他们在该地区增加警力，市长特地给他回了一封信，保证实现他的愿望。

但是，父母们在现实生活中往往不太相信孩子们具备解决问题的能力，经常在孩子们不需要帮助的时候或地方擅自帮他们，擅自为他们做决定，这样，孩子越来越不会独自解决问题了。如果我们给孩子足够的机会和适当的鼓励，他们完全有能力周全地进行思考，解决复杂棘手的难题，从而提高他们独自战胜挫折的能力。

许多父母不愿花时间教会孩子们解决问题的技能，天真地以为孩子们童年时代应该尽可能远离任何问题。比如，一位家长听说解决问题的能力训练列为幼儿园课程的内容之一时，竭力摇头说："他们才这么小，以后有足够的时间来学会自己处理问题。"

这些父母没有意识到，培养解决问题的能力是孩子挫折教育过程中不可分割的内容。一般来说，孩子出生头几个月就能解决问题，他们的智力和情感成长以及解决问题的能力也是具有年龄特征的。而这些都要求父母认真思考，并在行动中体现出对孩子克服挫折、解决问题能力的重视。

许多父母认为孩子遇到的问题越少，才越幸福，越成功，其实这是一种误解。同样，许多父母难以理解孩子为什么那么喜欢自己解决问题，以及问题解决后那样的欣然与满足，好像问题越多他们越高兴。

许多人都有这样一个误解，智商比情商更能决定解决问题的能力。著名的心理学家简·皮亚杰就持这种观点，他认为，人的逻辑思维是决定解决问题能力的关键因素，而后者与年龄和智商紧密相关。然而越来越多的证据证明，社会经历和对问题的熟悉程度才是解决问题能力的关键因素。

心理学教授斯特芬尼·桑顿在《儿童解决问题》一书中，引用许多人的研究成果，证明孩子解决问题的能力比我们想象的大得多，孩子是否能成功地解决问题，更多地决定于他们的经历而非聪明程度。桑顿认为，过去对孩子如何学会解决问题的技巧（包括世界著名的简·皮亚杰的著作）主要是以某些测试为基础而进行的，而这些测试对孩子来说比较抽象，表述也比较理性，但是，只要转换叙述方法，孩子对同样的问题就不会感到困难。

当问题以孩子熟悉的具体的方式表达时，孩子就能解决相当复杂的问题。而如果以抽象的、缺乏准确性或者用假设的语气表达，那么即使问题相同，孩子也解决不了。

其实对成人来说，如果不能事先了解现实世界，那么在解决逻辑问题时，也会遇到麻烦。这不难理解，我们只要想想，对问题的熟悉与否对推理能力有多么大的影响就行了。

试想一下，你在家乡给人指路，与你在一个你仅到过一两次的城市给人指路，有什么不同。

从严格的认知观点来看，两者是同样的问题，但实际上，你对其中之一很熟悉，而对另一个无能为力。

在教给孩子解决问题的能力时，这一原则也同样适用。我们带领他们积极地解决一个问题，也就为他们建起了事实和经验的宝库，他们可以从中不断吸取知识，解决新问题。所以，我们实际上是在修建解决问题的桥梁，从孩子们本能的冲动和欲望开始，用经验和知识铺路，最终通向孩子掌握解决问题能力的这一最后目标。

怎样来培养孩子解决问题的能力呢？

1. 让孩子选择

现实生活中，任何问题都不止一种解决办法，需要选择最佳方式，求得圆满解决。而选择的过程，就是能力训练的过程。因此，你可以有意给孩子出一道生活难题，诱导孩子采用最佳方法，久而久之，让孩子形成习惯。

2. 从游戏中培养

小孩子喜欢游戏，利用玩游戏的方式，可锻炼孩子处理问题的能力。在游戏中设置需要解决问题的情境，而非刻意展现问题。

3. 引导孩子思考“例外”

凡事总有例外，很多问题在合理解决之后，还可以有其他例外方法，让孩子把注意力转移到积极、可能的解决办法上。

4. 教孩子走迷宫

此方法又叫困难递减法，即在做同一件事时，每一次都使困难有所减少，直到完全没有困难。这种方法有助于在解决实际问题时，借鉴过去的经验，减少困难，快捷处理。

在生活中，注意运用各种方法来提高孩子解决问题的能力，对孩子来说，无疑是给了他们有效地战胜挫折的方法。因此，爸爸妈妈们必须从小就重视培养孩子解决问题的能力。

## 让孩子学会处理自己的情绪

孩子的心灵是稚嫩的，他们的世界一切都很新鲜，作为家长的我们需要带领他们去不断探索。如果我们不手把手地带着他们去探索世界，他们往往无法顺利完成，包括情绪的排遣处理也是一样的。

有些家长因为忽略了这方面，所以常常觉得自己的教育不到位、没有效果，其实是因为孩子虽然想听话，却不知道从什么地方听起、不知道怎样操作，所以才看不到效果；还有的家长则过于重视这一方面，恨不得直接代劳，每次都将孩子的责任全部放在自己身上，哪怕他们已经可以独立控制自己的情绪了，家长还是不放心。这就变相地剥夺了孩子自己处理情绪的机会，而没有机会自己处理情绪的孩子，他们将成长得比同龄人更慢。

蒙蒙今年已经六岁了，在这个该上小学的年纪，大部分孩子都已经过了需要人哄的阶段，但蒙蒙不一样，只要有什么情绪波动、受到不良情绪的影响，就一定要别人哄着才能重新绽开笑颜。

蒙蒙本身的个性比较脆弱，也就是俗称的“玻璃心”，在生活中遇到自己不喜欢的环境、碰到比较难处理的问题，就只会用一个办法来解决，那就是哭。

您可能会说：“哭能解决问题吗？”

这个办法恐怕很多小孩都知道是行不通的，但对蒙蒙来说却是百试百灵。为什么会这样呢？主要是源于蒙蒙的奶奶对她太过于“包办”了，就连情绪控制这种需要自己去做的事情，蒙蒙的奶奶也都当作自己的责任。

每当蒙蒙不开心时，奶奶就通过哄她、满足她的要求、为她解决各种问题等方式，哄到蒙蒙重新开心起来。所以蒙蒙长这么大从来都不需要控制自己的坏情绪，因为不管怎样任性，都有别人可以帮助她解决各种问题，她也就完全不会处理情绪了。

这种情况在很多较为低龄的孩子身上都能看到，尤其是那些备受长辈疼爱的孩子。在生活中，我们难免会遇到不如意的事情，每到此时孩子们的表现总会比较剧烈一些，情绪波动也较大。那些会处理情绪的孩子往往能很快控制住，并且用得体的态度来表现和应对，而另外一些孩子则不同，他们压根不控制自己的情绪，因为他们也不需要控制自己的情绪，只要出现情绪波动，家长们恨不得立刻就冲上来保护他们，充当他们的“超人”。反正，只要是有让孩子不开心的罪魁祸首，他们就会首先帮孩子来清理。

这样一来，孩子的负面情绪往往来得快、去得也快，让家长长舒一口气，但这样会给孩子在处理情绪的问题上埋下一个巨大隐患，你的孩子可能从来都没有自己处理过负面情绪。因为他们无法正确自我调节，也不知道该怎么样控制内心的负面情绪。这样的孩子往往显得脾气比较大、容易使小性子、特别容易哭等。当他们进入学校、来到集体中时，失去了以往的保护和屏障，乍一和其他小伙伴处于同一个环境，就很容易出现不适感，甚至反应比较剧烈。

为了避免这种情况的出现，家长们最应该做的就是让孩子有一个自己处理情绪的机会，不要低估你的孩子，给他们一个自己去解决问题的机会，也许他们能够处理得比你更好。

在广场上，有这样一个孩子，当时他正在和其他的小朋友比赛骑小车。在快速转弯的时候，因为速度太快，这孩子连人带车一下子摔了出去，还好只是蹭伤了手，看起来并不严重。

小男孩站起来拍了拍身上的土，看着自己的伤口，好像有点手足无措，然后就开始在广场上寻找自己的妈妈。这时候孩子虽然有点不开心，但并没有什么过激的表现，相反，很是镇定和冷静。对于一个孩子来讲，这是多难得的表现啊！

然而过了一会儿，当他发现广场另一头正在跟其他家长聊天的妈妈时，他的表现就有点让人惊讶了，只见他快速地冲到了妈妈身边，举起手让她注意到自己的伤口。当他看到他的母亲非常焦急，拉着他的手问“疼不疼，哪里受伤了”的时候，孩子的眼泪一下子从眼睛中流了出来。

为什么刚才没看到母亲的时候不哭，现在才哭呢？为什么在看到母亲之前和之后，孩子的表现会差异这么大呢？很简单，首先孩子的伤不那么严重，不足以让他立刻就哭出来；其次，他知道只有妈妈才会心疼他，哭给别人看是没有用的，所以只有在妈妈面前情绪才表现得如此激动。

孩子在遇到问题的时候，也往往处于这两个阶段：当父母不在的时候，他们有了一个自己处理情绪的机会，留给他们自觉成长的独立空间，让孩子充分展现自己的能力并真正得到成长，而不是永远替他们包办一切。而正确的培养方法，就是给孩子充分的时间，让他独立处理情绪。

每一个孩子都渴望独立成长，在处理情绪上的成长也是一样的。所以，当孩子已经逐渐能学会自己控制情绪、处理情绪的时候，我们应该大胆放手，他们不仅不会感觉到恐惧，还会因此感觉到快乐与愉悦，并通过自己的尝试产生成就感，逐渐成长为一个独立的人。

简言之，您的孩子可能早就迫不及待地想要自己去面对生活中的风浪了，就大胆地让他们扬帆起航吧！

所以，在确定我们的孩子已经初步体验过如何处理情绪、在父母的引导下处理过自己的负面情绪的前提下，我们应该给他们一次自己尝试的机会，留给孩子时间让他独立处理情绪。我们可以从以下几点着手：

1. 孩子情绪“着火了”，先别急着当“救火队长”

当你的孩子又一次处于激烈的情绪波动当中，制造出来的音量不亚于人们请求救火的呼号时，千万别着急，“袖手旁观”几分钟再说。

这可不是单纯地要求爸妈无理由的狠心，而是给孩子一次自我处理情绪的机会。如果我们立刻接手孩子的情绪控制，就剥夺了他们本应有的成长，反而不利于他们以后的独立；相反，要是我们能在孩子情绪最激烈的那段时间保持“袖手旁观”，给他充分的鼓励让他自己去做，完全留给孩子自行发挥，他们可能会交上一张超乎想象的答卷。

正如前文说过的案例，当孩子的父母不在身边时，他们就算摔倒了、磕伤了也不会哭，看到自己的父母则会立刻伤心地流下眼泪。这绝不是什么虚伪的表现，而是孩子明白，哭是一种表达情绪的方式，跟别人发泄没有用，但对父母而言却极为有效。

如果在孩子遇到挫折、情绪低落的时候，我们能稍稍躲起来一段时间，孩子这种坚强、依赖自己的表现就会持续更久，渐渐地他们就能学会安慰自己、自我排解，不再轻易受到父母情绪的困扰。我们要做的就是留给孩子一个独立的空间，让他们学会自己站起来，而不是每次都将手递给他们。

2. 即使孩子不需要你的引导和参与，也一定要陪伴他们

虽然孩子可以自己排遣负面情绪，但并不意味着他们不需要陪伴，处在一个完全孤独的环境中对他们来说并不能带来什么积极的暗示。身为父母，我们并不一定要在孩子情绪激动时，对他进行滔滔不绝、细致入微的引导与教育，有时只要看着他们自己慢慢恢复就行，但并不意味着我们就可以将孩子完全丢在一旁，甚至在他们心灵受伤的时候不陪伴他们。

陪伴，对父母和孩子来说都是很重要的。对我们来说，这是走进孩子心灵、缩短彼此距离的机会，对孩子来说，父母的存在能够提供给他们必要的安全感，让他们产生尝试的勇气，从而能够更好地去控制自己的情绪。可以说，我们的陪伴就是孩子坚强的后盾。

3. 让孩子学会对情绪失控负责

要孩子学会控制情绪，就得让他们理解情绪失控造成的后果是多么严重，令孩子产生一定的责任心。这一点与我们之前所说的有异曲同工之妙，我们可以通过一些实际行动让孩子学会负责，比如当他们生气愤怒时摔了东西，我们就要让孩子跟我们一起打扫，并让他们明白，这些东西摔坏了就再也无法修补。这样，孩子就意识到自己做错了事就要付出一定的代价，以后他们就会有意识地避免再次出现错误，也就学会通过这种方式来控制情绪了。

## 提高孩子的自我保护意识

孩子的安全牵动着每个家长的心，家长该如何提高孩子的自我保护意识，如何做才能最大限度地保护自己的孩子远离危险呢？对孩子进行自我保护教育应该是一步一步渗入执行的，否则孩子懵懵懂懂，不知道该如何避开危险、保护自己。

不过，教育孩子保护自己不仅仅是告诉孩子社会上有坏人这么简单。因为坏人是一个很抽象的概念，怎么样的人是坏人？如果家长说不清楚，孩子心理就会恐慌，看谁都像是坏人。

首先，不要太强调“坏人”的概念，而是应该强调什么是危险。比如一个人走不熟悉的路是危险的；在没有家人老师陪伴下，陌生人要给你东西吃、带你出去玩、买玩具给你是危险的；陌生人说认识你的爸爸妈妈，带你回家是危险的；身体是孩子的权利，不论是谁，不能随便抚摸、伤害你的身体，如果有人这样做，就是危险的。诸如此类，要让孩子学会判断危险的信号，知道在这些情况下要特别注意，要知道找方法处理。

其次，要重点教育碰到危险信号应该怎么做。对于孩子来说，随着年龄的增长，不同时期要教会他对付一类危险，低幼的儿童，一定要及早教他不吃陌生人的食物，教会他记住家长的姓名、家庭住址、父母亲的电话号码等重要信息，避免在人多的场合或者慌乱中走失；略微长大，要有意识地培养他去辨认警察、售票员、医生、护士等穿着制服容易辨认而且相对来说比较安全可靠的社会人士，告诉他在遇到找不到爸爸妈妈或者遇到危险的情况下可以向他们求助，不要跟陌生人随便走；等到会单独出门的年龄，要教他们一些小技巧，比如过马路的时候可以跟着周围的大人一起走，在过马路之前要先看左边再看右边，确定没有车开过来再迅速地过马路等等。

古语说得好，“授之以鱼不如授之以渔”，我们总有看不到孩子的某个时间，孩子慢慢长大，总要走得更远。家长不仅从小要给予孩子足够的关注与爱，还要把保护的能力教给孩子。

这不是一次简单的课程，不是一次简单的预警就能学会的，强化孩子的自我保护意识，要从反复的教育体验升为直觉反应，才能被称作保护教育的成功。

学会自我保护，对生活抱有善念，就是往美好生活上更近了一步。自我保护的教育，要渗透在生活中，每时每刻，是一项长期的耐心细心的教育活动，家长们要做好心理准备。

1. 认识自我

要带着孩子一起，认识自己的身体，我们为什么要吃饭，冬天为什么要穿棉衣，为什么爸爸妈妈不让我们触碰那些东西，会对身体造成什么危害。

另外，我们是男孩还是女孩，身体的有些部位是我们自己的秘密，不能展示给外人，等等。

2. 基本的生活与自然环境隐患学习

可以直观地教给孩子如何正确使用电器，告诉他们插头不要碰。孩子对世界的学习，一开始就是靠触碰来实现的。所以不要一味阻止，教授正确使用方法才是正解；自然环境中有哪些危险是需要注意的，家长们可以在讲故事时自然插入进去，例如介绍夏天，不仅要讲花开艳丽，也要展示雷击的危害，好在现在媒体先进，有很多视频可以声音画面结合着给孩子看，并告诉他这种情况下如何避免雷击，不在树下避雨，等等。

3. 遇到危害敢于并正确求助

孩子因为小，在遇到危险时，很多都无法自己排除危险，那么敢于求助、正确求助就成了我们家长进行保护教育的目标之一。

家长们因为孩子可爱，经常使用含糊的语言类似“吃饭饭”“宝宝要睡觉觉”这种叠字断句，这样的说话方式，没法为孩子完整描述自己的意思做好榜样，清楚的表达能力在遇险的时候，是帮助孩子自救的法宝。

所以让孩子熟记家中成员名称、家庭住址、电话号码，以及训练孩子尽量完整清楚的说话能力，都是必要的。

4. 远离社会犯罪

要从很细小的事情做起，公共环境中，不向外人透露个人家庭信息，不远离家长，回家用钥匙开门，要提前观察左右，确认没人跟随再开，不接受外人的食物或水，与家长出行不远离家长视线，不与陌生人单独乘坐电梯，等等。家长们可以从市面上购买到相关书籍，电视媒体中，也有很多现成的残酷事实在警示我们。

总之，对于危险环境的教育和自我保护的意识是要给予孩子早期教育，在平时的小事中慢慢渗透积累才能让孩子牢牢地记住，尤其在孩子经历过一些生活事件的时候，是教育的最好时机。但是也不能盲目偏向社会的黑暗面的教育。孩子天性中对世界、对人、对自己充满着美好想象，这是生命发展的动力。

在教会孩子坏人、危险的概念的同时，一定也要注意引导孩子观察生活中的好人好事、真善美的一面，教导孩子做人做事的原则和方法。

## 藏起一半爱，放手让孩子去行动

一个孩子生下来，需要阳光、空气、食物、水——更需要父母的爱与关怀，而过多的爱往往会变成溺爱，给孩子造成伤害。正如花儿的生长离不开水的滋养，而如果水分过多，花儿的生长就会受到影响，严重的话花儿甚至会被淹死。所以，爱是一种养料，太少不行，太多也不行，恰到好处才能让孩子好好成长。为了孩子的健康成长，有的时候，父母需要藏起一半爱。

藏起一半爱，就要求父母在孩子成长道路上，该放手时就放手，让孩子自己去尝试，自己去体验。适度放手让孩子去行动，他就能发挥自己的能量和创造力，这才是真正的爱。

作家毕淑敏曾经做过许多年医生，但是为了爱孩子，有一次，在儿子感冒发烧的时候，她狠了狠心，让儿子自己去医院看病。她在《教你生病》一文中，记述了当时的经过：

> “你都这么大了，你得学会生病。”我说。
>
> “生病还得学吗？我这不是已经病了吗？”他大吃一惊。
>
> “我的意思是你必须学会生病以后怎么办。”我说。
>
> “我早就知道生病以后怎么办，找你。”他成竹在胸。
>
> “假如我不在呢？”
>
> “那我就打电话找你。”
>
> “假如……你最终找不到我呢？”
>
> “那我就……就找我爸。”

也许这样逼问一个生病的孩子是一种残忍，但我知道总有一天他必须独自面对疾病。既然我是母亲，就应该及早教会他生病。

“假如你最终也找不到爸爸呢？”

“那我就忍着。反正你们早晚会回家。”儿子说。

“有些病是不能忍的，早一分钟是一分钟。得了病以后，最应该做的事是上医院。”

“妈妈，你的意思是让我今天独自到医院去看病？”虽然在病中，孩子依然聪明。

“正是。”我咬咬牙，生怕自己会改变注意。“那好吧……”他扶着脑门说，不知是虚弱还是在思考。

“你到外面去‘打的’，然后到医院。先挂号，记住，买一个本……”我说。

“什么本？”他不解。

“就是病历本。然后到内科，先到分号台，护士让你到几号诊室你就到几号，坐在门口等。查体温的时候不要把人家的体温表打碎。叫你化验你就到化验室去，先划价，后交费。等化验结果的时候要竖起耳朵，不要叫到你的名字没听清……”我喋喋不休地指教着。“妈妈，你不要说了。”儿子沙哑着嗓子说。

儿子摇摇晃晃地走了。我内心里经历了一个艰难的过程，我后悔、责怪自己，忍耐着时间慢悠悠地向前滑动。

终于，走廊上响起了熟悉的脚步声，只是较平日有些拖沓。我立刻开了门，倚在门上。

“我已经学会了看病。打了退烧针，现在我已经好多了。真是件麻烦的事。不过，也没有什么。”儿子骄傲地宣布，又补充说：“你让我记的那张纸，有的地方顺序不对。”看着他，勇气又渐渐回到心里。我知道自己将要不断磨炼他，在这个过程中，也磨炼自己。

爱分很多种，孩子们需要的无疑是心灵的共鸣和满足。文中的儿子并不会因为妈妈的“残忍”而认为妈妈不爱自己，相反，这种为了锻炼孩子而采取的特殊方法会让孩子变得更加坚强，孩子自然能理解妈妈的一番苦心，并能在妈妈伟大的爱中更健康、独立地成长。

对于父母来说，藏起一半爱比给孩子尽量多的爱困难很多。其实父母给孩子爱，也是满足自我需求的一种方式，当父母能够爱孩子的时候，是幸福的，而藏起一半爱，即是让父母克制自我需求的满足，为了孩子的未来，称职的父母都会选择有所收敛，因为孩子需要父母给他空间来磨炼自己的生存能力、独立生活的能力。

所以，为了孩子自立，做父母的我们请藏起一半爱吧！不过，藏起一半爱并不是减少一半爱，而是将爱融化在对孩子的培养中，融化在孩子一点点更自立更自觉更坚强的过程中。

## 对孩子进行适当的“苦难教育”

一个研究《塔木德》的学者，刚刚结束他的学习生涯，到艾黎扎拉比那里，请求给他写封推荐信。

“我的孩子，”拉比对他说，“你必须面对严酷的现实。如果你想写作充满知识的书，你就必须像小贩那样，带着坛坛罐罐，挨门挨户地兜售，忍饥挨饿直到40岁。”

“那我到40岁以后会怎么样？”年轻的学者满怀希望地问。

艾黎拉扎比鼓励地笑了：“到了40岁以后，你就会很习惯这一切了。”

这一则小故事流行于犹太人之间，他们用这样的故事教育后代苦难是不可避免的。苦难教育对一个人的一生影响深远，很多人总是逃避苦难，不愿意去品尝，但要知道，只有经历苦难，才能从苦难中汲取动力和能量，只有真正懂得苦难的含义，才能品出苦难赋予它的甜。

父母要让孩子自小接受艰难困苦的磨炼，教会他们敢于面对挫折，不怕失败，以培养他们坚忍不拔的意志和毅力。经过在逆境中千锤百炼成长起来的孩子才能更具生存竞争力，这也是父母应为孩子尽到的义务和责任。

让孩子的心理上经得起挫败，关键就是要他能“缩小”自己，不要有唯我独尊的意识，在看问题的时候能够从别人的角度来看，那么他就不会轻易被一件小事情打败了。

然而，现在的很多家庭，父母不舍得孩子吃苦，他们动辄“宝贝宝贝”地叫着，恨不得为孩子做一切事情。在这样的教育下，孩子好吃懒做、娇气任性，还缺乏责任心、感恩心。站在孩子的角度想一想：很多事情没有经历，不知道生活还有不如意的一面，很多东西从来都是像天上掉下来的一样容易，不需要费一点心力，这个时候，他怎么有机会、有能力去承担生活给他的各种考验呢？

现在的孩子，尤其是那些家境优越的孩子，他们从来没有认真努力过，总认为一切都不用愁，自有父母安排。这样的孩子就是缺乏危机的意识，当真正的困难来临的时候，他们会被彻底打败。在任何情况下都保持着高度的警惕，才能更好地掌握自己的命运。

给孩子进行苦难教育，孩子才能真正强大。如何培养孩子的危机意识呢？有以下几种方法：

1. 家长不用担心给孩子的物质条件不够或者觉得自己孩子穿的吃的比不上别的孩子，应当明确告诉孩子，家里条件没他想象的好，家长挣钱不容易。如果希望得到更好的东西，那么要通过自己的努力来实现。

2. 在培养孩子危机意识的过程中，不应该一味地批评和限制，当孩子有一些进步时，比如懂得节俭了，家长应当不失时机地加以表彰和鼓励。

3. 要使孩子的危机意识成为一种思考习惯。在孩子小的时候，就告诉他："不努力马上就会有危机，你就会得不到你想要的好东西。"先让他在脑子里形成这种条件反射和好的习惯，当他慢慢长大时，再不断地向他灌输奋斗、进取的意义。

## 尝试新鲜事物，扩大孩子的“舒适区”

什么叫自己的“舒适区”？舒适区，在心理学上讲是一个人习惯的行为模式。当我们处于熟悉的环境当中，内心会自然而然地感觉到舒适和放松，这是过去所构筑出来的安全感给我们的影响，比如当我们在家时就会明显感到比在外更加舒适，整个人表现也轻松一些。但一旦走出了舒适区，我们就会觉得有些不适，这是因为不习惯而造成的，也是因为缺乏安全感。

举个简单的例子，如果过去从来没有背英语单词的习惯，突然开始背英语的时候就会非常抗拒，这是因为在习惯建立之初我们会感觉到不适，所以这就是一个走出舒适区的过程。一旦能够将背英语单词从不适应转变成习以为常，我们就会从英语学习里感受到乐趣，变得舒服、放松起来。所以不少人提出，人的一生就是应该在不断挑战舒适区当中度过，不断走出已有的安全环境，可以让我们获得更大的成就。

对孩子来说，走出舒适区原本是一个非常简单的事情，因为每一个孩子都是好奇宝宝，他们的好奇心和探索欲望空前地高涨，所以他们的舒适区其实是最广阔的。但也因为性格原因，有的孩子就比较胆怯，不愿意去尝试，他们的舒适区就比较狭窄。在孩子的个性塑造过程中，我们期待他们拥有开朗、乐于探索的积极性格，这就需要让孩子有一个广阔的舒适区，愿意去尝试新鲜事物。

因此，经常鼓励孩子去探索、发现自己喜欢的事情，是家长们在塑造孩子个性过程当中最应该重视的。有些时候，在家长眼中深恶痛绝的“三分钟热度”“想一出是一出”，往往就是孩子一种乐于探索的表现，其实并非坏事。

小云的成长过程在他人眼中就是一个“别人家孩子”的培养典范，这个孩子从小就博闻广识，十分优秀，学习能力也很强，以优异的成绩考入大学并获得了一份满意的工作。但说起教育的时候，小云的父母却觉得自己并没有做什么指导，唯一特殊的，大概就是小时候对她的奇思妙想格外纵容。

儿时，小云就是一个有“三分钟热度”的孩子，对一切事情都充满好奇，但也很容易被更新鲜的事物吸引注意力。大多数父母对孩子拥有这样的想法，都是采取不赞成也不反对的态度，任由孩子自己去折腾，心里想着“反正过一阵子他就没有热度了”。但小云的父母却不是这样，只要孩子有了新的小想法和提议，他们就会非常热情地帮助孩子一起实现，哪怕她在完成一个小目标做出一个小成果之后，就被其他的事情吸引走了注意力，父母也不会因此斥责她或者不再重视她的需求。

这就让小云保持着非常高度的好奇心，在以后的学习过程中也依旧如此，所以才能够在自己的专业上做出优异的成绩。

对孩子想法和好奇心的排斥和训责，往往会极大地伤害他们探索和尝试的欲望，导致孩子的生活变得越来越了无趣味，更愿意缩在自己狭窄的舒适区中，而不肯去尝试。

有些父母经常为孩子懒惰、不爱交际、不喜欢新鲜事物而感到苦恼，但有没有想过这些表现可能跟自己过去不恰当的教育有关呢？也许过去孩子曾经积极探索过什么，但因为过程中有不恰当的行为，比如不小心弄坏了家里的家具、打碎了碗碟、拆坏了手表，最终被父母呵斥，所以他们才会逐渐失去探索的欲望。仔细想想，很多家庭都曾经遇到过这些问题，正是因为有了父母种下的因，所以才有了孩子缺乏探索欲、好奇心和积极态度的果。

所以，我们不应该将孩子探索的双手推出去，而是要主动拉着它们告诉孩子："去试一试，也许你就会喜欢呢？"

东东是一个比较有好奇心、喜欢积极探索的孩子，不管生活中遇到什么困难，他都能够乐观地主动去想办法解决，而不是因为现有的难题而愁眉苦脸。

之所以有这种性格，与父母从小的培养有密切的关系。东东小时候曾经因为好奇心太盛，拆坏过爸爸昂贵的手表，也曾经因为突发奇想要出门玩，就一言不发跑出了家门，差点让妈妈急坏了。在他闯了这样的大祸之后，父母在焦急之余，首先想到的并不是不管不顾地训斥，反而是耐心的交谈，引导东东认识到这些事情中好的一面在哪里，不好的一面在哪里，让他知道自己哪里错了、哪里又是值得鼓励的。

比如拆坏了爸爸的手表，东东爸爸是这样说的："首先，你有好奇心和探索的欲望，这一点非常值得鼓励。做人嘛，就是要有一点点好奇，不然跟咸鱼有什么区别？"说到这儿，东东就忍不住被爸爸逗笑了。

紧接着，爸爸又开始说需要改进的一方面："不过你还是有做错的地方，比如你不经爸爸的允许就动了爸爸的东西，还把它拆坏了，这就是你的错误。下次你想要去做什么事情的时候，应该先取得同意才能去做，如果你提前告诉爸爸自己想要研究一下手表，爸爸完全可以给你买一块，也不至于造成太大损失，所以这是你做错的地方。"

最后爸爸严厉地批评了这一点，东东也答应以后会改正。这样的教育让东东意识到了错误，并且学会了约束自身，却没有如简单粗暴的训斥那样打消他研究和拓展的积极性，所以东东始终保持着非常高涨的热情和好奇心。

正是因为他有着这样的性格，才能多次在航模比赛、科普大赛当中，获得小发明和小创造奖，大家都说他以后可能会成为一个科学家、发明家。

从东东的案例我们可以看到，对孩子的教育绝对不能是简单粗暴的，哪怕一件小事，我们也要让孩子意识到错误的同时，注意维护孩子的自尊心、呵护他们好奇的萌芽。

身为家长，我们应该陪伴鼓励孩子，给他们创造尝试的机会。孩子越是缺乏自信、缺乏积极的情绪，家长就越是应该鼓励他们去尝试新鲜事物。每个人的成长道路都会遇到第一次，如果我们现在不让孩子去尝试，以后他的眼界就会变得狭窄，无法收获成功或者是失败，也就无法从中获得自信并积累知识。有些家长觉得孩子习惯于待在舒适区的做法是省心、乖巧，是值得鼓励的，其实，这就是我们在用自己的羽翼遮挡孩子去看世界的眼睛，剥夺他们去探索世界的机会。

所以，不要让孩子害怕失败，多让他们去试一试，也许他们就喜欢上了呢？多去做一做，也许就成功了呢？经常进行积极的鼓励，孩子们才会有积极探索的乐观心态。

1. 我们要主动鼓励孩子去尝试新事物

新事物在许多家长，尤其是母亲的眼中，往往代表着危险和不安。在他们眼里，自己的孩子永远都是没长大的样子，贸然去尝试新鲜事物一定会遇到危险，所以家长常常成为阻拦在孩子前面的第一座大山。

我们要做一个教育型的家长，自己就一定要学会把这座大山搬开，并且带着孩子去主动尝试。比如孩子想去自己接水，我们首先想到的不应该是“万一烫到怎么办”，而是“来，妈妈帮你一起接”；孩子看到带刺的玫瑰花想摸一摸，我们要想的也不是“上面有刺不可以动”，而是轻柔地握着孩子的小手，在避免受伤的情况下让他们亲身感受。只有不断地鼓励孩子，对他们的尝试表达自己的支持，孩子才会变得越来越勇敢、越来越积极，并乐于去挑战未知的事物。

2. 有尝试的机会要上，没有尝试的机会，创造机会也要让孩子上

有时，我们的生活中并没有那么多尝试新鲜事物的机会，尤其是随着孩子越来越大，他们对世界的认知越来越完全，我们也不能时刻给他们提供新鲜事物来探索。

此时，家长们可以创造机会让孩子去尝试。比如在周末的时候主动带孩子去没有去过的公园玩，带孩子去尝试一些没有做过的手工，进行一些过去没有接触过的游戏。在这些不断尝试的过程中，孩子不仅可以拓展自己的思维能力、感受到生活中的乐趣，也能够体会到如何克服困难，更能够习惯于走出舒适区，而后者将是影响孩子一生的重要改变。

3. 不要让孩子惧怕在尝试中面对失败

我们经常鼓励孩子去尝试，用的名目是“也许你会喜欢”“也许就成功了呢”，但同样我们也要让孩子意识到——只要是尝试，就一定有可能会面临失败，也可能面临自己不喜欢的事物。

要让他们对此有所准备，千万不要让孩子因为一次失败就厌恶尝试，从此变成一个不喜欢探索、不愿意去尝试新鲜事物并做出改变的人，要做到这一点，就需要让我们对孩子进行“失败科普”，让孩子意识到自己可能是失败的，并事先对此有所准备，这样才不会因为骤然的打击而失去探索的欲望和信心。

4. 我们要陪伴他们，并且提供适当的帮助

每一个尚未独立的孩子内心都极其缺乏安全感，如果家长让他们去尝试新鲜事物，自己又不陪伴在身边的话，完全陌生的环境会让孩子产生恐惧，很有可能让他们不敢再去尝试。一旦如此，就“得不偿失”了！

所以我们应该始终告诉孩子“不要怕，爸爸妈妈就在你身边”，也应该在他们出现难题的时候及时去帮助；如果孩子做出了一定的成果，我们就要及时表扬和鼓励，这样他们才能始终保有尝试的积极性。

## 培养孩子，先让孩子“认识”自己

我是谁?

这个问题千百年来一直困扰着无数哲学家们，人们不断探寻着自我，希望能够对“我”有一个准确的定义，却往往无法得出结果。可见，认识自我是一个非常深刻又复杂的命题，但对于孩子们来说，认识自我却是他们走向社会的第一课。要培养一个乐观健康的性格，孩子首先得认识自己，否则如果不认识自己，又如何去进步、去针对自己的缺点进行改善，并发扬自己的优势呢?

思想家蒙田曾这样说:“在这世界上我们最重要的事就是学会认识自己。”探索自身可能比改变客观世界更加重要，在幼儿时期，如果我们的孩子能够学会正确认识自己，他们就能在以后的人生道路上走得更远。

七岁的小玲有一天哭着回到家中，对母亲说:“妈妈，我以后再也不要上学了。”

母亲听了，自然知道发生了什么特别的事情，就赶紧劝慰一番并问道:“到底怎么啦?”小玲却摇了摇头，总是不肯说，嘴里却嘟囔着:“别人都不喜欢我，我是一个招人讨厌的孩子。”

直到母亲询问了好几遍，她才道出了实情——原来，在学校有一个同学和她产生了摩擦，就对她大吼道:“你真令人讨厌，我们一点儿都不想跟你玩!”同学这样的态度，让小玲非常受伤，也开始担心：自己难道真的是这样令人讨厌的人吗？这极大地打击了她去上学的积极性。

思来想去，母亲这样劝慰她："你看，虽然你的身边有不喜欢你的人，但也有很多觉得你很可爱非常热情的朋友呀！你想想，是不是有这样一群人？"小玲点了点头，列举了几个名字说："他们都可喜欢跟我玩了！"

"没错，所以我们不能要求所有人都喜欢自己，但也绝不能随便就评价自己是招人讨厌的，这可太委屈自己了。"妈妈说了几句，最终把小玲的关注点引导到了积极的方面，孩子总算是不难过了。

通过这件事，母亲发现小玲特别容易受到他人评价的左右，不能正确看待自己，对自己没有一个清晰的认识。

你会发现，当孩子不能正确认识自己的时候，往往会显得比较自卑、底气不足，正因为他们不知道自己是什么样的，所以对负面的形容词会更加敏感，并且轻易就怀疑：我真的是那样糟糕的一个人吗？如果我们不能够让孩子全方位地、真实地认识自己，并且相信这种认识，在培养他们性格的过程中就会遇到更多问题和困境。

相信家长朋友们都不想给自己的教育增添无形的负担，所以就请记得让孩子学会客观评价自己，真正认识自己。

孩子要认识"好"的自己，也要认识"坏"的自己。从心理学的角度上讲，孩子在小学阶段之前就会朦胧地产生自我认识：他们自己会对认识自我产生一定需求，包括了解自己的长相、能力个性、兴趣爱好等，并且开始认识周围的环境、认识身边的人。

这是孩子情商发育的开始，学会正确地评价自我和评价他人，会让他们更好地适应在集体环境中的成长。所以，对孩子这种认识自我的需求我们一定要予以满足，甚至要做到“没有需求，也要创造需求满足他”。

抱着这样的态度，再去进行多方面的培养，孩子就可以塑造更加健全的人格。

1. 让孩子学会客观地评价自己的长相

如果说让孩子客观评价自己的性格是一件比较复杂的事情，是因为性格是比较抽象的概念，让孩子先从评价相貌开始他们就会觉得简单很多。认识自己的长相，其实是很多孩子都缺乏的一种经历。

家长朋友们可能对我说的这个结果感到哭笑不得：“孩子难道不知道他自己长什么样吗？恐怕他最熟悉了解的就是自己吧！”

我们所说的这种“认识”，当然不是对相貌的了解程度。也许每一个孩子都知道自己长什么样子，但对很多人来说，他们却并不清楚自己到底有怎样的相貌。

我曾遇到过这样一个孩子，长着双小小的眼睛，着实不算很好看，但孩子自己却非常坚持，总是认为“我是全世界最好看的，我的眼睛一点都不小”。之所以会有这样的态度，是因为在过去的成长中，父母没有让他产生“眼睛小”的认识。

我们当然知道这是为了呵护孩子的自尊心，但是这种不基于事实的评价，很有可能会影响孩子对自己的客观认识，甚至让他们在长大之后还为自己的相貌沾沾自喜，在别人面前做出错误的事情。呵护自尊心当然是重要的，但孩子正确认识自己却更加重要，我们完全可以用另一种方式教育孩子，告诉他们：虽然你的眼睛比较小，但是却很有个性，很有灵气，相信每一个和你相处过的人都会喜欢你。

这也是一种美好的赞美，但是却基于事实，让孩子从另一种角度去评价自己的相貌，却没有违背客观事实。相比之下就比单纯的夸赞甚至是违心的夸赞更加有用，这样帮助孩子构建起来的自信也是更加牢固的，不至于因为他人的一两次“实话实说”而被破坏。

我们在教导孩子客观评价相貌的时候，一定要让他们意识到两点：

第一，这个世界上的人都有美和丑的地方，永远不会有完全完美的人，我们要学会接受自己不完美的地方。

第二，相貌并不是评价一个人的全部，唯有与心底的真正善良和良好的品格、高雅的气质结合起来，才能够让一个人散发出美的魅力，所以要将自己的内修和外养相结合。

2. 在和孩子一起认识自己后，要让他肯定和接纳自己

如果你的孩子连真实的自我都不肯接受，那将来他会有更大的概率变得自卑、自弃。当然，您可以说：“我的孩子既然不接受自己的缺点，就会努力改正，去变成一个更好的人，这样不是也可以吗？”没错，的确会有孩子能够完成这样的目标，然而他们的内心还是不自信的，他们的性格也会缺乏积极的一面，因为这一切的来源都构筑于一点——我对自己并不满意。

一个积极乐观、拥有向上性格的人，对自身的评价往往都不那么负面、消极。

他们对自己满意，并且乐于接受自己，基于这个基础再去进行的努力可以称之为改善自己，而不是推翻自己。

所以在孩子还小的时候，我们就要教导他们学会接受真实的自己，不管是优点还是缺点都应该正确面对。我们存在于世间，

独一无二就是自己最大的可贵之处，如果这样一份独一无二的礼物还不能够接纳的话，以后还会有什么能让我们感到惊喜呢？

我们可以带领孩子通过这样的方式来增强自信感，积极应对每一天：每天清晨起床时，就在镜子前面对自己说：“我很棒，我要开心地度过这一天。”

每天傍晚睡觉前，我们要学会回顾一天的行为，并对自己的情况进行一个正确总结和评价，然后用“明天继续努力”这样轻松愉快的态度进入梦境。

自己的肯定和鼓励，可以帮助我们拥有好心情，其实，自省与评价也能够让我们时刻审查自己，避免做出让自己感到后悔、排斥的事情。如果孩子能每天做到这两点，他们的心情将会更好，性格也会更开朗。

3. 学会接纳自己的优点，更要学会认识自己的缺点

总有许多人对自己的优点极尽宣扬，生怕他人不知道，却在别人提起自己的缺陷时变成了一只奓了毛的猫，一句都不让别人说。这样的情况，在成人世界中也很常见。

会有这种行为的人，一般都是在小时候就没能正确地认识自己的优点和缺点，从而养成“听喜不听忧”的坏习惯，所以，在孩子还小，对是非并没有太大认识的时候，我们就应该帮助他们构建正确的价值观，能够坦然谈论自己的缺点。

越是能够清晰认识到自身的缺陷，孩子就越有更大的概率去改正，变成更加优秀的人。反之，对缺点避而不谈，只会放任缺陷发展，想要改正时，恐怕就晚了很多。

4. 让孩子明白，他们永远不会获得所有人的喜欢

正如你认为的“美味”别人觉得不好吃一般，这个世界有喜欢我们的人，就一定有讨厌我们的人。总想做一个让别人喜欢的

人，只会让我们总是过于小心翼翼，而结果却不免是负面的——这会让你的孩子灰心、失望。既然如此，家长莫不如教导孩子成为一个坦然接受他人冷待的人，学会对别人说“不”，也能够接受别人对自己说“不”。这样，会让孩子建立一个健全的人格，拥有独立的个性，更正面、更客观地认识自己。

## 孩子需要家长给以成就感

母亲要给几个孩子分苹果。可是苹果有红有绿，有大有小，各不一样。

一个母亲告诉孩子："好孩子要学会把好东西让给别人，不能总想着自己。"

另一个母亲把那个最大、最红的苹果举在手中，说："这个苹果最大、最红、最好吃，谁都想要得到它。很好，现在，让我们来比赛一下，我把门前的草坪分成几块，你们一人一块，负责修剪好，谁干得最快、最好，谁就有权得到大苹果。"

结果，前一个母亲教育的孩子为了讨母亲的欢心，学会了撒谎，最后进了监狱。而后一个母亲的儿子从中明白了一个最简单也最重要的道理：要想得到最好的，就必须努力争第一，最后成了白宫的主人。

第二个母亲，她的做法的高明之处在于激发了孩子的成就感。经常有成就感的孩子能够在将来更好地实现自己的人生目标。妈妈都希望自己的孩子在将来能够出人头地，那么如何培养孩子的成就感呢？可以从下面的几个方面开始：

1. 建立起良好的亲子关系

良好的亲子关系是提升孩子成就动机的大前提。孩子敬重和认同家长，这样能够充分发挥家长的影响力，正确的价值观可以间接鼓励孩子的成就欲。

2. 丰富孩子健全的情绪体验

脑生理学家指出，支配创造欲望的区域与支配情感的区域，同在大脑“新皮质”的额叶。这正是人与动物本质不同之所在。人有两片额叶，动物没有。只有人才会产生动物远不能比拟的复杂欲望和感情。因此，要发展孩子的成就欲，必须丰富孩子的情绪体验，使他们成为情感丰富、健全的人。

3. 要尊重孩子的独立性

孩子在独立做事情的时候会体验到各种情感，这种体验会反过来激发他们做事情的欲望和兴趣。在他们的努力下，事情成功时，心情与在别人帮助或强迫下成功是大不一样的，巨大的喜悦会激起争取更大成功的欲望，相反，失败了也会使他们产生出不屈不挠的精神。

4. 要创造条件让孩子尽早取得成功

成功欲是在一次次取得成功的基础上发展起来的。因此，无论孩子学什么、做什么，都要为之创造条件，耐心引导。切忌冷嘲热讽，伤害孩子。

5. 适时地给予正向回馈

适时的鼓励和支持能成为激发孩子成功的动力。回馈可以用具体明确的言语表达，也可选择孩子感兴趣的方式。

6. 鼓励孩子涉足新的领域，敢于尝试没有做过的事情

家长习惯于责怪孩子的冒险行为:“太危险了！”“那可不能去！”禁令和责备对孩子十分有害。兴趣的萌芽、新奇的体验受到摧残。额叶因得不到足够的刺激而发展不起来，孩子会变成一个缺乏欲望的人。

7. 要帮助孩子不断总结经验教训

事后家长可以帮助孩子想想哪些地方存在不足，如果重新做时应怎样改进会做得更好，使孩子的聪明才智和成就欲得到更好的发挥。

成就感其实也是一种积极的期望，一种积极的肯定，会给孩子带来无穷的力量，家长要适当给予孩子成就感，让他尝到甜头，从而激发他去追求更多的成就感！